Lehr- und Handbücher der Statistik

Herausgegeben von
Universitätsprofessor Dr. Rainer Schlittgen

Bisher erschienene Werke:

Böhning, Allgemeine Epidemiologie
Caspary · Wichmann, Lineare Modelle
Chatterjee · Price (Übers. Lorenzen), Praxis der Regressionsanalyse, 2. Auflage
Degen · Lorscheid, Statistik-Aufgabensammlung, 3. Auflage
Hartung, Modellkatalog Varianzanalyse
Harvey (Übers. Untiedt), Ökonometrische Analyse von Zeitreihen, 2. Auflage
Harvey (Übers. Untiedt), Zeitreihenmodelle, 2. Auflage
Heiler · Michels, Deskriptive und Explorative Datenanalyse
Miller (Übers. Schlittgen), Grundlagen der Angewandten Statistik
Naeve, Stochastik für Informatik
Oerthel · Tuschl, Statistische Datenanalyse mit dem Programmpaket SAS
Pokropp, Lineare Regression und Varianzanalyse
Rasch · Herrendörfer u.a., Verfahrensbibliothek, Band I
Rinne, Wirtschafts- und Bevölkerungsstatistik, 2. Auflage
Rüger, Induktive Statistik, 3. Auflage
Schlittgen, Statistik, 8. Auflage
Schlittgen, Statistische Inferenz
Schlittgen · Streitberg, Zeitreihenanalyse, 7. Auflage
Schürger, Wahrscheinlichkeitstheorie

Fachgebiet Biometrie

Herausgegeben von Dr. Rolf Lorenz

Bisher erschienen:
Bock, Bestimmung des Stichprobenumfangs

Wahrscheinlichkeitstheorie

Von
Universitätsprofessor
Dr. Klaus Schürger

R. Oldenbourg Verlag München Wien

Die Deutsche Bibliothek - CIP-Einheitsaufnahme

Schürger, Klaus:
Wahrscheinlichkeitstheorie / von Klaus Schürger. – München ; Wien :
Oldenbourg, 1998
(Lehr- und Handbücher der Statistik)
ISBN 3-486-23659-8

Rosenheimer Straße 145, D-81671 München
Telefon: (089) 45051-0, Internet: http://www.oldenbourg.de

Gedruckt auf säure- und chlorfreiem Papier
Gesamtherstellung: Hofmann-Druck Augsburg GmbH, Augsburg

ISBN 3-486-23659-8

Inhaltsverzeichnis

Vorwort

Das vorliegende Buch ist als Einführung in die Wahrscheinlichkeitstheorie für Studenten mittlerer Semester gedacht; es entstand aus Vorlesungen, die ich an der Universität Bonn mehrfach für Hörer mit Statistik als Wahlfach gehalten habe. Ich würde mich freuen, wenn es sich sowohl für Mathematiker und Physiker, als auch für Studenten des Operations Research und der Wirtschaftswissenschaften — insbesondere für solche, die an Statistik, Ökonometrie oder stochastischen Finanzmärkten interessiert sind — als nützlich erweisen würde.

Vorausgesetzt wird, daß der Leser gewisse Grundkenntnisse aus der Differential- und Integralrechnung mitbringt und Interesse an einer mathematisch exakten Behandlungsweise hat. Zur Erleichterung der Lektüre werden jedoch z.B. einige Resultate über unendliche Reihen, die u.a. bei Anwendungen der Borel-Cantelli-Lemmata nützlich sind, und konvexe Funktionen im Text entwickelt. Aus didaktischen Gründen werden keine charakteristischen Funktionen behandelt, da dies beim Leser Vorkenntnisse über komplexwertige Funktionen erfordern würde.

In der vorliegenden Darstellung treten die kombinatorischen gegenüber den maßtheoretischen Aspekten der Wahrscheinlichkeitstheorie stärker in den Hintergrund, obwohl (natürlich!) etwa die Siebformel und eine Reihe von wichtigen diskreten Verteilungen behandelt werden. Die Grundzüge der Maß- und Integrationstheorie (deren Kenntnis beim Leser nicht vorausgesetzt wird) werden in ihrer wahrscheinlichkeitstheoretischen Form so weit entwickelt, wie es für die behandelten Fragestellungen erforderlich ist (der hierbei benötigte Fortsetzungssatz von Carathéodory gehört zu den wenigen Resultaten im Buch, die nicht bewiesen werden). So wird etwa gezeigt, wie sich — ausgehend von Erwartungswerten — auf einfache Weise Integrale bez. σ-endlicher Maße und einige ihrer wichtigsten Eigenschaften gewinnen lassen. Die Existenz bedingter Erwartungswerte, die für möglichst allgemeine Integranden betrachtet werden, und der Satz von Radon-Nikodým ergeben sich „geometrisch" aus einem Projektionssatz für L^2-Räume. An dieser Stelle sei erwähnt, daß auf die Behandlung stochastischer Prozesse mit stetiger Zeit verzichtet wurde; eine Ausnahme bildet der Poisson-Prozeß, dessen Existenz mit Hilfe bedingter Erwartungswerte bewiesen wird.

Im Anschluß an die bedingten Erwartungswerte werden (Fast-)Subadditive Grenzwertsätze behandelt. Leser, die ausschließlich an der *Existenz* entsprechender Grenzwerte interessiert sind, benötigen zum Verständnis der elementar gehaltenen Nachweise lediglich einige Kenntnisse über *gewöhnliche* Erwartungswerte. Die *Darstellung* der Grenzwerte geschieht jedoch mit Hilfe bedingter Erwartungswerte. Anwendungsbeispiele stammen u.a. aus der Perkolationstheorie (asymptotische Ausbreitungsgeschwindigkeit einer Flüssigkeit in einem zweidimensionalen Medium), Ergodentheorie (Ergodensatz von Birkhoff), Informationstheorie (Satz von Shannon-McMillan-Breiman) und Statistik (Konvergenz empirischer Verteilungen).

Die Darstellung der Martingaltheorie und ihrer Anwendungen nimmt rund ein Drittel des Textes ein. Ausführlich behandelt werden Stoppsätze und Martingalkonvergenzsätze. In Verbindung mit H-Transformierten, die man als diskrete stochastische Integrale auffassen kann, werden lokale Martingale und die damit zusammenhängende Idee der Lokalisierung betrachtet. Dies führt insbesondere zu Konvergenzaussagen für (Sub-)Martingale, die i.a. lediglich auf einer Menge Ω_0 mit $0 < P(\Omega_0) < 1$ gelten. Daraus ergeben sich dann auf einfache Weise klassische Konvergenzresultate für Partialsummen von unabhängigen Zufallsvariablen.

In §8.5 werden u.a. Ungleichungen für Martingale hergeleitet, deren Zuwächse gewisse Beschränktheitseigenschaften aufweisen. Die darauf beruhende „Methode der beschränkten Differenzen" läßt sich insbesondere auf stochastische Varianten kombinatorischer Optimierungsprobleme anwenden, von denen einige in Kapitel 9 betrachtet werden. Dort findet man auch weitere Anwendungen der Martingaltheorie (Problem des optimalen Stoppens einer Folge von Zufallsvariablen, das Ruinproblem für kollektive Risikomodelle, ...).

In den letzten 20 Jahren stellte sich heraus, daß die Martingaltheorie überraschend interessante (und für die Praxis folgenreiche!) Anwendungen auf dem Gebiet der stochastischen Finanzmärkte besitzt. Im letzten Kapitel wird — im Rahmen einer einfachen Modellierung — ausführlich dargestellt, wie sich die Frage, welchen „fairen" (d.h. marktgerechten) Preis eine europäische Option besitzt, mit Hilfe martingaltheoretischer Begriffe und Resultate behandeln läßt. Zum Verständnis dieser Darstellung sind keinerlei Vorkenntnisse über Finanzmärkte erforderlich.

Einige Resultate der klassischen Analysis (Stirling-Formel, Approximationssatz von Weierstrass, ...) werden auf einfache Weise „stochastisch" bewiesen. Umgekehrt ergibt sich dann mit Hilfe des Approximationssatzes von Weierstrass, daß die Laplace-Transformierte einer nichtnegativen Zufallsvariablen eindeutig deren Verteilung festlegt.

Es schien mir reizvoll zu zeigen, daß sich einige wichtige Resultate auf sehr unterschiedliche Weise herleiten lassen. So wird etwa das klassische Gesetz der großen Zahlen, das von Kolmogorov stammt, auf vier(!) Arten bewiesen.

Das Buch enthält viele Beispiele, die dazu dienen, eingeführte Begriffe zu motivieren, Sätze zu erläutern und Hinweise auf mögliche Anwendungsgebiete zu geben. Eine Reihe von Beispielen entstammt der Risikotheorie, in der — im Gegensatz zur klassischen Versicherungsmathematik — die stochastische Modellierung der Risiken im Vordergrund steht.

Beweise sind i.a. ausführlich gehalten, damit der Leser die Überlegungen leichter nachvollziehen kann. Ich habe die für Autoren bequeme (aber nicht immer ungefährliche!) Formulierung „Wie man leicht sieht, ... " möglichst sparsam verwendet und in Zweifelsfällen durch ein detailliertes Argument ersetzt.

Das Buch enthält etwa 300 Übungsaufgaben, die teilweise Lösungshinweise enthalten. Der Leser sollte jedoch zunächst versuchen, ohne diese Hinweise auszukommen. In einigen Aufgaben findet man in knapper Form zusätzliches Material, das nirgends im Haupttext verwendet wird.

Der Abschnitt „Literaturhinweise" enthält Angaben zu einigen der benutzten Quellen sowie Arbeiten, die sich zum Weiterlesen eignen.

Bei der Numerierung von Definitionen, Sätzen, Beispielen, Formeln, ... werden Verweise auf *andere* Kapitel in eckigen Klammern angegeben. So bezieht sich etwa Satz 1.8[3] auf Satz 1.8, der im ersten Abschnitt des dritten Kapitels steht. Häufig benutzte Abkürzungen und Symbole werden im Anschluß an das Vorwort erläutert; weitere Symbole (mit Angabe ihres erstmaligen Auftetens) werden im Symbolverzeichnis am Ende des Buches aufgeführt.

Anregungen, die ich im Laufe der Jahre erhielt, verdanke ich u.a. N. Christopeit, I.V. Evstignejev, H. Föllmer, H.U. Gerber, C.C. Heyde, J.M. Kabanov, D.O. Kramkov, U. Krengel, H.-J. Prömel, K. Sandmann, M. Schäl, A.N. Schirjajev, P. Schönfeld sowie J.M. Steele. Besonders erwähnen möchte ich Herrn P. Tautu, dessen Gruppe „Mathematische Modelle" im Deutschen Krebsforschungszentrum in Heidelberg ich längere Zeit angehörte. Herrn Tautu (der leider viel zu früh verstarb) verdanke ich nicht nur wissenschaftlich sehr viel; seine beiden — zusammen mit M. Iosifescu — verfaßten Bücher Iosifescu/Tautu (1973) bilden ein Standardwerk über mathematische Biologie. Herrn D. Sondermann danke ich herzlich für seine Unterstützung und seine vielfältigen Anregungen aus dem Gebiet der stochastischen Finanzmärkte. Die studentischen Mitarbeiterinnen und Mitarbeiter, Frau Sonja Hoos, Frau Yingxin Gong, Herr Henning W. Lemster, Herr Ulf Bosserhoff sowie Herr Florian Schröder, haben mit viel Ausdauer, Kompetenz und Sinn für Ästhetik das ursprüngliche Manuskript in eine optisch sehr ansprechende Form gebracht. Herrn E. Schlögl gelang es stets, knifflige TEX-Probleme, die beim Schreiben auftraten, zu lösen.

Nicht zuletzt gebührt mein Dank Herrn M. Weigert, meinem Ansprechpartner beim Oldenbourg Verlag, sowie Herrn R. Schlittgen für die Bereitwilligkeit, das vorliegende Buch in die Reihe *Lehr- und Handbücher der Statistik* aufzunehmen.

Bonn Klaus Schürger

Häufig benutzte Symbole und Abkürzungen

Die Bezeichnungen $A := B$ und $B =: A$ bedeuten jeweils, daß A definitionsgemäß gleich B ist. Wir schreiben $C \Longrightarrow D$ bzw. $C \Longleftrightarrow D$, falls gilt: C impliziert D bzw. C ist äquivalent zu D (d.h. C trifft genau dann zu, wenn D zutrifft).

Wichtige Mengen sind: $\mathbb{R}$ (Menge der reellen Zahlen), $\mathbb{R}_+ := \{t \in \mathbb{R} : t \geq 0\}$, $\mathbb{Z}$ (Menge der ganzen Zahlen aus $\mathbb{R}$), $\mathbb{Z}_+ := \{t \in \mathbb{Z} : t \geq 0\}$, $\mathbb{Q}$ (Menge der rationalen Zahlen aus $\mathbb{R}$), $\mathbb{R}^d := \{(t_1, \dots, t_d) : t_i \in \mathbb{R},\ 1 \leq i \leq d\}$ ($d = 1, 2, \dots$), $\mathbb{Z}^d := \{(t_1, \dots, t_d) : t_i \in \mathbb{Z},\ 1 \leq i \leq d\}$ ($d = 1, 2, \dots$), $\mathbb{R}^\infty := \{(t_0, t_1, \dots) : t_i \in \mathbb{R},\ i = 0, 1, \dots\}$, $\overline{\mathbb{R}} := \mathbb{R} \cup \{-\infty, \infty\}$ und $\overline{\mathbb{R}}_+ := \mathbb{R}_+ \cup \{\infty\}$. Wir benutzen folgende Abkürzungen für Intervalle ($a \leq b$ sind reelle Zahlen): $[a, b] := \{t \in \mathbb{R} : a \leq t \leq b\}$, $]a, b] := \{t \in \mathbb{R} : a < t \leq b\}$ usw. (Natürlich gilt $]a, a[=]a, a] = [a, a[= \emptyset$.) Für $a \in \mathbb{R}$ ist $]-\infty, a] := \{t \in \mathbb{R} : t \leq a\}$, $]a, \infty[:= \{t \in \mathbb{R} : t > a\}$, $[-\infty, a] := \{t \in \overline{\mathbb{R}} : t \leq a\}$ usw. Weiter ist $]-\infty, \infty[:= \mathbb{R}$, $[0, \infty] := \overline{\mathbb{R}}_+$ und $[-\infty, \infty] := \overline{\mathbb{R}}$.

Sei A eine beliebige Menge. Mit $\mathcal{P}(A)$ bezeichnen wir die *Potenzmenge* von A, d.h. die Familie *aller* Teilmengen von A (einschließlich $\emptyset$!), $\#A$ und $|A|$ ist jeweils die Anzahl der Elemente in A, wobei $\#A = |A| = \infty$, falls A eine unendliche Menge ist.

Für (nichtleere) Mengen A, B bedeutet $f : A \longrightarrow B$, daß f eine auf A definierte Abbildung ist derart, daß $f(t) \in B$ für alle $t \in A$ gilt; $t \longmapsto f(t)$ bedeutet, daß das Element t durch f in das Element $f(t)$ abgebildet wird.

Sind $a, b, a_1, a_2, \dots$ Elemente aus $\overline{\mathbb{R}}$, so setzen wir $a \wedge b = \min(a, b)$, $a_1 \wedge a_2 \wedge \cdots = \inf_{n \geq 1} a_n$ (Infimum von $a_1, a_2, \dots$), $a \vee b = \max(a, b)$ sowie $a_1 \vee a_2 \vee \cdots = \sup_{n \geq 1} a_n$ (Supremum von $a_1, a_2, \dots$). Weiter ist $a^+ := \max(a, 0)$ (*positiver Teil* von a) und $a^- := \max(-a, 0)$ (*negativer Teil* von a), so daß $a = a^+ - a^-$ und $|a| = a^+ + a^-$.

Sind $(a_n), (b_n)$ reelle Zahlenfolgen, so bedeutet $a_n \sim b_n$, daß $a_n / b_n \to 1$ ($n \to \infty$). Weiter schreiben wir $a_n = \mathrm{o}(b_n)$, falls $a_n / b_n \to 0$ ($n \to \infty$) und $a_n = \mathrm{O}(b_n)$, falls $\limsup_{n \to \infty} |a_n| / |b_n| < \infty$. Ist speziell $b_n = 1$ für alle n, so schreiben wir statt $\mathrm{o}(b_n)$ bzw. $\mathrm{O}(b_n)$ auch $\mathrm{o}(1)$ bzw. $\mathrm{O}(1)$. Analoge Bezeichnungen werden für reellwertige Funktionen f, g benutzt, *wobei der Grenzübergang angegeben wird.* So bedeutet (für $t_0 \in \overline{\mathbb{R}}$) $f(t) = \mathrm{O}(g(t))$ ($t \to t_0$), daß $\limsup_{t \to t_0} |f(t)| / |g(t)| < \infty$ usw. (Die Symbole „o" und „O", die an „Ordnung" erinnern sollen, heißen auch *Landau-Symbole.*)

Bei Grenzübergängen bedeutet $s \uparrow t$ bzw. $s \downarrow t$, daß $s \to t$ *und* $s < t$ bzw. $s > t$.

Falls nichts anderes gesagt wird, bezeichnet „log" den *natürlichen* Logarithmus.

Im Buch werden u.a. folgende Abkürzungen verwendet: EW (Erwartungswert(e)), f.s. (fast sicher), f.ü. (fast überall), MEF (momentenerzeugende Funktion(en)), NZV (numerische Zufallsvariable(n)), RM (Rückwärtsmartingal(e)), RSE (Rückschlußeigenschaft), SZ (Stoppzeit(en)), UIV (unabhängig und identisch verteilt; Beispiel: UIV-Folge von Zufallsvariablen), u.o. (unendlich oft), VF (Verteilungsfunktion(en)), W.-Maß (Wahrscheinlichkeitsmaß), W.-Raum (Wahrscheinlichkeitsraum), ZGS (zentraler Grenzwertsatz), ZV (Zufallsvariable(n)) sowie ZVK (Zufallsvektor(en)). Weitere Abkürzungen werden im Sachverzeichnis am Ende des Buches erläutert.

Durch ■ wird das Ende von Definitionen, Beispielen, Bemerkungen und Beweisen markiert. Am Ende von Resultaten, die ohne Beweis angegeben werden, steht ebenfalls ein ■.

KAPITEL 1

Wahrscheinlichkeitsräume

Für die Entwicklung der Wahrscheinlichkeitstheorie hat von Anfang an die Betrachtung von Phänomenen, die vom „Zufall“ abhängen, eine wichtige Rolle gespielt. Als Beispiele sind hier etwa zu nennen: Glücksspiele, Bevölkerungswachstum, Ausbreitung von Infektionskrankheiten, Genetik, Schadenshäufigkeiten, Radioaktivität, Brownsche Molekularbewegung ... Man spricht auch von „Zufallsexperimenten“, wenn man ausdrücken möchte, daß Experimente, deren Ausgänge zufallsabhängig sind, zumindest gedanklich unter gleichen Bedingungen und ohne gegenseitige Beeinflussung wiederholbar sind.

Einem Zufallsexperiment ordnen wir eine (nichtleere) Menge Ω zu, deren Elemente ω die möglichen *Ausgänge* (oder *Realisierungen*) des Experiments bezeichnen. Ω heißt *Grundraum* (manchmal auch Stichprobenraum oder Ergebnisraum). Im Prinzip können die Elemente von Ω sehr einfach (Beispiel: Ausgang eines einmaligen Münzwurfs), aber auch ziemlich kompliziert sein. (Beispiel: Brownsche Bewegung eines Teilchens in einer Flüssigkeit, bei der eine Realisierung die Bahn ist, die das Teilchen in einem bestimmten Zeitintervall beschreibt.) Man interessiert sich nun in vielen Fällen nicht für den genauen Ausgang $\omega \in \Omega$ eines Zufallsexperiments, sondern lediglich dafür, ob ein gewisses Ereignis eintritt. Ein *Ereignis* ist hierbei eine Teilmenge von Ω, und man sagt, daß ein Ereignis $A \subset \Omega$ *eintritt*, falls ein $\omega \in A$ der beobachtete Ausgang ist. (Beispiel: Ein Zufallsexperiment bestehe darin, einen Würfel 100mal zu werfen. Eine Realisierung wird dann durch die Folge der erzielten Augenzahlen beschrieben. Betrachtet man das Ereignis, mindestens 70mal eine 6 zu werfen, so interessiert man sich *nicht* dafür, *welche* der 100 Würfe eine 6 sind.)

Der einfachste Fall liegt vor, wenn Ω *höchstens abzählbar* (d.h. endlich oder abzählbar unendlich) ist und *jede* Teilmenge von Ω (einschließlich der leeren Menge !) als ein Ereignis aufgefaßt wird. Die Familie $\mathcal{A}$ aller Ereignisse ist somit die *Potenzmenge* von Ω, die wir mit $\mathcal{P}(\Omega)$ bezeichnen. Ein *Wahrscheinlichkeitsmaß* ist nun eine Abbildung $P : \mathcal{P}(\Omega) \longrightarrow [0, 1]$, die jedem Ereignis A seine *Wahrscheinlichkeit* $P(A)$ zuordnet. Wird ein entsprechendes Zufallsexperiment sehr oft unter gleichen Bedingungen und ohne gegenseitige Beeinflussung wiederholt, so kann man $P(A)$ auffassen als eine Approximation der relativen Häufigkeit derjenigen Experimente, bei denen A eintritt. Dies suggeriert gewisse Axiome, denen ein Wahrscheinlichkeitsmaß

P genügen sollte. Insbesondere sollte P zumindest ***additiv*** sein, d.h. es sollte für beliebige Ereignisse A, B gelten:

$$P(A \cup B) = P(A) + P(B), \quad \text{falls} \quad A \cap B = \emptyset.$$

Außerdem liegt es nahe, $P(\Omega) = 1$ zu verlangen, da ja das Ereignis Ω bei *jedem* Experiment eintritt. Man kann nun umgekehrt ***beweisen***: Legt man für Wahrscheinlichkeitsmaße geeignete Axiome zugrunde, so konvergieren die zuvor erwähnten relativen Häufigkeiten in einem gewissen Sinne gegen $P(A)$, falls die Anzahl der Experimente unbegrenzt wächst (dies folgt aus dem ***starken Gesetz der großen Zahlen von Kolmogorov***). Ist Ω höchstens abzählbar und $P : \mathcal{P}(\Omega) \longrightarrow [0,1]$ ein Wahrscheinlichkeitsmaß, so heißt (Ω, P) (oder ausführlicher: $(\Omega, \mathcal{P}(\Omega), P)$) ein ***diskreter Wahrscheinlichkeitsraum***, den man als ein ***stochastisches Modell*** für ein Zufallsphänomen mit höchstens abzählbarem Grundraum auffassen kann.

Im vorliegenden Buch wird die Wahrscheinlichkeitstheorie auf axiomatischer Grundlage entwickelt. Fragestellungen der mathematischen Statistik, etwa das Problem, für die Wahrscheinlichkeiten gegebener Ereignisse geeignete „Schätzwerte“ zu finden, werden nicht behandelt (eine Ausnahme bildet u.a. die Untersuchung der Konvergenz empirischer Verteilungen in §7.6).

1.1 Diskrete Wahrscheinlichkeitsräume

In diesem Abschnitt bezeichnet Ω eine nichtleere Menge, die ***höchstens abzählbar***, d.h. endlich oder ***abzählbar*** ist. Die Abzählbarkeit von Ω bedeutet, daß Ω eine unendliche (!) Menge ist, deren Elemente sich durchnumerieren lassen.

1.1 Beispiel. Die Mengen $\mathbb{Z}_+ := \{0, 1, 2, \dots\}$ (nichtnegative ganze Zahlen) und $\mathbb{Z} := \{0, 1, -1, 2, -2, \dots\}$ (ganze Zahlen) sind ersichtlich abzählbar. Die Menge $\mathbb{Q}$ der rationalen Zahlen, die entweder zu $\mathbb{Z}$ gehören oder sich als gekürzte Brüche der Form m/n ($m \in \mathbb{Z} \setminus \{0\}$, $n \in \mathbb{Z}_+ \setminus \{0, 1\}$) schreiben lassen, ist abzählbar. (Warum?) Es läßt sich zeigen, daß die folgenden Mengen *überabzählbar* (d.h. weder endlich noch abzählbar) sind: $\mathbb{R}_+ = [0, \infty[$ (nichtnegative reelle Zahlen); $\mathbb{R} =]-\infty, \infty[$ (reelle Zahlen); $[a, b]$, $-\infty < a < b < \infty$ (abgeschlossenes Intervall); $]a, b[$, $-\infty < a < b < \infty$ (offenes Intervall); $]a, b]$, $[a, b[$, $-\infty < a < b < \infty$ (halboffene Intervalle). ∎

Die Menge Ω heißt im folgenden ***Grundraum*** und läßt sich als Menge der möglichen Ausgänge eines geeigneten Zufallsexperiments interpretieren. Jede Teilmenge von Ω (einschließlich der leeren Menge !) heißt ein ***Ereignis***. Die Familie aller Ereignisse heißt die ***Potenzmenge*** von Ω (Bezeichung: $\mathcal{P}(\Omega)$).

1.2 Beispiel. Für $\Omega = \{\omega_1, \omega_2, \omega_3\}$ ist

$$\mathcal{P}(\Omega) = \{\emptyset, \{\omega_1\}, \{\omega_2\}, \{\omega_3\}, \{\omega_1, \omega_2\}, \{\omega_1, \omega_3\}, \{\omega_2, \omega_3\}, \Omega\}.$$

∎

1.3 Beispiel (*Einmaliger Münzwurf*). Mögliche Ausgänge sind Z („Zahl") und W („Wappen"). Schreibt man „1" statt „Z" und „0" statt „W", so ist $\Omega = \{0, 1\}$. ■

1.4 Beispiel (*Wartezeit*). Ein Würfel wird so oft geworfen, bis erstmals eine 6 fällt. Ein Zufallsexperiment bestehe in der Beobachtung der Anzahl ξ der hierfür erforderlichen Würfe (es werde $\xi = \infty$ gesetzt, falls niemals eine 6 auftritt). Als Grundraum können wir wählen:

$$\Omega = \{1, 2, \dots\} \cup \{\infty\}. \tag{1.4.1}$$

■

1.5 Beispiel. Ein Zufallsexperiment bestehe darin, nacheinander n Zufallsexperimente mit den höchstens abzählbaren Grundräumen $\Omega_1, \Omega_2, \dots$ bzw. Ω_n durchzuführen. Das Auftreten der Realisierung $\omega = (\omega_1, \dots, \omega_n)$ bedeute, daß bei der Ausführung des i-ten Experiments $\omega_i \in \Omega_i$ auftritt $(1 \leq i \leq n)$. Als Grundraum können wir also die Menge

$$\Omega := \{\omega = (\omega_1, \dots, \omega_n) : \omega_i \in \Omega_i, \quad 1 \leq i \leq n\} \tag{1.5.1}$$

wählen, die höchstens abzählbar ist. (Warum ?) Wird das *kartesische Produkt* von beliebigen (evtl. überabzählbaren !) Mengen $S_1, \dots, S_n$ definiert durch

$$S_1 \times \cdots \times S_n := \{s = (s_1, \dots, s_n) : s_i \in S_i, \quad 1 \leq i \leq n\}, \tag{1.5.2}$$

so gilt also für den Grundraum Ω in (1.5.1)

$$\Omega = \Omega_1 \times \cdots \times \Omega_n. \tag{1.5.3}$$

Im Fall $S_1 = \cdots = S_n = S$ schreiben wir auch

$$S^n := S \times \cdots \times S \quad (n \text{ „Faktoren"}). \tag{1.5.4}$$

Besteht ein Zufallsexperiment im n-maligen Werfen eines Würfels, so können wir $\Omega_1 = \cdots = \Omega_n = \{1, \dots, 6\}$ wählen. In diesem Fall ergibt sich für den Grundraum in (1.5.3)

$$\Omega = \{1, \dots, 6\} \times \cdots \times \{1, \dots, 6\} = \{1, \dots, 6\}^n. \tag{1.5.5}$$

■

Spezielle Ereignisse sind Ω (*sicheres Ereignis*) und die leere Menge $\emptyset$ (*unmögliches Ereignis*). Mit Hilfe von Ereignissen $A \subset \Omega$, $B \subset \Omega$ lassen sich weitere Ereignisse definieren:

$$A \cup B := \{\omega \in \Omega : \omega \in A \quad \text{oder} \quad \omega \in B\} \tag{1.5.6}$$

(*Vereinigung* von A und B; *„oder" schließt nicht aus, daß sowohl* $\omega \in A$ *als auch* $\omega \in B$ *gilt*);

$$A \cap B := \{\omega \in \Omega : \omega \in A \quad \text{und} \quad \omega \in B\} \tag{1.5.7}$$

(*Durchschnitt* von A und B);

$$A \setminus B := \{\omega \in \Omega : \omega \in A \quad \text{und} \quad \omega \notin B\} \tag{1.5.8}$$

(*Differenz* von A und B), wobei insbesondere

$$A^c := \Omega \setminus A \tag{1.5.9}$$

das *Komplement* von A heißt. Die Menge

$$A \Delta B := (A \setminus B) \cup (B \setminus A) \tag{1.5.10}$$

heißt die *symmetrische Differenz* von A und B; sie besteht aus allen $\omega \in \Omega$, für die *entweder* $\omega \in A$ *oder* $\omega \in B$ gilt (äquivalent: ω gehört zu *genau einer* der Mengen A, B). Das Eintreten von $A \cup B$ bedeutet: „A oder B tritt ein"; ähnlich für $A \cap B$ („A und B treten ein"), $A \setminus B$ („Es tritt A, aber nicht B ein"), A^c („A tritt nicht ein") und $A \Delta B$ („Entweder A oder B tritt ein"). Sei A eine *Teilmenge* von B (Bezeichung: $A \subset B$ oder $B \supset A$), d.h. es gelte

$$\omega \in A \Longrightarrow \omega \in B, \quad \omega \in \Omega. \tag{1.5.11}$$

Dies bedeutet: Tritt A ein, so auch B. *Wird im folgenden angenommen, daß die Inklusion $A \subset B$ besteht, so schließt dies den Fall $A = B$ ein.* (Manche Autoren schreiben in diesem Fall $A \subseteq B$ oder $B \supseteq A$.) Sind A, B *disjunkt*, d.h. gilt $A \cap B = \emptyset$, so sind A und B *unvereinbar*.

1.6 Beispiel (*Einmaliger Münzwurf*). Es sei $\Omega = \{1, \ldots, 6\}$, $A = \{1, 2, 5, 6\}$, $B = \{1, 2, 4, 6\}$. Dann ist $A \cup B = \{1, 2, 4, 5, 6\}$, $A \cap B = \{1, 2, 6\}$, $A \setminus B = \{5\}$, $B \setminus A = \{4\}$, $A^c = \{3, 4\}$, $A \Delta B = \{4, 5\}$. ■

Sind $S_1, S_2, \ldots$ beliebige Teilmengen einer gewissen Menge S, so setzen wir

$$\begin{aligned} \bigcup_{i=1}^{n} S_i &:= S_1 \cup \cdots \cup S_n \\ &:= \{s \in S : s \in S_i \quad \text{für mindestens ein} \quad 1 \leq i \leq n\} \end{aligned} \tag{1.6.1}$$

(*Vereinigung* der Mengen $S_1, \ldots, S_n$),

$$\begin{aligned} \bigcup_{i=1}^{\infty} S_i &:= S_1 \cup S_2 \cup \cdots \\ &:= \{s \in S : s \in S_i \quad \text{für mindestens ein} \quad i \geq 1\} \end{aligned} \tag{1.6.2}$$

(*Vereinigung* der Mengen $S_1, S_2, \ldots$),

$$\begin{aligned} \bigcap_{i=1}^{n} S_i &:= S_1 \cap \cdots \cap S_n \\ &:= \{s \in S : s \in S_i \quad \text{für alle} \quad 1 \leq i \leq n\} \end{aligned} \tag{1.6.3}$$

(*Durchschnitt* der Mengen $S_1, \dots, S_n$),

$$\bigcap_{i=1}^{\infty} S_i := S_1 \cap S_2 \cap \cdots := \{s \in S : s \in S_i \quad \text{für alle} \quad i \geq 1\} \tag{1.6.4}$$

(*Durchschnitt* der Mengen $S_1, S_2, \dots$) sowie

$$S_1^c := S \setminus S_1 := \{s \in S : s \notin S_1\} \tag{1.6.5}$$

(*Komplement* von S_1). Sei $J \neq \emptyset$ eine beliebige Indexmenge und gelte $S_j \subset S$ $(j \in J)$. Dann ist

$$\bigcup_{j \in J} S_j := \{s \in S : s \in S_j \quad \text{für mindestens ein} \quad j \in J\} \tag{1.6.6}$$

(*Vereinigung* der Mengen S_j, $j \in J$) usw. Die im folgenden Resultat zusammengefaßten Eigenschaften von Mengenoperationen werden häufig benutzt.

1.7 Satz. *Sei $J \neq \emptyset$ eine beliebige Indexmenge. R, S, T sowie R_j, S_j $(j \in J)$ seien beliebige Mengen; $T_j (j \in T)$ sowie U, V seien Teilmengen von T. Dann gilt*

$$R \cap \bigcup_{j \in J} R_j = \bigcup_{j \in J} (R \cap R_j). \tag{1.7.1}$$

$$U^{cc} := (U^c)^c = U. \tag{1.7.2}$$

$$(U \cup V) \setminus V = U \setminus V = U \setminus (U \cap V) = U \cap V^c. \tag{1.7.3}$$

$$\left(\bigcup_{j \in J} T_j \right)^c = \bigcap_{j \in J} T_j^c. \tag{1.7.4}$$

$$\left(\bigcap_{j \in J} T_j \right)^c = \bigcup_{j \in J} T_j^c. \tag{1.7.5}$$

$$U \Delta V = U^c \Delta V^c. \tag{1.7.6}$$

$$\left(\bigcup_{j \in J} R_j \right) \Delta \left(\bigcup_{j \in J} S_j \right) \subset \bigcup_{j \in J} (R_j \Delta S_j). \tag{1.7.7}$$

Für $n \geq 1$ gilt

$$R \Delta T \subset (R \Delta S_1) \cup (S_1 \Delta S_2) \cup \cdots \cup (S_{n-1} \Delta S_n) \cup (S_n \Delta T). \tag{1.7.8}$$

Die Beziehungen (1.7.4) und (1.7.5) heißen *Regeln von de Morgan.*

BEWEIS VON SATZ 1.7. (1.7.4) ergibt sich mit Hilfe der Äquivalenzen

$$\begin{aligned} t \in \left(\bigcup_{j\in J} T_j\right)^c &\Longleftrightarrow t \in T \quad \text{und} \quad t \notin \bigcup_{j\in J} T_j \\ &\Longleftrightarrow t \in T \quad \text{und} \quad t \notin T_j \quad \text{für alle} \quad j \in J \\ &\Longleftrightarrow t \in T_j^c \quad \text{für alle} \quad j \in J \\ &\Longleftrightarrow t \in \bigcap_{j\in J} T_j^c. \end{aligned}$$

(1.7.7) folgt aus (1.7.3), (1.7.4) und (1.7.1). Die Inklusion (1.7.8) ergibt sich durch mehrfache Anwendung der Inklusion

(1.7.9) $$S\Delta U \subset (S\Delta T) \cup (T\Delta U).$$

Zum Nachweis von (1.7.9) zeigen wir zunächst

(1.7.10) $$S \setminus U \subset (S \setminus T) \cup (T \setminus U).$$

Gilt nämlich $s \in S\setminus U$, so folgt $s \in S$ und $s \notin U$. Aus $s \notin T$ folgt $s \in S\setminus T \subset (S \setminus T) \cup (T \setminus U)$, während sich aus $s \in T$ $s \in T \setminus U \subset (S \setminus T) \cup (T \setminus U)$ ergibt. Aus (1.7.10) folgt $U \setminus S \subset (U \setminus T) \cup (T \setminus S)$, woraus sich mit Hilfe von (1.7.10) nach Vereinigungsbildung (1.7.9) ergibt. Der Nachweis der restlichen Aussagen sei dem Leser überlassen. ■

Für eine endliche Menge A mit $n \geq 0$ Elementen setzen wir

(1.7.11) $$\#A := |A| := n.$$

Ist A unendlich, so sei $\#A := |A| := \infty$.

Das folgende Resultat liefert eine Motivation für die Bezeichung „Potenzmenge".

1.8 Satz. *Für einen Grundraum Ω mit n Elementen $\omega_1, \ldots, \omega_n$ gilt*

(1.8.1) $$\#\mathcal{P}(\Omega) = 2^n.$$

BEWEIS. Einer Teilmenge $A = \{\omega_{i_1}, \ldots, \omega_{i_k}\}$ von Ω mit $1 \leq i_1 < \cdots < i_k \leq n$ $(0 \leq k \leq n)$ ordnen wir folgende 0-1-Folge $(\epsilon_1, \ldots, \epsilon_n)$ zu: Es gilt $\epsilon_j = 1$, falls $j \in \{i_1, \ldots, i_k\}$, und $\epsilon_j = 0$, falls $j \notin \{i_1, \ldots, i_k\}$. Diese Zuordnung ist ersichtlich eineindeutig, wobei z.B. der leeren Menge die Folge $(0, \ldots, 0)$ und Ω die Folge $(1, \ldots, 1)$ entspricht. Da offenbar *jede* 0-1-Folge einer gewissen Teilmenge von Ω zugeordnet wird, gibt es ebensoviele Teilmengen von Ω wie es 0-1-Folgen der Länge n gibt. Somit gilt (1.8.1). ■

1.9 Definition. Ein *Wahrscheinlichkeitsmaß* (kurz: *W.-Maß*) ist eine Abbildung $P : \mathcal{P}(\Omega) \longrightarrow \mathbb{R}$ mit folgenden Eigenschaften:

(WM1) Es gilt

(1.9.1) $$P(A) \geq 0, \quad A \in \mathcal{P}(\Omega).$$

(WM2) Für das sichere Ereignis Ω gilt

(1.9.2) $$P(\Omega) = 1.$$

(WM3) Sind die Ereignisse $A_1, A_2, \ldots$ *paarweise disjunkt*, d.h. gilt

(1.9.3) $$A_i \cap A_j = \emptyset, \quad i \neq j,$$

so folgt

(1.9.4) $$P\left(\bigcup_{i=1}^{\infty} A_i\right) = \sum_{i=1}^{\infty} P(A_i)$$

(*σ -Additivität*).

Ist $P : \mathcal{P}(\Omega) \longrightarrow \mathbb{R}$ ein W.-Maß und $A \in \mathcal{P}(\Omega)$ ein Ereignis, so heißt $P(A)$ die *Wahrscheinlichkeit* von A. ■

1.10 Bemerkungen. (a) Aufgrund des nachfolgenden Satzes hat ein W.-Maß P insbesondere die in der Einleitung genannte Eigenschaft der *Additivität*:

$$P(A \cup B) = P(A) + P(B), \quad \text{falls} \quad A \cap B = \emptyset.$$

(b) Werden die Ereignisse $A_1, A_2, \ldots$ beliebig permutiert, so bleibt die linke Seite in (1.9.4) jeweils unverändert. Aufgrund eines Resultats aus der klassischen Analysis ergibt sich (glücklicherweise !), daß der Wert der Reihe in (1.9.4) *nicht* von der Reihenfolge der (nichtnegativen !) Summanden $P(A_1), P(A_2), \ldots$ abhängt. ■

Das folgende Resultat faßt einige häufig benutzte Eigenschaften von W.-Maßen zusammen, die sich aus (WM1) - (WM3) ergeben.

1.11 Satz. *Ein W.-Maß $P : \mathcal{P}(\Omega) \longrightarrow \mathbb{R}$ hat folgende Eigenschaften:*

(a) *Es gilt*

(1.11.1) $$P(\emptyset) = 0.$$

(b) (*Additivität*) *Für paarweise disjunkte Ereignisse $A_1, \ldots, A_n$ gilt*

(1.11.2) $$P\left(\bigcup_{i=1}^{n} A_i\right) = \sum_{i=1}^{n} P(A_i).$$

(c) *Es gilt*

(1.11.3) $$0 \leq P(A) \leq 1, \quad A \in \mathcal{P}(\Omega).$$

(d) *Für beliebige Ereignisse A, B gilt*

(1.11.4) $$P(B \setminus A) = P(B) - P(A \cap B).$$

Insbesondere ergibt sich

(1.11.5) $$P(B \setminus A) = P(B) - P(A), \quad \textit{falls} \quad A \subset B \subset \Omega$$

und

(1.11.6) $$P(A^c) = 1 - P(A), \quad A \in \mathcal{P}(\Omega).$$

(e) (*Siebformeln*) *Für beliebige Ereignisse* A, B, C *gilt*

$$P(A \cup B) = P(A) + P(B) - P(A \cap B), \tag{1.11.7}$$

$$\begin{aligned} P(A \cup B \cup C) =& P(A) + P(B) + P(C) \\ &- P(A \cap B) - P(A \cap C) - P(B \cap C) \\ &+ P(A \cap B \cap C) \end{aligned} \tag{1.11.8}$$

sowie

$$\begin{aligned} P(A \cap B \cap C) =& P(A) + P(B) + P(C) \\ &- P(A \cup B) - P(A \cup C) - P(B \cup C) \\ &+ P(A \cup B \cup C). \end{aligned} \tag{1.11.9}$$

(f) (*Monotonie*) *Es gilt*

$$P(A) \leq P(B), \quad \textit{falls} \quad A \subset B \subset \Omega. \tag{1.11.10}$$

(g) (*Subadditivität*) *Für beliebige Ereignisse* $A_1, \ldots, A_n$ *gilt*

$$P\left(\bigcup_{i=1}^{n} A_i\right) \leq \sum_{i=1}^{n} P(A_i). \tag{1.11.11}$$

(h) (σ*-Subadditivität*) *Für beliebige Ereignisse* $A_1, A_2, \ldots$ *gilt*

$$P\left(\bigcup_{i=1}^{\infty} A_i\right) \leq \sum_{i=1}^{\infty} P(A_i). \tag{1.11.12}$$

(i) *Für beliebige Ereignisse* $A_1, A_2, \ldots$ *gilt*

$$P(A_1 \cup A_2 \cup \cdots) = 0, \quad \textit{falls} \quad P(A_n) = 0,\ n \geq 1 \tag{1.11.13}$$

und

$$P(A_1 \cap A_2 \cap \cdots) = 1, \quad \textit{falls} \quad P(A_n) = 1,\ n \geq 1. \tag{1.11.14}$$

(k) *Es gilt*

$$|P(A) - P(B)| \leq P(A \Delta B), \quad A, B \in \mathcal{P}(\Omega), \tag{1.11.15}$$

so daß insbesondere

$$P(A \Delta B) = 0 \implies P(A) = P(B), \quad A, B \in \mathcal{P}(\Omega). \tag{1.11.16}$$

Die Formeln (1.11.7) - (1.11.9), die manchmal auch *Einschluß-Ausschluß-Formeln* heißen, sind Spezialfälle einer allgemeineren *Siebformel*, die auch *Formel von Sylvester* genannt wird.

BEWEIS VON SATZ 1.11. (a) Aufgrund von (WM1) gilt $0 \leq P(\emptyset) < \infty$. Für $A_1 = A_2 = \cdots = \emptyset$ ist die linke Seite in (1.9.4) gleich $P(\emptyset)$. Aus $P(\emptyset) > 0$ würde mit Hilfe von (1.9.4) $P(\emptyset) = \infty$ folgen. Somit gilt (1.11.1).

(b) Sind die Ereignisse $A_1, \ldots, A_n$ paarweise disjunkt und setzen wir

$A_i = \emptyset$, $i \geq n+1$, so sind $A_1, A_2, \ldots$ paarweise disjunkt. Mit Hilfe von (WM3) und (a) ergibt sich also

$$P\left(\bigcup_{i=1}^{n} A_i\right) = P\left(\bigcup_{i=1}^{\infty} A_i\right) = \sum_{i=1}^{\infty} P(A_i) = \sum_{i=1}^{n} P(A_i).$$

(c) Für ein beliebiges Ereignis A erhält man wegen (WM2), (b) und (WM1)

$$1 = P(\Omega) = P(A \cup (\Omega \setminus A)) = P(A) + P(\Omega \setminus A) \geq P(A).$$

(d) Ersichtlich gilt $B = (B \setminus A) \cup (A \cap B)$. Da die Mengen $B \setminus A = B \setminus (A \cap B)$ und $A \cap B$ disjunkt sind, erhält man wegen (b) $P(B) = P(B \setminus A) + P(A \cap B)$ und somit (1.11.4).

(e) Wegen (1.7.3) gilt $(A \cup B) \setminus B = A \setminus (A \cap B)$, woraus sich mit Hilfe von (1.11.5) sofort (1.11.7) ergibt. Aus (1.11.7) sowie (1.7.1) folgt

$$\begin{aligned} P(A \cup B \cup C) &= P((A \cup B) \cup C) = P(A \cup B) + P(C) - P((A \cup B) \cap C) \\ &= P(A \cup B) + P(C) - P((A \cap C) \cup (B \cap C)). \end{aligned}$$

Erneute Anwendung von (1.11.7) liefert (1.11.8). Aufgrund von (1.7.4), (1.7.2) und (1.11.6) erhält man

$$P(A \cap B \cap C) = P((A^c \cup B^c \cup C^c)^c) = 1 - P(A^c \cup B^c \cup C^c),$$

so daß (1.11.9) eine einfache Konsequenz aus (1.11.8), (1.7.4) und (1.11.6) ist.

(f) Für Ereignisse $A \subset B \subset \Omega$ gilt $B = A \cup (B \setminus A)$, wobei die Mengen A und $B \setminus A$ disjunkt sind. Mit Hilfe von (b) und (WM1) erhält man also $P(B) = P(A) + P(B \setminus A) \geq P(A)$.

(g) folgt aus (h) und (1.11.1) für $A_{n+1} = A_{n+2} = \cdots = \emptyset$.

(h) Seien $A_1, A_2, \ldots$ beliebige Ereignisse. Der Leser überzeugt sich leicht davon, daß die Ereignisse $B_1 := A_1$, $B_2 := A_2 \setminus A_1$, $B_3 := A_3 \setminus (A_1 \cup A_2), \ldots$ paarweise disjunkt sind und $A_1 \cup A_2 \cup \cdots = B_1 \cup B_2 \cup \cdots$ ist. Aufgrund von (WM3) und (f) erhält man also wegen $B_n \subset A_n$ $(n \geq 1)$

$$P\left(\bigcup_{i=1}^{\infty} A_i\right) = P\left(\bigcup_{i=1}^{\infty} B_i\right) = \sum_{i=1}^{\infty} P(B_i) \leq \sum_{i=1}^{\infty} P(A_i).$$

(i) Die Aussage (1.11.13) folgt aus (h). Wendet man (1.11.13) auf die Ereignisse $A_1^c, A_2^c, \ldots$ an, erhält man (1.11.14) mit Hilfe von (1.7.5).

(k) Mit Hilfe von (1.11.4) ergibt sich

$$P(A \Delta B) = P(A \setminus B) + P(B \setminus A) = P(A) + P(B) - 2P(A \cap B), \quad A, B \in \mathcal{P}(\Omega),$$

so daß wegen der Monotonie von P

$$P(A) - P(B) \leq P(A) - P(A \cap B) \leq P(A) + P(B) - 2P(A \cap B) = P(A \Delta B)$$

für $A, B \in \mathcal{P}(\Omega)$. Analog gilt $P(B) - P(A) \leq P(A \Delta B)$, so daß sich (1.11.15) und somit auch (1.11.16) ergibt. ■

Auf den ersten Blick könnte man vermuten, daß es bereits für endliche Grundräume Ω mit vergleichsweise wenigen Elementen schwierig ist, W.-Maße zu konstruieren, da aufgrund von Satz 1.8 die Zahl der Ereignisse sehr rasch mit $\#\Omega$ wächst. (Zu einem Grundraum mit 20 Elementen gehören mehr als eine Million Ereignisse !) Es zeigt sich jedoch, daß W.-Maße P bereits eindeutig durch die Wahrscheinlichkeiten $P\{\omega\}$ der *Elementarereignisse* $\{\omega\}$, $\omega \in \Omega$, festgelegt werden. (Um Klammern zu sparen, schreiben wir $P\{\omega\}$ statt $P(\{\omega\})$!)

1.12 Satz. (a) *Ein W.-Maß $P : \mathcal{P}(\Omega) \longrightarrow [0,1]$ wird bereits eindeutig festgelegt durch die Wahrscheinlichkeiten*

(1.12.1) $$p_\omega := P\{\omega\}, \quad \omega \in \Omega$$

der Elementarereignisse $\{\omega\}$, $\omega \in \Omega$. Es gilt nämlich

(1.12.2) $$P(A) = \sum_{\omega \in A} p_\omega, \quad A \in \mathcal{P}(\Omega),$$

wobei

(1.12.3) $$p_\omega \geq 0 \quad (\omega \in \Omega) \quad \textit{und} \quad \sum_{\omega \in \Omega} p_\omega = 1.$$

(b) *Jedem $\omega \in \Omega$ sei eine Zahl p_ω zugeordnet derart, daß* (1.12.3) *gilt. Dann wird durch*

(1.12.4) $$P(A) := \sum_{\omega \in A} p_\omega, \quad A \in \mathcal{P}(\Omega)$$

ein W.-Maß $P : \mathcal{P}(\Omega) \longrightarrow [0,1]$ definiert.

Entsprechend der üblichen Konvention werden *leere Summen* gleich Null gesetzt, so daß

(1.12.5) $$\sum_{\omega \in \emptyset} p_\omega := 0.$$

BEWEIS VON SATZ 1.12. (a) Werden die Zahlen p_ω ($\omega \in \Omega$) durch (1.12.1) definiert, so ergeben sich (1.12.3) und (1.12.2) mit Hilfe der σ-Additivität von P, da ja jedes Ereignis $A \in \mathcal{P}(\Omega)$ disjunkte Vereinigung der Elementarereignisse $\{\omega\}$ ($\omega \in A$) ist.

(b) Aufgrund von (1.12.4) und (1.12.3) folgt zunächst $0 \leq P(A) \leq 1$ ($A \in \mathcal{P}(\Omega)$) und $P(\Omega) = 1$. Die durch (1.12.4) definierte Abbildung $P : \mathcal{P}(\Omega) \longrightarrow [0,1]$ ist σ-additiv, denn sind die Ereignisse $A_1, A_2, \ldots$ paarweise disjunkt, so folgt für $A := A_1 \cup A_2 \cup \cdots$

$$P(A) = \sum_{\omega \in A} p_\omega = \sum_{i=1}^{\infty} \sum_{\omega \in A_i} p_\omega = \sum_{i=1}^{\infty} P(A_i).$$

(Aufgrund von Bemerkung 1.10 (b) hängt der Wert der Reihe $\sum_{\omega \in A} p_\omega$ *nicht* von der Summationsreihenfolge ab !) ■

Ist $P : \mathcal{P}(\Omega) \longrightarrow [0,1]$ ein W.-Maß, so heißt (Ω, P) (oder ausführlicher: $(\Omega, \mathcal{P}(\Omega), P)$) ein *diskreter Wahrscheinlichkeitsraum* (*W.-Raum*).

1.12.1 Beispiel. Sei $\Omega = \{\omega_1, \dots, \omega_n\}$, so daß $\#\Omega = n$. Durch $P\{\omega_i\} := 1/n$ $(1 \leq i \leq n)$ wird aufgrund von Satz 1.12 (b) ein W.-Maß $P : \mathcal{P}(\Omega) \longrightarrow [0,1]$, die sog. *Gleichverteilung* auf Ω, definiert, und (Ω, P) heißt dann ein *Laplace-Modell.* (So spricht man etwa von einem *Laplace-Würfel,* wenn jede Augenzahl mit der Wahrscheinlichkeit 1/6 fällt.) Aufgrund von (1.12.4) gilt für das betrachtete Laplace-Modell

$$P(A) = (\#A)/(\#\Omega) = (\#A)/n, \quad A \in \mathcal{P}(\Omega), \tag{1.12.6}$$

und man schreibt statt (1.12.6) manchmal auch

$$P(A) = \frac{\text{Anzahl der günstigen Fälle}}{\text{Anzahl der möglichen Fälle}}, \quad A \in \mathcal{P}(\Omega), \tag{1.12.7}$$

wobei man unter den *günstigen Fällen* diejenigen möglichen Ausgänge versteht, bei denen A eintritt. Die Berechnung der Wahrscheinlichkeiten in (1.12.6) führt i.a. auf *kombinatorische Probleme,* die im vorliegenden Buch lediglich eine untergeordnete Rolle spielen. ■

1.12.2 Beispiel. Wir betrachten eine Situation, die nur formal etwas mit Wahrscheinlichkeitstheorie zu tun hat. In einer bestimmten Stadt erscheinen die Zeitungen a, b und c. Von den Einwohnern lesen 10% a, 30% b und 50% c. Weiter lesen 8% a und b, 2% a und c sowie 4% b und c, während 1% a, b und c lesen. Sei Ω die Menge der betrachteten Einwohner; A bezeichne die Menge der Leser von a (analog seien die Mengen B und C definiert). P sei die Gleichverteilung auf Ω, so daß $P(A)$ auch die *relative Häufigkeit* und $100P(A)$ der *Prozentanteil* der Leser von a heißt usw. $A \cup B \cup C$ ist die Menge der Leser, die mindestens eine Zeitung lesen, so daß aufgrund der Siebformel (1.11.8)

$$\begin{aligned} P(A \cup B \cup C) &= P(A) + P(B) + P(C) - P(A \cap B) - P(A \cap C) - P(B \cap C) \\ &\quad + P(A \cap B \cap C) \\ &= 0,1 + 0,3 + 0,5 - 0,08 - 0,02 - 0,04 + 0,01 = 0,77. \end{aligned}$$

77% der Einwohner lesen also mindestens eine Zeitung. Die Menge der Leute, die *genau zwei* Zeitungen lesen, ist

$$D := (A \cap B \cap C^c) \cup (A \cap B^c \cap C) \cup (A^c \cap B \cap C).$$

Aufgrund der Additivität von P (die drei Durchschnitte sind paarweise disjunkt !) und (1.11.4) folgt

$$\begin{aligned} P(D) &= P(A \cap B) - P(A \cap B \cap C) + P(A \cap C) - P(A \cap B \cap C) \\ &\quad + P(B \cap C) - P(A \cap B \cap C) \\ &= P(A \cap B) + P(A \cap C) + P(B \cap C) - 3P(A \cap B \cap C) \\ &= 0,08 + 0,02 + 0,04 - 3 \cdot 0,01 = 0,11, \end{aligned}$$

so daß 11% der Einwohner genau zwei Zeitungen lesen. ∎

1.12.3 Beispiel. Sei $\Omega = \{0,1,2,\dots\}$. Für eine Konstante $\lambda > 0$ sei

$$(1.12.8) \qquad P\{n\} := (\lambda^n/n!)e^{-\lambda}, \quad n \geq 0.$$

Aufgrund der Reihenentwicklung der Exponentialfunktion gilt $P\{0\}+P\{1\}+\dots = 1$, so daß durch (1.12.4) ein W.-Maß $P : \mathcal{P}(\Omega) \longrightarrow [0,1]$ definiert wird, das man als *Poisson-Verteilung* mit Parameter λ bezeichnet. Wegen (1.11.6) gilt z.B. $P\{3,4,5,\dots\} = 1 - P\{0,1,2\} = 1 - e^{-\lambda}(1+\lambda+\lambda^2/2)$. ∎

Weitere Beispiele für Verteilungen findet man im folgenden Kapitel (vgl. Beispiele 2.5.1 - 2.5.6 [2]).

1.2 Allgemeine Wahrscheinlichkeitsräume

Es gibt viele Zufallsphänomene, für welche die Menge der möglichen Realisierungen überzählbar ist.

2.1 Beispiel. (*Symmetrisches Glücksrad*) Ein Zeiger ist drehbar um eine vertikale Achse im Nullpunkt der euklidischen Ebene gelagert. Ein Zufallsexperiment bestehe darin, den Zeiger in Rotation zu versetzen. Aufgrund von Reibungskräften bleibt er nach einer gewissen Zeit stehen, so daß sich der Ausgang des Zufallsexperiments etwa durch den Winkel α beschreiben läßt, den der Zeiger mit der positiven x-Achse bildet. (Weist der Zeiger in Richtung der positiven x-Achse, ist $\alpha = 0°$; weist er in Richtung der positiven y-Achse, ist $\alpha = 90°$ usw.) Als Grundraum wählen wir $\Omega = [0,360[$ (ein halboffenes Intervall), da sich die Stellung $\alpha = 360°$ mit der Stellung $\alpha = 0°$ identifizieren läßt. „*Einfache*" Ereignisse sind die halboffenen Intervalle $[\alpha,\beta[\subset \Omega$ $(0 \leq \alpha \leq \beta \leq 360)$, wobei das Eintreten von $[\alpha,\beta[$ bedeutet, daß der Zeigerwinkel $\geq \alpha$ *und* $< \beta$ ist. Die Symmetrie des Glücksrades besagt intuitiv, daß alle Zeigerstellungen „gleichwahrscheinlich" sind. Für alle Intervalle $[\alpha,\beta[\subset \Omega$ sollte also gelten:

(2.1.1) Das Ereignis $[\alpha,\beta[$ tritt mit der Wahrscheinlichkeit $(\beta-\alpha)/360$ ein.

Da ein sinnvoll definiertes W.-Maß wieder monoton sein sollte, folgt aus (2.1.1) für *jedes* $\alpha \in \Omega$:

(2.1.2) Das Ereignis $\{\alpha\}$ hat die Wahrscheinlichkeit 0.

(Man beachte, daß in einem *diskreten* W.-Raum (Ω, P) aufgrund von Satz 1.12 *nicht* für alle $\omega \in \Omega$ $P\{\omega\} = 0$ gelten kann!)

Es liegt zunächst nahe, als Definitionsbereich für das gesuchte W.-Maß, für das (2.1.1) gelten soll, die *Potenzmenge* $\mathcal{P}(\Omega)$ (Familie aller Teilmengen von $\Omega = [0,360[$) zu wählen. Leider läßt sich folgendes negative Resultat beweisen: *Es existiert keine σ-additive Abbildung* $P : \mathcal{P}([0,360[) \longrightarrow [0,1]$

derart, daß

$$(2.1.3) \qquad P([\alpha,\beta[) = (\beta-\alpha)/360, \quad [\alpha,\beta[\in \mathcal{P}([0,360[).$$

(Die σ-Additivität von P wird auf naheliegende Weise — analog wie früher — definiert.) Dieses negative Resultat legt nahe, nach σ-additiven Abbildungen $P : \mathcal{A} \longrightarrow [0,1]$ zu suchen, die (2.1.3) erfüllen und für deren Definitionsbereich $\mathcal{A} \subset \mathcal{P}(\Omega)$ gilt:

$$(2.1.4) \qquad [\alpha,\beta[\in \mathcal{A}, \quad 0 \leq \alpha \leq \beta \leq 360;$$

(2.1.5) $\left\{ \text{Wendet man auf Mengen } A_1, A_2, \ldots \text{ aus } \mathcal{A} \text{ höchstens abzählbar viele der üblichen Mengenoperationen an, so erhält man wieder Mengen aus } \mathcal{A}; \right.$

(2.1.6) $\mathcal{A}$ ist möglichst klein.

Es zeigt sich: *Erfüllt* $\mathcal{A} \subset \mathcal{P}(\Omega)$ (2.1.4) - (2.1.6), *so existiert eine σ-additive Abbildung* $P : \mathcal{A} \longrightarrow [0,1]$ *derart, daß* (2.1.3) *gilt.* ■

Die Forderung (2.1.5) führt zu folgender allgemeinen

2.2 Definition. Sei Ω eine beliebige nichtleere Menge. Eine Familie $\mathcal{A} \subset \mathcal{P}(\Omega)$ heißt eine *σ-Algebra*, wenn gilt:

$$(2.2.1) \qquad \Omega \in \mathcal{A},$$

$$(2.2.2) \qquad A \in \mathcal{A} \Longrightarrow A^c = \Omega \setminus A \in \mathcal{A},$$

$$(2.2.3) \qquad A_1, A_2, \ldots \in \mathcal{A} \Longrightarrow \bigcup_{i=1}^{\infty} A_i \in \mathcal{A}.$$

■

Aus (2.2.1) - (2.2.3) folgt sofort, daß für jede σ-Algebra $\mathcal{A}$ $\emptyset \in \mathcal{A}$ und

$$(2.2.4) \qquad A_1, \ldots, A_n \in \mathcal{A} \Longrightarrow A_1 \cup \cdots \cup A_n \in \mathcal{A}$$

gilt.

Ist $\Omega \neq \emptyset$ eine beliebige Menge und $\mathcal{A} \subset \mathcal{P}(\Omega)$ eine σ-Algebra, so wird $(\Omega, \mathcal{A})$ ein *meßbarer Raum* genannt. Die Menge Ω heißt im folgenden auch *Grundraum*, während die Mengen aus $\mathcal{A}$ als *Ereignisse* bezeichnet werden.

2.3 Satz. *Sei $\mathcal{A}$ eine σ-Algebra von Teilmengen von Ω. Dann gilt:*

$$(2.3.1) \qquad A, B \in \mathcal{A} \Longrightarrow B \setminus A \in \mathcal{A}.$$

$$(2.3.2) \qquad A_1, \ldots, A_n \in \mathcal{A} \Longrightarrow A_1 \cap \cdots \cap A_n \in \mathcal{A}.$$

$$(2.3.3) \qquad A_1, A_2, \ldots \in \mathcal{A} \Longrightarrow A_1 \cap A_2 \cap \cdots \in \mathcal{A}.$$

BEWEIS. Für Mengen $A_1, A_2, \ldots \in \mathcal{A}$ folgt mit Hilfe von Satz 1.7 $A_1 \cap A_2 \cap \cdots = (A_1^c \cup A_2^c \cup \cdots)^c \in \mathcal{A}$. Die Aussage (2.3.2) folgt aus (2.3.3) für $A_{n+1} := A_{n+2} := \cdots = \Omega$. Schließlich ist (2.3.1) eine einfache Konsequenz aus (2.3.2), da ja $B \setminus A = B \cap A^c$. ■

Bevor wir einige Beispiele für σ-Algebren angeben, führen wir noch einen weiteren wichtigen Begriff ein.

2.4 Definition. Sei Ω eine beliebige nichtleere Menge. Unter einer *höchstens abzählbaren Zerlegung* von Ω versteht man eine höchstens abzählbare Familie (A_n) von Mengen $A_n \subset \Omega$ $(n \in J)$ derart, daß gilt:

(2.4.1)
$$A_i \cap A_j = \emptyset, \quad i \neq j$$

und

(2.4.2)
$$\bigcup_{n \in J} A_n = \Omega.$$

Sei $\mathcal{A} \subset \mathcal{P}(\Omega)$ eine σ-Algebra. Eine höchstens abzählbare Zerlegung (A_n) $(n \in J)$ von Ω heißt *meßbar* (genauer: *$\mathcal{A}$-meßbar*), wenn gilt:

(2.4.3)
$$A_n \in \mathcal{A}, \quad n \in J.$$

■

2.4.1 Beispiel. Sei Ω eine beliebige nichtleere Menge. Dann ist die *Potenzmenge* $\mathcal{P}(\Omega)$ (Familie *aller* Teilmengen von Ω — einschließlich $\emptyset$) die größte σ-Algebra von Teilmengen von Ω. Die kleinstmögliche σ-Algebra ist die *triviale σ-Algebra* $\{\emptyset, \Omega\}$. ■

2.4.2 Beispiel. Sei $A \subset \Omega$ eine Menge derart, daß $A \neq \emptyset$ und $A \neq \Omega$. Offenbar ist dann $\{\emptyset, A, A^c, \Omega\}$ die kleinste σ-Algebra, die A enthält. ■

2.4.3 Beispiel. Sei Ω eine beliebige nichtleere Menge und $B_1, B_2, \ldots$ eine abzählbare Zerlegung von Ω. Dann ist die Familie

(2.4.4)
$$\mathcal{A} := \left\{ \bigcup_{j \in J} B_j : J \subset \{1, 2, \ldots\} \right\}$$

aller möglichen Vereinigungen von Mengen aus der Familie (B_n) eine σ-Algebra. Wie üblich wird eine *leere Vereinigung* gleich $\emptyset$ gesetzt, so daß

(2.4.5)
$$\bigcup_{j \in \emptyset} B_j := \emptyset \in \mathcal{A}.$$

Klar ist $\Omega \in \mathcal{A}$. Zu Mengen $A_1, A_2, \ldots \in \mathcal{A}$ existieren Mengen $J(i) \subset \{1, 2, \ldots\}$ derart, daß

$$A_i = \bigcup_{j \in J(i)} B_j, \quad i = 1, 2, \ldots$$

Für $J := J(1) \cup J(2) \cup \cdots$ folgt $\bigcup_{j\in J} B_j = A_1 \cup A_2 \cup \cdots \in \mathcal{A}$. Ähnlich sieht man, daß $\mathcal{A}$ mit einer Menge A auch $\Omega \setminus A$ enthält. Ein analoges Resultat gilt für endliche Zerlegungen von Ω. ■

2.4.4 Beispiel. Sei $\mathcal{A}$ eine σ-Algebra von Teilmengen von Ω und $\emptyset \neq \tilde{\Omega} \subset \Omega$. (Es wird *nicht* $\tilde{\Omega} \in \mathcal{A}$ verlangt.) Mit Hilfe von Satz 1.7 ergibt sich leicht, daß die Familie

$$\tilde{\Omega} \cap \mathcal{A} := \{\tilde{\Omega} \cap A : A \in \mathcal{A}\} \tag{2.4.6}$$

eine σ-Algebra von Teilmengen von $\tilde{\Omega}$ ist. Man nennt $\tilde{\Omega} \cap \mathcal{A}$ die *Spur* von $\mathcal{A}$ auf $\tilde{\Omega}$. ■

Die Ausführungen im Zusammenhang mit einem symmetrischen Glücksrad motivieren zusätzlich folgende

2.5 Definition. Sei $\mathcal{A}$ eine σ-Algebra von Teilmengen von Ω. Ein *Wahrscheinlichkeitsmaß* (*W.-Maß*) auf $\mathcal{A}$ ist eine Abbildung $P : \mathcal{A} \longrightarrow \mathbb{R}$ mit den Eigenschaften (WM1)-(WM3) (vgl. Definition 1.9), wobei die Gültigkeit von (WM1), (WM3) *lediglich für Mengen aus* $\mathcal{A}$ (statt aus $\mathcal{P}(\Omega)$) verlangt wird. Die Eigenschaft (WM3) wird *σ-Additivität* von P genannt. Die Zahl $P(A)$ heißt die *Wahrscheinlichkeit* des Ereignisses $A \in \mathcal{A}$. Die Eigenschaften (WM1)-(WM3) werden auch *Kolmogorov-Axiome* genannt. ■

Ersichtlich gelten die Aussagen von Satz 1.11 analog für W.-Maße $P : \mathcal{A} \longrightarrow [0,1]$, *falls in Satz* 1.11 (b) - (k) *lediglich Mengen aus* $\mathcal{A}$ *betrachtet werden.*

Ist $\mathcal{A}$ eine σ-Algebra von Teilmengen von Ω und P ein W.-Maß auf $\mathcal{A}$, so heißt $(\Omega, \mathcal{A}, P)$ ein *Wahrscheinlichkeitsraum* (*W.-Raum*).

2.5.1 Beispiel. Sei Ω eine beliebige nichtleere Menge und $\mathcal{A} \subset \mathcal{P}(\Omega)$ eine σ-Algebra. Für ein *festes* Element $\omega \in \Omega$ wird durch $\delta_\omega(A) := 1$, falls $\omega \in A$, und $\delta_\omega(A) := 0$, falls $\omega \notin A$, ein W.-Maß δ_ω auf $\mathcal{A}$ definiert; δ_ω heißt das zu ω gehörige *Dirac-Maß*. ■

2.5.2 Beispiel. Sei Ω eine beliebige nichtleere Menge und $B_1, B_2, \ldots$ eine abzählbare Zerlegung von Ω derart, daß $B_n \neq \emptyset$ $(n \geq 1)$. Sei $\mathcal{A}$ die σ-Algebra der möglichen Vereinigungen von Mengen aus der Familie (B_n) (vgl. Beispiel 2.4.3). Jedem B_n sei eine Zahl $p_n \geq 0$ zugeordnet derart, daß $p_1 + p_2 + \cdots = 1$. Ersichtlich wird dann durch

$$P\left(\bigcup_{j\in J} B_j\right) = \sum_{j\in J} p_j, \quad J \subset \{1, 2, \ldots\} \tag{2.5.1}$$

ein W.-Maß P auf $\mathcal{A}$ definiert. Eine analoge Aussage gilt für endliche Zerlegungen von Ω. ■

2.5.3 Beispiel. Sei $(\Omega, \mathcal{A}, P)$ ein W.-Raum und $\tilde{\Omega} \in \mathcal{A}$ derart, daß $P(\tilde{\Omega}) > 0$. Sei $\tilde{\Omega} \cap \mathcal{A}$ die Spur von $\mathcal{A}$ auf $\tilde{\Omega}$ (vgl. Beispiel 2.4.4). Ersichtlich wird durch

$$\widetilde{P}(\widetilde{A}) := P(\widetilde{A})/P(\widetilde{\Omega}), \quad \widetilde{A} \in \widetilde{\Omega} \cap \mathcal{A} \tag{2.5.2}$$

ein W.-Maß $\widetilde{P}$ auf $\widetilde{\Omega} \cap \mathcal{A}$ definiert. Der W.-Raum $(\widetilde{\Omega}, \widetilde{\Omega} \cap \mathcal{A}, \widetilde{P})$ heißt dann die *Spur* des W.-Raums $(\Omega, \mathcal{A}, P)$ auf $\widetilde{\Omega}$. ■

Die σ-Additivität eines W.-Maßes P erweist sich als äquivalent zu gewissen *„Stetigkeitseigenschaften"* von P (man vgl. den nachfolgenden Satz 2.8 (b), (c), (d)). Wir formulieren ein entsprechendes Resultat (das später benötigt wird) sogleich allgemeiner für sog. Algebren, die Verallgemeinerungen von σ-Algebren darstellen.

2.6 Definition. Sei Ω eine beliebige nichtleere Menge und $\mathcal{A}_0 \subset \mathcal{P}(\Omega)$.

(a) $\mathcal{A}_0$ heißt eine *Algebra*, wenn gilt:

$$\Omega \in \mathcal{A}_0, \tag{2.6.1}$$

$$A \in \mathcal{A}_0 \Longrightarrow A^c = \Omega \setminus A \in \mathcal{A}_0 \tag{2.6.2}$$

sowie

$$A, B \in \mathcal{A}_0 \Longrightarrow A \cup B \in \mathcal{A}_0. \tag{2.6.3}$$

(b) $\mathcal{A}_0$ heißt $\cap$-*stabil*, wenn gilt:

$$A, B \in \mathcal{A}_0 \Longrightarrow A \cap B \in \mathcal{A}_0. \tag{2.6.4}$$

■

Aus (2.6.1), (2.6.2) folgt sofort, daß für jede Algebra $\mathcal{A}_0$ $\emptyset \in \mathcal{A}_0$ gilt. Man verifiziert leicht:

2.7 Satz. *Sei $\mathcal{A}_0 \subset \mathcal{P}(\Omega)$ eine Algebra. Dann gilt*

$$A, B \in \mathcal{A}_0 \Longrightarrow B \setminus A \in \mathcal{A}_0 \tag{2.7.1}$$

und

$$\mathcal{A}_0 \quad \textit{ist} \quad \cap-\textit{stabil}. \tag{2.7.2}$$

■

2.7.1 Beispiel. Jede σ-Algebra ist eine Algebra. ■

2.7.2 Beispiel. Sei $\Omega =]a, b]$ $(-\infty < a < b < \infty)$ ein halboffenes Intervall und $\mathcal{A}_0$ die Familie aller *endlichen* Vereinigungen von paarweise disjunkten Intervallen der Form $]c, d] \subset]a, b]$. (Es darf $c = d$ sein, so daß $\emptyset \in \mathcal{A}_0$!) Zeigen wir, daß $\mathcal{A}_0$ eine Algebra ist. Ersichtlich gilt $\Omega \in \mathcal{A}_0$. Sei $A =]c_1, d_1] \cup \dots \cup]c_m, d_m] \in \mathcal{A}_0$ eine disjunkte Vereinigung derart, daß $a \leq c_1 \leq \dots \leq c_m \leq d_m \leq b$. Dann folgt $A^c =]a, c_1] \cup]d_1, c_2] \cup \dots \cup]d_{m-1}, c_m] \cup]d_m, b] \in \mathcal{A}_0$, und für ein Intervall $]c, d] \subset \Omega$ erhält man

$$]c, d] \cup A =]c, d] \cup (A \setminus]c, d]) =]c, d] \cup \bigcup_{i=1}^{m} (]c_i, d_i] \setminus]c, d]) \in \mathcal{A}_0,$$

so daß (2.6.3) gilt. (Warum ?) *Die Algebra* $\mathcal{A}_0$ *ist keine* σ*-Algebra.* In der Tat, eine Menge aus $\mathcal{A}_0$ ist *entweder* leer *oder* überabzählbar. Wäre $\mathcal{A}_0$ eine σ-Algebra, so ergäbe sich wegen $]b-(b-a)/n, b] \in \mathcal{A}_0$ $(n \geq 1)$

$$\bigcap_{n=1}^{\infty}]b-(b-a)/n, b] = \{b\} \in \mathcal{A}_0,$$

also ein Widerspruch. ■

2.8 Satz. *Sei* $\mathcal{A}_0 \subset \mathcal{P}(\Omega)$ *eine Algebra und* $P : \mathcal{A}_0 \longrightarrow [0,1]$ *eine Abbildung mit folgenden beiden Eigenschaften:*

(I) P *ist normiert, d.h.*

(2.8.1) $$P(\Omega) = 1.$$

(II) P *ist additiv, d.h. für beliebige* $A, B \in \mathcal{A}_0$ *gilt:*

(2.8.2) $$A \cap B = \emptyset \Longrightarrow P(A \cup B) = P(A) + P(B).$$

Dann sind folgende vier Aussagen äquivalent:

(a) P *ist* σ*-additiv auf* $\mathcal{A}_0$*, d.h. es gilt für Mengen* $A_1, A_2, \ldots \in \mathcal{A}_0$*, die paarweise disjunkt sind,*

(2.8.3) $$\bigcup_{i=1}^{\infty} A_i \in \mathcal{A}_0 \Longrightarrow P\left(\bigcup_{i=1}^{\infty} A_i\right) = \sum_{i=1}^{\infty} P(A_i).$$

(b) *Sind* $A_1 \subset A_2 \subset \cdots$ *Mengen aus* $\mathcal{A}_0$ *derart, daß* $A := A_1 \cup A_2 \cup \cdots \in \mathcal{A}_0$*, so folgt*

(2.8.4) $$\lim_{n\to\infty} P(A_n) = P(A).$$

(c) *Sind* $A_1 \subset A_2 \subset \cdots$ *Mengen aus* $\mathcal{A}_0$ *derart, daß* $A_1 \cup A_2 \cup \cdots = \Omega$*, so folgt*

(2.8.5) $$\lim_{n\to\infty} P(A_n) = P(\Omega) = 1.$$

(d) *Sind* $A_1 \supset A_2 \supset \cdots$ *Mengen aus* $\mathcal{A}_0$ *derart, daß* $A_1 \cap A_2 \cap \cdots = \emptyset$*, so folgt*

(2.8.6) $$\lim_{n\to\infty} P(A_n) = P(\emptyset) = 0.$$

BEWEIS. Aus (I), (II) folgt ähnlich wie im Beweis von Satz 1.11

(2.8.7) $$P(\emptyset) = 0,$$

(2.8.8) $$A \subset B \Longrightarrow P(B \setminus A) = P(B) - P(A), \quad A, B \in \mathcal{A}_0$$

und

(2.8.9) $$A \subset B \Longrightarrow P(A) \leq P(B), \quad A, B \in \mathcal{A}_0,$$

d.h. P ist *monoton.* Aufgrund von (2.8.9) *existieren* die Grenzwerte in (2.8.4) - (2.8.6).

(a) $\Longrightarrow$ (b) Ähnlich wie im Beweis von Satz 1.11 (h) setzen wir $B_1 := A_1$

und $B_n := A_n \setminus A_{n-1}$ $(n \geq 2)$. Die Mengen $B_1, B_2, \ldots$ sind paarweise disjunkt, und es gilt wegen (2.8.8)

$$P(B_i) = P(A_i) - P(A_{i-1}) \quad (i \geq 2) \quad \text{sowie} \quad \bigcup_{i=1}^{\infty} B_i = A \in \mathcal{A}_0.$$

Da P σ-additiv auf $\mathcal{A}_0$ ist, folgt also

$$\begin{aligned} P(A) &= \sum_{i=1}^{\infty} P(B_i) = \lim_{n\to\infty} \sum_{i=1}^{n} P(B_i) \\ &= \lim_{n\to\infty} \left(P(A_1) + \sum_{i=2}^{n} (P(A_i) - P(A_{i-1})) \right) = \lim_{n\to\infty} P(A_n). \end{aligned}$$

(b) $\Longrightarrow$ (c) ist trivial.

(c) $\Longrightarrow$ (d) Da $A_1^c \subset A_2^c \subset \cdots$ und $A_1^c \cup A_2^c \cup \cdots = \Omega$, folgt wegen (c), (2.8.8) und (2.8.1)

$$1 = \lim_{n\to\infty} P(A_n^c) = 1 - \lim_{n\to\infty} P(A_n),$$

also (2.8.6).

(d) $\Longrightarrow$ (a) Sind die Mengen $A_n \in \mathcal{A}_0$ $(n \geq 1)$ paarweise disjunkt und ist $A := A_1 \cup A_2 \cup \cdots \in \mathcal{A}_0$, so gilt für die Mengen $B_n := A_1 \cup \cdots \cup A_n$ $B_n \in \mathcal{A}_0$ $(n \geq 1)$ und

$$A = B_1 \cup B_2 \cup \cdots \quad \text{sowie} \quad P(B_n) = P(A_1) + \cdots + P(A_n) \quad (n \geq 1). \tag{2.8.10}$$

Zum Nachweis von (2.8.3) reicht es also zu zeigen:

$$\lim_{n\to\infty} P(B_n) = P(A). \tag{2.8.11}$$

Wegen (2.8.10) ist

$$\emptyset = A \setminus \bigcup_{i=1}^{\infty} B_i = A \cap \bigcap_{i=1}^{\infty} B_i^c = \bigcap_{i=1}^{\infty} (A \cap B_i^c),$$

so daß sich wegen $A \cap B_1^c \supset A \cap B_2^c \supset \cdots$ aufgrund von (d) und (2.8.8)

$$0 = \lim_{n\to\infty} P(A \cap B_n^c) = \lim_{n\to\infty} P(A \setminus B_n) = P(A) - \lim_{n\to\infty} P(B_n),$$

d.h. (2.8.11) ergibt. ∎

Sei $(\Omega, \mathcal{A}, P)$ ein W.-Raum und $A_1, A_2, \ldots$ eine Folge von Ereignissen. Man kann sich fragen: Mit welcher Wahrscheinlichkeit treten unendlich viele von diesen Ereignissen ein ? Genauer wird hierbei folgendes Ereignis betrachtet („u.o." bedeutet „unendlich oft"):

$$\{A_n \text{ u.o.}\} := \{\omega \in \Omega : \omega \in A_n \quad \text{für unendlich viele} \quad n \geq 1\}. \tag{2.8.12}$$

(Dieses Ereignis wird manchmal auch mit $\limsup A_n$ bezeichnet.) Man überlegt sich leicht:

$$\{A_n \text{ u.o.}\} = \bigcap_{n=1}^{\infty} \bigcup_{k=n}^{\infty} A_k \in \mathcal{A}. \tag{2.8.13}$$

Die Menge $\{A_n \text{ u.o.}\}$ läßt sich auch mit Hilfe gewisser Funktionen, die auf Ω definiert sind, ausdrücken. Dazu ordnen wir jeder Menge $A \subset \Omega$ ihre *Indikatorfunktion* $I_A : \Omega \longrightarrow \{0,1\}$ zu, die definiert wird durch

$$I_A(\omega) := \begin{cases} 1, & \omega \in A \\ 0, & \omega \in \Omega \setminus A. \end{cases} \tag{2.8.14}$$

(Statt I_A schreiben wir auch $I(A)$, wenn dies typographisch zweckmäßiger ist !) Ersichtlich gilt dann

$$\{A_n \text{ u.o.}\} = \{\omega \in \Omega : \limsup_{n\to\infty} I_{A_n}(\omega) = 1\}. \tag{2.8.15}$$

Man zeigt leicht:

$$I_{A\cup B} = \max(I_A, I_B), \quad A, B \subset \Omega, \tag{2.8.16}$$

$$I_{A\cap B} = \min(I_A, I_B), \quad A, B \subset \Omega, \tag{2.8.17}$$

$$I_{B\setminus A} = I_B - I_A, \quad A \subset B \subset \Omega, \tag{2.8.18}$$

$$I_{A\Delta B} = |I_A - I_B|, \quad A, B \subset \Omega \tag{2.8.19}$$

und

$$A \subset B \Longleftrightarrow I_A \leq I_B, \quad A, B \subset \Omega. \tag{2.8.20}$$

Eine Teilantwort auf die obige Frage liefert das folgende *Borel-Cantelli-Lemma*, das häufig benutzt wird:

2.9 Satz. *Für beliebige Ereignisse* $A_1, A_2, \ldots$ *gilt:*

$$\sum_{n=1}^{\infty} P(A_n) < \infty \Longrightarrow P(A_n \text{ u.o.}) = 0. \tag{2.9.1}$$

BEWEIS. Setzen wir $B_n := A_n \cup A_{n+1} \cup \cdots$ $(n \geq 1)$, so folgt $B_1 \supset B_2 \supset \cdots$ und wegen (2.8.13) $\{A_n \text{ u.o.}\} = B_1 \cap B_2 \cap \cdots$, so daß wegen Satz 2.8

$$P(A_n \text{ u.o.}) = \lim_{n\to\infty} P(B_n). \tag{2.9.2}$$

Aus der σ-Subadditivität von P resultiert

$$P(B_n) \leq \sum_{k=n}^{\infty} P(A_k), \quad n \geq 1. \tag{2.9.3}$$

Gilt $P(A_1) + P(A_2) + \cdots < \infty$, so existiert zu jedem $\epsilon > 0$ ein $n(\epsilon) \geq 1$ derart, daß $P(A_n) + P(A_{n+1}) + \cdots < \epsilon$, $n \geq n(\epsilon)$, so daß sich aus (2.9.2) und (2.9.3) die Implikation (2.9.1) ergibt. ■

Als stochastisches Modell für ein symmetrisches Glücksrad kann ein W.-Raum $(\Omega, \mathcal{A}, P)$ ($\Omega = [0, 360[$) dienen, der die Bedingungen (2.1.3), (2.1.4) und (2.1.6) erfüllt. Das Problem, die Existenz eines derartigen W.-Raumes nachzuweisen, führt zu zwei Teilfragen:

- Existiert eine möglichst kleine σ-Algebra $\mathcal{A}$, für die (2.1.4) gilt ?
- Existiert ein W.-Maß P auf $\mathcal{A}$, das (2.1.3) erfüllt ?

Wir werden derartige Existenzprobleme für σ-Algebren und W.-Maße in den folgenden beiden Abschnitten behandeln.

1.3 Existenzproblem: σ-Algebren

Die erste Teilfrage, die am Ende des vorigen Abschnitts auftrat, wird zufriedenstellend beantwortet durch

3.1 Satz. *Sei Ω eine beliebige nichtleere Menge und $\mathcal{A}_0 \subset \mathcal{P}(\Omega)$ eine beliebige (evtl. leere !) Familie von „einfachen" Mengen. Dann existiert eine kleinste σ-Algebra (Bezeichnung: $\sigma(\mathcal{A}_0)$), die alle Mengen aus $\mathcal{A}_0$ enthält. Ist $\mathcal{A}_1 \subset \mathcal{P}(\Omega)$ eine σ-Algebra derart, daß $\mathcal{A}_0 \subset \mathcal{A}_1$, so gilt $\sigma(\mathcal{A}_0) \subset \mathcal{A}_1$.*

Die σ-Algebra $\sigma(\mathcal{A}_0)$ in Satz 3.1 heißt die *von $\mathcal{A}_0$ erzeugte σ-Algebra.* Man beachte:

(3.1.1) $$\sigma(\emptyset) = \{\emptyset, \Omega\}.$$

BEWEIS VON SATZ 3.1. Sei

$$\mathcal{M} := \{\mathcal{A}_1 : \mathcal{A}_1 \subset \mathcal{P}(\Omega) \quad \text{ist eine } \sigma\text{-Algebra derart, daß } \mathcal{A}_0 \subset \mathcal{A}_1\}.$$

Ersichtlich gilt $\mathcal{P}(\Omega) \in \mathcal{M}$. Der Leser verifiziert leicht, daß die Familie

$$\sigma(\mathcal{A}_0) := \bigcap_{\mathcal{A}_1 \in \mathcal{M}} \mathcal{A}_1$$

eine σ-Algebra ist derart, daß $\mathcal{A}_0 \subset \sigma(\mathcal{A}_0)$. (Man beachte: $\sigma(\mathcal{A}_0)$ enthält genau diejenigen Teilmengen von Ω, die zu *jeder* der σ-Algebren aus $\mathcal{M}$ gehören.) Sei $\mathcal{A}_1 \subset \mathcal{P}(\Omega)$ eine σ-Algebra derart, daß $\mathcal{A}_0 \subset \mathcal{A}_1$. Dann folgt $\mathcal{A}_1 \in \mathcal{M}$ und somit $\sigma(\mathcal{A}_0) \subset \mathcal{A}_1$. ■

3.1.1 Beispiel. Ist $\mathcal{A}_0 \subset \mathcal{P}(\Omega)$ eine σ-Algebra, so folgt $\sigma(\mathcal{A}_0) = \mathcal{A}_0$. ■

3.1.2 Beispiel. Sei Ω eine beliebige nichtleere Menge und (B_n) $(n \in J)$ eine höchstens abzählbare Zerlegung von Ω. Mit Hilfe von Beispiel 2.4.3 ergibt sich für $\mathcal{A}_0 := \{B_n : n \in J\}$

(3.1.2) $$\sigma(\mathcal{A}_0) = \left\{ \bigcup_{j \in \tilde{J}} B_j : \tilde{J} \subset J \right\}.$$

■

Das folgende Resultat zeigt, daß jede *endliche σ-Algebra* (d.h. eine σ-Algebra, die lediglich endlich viele Mengen enthält) dieselbe Form hat wie die σ-Algebra $\sigma(\mathcal{A}_0)$ in (3.1.2) im Fall einer endlichen Indexmenge J.

3.2 Satz. *Sei Ω eine beliebige nichtleere Menge und $\mathcal{A} \subset \mathcal{P}(\Omega)$ eine endliche σ-Algebra.*

(a) *Es existiert genau eine endliche Zerlegung $\mathcal{P}$ von Ω derart, daß gilt:*

$$\emptyset \notin \mathcal{P} \tag{3.2.1}$$

und

$$\sigma(\mathcal{P}) = \mathcal{A}. \tag{3.2.2}$$

(b) *Für $n := \#\mathcal{P}$ gilt*

$$\#\mathcal{A} = 2^n. \tag{3.2.3}$$

(Es besteht keine Gefahr, die Bezeichnung „$\mathcal{P}$" (als Anfangsbuchstabe von „Partition") für eine Zerlegung mit „$\mathcal{P}(\Omega)$" zu verwechseln.)

BEWEIS VON SATZ 3.2. Sei $\mathcal{A} = \{A_1, \ldots, A_m\}$. Für eine Menge $A \subset \Omega$ setzen wir vorübergehend $A^1 := A$ und $A^0 := \Omega \setminus A$. Sei

$$\mathcal{N}(m) := \{\delta = (\delta(1), \ldots, \delta(m)) : \delta(i) \in \{0,1\},\ 1 \leq i \leq m\}$$

und

$$B(\delta) := A_1^{\delta(1)} \cap \cdots \cap A_m^{\delta(m)}, \quad \delta \in \mathcal{N}(m),$$

so daß $B(\delta) \in \mathcal{A}$, $\delta \in \mathcal{N}(m)$. Die Mengen $B(\delta)$, $\delta \in \mathcal{N}(m)$, sind *paarweise disjunkt.* (Warum ?) Wir zeigen, daß

$$\mathcal{P} := \{B(\delta) : \delta \in \mathcal{N}(m),\ B(\delta) \neq \emptyset\}$$

eine Zerlegung von Ω ist, für die (3.2.2) gilt. Sei $\omega \in \Omega$. Für jedes $1 \leq i \leq m$ gilt entweder $\omega \in A_i^1$ oder $\omega \in A_i^0$, so daß $\omega \in B(\delta)$ für genau ein $\delta \in \mathcal{N}(m)$ gilt. Folglich ist $\mathcal{P}$ eine Zerlegung von Ω. Sei $B(\delta) \in \mathcal{P}$. Für jedes $1 \leq i \leq m$ gilt dann $B(\delta) \subset A_i$, falls $\delta(i) = 1$, und $B(\delta) \cap A_i = \emptyset$, falls $\delta(i) = 0$, so daß aufgrund von Beispiel 3.1.2 (3.2.2) gilt. Es ist klar, daß $\mathcal{P}$ durch (3.2.1) und (3.2.2) eindeutig bestimmt wird. (b) resultiert aus (a), da verschiedene Teilfamilien von $\mathcal{P}$ verschiedene Vereinigungen haben (man vgl. das Argument im Beweis von Satz 1.8). ■

3.3 Definition. Sei $(\Omega, \mathcal{A}, P)$ ein W.-Raum. Die σ-Algebra $\mathcal{A}$ heißt *ausgeartet*, falls gilt:

$$A \in \mathcal{A} \Longrightarrow P(A) \in \{0,1\}. \tag{3.3.1}$$

■

3.4 Satz. *Sei $(\Omega, \mathcal{A}, P)$ ein W.-Raum. Dann gilt:*

(a) *Die Familie*

$$\mathcal{A}_1 := \{A \in \mathcal{A} : P(A) \in \{0,1\}\} \tag{3.4.1}$$

ist eine σ-Algebra.

(b) *Sei $\mathcal{A}_0 \subset \mathcal{A}$ eine Familie von Ereignissen derart, daß*

$$A \in \mathcal{A}_0 \Longrightarrow P(A) \in \{0,1\}. \tag{3.4.2}$$

Dann ist $\sigma(\mathcal{A}_0)$ ausgeartet.

BEWEIS. (a) Ersichtlich gilt $\Omega \in \mathcal{A}_1$, und aus $A \in \mathcal{A}_1$ folgt $\Omega \setminus A \in \mathcal{A}_1$. Sei $A_1, A_2, \ldots \in \mathcal{A}_1$. Gilt für ein $i \geq 1$ $P(A_i) = 1$, so folgt aufgrund der Monotonie von P $P(A_1 \cup A_2 \cup \cdots) = 1$, während sich aus $P(A_i) = 0$ $(i \geq 1)$ mit Hilfe von Satz 1.11(i) $P(A_1 \cup A_2 \cup \cdots) = 0$ ergibt. In beiden Fällen folgt also $A_1 \cup A_2 \cup \cdots \in \mathcal{A}_1$.

(b) Aufgrund von (a) ist die Familie

$$\mathcal{M} := \{A \in \sigma(\mathcal{A}_0) : P(A) \in \{0,1\}\}$$

eine σ-Algebra derart, daß $\mathcal{A}_0 \subset \mathcal{M} \subset \sigma(\mathcal{A}_0)$. Daraus folgt $\sigma(\mathcal{A}_0) \subset \mathcal{M}$, so daß $\mathcal{M} = \sigma(\mathcal{A}_0)$. ■

Wir betrachten nun eine einfache Möglichkeit, wie man — ausgehend von meßbaren Räumen $(S_i, \mathcal{A}_i)$ $(i \geq 1)$ — weitere meßbare Räume konstruieren kann. Das folgende Vorgehen wird dadurch motiviert, daß — ähnlich wie in Beispiel 1.5 — ein Zufallsexperiment in der Hintereinanderausführung von Zufallsexperimenten mit den Grundräumen Ω_i besteht.

Die *kartesischen Produkte* $S_1 \times \cdots \times S_n$ $(n \geq 1)$ und $S_1 \times S_2 \times \cdots$ (abzählbar viele „Faktoren" !) werden definiert durch

(3.4.3) $$S_1 \times \cdots \times S_n := \{s = (s_1, \ldots, s_n) : s_i \in S_i, \quad 1 \leq i \leq n\}$$

und

(3.4.4) $$S_1 \times S_2 \times \cdots := \{s = (s_1, s_2, \ldots) : s_i \in S_i, \quad i \geq 1\}.$$

3.5 Definition. Seien $(S_i, \mathcal{A}_i)$ $(i \geq 1)$ meßbare Räume. Die σ-Algebra

(3.5.1) $$\sigma\{A_1 \times \cdots \times A_n : A_i \in \mathcal{A}_i,\ 1 \leq i \leq n\} \subset \mathcal{P}(S_1 \times \cdots \times S_n)$$

heißt das *Produkt der σ-Algebren* $\mathcal{A}_1, \ldots, \mathcal{A}_n$ und wird mit $\mathcal{A}_1 \otimes \cdots \otimes \mathcal{A}_n$ $(n \geq 1)$ bezeichnet. Analog heißt

(3.5.2) $$\sigma\{A_1 \times A_2 \times \cdots : A_i \in \mathcal{A}_i,\ i \geq 1\} \subset \mathcal{P}(S_1 \times S_2 \times \cdots)$$

das *Produkt der σ-Algebren* $\mathcal{A}_1, \mathcal{A}_2, \ldots$ (Bezeichung: $\mathcal{A}_1 \otimes \mathcal{A}_2 \otimes \cdots$). Der meßbare Raum $(S_1 \times \cdots \times S_n, \mathcal{A}_1 \otimes \cdots \otimes \mathcal{A}_n)$ bzw. $(S_1 \times S_2 \times \cdots, \mathcal{A}_1 \otimes \mathcal{A}_2 \otimes \cdots)$ heißt das *Produkt der meßbaren Räume* $(S_i, \mathcal{A}_i)$ $(1 \leq i \leq n)$ bzw. $(S_i, \mathcal{A}_i)$ $(i \geq 1)$. (Achtung: Das Produkt $\mathcal{A}_1 \otimes \cdots \otimes \mathcal{A}_n$ ist nicht zu verwechseln mit dem kartesischen Produkt $\mathcal{A}_1 \times \cdots \times \mathcal{A}_n$!) ■

3.6 Satz. *Seien $(S_i, \mathcal{A}_i)$ $(i \geq 1)$ meßbare Räume. Für jedes $i \geq 1$ sei $\mathcal{A}_{i0} \subset \mathcal{A}_i$ eine Familie von Mengen derart, daß*

(3.6.1) $$\sigma(\mathcal{A}_{i0}) = \mathcal{A}_i.$$

(a) *Existiert für jedes $i \geq 1$ eine Folge $A_{i1}, A_{i2}, \ldots$ von Mengen aus $\mathcal{A}_{i0}$ derart, daß*

(3.6.2) $$A_{i1} \cup A_{i2} \cup \cdots = S_i,$$

so gilt für $n \geq 2$

(3.6.3) $$\sigma\{A_1 \times \cdots \times A_n : A_i \in \mathcal{A}_{i0},\ 1 \leq i \leq n\} = \mathcal{A}_1 \otimes \cdots \otimes \mathcal{A}_n.$$

(b) *Gilt*

$$S_i \in \mathcal{A}_{i0}, \quad i \geq 1, \tag{3.6.4}$$

so folgt

$$\sigma\{A_1 \times A_2 \times \cdots : A_i \in \mathcal{A}_{i0},\, i \geq 1\} = \mathcal{A}_1 \otimes \mathcal{A}_2 \otimes \cdots . \tag{3.6.5}$$

(c) *Die Voraussetzungen in* (a) *seien erfüllt. Setzt man für* $n \geq 1$

$$\mathcal{H}_n := \{A_1 \times \cdots \times A_n \times S_{n+1} \times S_{n+2} \times \cdots : A_i \in \mathcal{A}_{i0},\ 1 \leq i \leq n\},$$

so folgt für die Familie $\mathcal{H} := \mathcal{H}_1 \cup \mathcal{H}_2 \cup \cdots$

$$\sigma(\mathcal{H}) = \mathcal{A}_1 \otimes \mathcal{A}_2 \otimes \cdots . \tag{3.6.6}$$

BEWEIS. (a) $\mathcal{F}$ bezeichne die σ-Algebra auf der linken Seite in (3.6.3), so daß trivialerweise $\mathcal{F} \subset \mathcal{A}_1 \otimes \cdots \otimes \mathcal{A}_n$. Es bleibt zu zeigen: $\mathcal{A}_1 \otimes \cdots \otimes \mathcal{A}_n \subset \mathcal{F}$. Letzteres folgt aus

$$A_1 \times \cdots \times A_n \in \mathcal{F}, \quad A_i \in \mathcal{A}_i \quad (1 \leq i \leq n). \tag{3.6.7}$$

Da die Menge auf der linken Seite in (3.6.7) Durchschnitt der Mengen $S_1 \times \cdots \times S_{i-1} \times A_i \times S_{i+1} \times \cdots \times S_n$ $(1 \leq i \leq n)$ ist, reicht es also zum Nachweis von (3.6.7) zu zeigen:

$$S_1 \times \cdots \times S_{i-1} \times A_i \times S_{i+1} \times \cdots \times S_n \in \mathcal{F}, \quad A_i \in \mathcal{A}_i \ (1 \leq i \leq n). \tag{3.6.8}$$

Aus typographischen Gründen verifizieren wir (3.6.8) im Fall $n = 2$ und $i = 1$. (Der Nachweis für beliebige $n \geq 2$ und $1 \leq i \leq n$ verläuft völlig analog.) Sei

$$\mathcal{F}_1 := \{A \in \mathcal{A}_1 : A \times S_2 \in \mathcal{F}\}.$$

$\mathcal{F}_1$ ist eine σ-Algebra. In der Tat, da $\mathcal{F} \subset \mathcal{P}(S_1 \times S_2)$ eine σ-Algebra ist, folgt $S_1 \times S_2 \in \mathcal{F}$, so daß $S_1 \in \mathcal{F}_1$. Aus $A \in \mathcal{F}_1$ folgt wegen $(S_1 \setminus A) \times S_2 = (S_1 \times S_2) \setminus (A \times S_2) \in \mathcal{F}$, daß $S_1 \setminus A \in \mathcal{F}_1$. Für Mengen $A_i \in \mathcal{F}_1$ $(i \geq 1)$ folgt $A_1 \cup A_2 \cup \cdots \in \mathcal{F}_1$ wegen $(A_1 \cup A_2 \cup \cdots) \times S_2 = (A_1 \times S_2) \cup (A_2 \times S_2) \cup \cdots \in \mathcal{F}$, so daß $\mathcal{F}_1$ eine σ-Algebra ist. Sei $A \in \mathcal{A}_{10}$. Da $A \times A_{2k} \in \mathcal{F}$ $(k \geq 1)$, folgt wegen (3.6.2) $A \times S_2 = (A \times A_{21}) \cup (A \times A_{22}) \cup \cdots \in \mathcal{F}$, $k \geq 1$. Dies impliziert $\mathcal{A}_{10} \subset \mathcal{F}_1 \subset \mathcal{A}_1$, so daß wegen (3.6.1) $\mathcal{F}_1 = \mathcal{A}_1$. Folglich gilt (3.6.8) im Fall $n = 2$ und $i = 1$. (b) und (c) beweist man analog wie (a), wobei man benutzt, daß eine Menge $A_1 \times A_2 \times \cdots$ $(A_i \subset S_i,\ i \geq 1)$ Durchschnitt der Mengen $S_1 \times \cdots \times S_{i-1} \times A_i \times S_{i+1} \times S_{i+2} \times \cdots$ $(i \geq 1)$ ist. ∎

Wir führen nun für die Menge $\mathbb{R}$ und allgemeiner für $\mathbb{R}^d = \mathbb{R} \times \cdots \times \mathbb{R}$ (d Faktoren) sowie

$$\mathbb{R}^\infty := \{x = (x_0, x_1, \ldots) : \ x_i \in \mathbb{R},\ i \geq 0\} \tag{3.6.9}$$

jeweils die σ-Algebra der sog. Borel-Mengen ein. Die sich auf diese Weise ergebenden meßbaren Räume sind für die Wahrscheinlichkeitstheorie von grundlegender Bedeutung.

3.7 Definition. Die σ-Algebra

(3.7.1) $$\mathcal{R} := \mathcal{R}_1 := \sigma\{]a,b[: -\infty < a < b < \infty\} \subset \mathcal{P}(\mathbb{R})$$

heißt die *Borel-σ-Algebra* in $\mathbb{R}$; die Mengen aus $\mathcal{R}$ heißen *Borel-Mengen* in $\mathbb{R}$ (oder auch *eindimensionale Borel-Mengen*). Allgemeiner heißt die σ-Algebra

(3.7.2) $$\mathcal{R}_d := \mathcal{R} \otimes \cdots \otimes \mathcal{R} \subset \mathcal{P}(\mathbb{R}^d) \quad (d \geq 1)$$

die *Borel-σ-Algebra* in $\mathbb{R}^d$; die Mengen aus $\mathcal{R}_d$ heißen entsprechend *Borel-Mengen* in $\mathbb{R}^d$ (oder auch *d-dimensionale Borel-Mengen*). Schließlich ist

(3.7.3) $$\mathcal{R}_\infty := \mathcal{R} \otimes \mathcal{R} \otimes \cdots \subset \mathcal{P}(\mathbb{R}^\infty)$$

die *Borel-σ-Algebra* in $\mathbb{R}^\infty$. ■

3.8 Bemerkung. Unter Benutzung des Auswahlaxioms der Mengenlehre läßt sich beweisen:

(3.8.1) $$\mathcal{R}_d \neq \mathcal{P}(\mathbb{R}^d), \quad d \geq 1$$

und

(3.8.2) $$\mathcal{R}_\infty \neq \mathcal{P}(\mathbb{R}^\infty).$$

■

Das folgende Resultat zeigt u.a., daß die σ-Algebra in (3.7.1) unverändert bleibt, wenn man die offenen Intervalle $]a,b[$ ersetzt durch abgeschlossene bzw. halboffene Intervalle.

3.9 Satz. *Es gilt*

(3.9.1) $$\mathcal{R} = \sigma\{]-\infty,a[: a \in \mathbb{R}\},$$

(3.9.2) $$\mathcal{R} = \sigma\{]a,b] : -\infty < a < b < \infty\},$$

(3.9.3) $$\mathcal{R} = \sigma\{]-\infty,a] : a \in \mathbb{R}\},$$

(3.9.4) $$\mathcal{R} = \sigma\{[a,b] : -\infty < a \leq b < \infty\},$$

(3.9.5) $$\mathcal{R} = \sigma\{[a,b[: -\infty < a < b < \infty\},$$

(3.9.6) $$\mathcal{R}_d = \sigma\{G : G \subset \mathbb{R}^d \quad \textit{ist offen}\}, \quad d \geq 1$$

und

(3.9.7) $$\mathcal{R}_d = \sigma\{A : A \subset \mathbb{R}^d \quad \textit{ist abgeschlossen}\}, \quad d \geq 1.$$

3.10 Bemerkungen. (a) Es sei daran erinnert, daß eine Menge $G \subset \mathbb{R}^d$ *offen* heißt, falls zu jedem $x \in G$ eine Zahl $\delta > 0$ existiert derart, daß

(3.10.1) $$\{y \in \mathbb{R}^d : ||y - x|| < \delta\} \subset G.$$

Hierin bezeichnet $||\cdot||$ die übliche euklidische Norm; die Menge auf der linken Seite in (3.10.1) ist die *offene Kugel* in $\mathbb{R}^d$ mit Mittelpunkt x und Radius δ. Man sieht leicht, daß etwa $\mathbb{R}^d$ sowie alle Mengen der Form $]a_1,b_1[\times \cdots \times]a_d,b_d[$ $(-\infty < a_i \leq b_i < \infty,\ 1 \leq i \leq d)$ offen sind. Eine Menge $A \subset \mathbb{R}^d$ heißt *abgeschlossen*, falls für eine Folge $(x_n) \subset A$, die gegen ein $x \in \mathbb{R}^d$ konvergiert (d.h. für die $\|x_n - x\| \to 0$ $(n \to \infty)$ gilt), $x \in A$ ist. Man kann zeigen:

(3.10.2) $\quad A \subset \mathbb{R}^d$ ist abgeschlossen $\iff$ $\mathbb{R}^d \setminus A$ ist offen.

Abgeschlossene Mengen sind etwa $\mathbb{R}^d$, $\emptyset$ sowie alle Mengen der Form $[a_1, b_1] \times \cdots \times [a_d, b_d]$, $-\infty < a_i \le b_i < \infty$ $(1 \le i \le d)$.

(b) Motiviert durch (3.9.6) kann man in einem beliebigen topologischen Raum die von den offenen Mengen erzeugte σ-Algebra betrachten, deren Mengen *Borel-Mengen* genannt werden. ∎

BEWEIS VON SATZ 3.9. Wir bezeichnen die σ-Algebren auf den rechten Seiten in (3.9.1) - (3.9.7) mit $\mathcal{A}_1, \mathcal{A}_2, \ldots$ bzw. $\mathcal{A}_7$. Da für $-\infty < a < b < \infty$

$$]a,b] = \bigcap_{n=1}^{\infty}]a, b + 1/n[\in \mathcal{R} \quad \text{und} \quad]a,b[= \bigcup_{n=1}^{\infty}]a, b - (b-a)/n] \in \mathcal{A}_2,$$

gilt (3.9.2). Da für $-\infty < a < b < \infty$

$$[a,b] = \bigcap_{n=1}^{\infty}]a - 1/n, b] \in \mathcal{A}_2 = \mathcal{R} \quad \text{und} \quad]a,b] = \bigcup_{n=1}^{\infty} [a + (b-a)/n, b] \in \mathcal{A}_4,$$

gilt (3.9.4). Ähnlich erhält man (3.9.5). Da

$$]-\infty, a[=]a-1, a[\cup]a-2, a[\cup \cdots \in \mathcal{R} \quad (a \in \mathbb{R}),$$

folgt $\mathcal{A}_1 \subset \mathcal{R}$, während sich aus $]-\infty, b[\setminus]-\infty, a[= [a, b[\in \mathcal{A}_5 = \mathcal{R}$ $(-\infty < a < b < \infty)$ $\mathcal{R} \subset \mathcal{A}_1$ und somit (3.9.1) ergibt. Ähnlich erhält man (3.9.3). Da die Mengen der Form

$$]a_1, b_1[\times \cdots \times]a_d, b_d[, \quad -\infty < a_i < b_i < \infty, \quad 1 \le i \le d$$

(deren Familie wegen Satz 3.6 (a) $\mathcal{R}_d$ erzeugt!) offen sind, folgt $\mathcal{R}_d \subset \mathcal{A}_6$. Ersichtlich ist jede nichtleere offene Menge G eine höchstens abzählbare Vereinigung von Mengen der Form $]a_1 - \Delta, a_1 + \Delta[\times \cdots \times]a_d - \Delta, a_d + \Delta[$ für geeignete *rationale* Zahlen $\Delta > 0, a_1, \ldots, a_d$ (dies folgt aus (3.10.1)). Dies impliziert $\mathcal{A}_6 \subset \mathcal{R}_d$ und somit (3.9.6). Schließlich folgt (3.9.7) aus (3.9.6) und (3.10.2). ∎

3.11 Korollar. (a) *Für $d \ge 1$ gilt*

(3.11.1) $\quad \sigma\{]-\infty, a_1[\times \cdots \times]-\infty, a_d[: (a_1, \ldots, a_d) \in \mathbb{R}^d\} = \mathcal{R}_d$

und

(3.11.2) $\quad \sigma\{]-\infty, a_1] \times \cdots \times]-\infty, a_d] : (a_1, \ldots, a_d) \in \mathbb{R}^d\} = \mathcal{R}_d.$

(b) *Setzt man für $n \ge 1$*

$$\mathcal{G}_n := \{]-\infty, a_0[\times \cdots \times]-\infty, a_{n-1}[\times \mathbb{R} \times \mathbb{R} \times \cdots : (a_0, \ldots, a_{n-1}) \in \mathbb{R}^n\}$$

und

$$\mathcal{F}_n := \{]-\infty, a_0] \times \cdots \times]-\infty, a_{n-1}] \times \mathbb{R} \times \mathbb{R} \times \cdots : (a_0, \ldots, a_{n-1}) \in \mathbb{R}^n\},$$

so gilt für die Familien $\mathcal{G} := \mathcal{G}_1 \cup \mathcal{G}_2 \cup \cdots$ und $\mathcal{F} := \mathcal{F}_1 \cup \mathcal{F}_2 \cup \cdots$

$$\sigma(\mathcal{G}) = \sigma(\mathcal{F}) = \mathcal{R}_\infty. \tag{3.11.3}$$

BEWEIS. Die Beziehungen (3.11.1) und (3.11.2) folgen aus Satz 3.6 (a) aufgrund von (3.9.1) bzw. (3.9.3), während sich (3.11.3) aus Satz 3.6 (c) aufgrund von (3.9.1) und (3.9.3) ergibt. ■

3.12 Korollar. *Gilt $B_i \in \mathcal{R}_{d(i)}$, $1 \le i \le n$, so folgt für $d := d(1) + \cdots + d(n)$*

$$B_1 \times \cdots \times B_n \in \mathcal{R}_d. \tag{3.12.1}$$

BEWEIS. Ein Induktionsargument zeigt, daß es reicht, die Behauptung für $n = 2$ zu beweisen. Aus typographischen Gründen zeigen wir lediglich

$$B \times C \in \mathcal{R}_3, \quad B \in \mathcal{R}_2, \quad C \in \mathcal{R}. \tag{3.12.2}$$

Für festes $a \in \mathbb{R}$ sei

$$\mathcal{M} := \{B \in \mathcal{R}_2 : B \times\,]-\infty, a[\, \in \mathcal{R}_3\}.$$

Man sieht leicht, daß $\mathcal{M}$ eine σ-Algebra ist, die wegen Korollar 3.11 (a) alle Mengen der Form $]-\infty, a_1[\, \times\,]-\infty, a_2[$, $(a_1, a_2) \in \mathbb{R}^2$, enthält. Korollar 3.11 (a) impliziert somit $\mathcal{M} = \mathcal{R}_2$, so daß (3.12.2) für beliebige Mengen $B \in \mathcal{R}_2$ und $C = \,]-\infty, a[$ $(a \in \mathbb{R})$ gilt. Für ein $B \in \mathcal{R}_2$ sei

$$\mathcal{M}(B) := \{C \in \mathcal{R} : B \times C \in \mathcal{R}_3\}.$$

Ähnlich wie zuvor folgt $\mathcal{M}(B) = \mathcal{R}$, so daß (3.12.2) gilt. ■

Für eine nichtleere Borel-Menge $A \in \mathcal{R}_d$ ist die σ-Algebra

$$\mathcal{R}_d(A) := A \cap \mathcal{R}_d := \{A \cap B : B \in \mathcal{R}_d\} \tag{3.12.3}$$

die Spur von $\mathcal{R}_d$ auf A (vgl. Beispiel 2.4.4); statt $\mathcal{R}_1(A)$ schreiben wir auch $\mathcal{R}(A)$. Die Mengen aus $\mathcal{R}_d(A)$ heißen *Borel-Mengen* in A oder auch *Borelsche Teilmengen von A*. Wir beweisen im Fall $d = 1$:

3.13 Satz. *Für $-\infty < a < b < \infty$ gilt*

$$\mathcal{R}(]a,b[) = \sigma\{]c,d[: a \le c < d \le b\}, \tag{3.13.1}$$

$$\mathcal{R}([a,b]) = \sigma\{[c,d] : a \le c \le d \le b\}, \tag{3.13.2}$$

$$\mathcal{R}(]a,b]) = \sigma\{]c,d] : a \le c < d \le b\}. \tag{3.13.3}$$

BEWEIS. Bezeichnen wir die σ-Algebra auf der rechten Seite in (3.13.1) mit $\mathcal{A}_1$, so folgt aus (3.7.1) $\mathcal{A}_1 \subset \mathcal{R}(]a,b[)$. Zum Nachweis von $\mathcal{R}(]a,b[) \subset \mathcal{A}_1$ sei

$$\mathcal{M}_1 := \{A \in \mathcal{R} : A \cap\,]a,b[\, \in \mathcal{A}_1\}.$$

Man sieht leicht: $\mathcal{M}_1$ ist eine Teil-σ-Algebra von $\mathcal{R}$, für die gilt: $]c,d[\, \in \mathcal{M}_1$, $-\infty < c < d < \infty$. Wegen (3.7.1) impliziert dies $\mathcal{M}_1 = \mathcal{R}$, d.h. $\mathcal{R}(]a,b[) \subset \mathcal{A}_1$. Somit gilt (3.13.1). Ähnlich beweist man (3.13.2) und (3.13.3). ■

3.13.1 Beispiel. Jede höchstens abzählbare Teilmenge von $\mathbb{R}^d$ bzw. $\mathbb{R}^\infty$ gehört zu $\mathcal{R}_d$ bzw. $\mathcal{R}_\infty$. (Dies folgt aus (3.9.4).) ■

3.13.2 Beispiel. Für eine Menge $A \subset \mathbb{R}^d$, $a = (a_1, \ldots, a_d) \in \mathbb{R}^d$ und $t = (t_1, \ldots, t_d) \in \mathbb{R}^d$ derart, daß $t_i \neq 0$, $1 \leq i \leq d$, setzen wir

$$(3.13.4) \qquad a + A := \{a + x : x \in A\}$$

($a + x$ bezeichnet die übliche Vektoraddition) und

$$(3.13.5) \qquad t \bullet A := \{t \bullet x : x \in A\},$$

wobei $t \bullet (x_1, \ldots, x_d) := (t_1 x_1, \ldots, t_d x_d)$, $(x_1, \ldots, x_d) \in \mathbb{R}^d$. Dann gilt

$$(3.13.6) \qquad A \in \mathcal{R}_d \Longrightarrow a + A \in \mathcal{R}_d,$$

$$(3.13.7) \qquad A \in \mathcal{R}_d \Longrightarrow t \bullet A \in \mathcal{R}_d.$$

Wir verifizieren lediglich (3.13.7) (der Nachweis von (3.13.6) verläuft analog). Für ein $t = (t_1, \ldots, t_d) \in \mathbb{R}^d$ derart, daß $t_i \neq 0$, $1 \leq i \leq d$, sei $\mathcal{M}(t) := \{A \in \mathcal{R}_d : t \bullet A \in \mathcal{R}_d\}$. Da durch die Abbildung $x \longmapsto t \bullet x$ $\mathbb{R}^d$ eineindeutig auf sich abgebildet wird, gilt $t \bullet (\mathbb{R}^d \setminus A) = \mathbb{R}^d \setminus (t \bullet A)$ $(A \subset \mathbb{R}^d)$ und $t \bullet (A_1 \cup A_2 \cup \cdots) = (t \bullet A_1) \cup (t \bullet A_2) \cup \cdots (A_i \subset \mathbb{R}^d, i \geq 1)$. Somit ist $\mathcal{M}(t)$ eine σ-Algebra, für die

$$]-\infty, a_1[\times \cdots \times]-\infty, a_d[\in \mathcal{M}(t), \quad (a_1, \ldots, a_d) \in \mathbb{R}^d$$

gilt (man unterscheide die Fälle $t_i > 0$ und $t_i < 0$). Wegen Korollar 3.11 (a) folgt $\mathcal{M}(t) = \mathcal{R}_d$, d.h. (3.13.7). ∎

3.13.3 Beispiel. Für $d \geq 2$ gilt

$$(3.13.8) \qquad B_1(d) := \{(x_1, \ldots, x_d) \in \mathbb{R}^d : x_1 < \cdots < x_d\} \in \mathcal{R}_d,$$

$$(3.13.9) \qquad B_2(d) := \{(x_1, \ldots, x_d) \in \mathbb{R}^d : x_1 \leq \cdots \leq x_d\} \in \mathcal{R}_d,$$

$$(3.13.10) \qquad B_3(d) := \{(x_1, \ldots, x_d) \in \mathbb{R}^d : x_i \neq x_j, 1 \leq i < j \leq d\} \in \mathcal{R}_d,$$

$$(3.13.11) \qquad B_4(d) := \{(x_1, \ldots, x_d) \in \mathbb{R}^d : x_1 = \cdots = x_d\} \in \mathcal{R}_d.$$

Zunächst gilt (3.13.8) im Fall $d = 2$ wegen

$$\begin{aligned} B_1(2) &= \bigcup_{a \in \mathbb{Q}} \{(x_1, x_2) \in \mathbb{R}^2 : x_1 \leq a < x_2\} \\ &= \bigcup_{a \in \mathbb{Q}} ((]-\infty, a] \times \mathbb{R}) \cap (\mathbb{R} \times]a, \infty[)) \in \mathcal{R}_2 \end{aligned}$$

($\mathbb{Q}$ bezeichnet die abzählbare (!) Menge der rationalen Zahlen). Analog erhält man $\{(x_1, x_2) \in \mathbb{R}^2 : x_1 > x_2\} \in \mathcal{R}_2$. Hieraus ergibt sich durch Komplement-, Vereinigungs- und Durchschnittsbildung die Gültigkeit von (3.13.9) - (3.13.11) im Fall $d = 2$. Sei $d \geq 3$. $B_1(d)$ ist Durchschnitt der $d-1$ Mengen $B_1(2) \times \mathbb{R}^{d-2}$, $\mathbb{R} \times B_1(2) \times \mathbb{R}^{d-3}, \ldots, \mathbb{R}^{d-2} \times B_1(2)$, die wegen Korollar 3.12 Borelsch sind. Ähnlich verifiziert man (3.13.9)- (3.13.11). ∎

Die Wartezeiten, die in Beispiel 1.4 betrachtet wurden, können im Prinzip auch ∞ als Wert annehmen. Derartige Situationen legen nahe, in $\overline{\mathbb{R}} := \mathbb{R} \cup \{-\infty, \infty\}$ eine möglichst kleine σ-Algebra zu betrachten, die alle eindimensionalen Borel-Mengen sowie die Mengen $\{-\infty\}, \{\infty\}$ enthält. Sei

(3.13.12) $$\overline{\mathcal{R}} := \{B \cup C : B \in \mathcal{R},\ C \subset \{-\infty, \infty\}\}.$$

3.14 Satz. (a) *Die durch* (3.13.12) *definierte Familie* $\overline{\mathcal{R}} \subset \mathcal{P}(\overline{\mathbb{R}})$ *ist eine* σ-*Algebra.*

(b) *Es gilt*

(3.14.1) $$\sigma\{[-\infty, a[:\ a \in \mathbb{R}\} = \overline{\mathcal{R}},$$

(3.14.2) $$\sigma\{[-\infty, a] :\ a \in \mathbb{R}\} = \overline{\mathcal{R}},$$

worin

(3.14.3) $$[-\infty, a[:=]-\infty, a[\cup \{-\infty\}, \quad a \in \mathbb{R},$$

(3.14.4) $$[-\infty, a] :=]-\infty, a] \cup \{-\infty\}, \quad a \in \mathbb{R}.$$

BEWEIS. Der Nachweis von (a) sei dem Leser überlassen. Ist $\mathcal{A}_1$ die σ-Algebra auf der linken Seite in (3.14.1), so gilt ersichtlich $\mathcal{A}_1 \subset \overline{\mathcal{R}}$. Zum Nachweis von $\overline{\mathcal{R}} \subset \mathcal{A}_1$ reicht es zu zeigen:

(3.14.5) $$\{-\infty\}, \{\infty\} \in \mathcal{A}_1$$

sowie

(3.14.6) $$\mathcal{R} \subset \mathcal{A}_1.$$

Wegen $[-\infty, -1[\cap [-\infty, -2[\cap \cdots = \{-\infty\}$ und $[1, \infty] \cap [2, \infty] \cap \cdots = \{\infty\}$ gilt (3.14.5) (natürlich ist $[a, \infty] := [a, \infty[\cup \{\infty\}$, $a \in \mathbb{R}$). Aufgrund von (3.14.5) folgt $]-\infty, a[= [-\infty, a[\setminus \{-\infty\} \in \mathcal{A}_1$, $a \in \mathbb{R}$, so daß sich (3.14.6) mit Hilfe von Korollar 1.11 (a) ergibt. Ähnlich folgt (3.14.2). ∎

Ist $(\Omega, \mathcal{A}, P)$ ein W.-Raum und $\mathcal{A}_0 \subset \mathcal{A}$ eine Algebra, so lassen sich die Ereignisse aus $\sigma(\mathcal{A}_0)$ in einem gewissen Sinne durch Ereignisse aus $\mathcal{A}_0$ approximieren. Genauer gilt

3.15 Satz. *Sei* $(\Omega, \mathcal{A}, P)$ *ein W.-Raum,* $\mathcal{A}_0 \subset \mathcal{A}$ *eine Algebra und* $A \in \sigma(\mathcal{A}_0)$. *Zu jedem* $\epsilon > 0$ *existiert dann eine Menge* $A(\epsilon) \in \mathcal{A}_0$ *derart, daß*

(3.15.1) $$P(A \Delta A(\epsilon)) < \epsilon.$$

BEWEIS. Sei $\mathcal{M}$ die Familie aller $A \in \sigma(\mathcal{A}_0)$, die auf die genannte Weise approximierbar sind. Wegen $\mathcal{A}_0 \subset \mathcal{M} \subset \sigma(\mathcal{A}_0)$ reicht es zu zeigen, daß $\mathcal{M}$ eine σ-Algebra ist. Sei $A \in \mathcal{M}$ und $A(\epsilon) \in \mathcal{A}_0$ derart, daß (3.15.1) gilt. Wegen (1.7.6) folgt dann $P(A^c \Delta A^c(\epsilon)) = P(A \Delta A(\epsilon)) < \epsilon$, so daß $A^c \in \mathcal{M}$. Seien $A_1, A_2, \ldots \in \mathcal{M}$ und $\epsilon > 0$ gegeben. Dann existieren Mengen $B_n \in \mathcal{A}_0$ derart, daß

(3.15.2) $$P(A_n \Delta B_n) < \epsilon / 2^{n+1}, \quad n \geq 1.$$

Sei $C_1 := B_1$ und $C_n := B_n \setminus (B_1 \cup \cdots \cup B_{n-1})$, $n \geq 2$, so daß die Mengen $C_1, C_2, \ldots$ paarweise disjunkt sind und $B_1 \cup B_2 \cup \cdots = C_1 \cup C_2 \cup \cdots$ sowie $B_1 \cup \cdots \cup B_m = C_1 \cup \cdots \cup C_m$ ($m \geq 1$) ist. Mit Hilfe von (1.7.8), (1.7.7), der σ-Subadditivität von P sowie (3.15.2) erhält man für $m \geq 1$

$$\begin{aligned} P\left(\left(\bigcup_{i=1}^{\infty} A_i\right) \Delta \left(\bigcup_{i=1}^{m} B_i\right)\right) &\leq P\left(\left(\bigcup_{i=1}^{\infty} A_i\right) \Delta \left(\bigcup_{i=1}^{\infty} B_i\right)\right) \\ &\quad + P\left(\left(\bigcup_{i=1}^{\infty} B_i\right) \Delta \left(\bigcup_{i=1}^{m} B_i\right)\right) \\ &< \epsilon/2 + P\left(\bigcup_{i=m+1}^{\infty} C_i\right) \\ &\leq \epsilon/2 + \sum_{i=m+1}^{\infty} P(C_i) < \epsilon, \end{aligned}$$

falls $m \geq m(\epsilon)$. Für $A(\epsilon) := B_1 \cup \cdots \cup B_{m(\epsilon)}$ gilt dann $A(\epsilon) \in \mathcal{A}_0$ und $P((A_1 \cup A_2 \cup \cdots)\Delta A(\epsilon)) < \epsilon$, so daß $\mathcal{M}$ eine σ-Algebra ist. ■

3.16 Satz. *Sei P ein W.-Maß auf $\mathcal{R}_d$. Zu jeder Menge $B \in \mathcal{R}_d$ und jedem $\epsilon > 0$ existiert eine kompakte Menge C und eine offene Menge G derart, daß*

(3.16.1) $$C \subset B \subset G$$

und

(3.16.2) $$P(G \setminus C) < \epsilon.$$

Eine Menge $C \subset \mathbb{R}^d$ heißt *kompakt*, wenn sie abgeschlossen und *beschränkt* ist, d.h. für eine gewisse Zahl $a \in \mathbb{R}_+$ $\|x\| \leq a$ für alle $x \in C$ gilt ($\|\cdot\|$ ist die euklidische Norm auf $\mathbb{R}^d$). Man beachte, daß abgeschlossene und offene Mengen wegen Satz 3.9 Borel-Mengen sind.

BEWEIS VON SATZ 3.16. Wir beweisen zunächst das folgende (etwas schwächere) Resultat: Zu jedem $B \in \mathcal{R}_d$ und $\epsilon > 0$ existiert eine abgeschlossene Menge A und eine offene Menge G derart, daß

(3.16.3) $$A \subset B \subset G$$

und

(3.16.4) $$P(G \setminus A) < \epsilon.$$

Sei $\mathcal{M} \subset \mathcal{R}_d$ die Familie der Mengen, die sich auf die genannte Art approximieren lassen. Zum Nachweis von $\mathcal{M} = \mathcal{R}_d$ reicht es wegen Satz 3.9 zu zeigen:

(3.16.5) Jede abgeschlossene Menge gehört zu $\mathcal{M}$

sowie

(3.16.6) $\mathcal{M}$ ist eine σ-Algebra.

Es gilt $\emptyset \in \mathcal{M}$, da wir für $B = \emptyset$ in (3.16.3), (3.16.4) $A = G = \emptyset$ wählen können. Sei $\emptyset \neq B \subset \mathbb{R}^d$ *abgeschlossen* (!) und

$$\rho(x, B) := \inf\{||x - y|| : y \in B\}, \quad x \in \mathbb{R}^d. \tag{3.16.7}$$

Dann gilt (wie leicht zu sehen) $|\rho(x, B) - \rho(y, B)| \leq ||x - y||$, $x, y \in \mathbb{R}^d$, so daß $\rho(\cdot, B)$ *stetig* auf $\mathbb{R}^d$ ist. Die Mengen $G_n := \{x \in \mathbb{R}^d : \rho(x, B) < 1/n\}$ $(n \geq 1)$ sind daher offen. Da B abgeschlossen ist, gilt $G_1 \cap G_2 \cap \cdots = \{x \in \mathbb{R}^d : \rho(x, B) = 0\} = B$, so daß (3.16.3) und (3.16.4) für $A = B$ und $G = G_n$ (für hinreichend großes n) erfüllt sind. Dies impliziert $B \in \mathcal{M}$. Zum Nachweis von (3.16.6) sei $B \in \mathcal{M}$. Da sich aus $A \subset B \subset G$ $\;G^c \subset B^c \subset A^c$ ergibt, folgt $B^c \in \mathcal{M}$ wegen $P(A^c \setminus G^c) = P(G \setminus A)$ (man beachte (3.10.2)). Seien $B_n \in \mathcal{M}$ $(n \geq 1)$ und $\epsilon > 0$ gegeben. Die Mengen $A_n (G_n)$ seien abgeschlossen (offen) derart, daß $A_n \subset B_n \subset G_n$ $(n \geq 1)$ und

$$P(G_n \setminus A_n) < \epsilon/2^{n+1}, \quad n \geq 1. \tag{3.16.8}$$

Dann ist $G := G_1 \cup G_2 \cup \cdots$ offen, und es existiert eine Zahl $m = m(\epsilon)$ derart, daß für $\widetilde{A} := A_1 \cup A_2 \cup \cdots$ und $A := A_1 \cup \cdots \cup A_m$ $\;P(\widetilde{A} \setminus A) < \epsilon/2$ ist (man vgl. das Argument im Beweis von Satz 3.15). A ist abgeschlossen, und für $B := B_1 \cup B_2 \cup \cdots$ gilt $A \subset \widetilde{A} \subset B \subset G$. Aufgrund von (3.16.8) ergibt sich also

$$P(G \setminus A) = P(G \setminus \widetilde{A}) + P(\widetilde{A} \setminus A) \leq \sum_{n=1}^{\infty} P(G_n \setminus A_n) + \epsilon/2 < \epsilon,$$

so daß $B_1 \cup B_2 \cup \cdots \in \mathcal{M}$. Folglich gilt (3.16.6).

Zum Nachweis der (stärkeren !) Aussage des Satzes seien $B \in \mathcal{R}_d$ und $\epsilon > 0$ gegeben. Für die Mengen $B_n := \{x \in B : ||x|| \leq n\}$ ist $B_1 \subset B_2 \subset \cdots$ und $B = B_1 \cup B_2 \cup \cdots$, so daß $P(B_n) \to P(B)$ $(n \to \infty)$. Für eine gewisse Zahl $m = m(\epsilon)$ gilt also $P(B \setminus B_m) = P(B) - P(B_m) < \epsilon/2$. Aufgrund des zuvor bewiesenen Resultats existiert eine abgeschlossene Menge $C \subset B_m$ derart, daß $P(B_m \setminus C) < \epsilon/2$. Da B_m beschränkt ist, ist C sogar kompakt, und es gilt

$$P(B \setminus C) = P((B \setminus B_m) \cup (B_m \setminus C)) = P(B \setminus B_m) + P(B_m \setminus C) < \epsilon.$$

Damit ist Satz 3.16 bewiesen. ∎

Eine häufiger auftretende Fragestellung ist folgende: Sei $\mathcal{A}_0 \subset \mathcal{P}(\Omega)$ eine Familie von Mengen, die eine gewisse Eigenschaft besitzen. Unter welchen Voraussetzungen folgt dann, daß auch alle Mengen aus $\sigma(\mathcal{A}_0)$ diese Eigenschaft aufweisen? Zur Formulierung eines für viele Zwecke ausreichenden Resultats benötigen wir folgende

3.17 Definition. Sei Ω eine beliebige nichtleere Menge. Eine Familie $\mathcal{A}_1 \subset \mathcal{P}(\Omega)$ heißt ein *Dynkin-System*, falls gilt:

$$\Omega \in \mathcal{A}_1. \tag{D1}$$

(D2) $$A, B \in \mathcal{A}_1, \quad A \subset B \Longrightarrow B \setminus A \in \mathcal{A}_1.$$

(D3) $$A_1, A_2, \ldots \in \mathcal{A}_1, \quad A_1 \subset A_2 \subset \cdots \Longrightarrow \bigcup_{i=1}^{\infty} A_i \in \mathcal{A}_1.$$

■

Offenbar ist jede σ-Algebra ein Dynkin-System, während i.a. ein Dynkin-System keine σ-Algebra ist. Dies zeigt folgendes einfache

3.17.1 Beispiel. Sei $\Omega = \{\omega_1, \ldots, \omega_4\}$ und $\mathcal{A}_1 := \{A \subset \Omega : \#A \in \{0, 2, 4\}\}$. Dann ist $\mathcal{A}_1$ ein Dynkin-System, das nicht $\cap$-stabil und somit keine σ-Algebra ist. ■

3.18 Lemma. *Sei $\mathcal{A}_1 \subset \mathcal{P}(\Omega)$ ein Dynkin-System. Dann gilt:*
(a) $\emptyset \in \mathcal{A}_1$.
(b) $A \in \mathcal{A}_1 \Longrightarrow A^c \in \mathcal{A}_1$.
(c) $A, B \in \mathcal{A}_1$, $A \cap B = \emptyset \Longrightarrow A \cup B \in \mathcal{A}_1$.
(d) *Ist $\mathcal{A}_1$ $\cap$-stabil, so ist $\mathcal{A}_1$ eine σ-Algebra.*

BEWEIS. Es ist klar, daß (a), (b) gelten. Zum Nachweis von (c) seien $A, B \in \mathcal{A}_1$ disjunkt. Dann folgt $B \subset A^c \in \mathcal{A}_1$, so daß sich wegen (D2) $A^c \setminus B = A^c \cap B^c = (A \cup B)^c \in \mathcal{A}_1$, also wegen (b) $A \cup B \in \mathcal{A}_1$ ergibt. Zum Nachweis von (d) zeigen wir zunächst: Ist $\mathcal{A}_1$ $\cap$-stabil, so folgt

(3.18.1) $$A, B \in \mathcal{A}_1 \Longrightarrow A \cup B \in \mathcal{A}_1.$$

In der Tat folgt für $A, B \in \mathcal{A}_1$, $A \cup B = (A^c \cap B^c)^c \in \mathcal{A}_1$, da $\mathcal{A}_1$ $\cap$-stabil ist und wegen (b) $A^c, B^c \in \mathcal{A}_1$ gilt. Für Mengen $A_n \in \mathcal{A}_1$ $(n \geq 1)$ ergibt sich aufgrund von (3.18.1) und (D3)

$$A_1 \cup A_2 \cup \cdots = A_1 \cup (A_1 \cup A_2) \cup (A_1 \cup A_2 \cup A_3) \cup \cdots \in \mathcal{A}_1,$$

so daß $\mathcal{A}_1$ eine σ-Algebra ist. ■

Es gilt nun folgender *Satz von Dynkin*:

3.19 Satz. *Sei $\mathcal{A}_0 \subset \mathcal{P}(\Omega)$ $\cap$-stabil und $\mathcal{A}_1 \subset \mathcal{P}(\Omega)$ ein Dynkin-System derart, daß*

(3.19.1) $$\mathcal{A}_0 \subset \mathcal{A}_1.$$

Dann folgt

(3.19.2) $$\sigma(\mathcal{A}_0) \subset \mathcal{A}_1.$$

3.20 Bemerkungen. (a) (3.19.2) ist trivial, wenn $\mathcal{A}_1$ sogar eine σ-Algebra ist.

(b) Eine typische Anwendung von Satz 3.19 sieht so aus: Der Nachweis, daß alle Mengen $A \subset \Omega$, die eine gewisse Eigenschaft haben, ein Dynkin-System $\mathcal{A}_1$ bilden, ist häufig einfach, da (D1)-(D3) einfach sind. Der Nachweis, daß alle „einfachen" Mengen (die eine $\cap$-stabile Familie $\mathcal{A}_0$ bilden mögen) die betrachtete Eigenschaft aufweisen, ist häufig wegen der „Einfachheit“ der Mengen einfach. Aus (3.19.2) folgt dann, daß alle Mengen aus $\sigma(\mathcal{A}_0)$ die betrachtete Eigenschaft aufweisen. ■

BEWEIS VON SATZ 3.19. Sei $\delta(\mathcal{A}_0)$ das kleinste Dynkin-System, das $\mathcal{A}_0$ umfaßt. (Die Existenz von $\delta(\mathcal{A}_0)$ ergibt sich analog wie die Existenz von $\sigma(\mathcal{A}_0)$ im Beweis von Satz 3.1.) Aus (3.19.1) folgt

(3.20.1) $$\delta(\mathcal{A}_0) \subset \mathcal{A}_1.$$

Zum Nachweis von (3.19.2) reicht es zu zeigen:

(3.20.2) $$\delta(\mathcal{A}_0) \text{ ist } \cap\text{-stabil.}$$

Aus (3.20.2) folgt nämlich wegen Lemma 3.18(d), daß $\delta(\mathcal{A}_0)$ eine σ-Algebra ist, für die wegen (3.20.1) $\sigma(\mathcal{A}_0) \subset \delta(\mathcal{A}_0) \subset \mathcal{A}_1$ gilt. Zum Nachweis von (3.20.2) sei

$$\mathcal{D}(A) := \{B \subset \Omega : A \cap B \in \delta(\mathcal{A}_0)\}, \quad A \subset \Omega.$$

Dann folgt:

(3.20.3) $$A \in \delta(\mathcal{A}_0) \Longrightarrow \mathcal{D}(A) \quad \text{ist ein Dynkin-System.}$$

(Beim Nachweis von (D2) beachte man, daß für $B, C \in \mathcal{D}(A)$ mit $B \subset C$ gilt: $A \cap (C \setminus B) = (A \cap C) \setminus (A \cap B) \in \delta(\mathcal{A}_0)$.) Da $\mathcal{A}_0$ $\cap$-stabil ist, folgt $\mathcal{A}_0 \subset \mathcal{D}(A)$ für $A \in \mathcal{A}_0$, also wegen (3.20.3) $\delta(\mathcal{A}_0) \subset \mathcal{D}(A)$ für $A \in \mathcal{A}_0$, so daß

(3.20.4) $$A \in \mathcal{A}_0,\ B \in \delta(\mathcal{A}_0) \Longrightarrow A \cap B \in \delta(\mathcal{A}_0).$$

Aus (3.20.4) folgt $\mathcal{A}_0 \subset \mathcal{D}(B)$ für $B \in \delta(\mathcal{A}_0)$. Wegen (3.20.3) erhält man $\delta(\mathcal{A}_0) \subset \mathcal{D}(B)$ für alle $B \in \delta(\mathcal{A}_0)$, so daß (3.20.2) gilt. ■

1.4 Existenzproblem: Wahrscheinlichkeitsmaße

Sei $\mathcal{A}_0 \subset \mathcal{P}(\Omega)$ eine Algebra. Ein W.-Maß $P : \sigma(\mathcal{A}_0) \longrightarrow [0,1]$ heißt eine *Fortsetzung* einer Abbildung $Q : \mathcal{A}_0 \longrightarrow [0,1]$ auf $\sigma(\mathcal{A}_0)$, falls

(4.0.1) $$P(A) = Q(A), \quad A \in \mathcal{A}_0.$$

Notwendig für die Existenz einer derartigen Fortsetzung ist offenbar, daß $Q(\Omega) = 1$ gilt und Q σ-additv auf $\mathcal{A}_0$ ist (wegen der Terminologie vgl. man Satz 2.8 (a)). Bei der Betrachtung eines symmetrischen Glücksrades (vgl. Beispiel 2.1) trat ein ähnliches Fortsetzungsproblem auf, wobei allerdings die durch (2.1.1) gegebene Abbildung nicht auf einer Algebra definiert ist.

Der folgende *Fortsetzungssatz von Carathéodory* (den wir ohne Beweis angeben) besagt, daß die o.g. Bedingungen nicht nur notwendig, sondern (zusammen) auch *hinreichend* für die Existenz der gewünschten Fortsetzung sind:

4.1 Satz. *Sei $\mathcal{A}_0 \subset \mathcal{P}(\Omega)$ eine Algebra und $Q : \mathcal{A}_0 \longrightarrow [0,1]$ eine Abbildung, die σ-additiv auf $\mathcal{A}_0$ ist und für die*

$$Q(\Omega) = 1 \tag{4.1.1}$$

gilt. Dann existiert ein W.-Maß $P : \sigma(\mathcal{A}_0) \longrightarrow [0,1]$, das eine Fortsetzung der Abbildung Q auf $\sigma(\mathcal{A}_0)$ ist. ■

Die Fortsetzung P in Satz 4.1 ist eindeutig bestimmt. Bevor wir dies zeigen, leiten wir — ausgehend von Satz 4.1 — einen Existenzsatz für allgemeinere Abbildungen (sog. σ-endliche Maße) her.

4.2 Definition. Sei $\mathcal{A} \subset \mathcal{P}(\Omega)$ eine σ-Algebra und $\mu : \mathcal{A} \longrightarrow \overline{\mathbb{R}}_+ := \mathbb{R}_+ \cup \{\infty\}$. Die Abbildung μ heißt ein *Maß* (auf $\mathcal{A}$), falls gilt:

$$\mu(\emptyset) = 0 \tag{4.2.1}$$

und

$$\mu \text{ ist } \sigma\text{-additiv.} \tag{4.2.2}$$

Die Forderung (4.2.2) bedeutet natürlich, daß für paarweise disjunkte Mengen $A_n \in \mathcal{A}$ $(n \geq 1)$ $\mu(A_1 \cup A_2 \cup \cdots) = \mu(A_1) + \mu(A_2) + \cdots$ gilt. Sei μ ein Maß. μ heißt *endlich*, falls $\mu(\Omega) < \infty$; μ heißt *σ-endlich*, falls es eine höchstens abzählbare Zerlegung $(\Omega(m)) \subset \mathcal{A}$ von Ω gibt derart, daß $\mu(\Omega(m)) < \infty$ für alle m gilt. ■

Ist μ ein Maß auf $\mathcal{A} \subset \mathcal{P}(\Omega)$, so heißt $(\Omega, \mathcal{A}, \mu)$ ein *Maßraum*.

4.2.1 Beispiel. Sei $\mathcal{A} \subset \mathcal{P}(\Omega)$ eine σ-Algebra, P ein W.-Maß auf $\mathcal{A}$ und $c \in \mathbb{R}_+$. Dann ist $\mu := cP$, definiert durch $\mu(A) := cP(A)$, $A \in \mathcal{A}$, ein endliches Maß auf $\mathcal{A}$, und jedes endliche Maß auf $\mathcal{A}$ ist von dieser Form. ■

4.2.2 Beispiel. Sei Ω eine beliebige nichtleere Menge und $\mathcal{A} := \mathcal{P}(\Omega)$. Durch $\mu(A) := \#A$ (Anzahl der Elemente in A), $A \in \mathcal{A}$, wird das *Zählmaß* auf $\mathcal{A}$ definiert. Ersichtlich ist μ genau dann σ-endlich, wenn Ω höchstens abzählbar ist. ■

Das folgende Resultat zeigt, daß wichtige Eigenschaften von W.-Maßen analog für Maße gelten.

4.3 Satz. *Sei $(\Omega, \mathcal{A}, P)$ ein Maßraum.*

(a) (*Additivität*) *Für disjunkte Mengen $A, B \in \mathcal{A}$ gilt*

$$\mu(A \cup B) = \mu(A) + \mu(B). \tag{4.3.1}$$

(b) (*Monotonie*)

$$A, B \in \mathcal{A},\ A \subset B \Longrightarrow \mu(A) \leq \mu(B). \tag{4.3.2}$$

(c) *Für $A, B \in \mathcal{A}$ gilt*

$$\mu(B \backslash A) = \mu(B) - \mu(A \cap B), \quad \textit{falls} \quad \mu(A \cap B) < \infty. \tag{4.3.3}$$

Insbesondere gilt also für Mengen $A, B \in \mathcal{A}$ derart, daß $A \subset B$,

(4.3.4) $$\mu(B \backslash A) = \mu(B) - \mu(A), \quad \text{falls} \quad \mu(A) < \infty.$$

(d) (*Stetigkeit*) *Sei $A_n \in \mathcal{A}$, $n \geq 1$. Gilt $A_1 \subset A_2 \subset \cdots$, so folgt*

(4.3.5) $$\lim_{n \to \infty} \mu(A_n) = \mu(A_1 \cup A_2 \cup \cdots).$$

Gilt $A_1 \supset A_2 \supset \cdots$ und $\mu(A_1) < \infty$, so folgt

(4.3.6) $$\lim_{n \to \infty} \mu(A_n) = \mu(A_1 \cap A_2 \cap \cdots).$$

BEWEIS. Beim Nachweis von (c) beachte man, daß sich wegen $B = (A \cap B) \cup (B \backslash A)$ aufgrund der Additivität von μ $\mu(B) = \mu(A \cap B) + \mu(B \backslash A)$ ergibt. Gilt $\mu(A \cap B) < \infty$, so folgt hieraus (4.3.3). Beim Nachweis von (4.3.5) betrachte man folgende Fälle: Es gilt $\mu(A_n) < \infty$ für alle $n \geq 1$, oder es ist $\mu(A_n) = \infty$ für ein gewisses $n \geq 1$. Beim Nachweis von (4.3.6) wende man (4.3.5) auf die Folge $A_1 \backslash A_1 \subset A_1 \backslash A_2 \subset \cdots$ an und benutze (b), (c) sowie $(A_1 \backslash A_1) \cup (A_1 \backslash A_2) \cup \cdots = A_1 \backslash (A_1 \cap A_2 \cap \cdots)$. Die Details seien dem Leser überlassen (man vgl. die entsprechenden Nachweise für W.-Maße). ■

Ist $\mathcal{A}_0 \subset \mathcal{P}(\Omega)$ eine Algebra, so heißt eine Abbildung $\mu : \mathcal{A}_0 \longrightarrow \overline{\mathbb{R}}_+$ *σ-additiv auf $\mathcal{A}_0$*, falls $\mu(A_1 \cup A_2 \cup \cdots) = \mu(A_1) + \mu(A_2) + \cdots$ für paarweise disjunkte Mengen $A_n \in \mathcal{A}_0$ $(n \geq 1)$ mit $A_1 \cup A_2 \cup \cdots \in \mathcal{A}_0$ gilt.

Mit Hilfe von Satz 4.1 erhält man folgenden *Fortsetzungssatz für σ-endliche Maße*:

4.4 Satz. *Sei $\mathcal{A}_0 \subset \mathcal{P}(\Omega)$ eine Algebra und $\nu : \mathcal{A}_0 \longrightarrow \overline{\mathbb{R}}_+$ eine Abbildung, die σ-additiv auf $\mathcal{A}_0$ ist und für die*

(4.4.1) $$\nu(\emptyset) = 0$$

gilt. Es existiere eine höchstens abzählbare Zerlegung $(\Omega(m)) \subset \mathcal{A}_0$ $(m \in J)$ von Ω derart, daß

(4.4.2) $$\nu(\Omega(m)) < \infty, \quad m \in J.$$

Dann existiert ein σ-endliches Maß $\mu : \sigma(\mathcal{A}_0) \longrightarrow \overline{\mathbb{R}}_+$ derart, daß

(4.4.3) $$\mu(A) = \nu(A), \quad A \in \mathcal{A}_0.$$

BEWEIS. Sei $J(+) := \{m \in J : \nu(\Omega(m)) > 0\}$. Durch

(4.4.4) $$\nu_m(A) := \nu(A \cap \Omega(m))/\nu(\Omega(m)), \quad A \in \mathcal{A}_0, \quad m \in J(+)$$

wird eine auf $\mathcal{A}_0$ σ-additive Abbildung $\nu_m : \mathcal{A}_0 \longrightarrow [0,1]$ definiert, für die $\nu_m(\Omega) = 1$ gilt. Zu jedem $m \in J(+)$ existiert wegen Satz 4.1 ein W.-Maß $\mu_m : \sigma(\mathcal{A}_0) \longrightarrow [0,1]$, das ν_m auf $\sigma(\mathcal{A}_0)$ fortsetzt. Man prüft leicht nach, daß durch

(4.4.5) $$\mu(A) := \sum_{m \in J(+)} \nu(\Omega(m)) \mu_m(A), \quad A \in \sigma(\mathcal{A}_0)$$

ein σ-endliches Maß μ auf $\sigma(\mathcal{A}_0)$ definiert wird, das auf $\mathcal{A}_0$ mit ν übereinstimmt. (Man beachte, daß $\mu \equiv 0$ ist, falls $\nu \equiv 0$ ist.) ■

Das σ-endliche Maß μ in Satz 4.4 ist aufgrund des folgenden Resultats eindeutig bestimmt.

4.5 Satz. *Sei $\emptyset \neq \mathcal{A}_0 \subset \mathcal{P}(\Omega)$ $\cap$-stabil, und seien μ_1, μ_2 σ-endliche Maße auf $\sigma(\mathcal{A}_0)$ derart, daß*

$$\mu_1(A) = \mu_2(A), \quad A \in \mathcal{A}_0. \tag{4.5.1}$$

(a) *Existiert eine höchstens abzählbare Zerlegung $(\Omega(m)) \subset \mathcal{A}_0$ von Ω derart, daß*

$$\mu_1(\Omega(m)) = \mu_2(\Omega(m)) < \infty \quad \textit{für alle} \quad m, \tag{4.5.2}$$

so folgt $\mu_1 = \mu_2$, d.h.

$$\mu_1(B) = \mu_2(B), \quad B \in \sigma(\mathcal{A}_0). \tag{4.5.3}$$

(b) *Sind μ_1, μ_2 insbesondere W.-Maße, so folgt $\mu_1 = \mu_2$.*

BEWEIS. (b) ist eine triviale Folgerung aus (a). Zum Nachweis von (a) sei

$$\mathcal{M}(A) := \{B \in \sigma(\mathcal{A}_0) : \mu_1(A \cap B) = \mu_2(A \cap B)\}, \quad A \in \mathcal{A}_0.$$

Da $\mathcal{A}_0$ $\cap$-stabil ist, ergibt sich wegen (4.5.1)

$$\mathcal{A}_0 \subset \mathcal{M}(A), \quad A \in \mathcal{A}_0. \tag{4.5.4}$$

Sei nun $A \in \mathcal{A}_0$ derart, daß $\mu_1(A) = \mu_2(A) < \infty$. Dann ist $\mathcal{M}(A)$ ein Dynkin-System. In der Tat, wegen (4.5.1) gilt $\Omega \in \mathcal{M}(A)$. Sind $B_n \in \mathcal{M}(A)$ $(n \geq 1)$ derart, daß $B_1 \subset B_2 \subset \cdots$, so folgt wegen Satz 4.3 (d) $B_1 \cup B_2 \cup \cdots \in \mathcal{M}(A)$. Für $B_1, B_2 \in \mathcal{M}(A)$ derart, daß $B_1 \subset B_2$, folgt wegen Satz 4.3 (b), (c) $\mu_i(A \cap (B_2 \setminus B_1)) = \mu_i((A \cap B_2) \setminus (A \cap B_1)) = \mu_i(A \cap B_2) - \mu_i(A \cap B_1), i = 1,2$, so daß $B_2 \setminus B_1 \in \mathcal{M}(A)$. $\mathcal{M}(A)$ ist also ein Dynkin-System. Aus (4.5.4) folgt mit Hilfe des Satzes von Dynkin $\mathcal{M}(A) = \sigma(\mathcal{A}_0)$, so daß für alle m

$$\mu_1(\Omega(m) \cap B) = \mu_2(\Omega(m) \cap B), \quad B \in \sigma(\mathcal{A}_0).$$

Aufgrund der σ-Additivität von μ_1, μ_2 impliziert dies $\mu_1 = \mu_2$. ■

Wir zeigen nun mit Hilfe von Satz 4.1, daß es auf $\mathcal{R}$ ein (eindeutig bestimmtes) σ-endliches Maß λ gibt, das jedem Intervall seine Länge zuordnet. Es gilt also

$$\lambda([a,b]) = \lambda(]a,b[) = \lambda(]a,b]) = \lambda([a,b[) = b - a \tag{4.5.5}$$

für $-\infty < a < b < \infty$. Man nennt λ das *Lebesgue-Maß* auf $\mathbb{R}$ (Bezeichnung: Leb oder Leb_1). Zunächst zeigen wir:

4.6 Lemma. *Sei $a \in \mathbb{R}$. Auf $\mathcal{R}(]a, a+1])$ existiert genau ein W.-Maß P derart, daß*

$$P(]c,d]) = d - c, \quad]c,d] \subset]a, a+1]. \tag{4.6.1}$$

(Hierin ist $\mathcal{R}(]a, a+1])$ die *Spur* von $\mathcal{R}$ auf $]a, a+1]$; vgl. (3.12.3).) Das W.-Maß P in Lemma 4.6 heißt das *Lebesgue-Maß* auf $]a, a+1]$.

Für den Beweis von Lemma 4.6, der Satz 4.1 benutzt, benötigen wir

4.7 Lemma. *Seien* $I =]a, b]$ $(-\infty < a < b < \infty)$ *und* $I_i =]a_i, b_i]$ $(-\infty < a_i \leq b_i < \infty,\ i \geq 1)$ *Intervalle.*

(a) *Bilden* $I_1, \dots, I_n$ *eine Zerlegung von* I, *so gilt*

$$\sum_{i=1}^{n} (b_i - a_i) = b - a. \tag{4.7.1}$$

(b) *Sind* $I_1, \dots, I_n$ *paarweise disjunkt, so folgt aus* $I_1 \cup \dots \cup I_n \subset I$

$$\sum_{i=1}^{n} (b_i - a_i) \leq b - a. \tag{4.7.2}$$

(c) *Gilt* $I \subset I_1 \cup \dots \cup I_n$ *($I_1, \dots, I_n$ brauchen nicht paarweise disjunkt zu sein), so folgt*

$$b - a \leq \sum_{i=1}^{n} (b_i - a_i). \tag{4.7.3}$$

(d) *Bilden* $I_1, I_2, \dots$ *eine Zerlegung von* I, *so folgt*

$$\sum_{i=1}^{\infty} (b_i - a_i) = b - a. \tag{4.7.4}$$

BEWEIS. Ersichtlich gilt (a), während (b) und (c) aus (a) folgen. Zum Nachweis von (d) beachte man zunächst, daß aufgrund von (b) $(b_1 - a_1) + \dots + (b_n - a_n) \leq b - a,\ n \geq 1$, so daß

$$\sum_{i=1}^{\infty} (b_i - a_i) \leq b - a. \tag{4.7.5}$$

Sei $0 < \epsilon < b - a$. Da $I_1, I_2, \dots$ eine Zerlegung von I bilden, folgt

$$[a + \epsilon, b] \subset \bigcup_{i=1}^{\infty}]a_i, b_i + \epsilon/2^i[.$$

Da $[a + \epsilon, b]$ *kompakt* ist und die Intervalle $]a_i, b_i + \epsilon/2^i[$ offen sind, existiert ein $n \geq 1$ derart, daß

$$[a + \epsilon, b] \subset \bigcup_{i=1}^{n}]a_i, b_i + \epsilon/2^i[$$

(dies folgt aus dem Satz von Heine-Borel), so daß wegen (c)

$$b - (a + \epsilon) \leq \sum_{i=1}^{n} (b_i + \epsilon/2^i - a_i) \leq \sum_{i=1}^{\infty} (b_i - a_i) + \epsilon.$$

Da $0 < \epsilon < b - a$ beliebig ist, impliziert dies — zusammen mit (4.7.5) — die gewünschte Beziehung (4.7.4). ∎

BEWEIS VON LEMMA 4.6. Sei $a \in \mathbb{R}$ fixiert. Wir bezeichnen ein Intervall der Form $]c, d]$ $(a \leq c \leq d \leq a + 1)$ vorübergehend als $\mathcal{E}$-Menge.

Die Familie $\mathcal{A}_0$ aller *endlichen* Vereinigungen von paarweise disjunkten $\mathcal{E}$-Mengen ist eine Algebra (vgl. Beispiel 2.7.2). Wir definieren eine Abbildung $Q : \mathcal{A}_0 \longrightarrow [0,1]$ durch

$$Q\left(\bigcup_{i=1}^{m} I_i\right) = \sum_{i=1}^{m} Q(I_i) = \sum_{i=1}^{m}(d_i - c_i), \tag{4.7.6}$$

falls $I_i =]c_i, d_i]$ $(1 \leq i \leq m)$ paarweise disjunkte $\mathcal{E}$-Mengen sind. Die Definition (4.7.6) ist sinnvoll. Sind nämlich $J_1, \ldots, J_n$ paarweise disjunkte $\mathcal{E}$-Mengen derart, daß $I_1 \cup \cdots \cup I_m = J_1 \cup \cdots \cup J_n$, so folgt: Für jedes $1 \leq i \leq m$ ist $I_i \cap J_1, \ldots, I_i \cap J_n$ eine Zerlegung von I_i , während für jedes $1 \leq j \leq n$ $I_1 \cap J_j, \ldots, I_m \cap J_j$ eine Zerlegung von J_j ist, wobei $I_i \cap J_j$ jeweils $\mathcal{E}$-Mengen sind. Aus Lemma 4.7 (a) folgt also

$$\begin{aligned}\sum_{i=1}^{m} Q(I_i) &= \sum_{i=1}^{m} Q\left(\bigcup_{j=1}^{n}(I_i \cap J_j)\right) = \sum_{i=1}^{m}\sum_{j=1}^{n} Q(I_i \cap J_j) \\ &= \sum_{j=1}^{n}\sum_{i=1}^{m} Q(I_i \cap J_j) = \sum_{j=1}^{n} Q(J_j).\end{aligned}$$

Somit ist die Abbildung Q durch (4.7.6) wohldefiniert. Ersichtlich gilt $Q(]a, a+1]) = 1$. Q ist σ-additiv auf $\mathcal{A}_0$. In der Tat, seien $A_1, A_2, \ldots$ paarweise disjunkte Mengen aus $\mathcal{A}_0$ derart, daß $A := A_1 \cup A_2 \cup \cdots \in \mathcal{A}_0$. Folglich ist A eine disjunkte Vereinigung von $\mathcal{E}$-Mengen $I_1, \ldots, I_m$, während jedes A_j eine disjunkte Vereinigung von $\mathcal{E}$-Mengen $I_{j1}, \ldots, I_{jk(j)}$ ist. Wegen (4.7.6) folgt also

$$Q(A) = Q(I_1) + \cdots + Q(I_m) \tag{4.7.7}$$

und

$$Q(A_j) = Q(I_{j1}) + \cdots + Q(I_{jk(j)}), \quad j \geq 1, \tag{4.7.8}$$

während sich aufgrund von Lemma 4.7 (a) für $j \geq 1$

$$Q(I_{jr}) = Q(I_1 \cap I_{jr}) + \cdots + Q(I_m \cap I_{jr}), \quad 1 \leq r \leq k(j) \tag{4.7.9}$$

ergibt. Für jedes $1 \leq i \leq m$ bilden die $\mathcal{E}$-Mengen $I_i \cap I_{jr}$ $(1 \leq r \leq k(j),\ j \geq 1)$ eine Zerlegung von I_i, so daß wegen Lemma 4.7 (d)

$$Q(I_i) = \sum_{j=1}^{\infty}\sum_{r=1}^{k(j)} Q(I_i \cap I_{jr}).$$

Wegen (4.7.7) – (4.7.9) ergibt sich hieraus

$$Q(A) = \sum_{i=1}^{m}\sum_{j=1}^{\infty}\sum_{r=1}^{k(j)} Q(I_i \cap I_{jr}) = \sum_{j=1}^{\infty}\sum_{r=1}^{k(j)}\sum_{i=1}^{m} Q(I_i \cap I_{jr})$$
$$= \sum_{j=1}^{\infty}\sum_{r=1}^{k(j)} Q(I_{jr}) = \sum_{j=1}^{\infty} Q(A_j),$$

so daß Q σ-additiv auf $\mathcal{A}_0$ ist. Aufgrund von Satz 4.1 existiert also ein W.-Maß P auf $\sigma(\mathcal{A}_0)$, das auf $\mathcal{A}_0$ mit Q übereinstimmt. Insbesondere gilt also $P(I) = Q(I)$ für jede $\mathcal{E}$-Menge I. Aufgrund von Satz 4.5 ist P durch (4.6.1) eindeutig bestimmt, da die Familie der $\mathcal{E}$-Mengen $\cap$-stabil ist und wegen Satz 3.13 $\mathcal{R}(]a, a+1])$ erzeugt. ■

4.8 Satz. *Auf $\mathcal{R}$ existiert genau ein Maß λ derart, daß*

(4.8.1) $$\lambda(]c, d]) = d - c, \quad -\infty < c < d < \infty.$$

Wie bereits erwähnt, heißt das Maß λ in Satz 4.8, das ersichtlich σ-endlich ist, das *Lebesgue-Maß* auf $\mathcal{R}$ (oder auch *eindimensionales Lebesgue-Maß*), das wir mit Leb oder Leb_1 bezeichnen.

BEWEIS VON SATZ 4.8. Bezeichne λ_n ($n \in \mathbb{Z}$) das Lebesgue-Maß auf $]n, n+1]$. Ist λ ein Maß auf $\mathcal{R}$, für das (4.8.1) gilt, so folgt ersichtlich für $A \in \mathcal{R}$ $\lambda(A \cap]n, n+1]) = \lambda_n(A \cap]n, n+1])$, $n \in \mathbb{Z}$. Aufgrund der σ-Additivität von λ ergibt sich hieraus

(4.8.2) $$\lambda(A) = \sum_{n \in \mathbb{Z}} \lambda_n(A \cap]n, n+1]), \quad A \in \mathcal{R},$$

so daß λ eindeutig bestimmt ist. Zum Nachweis der Existenz sei $\lambda : \mathcal{R} \longrightarrow \overline{\mathbb{R}}_+$ durch (4.8.2) *definiert*. Man zeigt leicht, daß dann λ ein Maß auf $\mathcal{R}$ ist, für das (4.8.1) wegen (4.6.1) gilt. ■

Ähnlich läßt sich zeigen: *Auf $\mathcal{R}_d$ existiert genau ein Maß λ derart, daß für $-\infty < a_i < b_i < \infty$ $(1 \le i \le d)$*

(4.8.3) $$\lambda(]a_1, b_1] \times \cdots \times]a_d, b_d]) = (b_1 - a_1) \cdots (b_d - a_d).$$

Dieses Maß (das ersichtlich σ-endlich ist), heißt das *Lebesgue-Maß* auf $\mathcal{R}_d$ oder auch *d-dimensionales Lebesgue-Maß* (Bezeichnung: Leb_d). Wir zeigen später (vgl. Beispiel 4.3.1 [4]), daß sich die Existenz des d-dimensionalen Lebesgue-Maßes ($d \ge 2$) auf elegantere Weise als „Produkt" von eindimensionalen Lebesgue-Maßen ergibt.

4.9 Satz. *Sei $\lambda_d = \text{Leb}_d$ und $\lambda_1 = \text{Leb}_1$. Dann gilt:*

(a) *Für beliebige Borel-Mengen $B_i \in \mathcal{R}$ $(1 \le i \le d)$ ist*

(4.9.1) $$\lambda_d(B_1 \times \cdots \times B_d) = \lambda_1(B_1) \cdots \lambda_1(B_d).$$

(b) *Für beliebige $A \in \mathcal{R}_d$ und $a \in \mathbb{R}^d$ ist*

(4.9.2) $$\lambda_d(a + A) = \lambda_d(A).$$

(c) *Für beliebige* $A \in \mathcal{R}_d$ *und* $t = (t_1, \ldots, t_d) \in \mathbb{R}^d$ *derart, daß* $t_i \neq 0$ $(1 \leq i \leq d)$*, ist*

$$\lambda_d(t \bullet A) = |t_1 \cdots t_d| \lambda_d(A). \tag{4.9.3}$$

Es sei daran erinnert, daß für $r_i \in \overline{\mathbb{R}}$ $(1 \leq i \leq d)$ $r_1 \cdots r_d = 0$ gesetzt wird, falls ein Faktor Null ist. Weiter ist $r_1 \cdots r_d := \infty$, falls $r_i > 0$ $(1 \leq i \leq d)$ und ein Faktor ∞ ist. Wegen der Mengen $a + A$ und $t \bullet A$ vgl. man Beispiel 3.13.2.

BEWEIS VON SATZ 4.9 (a) Für feste Zahlen $-\infty < a_i < b_i < \infty$ $(2 \leq i \leq d)$ bestehe die Familie $\mathcal{M}$ aus allen Mengen $B \in \mathcal{R}$ derart, daß (4.9.1) für $B_1 = B$ und $B_i =]a_i, b_i]$ $(2 \leq i \leq d)$ gilt. Mit Hilfe von Satz 4.3 (d) sieht man leicht, daß $\mathcal{M}$ ein Dynkin-System ist derart, daß $]a, b] \in \mathcal{M}$ $(-\infty < a < b < \infty)$. Wegen des Satzes von Dynkin folgt also $\mathcal{M} = \mathcal{R}$, so daß (4.9.1) für alle Mengen der Form $B_1 \times]a_2, b_2] \times \cdots \times]a_d, b_d]$ $(B_1 \in \mathcal{R})$ gilt. Mit Hilfe eines ähnlichen Arguments folgt hieraus, daß (4.9.1) für alle Mengen der Form $B_1 \times B_2 \times]a_3, b_3] \times \cdots \times]a_d, b_d]$ $(B_1, B_2 \in \mathcal{R})$ gilt usw.

(b) Für festes $a \in \mathbb{R}^d$ sei $\mu(A) := \lambda_d(a + A)$, $A \in \mathcal{R}_d$. Ersichtlich sind dann μ, λ_d σ-endliche Maße auf $\mathcal{R}_d$, die auf der $\cap$-stabilen Familie aller Mengen der Form $]a_1, b_1] \times \cdots \times]a_d, b_d]$ $(-\infty < a_i \leq b_i < \infty, 1 \leq i \leq d)$ übereinstimmen. Da die besagte Familie wegen Satz 3.6 (a) $\mathcal{R}_d$ erzeugt, ergibt sich (b) mit Hilfe von Satz 4.5 (a). Ähnlich beweist man (c). ■

4.9.1 Beispiel. Sei $\lambda_d = \text{Leb}_d$ und $\lambda_1 = \text{Leb}_1$.

Jede höchstens abzählbare Teilmenge von $\mathbb{R}^d$ hat das λ_d-Maß Null.

Im Fall $d \geq 2$ gilt:

$$\lambda_d\{(x_1, \ldots, x_d) \in \mathbb{R}^d : x_i = 0\} = 0, \quad 1 \leq i \leq d. \tag{4.9.4}$$

Die Hyperebenen in (4.9.4) sind nämlich von der Form $\mathbb{R}^{i-1} \times \{0\} \times \mathbb{R}^{d-i}$, so daß sich wegen (4.9.1) gerade (4.9.4) ergibt.

Weiter gilt für $d \geq 1$ und $m \geq 1$

$$\lambda_{d+m}(C \times [0,1] \times \cdots \times [0,1]) = \lambda_d(C), \quad C \in \mathcal{R}_d. \tag{4.9.5}$$

Beide Seiten in (4.9.5) sind nämlich — als Funktionen von $C \in \mathcal{R}_d$ — Maße auf $\mathcal{R}_d$, die für alle Mengen der Form $]a_1, b_1] \times \cdots \times]a_d, b_d]$ $(-\infty < a_i \leq b_i < \infty, 1 \leq i \leq d)$ übereinstimmen. Die Behauptung ergibt sich also analog wie Satz 4.9 (b). ■

Sei $\lambda_d = \text{Leb}_d$ und $A \in \mathcal{R}_d$ derart, daß $\lambda_d(A) > 0$. Dann wird durch

$$\mu(B) := \lambda_d(B), \quad B \in \mathcal{R}_d(A) \tag{4.9.6}$$

ein Maß $\mu : \mathcal{R}_d(A) \longrightarrow \overline{\mathbb{R}}_+$ definiert, das man als das *Lebesgue-Maß auf* A bezeichnet. Das Lebesgue-Maß μ auf A ordnet jedem Intervall $I \subset A$ seine durch (4.5.5) gegebene Länge $\mu(I)$ zu. Gilt insbesondere $0 < \lambda_d(A) < \infty$, so wird durch

$$P(B) := \lambda_d(B)/\lambda_d(A), \quad B \in \mathcal{R}_d(A) \tag{4.9.7}$$

ein W.-Maß P auf $\mathcal{R}_d(A)$ definiert. Man nennt P die *Gleichverteilung* auf A.

4.9.2 Beispiel. Im Fall eines symmetrischen Glücksrades (vgl. Beispiel 2.1) können wir in (4.9.7) (für $d = 1$) $A = [0, 360[$ wählen, so daß die Gleichverteilung P auf $[0, 360[$ die Bedingung (2.1.1) erfüllt. Der W.-Raum $([0, 360[, \mathcal{R}([0, 360[), P)$ kann dann als ein stochastisches Modell für ein symmetrisches Glücksrad dienen. ■

1.5 Bedingte Wahrscheinlichkeiten

Wir gehen aus von einem W.-Raum $(\Omega, \mathcal{A}, P)$ als Modell für ein gewisses Zufallsexperiment. Von einer Realisierung $\omega \in \Omega$ sei bekannt, daß ein gewisses Ereignis $B \in \mathcal{A}$ eintritt, d.h. $\omega \in B$ gilt (es sei $P(B) > 0$). Wie sollte man die Wahrscheinlichkeit eines Ereignisses $A \in \mathcal{A}$ — gegeben die genannte Information über ω — definieren? Als mögliche Realisierungen kommen nur solche aus B in Frage. Wir betrachten nun — ähnlich wie in der Einleitung — den Fall, daß das Zufallsexperiment n-mal unter gleichen Bedingungen und ohne gegenseitige Beeinflussung durchgeführt wird. Sei $N_n(A \cap B)$ bzw. $N_n(B)$ die Anzahl der Versuche, bei denen $A \cap B$ bzw. B eintritt. Berücksichtigt man lediglich Versuche, bei denen B eintritt, so ist $N_n(A \cap B)/N_n(B)$ die relative Häufigkeit der Versuche, bei denen zusätzlich A eintritt. Aufgrund der in der Einleitung erwähnten Möglichkeit, Wahrscheinlichkeiten durch relative Häufigkeiten zu approximieren, wird aufgrund der Beziehung

$$N_n(A \cap B)/N_n(B) = (N_n(A \cap B)/n)/(N_n(B)/n)$$

nahegelegt, die fragliche Wahrscheinlichkeit durch $P(A \cap B)/P(B)$ zu definieren. Die Größe

$$P(A|B) := P(A \cap B)/P(B) \quad (A \in \mathcal{A}) \tag{5.0.1}$$

heißt die *bedingte Wahrscheinlichkeit von A - gegeben B*, wobei $P(B) > 0$ angenommen wird. Man beachte, daß

$$P(A|B) = 1, \quad \text{falls} \quad B \subset A \quad (A \in \mathcal{A}) \tag{5.0.2}$$

und

$$P(A|B) = 0, \quad \text{falls} \quad A \cap B = \emptyset, \tag{5.0.3}$$

wie es sein sollte! Aus (5.0.1) folgt

$$P(A \cap B) = P(A|B)P(B), \quad A \in \mathcal{A}. \tag{5.0.4}$$

Im Fall $P(B) = 0$ ist die linke Seite in (5.0.4) Null. Im folgenden gelte stets die *Konvention*, daß im Fall $P(B) = 0$ die rechte Seite in (5.0.4) Null gesetzt wird, so daß dann (5.0.4) für *beliebige* Ereignisse $A, B \in \mathcal{A}$ gilt.

5.1 Satz. *Sei $(\Omega, \mathcal{A}, P)$ ein W.-Raum.*

(a) *Ist $B \in \mathcal{A}$ ein Ereignis mit $P(B) > 0$, so wird durch*

$$P_B(A) := P(A|B), \quad A \in \mathcal{A} \tag{5.1.1}$$

ein W.-Maß P_B auf $\mathcal{A}$ definiert.

(b) *Ist $(B_n) \subset \mathcal{A}$ eine höchstens abzählbare Zerlegung von Ω, so folgt*

$$P(A) = \sum_i P(A|B_i)P(B_i), \quad A \in \mathcal{A}. \tag{5.1.2}$$

(c) *Für beliebige Ereignisse $A_1, \ldots, A_n$ ($n \geq 2$) gilt*

$$P(A_1 \cap \cdots \cap A_n) = P(A_1)P(A_2|A_1) \cdots P(A_n|A_1 \cap \cdots \cap A_{n-1}). \tag{5.1.3}$$

Die Aussagen (b), (c) heißen auch *Satz von der totalen Wahrscheinlichkeit* bzw. *Multiplikationssatz.*

BEWEIS VON SATZ 5.1. Der Nachweis von (a) sei dem Leser überlassen. Da

$$P(A) = \sum_i P(A \cap B_i),$$

folgt (5.1.2) mit Hilfe von (5.0.4). Zum Nachweis von (c) beachte man zunächst, daß wegen (5.0.4)

$$P(A_1 \cap \cdots \cap A_n) = P(A_n|A_1 \cap \cdots \cap A_{n-1})P(A_1 \cap \cdots \cap A_{n-1}).$$

Wiederholte Anwendung dieser Rekursion liefert schließlich (5.1.3). ■

Das folgende Resultat, das auch *Satz von Bayes* genannt wird, ist eine einfache Folgerung aus Satz 5.1.

5.2 Satz. *Seien $H_1, \ldots, H_n$ Ereignisse („Hypothesen"), die eine Zerlegung von Ω bilden. Sei B („Beobachtung") ein Ereignis derart, daß $P(B) > 0$. Dann gilt für $i = 1, \ldots, n$*

$$P(H_i|B) = \frac{P(B|H_i)P(H_i)}{P(B|H_1)P(H_1) + \cdots + P(B|H_n)P(H_n)}. \tag{5.2.1}$$

Wegen einer Interpretation der Ereignisse $H_1, \ldots, H_n$ und B in Satz 5.2 vgl. man Beispiel 5.2.2.

BEWEIS VON SATZ 5.2. Wegen (5.0.1) gilt

$$P(H_i|B) = \frac{P(B \cap H_i)}{P(B)}, \quad i = 1, \ldots, n. \tag{5.2.2}$$

Der Zähler in (5.2.2) ist $P(B|H_i)P(H_i)$ ($1 \leq i \leq n$), während der Nenner in (5.2.2) wegen Satz 5.1 (b) mit dem Nenner in (5.2.1) übereinstimmt. ■

5.2.1 Beispiel. Von den 6000 Autos eines bestimmten Typs, der in den Betrieben $\widetilde{A}, \widetilde{B}$ und $\widetilde{C}$ hergestellt wird, stammen 1000 aus dem Betrieb $\widetilde{A}$, 2000 aus $\widetilde{B}$ und 3000 aus $\widetilde{C}$. 5% der Autos aus $\widetilde{A}$, 8% der Autos aus $\widetilde{B}$ und 4% der Autos aus $\widetilde{C}$ sind defekt. Eines der 6000 Autos wird rein zufällig ausgewählt (Laplace-Modell!). A bezeichne das Ereignis „Das zufällig ausgewählte Auto stammt aus $\widetilde{A}$" usw., während D das Ereignis „Das zufällig ausgewählte Auto ist defekt" bezeichne. Die obigen Angaben besagen dann: $P(A) = 1000/6000 = 1/6$, $P(B) = 2/6$, $P(C) = 3/6$, $P(D|A) = 0{,}05$, $P(D|B) = 0{,}08$ und $P(D|C) = 0{,}04$. Wegen $A \subset C^c$

gilt dann $P(A|C^c) = P(A \cap C^c)/P(C^c) = P(A)/P(C^c) = 1/3$. Weiter ist $P(D|C^c) = P(D \cap C^c)/P(C^c)$, wobei wegen (5.0.4)

$$\begin{aligned} P(D \cap C^c) &= P(D \cap (A \cup B)) = P((D \cap A) \cup (D \cap B)) \\ &= P(D \cap A) + P(D \cap B) \\ &= P(D|A)P(A) + P(D|B)P(B) = 0,035. \end{aligned}$$

Man erhält somit $P(D|C^c) = 0,035 \cdot 2 = 0,07$. Wegen des Satzes von der totalen Wahrscheinlichkeit ergibt sich hieraus

$$P(D) = P(D|C)P(C) + P(D|C^c)P(C^c) = 0,055.$$

■

5.2.2 Beispiel. Für eine seltene Krankheit, die bei 0,001% der Bewohner eines Landes auftritt, wurde ein Blut-Test entwickelt. Bei einem Erkrankten ist der Test mit Wahrscheinlichkeit 0,98 positiv; bei einem Gesunden ist der Test mit Wahrscheinlichkeit 0,005 (fehlerhaft!) positiv. Bezeichnen wir mit H_1, H_2 die Ereignisse („Hypothesen") „Eine zufällig ausgewählte Person ist krank" bzw. „Eine zufällig ausgewählte Person ist gesund", und mit B („Beobachtung") das Ereignis „Test ist positiv", so folgt aus den obigen Angaben: $P(H_1) = 0,00001$, $P(H_2) = 0,99999$, $P(B|H_1) = 0,98$ und $P(B|H_2) = 0,005$. Mit Hilfe von Satz 5.2 erhält man für $P(H_1|B)$ den Wert 0,00196, so daß durchschnittlich lediglich eine von 510 Personen, bei denen der Test positiv ausfällt, wirklich krank ist. Dies zeigt, daß der Test wenig brauchbar ist. ■

Aufgaben

1.1. Man zeige: Sind die Mengen $H(1), H(2), \ldots$ höchstens abzählbar, so ist auch $H(1) \cup H(2) \cup \cdots$ höchstens abzählbar.

1.2. Seien $A_1, A_2, \ldots$ beliebige Ereignisse. Man interpretiere das Ereignis

$$\bigcup_{n=1}^{\infty} \bigcap_{k=n}^{\infty} A_k.$$

1.3. (Man vgl. hierzu Bemerkung 1.10(b).) Sei $a_1, a_2, \ldots$ eine reelle Zahlenfolge derart, daß es eine Zahl $a_\infty \in \mathbb{R}$ gibt mit $a_1 + \cdots + a_n \to a_\infty$, während $|a_1| + |a_2| + \cdots = \infty$. Sei $b_1, b_2, \ldots$ eine Zahlenfolge, die aus (a_n) durch Umordnung entsteht, d.h. es existiert eine eineindeutige Abbildung π der Menge $\{1, 2, \ldots\}$ auf sich derart, daß $b_n = a_{\pi(n)}$, $n \geq 1$. Man zeige, daß sich für jede Zahl $b_\infty \in \mathbb{R}$ (b_n) so wählen läßt, daß $b_1 + \cdots + b_n \to b_\infty$.
Hinweis: Aufgrund der Annahmen gilt $a_n \to 0$. Man betrachte die Partialsummen der Zahlen aus (a_n), die > 0 bzw. ≤ 0 sind.

1.4. Gegeben seien n Urnen $U(1), \ldots, U(n)$ und n Kugeln mit den Nummern $1, \ldots, n$. (Man kann $U(i)$ als adressierten Briefumschlag und die Kugel mit der Nummer i als Brief interpretieren, die jeweils für den Empfänger i

bestimmt sind.) Es gibt $n!$ gleichwahrscheinliche Möglichkeiten, in jede Urne genau eine Kugel zu legen. Sei A_n das Ereignis, daß es mindestens eine Urne gibt, deren Nummer übereinstimmt mit der Nummer der in ihr enthaltenen Kugel. Man zeige:
(a) $P(A_n) = \sum_{k=1}^{n}(-1)^{k-1}/k!, \quad n \geq 1.$
(b) $\lim_{n\to\infty} P(A_n^c) = 1/e = 0,367879\ldots$
Hinweis: Man beweise (mit Hilfe vollständiger Induktion) und verwende eine naheliegende Verallgemeinerung der Siebformeln (1.11.7) und (1.11.8).

1.5. Seien A_1, A_2, A_3 beliebige Ereignisse in einem W.-Raum.
(a) Sei N_2 das Ereignis „Genau eines der Ereignisse A_1, A_2 tritt ein". Man drücke $P(N_2)$ aus mit Hilfe von $P(A_1), P(A_2)$ und $P(A_1 \cap A_2)$.
(b) Sei N_3 das Ereignis „Genau eines der Ereignisse A_1, A_2, A_3 tritt ein". Man drücke $P(N_3)$ aus mit Hilfe der Wahrscheinlichkeiten $P(A_i), P(A_i \cap A_j)$ und $P(A_1 \cap A_2 \cap A_3)$.

1.6. Seien A, B Ereignisse derart, daß $P(A) = 4/5$ und $P(B) = 1/4$.
(a) Man zeige, daß $1/20 \leq P(A \cap B) \leq 1/4$.
(b) Man zeige anhand von Beispielen, daß sich die Abschätzung in (a) nicht verschärfen läßt.
(c) Man finde möglichst gute Schranken für $P(A \cup B)$.

1.7. Sei $(\Omega, \mathcal{A}, P)$ ein W.-Raum. Eine Menge $A \in \mathcal{A}$ heißt ein *Atom*, falls $P(A) > 0$ ist und für jede Menge $B \in \mathcal{A}$ mit $B \subset A$ entweder $P(B) = 0$ oder $P(B) = P(A)$ gilt. Man zeige: Hat $(\Omega, \mathcal{A}, P)$ keine Atome, so existiert zu jeder Menge $A \in \mathcal{A}$ mit $P(A) > 0$ und jedem $\epsilon > 0$ eine Menge $B \in \mathcal{A}$ mit $B \subset A$ derart, daß $0 < P(B) < \epsilon$.

1.8. Sei $\Omega \neq \emptyset$ eine beliebige Menge und $B_1, B_2, \ldots$ eine beliebige Zerlegung von Ω; $\mathcal{A}_n \subset \mathcal{P}(\Omega)$ $(n \geq 1)$ seien beliebige σ-Algebren. Man zeige, daß dann die Familie $\mathcal{A} \subset \mathcal{P}(\Omega)$ aller Mengen der Form $(B_1 \cap A_1) \cup (B_2 \cap A_2) \cup \cdots$ mit $A_n \in \mathcal{A}_n$ $(n \geq 1)$ eine σ-Algebra bildet.

1.9. Sei $\Omega = \{1, 2, \ldots\}$ und $\mathcal{A} = \{A \subset \Omega : A \text{ oder } \Omega \setminus A \text{ ist endlich }\}$. (Die leere Menge gilt als endlich!) Man weise nach, daß $\mathcal{A}$ eine Algebra, aber keine σ-Algebra ist.

1.10. Sei $\Omega = \{\omega_1, \omega_2, \ldots, \omega_6\}$ ein Grundraum. Die σ-Algebra $\mathcal{A}$ bestehe aus folgenden Teilmengen von Ω : $\emptyset, \{\omega_1, \omega_2, \omega_3, \omega_4, \omega_5, \omega_6\}, \{\omega_1, \omega_2, \omega_3, \omega_4, \omega_6\}$, $\{\omega_1, \omega_3\}, \{\omega_1, \omega_3, \omega_5\}, \{\omega_2, \omega_4, \omega_5, \omega_6\}, \{\omega_2, \omega_4, \omega_6\}, \{\omega_5\}$. Man konstruiere diejenige Zerlegung $\mathcal{P}$ von Ω, für die $\emptyset \notin \mathcal{P}$ und $\sigma(\mathcal{P}) = \mathcal{A}$ gilt.

1.11. Sei $\Omega \neq \emptyset$ eine beliebige Menge und $\mathcal{A}_0$ die Familie aller einelementigen Teilmengen von Ω. Man zeige:
(a) $\sigma(\mathcal{A}_0)$ besteht aus allen Mengen $A \in \mathcal{P}(\Omega)$ derart, daß A oder $\Omega \setminus A$ höchstens abzählbar ist.
(b) Ist $\Omega = [0, 1]$, so folgt $\sigma(\mathcal{A}_0) \neq \mathcal{P}(\Omega)$.
Hinweis: Man benutze Aufgabe 1.1.

1.12. Sei $\Omega \neq \emptyset$ eine beliebige Menge. Für eine Familie $\mathcal{A}_1 \subset \mathcal{P}(\Omega)$ betrachte man folgende Eigenschaften:
(D2*) $A \in \mathcal{A}_1 \Longrightarrow \Omega \setminus A \in \mathcal{A}_1$.
(D3*) Sind $A_1, A_2, \ldots \in \mathcal{A}_1$ paarweise disjunkt, so folgt $A_1 \cup A_2 \cup \cdots \in \mathcal{A}_1$.
Man zeige: $\mathcal{A}_1$ ist genau dann ein Dynkin-System (vgl. Definition 3.17), wenn (D1), (D2) und (D3*) erfüllt sind. Letzteres ist äquivalent dazu, daß (D1), (D2*) und (D3*) gelten.

1.13. Sei $\lambda_d := \text{Leb}_d$ ($d \geq 1$). Ein „Rechteck" ist in dieser Aufgabe eine Menge der Form $[a, b] \times [c, d] \subset \mathbb{R}^2$ derart, daß $-\infty < a < b < \infty$ und $-\infty < c < d < \infty$. Man sagt, daß sich Rechtecke nicht überlappen, wenn je zwei von ihnen höchstens Randpunkte gemeinsam haben. Man zeige:
(a) Zu jeder Menge $B \in \mathcal{R}_d$ und jedem $\epsilon > 0$ existiert eine offene Menge $G \subset \mathbb{R}^d$ derart, daß $B \subset G$ und $\lambda_d(G \setminus B) \leq \epsilon$.
(b) Zu jeder offenen Kreisscheibe $G = \{y \in \mathbb{R}^2 : \|y - x\| < r\}$ ($x \in \mathbb{R}^2, r > 0$) und jedem $\epsilon > 0$ existieren Rechtecke $R_1, R_2, \ldots$, die sich nicht überlappen, und für die gilt: $G \subset R_1 \cup R_2 \cup \cdots$, $\lambda_2((R_1 \cup R_2 \cup \cdots) \setminus G) \leq \epsilon$ und somit $\lambda_2(R_1) + \lambda_2(R_2) + \cdots \leq \lambda_2(G) + \epsilon$.
(c) Zu beliebigen Rechtecken $R_1, R_2, \ldots$ existieren Rechtecke $\widetilde{R}_1, \widetilde{R}_2, \ldots$, die sich nicht überlappen und für die gilt: $R_1 \cup R_2 \cup \cdots = \widetilde{R}_1 \cup \widetilde{R}_2 \cup \cdots$.
(d) Die Aussage in (b) gilt für beliebige offene Mengen $G \in \mathcal{R}_2$.
(e) Die Aussage in (b) gilt für beliebige Mengen $G \in \mathcal{R}_2$.
Hinweis: Man benutze Satz 3.16 und beachte: Jede offene Teilmenge von $\mathbb{R}^2$ ist Vereinigung von höchstens abzählbar vielen offenen Kreisscheiben; eine Vereinigung von offenen Mengen ist offen. Beim Nachweis von (c) beachte man: $R_1 \cup R_2 \cup \cdots = R_1 \cup (R_2 \setminus R_1) \cup (R_3 \setminus (R_1 \cup R_2)) \cup \cdots$.

1.14. Gegeben seien vier Urnen $U(1), \ldots, U(4)$, die jeweils genau zwei Kugeln enthalten. $U(1)$ enthält zwei rote, $U(4)$ zwei weiße Kugeln, während $U(2), U(3)$ jeweils eine rote und eine weiße Kugel enthalten. Eine der vier Urnen wird rein zufällig ausgewählt.
(a) Die ausgewählte Urne enthalte mindestens eine rote Kugel. Mit welcher (bedingten!) Wahrscheinlichkeit sind beide Kugeln in der ausgewählten Urne rot?
(b) Aus der ausgewählten Urne wird rein zufällig eine Kugel entnommen, die rot sei. Mit welcher (bedingten!) Wahrscheinlichkeit ist die andere Kugel ebenfalls rot?

KAPITEL 2

Zufallsvariable

Wir betrachten einen W.-Raum $(\Omega, \mathcal{A}, P)$ als Modell für ein gewisses Zufallsphänomen, so daß der Grundraum Ω die Menge der möglichen Realisierungen des Zufallsphänomens ist. Unter einer (reellwertigen) Zufallsvariablen versteht man dann eine Abbildung $X : \Omega \longrightarrow \mathbb{R}$, deren Werte $X(\omega)$ $(\omega \in \Omega)$ vom Zufall, d.h. von der Realisierung $\omega \in \Omega$ abhängen. In vielen Fällen ist man interessiert an der Wahrscheinlichkeit dafür, daß X etwa einen Wert $\leq a$ $(a \in \mathbb{R})$ oder — allgemeiner — einen Wert in einer bestimmten Borel-Menge $B \in \mathcal{R}$ annimmt. Damit derartige Wahrscheinlichkeiten definiert sind, muß *zusätzlich*

$$(*) \qquad \{\omega \in \Omega : X(\omega) \leq a\} = \{\omega \in \Omega : X(\omega) \in]-\infty, a]\} \in \mathcal{A}, \quad a \in \mathbb{R}$$

oder — allgemeiner —

$$(**) \qquad \{\omega \in \Omega : X(\omega) \in B\} \in \mathcal{A}, \quad B \in \mathcal{R}$$

gelten. Es wird später gezeigt, daß die scheinbar stärkere Forderung $(**)$ in Wirklichkeit *äquivalent* zu $(*)$ ist.

Die Eigenschaft $(**)$ ist ein Spezialfall einer allgemeineren Eigenschaft („Meßbarkeit"), die im folgenden Abschnitt eingeführt wird.

2.1 Meßbare Abbildungen und Zufallsvariable

Seien $S_1 \neq \emptyset$, $S_2 \neq \emptyset$ beliebige Mengen. Für eine Abbildung $g : S_1 \longrightarrow S_2$ setzen wir

$$(1.0.1) \qquad g^{-1}B = g^{-1}(B) = \{s \in S_1 : g(s) \in B\} =: \{g \in B\}, \quad B \subset S_2.$$

Die Menge $g^{-1}(B) \subset S_1$ in (1.0.1) heißt das *Urbild* der Menge $B \subset S_2$. Durch (1.0.1) wird eine Abbildung

$$(1.0.2) \qquad g^{-1} : \mathcal{P}(S_2) \longrightarrow \mathcal{P}(S_1)$$

definiert (hierin ist $\mathcal{P}(S_1)$, $\mathcal{P}(S_2)$ die Potenzmenge von S_1 bzw. S_2, d.h. die Familie aller Teilmengen von S_1 bzw. S_2).

1.1 Definition. Seien $(S_1, \mathcal{B}_1)$, $(S_2, \mathcal{B}_2)$ meßbare Räume. Eine Abbildung $g : S_1 \longrightarrow S_2$ heißt *meßbar* (genauer: *$\mathcal{B}_1/\mathcal{B}_2$-meßbar*), falls

$$(1.1.1) \qquad g^{-1}(B) \in \mathcal{B}_1, \quad B \in \mathcal{B}_2.$$

Seien $(\Omega, \mathcal{A})$ und $(S, \mathcal{B})$ meßbare Räume und sei $X : \Omega \longrightarrow S$ $\mathcal{A}/\mathcal{B}$-meßbar. Im Fall $S = \mathbb{R}$ und $\mathcal{B} = \mathcal{R}$ heißt X eine (reellwertige) *Zufallsvariable* (ZV). Ist $S = \mathbb{R}^d$ und $\mathcal{B} = \mathcal{R}_d$, so heißt X ein ($\mathbb{R}^d$-wertiger) *Zufallsvektor* (ZVK). Im Fall $S = \mathbb{R}^\infty$ und $\mathcal{B} = \mathcal{R}_\infty$ heißt X eine $\mathbb{R}^\infty$-wertige *Zufallsvariable.* Ist schließlich $S = \overline{\mathbb{R}}$ und $\mathcal{B} = \overline{\mathcal{R}}$ (vgl. (3.13.12)[1]), so heißt X eine *numerische Zufallsvariable* (NZV). ■

1.2 Bemerkung. Numerische Zufallsvariable treten etwa bei Wartezeit-Problemen auf (vgl. Beispiel 1.4[1]). Ist die NZV $X \geq 0$ eine Wartezeit, so bedeutet das Eintreten des Ereignisses $\{X = \infty\}$, daß das, worauf man wartet, niemals eintritt. ■

Besonders einfach sind NZV und ZVK, die *diskret* im Sinne folgender Definition sind.

1.3 Definition. NZV oder ZVK heißen *diskret*, wenn sie jeweils höchstens abzählbar viele Werte annehmen. Eine ZV heißt *elementar*, wenn sie lediglich endlich viele Werte annimmt. ■

1.4 Satz. *Sei $(\Omega, \mathcal{A})$ ein meßbarer Raum und $X : \Omega \longrightarrow \overline{\mathbb{R}}$ eine Abbildung, die höchstens abzählbar viele Werte $a_1, a_2, \ldots$ annimmt. X ist genau dann eine diskrete* NZV *wenn*

(1.4.1) $$A_i := \{X = a_i\} := \{\omega \in \Omega : X(\omega) = a_i\} \in \mathcal{A}, \quad i = 1, 2, \ldots$$

In diesem Fall bilden die Mengen $A_1, A_2, \ldots$ eine meßbare Zerlegung von Ω, und X besitzt folgende Darstellung:

(1.4.2) $$X = \sum_i a_i I_{A_i},$$

wobei

(1.4.3) $$\left(\sum_i a_i I_{A_i}\right)(\omega) := \sum_i a_i I_{A_i}(\omega), \quad \omega \in \Omega.$$

Eine analoge Aussage gilt für Abbildungen $X : \Omega \longrightarrow \mathbb{R}^d$.

Man beachte, daß in (1.4.3) für jedes $\omega \in \Omega$ höchstens ein Summand $\neq 0$ ist, so daß kein Konvergenzproblem auftritt.

Es erweist sich als bequem, analog zu (1.0.1) und (1.4.1) folgende Schreibweise zu benutzen. Für Abbildungen $Z_i : S \longrightarrow S_i$ und Mengen $B_i \subset S_i$ $(1 \leq i \leq n)$ setzen wir

(1.4.4) $$\{Z_1 \in B_1, \ldots, Z_n \in B_n\} := \{s \in S : Z_i(s) \in B_i, \ 1 \leq i \leq n\}.$$

Im Spezialfall $S_1 = \cdots = S_n = \overline{\mathbb{R}}$ setzen wir entsprechend für $a_i \in \overline{\mathbb{R}}$ $(1 \leq i \leq n)$

(1.4.5) $$\{Z_1 \leq a_1, \ldots, Z_n \leq a_n\} := \{s \in S : Z_i(s) \leq a_i, \ 1 \leq i \leq n\},$$

(1.4.6) $$\{Z_1 = \cdots = Z_n\} := \{s \in S : Z_1(s) = \cdots = Z_n(s)\},$$

$$\{Z_1 \leq \cdots \leq Z_n\} := \{s \in S : Z_1(s) \leq \cdots \leq Z_n(s)\} \tag{1.4.7}$$

usw.

BEWEIS VON SATZ 1.4. Ersichtlich ist (1.4.1) *notwendig* dafür, daß X eine NZV ist. Gilt umgekehrt (1.4.1), so ist X wegen

$$\{X \in B\} = \bigcup_{i:\, a_i \in B} A_i \in \mathcal{A}, \quad B \in \overline{\mathcal{R}} \tag{1.4.8}$$

eine NZV (man beachte, daß in (1.4.8) eine Vereinigung von *höchstens abzählbar vielen* Mengen gebildet wird). Ersichtlich bilden die Mengen A_i in (1.4.1) eine meßbare Zerlegung von Ω, für die (1.4.2) gilt, da beide Seiten in (1.4.2) auf A_i jeweils den Wert a_i annehmen. ■

Der Nachweis der Meßbarkeit wird oft erheblich erleichtert aufgrund von

1.5 Satz. *Seien $(S_1, \mathcal{B}_1)$, $(S_2, \mathcal{B}_2)$ meßbare Räume. Sei $\mathcal{C} \subset \mathcal{P}(S_2)$ eine Familie von Mengen derart, daß*

$$\sigma(\mathcal{C}) = \mathcal{B}_2. \tag{1.5.1}$$

Dann gilt: Eine Abbildung $g : S_1 \longrightarrow S_2$ ist genau dann $\mathcal{B}_1/\mathcal{B}_2$-meßbar, wenn

$$g^{-1}(C) \in \mathcal{B}_1, \quad C \in \mathcal{C}. \tag{1.5.2}$$

Zum Beweis von Satz 1.5 benötigen wir das nachfolgende Resultat, das u.a. zeigt, daß die Abbildung g^{-1} in (1.0.2) mit den üblichen Mengenoperationen vertauschbar ist. Sind S_1, S_2, S_3 nichtleere Mengen und $g : S_1 \longrightarrow S_2$, $h : S_2 \longrightarrow S_3$ beliebige Abbildungen, so wird durch

$$(h \circ g)(s) := h(g(s)), \quad s \in S_1 \tag{1.5.3}$$

eine Abbildung $h \circ g : S_1 \longrightarrow S_3$ definiert, die durch *Zusammensetzung* der Abbildungen g, h entsteht und *Komposition* von g und h genannt wird.

1.6 Satz. *Seien $(S_1, \mathcal{B}_1)$, $(S_2, \mathcal{B}_2)$ und $(S_3, \mathcal{B}_3)$ meßbare Räume und $g : S_1 \longrightarrow S_2$, $h : S_2 \longrightarrow S_3$ beliebige Abbildungen. Sei $J \neq \emptyset$ eine beliebige Indexmenge. Dann gilt:*

$$g^{-1}(\emptyset) = \emptyset \quad \text{und} \quad g^{-1}(S_2) = S_1. \tag{1.6.1}$$

$$C_1 \cap C_2 = \emptyset \Longrightarrow g^{-1}(C_1) \cap g^{-1}(C_2) = \emptyset, \quad C_1, C_2 \in \mathcal{B}_2. \tag{1.6.2}$$

$$g^{-1}(C_2 \setminus C_1) = g^{-1}(C_2) \setminus g^{-1}(C_1), \quad C_1, C_2 \in \mathcal{B}_2. \tag{1.6.3}$$

$$g^{-1}\left(\bigcup_{\alpha \in J} C_\alpha\right) = \bigcup_{\alpha \in J} g^{-1}(C_\alpha), \quad C_\alpha \in \mathcal{B}_2, \alpha \in J. \tag{1.6.4}$$

$$g^{-1}\left(\bigcap_{\alpha \in J} C_\alpha\right) = \bigcap_{\alpha \in J} g^{-1}(C_\alpha), \quad C_\alpha \in \mathcal{B}_2, \alpha \in J. \tag{1.6.5}$$

(1.6.6) $$(h \circ g)^{-1}(D) = g^{-1}(h^{-1}(D)), \quad D \in \mathcal{B}_3.$$

Aus (1.6.6) *ergibt sich für* $\mathcal{B}_3 = \mathcal{P}(S_3)$

(1.6.7) $$(h \circ g)^{-1} = g^{-1} \circ h^{-1}.$$

BEWEIS. Wir beweisen lediglich (1.6.5) (der Nachweis der restlichen Aussagen sei dem Leser überlassen). Für alle $s \in S_1$ gilt

$$\begin{aligned} s \in g^{-1}\left(\bigcap_{\alpha \in J} C_\alpha\right) &\iff g(s) \in \bigcap_{\alpha \in J} C_\alpha \\ &\iff g(s) \in C_\alpha \text{ für alle } \alpha \in J \\ &\iff s \in g^{-1}(C_\alpha) \text{ für alle } \alpha \in J \\ &\iff s \in \bigcap_{\alpha \in J} g^{-1}(C_\alpha). \end{aligned}$$

■

BEWEIS VON SATZ 1.5. Die Bedingung (1.5.2) ist wegen (1.5.1) sicher *notwendig* dafür, daß g $\mathcal{B}_1/\mathcal{B}_2$-meßbar ist. Gilt (1.5.2), so ist die Familie $\mathcal{M} := \{B \in \mathcal{B}_2 : g^{-1}(B) \in \mathcal{B}_1\}$ wegen Satz 1.6 eine σ-Algebra derart, daß $\mathcal{C} \subset \mathcal{M} \subset \mathcal{B}_2$. Aufgrund von (1.5.1) erhält man also $\sigma(\mathcal{C}) = \mathcal{B}_2 \subset \mathcal{M} \subset \mathcal{B}_2$, so daß $\mathcal{M} = \mathcal{B}_2$. Folglich ist g $\mathcal{B}_1/\mathcal{B}_2$-meßbar. ■

1.7 Satz. *Sei* $(\Omega, \mathcal{A})$ *ein meßbarer Raum.*

(a) *Eine Abbildung* $X : \Omega \longrightarrow \mathbb{R}$ *ist genau dann eine* ZV (*d.h.* $\mathcal{A}/\mathcal{R}$-*meßbar*), *wenn*

(1.7.1) $$\{X \leq a\} \in \mathcal{A}, \quad a \in \mathbb{R}$$

oder (*äquivalent*)

(1.7.2) $$\{X < a\} \in \mathcal{A}, \quad a \in \mathbb{R}.$$

(b) *Eine Abbildung* $X : \Omega \longrightarrow \overline{\mathbb{R}}$ *ist genau dann eine* NZV (*d.h.* $\mathcal{A}/\overline{\mathcal{R}}$-*meßbar*), *wenn*

(1.7.3) $$\{X \leq a\} \in \mathcal{A}, \quad a \in \mathbb{R}$$

oder (*äquivalent*)

(1.7.4) $$\{X < a\} \in \mathcal{A}, \quad a \in \mathbb{R}.$$

(c) *Eine Abbildung* $X = (X_1, \ldots, X_d) : \Omega \longrightarrow \mathbb{R}^d$ *ist denau dann ein* ZVK, *wenn die d Komponenten* $X_1, \ldots, X_d$ *jeweils* ZV *sind. Letzteres ist gleichbedeutend damit, daß*

(1.7.5) $$\{X_1 \leq a_1, \ldots, X_d \leq a_d\} \in \mathcal{A}, \quad (a_1, \ldots, a_d) \in \mathbb{R}^d$$

oder (*äquivalent*)

(1.7.6) $$\{X_1 < a_1, \ldots, X_d < a_d\} \in \mathcal{A}, \quad (a_1, \ldots, a_d) \in \mathbb{R}^d.$$

(d) *Gegeben seien Abbildungen* $X_i : \Omega \longrightarrow \mathbb{R}$, $i = 0, 1, \ldots$ *Die durch* $X(\omega) := (X_0(\omega), X_1(\omega), \ldots)$ *definierte Abbildung* $X : \Omega \longrightarrow \mathbb{R}^\infty$ *ist genau dann eine* $\mathbb{R}^\infty$*-wertige* ZV, *wenn* $X_0, X_1, \ldots$ *jeweils* ZV *sind.*

In (c) wird die Abbildung $(X_1, \ldots, X_d) : \Omega \longrightarrow \mathbb{R}^d$ natürlich definiert durch

$$(1.7.7) \qquad (X_1, \ldots, X_d)(\omega) := (X_1(\omega), \ldots, X_d(\omega)), \quad \omega \in \Omega.$$

BEWEIS VON SATZ 1.7. Die Bedingungen (1.7.1) und (1.7.2) besagen, daß $X^{-1}(]-\infty, a]) \in \mathcal{A}$, $a \in \mathbb{R}$, bzw. $X^{-1}(]-\infty, a[) \in \mathcal{A}$, $a \in \mathbb{R}$, gilt. Da $\sigma\{]-\infty, a] : a \in \mathbb{R}\} = \sigma\{]-\infty, a[: a \in \mathbb{R}\} = \mathcal{R}$, ergibt sich (a) mit Hilfe von Satz 1.5. Ähnlich erhält man (b), da $\sigma\{[-\infty, a] : a \in \mathbb{R}\} = \sigma\{[-\infty, a[: a \in \mathbb{R}\} = \overline{\mathcal{R}}$ (vgl. Satz 3.14[1]).

(c) Ist $X = (X_1, \ldots, X_d)$ ein $\mathbb{R}^d$-wertiger ZVK, so folgt für jedes $i \in \{1, \ldots, d\}$ und $A \in \mathcal{R}$

$$\{X_i \in A\} = \{X_j \in \mathbb{R},\ j \neq i;\ X_i \in A\} \in \mathcal{A},$$

so daß X_i eine ZV ist. Sind umgekehrt $X_1, \ldots, X_d$ ZV, so gelten ersichtlich (1.7.5) und (1.7.6). Aus (1.7.5) folgt aufgrund von Satz 1.5 wegen

$$\sigma\{]-\infty, a_1] \times \cdots \times]-\infty, a_d] : (a_1, \ldots, a_d) \in \mathbb{R}^d\} = \mathcal{R}_d,$$

daß X ein ZVK ist. Ähnlich impliziert (1.7.6), daß X ein ZVK ist. Analog beweist man (d). ■

1.8 Bemerkung. Sei $(\Omega, \mathcal{A})$ ein meßbarer Raum und $X : \Omega \longrightarrow \mathbb{R}$ eine Abbildung derart, daß

$$(1.8.1) \qquad \{X = a\} \in \mathcal{A}, \quad a \in \mathbb{R}.$$

Nimmt X *höchstens abzählbar viele* Werte an, so impliziert (1.8.1) aufgrund von Satz 1.4, daß X eine ZV ist. Dies gilt jedoch i.a. nicht mehr, wenn X *überabzählbar viele* Werte annimmt. In der Tat, sei $\Omega = [0, 1]$ und $\mathcal{A} = \mathcal{R}([0, 1])$. Wir benutzen nun, daß $\mathcal{R}([0, 1]) \neq \mathcal{P}([0, 1])$ (vgl. Bemerkung 3.8[1]). Ausgehend von einer festen Menge $A \in \mathcal{P}([0, 1]) \setminus \mathcal{R}([0, 1])$ definieren wir eine Abbildung $X : \Omega \longrightarrow \mathbb{R}$ durch $X(\omega) = \omega$, falls $\omega \in A$ und $X(\omega) = 1 - \omega$, falls $\omega \in \Omega \setminus A$. Da $\#\{X = a\} \leq 2$, $a \in \mathbb{R}$, ist (1.8.1) erfüllt. Wir dürfen (und werden) annehmen, daß $1/2 \in A$. (Gilt $1/2 \notin A$, so können wir A ersetzen durch $A \cup \{1/2\} \in \mathcal{P}([0, 1]) \setminus \mathcal{R}([0, 1])$.) Wird $Y : \Omega \longrightarrow \mathbb{R}$ definiert durch $Y(\omega) = \omega$, $\omega \in \Omega$, so ist Y wegen Satz 1.7(a) eine ZV. Da $1/2 \in A$, gilt

$$(1.8.2) \qquad \{X = Y\} = A.$$

Wäre X eine ZV, so folgte wegen Satz 1.20(a) $\{X = Y\} \in \mathcal{R}([0, 1])$, woraus sich wegen (1.8.2) $A \in \mathcal{R}([0, 1])$, also ein Widerspruch ergäbe. ■

1.8.1 Beispiel. Sei $(\Omega, \mathcal{A})$ ein meßbarer Raum und $A \subset \Omega$. Die Indikatorfunktion I_A ist genau dann eine ZV, wenn $A \in \mathcal{A}$. ■

1.8.2 Beispiel. *Jede monoton wachsende Funktion* $g : \mathbb{R} \longrightarrow \mathbb{R}$ *ist* $\mathcal{R}/\mathcal{R}$-*meßbar.* (Eine Funktion $g : \mathbb{R} \longrightarrow \mathbb{R}$ heißt *monoton wachsend*, falls $g(s) \leq g(t)$ für $s < t$ $(s, t \in \mathbb{R})$ gilt.) In der Tat, wegen Satz 1.7(a) reicht es zu zeigen:

$$\{g \leq a\} \in \mathcal{R}, \quad a \in \mathbb{R}. \tag{1.8.3}$$

Zum Nachweis von (1.8.3) sei $a \in \mathbb{R}$ festgehalten. Gilt $g(t) > a$ für alle $t \in \mathbb{R}$ bzw. $g(t) \leq a$ für alle $t \in \mathbb{R}$, so folgt $\{g \leq a\} = \emptyset$ bzw. $\{g \leq a\} = \mathbb{R}$. Es bleibt also der Fall zu betrachten, daß es reelle Zahlen $s < t$ gibt derart, daß

$$g(s) \leq a \quad \text{und} \quad g(t) > a. \tag{1.8.4}$$

Sei $\mu := \inf\{r \in \mathbb{R} : g(r) > a\}$, so daß wegen (1.8.4) $s \leq \mu \leq t$. Gilt $g(\mu) > a$, so folgt $\{g \leq a\} =]-\infty, \mu[\in \mathcal{R}$, während sich im Fall $g(\mu) \leq a$ $\{g \leq a\} =]-\infty, \mu] \in \mathcal{R}$ ergibt. Aus dem soeben bewiesenen Resultat folgt: *Jede monoton fallende Funktion* $g : \mathbb{R} \longrightarrow \mathbb{R}$ *ist* $\mathcal{R}/\mathcal{R}$-*meßbar.* In der Tat, g ist genau dann monoton fallend, wenn $-g$ (definiert durch $(-g)(t) = -g(t)$, $t \in \mathbb{R}$) monoton wachsend ist, so daß $\{g \leq a\} = \{-g \geq -a\} \in \mathcal{R}$, $a \in \mathbb{R}$, da $-g$ $\mathcal{R}/\mathcal{R}$-meßbar ist. ■

Eine wichtige Eigenschaft von ZV $X_1, \ldots, X_n$, die auf einem gemeinsamen meßbaren Raum $(\Omega, \mathcal{A})$ definiert sind, besteht darin, daß man durch Einsetzen von $X_1, \ldots, X_n$ in geeignete Abbildungen $g : \mathbb{R}^n \longrightarrow \mathbb{R}^m$ $\mathbb{R}^m$-wertige ZVK erhält. Ist etwa $g(x_1, \ldots, x_n) = x_1 + \cdots + x_n$, $(x_1, \ldots, x_n) \in \mathbb{R}^n$, so ist $g(X_1, \ldots, X_n) = X_1 + \cdots + X_n$ eine ZV, die (natürlich !) definiert wird durch

$$g(X_1, \ldots, X_n)(\omega) := g(X_1(\omega), \ldots, X_n(\omega)) = X_1(\omega) + \cdots + X_n(\omega), \ \omega \in \Omega.$$

Eine geeignete Klasse von Abbildungen $g : \mathbb{R}^n \longrightarrow \mathbb{R}^m$ mit der genannten „Einsetzungseigenschaft“ wird gegeben durch

1.9 Definition. Eine Abbildung $g : \mathbb{R}^n \longrightarrow \mathbb{R}^m$ heißt *Borel-meßbar*, wenn sie $\mathcal{R}_n/\mathcal{R}_m$-meßbar ist. Ähnlich heißen Abbildungen $f : \mathbb{R}^\infty \longrightarrow \mathbb{R}^m$ bzw. $h : \mathbb{R}^\infty \longrightarrow \mathbb{R}^\infty$ *Borel-meßbar*, wenn sie $\mathcal{R}_\infty/\mathcal{R}_m$- bzw. $\mathcal{R}_\infty/\mathcal{R}_\infty$-meßbar sind. ■

Beispiele für Borel-meßbare Abbildungen liefert

1.10 Satz. (a) *Eine stetige Abbildung* $g : \mathbb{R}^n \longrightarrow \mathbb{R}^m$ *ist Borel-meßbar.*

(b) *Sei* $S = \{s(1), \ldots, s(m)\} \subset \{0, 1, 2, \ldots\}$ $(m \geq 1)$ *derart, daß* $0 \leq s(1) < \cdots < s(m)$. *Durch*

$$f_S(x_0, x_1, \ldots) = (x_{s(1)}, \ldots, x_{s(m)}), \quad (x_0, x_1, \ldots) \in \mathbb{R}^\infty \tag{1.10.1}$$

wird eine Borel-meßbare Abbildung $f_S : \mathbb{R}^\infty \longrightarrow \mathbb{R}^m$ *(Projektion) gegeben.*

(c) *Sind* $f_i : \mathbb{R}^\infty \longrightarrow \mathbb{R}$ $(i = 0, 1, \ldots)$ *Borel-meßbare Abbildungen, so wird durch*

$$(1.10.2)\qquad \begin{aligned} &h(x_0, x_1, \dots) \\ &= (f_0(x_0, x_1, \dots), f_1(x_0, x_1, \dots), \dots), \quad (x_0, x_1, \dots) \in \mathbb{R}^\infty \end{aligned}$$

eine Borel-meßbare Abbildung $h : \mathbb{R}^\infty \longrightarrow \mathbb{R}^\infty$ *definiert.*

(d) *Durch*

$$(1.10.3)\qquad \widetilde{h}(x_0, x_1, \dots) := (x_1, x_2, \dots), \quad (x_0, x_1, \dots) \in \mathbb{R}^\infty$$

wird eine Borel-meßbare Abbildung $\widetilde{h} : \mathbb{R}^\infty \longrightarrow \mathbb{R}^\infty$ *(Verschiebungstransformation (Shift)) gegeben.*

BEWEIS. (a) In der Topologie wird gezeigt, daß $g : \mathbb{R}^n \longrightarrow \mathbb{R}^m$ genau dann stetig ist, wenn für jede offene Teilmenge B von $\mathbb{R}^m$ gilt, daß $g^{-1}(B)$ eine offene Teilmenge von $\mathbb{R}^n$ ist (vgl. Bemerkung 3.10(a)[1]). Die Mengen $]-\infty, a_1[\times \cdots \times]-\infty, a_m[$ sind für beliebige $(a_1, \dots, a_m) \in \mathbb{R}^m$ ersichtlich offen in $\mathbb{R}^m$, so daß die Urbilder $g^{-1}(]-\infty, a_1[\times \cdots \times]-\infty, a_m[)$ offene Teilmengen von $\mathbb{R}^n$ sind und somit wegen Satz 3.9[1] zu $\mathcal{R}_n$ gehören. Mit Hilfe von Korollar 3.11(a)[1] und Satz 1.5 ergibt sich hieraus (a).

(b) Aus typographischen Gründen betrachten wir lediglich den Fall $s(1) = 0, s(2) = 1, \dots, s(m) = m-1$. Für Borel-Mengen $A_i \in \mathcal{R}$ $(0 \le i \le m-1)$ gilt dann

$$f_S^{-1}(A_0 \times A_1 \times \cdots \times A_{m-1}) = A_0 \times A_1 \times \cdots \times A_{m-1} \times \mathbb{R} \times \mathbb{R} \times \cdots \in \mathcal{R}_\infty,$$

so daß sich die $\mathcal{R}_\infty/\mathcal{R}_m$-Meßbarkeit von f_S mit Hilfe von Satz 1.5 ergibt.

(c) Für Borel-Mengen $A_i \in \mathcal{R}$ $(0 \le i \le n)$ gilt

$$h^{-1}(A_0 \times \cdots \times A_n \times \mathbb{R} \times \mathbb{R} \times \cdots) = \bigcap_{i=0}^{n} f_i^{-1}(A_i) \in \mathcal{R}_\infty,$$

da jedes f_i $\mathcal{R}_\infty/\mathcal{R}$-meßbar ist. Aufgrund von Satz 3.6(c)[1] und Satz 1.5 ist h also $\mathcal{R}_\infty/\mathcal{R}_\infty$-meßbar.

(d) folgt aus (c), da die durch

$$f_i(x_0, x_1, \dots) = x_{i+1}, \quad (x_0, x_1, \dots) \in \mathbb{R}^\infty$$

definierte Abbildung $f_i : \mathbb{R}^\infty \longrightarrow \mathbb{R}$ $(i \ge 0)$ wegen (b) jeweils Borel-meßbar ist. ■

Die gewünschte Einsetzungseigenschaft Borel-meßbarer Abbildungen ergibt sich sehr einfach mit Hilfe von

1.11 Satz. *Seien* $(S_1, \mathcal{B}_1), (S_2, \mathcal{B}_2)$ *und* $(S_3, \mathcal{B}_3)$ *meßbare Räume. Ist* $g : S_1 \longrightarrow S_2$ $\mathcal{B}_1/\mathcal{B}_2$*-meßbar und* $h : S_2 \longrightarrow S_3$ $\mathcal{B}_2/\mathcal{B}_3$*-meßbar, so ist die zusammengesetzte Abbildung* $h \circ g : S_1 \longrightarrow S_3$ $\mathcal{B}_1/\mathcal{B}_3$*-meßbar.*

BEWEIS. Sei $D \in \mathcal{B}_3$. Wegen Satz 1.6 gilt dann $(h \circ g)^{-1}(D) = g^{-1}(h^{-1}(D)) \in \mathcal{B}_1$. ■

1.12 Satz. *Seien $X_0, X_1, \ldots$ ZV, die auf einem gemeinsamen meßbaren Raum $(\Omega, \mathcal{A})$ definiert sind.*

(a) *Ist $g : \mathbb{R}^n \longrightarrow \mathbb{R}^m$ Borel-meßbar, so wird durch*

$$g(X_1, \ldots, X_n)(\omega) := g(X_1(\omega), \ldots, X_n(\omega)), \quad \omega \in \Omega \tag{1.12.1}$$

ein $\mathbb{R}^m$-wertiger ZVK $g(X_1, \ldots, X_n)$ definiert.

(b) *Ist $g : \mathbb{R}^n \longrightarrow \mathbb{R}^m$ stetig, so ist $g(X_1, \ldots, X_n)$ ein $\mathbb{R}^m$-wertiger ZVK.*

(c) *Ist $f : \mathbb{R}^\infty \longrightarrow \mathbb{R}$ Borel-meßbar, so wird durch*

$$f(X_0, X_1, \ldots)(\omega) := f(X_0(\omega), X_1(\omega), \ldots), \quad \omega \in \Omega \tag{1.12.2}$$

eine ZV $f(X_0, X_1, \ldots)$ gegeben.

(d) *Sind $f_i : \mathbb{R}^\infty \longrightarrow \mathbb{R}$ $(i = 0, 1, \ldots)$ Borel-meßbare Abbildungen, so wird durch*

$$h(X_0, X_1, \ldots) := (f_0(X_0, X_1, \ldots), f_1(X_0, X_1, \ldots), \ldots) \tag{1.12.3}$$

eine $\mathbb{R}^\infty$-wertige ZV definiert.

BEWEIS. (a) Wegen Satz 1.7(c) ist die Abbildung $X := (X_1, \ldots, X_n) : \Omega \longrightarrow \mathbb{R}^n$ $\mathcal{A}/\mathcal{R}_n$-meßbar. Da $g(X_1, \ldots, X_n) = g \circ X$, ergibt sich (a) mit Hilfe von Satz 1.11.

(b) ergibt sich aus (a) und Satz 1.10(a).

(c) Wegen Satz 1.7(d) ist die Abbildung $X := (X_0, X_1, \ldots) : \Omega \longrightarrow \mathbb{R}^\infty$ $\mathcal{A}/\mathcal{R}_\infty$-meßbar. Da $f(X_0, X_1, \ldots) = f \circ X$, ergibt sich (c) mit Hilfe von Satz 1.11.

(d) ergibt sich analog wie (c) mit Hilfe von Satz 1.7(d), Satz 1.10(c) und Satz 1.11. ■

Eine einfache Folgerung aus Satz 1.4 und Satz 1.12(b) ist

1.13 Korollar. *Sei $(\Omega, \mathcal{A})$ ein meßbarer Raum. Durch*

$$X := \sum_{i=1}^{n} a_i I_{A_i} \quad (A_i \in \mathcal{A},\ a_i \in \mathbb{R},\ 1 \le i \le n) \tag{1.13.1}$$

wird eine elementare ZV definiert, und jede auf $(\Omega, \mathcal{A})$ definierte elementare ZV ist von der Form (1.13.1). ■

1.13.1 Beispiele. (a) $X, X_1, \ldots, X_n$ seien ZV, die auf einem gemeinsamen meßbaren Raum $(\Omega, \mathcal{A})$ definiert sind. Aufgrund von Satz 1.12(b) sind dann auch folgende Abbildungen ZV: $t_1X_1 + \cdots + t_nX_n$ $(t_1, \ldots, t_n \in \mathbb{R})$, $X_1^2 + \cdots + X_n^2$, $X_1 \cdots X_n$, $X_1 \vee \cdots \vee X_n$, $X_1 \wedge \cdots \wedge X_n$, $|X|^r$ $(r \ge 0)$, $\log(1 + X_1^2 + \cdots + X_n^2)$, $\exp(t_1X_1 + \cdots + t_nX_n)$ $(t_1, \ldots, t_n \in \mathbb{R})$ sowie

$$X^+ := \max(0, X) \tag{1.13.2}$$

(*positiver Teil* von X) und

$$X^- := \max(0, -X) \tag{1.13.3}$$

(*negativer Teil* von X). Ersichtlich gilt

$$X = X^+ - X^- \quad \text{und} \quad |X| = X^+ + X^-, \tag{1.13.4}$$

so daß jede ZV X Differenz der nichtnegativen (!) ZV X^+ und X^- ist. Ist X allgemeiner eine NZV und werden X^+, X^- wie zuvor definiert, so sind X^+, X^- aufgrund von Satz 1.7(b) NZV derart, daß (1.13.4) gilt.

(b) Ist $g : \mathbb{R} \longrightarrow \mathbb{R}$ monoton wachsend, so ist $g(X)$ aufgrund von Beispiel 1.8.2 und Satz 1.12(a) eine ZV. Ähnlich gilt: Ist $g :]a, b[\longrightarrow \mathbb{R}$ $(-\infty < a < b < \infty)$ monoton wachsend und $X : \Omega \longrightarrow]a, b[$ eine ZV, so ist auch $g(X)$ eine ZV. ∎

1.14 Satz. *Seien* $X_1, X_2, \ldots$ NZV, *die auf einem gemeinsamen meßbaren Raum* $(\Omega, \mathcal{A})$ *definiert sind. Das durch*

$$\left(\inf_{n\geq 1} X_n\right)(\omega) := \inf_{n\geq 1} X_n(\omega), \quad \omega \in \Omega \tag{1.14.1}$$

und

$$\left(\sup_{n\geq 1} X_n\right)(\omega) := \sup_{n\geq 1} X_n(\omega), \quad \omega \in \Omega \tag{1.14.2}$$

definierte Infimum bzw. Supremum der Folge (X_n) *ist jeweils eine* NZV.

BEWEIS. Für $a \in \mathbb{R}$ gilt

$$\left\{\inf_{n\geq 1} X_n < a\right\} = \bigcup_{n=1}^{\infty} \{X_n < a\} \in \mathcal{A},$$

$$\left\{\sup_{n\geq 1} X_n \leq a\right\} = \bigcap_{n=1}^{\infty} \{X_n \leq a\} \in \mathcal{A}.$$

Die Behauptung folgt also aus Satz 1.7(b). ∎

1.15 Bemerkung. Ist X_α, $\alpha \in J$, eine *überabzählbare* Familie von NZV und wird ihr Supremum analog zu (1.14.2) durch

$$\left(\sup_{\alpha\in J} X_\alpha\right)(\omega) := \sup_{\alpha\in J} X_\alpha(\omega), \quad \omega \in \Omega \tag{1.15.1}$$

definiert, so ist i.a. $\sup_{\alpha\in J} X_\alpha$ *keine* NZV (vgl. Beispiel 1.24.1[4]). Wird jedoch die Definition (1.15.1) „geringfügig" modifiziert, so gelangt man zum *wesentlichen Supremum* der Familie X_α, $\alpha \in J$, das stets eine NZV ist (vgl. Satz 1.24[4]). ∎

Ist (X_n) $(n \geq 1)$ eine Folge von NZV, so kann man den von $\omega \in \Omega$ abhängenden *kleinsten Häufungspunkt* (*Limes inferior*) und den *größten Häufungspunkt* (*Limes superior*) der Folge (X_n) betrachten (Bezeichnung: $\liminf_{n\to\infty} X_n$ bzw. $\limsup_{n\to\infty} X_n$), der durch

$$\left(\liminf_{n\to\infty} X_n\right)(\omega) := \liminf_{n\to\infty} X_n(\omega), \quad \omega \in \Omega \tag{1.15.2}$$

bzw.

$$\left(\limsup_{n\to\infty} X_n\right)(\omega) := \limsup_{n\to\infty} X_n(\omega), \quad \omega \in \Omega \tag{1.15.3}$$

definiert wird. Es sei daran erinnert, daß für eine Folge $(a_n) \subset \overline{\mathbb{R}}$ $(n \geq 1)$ der *kleinste Häufungspunkt* gegeben wird durch

$$\liminf_{n\to\infty} a_n := \lim_{n\to\infty} \left(\inf_{k\geq n} a_k\right), \tag{1.15.4}$$

während der *größte Häufungspunkt* von (a_n)

$$\limsup_{n\to\infty} a_n := \lim_{n\to\infty} \left(\sup_{k\geq n} a_k\right) \tag{1.15.5}$$

ist. Eine Zahl $a \in \mathbb{R}$ heißt *Häufungspunkt* von (a_n), falls es zu jedem $\delta > 0$ unendlich viele Indizes n mit $|a_n - a| < \delta$ gibt. Per Definition ist ∞ (bzw. $-\infty$) ein *Häufungspunkt* von (a_n), falls gilt: Zu jeder Zahl $K > 0$ (bzw. $K < 0$) existieren unendlich viele Indizes n derart, daß $a_n > K$ (bzw. $a_n < K$) ist. Man sieht leicht:

$$\limsup_{n\to\infty} a_n = -\liminf_{n\to\infty} (-a_n). \tag{1.15.6}$$

Gilt $\liminf_{n\to\infty} a_n = \limsup_{n\to\infty} a_n$ (d.h. hat (a_n) genau einen Häufungspunkt), so heißt dieser Häufungspunkt *Grenzwert* von (a_n) (Bezeichnung: $\lim_{n\to\infty} a_n$). Man sagt in diesem Fall: Der *Grenzwert von* (a_n) (der endlich oder unendlich sein kann) *existiert*, oder auch: (a_n) ist *konvergent*. Ist $b := \lim_{n\to\infty} a_n$, so schreiben wir auch

$$a_n \to b \tag{1.15.7}$$

oder ausführlicher

$$a_n \to b \quad (n \to \infty). \tag{1.15.8}$$

(Wegen der Rechenregeln in $\overline{\mathbb{R}}$ vgl. man (1.4.1)–(1.4.6)[4].)

1.16 Beispiele. (a) Für die durch $a_{2n-1} = -(2n-1)$, $a_{2n} = 2n$ $(n \geq 1)$ gegebene Folge (a_n) gilt $\liminf_{n\to\infty} a_n = -\infty$ und $\limsup_{n\to\infty} a_n = \infty$.

(b) Die durch 0, 1, 0, 1/2, 1, 0, 1/3, 2/3, 1, 0, 1/4, 2/4, 3/4, 1,... gegebene Folge besitzt als Häufungspunkte genau die Zahlen aus $[0, 1]$. ■

1.17 Satz. *Sei* (X_n) *eine Folge von* NZV, *die auf einem gemeinsamen meßbaren Raum* $(\Omega, \mathcal{A})$ *definiert sind. Dann gilt:*

(a) $\liminf_{n\to\infty} X_n$ *und* $\limsup_{n\to\infty} X_n$ *sind* NZV.

(b) *Gilt*

$$\liminf_{n\to\infty} X_n = \limsup_{n\to\infty} X_n, \tag{1.17.1}$$

d.h. existiert für jedes $\omega \in \Omega$ der Grenzwert der Folge $(X_n(\omega))$, so ist der durch

$$\left(\lim_{n\to\infty} X_n\right)(\omega) := \lim_{n\to\infty} X_n(\omega), \quad \omega \in \Omega \tag{1.17.2}$$

definierte Grenzwert $\lim_{n\to\infty} X_n$ *der Folge* (X_n) *eine* NZV.

Gilt (1.17.1) und ist $Z := \lim_{n\to\infty} X_n$, so schreiben wir auch

$$X_n \to Z \tag{1.17.3}$$

oder ausführlicher

$$X_n \to Z \quad (n \to \infty). \tag{1.17.4}$$

Gilt statt (1.17.1) lediglich

$$P\left(\liminf_{n\to\infty} X_n = \limsup_{n\to\infty} X_n\right) = 1 \tag{1.17.5}$$

(aufgrund von (a) und Satz 1.20(a) ist die Wahrscheinlichkeit in (1.17.5) wohldefiniert !) und ist Z eine NZV derart, daß

$$P\left(Z = \liminf_{n\to\infty} X_n\right) = 1, \tag{1.17.6}$$

so sagt man auch, daß die Folge (X_n) *fast sicher (f.s.) gegen Z konvergiert.*

BEWEIS VON SATZ 1.17. (a) Setzen wir $Y_n = \inf_{k\geq n} X_k$ $(n \geq 1)$, so gilt wegen (1.15.4)

$$\lim_{n\to\infty} Y_n(\omega) = \liminf_{n\to\infty} X_n(\omega), \quad \omega \in \Omega, \tag{1.17.7}$$

wobei

$$Y_1(\omega) \leq Y_2(\omega) \leq \cdots, \quad \omega \in \Omega. \tag{1.17.8}$$

Wegen (1.17.7), (1.17.8) und Satz 1.14 gilt

$$\left\{\liminf_{n\to\infty} X_n > a\right\} = \bigcup_{n=1}^{\infty} \{Y_n > a\} \in \mathcal{A}, \quad a \in \mathbb{R}.$$

Folglich ist $\liminf\limits_{n\to\infty} X_n$ eine NZV, also aufgrund von (1.15.6) auch $\limsup\limits_{n\to\infty} X_n$.

(b) folgt aus (a), da wegen (1.17.1)

$$\lim_{n\to\infty} X_n = \liminf_{n\to\infty} X_n.$$

■

Der nun folgende *Approximationssatz* für numerische Zufallsvariable wird später u.a. eine wichtige Rolle bei der Konstruktion von Erwartungswerten spielen.

1.18 Satz. *Sei* $(\Omega, \mathcal{A})$ *ein meßbarer Raum.*

(a) *Eine Abbildung* $X : \Omega \longrightarrow \overline{\mathbb{R}}_+$ *ist genau dann eine* NZV, *wenn es elementare* ZV $X_1, X_2, \ldots$ *gibt derart, daß*

(1.18.1) $$0 \le X_1(\omega) \le X_2(\omega) \le \cdots, \quad \omega \in \Omega$$

und

(1.18.2) $$X_n \to X \quad (n \to \infty).$$

(b) *Eine Abbildung* $X : \Omega \longrightarrow \overline{\mathbb{R}}$ *ist genau dann eine* NZV, *wenn es elementare* ZV $X_1, X_2, \ldots$ *gibt, für die* (1.18.2) *gilt.*

BEWEIS. (a) Sind $X_1, X_2, \ldots$ elementare ZV, für die (1.18.2) gilt, so ist X wegen Satz 1.17 eine NZV. Sei umgekehrt $X \ge 0$ eine NZV. Mit Hilfe von X konstruieren wir Ereignisse B_{nk} $(1 \le k \le 2^n n,\ n \ge 1)$ wie folgt: Sei

$$B_{nk} := \{k/2^n \le X < (k+1)/2^n\}, \quad \text{falls} \quad k = 1, \ldots, 2^n n - 1$$

und

$$B_{nk} := \{X \ge n\}, \quad \text{falls} \quad k = 2^n n.$$

Durch

$$X_n := \sum_{k=1}^{2^n n} \frac{k}{2^n} I(B_{nk}), \quad n \ge 1$$

werden wegen Korollar 1.13 elementare ZV definiert derart, daß $0 \le X_n \le X$, $n \ge 1$. Ist für ein $\widetilde{\omega} \in \Omega$ $X(\widetilde{\omega}) = \infty$, so ist (1.18.1) für $\omega = \widetilde{\omega}$ erfüllt, und es gilt $X_n(\widetilde{\omega}) \to X(\widetilde{\omega})$, da $X_n(\widetilde{\omega}) = n$, $n \ge 1$. Ist hingegen $X(\widetilde{\omega}) < \infty$, so gilt $X_n(\widetilde{\omega}) \to X(\widetilde{\omega})$, da ersichtlich $0 \le X(\widetilde{\omega}) - X_n(\widetilde{\omega}) < 1/2^n$, falls $n > X(\widetilde{\omega})$. Es bleibt nachzuweisen, daß (1.18.1) für $\omega = \widetilde{\omega}$ gilt, falls $X(\widetilde{\omega}) < \infty$. Sei $n \ge 1$ fixiert. Im Fall $X(\widetilde{\omega}) < n$ existiert ein $0 \le k \le 2^n n - 1$ derart, daß $k/2^n \le X(\widetilde{\omega}) < (k+1)/2^n$ und $X_n(\widetilde{\omega}) = k/2^n$. Da entweder $2k/2^{n+1} \le X(\widetilde{\omega}) < (2k+1)/2^{n+1}$ oder $(2k+1)/2^{n+1} \le X(\widetilde{\omega}) < (2k+2)/2^{n+1}$, folgt $X_{n+1}(\widetilde{\omega}) \ge k/2^n$. Schließlich sei $X(\widetilde{\omega}) \ge n$, so daß $X_n(\widetilde{\omega}) = n$. Gilt $X(\widetilde{\omega}) \ge n+1$, so folgt $X_{n+1}(\widetilde{\omega}) = n+1$, während sich im Fall $n \le X(\widetilde{\omega}) < n+1$ $X_{n+1}(\widetilde{\omega}) \ge n$ ergibt. Schließlich erhält man (b), indem man (a) auf X^+ und X^- anwendet (vgl. Beispiel 1.13.1(a)). ∎

1.19 Satz. (a) *Sind* $X \ge 0$, $Y \ge 0$ NZV, *so auch*

(1.19.1) $$aX + bY, \quad a, b \in \overline{\mathbb{R}}_+$$

und

(1.19.2) $$X \cdot Y \quad ((X \cdot Y)(\omega) := X(\omega) \cdot Y(\omega), \quad \omega \in \Omega).$$

(b) *Sind* $X \ge 0$, $Y \ge 0$ NZV *derart, daß*

(1.19.3) $$X(\omega) \wedge Y(\omega) < \infty, \quad \omega \in \Omega,$$

so ist auch $Y - X$ *eine* NZV.

(c) *Ist* ξ *eine* NZV, *so ist*

$$Z := \xi \cdot I\{|\xi| < \infty\} \tag{1.19.4}$$

eine ZV, *wobei* $Z(\omega) = \xi(\omega)$, *falls* $|\xi(\omega)| < \infty$, *und* $Z(\omega) = 0$, *falls* $|\xi(\omega)| = \infty$ $(\omega \in \Omega)$.

Aufgrund der Rechenregeln in $\overline{\mathbb{R}}$ (vgl. (1.4.1)– (1.4.6)[4]) gilt insbesondere $0 \cdot \infty = \infty \cdot 0 = 0$ und $a \cdot \infty = \infty \cdot a = \infty$, $a > 0$. Man beachte, daß wegen (1.19.3) die Differenzen $Y(\omega) - X(\omega)$ $(\omega \in \Omega)$ nicht von der Form $\infty - \infty$ sind.

BEWEIS VON SATZ 1.19. (a) Wegen des Approximationssatzes existieren elementare ZV $0 \leq X_1 \leq X_2 \leq \cdots$ und $0 \leq Y_1 \leq Y_2 \leq \cdots$ derart, daß $X_n \to X$ und $Y_n \to Y$. Für $a, b \in \overline{\mathbb{R}}_+$ sind $(a \wedge n)X_n + (b \wedge n)Y_n$ $(n \geq 1)$ elementare ZV derart, daß $(a \wedge n)X_n + (b \wedge n)Y_n \to aX + bY$ $(n \to \infty)$, so daß $aX + bY$ wegen Satz 1.17 eine NZV ist. Da $X_n \cdot Y_n$ $(n \geq 1)$ elementare ZV sind derart, daß $X_n \cdot Y_n \to X \cdot Y$, so ist wegen Satz 1.17 $X \cdot Y$ eine NZV.

(b) Für die Folgen (X_n), (Y_n) im Beweis von (a) gilt, daß $Y_n - X_n$ $(n \geq 1)$ elementare ZV sind derart, daß $Y_n - X_n \to Y - X$. Aufgrund von Satz 1.17 ist also $Y - X$ eine NZV.

(c) Ersichtlich ist $Z(\omega) \in \mathbb{R}$, $\omega \in \Omega$. Für $a \in \mathbb{R}$ gilt

$$\begin{aligned}
\{Z \leq a\} &= (\{Z \leq a\} \cap \{|\xi| < \infty\}) \cup (\{Z \leq a\} \cap \{|\xi| = \infty\}) \\
&= (\{\xi \leq a\} \cap \{|\xi| < \infty\}) \cup (\{Z \leq a\} \cap \{|\xi| = \infty\}).
\end{aligned}$$

Für $a < 0$ ist $\{Z \leq a\} \cap \{|\xi| = \infty\} = \emptyset$, während für $a \geq 0$ $\{Z \leq a\} \cap \{|\xi| = \infty\} = \{|\xi| = \infty\} \in \mathcal{A}$. Dies impliziert $\{Z \leq a\} \in \mathcal{A}$, $a \in \mathbb{R}$, so daß Z wegen Satz 1.7(a) eine ZV ist. ■

1.20 Satz. *Seien* $X, Y, X_1, X_2, \ldots$ NZV, *die auf einem gemeinsamen meßbaren Raum* $(\Omega, \mathcal{A})$ *definiert sind.*

(a) *Die Mengen* $\{X < Y\}$, $\{X \leq Y\}$ *sowie* $\{X = Y\}$ *sind Ereignisse aus* $\mathcal{A}$.

(b) *Die Menge*

$$\left\{\lim_{n\to\infty} X_n \textit{ existiert}\right\} := \left\{\omega \in \Omega : \lim_{n\to\infty} X_n(\omega) \textit{ existiert}\right\}$$

ist ein Ereignis aus $\mathcal{A}$.

(c) *Die (auf naheliegende Weise !) definierte Menge*

$$\left\{\lim_{n\to\infty} X_n \textit{ existiert und ist endlich}\right\}$$

ist ein Ereignis aus $\mathcal{A}$.

BEWEIS. (a) Gilt für ein $\omega \in \Omega$ $X(\omega) < Y(\omega)$, so existiert eine *rationale* Zahl $r \in \mathbb{R}$ derart, daß $X(\omega) \leq r < Y(\omega)$. Somit gilt ($\mathbb{Q}$ bezeichne die abzählbare (!) Menge der rationalen Zahlen)

$$\{X < Y\} = \bigcup_{r \in \mathbb{Q}} (\{X \leq r\} \cap \{Y > r\}) \in \mathcal{A}.$$

Hieraus folgt $\{X \geq Y\} = \Omega \setminus \{X < Y\} \in \mathcal{A}$, so daß aus Symmetriegründen $\{X \leq Y\} \in \mathcal{A}$ und somit auch $\{X = Y\} = \{X \leq Y\} \cap \{X \geq Y\} \in \mathcal{A}$ gilt.

(b) Die fragliche Menge ist gleich

$$\left\{\liminf_{n\to\infty} X_n = \limsup_{n\to\infty} X_n\right\},$$

so daß (b) eine Folgerung aus (a) und Satz 1.17(a) ist.

(c) folgt aus (b), da die fragliche Menge gleich

$$\left\{\lim_{n\to\infty} X_n \text{ existiert}\right\} \cap \left\{\left|\liminf_{n\to\infty} X_n\right| < \infty\right\}$$

ist. ∎

1.21 Definition. Sei $(\Omega, \mathcal{A})$ ein meßbarer Raum und $\widetilde{\mathcal{A}} \subset \mathcal{A}$ eine σ-Algebra. Eine NZV $X : \Omega \longrightarrow \overline{\mathbb{R}}$ heißt *$\widetilde{\mathcal{A}}$-meßbar*, wenn sie $\widetilde{\mathcal{A}}/\overline{\mathcal{R}}$-meßbar ist. ∎

In vielen Fällen wird die σ-Algebra $\widetilde{\mathcal{A}} \subset \mathcal{A}$ in Definition 1.21 von NZV „erzeugt" im Sinne von folgender

1.22 Definition. Sei $\mathcal{M}$ eine endliche oder unendliche Familie von NZV, die auf einem gemeinsamen meßbaren Raum $(\Omega, \mathcal{A})$ definiert sind. Die *σ-Algebra, die von $\mathcal{M}$ erzeugt wird*, ist die kleinste σ-Algebra $\widetilde{\mathcal{A}} \subset \mathcal{A}$ (Bezeichnung: $\sigma(\mathcal{M})$) derart, daß jede NZV aus $\mathcal{M}$ $\widetilde{\mathcal{A}}/\overline{\mathcal{R}}$-meßbar ist. ∎

1.23 Satz. *Sei $X_1, X_2, \ldots$ eine Folge von* ZV, *die auf einem gemeinsamen meßbaren Raum $(\Omega, \mathcal{A})$ definiert sind.*

(a) *Für jedes $n \geq 1$ gilt*

$$\sigma\{X_1, \ldots, X_n\} = \{A \in \mathcal{A} : A = \{(X_1, \ldots, X_n) \in B\} \text{ für ein } B \in \mathcal{R}_n\}. \tag{1.23.1}$$

(b) *Es gilt*

$$\sigma\{X_1, X_2, \ldots\} = \{A \in \mathcal{A} : A = \{(X_1, X_2, \ldots) \in B\} \text{ für ein } B \in \mathcal{R}_\infty\}. \tag{1.23.2}$$

BEWEIS. Wir beweisen lediglich (b) (der Beweis von (a) verläuft analog). Nach Definition enthält $\sigma\{X_1, X_2, \ldots\}$ alle Mengen der Form $\{X_n \in B_n\}$, also auch alle Mengen der Form

$$\{X_1 \in B_1\} \cap \{X_2 \in B_2\} \cap \cdots = \{(X_1, X_2, \ldots) \in B_1 \times B_2 \times \cdots\}$$

($B_n \in \mathcal{R}$, $n \geq 1$). Bezeichnen wir die Familie auf der rechten Seite in (1.23.2) mit $\mathcal{A}_0$, so ist $\mathcal{A}_0$ wegen Satz 1.6 eine σ-Algebra derart, daß

$$\sigma\{X_1, X_2, \ldots\} \subset \mathcal{A}_0 \subset \mathcal{A}. \tag{1.23.3}$$

Sei $\mathcal{C} := \{B \in \mathcal{R}_\infty : \{(X_1, X_2, \dots) \in B\} \in \sigma\{X_1, X_2, \dots\}\}$. Wegen Satz 1.6 ist $\mathcal{C}$ eine σ-Algebra derart, daß $B_1 \times B_2 \times \cdots \in \mathcal{C}$ ($B_n \in \mathcal{R}$, $n \geq 1$). Nach Definition von $\mathcal{R}_\infty$ (vgl. (3.7.3)[1]) folgt $\mathcal{C} = \mathcal{R}_\infty$, so daß $\mathcal{A}_0 \subset \sigma\{X_1, X_2, \dots\}$. Wegen (1.23.3) impliziert dies (1.23.2). ■

1.24 Satz. *Seien X_1, X_2, ... ZV, die auf einem gemeinsamen meßbaren Raum $(\Omega, \mathcal{A})$ definiert sind. Eine ZV Y ist genau dann $\sigma\{X_1, X_2, \dots\}$-meßbar, wenn es eine Borel-meßbare Abbildung $\phi : \mathbb{R}^\infty \longrightarrow \mathbb{R}$ gibt derart, daß*

(1.24.1) $$Y = \phi(X_1, X_2, \dots).$$

Eine NZV Y ist genau dann $\sigma\{X_1, X_2, \dots\}$-meßbar, wenn es eine $\mathcal{R}_\infty/\overline{\mathcal{R}}$-meßbare Abbildung $\widetilde{\phi} : \mathbb{R}^\infty \longrightarrow \overline{\mathbb{R}}$ gibt derart, daß

(1.24.2) $$Y = \widetilde{\phi}(X_1, X_2, \dots).$$

Analoge Aussagen gelten für eine endliche Folge $X_1, \dots, X_n$.

BEWEIS. Sei $\widetilde{\mathcal{A}} := \sigma\{X_1, X_2, \dots\}$. Ist eine ZV (NZV) Y von der Form (1.24.1) bzw. (1.24.2), so ist Y wegen Satz 1.23 $\widetilde{\mathcal{A}}$-meßbar. Sei umgekehrt Y zunächst von der Form $Y = I_A$ für ein $A \in \widetilde{\mathcal{A}}$. Wegen Satz 1.23(b) existiert ein $B \in \mathcal{R}_\infty$ derart, daß $A = \{(X_1, X_2, \dots) \in B\}$, so daß (1.24.1) für $\phi = I_B$ gilt. Daraus folgt, daß jede *elementare* $\widetilde{\mathcal{A}}$-meßbare ZV Y von der Form (1.24.1) ist. Ist Y eine beliebige $\widetilde{\mathcal{A}}$-meßbare NZV, so existieren wegen des Approximationssatzes elementare $\widetilde{\mathcal{A}}$-meßbare ZV $Y_1, Y_2, \dots$ derart, daß

(1.24.3) $$Y_n \to Y.$$

Aufgrund des zuvor Bewiesenen existiert zu jedem Y_n eine elementare Borel-meßbare Abbildung $\phi_n : \mathbb{R}^\infty \longrightarrow \mathbb{R}$ derart, daß

(1.24.4) $$Y_n = \phi_n(X_1, X_2, \dots), \quad n \geq 1.$$

Sei $C := \{x \in \mathbb{R}^\infty : \lim_{n\to\infty} \phi_n(x)$ existiert (endlich oder unendlich)$\}$. Wird $\widetilde{\phi} : \mathbb{R}^\infty \longrightarrow \overline{\mathbb{R}}$ definiert durch $\widetilde{\phi}(x) = \lim_{n\to\infty} \phi_n(x)$, falls $x \in C$, und $\widetilde{\phi}(x) = 0$, falls $x \in \mathbb{R}^\infty \setminus C$, so ist $\widetilde{\phi}$ wegen Satz 1.20(b) Borel-meßbar, und es gilt wegen (1.24.4) und (1.24.3) $Y = \widetilde{\phi}(X_1, X_2, \dots)$. Ist Y insbesondere eine $\widetilde{\mathcal{A}}$-meßbare ZV, so gilt (1.24.1) für die Abbildung $\phi := \widetilde{\phi} I\{|\widetilde{\phi}| < \infty\} : \mathbb{R}^\infty \longrightarrow \mathbb{R}$, die wegen Satz 1.19(c) Borel-meßbar ist. Analog beweist man die entsprechenden Aussagen über die $\sigma\{X_1, \dots, X_n\}$-Meßbarkeit. ■

Wir betrachten nun σ-Algebren und NZV, die in einem gewissen Sinne extrem sind.

1.25 Definition. Sei $(\Omega, \mathcal{A}, P)$ ein W.-Raum.

(a) Eine σ-Algebra $\widetilde{\mathcal{A}} \subset \mathcal{A}$ heißt *ausgeartet*, falls gilt:

(1.25.1) $$A \in \widetilde{\mathcal{A}} \Longrightarrow P(A) \in \{0, 1\}$$

(vgl. Definition 3.3[1]).

(b) Eine NZV $X : \Omega \longrightarrow \overline{\mathbb{R}}$ heißt *fast sicher (f.s.) konstant*, falls es ein $a \in \overline{\mathbb{R}}$ gibt derart, daß

$$P(X = a) = 1. \tag{1.25.2}$$

■

Statt (1.25.2) schreiben wir auch

$$X = a \quad \text{f.s.} \tag{1.25.3}$$

1.26 Satz. *Sei $(\Omega, \mathcal{A}, P)$ ein W.-Raum und $\tilde{\mathcal{A}} \subset \mathcal{A}$ eine ausgeartete σ-Algebra. Dann gilt:*

(a) *Eine $\tilde{\mathcal{A}}$-meßbare* NZV *ist f.s. konstant.*

(b) *Ist X eine f.s. konstante* NZV, *so ist $\sigma\{X\}$ ausgeartet.*

BEWEIS. (a) Sei X $\tilde{\mathcal{A}}$-meßbar. Dann gilt für beliebige reelle Zahlen $a < b$ $P(X < a) = 0$ oder $P(X > b) = 0$. Gelte für eine gewisse reelle Zahl a $P(X < a) = 0$ und sei $\alpha := \sup\{c \in \mathbb{R} : P(X < c) = 0\}$. Aus $\alpha = \infty$ folgt $X = \infty$ f.s. Im Fall $\alpha < \infty$ gilt für die Ereignisse $A_n := \{\alpha - 1/n \leq X \leq \alpha + 1/n\}$ $P(A_n) = 1$ $(n \geq 1)$, so daß wegen Satz 1.11(i)[1] $P(X = \alpha) = P(A_1 \cap A_2 \cap \cdots) = 1$. Gilt $P(X > b) = 0$ für ein $b \in \mathbb{R}$, so betrachte man $-X$ anstelle von X.

(b) Analog zu Satz 1.23(a) gilt

$$\sigma\{X\} = \{A \in \mathcal{A} : A = \{X \in B\} \text{ für ein } B \in \overline{\mathcal{R}}\}. \tag{1.26.1}$$

Gilt für ein $a \in \overline{\mathbb{R}}$ $X = a$ f.s., so folgt $P(X \in B) = 0$, falls $a \notin B$, und $P(X \in B) = 1$, falls $a \in B$. Wegen (1.26.1) impliziert dies (b). ■

2.2 Verteilungen und Verteilungsfunktionen

Ist X eine ZV, die auf einem W.-Raum $(\Omega, \mathcal{A}, P)$ definiert ist, so interessiert man sich häufig primär für die Wahrscheinlichkeiten $P(X \in B)$ $(B \in \mathcal{R})$ und weniger für den W.-Raum, auf dem X definiert ist. Durch die Zuordnung $B \longmapsto P(X \in B)$ $(B \in \mathcal{R})$ wird – wie leicht zu sehen ist – ein W.-Maß $Q = Q_X$ auf $\mathcal{R}$ definiert, das die *Verteilung* von X genannt wird. Allgemeiner ergibt sich als unmittelbare Konsequenz aus Satz 1.6:

2.1 Satz. *Sei $(\Omega, \mathcal{A}, P)$ ein W.-Raum und $(S, \mathcal{B})$ ein meßbarer Raum. Ist $X : \Omega \longrightarrow S$ $\mathcal{A}/\mathcal{B}$-meßbar, so wird durch*

$$Q(B) := Q_X(B) := P(X \in B) = P(X^{-1}(B)), \quad B \in \mathcal{B} \tag{2.1.1}$$

ein W.-Maß $Q = Q_X = P \circ X^{-1}$ auf $\mathcal{B}$ definiert. ■

Sind X, Y ZV derart, daß $P(X = Y) = 1$, so gilt offenbar $Q_X = Q_Y$.

2.2 Definition. Das W.-Maß $Q = Q_X = P \circ X^{-1}$ in Satz 2.1 heißt die *Verteilung* von X, und man nennt Q_X auch das *Bild von* P vermöge X.

Ist in Satz 2.1 speziell $S = \mathbb{R}$ und $\mathcal{B} = \mathcal{R}$, so heißt Q_X die *Verteilung* der ZV X. Ist $S = \mathbb{R}^\infty$ und $\mathcal{B} = \mathcal{R}_\infty$, so heißt Q_X die *Verteilung* der $\mathbb{R}^\infty$-wertigen ZV X.

Ist schließlich $S = \mathbb{R}^d$ und $\mathcal{B} = \mathcal{R}_d$, so heißt Q_X die *Verteilung* des ZVK $X = (X_1, \ldots, X_d)$, und man nennt dann Q_X auch die *gemeinsame Verteilung* der ZV $X_1, \ldots, X_d$. Die Verteilung des $\mathbb{R}^k$-wertigen ZVK $(X_{i(1)}, \ldots, X_{i(k)})$ $(1 \le i(1) < \cdots < i(k) \le d)$ heißt eine *k-dimensionale Randverteilung* (oder auch *Marginalverteilung*) von $(X_1, \ldots, X_d)$. ∎

Ist Ω insbesondere höchstens abzählbar und $\mathcal{A} = \mathcal{P}(\Omega)$, so kann man sich anschaulich P als eine Massenverteilung auf Ω vorstellen. Die Verteilung Q_X einer ZV X ist dann eine Massenverteilung auf $\mathbb{R}$, die dadurch entsteht, daß für jedes $\omega \in \Omega$ die dort befindliche Masse $P\{\omega\}$ an die Stelle $X(\omega)$ übertragen wird. I.a. werden verschiedene ω auf den gleichen Wert $X(\omega)$ abgebildet, so daß in diesem Fall deren Massen an der Stelle $X(\omega)$ aufsummiert werden.

Man sieht leicht, daß die Marginalverteilungen eines ZVK $X = (X_1, \ldots, X_d)$ eindeutig durch die gemeinsame Verteilung der ZV $X_1, \ldots, X_d$ festgelegt werden. Ist z.B. (in den Bezeichnungen von Definition 2.2) $d = 4$, $k = 2$ und $i(1) = 1$, $i(2) = 2$, so folgt

$$P((X_1, X_2) \in B) = P(X \in B \times \mathbb{R} \times \mathbb{R}), \quad B \in \mathcal{R}_2.$$

Betrachtet man die Verteilung Q eines $\mathbb{R}^d$-wertigen ZVK $X = (X_1, \ldots, X_d)$ lediglich für Mengen der Form $B =]-\infty, t_1] \times \cdots \times]-\infty, t_d]$, $(t_1, \ldots, t_d) \in \mathbb{R}^d$, so gelangt man zur Verteilungsfunktion von X:

2.3 Definition. Sei $X = (X_1, \ldots, X_d)$ ein $\mathbb{R}^d$-wertiger ZVK, der auf einem W.-Raum $(\Omega, \mathcal{A}, P)$ definiert ist. Durch

$$\begin{aligned} F(t_1, \ldots, t_d) &:= F_X(t_1, \ldots, t_d) \\ &:= P(X_i \le t_i,\ 1 \le i \le d) \quad ((t_1, \ldots, t_d) \in \mathbb{R}^d) \end{aligned} \tag{2.3.1}$$

wird die *Verteilungsfunktion* (VF) $F = F_X : \mathbb{R}^d \longrightarrow [0,1]$ von X definiert. ∎

Aus Satz 4.5[1] folgt: *Sind* X, Y $\mathbb{R}^d$*-wertige* ZVK (*die auf verschiedenen W.-Räumen definiert sein dürfen !*) *derart, daß* $F_X = F_Y$, *so folgt* $Q_X = Q_Y$.

Wir beschäftigen uns ausführlicher lediglich mit VF von ZV. Im folgenden nehmen wir stillschweigend an (falls nichts anderes gesagt wird): *Alle betrachteten* ZV *und* ZVK *sind auf einem gemeinsamen W.-Raum* $(\Omega, \mathcal{A}, P)$ *definiert.*

2.4 Satz. *Die* VF F *einer* ZV X *hat folgende Eigenschaften:*

(VF1) $\qquad$ *F ist monoton wachsend.*

(VF2) *F ist rechtsstetig, d.h. es gilt*

(2.4.1) $$\lim_{s \downarrow t} F(s) = F(t), \quad t \in \mathbb{R}.$$

(VF3) $$\lim_{t \to -\infty} F(t) = 0.$$

(VF4) $$\lim_{t \to \infty} F(t) = 1.$$

BEWEIS. (VF1) folgt aus der Monotonie eines W.-Maßes.

(VF2) Sei $t \in \mathbb{R}$ und $t_1 > t_2 > \cdots$ eine Zahlenfolge derart, daß $t_n \to t$. Für die Ereignisse $A_n := \{X \leq t_n\}$ $(n \geq 1)$ gilt dann $A_1 \supset A_2 \supset \cdots$ und $A_1 \cap A_2 \cap \cdots = \{X \leq t\}$, so daß

$$F(t) = P(X \leq t) = \lim_{n \to \infty} P(A_n) = \lim_{n \to \infty} F(t_n).$$

(VF3) Sei $t_1 > t_2 > \cdots$ eine Zahlenfolge derart, daß $t_n \to -\infty$. Für die Ereignisse $A_n := \{X \leq t_n\}$ $(n \geq 1)$ gilt dann $A_1 \supset A_2 \supset \cdots$ und $A_1 \cap A_2 \cap \cdots = \emptyset$, so daß

$$0 = P(\emptyset) = \lim_{n \to \infty} P(A_n) = \lim_{n \to \infty} F(t_n).$$

Ähnlich beweist man (VF4). ■

Eine Funktion $F : \mathbb{R} \longrightarrow \mathbb{R}$ mit den Eigenschaften (VF1)–(VF4) heißt eine *Verteilungsfunktion* (VF) (aufgrund von (VF1), (VF3) und (VF4) nimmt F lediglich Werte aus $[0, 1]$ an). Satz 2.4 besagt somit: Die VF einer ZV ist eine VF im soeben eingeführten Sinne. Wir werden etwas später zeigen, daß umgekehrt jede VF die VF einer geeigneten ZV ist (vgl. Satz 2.6).

2.5 Satz. *Sei F die* VF *einer* ZV *X. Dann gilt:*

(2.5.1) $$P(s < X \leq t) = F(t) - F(s), \quad -\infty < s < t < \infty;$$

(2.5.2) $$P(X > t) = 1 - F(t), \quad t \in \mathbb{R};$$

(2.5.3) $$P(X = t) = F(t) - F(t-), \quad t \in \mathbb{R}$$

und

(2.5.4) $$P(X \geq t) = 1 - F(t-), \quad t \in \mathbb{R},$$

worin

(2.5.5) $$F(t-) := \lim_{s \uparrow t} F(s), \quad t \in \mathbb{R}$$

den linksseitigen Grenzwert von F an der Stelle t bezeichnet;

(2.5.6) $$P(X = t) = 0 \Longleftrightarrow F \text{ ist stetig an der Stelle } t.$$

Insbesondere gilt also $P(X = t) = 0$ für alle $t \in \mathbb{R}$, falls F stetig ist.

Die Differenz $F(t) - F(t-)$ in (2.5.3) ist die *Sprunghöhe* von F an der Stelle t.

BEWEIS VON SATZ 2.5. Zum Nachweis von (2.5.3) sei $A_n := \{t-1/n < X \leq t\}$ $(n \geq 1)$, so daß $A_1 \supset A_2 \supset \cdots$ und $A_1 \cap A_2 \cap \cdots = \{X = t\}$. Dies impliziert wegen (2.5.1)

$$P(X = t) = \lim_{n\to\infty} P(A_n) = \lim_{n\to\infty} (F(t) - F(t - 1/n)) = F(t) - F(t-).$$

Der Nachweis der restlichen Aussagen sei dem Leser überlassen. ■

Ist X eine ZV mit der Verteilung Q, so schreiben wir auch

$$X \sim Q. \tag{2.5.7}$$

2.5.1 Beispiel. Ist X eine ZV derart, daß $X = a$ f.s. für ein $a \in \mathbb{R}$, so gilt ersichtlich $F_X = I_{[a,\infty[}$. Die VF F_X weist also an der Stelle a einen Sprung der Höhe 1 auf. ■

2.5.2 Beispiel. Für eine Zahl $p \in [0,1]$ gelte $P(X = 1) = p$ und $P(X = 0) = 1-p$. Die ZV X hat dann eine *Bernoulli-Verteilung* mit dem Parameter p, die wir mit BER(p) bezeichnen. Entsprechend (2.5.7) schreiben wir hierfür auch

$$X \sim \mathrm{BER}(p). \tag{2.5.8}$$

Interpretiert man (willkürlich !) das Eintreten der Ereignisse $\{X = 1\}$ und $\{X = 0\}$ als „Erfolg" bzw. „Mißerfolg", so ist p die *Erfolgswahrscheinlichkeit.*

■

2.5.3 Beispiel. Eine ZV X hat eine *Binomialverteilung* mit den Parametern $n \geq 1$ und $p \in [0,1]$, wenn

$$P(X = k) = \binom{n}{k} p^k (1-p)^{n-k}, \quad k = 0, 1, \ldots, n. \tag{2.5.9}$$

Wir schreiben dann

$$X \sim \mathrm{BIN}(n,p). \tag{2.5.10}$$

Die Ausdrücke $\binom{n}{k}$ in (2.5.9) sind die üblichen Binomialkoeffizienten. In Beispiel 1.14.1[3] wird gezeigt, daß durch (2.5.9) tatsächlich eine Verteilung gegeben wird, die in enger Beziehung zur BER(p)-Verteilung steht. ■

2.5.4 Beispiel. Man sagt, eine ZV X sei *gleichverteilt* auf einer n-elementigen Menge $\{a(1), \ldots, a(n)\} \subset \mathbb{R}$, falls

$$P(X = a(k)) = 1/n, \quad 1 \leq k \leq n. \tag{2.5.11}$$

■

2.5.5 Beispiel. X hat eine *Poisson-Verteilung* mit dem Parameter $\lambda > 0$, falls

$$P(X = n) = \frac{\lambda^n}{n!} e^{-\lambda}, \quad n = 0, 1, 2, \ldots, \tag{2.5.12}$$

und wir schreiben dann

$$X \sim \mathrm{PO}(\lambda). \tag{2.5.13}$$

Durch (2.5.12) wird in der Tat eine Verteilung definiert, da

$$\sum_{n=0}^{\infty} \frac{t^n}{n!} = e^t, \quad t \in \mathbb{R}. \tag{2.5.14}$$

■

2.5.6 Beispiel. X hat eine *geometrische Verteilung* mit dem Parameter $p \in]0, 1]$ (Bezeichnung: GEO(p)), falls

$$P(X = n) = (1-p)^n p, \quad n = 0, 1, 2, \ldots \tag{2.5.15}$$

Durch (2.5.15) wird eine Verteilung definiert, da aufgrund der Summen-Formel für eine geometrische Reihe

$$\sum_{n=0}^{\infty} (1-p)^n p = \frac{p}{1-(1-p)} = 1 \quad (0^0 := 1).$$

Gilt $X \sim \mathrm{GEO}(p)$ für ein $0 < p < 1$, so hat die Verteilung der ZV $Y := X + 1$ (die manchmal ebenfalls eine geometrische Verteilung genannt wird), ein *„fehlendes Gedächtnis"*, d.h. es gilt

$$P(Y = m + n | Y > n) = P(Y = m), \quad m, n = 1, 2, \ldots \tag{2.5.16}$$

Ist z.B. Y die *Lebensdauer* eines Transistors (gemessen in ganzzahligen Vielfachen einer Grundeinheit), so besagt (2.5.16) intuitiv: Innerhalb der Menge der Transistoren, die unmittelbar nach dem Zeitpunkt n noch funktionieren, hat die Rest-Lebensdauer $Y - n$ dieselbe Verteilung wie die Gesamt-Lebensdauer Y. Zum Nachweis von (2.5.16) beachte man, daß die linke Seite in (2.5.16) für $m, n \geq 1$ den Wert

$$\frac{P(Y = m + n)}{P(Y > n)} = \frac{P(X = m + n - 1)}{P(X \geq n)} = \frac{p(1-p)^{m+n-1}}{(1-p)^n} = P(Y = m)$$

hat. ■

2.5.7 Beispiel. Die *Gleichverteilung* auf einem Intervall $[a, b]$ ($a < b$, $a, b \in \mathbb{R}$), die wir mit UNI(a, b) bezeichnen, hat eine stetige VF F, die gegeben wird durch

$$F(t) = (t-a)/(b-a), \quad \text{falls} \quad t \in [a, b], \tag{2.5.17}$$

so daß $F(t) = 0$ bzw. 1 ist für $t < a$ bzw. $t > b$. ■

2.5.8 Beispiel. Für die VF F einer *Exponentialverteilung* mit dem Parameter $\lambda > 0$ (Bezeichnung: EXP(λ) gilt

(2.5.18) $$F(t) = 1 - \exp(-\lambda t), \quad \text{falls} \quad t \geq 0,$$

so daß $F(t) = 0$, falls $t < 0$. ∎

2.5.9 Beispiel. Für die VF F einer *Normalverteilung* mit den Parametern $\mu \in \mathbb{R}$ und $\sigma^2 > 0$ (Bezeichnung: $\mathrm{N}(\mu, \sigma^2)$) gilt

(2.5.19) $$F(t) = \frac{1}{\sqrt{2\pi\sigma^2}} \int_{-\infty}^{t} \exp\left(-\frac{(s-\mu)^2}{2\sigma^2}\right) ds, \quad t \in \mathbb{R}.$$

Die Verteilung $\mathrm{N}(0,1)$ heißt *Standard-Normalverteilung*. Das Integral in (2.5.19) ist ein uneigentliches Riemann-Integral, das für $t \to \infty$ gegen 1 konvergiert (dies wird in Beispiel 5.6.1[4] gezeigt). Der Parameter μ spielt die Rolle eines „Mittelwertes", während σ^2 ein Maß dafür ist, wie stark $\mathrm{N}(\mu, \sigma^2)$ um μ „streut" (man vgl. (5.6.5)[4]). ∎

Das folgende Resultat motiviert die Bezeichnung „Verteilungsfunktion" für Funktionen $F : \mathbb{R} \longrightarrow [0,1]$, die die Eigenschaften (VF1)–(VF4) aufweisen:

2.6 Satz. *Zu jeder* VF F *existiert ein W.-Raum* $(\Omega, \mathcal{A}, P)$ *und eine* ZV $X : \Omega \longrightarrow \mathbb{R}$, *deren* VF F *ist.*

Zum Beweis von Satz 2.6 benötigen wir sog. Quantil-Funktionen.

2.7 Definition. Sei F eine VF. Die durch

(2.7.1) $$F^{-1}(t) := \inf\{s \in \mathbb{R} : F(s) \geq t\}, \quad t \in]0,1[$$

gegebene Funktion $F^{-1} :]0,1[\longrightarrow \mathbb{R}$ heißt die zu F gehörige *Quantil-Funktion*. (Es besteht keine Gefahr, die Quantil-Funktion F^{-1} mit der in (1.0.1) eingeführten Abbildung zu verwechseln !) ∎

Die Terminologie „Quantil-Funktion" rührt daher, daß man in der Statistik $F^{-1}(t)$ als ein *t-Quantil* (oder auch: $100t$%-Punkt) von F bezeichnet. Insbesondere ist $F^{-1}(1/2)$ ein *Median* von F.

Man beachte, daß wegen (VF3) und (VF4)

(2.7.2) $$|F^{-1}(t)| < \infty, \quad t \in]0,1[$$

gilt, während sich aus (VF1)

(2.7.3) $$F^{-1}(s) \leq F^{-1}(t), \quad 0 < s < t < 1$$

ergibt.

2.8 Satz. *Sei F eine* VF.

(a) *Es gilt*

(2.8.1) $$F(s) \geq t \iff s \geq F^{-1}(t), \quad s \in \mathbb{R}, \ t \in]0,1[.$$

(b) *Ist F stetig, so folgt*

(2.8.2) $$F(F^{-1}(t)) = t, \quad t \in]0,1[.$$

(c) *Ist $\xi \sim$ UNI(0,1) eine ZV derart, daß*

(2.8.3) $$\xi(\omega) \in]0,1[, \quad \omega \in \Omega,$$

so hat die ZV $F^{-1}(\xi)$ die VF F.

(d) *Ist die VF F einer ZV X stetig, so gilt*

(2.8.4) $$F(X) \sim \mathrm{UNI}(0,1).$$

Man beachte, daß $F^{-1}(\xi)$ aufgrund von Beispiel 1.13.1(b) und (2.7.3) eine ZV ist. Ist $\tilde{\xi} \sim$ UNI(0,1) eine auf $(\Omega, \mathcal{A}, P)$ definierte ZV, so folgt ersichtlich $P(\tilde{\xi} \in [0,1]) = 1$. Für die ZV

$$\xi := \tilde{\xi} I\{\tilde{\xi} \in]0,1[\} + (1/2) I\{\tilde{\xi} \notin]0,1[\}$$

gilt dann (2.8.3) und aufgrund von (2.5.6) $\xi \sim$ UNI(0,1).

BEWEIS VON SATZ 2.8. (a) Wegen (VF2) und (VF1) gilt

(2.8.5) $$F(F^{-1}(t)) \geq t, \quad t \in]0,1[,$$

(2.8.6) $$F(s) < t, \quad \text{falls} \quad s < F^{-1}(t) \quad (s \in \mathbb{R},\ t \in]0,1[)$$

und somit (2.8.1).

(b) Sei F stetig. Zu jedem $t \in]0,1[$ existiert dann wegen (VF3) und (VF4) eine kleinste Zahl $s \in \mathbb{R}$ derart, daß $F(s) = t$. Folglich ist $s = F^{-1}(t)$, so daß (2.8.2) gilt.

(c) Wegen (2.8.1) und (2.8.3) ergibt sich für $t \in \mathbb{R}$

$$P(F^{-1}(\xi) \leq t) = P(\xi \leq F(t)) = F(t).$$

(d) Aufgrund von Beispiel 1.13.1(b) ist $F(X)$ eine ZV. Wegen (2.8.1), (2.5.6) und (b) folgt für $t \in]0,1[$

$$\begin{aligned} P(F(X) < t) &= 1 - P(F(X) \geq t) = 1 - P(X \geq F^{-1}(t)) \\ &= P(X < F^{-1}(t)) = P(X \leq F^{-1}(t)) = F(F^{-1}(t)) = t. \end{aligned}$$

Dies impliziert (warum ?) $P(F(X) \leq t) = t$, $t \in]0,1[$, so daß (2.8.4) gilt. ∎

BEWEIS VON SATZ 2.6. Sei $\Omega =]0,1[$, $\mathcal{A} = \mathcal{R}(]0,1[)$ und $P =$ Lebesgue-Maß. Wird $\xi : \Omega \longrightarrow]0,1[$ definiert durch $\xi(\omega) = \omega$, $\omega \in \Omega$, so folgt $\xi \sim$ UNI(0,1). Wegen Satz 2.8(c) hat $F^{-1}(\xi)$ die VF F. ∎

2.8.1 Beispiel. Sei $X \sim \mathrm{EXP}(\lambda)$, so daß die VF F von X wegen (2.5.18) gegeben wird durch $F(t) = 1 - \exp(-\lambda t)$, $t \geq 0$. Man sieht leicht, daß

(2.8.7) $$F^{-1}(t) = -\frac{1}{\lambda} \log(1-t), \quad t \in]0,1[$$

(„log" ist der natürliche Logarithmus). Ist $\xi \sim \mathrm{UNI}(0,1)$ eine ZV derart, daß $\xi(\omega) \in \,]0,1[$, $\omega \in \Omega$, so folgt $1-\xi \sim \mathrm{UNI}(0,1)$ und $(1-\xi)(\omega) \in \,]0,1[$, $\omega \in \Omega$. Wegen Satz 2.8(c) gilt also

$$-\frac{1}{\lambda}\log\xi \sim \mathrm{EXP}(\lambda). \tag{2.8.8}$$

■

Satz 2.8(c) legt nahe, wie man mit Hilfe eines Computers eine ZV mit einer vorgegebenen VF F *simulieren* kann. Ein geeigneter Zufallszahlengenerator liefert zunächst eine „zufällige" Zahl η, die annähernd gleichverteilt auf einer Menge $\{1/N, 2/N, \ldots, (N-1)/N\}$ ist (N sei eine große natürliche Zahl). Aufgrund von Satz 2.8(c) hat dann $F^{-1}(\eta)$ annähernd die VF F.

Es erhebt sich die Frage, ob es zu einer vorgegebenen Folge von Verteilungen $Q_n : \mathcal{R}_n \longrightarrow [0,1]$ $(n \geq 1)$ eine Folge von ZV $X_1, X_2, \ldots$ gibt, die auf einem gemeinsamen W.-Raum $(\Omega, \mathcal{A}, P)$ definiert sind derart, daß für jedes $n \geq 1$ Q_n die gemeinsame Verteilung der ZV $X_1, \ldots, X_n$ ist. Ersichtlich ist hierfür *notwendig*, daß die Verteilungen $Q_1, Q_2, \ldots$ folgende *Verträglichkeitsbedingung* erfüllen:

$$Q_{n+1}(B \times \mathbb{R}) = Q_n(B), \quad B \in \mathcal{R}_n \ (n \geq 1). \tag{2.8.9}$$

Sei F_n die VF des ZVK $(X_1, \ldots, X_n)$, $n \geq 1$. Aus Satz 4.5[1] folgt dann, daß (2.8.9) *äquivalent* ist zu folgender *Verträglichkeitsbedingung*:

$$\begin{aligned}&\lim_{t\to\infty} F_{n+1}(t_1, \ldots, t_n, t)\\ &= F_n(t_1, \ldots, t_n), \quad (t_1, \ldots, t_n) \in \mathbb{R}^n \ (n \geq 1).\end{aligned} \tag{2.8.10}$$

Der folgende *Existenzsatz von Kolmogorov* besagt, daß die Verträglichkeitsbedingung (2.8.10) (und somit auch (2.8.9)) sogar *hinreichend* für die Existenz der gewünschten Folge von ZV ist:

2.9 Satz. *Gegeben seien* VF $F_n : \mathbb{R}^n \longrightarrow [0,1]$ $(n \geq 1)$, *die die Verträglichkeitsbedingung* (2.8.10) *erfüllen. Dann existiert ein W.-Raum* $(\Omega, \mathcal{A}, P)$ *und* ZV $X_n : \Omega \longrightarrow \mathbb{R}$ $(n \geq 1)$ *derart, daß für alle* $n \geq 1$

$$P(X_i \leq t_i,\ 1 \leq i \leq n) = F_n(t_1, \ldots, t_n), \quad (t_1, \ldots, t_n) \in \mathbb{R}^n. \tag{2.9.1}$$

■

Wir werden den Existenzsatz von Kolmogorov lediglich in einem wichtigen Spezialfall (Unabhängigkeit der ZV $X_1, X_2, \ldots$) beweisen (man vgl. Satz 1.17[3]).

2.3 Einige spezielle σ-Algebren

In diesem Abschnitt (der zunächst übersprungen werden kann) werden einige speziellere σ-Algebren eingeführt, die später bei gewissen Grenzwertsätzen eine wichtige Rolle spielen. Wir nehmen im folgenden stillschweigend an, daß die betrachteten ZV oder ZVK jeweils auf einem gemeinsamen W.-Raum $(\Omega, \mathcal{A}, P)$ definiert sind.

Zur Motivation betrachten wir zunächst ein einfaches Beispiel. Sei Y_0, $Y_1, \dots$ eine Folge von ZV. Da die ZV $(Y_0 + \dots + Y_{n-1})/n$ $(n \geq 1)$ jeweils $\sigma\{Y_0, Y_1, \dots\}$-meßbar sind, ist wegen Satz 1.17(a) die NZV

$$\xi_\infty := \limsup_{n\to\infty} \frac{1}{n} \sum_{i=0}^{n-1} Y_i \tag{3.0.1}$$

$\sigma\{Y_0, Y_1, \dots\}$-meßbar. Aufgrund einer gewissen „Invarianz"- und „Symmetrie"-Eigenschaft ist ξ_∞ meßbar bez. bestimmter Teil-σ-Algebren von $\sigma\{Y_0, Y_1, \dots\}$. Letztere sind — wie später gezeigt wird — unter geeigneten Annahmen über (Y_n) sogar ausgeartet, so daß dann ξ_∞ wegen Satz 1.26(a) *fast sicher konstant* ist.

Zunächst ist ξ_∞ „invariant" insofern, als ξ_∞ unverändert bleibt, falls die Folge $Y = (Y_n)$ „verschoben" wird, d.h. ersetzt wird durch die Folge $Y^{(k)} = (Y_n^{(k)})$, wobei

$$Y_n^{(k)} := Y_{n+k}, \quad n \geq 0,\ k \geq 0. \tag{3.0.2}$$

In der Tat gilt

$$\xi_\infty = \limsup_{n\to\infty} \frac{1}{n} \sum_{i=0}^{n-1} Y_i^{(k)}, \quad k \geq 0, \tag{3.0.3}$$

da ξ_∞ gleich ist

$$\begin{aligned} \limsup_{n\to\infty} \frac{1}{n+k} \sum_{i=0}^{n+k-1} Y_i &= \limsup_{n\to\infty} \frac{1}{n+k} \sum_{i=k}^{n+k-1} Y_i \\ = \limsup_{n\to\infty} \frac{n}{n+k} \cdot \frac{1}{n} \sum_{i=0}^{n-1} Y_i^{(k)} &= \limsup_{n\to\infty} \frac{1}{n} \sum_{i=0}^{n-1} Y_i^{(k)}. \end{aligned}$$

Aus (3.0.3) ergibt sich insbesondere für jedes $k \geq 0$, daß ξ_∞ nicht von $Y_0, \dots, Y_k$ abhängt. Dies impliziert

$$\xi_\infty \text{ ist } \sigma\{Y_k, Y_{k+1}, \dots\} - \text{meßbar} \quad (k \geq 0). \tag{3.0.4}$$

Zusätzlich weist ξ_∞ folgende „Symmetrie"-Eigenschaft auf: Werden endlich viele ZV der Folge (Y_n) permutiert, so bleibt ξ_∞ unverändert. Um dies genauer zu formulieren, betrachten wir die Familie Π aller endlichen Permutationen $\pi : \mathbb{Z}_+ \longrightarrow \mathbb{Z}_+ := \{0, 1, \dots\}$. Eine Abbildung $\pi : \mathbb{Z}_+ \longrightarrow \mathbb{Z}_+$ heißt eine *endliche Permutation*, wenn sie $\mathbb{Z}_+$ *auf* sich abbildet, eineindeutig ist (d.h. $\pi(m) = \pi(n) \Longrightarrow m = n$ $(m, n \in \mathbb{Z}_+)$) und $\pi(n) = n$ für alle hinreichend großen $n \in \mathbb{Z}_+$ gilt. Setzen wir $Y^\pi = (Y_n^\pi)$, $\pi \in \Pi$, wobei

$$Y_n^\pi := Y_{\pi(n)}, \quad n \geq 0,\ \pi \in \Pi, \tag{3.0.5}$$

so gilt ersichtlich

$$(3.0.6) \qquad \xi_\infty := \limsup_{n\to\infty} \frac{1}{n}\sum_{i=0}^{n-1} Y_i^\pi, \quad \pi \in \Pi.$$

Aufgrund von Satz 1.10(b) und Satz 1.17(a) ist die durch

$$(3.0.7) \qquad \phi(x_0,x_1,\dots) = \limsup_{n\to\infty} \frac{1}{n}\sum_{i=0}^{n-1} x_i, \quad (x_0,x_1,\dots) \in \mathbb{R}^\infty$$

definierte Abbildung $\phi : \mathbb{R}^\infty \longrightarrow \overline{\mathbb{R}}$ $\mathcal{R}_\infty/\overline{\mathcal{R}}$-meßbar, und wegen (3.0.3) und (3.0.6) gilt

$$(3.0.8) \qquad \xi_\infty = \phi(Y_k, Y_{k+1},\dots), \quad k \geq 0$$

sowie

$$(3.0.9) \qquad \xi_\infty = \phi(Y_{\pi(0)}, Y_{\pi(1)},\dots), \quad \pi \in \Pi.$$

Hieraus ergibt sich

$$(3.0.10) \qquad \{\xi_\infty \in B\} = \{(Y_k, Y_{k+1},\dots) \in \phi^{-1}(B)\}, \quad k \geq 0,\ B \in \mathcal{R}$$

und

$$(3.0.11) \qquad \{\xi_\infty \in B\} = \{(Y_{\pi(0)}, Y_{\pi(1)},\dots\} \in \phi^{-1}(B)\}, \quad \pi \in \Pi,\ B \in \mathcal{R},$$

wobei $\phi^{-1}(B) \in \mathcal{R}_\infty$, $B \in \mathcal{R}$.

Analoge Resultate erhält man für

$$(3.0.12) \qquad \eta_\infty := \liminf_{n\to\infty} \frac{1}{n}\sum_{i=0}^{n-1} Y_i.$$

Schließlich betrachten wir noch die bereits in Satz 1.10(d) eingeführte *Verschiebungstransformation* (*Shift*) $T : \mathbb{R}^\infty \longrightarrow \mathbb{R}^\infty$, die definiert wird durch

$$(3.0.13) \qquad T(x_0,x_1,\dots) = (x_1,x_2,\dots), \quad (x_0,x_1,\dots) \in \mathbb{R}^\infty.$$

Aufgrund von Satz 1.10(d) ist T Borel-meßbar. Die *identische Abbildung* $T^0 : \mathbb{R}^\infty \longrightarrow \mathbb{R}^\infty$ wird gegeben durch

$$(3.0.14) \qquad T^0(x_0,x_1,\dots) = (x_0,x_1,\dots), \quad (x_0,x_1,\dots) \in \mathbb{R}^\infty,$$

und wir definieren die Abbildungen $T^n : \mathbb{R}^\infty \longrightarrow \mathbb{R}^\infty$ ($n \geq 1$) rekursiv durch

$$(3.0.15) \qquad T^n := T \circ (T^{n-1}), \quad n = 1,2,\dots$$

Schließlich sei

$$(3.0.16) \qquad T^{-n} := (T^n)^{-1}, \quad n = 0,1,\dots,$$

so daß $T^{-n} : \mathcal{P}(\mathbb{R}^\infty) \longrightarrow \mathcal{P}(\mathbb{R}^\infty)$, $n \geq 0$ (vgl. (1.0.1)). Wegen Satz 1.10(b) ist die durch

$$(3.0.17) \qquad Y_0(x_0,x_1,\dots) = x_0, \quad (x_0,x_1,\dots) \in \mathbb{R}^\infty$$

definierte Abbildung $Y_0 : \mathbb{R}^\infty \longrightarrow \mathbb{R}$ Borel-meßbar. Sei $Y_n := Y_0 \circ T^n$, $n \geq 1$. Wird ξ_∞ durch (3.0.1) definiert, so sind Mengen der Form $\{\xi_\infty \in B\}$ $(B \in \mathcal{R})$ aufgrund von (3.0.10) „T-invariant", d.h. es gilt

$$T^{-1}\{\xi_\infty \in B\} = \{\xi_\infty \in B\}, \quad B \in \mathcal{R}. \tag{3.0.18}$$

Durch (3.0.10), (3.0.4), (3.0.11) und (3.0.18) werden folgende Definitionen motiviert.

3.1 Definition. Sei $Y = (Y_n)$ $(n \geq 0)$ eine Folge von $\mathbb{R}^d$-wertigen ZVK.

(a) Eine Menge $A \in \sigma\{Y_0, Y_1, \dots\}$ heißt *Y-invariant*, falls es ein $B_\infty \in \mathcal{R}_\infty$ gibt derart, daß

$$A = \{(Y_k, Y_{k+1}, \dots) \in B_\infty\}, \quad k \geq 0. \tag{3.1.1}$$

Mit $\mathcal{I}(Y)$ bezeichnen wir die Familie der Y-invarianten Mengen.

(b) Die σ-Algebra

$$\mathcal{F} := \mathcal{F}(Y) := \bigcap_{k=0}^{\infty} \sigma\{Y_k, Y_{k+1}, \dots\} \tag{3.1.2}$$

heißt die *Y-finale σ-Algebra*. Eine Menge $A \in \mathcal{F}(Y)$ heißt *final* (genauer: *Y-final*). ∎

3.2 Definition. Sei $Y = (Y_n)$ $(n \geq 0)$ eine Folge von $\mathbb{R}^d$-wertigen ZVK. Eine Menge $A \in \sigma\{Y_0, Y_1, \dots\}$ heißt *Y-symmetrisch*, falls es ein $B_\infty \in \mathcal{R}_\infty$ gibt derart, daß

$$A = \{(Y_{\pi(0)}, Y_{\pi(1)}, \dots) \in B_\infty\}, \quad \pi \in \Pi. \tag{3.2.1}$$

(Gilt $Y_n = (Y_{n1}, \dots, Y_{nd})$, $n \geq 0$, so fassen wir $(Y_0, Y_1, \dots)$ auf als Folge $(Y_{01}, \dots, Y_{0d}, Y_{11}, \dots, Y_{1d}, \dots)$.) Mit $\mathcal{S}(Y)$ bezeichnen wir die Familie der Y-symmetrischen Mengen. ∎

3.3 Definition. Sei $T : \Omega \longrightarrow \Omega$ eine *meßbare Transformation*, d.h. es gelte

$$T^{-1}(A) \in \mathcal{A}, \quad A \in \mathcal{A}. \tag{3.3.1}$$

(T ist also $\mathcal{A}/\mathcal{A}$-meßbar.) Eine Menge $A \in \mathcal{A}$ heißt *T-invariant*, falls

$$T^{-1}(A) = A. \tag{3.3.2}$$

Mit $\mathcal{I}(T)$ bezeichnen wir die Familie der T-invarianten Mengen. ∎

3.4 Satz. *Sei $Y = (Y_n)$ $(n \geq 0)$ eine Folge von $\mathbb{R}^d$-wertigen* ZVK.

(a) *Die Familien $\mathcal{I}(Y)$, $\mathcal{F}(Y)$ und $\mathcal{S}(Y)$ sind jeweils Teil-σ-Algebren von $\sigma\{Y_0, Y_1, \dots\}$.*

(b) *Ist $T : \Omega \longrightarrow \Omega$ eine meßbare Transformation, so ist $\mathcal{I}(T)$ eine Teil-σ-Algebra von $\mathcal{A}$.*

BEWEIS. (a) Faßt man die durch (3.0.2) bzw. (3.0.5) definierten Folgen $Y^{(k)}, Y^\pi$ als Abbildungen $Y^{(k)} : \Omega \longrightarrow \mathbb{R}^\infty$, $Y^\pi : \Omega \longrightarrow \mathbb{R}^\infty$ auf, so gilt $A \in \mathcal{I}(Y)$ bzw. $A \in \mathcal{S}(Y)$ genau dann, wenn es ein $B_\infty \in \mathcal{R}_\infty$ gibt derart, daß

(3.4.1) $$A = (Y^{(k)})^{-1}(B_\infty), \quad k \geq 0$$

bzw.

(3.4.2) $$A = (Y^\pi)^{-1}(B_\infty), \quad \pi \in \Pi.$$

Aufgrund von Satz 1.6 sind somit $\mathcal{I}(Y)$ und $\mathcal{S}(Y)$ σ-Algebren. Ähnlich beweist man (b). $\mathcal{F}(Y)$ ist — als Durchschnitt von σ-Algebren — trivialerweise eine σ-Algebra. ■

Es erhebt sich die Frage, wann eine ZV $\mathcal{I}(Y)$-, $\mathcal{S}(Y)$- bzw. $\mathcal{I}(T)$-meßbar ist. Wir leiten zunächst ein Kriterium für die $\mathcal{S}(Y)$-Meßbarkeit her und behandeln die $\mathcal{I}(Y)$- und $\mathcal{I}(T)$-Meßbarkeit etwas später (vgl. Satz 3.16).

3.5 Definition. Sei $Y = (Y_n)$ $(n \geq 0)$ eine Folge von $\mathbb{R}^d$-wertigen ZVK und $\xi : \Omega \longrightarrow \mathbb{R}$ eine ZV.

(a) ξ heißt *Y-symmetrisch*, falls es eine Borel-meßbare Abbildung $f : \mathbb{R}^\infty \longrightarrow \mathbb{R}$ gibt derart, daß

(3.5.1) $$\xi = f(Y_{\pi(0)}, Y_{\pi(1)}, \ldots), \quad \pi \in \Pi.$$

(b) Sei $n \geq 0$. Die ZV ξ heißt *n-symmetrisch* (bez. Y), falls es eine Borel-meßbare Abbildung $f_n : \mathbb{R}^\infty \longrightarrow \mathbb{R}$ gibt derart, daß

(3.5.2) $$\xi = f_n(Y_{\pi(0)}, Y_{\pi(1)}, \ldots), \quad \pi \in \Pi_n,$$

worin Π_n aus allen $\pi \in \Pi$ besteht, für die $\pi(m) = m$, $m \geq n$, gilt. ■

Wegen (3.4.2) gilt für alle $A \in \mathcal{A}$

(3.5.3) $$A \in \mathcal{S}(Y) \iff I_A \text{ ist } Y\text{-symmetrisch.}$$

3.6 Satz. *Sei $\xi : \Omega \longrightarrow \mathbb{R}$ eine ZV. Dann sind folgende Aussagen äquivalent:*

(a) *ξ ist $\mathcal{S}(Y)$-meßbar.*

(b) *ξ ist Y-symmetrisch.*

(c) *ξ ist n-symmetrisch bez. Y für jedes $n \geq 0$.*

BEWEIS. Die Gültigkeit der Implikationen (b) $\Longrightarrow$ (a) und (b) $\Longrightarrow$ (c) ist unmittelbar klar. Zum Nachweis von (a) $\Longrightarrow$ (b) sei ξ $\mathcal{S}(Y)$-meßbar. Aufgrund des Approximationssatzes für NZV existieren elementare $\mathcal{S}(Y)$-meßbare ZV $\xi_1, \xi_2, \ldots$ derart, daß

(3.6.1) $$\xi_n \to \xi.$$

Wegen (3.5.3) ist jedes ξ_n Y-symmetrisch, so daß es Borel-meßbare Abbildungen $f_n : \mathbb{R}^\infty \longrightarrow \mathbb{R}$ gibt derart, daß

(3.6.2) $$\xi_n = f_n(Y_{\pi(0)}, Y_{\pi(1)}, \ldots), \quad \pi \in \Pi, \ n \geq 1.$$

Wegen Satz 1.17(a) ist $\tilde{f} := \limsup_{n\to\infty} f_n$ $\mathcal{R}_\infty/\overline{\mathcal{R}}$-meßbar, so daß $f := \tilde{f} I\{|\tilde{f}| < \infty\}$ wegen Satz 1.19(c) eine Borel-meßbare ZV ist. Aus (3.6.1),

(3.6.2) folgt $\xi = f(Y_{\pi(0)}, Y_{\pi(1)}, \dots)$, $\pi \in \Pi$, so daß ξ Y-symmetrisch ist. Ähnlich beweist man die Implikation (c) $\Longrightarrow$ (b) (man beachte hierzu, daß aus $\pi \in \Pi_n$ für ein $n \geq 0$ folgt, daß $\pi \in \Pi_k$ für alle $k \geq n$ gilt). ■

Eine einfache Folgerung aus Satz 3.6 ist

3.7 Satz. *Für eine beliebige Folge* $Y = (Y_n)$ $(n \geq 0)$ *von* $\mathbb{R}^d$*-wertigen* ZVK *gilt*

$$\mathcal{F}(Y) \subset \mathcal{S}(Y) \subset \sigma\{Y_0, Y_1, \dots\}. \tag{3.7.1}$$

BEWEIS. Sei $A \in \mathcal{F}(Y)$ und $n \geq 0$ gegeben. Wegen $A \in \sigma\{Y_n, Y_{n+1}, \dots\}$ existiert aufgrund von Satz 1.23(b) ein $\widetilde{B}_\infty \in \mathcal{R}_\infty$ derart, daß $A = \{(Y_n, Y_{n+1}, \dots) \in \widetilde{B}_\infty\}$. Setzen wir $B_\infty = \mathbb{R}^{nd} \times \widetilde{B}_\infty$, so folgt $I_A = I_{B_\infty}(Y_{\pi(0)}, Y_{\pi(1)}, \dots)$, $\pi \in \Pi_n$, so daß I_A n-symmetrisch bez. Y ist. Wegen Satz 3.6 impliziert dies $A \in \mathcal{S}(Y)$. ■

3.8 Bemerkung. I.a. gilt *nicht* $\mathcal{F}(Y) = \mathcal{S}(Y)$. In der Tat, sei $Y = (Y_n)$ $(n \geq 0)$ eine Folge von ZV derart, daß $\{Y_0 = 0\} \cup \{Y_0 = 1\} = \Omega$, $0 < P(Y_0 = 0) < 1$ und $Y_n \equiv 0$, $n \geq 1$. Für das Ereignis $A := \{Y_0 + \dots + Y_n = 0 \text{ u.o.}\}$ gilt ersichtlich $A = \{Y_0 = 0\} \notin \mathcal{F}(Y) = \{\emptyset, \Omega\}$ sowie $A \in \mathcal{S}(Y)$. ■

3.9 Beispiel. Sei $T : \Omega \longrightarrow \Omega$ eine meßbare Transformation und Y_0 eine ZV. Setzen wir

$$Y_n := Y_0 \circ T^n, \quad n \geq 1 \tag{3.9.1}$$

und

$$\xi_\infty := \limsup_{n\to\infty} \frac{1}{n} \sum_{i=0}^{n-1} Y_i, \tag{3.9.2}$$

so ist ξ_∞ aufgrund von (3.0.3) $\mathcal{I}(T)$-meßbar, d.h. es gilt

$$T^{-1}\{\xi_\infty \in B\} = \{\xi_\infty \in B\}, \quad B \in \mathcal{R}. \tag{3.9.3}$$

(Dies verallgemeinert (3.0.18).) ■

3.10 Satz. (a) *Für eine beliebige Folge* $Y = (Y_n)$ $(n \geq 0)$ *von* $\mathbb{R}^d$*-wertigen* ZVK *gilt*

$$\mathcal{I}(Y) \subset \mathcal{F}(Y) \subset \sigma\{Y_0, Y_1, \dots\}. \tag{3.10.1}$$

(b) *Sei* $T : \Omega \longrightarrow \Omega$ *eine meßbare Transformation. Ist* Y_0 *eine* ZV, *so gilt für die durch* (3.9.1) *definierte Folge* $Y = (Y_n)$

$$\mathcal{I}(Y) \subset \mathcal{I}(T). \tag{3.10.2}$$

BEWEIS. (a) ergibt sich mit Hilfe von (3.4.1). Zum Nachweis von (b) sei $A \in \mathcal{I}(Y)$. Aufgrund von (3.4.1) existiert ein $B_\infty \in \mathcal{R}_\infty$ derart, daß $A = \left(Y^{(k)}\right)^{-1}(B_\infty)$, $k \geq 0$. Da wegen (3.9.1)

$$Y_n^{(k)} = \left(Y_0 \circ T^k\right)_n, \quad n, k = 0, 1, \dots, \tag{3.10.3}$$

folgt mit Hilfe von Satz 1.6 $A = T^{-k}(Y^{-1}(B_\infty))$, $k = 0, 1, \ldots$, so daß $T^{-1}A = A$, d.h. $A \in \mathcal{I}(T)$ gilt. ■

3.11 Bemerkung. I.a. sind die σ-Algebren $\mathcal{I}(Y)$ und $\mathcal{I}(T)$ in Satz 3.10(b) verschieden. Ist z.B. $T : \Omega \longrightarrow \Omega$ die *identische Abbildung*, d.h. gilt

$$T(\omega) = \omega, \quad \omega \in \Omega, \tag{3.11.1}$$

so folgt $\mathcal{I}(T) = \mathcal{A}$. Wird Y_n wie in (3.9.1) definiert, so ergibt sich $\mathcal{I}(Y) = \sigma\{Y_0\}$. ■

3.11.1 Beispiel. Ist $Y = (Y_n)$ $(n \geq 0)$ eine Folge von ZV, so sind wegen (3.0.3) die in (3.0.1) und (3.0.12) definierten NZV ξ_∞, η_∞ $\mathcal{I}(Y)$-meßbar.

■

3.11.2 Beispiel. Ist $Y = (Y_n)$ $(n \geq 0)$ eine Folge von ZV, so sind die NZV

$$\limsup_{n\to\infty} \sum_{i=0}^{n-1} Y_i \quad \text{und} \quad \liminf_{n\to\infty} \sum_{i=0}^{n-1} Y_i$$

zwar $\mathcal{S}(Y)$-meßbar, aber i.a. nicht $\mathcal{F}(Y)$-meßbar. ■

3.11.3 Beispiel. Sei $Y = (Y_n)$ $(n \geq 0)$ eine Folge von $\mathbb{R}^d$-wertigen ZVK. Die Funktionen $f_n : \mathbb{R}^{nd} \longrightarrow \mathbb{R}$ $(n \geq 1)$ seien Borel-meßbar und *symmetrisch*, d.h. für jedes $n \geq 1$ und jede Permutation σ der Zahlen $0, \ldots, n-1$ gilt

$$\begin{aligned} &f_n(x_0, \ldots, x_{n-1}) \\ &\quad = f_n(x_{\sigma(0)}, \ldots, x_{\sigma(n-1)}), \quad x_i \in \mathbb{R}^d \ (0 \leq i \leq n-1). \end{aligned} \tag{3.11.2}$$

(Typische Beispiele im Fall $d = 1$ sind $f_n(x_0, \ldots, x_{n-1}) = x_0 + \cdots + x_{n-1}$ und $f_n(x_0, \ldots, x_{n-1}) = x_0 \cdots x_{n-1}$, $(x_0, \ldots, x_{n-1}) \in \mathbb{R}^n$.) Dann sind die NZV

$$\limsup_{n\to\infty} f_n(Y_0, \ldots, Y_{n-1}) \quad \text{und} \quad \liminf_{n\to\infty} f_n(Y_0, \ldots, Y_{n-1})$$

jeweils $\mathcal{S}(Y)$-meßbar (dies ergibt sich leicht mit Hilfe von Satz 3.6). ■

3.11.4 Beispiel (*Travelling-Salesman-Problem*). Seien $\xi_0, \xi_1, \ldots$ ZVK mit Werten im Einheitsquadrat $[0,1]^2 = [0,1] \times [0,1]$. Sei $L_n = L_n(\xi_0, \ldots, \xi_{n-1})$ $(n \geq 3)$ die Länge des kürzesten geschlossenen Streckenzuges durch die Punkte $\xi_0, \ldots, \xi_{n-1}$. Ist $\|x - y\|$ der euklidische Abstand von $x, y \in \mathbb{R}^2$, so gilt also

$$L_n = \min_\sigma \left(\|\xi_{\sigma(n-1)} - \xi_{\sigma(0)}\| + \sum_{i=0}^{n-2} \|\xi_{\sigma(i)} - \xi_{\sigma(i+1)}\| \right), \tag{3.11.3}$$

wobei das Minimum in (3.11.3) über alle $n!$ Permutationen σ der Zahlen $0, \ldots, n-1$ erstreckt wird. Ersichtlich ist L_n eine symmetrische Borel-meßbare Funktion von $\xi_0, \ldots, \xi_{n-1}$. Wir werden später zeigen (vgl. §9.2), daß die Folge $(L_n/\sqrt{n})$ gleichmäßig beschränkt ist und unter geeigneten Annahmen über (ξ_n) fast sicher gegen eine gewisse Konstante $0 < c < \infty$ konvergiert, d.h. es gilt

$$P\left\{\omega \in \Omega : \lim_{n\to\infty} L_n(\omega)/\sqrt{n} = c\right\} = 1. \tag{3.11.4}$$

■

Später werden wir zusätzlich einen etwas allgemeineren Invarianzbegriff benötigen. Im folgenden sei $Y = (Y_n)$ $(n \geq 0)$ eine Folge von $\mathbb{R}^d$-wertigen ZVK und $T : \Omega \longrightarrow \Omega$ eine meßbare Transformation.

3.12 Definition. (a) Eine Menge $A \in \mathcal{A}$ heißt *Y-fast-invariant*, falls ein $B_\infty \in \mathcal{R}_\infty$ existiert derart, daß anstelle von (3.1.1) lediglich gilt:

$$\begin{aligned} &P(A\Delta\{(Y_k, Y_{k+1}, \dots) \in B_\infty\}) \\ &= P\left(A\Delta \left(Y^{(k)}\right)^{-1}(B_\infty)\right) = 0, \quad k \geq 0. \end{aligned} \tag{3.12.1}$$

(b) Eine Menge $A \in \mathcal{A}$ heißt *T-fast-invariant*, falls anstelle von (3.3.2) lediglich gilt:

$$P(A\Delta T^{-1}(A)) = 0. \tag{3.12.2}$$

(In (3.12.1) und (3.12.2) ist „Δ“ die symmetrische Differenz.) ■

Bezeichnet $\overline{\mathcal{I}}(Y)$ bzw. $\overline{\mathcal{I}}(T)$ die Familie der Y- bzw. T-fast-invarianten Mengen, so gilt ersichtlich

$$\mathcal{I}(Y) \subset \overline{\mathcal{I}}(Y) \tag{3.12.3}$$

und

$$\mathcal{I}(T) \subset \overline{\mathcal{I}}(T). \tag{3.12.4}$$

3.13 Definition. Eine meßbare Transformation $T : \Omega \longrightarrow \Omega$ heißt *maßtreu*, falls gilt:

$$P(T^{-1}(A)) = P(A), \quad A \in \mathcal{A}. \tag{3.13.1}$$

■

3.14 Satz. (a) *Die Familien $\overline{\mathcal{I}}(Y)$ und $\overline{\mathcal{I}}(T)$ sind Teil-σ-Algebren von $\mathcal{A}$.*

(b) *Sei T maßtreu. Eine Menge $A \in \mathcal{A}$ gehört genau dann zu $\overline{\mathcal{I}}(T)$, wenn es eine Menge $A_0 \in \mathcal{I}(T)$ gibt derart, daß*

$$P(A\Delta A_0) = 0. \tag{3.14.1}$$

(c) *Sei T maßtreu. Existiert zu einer Menge $A \in \mathcal{A}$ eine Menge $A_1 \in \overline{\mathcal{I}}(T)$ derart, daß $P(A\Delta A_1) = 0$, so folgt $A \in \overline{\mathcal{I}}(T)$.*

BEWEIS. (a) Wir beweisen die Aussage lediglich für $\overline{\mathcal{I}}(T)$ (der entsprechende Nachweis für $\overline{\mathcal{I}}(Y)$ verläuft völlig analog). Es ist klar, daß $\Omega \in \overline{\mathcal{I}}(T)$. Sei $A \in \overline{\mathcal{I}}(T)$. Wegen (3.12.2) folgt dann $P(A^c\Delta T^{-1}(A^c)) = P(A^c\Delta (T^{-1}(A))^c) = P(A\Delta T^{-1}(A)) = 0$, so daß $A^c \in \overline{\mathcal{I}}(T)$. Gelte $A_n \in \overline{\mathcal{I}}(T)$, $n \geq$

1. Mit Hilfe der σ-Subadditivität von P und (3.12.2) (für A_n statt A) ergibt sich

$$P\left(\left(\bigcup_{n=1}^{\infty} A_n\right) \Delta T^{-1}\left(\bigcup_{n=1}^{\infty} A_n\right)\right) = P\left(\left(\bigcup_{n=1}^{\infty} A_n\right) \Delta \left(\bigcup_{n=1}^{\infty} T^{-1}(A_n)\right)\right)$$
$$\leq P\left(\bigcup_{n=1}^{\infty}(A_n \Delta T^{-1}(A_n))\right) \leq \sum_{n=1}^{\infty} P(A_n \Delta T^{-1}(A_n)) = 0,$$

so daß $A_1 \cup A_2 \cup \cdots \in \overline{\mathcal{I}}(T)$. Folglich ist $\overline{\mathcal{I}}(T)$ eine σ-Algebra.

(b) Sei $A \in \mathcal{A}$ und gelte (3.14.1) für ein $A_0 \in \mathcal{I}(T)$. Aufgrund von Satz 1.7[1], Satz 1.6 und der Maßtreue von T ergibt sich dann

$$\begin{aligned} P(A \Delta T^{-1}(A)) &\leq P(A \Delta A_0) + P(A_0 \Delta T^{-1}(A_0)) + P(T^{-1}(A_0) \Delta T^{-1}(A)) \\ &= P(T^{-1}(A_0 \Delta A)) = P(A_0 \Delta A) = 0, \end{aligned}$$

so daß $A \in \overline{\mathcal{I}}(T)$. Sei umgekehrt $A \in \overline{\mathcal{I}}(T)$. Aufgrund von Satz 1.6 und der Maßtreue von T folgt

$$P(A \Delta T^{-n}(A)) = 0, \quad n \geq 1, \tag{3.14.2}$$

da für $n \geq 1$ wegen Satz 1.7[1]

$$P(A \Delta T^{-n}(A)) \leq \sum_{k=0}^{n-1} P(T^{-k}(A) \Delta T^{-(k+1)}(A)) = nP(A \Delta T^{-1}(A)).$$

Für die Menge

$$A_0 := \{T^{-n} A \text{ u.o.}\} = \bigcap_{k=1}^{\infty} \bigcup_{n=k}^{\infty} T^{-n}(A)$$

gilt wegen Satz 1.6 $T^{-1}(A_0) = A_0$, so daß $A_0 \in \mathcal{I}(T)$. Ausgehend von der Inklusion

$$A \Delta A_0 \subset \bigcup_{n=1}^{\infty} (A \Delta T^{-n}(A))$$

erhält man mit Hilfe der σ-Subadditivität von P und (3.14.2) die Gültigkeit von (3.14.1).

(c) ist eine einfache Konsequenz aus (b) und (3.12.4). ■

Wir leiten nun Kriterien dafür her, daß eine ZV bez. einer der σ-Algebren $\mathcal{I}(Y), \overline{\mathcal{I}}(Y), \mathcal{I}(T)$ bzw. $\overline{\mathcal{I}}(T)$ meßbar ist. (Im folgenden ist $Y = (Y_n)$ eine Folge von $\mathbb{R}^d$-wertigen ZVK; $T : \Omega \longrightarrow \Omega$ wird lediglich als meßbar, *nicht* jedoch als maßtreu vorausgesetzt.)

Sind ξ, η $\mathbb{R}^d$-wertige ZVK, so bedeutet die Schreibweise

$$\xi = \eta \text{ f.s.}, \tag{3.14.3}$$

daß ξ und η *fast-sicher (f.s.) gleich sind*, d.h. $P(\xi = \eta) = 1$ gilt (einen Spezialfall dieser Notation hatten wir in (1.25.3) eingeführt).

3.15 Definition. (a) Eine ZV ξ heißt *Y-invariant* bzw. *Y-fast-invariant*, falls es eine Borel-meßbare Abbildung $f : \mathbb{R}^\infty \longrightarrow \mathbb{R}$ gibt derart, daß

(3.15.1) $$\xi = f(Y_k, Y_{k+1}, \dots), \quad k \geq 0$$

bzw.

(3.15.2) $$\xi = f(Y_k, Y_{k+1}, \dots) \text{ f.s.}, \quad k \geq 0$$

gilt.

(b) Eine ZV ξ heißt *T-invariant* bzw. *T-fast-invariant*, falls

(3.15.3) $$\xi = \xi \circ T$$

bzw.

(3.15.4) $$\xi = \xi \circ T \quad \text{f.s.}$$

gilt. ∎

Es ist leicht zu sehen, daß für alle $A \in \mathcal{A}$ gilt:

(3.15.5) $$A \in \mathcal{I}(Y) \iff I_A \text{ ist } Y\text{-invariant};$$

(3.15.6) $$A \in \overline{\mathcal{I}}(Y) \iff I_A \text{ ist } Y\text{-fast-invariant};$$

(3.15.7) $$A \in \mathcal{I}(T) \iff I_A \text{ ist } T\text{-invariant}$$

sowie

(3.15.8) $$A \in \overline{\mathcal{I}}(T) \iff I_A \text{ ist } T\text{-fast-invariant}.$$

Beim Nachweis von (3.15.5)–(3.15.8) benutzt man (3.4.1) sowie

(3.15.9) $$I_{T^{-1}A} = I_A \circ T$$

und

(3.15.10) $$P(A_1 \Delta A_2) = 0 \iff I_{A_1} = I_{A_2} \text{ f.s.}, \quad A_1, A_2 \in \mathcal{A}.$$

Die Äquivalenzen (3.15.5)–(3.15.8) suggerieren

3.16 Satz. (a) *Eine ZV ξ ist genau dann $\mathcal{I}(Y)$- bzw. $\overline{\mathcal{I}}(Y)$-meßbar, wenn sie Y-invariant bzw. Y-fast-invariant ist.*

(b) *Eine ZV ξ ist genau dann $\mathcal{I}(T)$- bzw. $\overline{\mathcal{I}}(T)$-meßbar, wenn sie T-invariant bzw. T-fast-invariant ist.*

Der Beweis von Satz 3.16 sei dem Leser überlassen. (Man benutze (3.15.5)–(3.15.10) sowie

(3.16.1) $$\xi = \eta \quad \text{f.s.} \Longrightarrow P(\{\xi \in B\} \Delta \{\eta \in B\}) = 0, \quad B \in \mathcal{R}$$

und argumentiere ähnlich wie im Beweis von Satz 3.6.) ∎

Es wird sich als bequem erweisen, die im Zusammenhang mit (1.25.3) und (3.14.3) eingeführte Terminologie wie folgt zu verallgemeinern: Sei $\mathcal{E}(\omega)$

eine von $\omega \in \Omega$ abhängende Aussage, die für ein $\omega \in \Omega$ entweder zutrifft oder nicht zutrifft. (Z.B. wird in Verbindung mit (3.14.3) die Aussage

$$\mathcal{E}(\omega) \text{ trifft zu } \iff \xi(\omega) = \eta(\omega), \quad \omega \in \Omega$$

betrachtet.) Gilt dann

$$A := \{\omega \in \Omega : \mathcal{E}(\omega) \text{ trifft zu}\} \in \mathcal{A}$$

und $P(A) = 1$, so werden wir sagen: $\mathcal{E}$ trifft *fast sicher* (genauer: *P-fast sicher*) (*f.s.*) zu oder auch: $\mathcal{E}$ trifft für *fast alle* $\omega \in \Omega$ zu.

Aufgaben

2.1. Sei $Z \geq 0$ eine NZV derart, daß für eine gewisse Konstante $0 < c < \infty$ mit $c \neq 1$ gilt: $P(cZ \leq t) = P(Z \leq t)$, $t \geq 0$. Man zeige, daß dann $P(Z = 0) + P(Z = \infty) = 1$.
Hinweis: Der Fall $c > 1$ läßt sich auf den Fall $0 < c < 1$ zurückführen.

2.2. Sei $-\infty < a < b < \infty$. Eine Funktion $f : [a, b] \longrightarrow \mathbb{R}$ heißt *unterhalb stetig*, falls

$$\liminf_{y \to x,\, y \in [a,b]} f(y) \geq f(x), \qquad x \in [a, b],$$

oder (äquivalent) gilt: Zu jedem $x \in [a, b]$ und jedem $\epsilon > 0$ existiert ein $\delta = \delta(x, \epsilon) > 0$ derart, daß aus $|y - x| < \delta$ und $y \in [a, b]$ folgt: $f(y) > f(x) - \epsilon$. Man zeige, daß eine derartige Funktion Borel-meßbar ist.
Hinweis: Man betrachte $\{x \in [a, b] : f(x) > c\}$.

2.3. Sei $f : [a, b] \longrightarrow \mathbb{R}$ beschränkt, und sei $c > 0$. Die Funktion $g : [a, b] \longrightarrow \mathbb{R}$ sei definiert durch

$$g(x) := \sup\{f(y) : |x - y| < c,\ y \in [a, b]\}, \qquad x \in [a, b].$$

Man zeige, daß g unterhalb stetig ist.

2.4. Sei $(\Omega, \mathcal{A}, P)$ ein W.-Raum und $X_1, X_2, \ldots$ eine Folge von ZV. Sei $X : \Omega \longrightarrow \mathbb{R}$ eine Abbildung derart, daß für die Menge

$$M := \{\omega \in \Omega : \lim_{n \to \infty} X_n(\omega) = X(\omega)\}$$

$M \in \mathcal{A}$ und $P(M) = 1$ gilt. Man zeige anhand eines einfachen Beispiels, daß hieraus i.a. *nicht* folgt, daß X eine ZV ist.

2.5. (Diese Aufgabe ergänzt die vorangehende Aufgabe.) Ein W.-Raum $(\Omega, \mathcal{A}, P)$ heißt *vollständig*, falls aus den drei Bedingungen $A \subset B$, $B \in \mathcal{A}$ und $P(B) = 0$ folgt, daß $A \in \mathcal{A}$ (und somit $P(A) = 0$) gilt.
(a) Der W.-Raum $(\Omega, \mathcal{A}, P)$ sei vollständig. Sei $X_1, X_2, \ldots$ eine Folge von ZV und $X : \Omega \longrightarrow \mathbb{R}$ eine Abbildung. Man zeige: Gilt für die Menge M in der vorigen Aufgabe $M \in \mathcal{A}$ und $P(M) = 1$, so ist X eine ZV.
(b) Zu einem beliebigen W.-Raum $(\Omega, \mathcal{A}, P)$ existiert stets ein vollständiger

W.-Raum $(\Omega, \widetilde{\mathcal{A}}, \widetilde{P})$ derart, daß $\mathcal{A} \subset \widetilde{\mathcal{A}}$ und $\widetilde{P}(A) = P(A)$ für alle $A \in \mathcal{A}$ gilt. ($\widetilde{P}$ ist also eine Fortsetzung von P auf $\widetilde{\mathcal{A}}$.) In der Tat, sei

$$(*) \qquad \widetilde{\mathcal{A}} := \{A \cup N : A \in \mathcal{A};\ \exists B \in \mathcal{A} \quad \text{mit } P(B) = 0 \text{ und } N \subset B\}.$$

Man zeige, daß $\widetilde{\mathcal{A}}$ eine σ-Algebra ist.

Es werde $\widetilde{P} : \widetilde{\mathcal{A}} \longrightarrow [0,1]$ definiert durch $\widetilde{P}(A \cup N) = P(A)$ (A, N haben die in $(*)$ angegebenen Eigenschaften). Man zeige:

(i) $\widetilde{P}$ ist sinnvoll definiert, d.h. ist $A \cup N = A_1 \cup N_1$ derart, daß $A_1 \in \mathcal{A}$ und eine Menge $B_1 \in \mathcal{A}$ existiert, für die $P(B_1) = 0$ und $N_1 \subset B_1$ gilt, so folgt $\widetilde{P}(A \cup N) = \widetilde{P}(A_1 \cup N_1)$.

(ii) $\widetilde{P}$ ist ein W.-Maß, das eine Fortsetzung von P bildet.

(iii) $(\Omega, \widetilde{\mathcal{A}}, \widetilde{P})$ ist vollständig.

Man nennt $(\Omega, \widetilde{\mathcal{A}}, \widetilde{P})$ die *Vervollständigung* von $(\Omega, \mathcal{A}, P)$, und $\widetilde{\mathcal{A}}$ heißt die *Vervollständigung* von $\mathcal{A}$ (bez. P).

2.6. Eine Menge $B \subset [0,1]$ heiße *symmetrisch* (bez. 1/2), falls für alle $b \in B$ gilt: $b \in B \iff 1 - b \in B$. Sei $\mathcal{B}$ die von den symmetrischen Intervallen $[a,b] \subset [0,1]$ erzeugte σ-Algebra.
(a) Man zeige: $\mathcal{B}$ enthält genau die symmetrischen Borel-Mengen aus $\mathcal{R}([0,1])$.
(b) Man charakterisiere diejenigen Abbildungen $f : [0,1] \longrightarrow \mathbb{R}$, die $\mathcal{B}$-meßbar sind.
Hinweis zu (b): Man benutze den Approximationssatz für NZV.

2.7. Sei $\mathcal{A}_0 \subset \mathcal{R}$ $\cap$-stabil derart, daß $\sigma(\mathcal{A}_0) = \mathcal{R}$. Sei $\mathcal{H}$ eine Familie von Funktionen $f : \mathbb{R} \longrightarrow \mathbb{R}$ mit folgenden Eigenschaften:

(H1) $f \equiv 1 \in \mathcal{H}$.
(H2) $I_A \in \mathcal{H}, \quad A \in \mathcal{A}_0$.
(H3) $\mathcal{H}$ ist ein Vektorraum.
(H4) Gilt $f_n \in \mathcal{H}$ $(n \geq 1)$ und $f_1 \leq f_2 \leq \cdots$ sowie $\sup_{n \geq 1} f_n(t) < \infty$, $t \in \mathbb{R}$, so folgt $\sup_{n \geq 1} f_n \in \mathcal{H}$.

Man zeige, daß dann $\mathcal{H}$ *alle* reellwertigen Borel-meßbaren Funktionen enthält.

2.8. Sei X eine ZV, $f : \mathbb{R} \longrightarrow \mathbb{R}$ eine Borel-meßbare Funktion und $Y := f(X)$. Man zeige:
(a) Es gilt $\sigma\{Y\} \subset \sigma\{X\}$.
(b) Existiert eine Borel-meßbare Funktion $g : \mathbb{R} \longrightarrow \mathbb{R}$ derart, daß $X = g(Y)$, so folgt $\sigma\{Y\} = \sigma\{X\}$.

2.9. Seien ξ, η ZV, die dieselbe Verteilung haben und für die $P(\xi \geq \eta) = 1$ gilt. Man zeige, daß dann $P(\xi = \eta) = 1$.

2.10. Man zeige: Gilt für ZV X, Y $P(X = Y) = 1$, so haben X, Y dieselbe Verteilung.

2.11. Seien X, Y ZV derart, daß für beliebige reelle Zahlen $a \leq b$ und $c \leq d$

$$P(X \in [a,b],\ Y \in [c,d]) = P(X \in [a,b] \cap [c,d]).$$

Dann folgt $P(X = Y) = 1$.
Hinweis: Man betrachte ein geeignetes Dynkin-System.

2.12. Die ZV X habe die VF F. Man drücke die VF der ZV X^+ und X^- jeweils mit Hilfe von F aus.

2.13. Sei (X, Y) ein $\mathbb{R}^2$-wertiger ZVK und F dessen VF, so daß $F(s,t) = P(X \leq s, Y \leq t)$, $(s,t) \in \mathbb{R}^2$.
(a) Man zeige, daß für beliebige Zahlen $s \leq u$ und $t \leq v$ $F(u,v) - F(s,v) - F(u,t) + F(s,t) \geq 0$.
(b) Sei $G : \mathbb{R}^2 \longrightarrow \mathbb{R}$ definiert durch $G(s,t) = 0$, falls $s + t < 1$ und $G(s,t) = 1$, falls $s + t \geq 1$. Ist G die VF eines gewissen ZVK?

2.14. Eine ZV X habe eine stetige VF. Man konstruiere zu jedem $\epsilon > 0$ und $n \geq 1$ eine elementare ZV Y derart, daß $P(|Y - X| > \epsilon) \leq 2^{-n}$.

2.15. Man zeige, daß die VF F einer ZV X höchstens abzählbar viele Sprungstellen hat.
Hinweis: Man argumentiere indirekt und benutze Aufgabe 1.1.

2.16. Seien $X, \widetilde{X}$ ZV derart, daß $X \sim \mathrm{BIN}(n,p)$ für ein $0 < p < 1$. Für jedes $0 \leq m \leq n$ gelte, daß $\widetilde{X}$ bez. des W.-Maßes $P(\cdot\,|X = m)$ eine $\mathrm{BIN}(m,\pi)$-Verteilung hat, wobei $0 < \pi < 1$ nicht von m abhängt. Dann folgt $\widetilde{X} \sim \mathrm{BIN}(n, p\pi)$. (Per Definition gilt für eine ZV $\xi \sim \mathrm{BIN}(0,\pi)$ $P(\xi = 0) = 1$.)

2.17. Seien $N, \widetilde{N}$ ZV derart, daß $N \sim \mathrm{PO}(\lambda)$. Für jedes $m \geq 0$ gelte, daß $\widetilde{N}$ bez. des W.-Maßes $P(\cdot\,|N = m)$ eine $\mathrm{BIN}(m,p)$-Verteilung besitzt, wobei $0 < p \leq 1$ nicht von m abhängt. Dann folgt $\widetilde{N} \sim \mathrm{PO}(p\lambda)$. (Man beachte die Konvention in Aufgabe 2.16.)

2.18. Sei ξ gleichverteilt auf $[0,1]^d$. Man zeige: Für jedes $t > 0$ gilt, daß $t \cdot \xi$ gleichverteilt auf $[0,t]^d$ ist.

KAPITEL 3

Unabhängigkeit

Innerhalb der Wahrscheinlichkeitstheorie spielt der Unabhängigkeitsbegriff eine wesentliche Rolle. Die Unabhängigkeit zweier Ereignisse bedeutet, daß das Eintreten eines der Ereignisse nicht die Wahrscheinlichkeit für das Eintreten des anderen Ereignisses beeinflußt. Von der Definition der Unabhängigkeit von Ereignissen ausgehend, gelangt man auf naheliegende Weise zum Begriff der Unabhängigkeit von Zufallsvariablen.

3.1 Unabhängigkeit von Ereignissen und Zufallsvariablen

Im folgenden sei $(\Omega, \mathcal{A}, P)$ ein beliebiger W.-Raum; I bezeichne eine endliche oder unendliche (evtl. überabzählbare!) Indexmenge derart, daß $\#I \geq 2$. Seien $A, B \in \mathcal{A}$ Ereignisse derart, daß $P(A) > 0$. Das Ereignis B heißt dann *unabhängig* vom Ereignis A, falls

(1.0.2) $$P(B|A) = P(B),$$

d.h.

(1.0.3) $$P(A \cap B) = P(A)P(B)$$

gilt. Ist zusätzlich $P(B) > 0$, so folgt aus (1.0.3), daß B genau dann unabhängig von A ist, wenn A unabhängig von B ist. In diesem Fall sagt man, daß die Ereignisse A und B *unabhängig* (gemeint ist: unabhängig *voneinander*) sind. Dies motiviert

1.1 Definition. Seien A, B beliebige Ereignisse. (Es wird *nicht* angenommen, daß $P(A) > 0$ oder $P(B) > 0$ gilt.) A und B heißen *unabhängig*, falls

(1.1.1) $$P(A \cap B) = P(A)P(B).$$

Allgemeiner heißen endlich viele Ereignisse $A_1, \ldots, A_n$ $(n \geq 2)$ *unabhängig*, falls für beliebige Indizes $1 \leq i_1 < \cdots < i_k \leq n$ $(2 \leq k \leq n)$

(1.1.2) $$P(A_{i_1} \cap \cdots \cap A_{i_k}) = P(A_{i_1}) \cdots P(A_{i_k})$$

gilt. Sind je zwei Ereignisse A_i und A_j $(1 \leq i < j \leq n)$ unabhängig, so heißen $A_1, \ldots, A_n$ *paarweise unabhängig*. Ereignisse A_α, $\alpha \in I$, heißen *unabhängig* (*paarweise unabhängig*), falls für jede *endliche* Menge $J \subset I$ mit $\#J \geq 2$ gilt, daß die Ereignisse A_α, $\alpha \in J$, unabhängig (paarweise unabhängig) sind. ∎

Das folgende Beispiel zeigt, daß i.a. paarweise Unabhängigkeit schwächer als Unabhängigkeit ist.

1.1.1 Beispiel. Gegeben sei ein Laplace-Tetraeder (per Definition gilt für jede der vier Seitenflächen, daß sie nach einem Wurf mit Wahrscheinlichkeit 1/4 unten liegt). Drei Seitenflächen weisen genau eine Farbe auf, und zwar Blau, Grün bzw. Rot, während die vierte Fläche alle drei Farben aufweist. Sei B das Ereignis, daß die untenliegende Fläche Blau aufweist (analog seien die Ereignisse G und R definiert). Dann gilt $P(B) = P(G) = P(R) = 1/2$ und $P(B \cap G) = P(B \cap R) = P(G \cap R) = P(B \cap G \cap R) = 1/4$. Die Ereignisse B, G und R sind somit paarweise unabhängig, aber nicht unabhängig. ■

1.2 Bemerkung. Für ein $B \in \mathcal{A}$ bezeichne $\sigma\{B\} = \{\emptyset, \Omega, B, \Omega \setminus B\}$ die von B erzeugte σ-Algebra, d.h. die kleinste σ-Algebra, die B enthält. Dann gilt: Sind B_1 und B_2 unabhängig, so folgt

$$A_1 \text{ und } A_2 \text{ sind unabhängig,} \quad A_i \in \sigma\{B_i\},\ i = 1,2. \tag{1.2.1}$$

In der Tat, für $A_1 = B_1$ und $A_2 = \Omega \setminus B_2$ folgt aufgrund der Unabhängigkeit von B_1 und B_2

$$\begin{aligned} & P(B_1 \cap (\Omega \setminus B_2)) \\ = \;& P(B_1) - P(B_1 \cap B_2) = P(B_1) - P(B_1)P(B_2) \\ = \;& P(B_1)(1 - P(B_2)) = P(B_1)P(\Omega \setminus B_2). \end{aligned}$$

Ähnlich ergibt sich die Unabhängigkeit von $\Omega \setminus B_1$ und B_2. Schließlich erhält man aufgrund der Unabhängigkeit von $\Omega \setminus B_1$ und B_2

$$\begin{aligned} & P((\Omega \setminus B_1) \cap (\Omega \setminus B_2)) \\ = \;& P(\Omega \setminus B_1) - P((\Omega \setminus B_1) \cap B_2) \\ = \;& P(\Omega \setminus B_1) - P(\Omega \setminus B_1)P(B_2) \\ = \;& P(\Omega \setminus B_1)P(\Omega \setminus B_2), \end{aligned}$$

d.h. die Unabhängigkeit von $\Omega \setminus B_1$ und $\Omega \setminus B_2$. Ersichtlich gilt für *jedes* $A \in \mathcal{A}$, daß sowohl Ω und A als auch $\emptyset$ und A unabhängig sind. ■

Die Folgerung (1.2.1) motiviert folgende

1.3 Definition. Nichtleere Familien $\mathcal{M}_i \subset \mathcal{A}$, $i = 1, \ldots, n$ $(n \geq 2)$ heißen *unabhängig*, falls für beliebige Ereignisse $A_i \in \mathcal{M}_i$ $(1 \leq i \leq n)$ gilt:

$$A_1, \ldots, A_n \text{ sind unabhängig.} \tag{1.3.1}$$

Gilt zusätzlich $\Omega \in \mathcal{M}_i$ $(1 \leq i \leq n)$, so ist die Unabhängigkeit von $\mathcal{M}_1, \ldots, \mathcal{M}_n$ äquivalent dazu, daß

$$P(A_1 \cap \cdots \cap A_n) = P(A_1) \cdots P(A_n) \tag{1.3.2}$$

für beliebige Ereignisse $A_i \in \mathcal{M}_i$ $(1 \leq i \leq n)$ gilt. (Warum?) Nichtleere Familien $\mathcal{M}_\alpha \subset \mathcal{A}$ $(\alpha \in I)$ heißen *unabhängig*, wenn für jede endliche Menge $J \subset I$ mit $\#J \geq 2$ gilt, daß die Familien $\mathcal{M}_\alpha$, $\alpha \in J$, unabhängig sind.

Analog wird die *paarweise Unabhängigkeit* von nichtleeren Familien $\mathcal{M}_\alpha \subset \mathcal{A}$ $(\alpha \in I)$ definiert. ■

Das folgende Resultat verallgemeinert die in Bemerkung 1.2 enthaltene Aussage.

1.4 Satz. *Sind die Familien $\mathcal{M}_i \subset \mathcal{A}$ $(i = 1, \dots, n)$ unabhängig und jeweils $\cap$-stabil, so sind auch die von diesen Familien erzeugten σ-Algebren $\sigma(\mathcal{M}_i) \subset \mathcal{A}$ $(i = 1, \dots, n)$ unabhängig.*

BEWEIS. Die $\cap$-stabilen Familien $\mathcal{M}_1, \dots, \mathcal{M}_n$ seien unabhängig. Zeigen wir, daß dann $\sigma(\mathcal{M}_1), \mathcal{M}_2, \dots, \mathcal{M}_n$ unabhängig sind. Seien $A_i \in \mathcal{M}_i$ $(2 \leq i \leq n)$ vorgegebene Ereignisse und

$$\mathcal{A}_1 := \{A_1 \in \sigma(\mathcal{M}_1) : P(A_1 \cap A_2 \cap \dots \cap A_n) = P(A_1)P(A_2) \cdots P(A_n)\},$$

so daß $\mathcal{M}_1 \subset \mathcal{A}_1 \subset \sigma(\mathcal{M}_1)$. Da $\mathcal{A}_1$ ersichtlich ein Dynkin-System bildet und $\mathcal{M}_1$ $\cap$-stabil ist, folgt wegen des Satzes von Dynkin $\mathcal{A}_1 = \sigma(\mathcal{M}_1)$. Allgemein erhält man für Indizes $2 \leq i_2 < \dots < i_k \leq n$ $(2 \leq k \leq n)$ und Ereignisse $A_1 \in \sigma(\mathcal{M}_1)$ sowie $A_j \in \mathcal{M}_{i_j}$ $(2 \leq j \leq k)$ $P(A_1 \cap \dots \cap A_k) = P(A_1) \cdots P(A_k)$, so daß $\sigma(\mathcal{M}_1), \mathcal{M}_2, \dots, \mathcal{M}_n$ unabhängig sind. Wendet man dieses Resultat auf $\mathcal{M}_2, \dots, \mathcal{M}_n, \sigma(\mathcal{M}_1)$ an, so erhält man die Unabhängigkeit von $\sigma(\mathcal{M}_2), \mathcal{M}_3, \dots, \mathcal{M}_n, \sigma(\mathcal{M}_1)$ usw. ■

1.4.1 Beispiel. Sind die Familien $\mathcal{M}_i \subset \mathcal{A}$ $(i = 1, 2)$ nicht alle $\cap$-stabil, so folgt aus der Unabhängigkeit von $\mathcal{M}_1$ und $\mathcal{M}_2$ i.a. nicht, daß $\sigma(\mathcal{M}_1)$ und $\sigma(\mathcal{M}_2)$ unabhängig sind. Dies zeigt folgendes Beispiel. Sei $\Omega = \{\omega_1, \dots, \omega_4\}$, $\mathcal{A} = \mathcal{P}(\Omega)$ und P die Gleichverteilung. Weiter sei $A = \{\omega_1, \omega_2\}, B = \{\omega_1, \omega_3\}$ und $C = \{\omega_1, \omega_4\}$, so daß $P(A \cap B) = P(A)P(B) = P(A \cap C) = P(A)P(C) = 1/4$. Die Familien $\mathcal{M}_1 = \{A\}$ und $\mathcal{M}_2 = \{B, C\}$ sind somit unabhängig. Andererseits gilt $\{\omega_1\} \in \sigma(\mathcal{M}_2)$, $P(A \cap \{\omega_1\}) = P(\{\omega_1\}) = 1/4$ und $P(A)P(\{\omega_1\}) = 1/8$, so daß $\sigma(\mathcal{M}_1)$ und $\sigma(\mathcal{M}_2)$ *nicht* unabhängig sind. ■

1.5 Definition. ZVK X_i mit Werten in $\mathbb{R}^{d(i)}$, $1 \leq i \leq n$ $(n \geq 2)$, heißen *(paarweise) unabhängig*, falls für beliebige Borel-Mengen $B_i \in \mathcal{R}_{d(i)}$ $(1 \leq i \leq n)$ gilt, daß die Ereignisse $\{X_1 \in B_1\}, \dots, \{X_n \in B_n\}$ (paarweise) unabhängig sind. ZVK X_α mit Werten in $\mathbb{R}^{d(\alpha)}$ $(\alpha \in I)$ heißen *(paarweise) unabhängig*, falls für jede endliche Menge $J \subset I$ mit $\#J \geq 2$ gilt, daß die ZVK $X_\alpha, \alpha \in J$, (paarweise) unabhängig sind.

Analog heißen NZV $X_1, \dots, X_n$ $(n \geq 2)$ *(paarweise) unabhängig*, falls für beliebige Mengen

$$B_i \in \overline{\mathcal{R}} := \{B \cup C : B \in \mathcal{R},\ C \subset \{-\infty, \infty\}\} \tag{1.5.1}$$

die Ereignisse $\{X_1 \in B_1\}, \dots, \{X_n \in B_n\}$ (paarweise) unabhängig sind.

■

1.6 Bemerkungen. (a) Ereignisse $A_1, \dots, A_n$ $(n \geq 2)$ sind genau dann unabhängig, wenn die zugehörigen Indikatorfunktionen $I(A_1), \dots, I(A_n)$ unabhängig sind. Dies folgt aus Satz 1.4 — angewandt auf die $\cap$-stabilen Familien $\mathcal{M}_i = \{A_i\}$ $(1 \leq i \leq n)$, da $A_i = \{I(A_i) = 1\}$ und $\Omega \setminus A_i = \{I(A_i) = 0\}$, $1 \leq i \leq n$.

(b) ZVK X_i mit Werten in $\mathbb{R}^{d(i)}$ $(1 \leq i \leq n)$ sind genau dann unabhängig, wenn die von ihnen erzeugten σ-Algebren $\sigma\{X_1\}, \dots, \sigma\{X_n\}$ unabhängig sind, da $\sigma\{X_i\} = \{X_i^{-1}B : B \in \mathcal{R}_{d(i)}\}$. Ersichtlich sind $X_1, \dots, X_n$ genau dann unabhängig, wenn für beliebige Borel-Mengen $B_i \in \mathcal{R}_{d(i)}$ $(1 \leq i \leq n)$

$$P(X_1 \in B_1, \dots, X_n \in B_n) = P(X_1 \in B_1) \cdots P(X_n \in B_n) \tag{1.6.1}$$

gilt (man vgl. die Bemerkung nach (1.3.1)). ∎

1.7 Definition. Sei X ein ZVK, Y eine NZV und $\mathcal{B} \subset \mathcal{A}$ eine σ-Algebra. X und $\mathcal{B}$ heißen *unabhängig* (gemeint ist: unabhängig *voneinander*), falls gilt:

$$\sigma\{X\} \quad \text{und} \quad \mathcal{B} \quad \text{sind unabhängig.} \tag{1.7.1}$$

Ähnlich heißen Y und $\mathcal{B}$ *unabhängig*, falls gilt:

$$\sigma\{Y\} = \{Y^{-1}B : B \in \overline{\mathcal{R}}\} \quad \text{und} \quad \mathcal{B} \quad \text{sind unabhängig.} \tag{1.7.2}$$

∎

1.8 Satz. *Gegeben seien* ZVK X *und* X_α ($\mathbb{R}^{d(\alpha)}$*-wertig*), $\alpha \in I$, *die (insgesamt) unabhängig sind. Dann folgt*

$$X \quad \textit{und} \quad \sigma\{X_\alpha : \alpha \in I\} \quad \textit{sind unabhängig.} \tag{1.8.1}$$

1.9 Bemerkung. Verlangt man lediglich, daß für jedes $\alpha \in I$ die *beiden* ZVK X und X_α unabhängig sind, so braucht (1.8.1) nicht zu gelten. Um dies zu sehen, gehen wir aus von Beispiel 1.4.1 und setzen (in den dortigen Bezeichnungen) $X = I_A$, $X_1 = I_B$ sowie $X_2 = I_C$. Dann sind X und X_1 ebenso wie X und X_2 unabhängig, während $\sigma\{X\}$ und $\sigma\{X_1, X_2\}$ *nicht* unabhängig sind. ∎

BEWEIS VON SATZ 1.8. Zu zeigen ist:

$$\sigma\{X\} \quad \text{und} \quad \sigma\{X_\alpha : \alpha \in I\} \quad \text{sind unabhängig.} \tag{1.9.1}$$

Sei

$$\mathcal{M} := \bigcup_J \left\{ \bigcap_{\alpha \in J} X_\alpha^{-1} B_\alpha : B_\alpha \in \mathcal{R}_{d(\alpha)},\ \alpha \in J \right\}$$

(die Vereinigung gebildet über alle *endlichen* nichtleerenMengen $J \subset I$). Ersichtlich ist $\mathcal{M}$ $\cap$-stabil, und es gilt $\sigma(\mathcal{M}) = \sigma\{X_\alpha : \alpha \in I\}$. Da aufgrund der Voraussetzung $\sigma\{X\}$ und $\mathcal{M}$ unabhängig sind, ergibt sich (1.9.1) mit Hilfe von Satz 1.4. ∎

Der Nachweis der Unabhängigkeit von ZVK und NZV wird erleichtert durch folgenden Satz, der eine Folgerung aus Satz 1.4 ist:

1.10 Satz. (a) ZVK $X_i = (X_{i1}, \dots, X_{id(i)})$ *mit Werten in* $\mathbb{R}^{d(i)}$, $1 \le i \le n$ $(n \ge 2)$, *sind genau dann unabhängig, falls für beliebige Vektoren* $a_i = (a_{i1}, \dots, a_{id(i)}) \in \mathbb{R}^{d(i)}$ *die Ereignisse*

$$\{X_{i1} \le a_{i1}, \dots, X_{id(i)} \le a_{id(i)}\}, \quad 1 \le i \le n$$

oder (äquivalent) die Ereignisse

$$\{X_{i1} < a_{i1}, \dots, X_{id(i)} < a_{id(i)}\}, \quad 1 \le i \le n$$

unabhängig sind.

(b) NZV $X_1, \dots, X_n$ $(n \ge 2)$ *sind genau dann unabhängig, falls für beliebige Zahlen* $a_i \in \mathbb{R}$ *die Ereignisse* $\{X_i \le a_i\}$ $(1 \le i \le n)$ *oder (äquivalent) die Ereignisse* $\{X_i < a_i\}$ $(1 \le i \le n)$ *unabhängig sind.*

BEWEIS. Die Familien

$$\mathcal{M}_i := \left\{ \{X_{i1} \le a_1, \dots, X_{id(i)} \le a_{d(i)}\} : (a_1, \dots, a_{d(i)}) \in \mathbb{R}^{d(i)} \right\}$$

und

$$\mathcal{N}_i := \left\{ \{X_{i1} < a_1, \dots, X_{id(i)} < a_{d(i)}\} : (a_1, \dots, a_{d(i)}) \in \mathbb{R}^{d(i)} \right\}$$

sind jeweils $\cap$-stabil, und es gilt $\sigma(\mathcal{M}_i) = \sigma(\mathcal{N}_i) = \sigma\{X_i\}$. Die Behauptungen ergeben sich also mit Hilfe von Satz 1.4 aufgrund von Bemerkung 1.6(b).

(b) Die Familien

$$\widetilde{\mathcal{M}}_i := \{\{X_i \le a\} : a \in \mathbb{R}\} = \{X_i^{-1}[-\infty, a] : a \in \mathbb{R}\}$$

sowie

$$\widetilde{\mathcal{N}}_i := \{\{X_i < a\} : a \in \mathbb{R}\} = \{X_i^{-1}[-\infty, a[: a \in \mathbb{R}\}$$

sind jeweils $\cap$-stabil, und es gilt

$$\sigma(\widetilde{\mathcal{M}}_i) = \sigma(\widetilde{\mathcal{N}}_i) = \{X_i^{-1}B : B \in \overline{\mathcal{R}}\} = \sigma\{X_i\}.$$

Somit folgt (b) aus Satz 1.4. ■

1.11 Korollar. $X_1, \dots, X_n$ *seien* ZV *mit den* VF $F_1, \dots, F_n$. *Der* ZVK $(X_1, \dots, X_n)$ *habe die* VF

$$F(t_1, \dots, t_n) = P(X_1 \le t_1, \dots, X_n \le t_n), \quad (t_1, \dots, t_n) \in \mathbb{R}^n.$$

Dann gilt: Die ZV $X_1, \dots, X_n$ *sind genau dann unabhängig, wenn*

(1.11.1) $$F(t_1, \dots, t_n) = F_1(t_1) \cdots F_n(t_n), \quad (t_1, \dots, t_n) \in \mathbb{R}^n.$$

■

1.12 Satz. *Für* $1 \le i \le n$ $(n \ge 2)$ *sei* X_i *ein* $\mathbb{R}^{d(i)}$*-wertiger* ZVK, *der die höchstens abzählbar vielen Werte* $a_{i1}, a_{i2}, \dots$ *annimmt. Dann gilt:* $X_1, \dots, X_n$ *sind genau dann unabhängig, wenn für beliebige Werte* $a_{1j(1)}, \dots, a_{nj(n)}$

(1.12.1) $$P(X_i = a_{ij(i)}, 1 \le i \le n) = P(X_1 = a_{1j(1)}) \cdots P(X_n = a_{nj(n)})$$

gilt.

BEWEIS. Die Gültigkeit von (1.12.1) für beliebige Werte $a_{1j(1)}, \dots, a_{nj(n)}$ ist sicher notwendig für die Unabhängigkeit der ZVK $X_1, \dots, X_n$. Gelte umgekehrt (1.12.1) für beliebige Werte $a_{1j(1)}, \dots, a_{nj(n)}$. Man erhält dann die Gültigkeit von (1.6.1) für beliebige Borel-Mengen $B_i \in \mathcal{R}_{d(i)}$ aus (1.12.1) dadurch, daß man beide Seite in (1.12.1) zunächst über alle Werte $a_{1j(1)}$, die in B_1 liegen, dann über alle Werte $a_{2j(2)}$, die in B_2 liegen, summiert usw.

■

1.13 Bemerkung. Sind $X_1, \dots, X_n$ $(n \geq 2)$ ZV, die nicht sämtlich höchstens abzählbar viele Werte annehmen, so folgt aus der Gültigkeit von (1.12.1) für beliebige reelle Zahlen $a_{1j(1)}, \dots, a_{nj(n)}$ i.a. *nicht* die Unabhängigkeit von $X_1, \dots, X_n$. Hat etwa X_1 eine *stetige* VF, so sind beide Seiten in (1.12.1) für beliebige reelle Zahlen $a_{1j(1)}, \dots, a_{nj(n)}$ gleich Null! ■

Das folgende Resultat wird häufig benutzt.

1.14 Satz. *Für* $1 \leq i \leq n$ $(n \geq 2)$ *sei* X_i *ein* $\mathbb{R}^{d(i)}$*-wertiger* ZVK *derart, daß* $X_1, \dots, X_n$ *unabhängig sind. Für gegebene Zahlen* $1 \leq n_1 < \dots < n_r \leq n$ $(r \geq 2)$ *werde*

$$Y_i = (X_{n_{i-1}+1}, \dots, X_{n_i}), \quad 1 \leq i \leq r \quad (n_0 = 0)$$

gesetzt, so daß Y_i *ein* $\mathbb{R}^{m(i)}$*-wertiger* ZVK *ist mit* $m(i) = d(n_{i-1}+1) + \dots + d(n_i)$. *Dann gilt:*

(a) $Y_1, \dots, Y_r$ *sind unabhängig.*

(b) *Ist* $f_i : \mathbb{R}^{m(i)} \longrightarrow \mathbb{R}$ $(1 \leq i \leq r)$ *Borel-meßbar, so sind die* ZV $f_1(Y_1), \dots, f_r(Y_r)$ *unabhängig.*

Sind also $X_1, \dots, X_6$ unabhängige ZV, so sind die drei ZV $X_1^2 - X_2$, $\sin X_3$, $\exp(X_4) + X_5X_6$ unabhängig.

BEWEIS VON SATZ 1.14. (a) Für gegebene Borel-Mengen $B(i) \in \mathcal{R}_{d(i)}$ $(1 \leq i \leq n_r)$ setzen wir $A_i = B(n_{i-1}+1) \times \dots \times B(n_i)$, so daß $A_i \in \mathcal{R}_{m(i)}$, $1 \leq i \leq r$. Da $X_1, \dots, X_n$ unabhängig sind, folgt

$$\begin{aligned} & P(Y_i \in A_i,\, 1 \leq i \leq r) \\ &= P(X_j \in B(j),\, 1 \leq j \leq n_r) \\ &= P(X_1 \in B(1)) \cdots P(X_{n_r} \in B(n_r)) \\ &= P(Y_1 \in A_1) \cdots P(Y_r \in A_r). \end{aligned}$$

Folglich sind die $\cap$-stabilen Familien

$$\begin{aligned} \mathcal{M}_i &= \{Y_i^{-1}(B(n_{i-1}+1) \times \dots \times B(n_i)) : \\ & \qquad B(j) \in \mathcal{R}_{d(j)},\, n_{i-1}+1 \leq j \leq n_i\} \quad (1 \leq i \leq r) \end{aligned}$$

unabhängig, und es gilt ersichtlich $\sigma(\mathcal{M}_i) = \sigma\{Y_i\}$ $(1 \leq i \leq r)$. Wegen Satz 1.4 sind also $Y_1, \dots, Y_r$ unabhängig.

(b) Für beliebige Borel-Mengen $C_i \in \mathcal{R}$ gilt $f_i^{-1}C_i \in \mathcal{R}_{m(i)}$, so daß wegen (a)

$$\begin{aligned} &P(f_i(Y_i) \in C_i,\ 1 \le i \le r) \\ &= P(Y_i \in f_i^{-1}C_i,\ 1 \le i \le r) \\ &= P(Y_1 \in f_1^{-1}C_1) \cdots P(Y_r \in f_r^{-1}C_r) \\ &= P(f_1(Y_1) \in C_1) \cdots P(f_r(Y_r) \in C_r). \end{aligned}$$

■

1.14.1 Beispiel. Die ZV $\xi_1, \dots, \xi_n$ $(n \ge 1)$ seien unabhängig, und es gelte $\xi_k \sim \mathrm{BER}(p)$ $(1 \le k \le n)$ für ein $0 \le p \le 1$. Dann hat die ZV $S_n := \xi_1 + \dots + \xi_n$ eine sog. *Binomialverteilung* mit den Parametern n und p (Bezeichnung: $S_n \sim \mathrm{BIN}(n, p)$), wobei gilt:

$$P(S_n = k) = \binom{n}{k} p^k (1-p)^{n-k}, \quad k = 0, 1, \dots, n. \tag{1.14.1}$$

Die ZV S_n läßt sich so interpretieren: Eine Münze wird n-mal geworfen. Setzen wir $\xi_k = 1$, falls beim k-ten Wurf „Zahl" fällt, und $\xi_k = 0$, falls „Wappen" fällt, so ist S_n die Anzahl der „Zahl"-Würfe. Wird ein „Zahl"-Wurf (willkürlich!) als Erfolg und ein „Wappen"-Wurf als Mißerfolg gewertet, so ist S_n die Anzahl der Erfolge bei n Versuchen, und p ist die *Erfolgswahrscheinlichkeit* bei einem bestimmten Versuch. Sind $\xi_1, \dots, \xi_n$ unabhängig, so gilt also $S_n \sim \mathrm{BIN}(n, p)$. Mit Hilfe der *binomischen Formel*

$$(a+b)^n = \sum_{k=0}^{n} \binom{n}{k} a^k b^{n-k}, \quad a, b \in \mathbb{R},\ n \ge 0 \quad \left(\binom{0}{0} := 1\right) \tag{1.14.2}$$

erhält man sofort, daß durch die Ausdrücke auf der rechten Seite in (1.14.1) eine Verteilung definiert wird, da

$$\sum_{k=0}^{n} \binom{n}{k} p^k (1-p)^{n-k} = (p + 1 - p)^n = 1, \quad n \ge 1.$$

Zum Nachweis von (1.14.1) beachte man zunächst, daß mit der Wahrscheinlichkeit $p^k(1-p)^{n-k}$ bei k *vorgegebenen* Versuchen Erfolge und bei den restlichen $n - k$ Versuchen Mißerfolge auftreten. Da die n-elementige Menge der Versuche $\binom{n}{k}$ k-elementige Teilmengen besitzt, erhält man (1.14.1).

Wir zeigen nun, wie sich die obigen ZV $\xi_1, \dots, \xi_n$ $(n \ge 1)$ auf einem geeigneten W.-Raum $(\Omega, \mathcal{A}, P)$ *konstruieren* lassen. Dazu sei

$$\Omega = \{\omega = (\omega_1, \dots, \omega_n) : \omega_k \in \{0, 1\}, \quad k = 1, \dots, n\}$$

und $\mathcal{A} = \mathcal{P}(\Omega)$. Eine Folge $\omega = (\omega_1, \dots, \omega_n) \in \Omega$ läßt sich interpretieren als Folge der Ergebnisse bei n Münzwürfen, wobei $\omega_k = 1$ (0) bedeutet, daß beim k-ten Wurf „Zahl" („Wappen") fällt. Für ein $0 \le p \le 1$ definieren wir auf $\mathcal{A}$ ein W.-Maß $P = P_p$ durch

$$P\{\omega\} = P_p\{\omega\} = p^{\omega_1+\cdots+\omega_n}(1-p)^{n-(\omega_1+\cdots+\omega_n)}, \quad \omega \in \Omega \tag{1.14.3}$$

und

$$P(A) = P_p(A) = \sum_{\omega\in A} P\{\omega\}, \quad A \subset \Omega. \tag{1.14.4}$$

Durch (1.14.3) und (1.14.4) wird in der Tat ein W.-Maß auf $\mathcal{P}(\Omega)$ definiert, da für die Mengen $N_k = \{\omega \in \Omega : \omega_1 + \cdots + \omega_n = k\}$ $(0 \le k \le n)$ gilt:

$$\begin{aligned}\sum_{\omega\in\Omega} P\{\omega\} = \sum_{k=0}^{n} P(N_k) &= \sum_{k=0}^{n} (\#N_k)p^k(1-p)^{n-k} \\ &= \sum_{k=0}^{n} \binom{n}{k} p^k (1-p)^{n-k} = 1.\end{aligned}$$

Die ZV $\xi_1, \ldots, \xi_n$ werden nun auf naheliegende Weise definiert durch

$$\xi_k(\omega) = \omega_k, \quad \omega = (\omega_1, \ldots, \omega_n) \in \Omega, \quad 1 \le k \le n. \tag{1.14.5}$$

Dann gilt

$$\xi_k \sim \mathrm{BER}(p), \quad 1 \le k \le n. \tag{1.14.6}$$

Setzt man nämlich für ein $1 \le k \le n$ und $0 \le j \le n-1$

$$N_{kj} = \{\omega = (\omega_1, \ldots, \omega_n) \in \Omega : \omega_k = 1,\ \omega_1 + \cdots + \omega_n = j+1\},$$

so folgt $\#N_{kj} = \binom{n-1}{j}$, und mit Hilfe von (1.14.3) und der binomischen Formel ergibt sich

$$\begin{aligned} P(\xi_k = 1) &= P\{\omega \in \Omega : \omega_k = 1\} = \sum_{j=0}^{n-1} P(N_{kj}) \\ &= \sum_{j=0}^{n-1} (\#N_{kj}) p^{j+1} (1-p)^{n-(j+1)} \\ &= p \sum_{j=0}^{n-1} \binom{n-1}{j} p^j (1-p)^{n-1-j} = p. \end{aligned}$$

Weiter gilt

$$\xi_1, \ldots, \xi_n \quad \text{sind unabhängig,} \tag{1.14.7}$$

da für $\omega = (\omega_1, \ldots, \omega_n) \in \Omega$ wegen (1.14.6) und (1.14.3)

$$\begin{aligned} P(\xi_1 = \omega_1) \cdots P(\xi_n = \omega_n) &= p^{\omega_1}(1-p)^{1-\omega_1} \cdots p^{\omega_n}(1-p)^{1-\omega_n} \\ &= P\{\omega\} = P(\xi_1 = \omega_1, \ldots, \xi_n = \omega_n). \end{aligned}$$

Somit ergibt sich (1.14.7) mit Hilfe von Satz 1.12. ∎

1.14.2 Beispiel. Die ZV $X \sim \mathrm{PO}(\lambda)$ und $Y \sim \mathrm{PO}(\mu)$ seien unabhängig. Dann folgt

$$Z := X + Y \sim \mathrm{PO}(\lambda + \mu). \tag{1.14.8}$$

Für $n \geq 0$ gilt nämlich wegen (1.14.2)

$$\begin{aligned} P(Z = n) &= \sum_{i=0}^{n} P(X = i, Y = n - i) = \sum_{i=0}^{n} P(X = i)P(Y = n - i) \\ &= \sum_{i=0}^{n} \frac{\lambda^i}{i!} e^{-\lambda} \frac{\mu^{n-i}}{(n-i)!} e^{-\mu} = \frac{1}{n!} e^{-(\lambda+\mu)} \sum_{i=0}^{n} \binom{n}{i} \lambda^i \mu^{n-i} \\ &= \frac{1}{n!} (\lambda + \mu)^n \exp(-(\lambda + \mu)). \end{aligned}$$

(Eine elegantere Herleitung von (1.14.8) findet man in Beispiel 3.26.1[4].)

Umgekehrt seien auf einem W.-Raum $(\Omega, \mathcal{A}, P)$ für gewisse Zahlen $\lambda > 0$ und $\mu > 0$ unabhängige ZV $Z, \xi_1, \xi_2, \ldots$ definiert derart, daß $Z \sim \mathrm{PO}(\lambda + \mu)$ und $\xi_n \sim \mathrm{BER}(\lambda/(\lambda + \mu))$, $n \geq 1$. Dann lassen sich auf $(\Omega, \mathcal{A}, P)$ unabhängige ZV $X \sim \mathrm{PO}(\lambda)$ und $Y \sim \mathrm{PO}(\mu)$ definieren derart, daß $Z = X + Y$. Zum Nachweis sei $S_n := \xi_1 + \cdots + \xi_n$ und $T_n := (1-\xi_1) + \cdots + (1-\xi_n)$ $(n \geq 0)$, so daß aufgrund von Beispiel 1.14.1 und Satz 1.14(b) $S_n \sim \mathrm{BIN}(n, \lambda/(\lambda+\mu))$ und $T_n \sim \mathrm{BIN}(n, \mu/(\lambda + \mu))$ $(n \geq 1)$, wobei

$$S_n + T_n \equiv n, \quad n \geq 0. \tag{1.14.9}$$

Aus (1.14.9) folgt, daß für jedes $n \geq 1$ die ZV S_n und T_n *nicht* unabhängig sind. (Andernfalls ergäbe sich für $0 \leq k \leq n$ wegen $0 < \lambda/(\lambda + \mu) < 1$

$$\begin{aligned} P(S_n = k) &= P(S_n = k, T_n = n - k) \\ &= P(S_n = k)P(T_n = n - k) < P(S_n = k).) \end{aligned}$$

Wir zeigen nun:

$$X := S_Z = \xi_1 + \cdots + \xi_Z \sim \mathrm{PO}(\lambda). \tag{1.14.10}$$

(Die ZV X ensteht aus Z durch „Verdünnung".) In der Tat, da aufgrund von Satz 1.14(b) S_n und Z jeweils unabhängig sind, ergibt sich für $k \geq 0$, falls

$p = \lambda/(\lambda+\mu)$ gesetzt wird,

$$\begin{aligned}
P(S_Z = k) &= P(S_Z = k,\, Z \geq k) = \sum_{n=k}^{\infty} P(S_n = k,\, Z = n) \\
&= \sum_{n=k}^{\infty} P(S_n = k) P(Z = n) \\
&= \sum_{n=k}^{\infty} \binom{n}{k} p^k (1-p)^{n-k} \frac{(\lambda+\mu)^n}{n!} e^{-(\lambda+\mu)} \\
&= \frac{((\lambda+\mu)p)^k}{k!} e^{-(\lambda+\mu)} \sum_{n=k}^{\infty} \frac{((\lambda+\mu)(1-p))^{n-k}}{(n-k)!} \\
&= \frac{\lambda^k}{k!} e^{-(\lambda+\mu)} e^{(\lambda+\mu)(1-p)} = \frac{\lambda^k}{k!} e^{-\lambda}.
\end{aligned}$$

Aus (1.14.10) folgt

(1.14.11) $$Y := T_Z = Z - (\xi_1 + \cdots + \xi_Z) \sim \mathrm{PO}(\mu),$$

wobei wegen (1.14.9)

(1.14.12) $$Z = S_Z + T_Z = X + Y$$

gilt. Obwohl für jedes $n \geq 1$ S_n und T_n *nicht* unabhängig sind, gilt dennoch folgendes merkwürdige Resultat:

(1.14.13) S_Z und T_Z sind unabhängig.

Für $i \geq 0$ und $j \geq 0$ gilt nämlich wegen (1.14.12), (1.14.9), Satz 1.14(b) sowie (1.14.10) und (1.14.11)

$$\begin{aligned}
P(S_Z = i, T_Z = j) &= P(S_Z = i, T_Z = j,\, Z = i + j) \\
&= P(S_{i+j} = i, T_{i+j} = j,\, Z = i + j) \\
&= P(S_{i+j} = i, T_{i+j} = j) P(Z = i + j) \\
&= P(S_{i+j} = i) P(Z = i + j) \\
&= \binom{i+j}{i} p^i (1-p)^j \frac{(\lambda+\mu)^{i+j}}{(i+j)!} e^{-(\lambda+\mu)} \\
&= \frac{\lambda^i \mu^j}{i!j!} e^{-(\lambda+\mu)} = P(S_Z = i) P(T_Z = j),
\end{aligned}$$

woraus sich wegen Satz 1.12 (1.14.13) ergibt ■

1.14.3 Beispiel. Die ZV ξ sei *symmetrisch verteilt*, d.h. ξ und $-\xi$ haben dieselbe Verteilung. Weiter gelte $P(\xi = 0) = 0$. Die ZV $R := I\{\xi > 0\} - I\{\xi < 0\}$ ist dann per Definition eine *Rademacher*-ZV (*„zufälliges Vorzeichen"*), da für die Verteilung von R gilt:

(1.14.14) $$P(R = 1) = P(R = -1) = 1/2.$$

Wegen $P(\xi > 0, R = 1) = P(\xi > 0) = 1/2$ und $P(\xi > 0)P(R = 1) = 1/4$ sind R und ξ nicht unabhängig. Jedoch gilt:

(1.14.15) $\qquad R$ und $|\xi|$ sind unabhängig.

Zum Nachweis von (1.14.15) reicht es wegen Satz 1.10(b) und (1.14.14) zu zeigen:

$$P(R=1, |\xi| \leq t) = \frac{1}{2}P(|\xi| \leq t), \quad t > 0.$$

Letzteres folgt aus

$$\begin{aligned}\frac{1}{2}P(|\xi| \leq t) &= \frac{1}{2}(P(-t \leq \xi < 0) + P(0 < \xi \leq t)) = P(0 < \xi \leq t) \\ &= P(R=1, 0 < \xi \leq t) = P(R=1, 0 < |\xi| \leq t) \\ &= P(R=1, |\xi| \leq t),\end{aligned}$$

wobei benutzt wurde, daß $\xi \neq 0$ f.s. gilt. ■

1.14.4 Beispiel. Gegeben seien ZV $X_1, \ldots, X_n$ mit den VF $F_1, \ldots, F_n$ sowie reelle Zahlen $a_1 > 0, \ldots, a_n > 0$ ($n \geq 2$) derart, daß $a_1 + \cdots + a_n = 1$. Dann ist die konvexe Linearkombination $F := a_1F_1 + \cdots + a_nF_n$ ersichtlich wieder eine VF. Mit Hilfe der ZV $X_1, \ldots, X_n$ läßt sich eine ZV Y, deren VF F ist, wie folgt konstruieren: Auf einem gewissen W.-Raum $(\Omega, \mathcal{A}, P)$ sei neben $X_1, \ldots, X_n$ eine weitere ZV ξ definiert derart, daß $P(\xi = i) = a_i$ $(1 \leq i \leq n)$ gilt und für jedes i die beiden ZV X_i und ξ unabhängig sind. Dann hat die ZV $Y := X_\xi$ (ξ dient also als zufälliger Index!) die VF F, da für $t \in \mathbb{R}$

$$\begin{aligned}P(X_\xi \leq t) &= \sum_{i=1}^n P(X_\xi \leq t, \xi = i) = \sum_{i=1}^n P(X_i \leq t, \xi = i) \\ &= \sum_{i=1}^n P(X_i \leq t)P(\xi = i) = \sum_{i=1}^n a_iF_i(t) = F(t).\end{aligned}$$

■

Für unabhängige Ereignisse gilt das folgende *alternative Borel-Cantelli-Lemma*:

1.15 Satz. *Sind die Ereignisse $A_1, A_2, \ldots$ unabhängig, so gilt*

(1.15.1) $$\sum_{n=1}^\infty P(A_n) = \infty \quad \Longrightarrow \quad P(A_n \text{ u.o.}) = 1.$$

1.16 Bemerkung. Sind die Ereignisse $A_1, A_2, \ldots$ *unabhängig*, so ergibt sich mit Hilfe des Borel-Cantelli-Lemmas und (1.15.1)

(1.16.1) $$P(A_n \text{ u.o.}) = 1 \quad \Longleftrightarrow \quad \sum_{n=1}^\infty P(A_n) = \infty$$

sowie

$$P(A_n \text{ u.o.}) \in \{0,1\}. \tag{1.16.2}$$

Das letzte Resultat folgt auch aus dem Null-Eins-Gesetz von Kolmogorov (vgl. Satz 2.1). ∎

BEWEIS VON SATZ 1.15. Für die Ereignisse $B_m := A_m \cup A_{m+1} \cup \cdots$ $(m \geq 1)$ gilt $B_1 \supset B_2 \supset \cdots$, so daß

$$P(A_n \text{ u.o.}) = P\left(\bigcap_{m=1}^{\infty}\bigcup_{n=m}^{\infty} A_n\right) = P\left(\bigcap_{m=1}^{\infty} B_m\right) = \lim_{m\to\infty} P(B_m).$$

Es reicht also zu zeigen: $P(B_m) = 1$ $(m \geq 1)$ oder (äquivalent)

$$P(B_m^c) = P(A_m^c \cap A_{m+1}^c \cap \cdots) = \lim_{n\to\infty} P\left(\bigcap_{i=0}^{n} A_{m+i}^c\right) = 0, \quad m \geq 1.$$

Aufgrund von Satz 1.4 sind die Ereignisse $A_1^c, A_2^c, \cdots$ unabhängig, so daß sich mit Hilfe der Ungleichung

$$1 + t \leq \exp(t), \quad t \in \mathbb{R} \tag{1.16.3}$$

$$\begin{aligned}\lim_{n\to\infty} P\left(\bigcap_{i=0}^{n} A_{m+i}^c\right) &= \lim_{n\to\infty} \prod_{i=0}^{n}(1 - P(A_{m+i})) \\ &\leq \liminf_{n\to\infty} \exp\left(-\sum_{i=0}^{n} P(A_{m+i})\right) = 0, \quad m \geq 1\end{aligned}$$

ergibt, falls $P(A_1) + P(A_2) + \cdots = \infty$. ∎

Für die Anwendung der beiden Borel-Cantelli-Lemmata sind häufig folgende Resultate über unendliche Reihen nützlich („log" bezeichnet den natürlichen Logarithmus):

$$\sum_{n=3}^{\infty} \frac{1}{n \cdot \log n \cdot \log(\log n)} = \infty \tag{1.16.4}$$

und

$$\sum_{n=3}^{\infty} \frac{1}{n \cdot \log n \cdot (\log(\log n))^{1+\delta}} < \infty, \quad \delta > 0, \tag{1.16.5}$$

woraus sich insbesondere

$$\sum_{n=1}^{\infty} \frac{1}{n} = \infty \quad \text{und} \quad \sum_{n=1}^{\infty} \frac{1}{n^{1+\delta}} < \infty, \quad \delta > 0 \tag{1.16.6}$$

sowie

$$\sum_{n=2}^{\infty} \frac{1}{n \cdot \log n} = \infty \quad \text{und} \quad \sum_{n=2}^{\infty} \frac{1}{n \cdot (\log n)^{1+\delta}} < \infty, \quad \delta > 0 \tag{1.16.7}$$

ergibt. Die gewünschten Aussagen (1.16.4) und (1.16.5) erhält man sehr einfach durch Vergleich der Partialsummen mit geeigneten Riemann-Integralen. Zur Vereinfachung der Bezeichnungen setzen wir vorübergehend

$$L_1(t) = \log t, \quad t > 0, \tag{1.16.8}$$

$$L_2(t) = \log(\log t), \quad t > 1 \tag{1.16.9}$$

und

$$L_3(t) = \log(\log(\log t)), \quad t \geq 3, \tag{1.16.10}$$

so daß

$$L'_1(t) = 1/t, \quad t > 0, \tag{1.16.11}$$

$$L'_2(t) = 1/(tL_1(t)), \quad t > 1, \tag{1.16.12}$$

$$L'_3(t) = 1/(tL_1(t)L_2(t)), \quad t \geq 3 \tag{1.16.13}$$

und

$$\frac{1}{tL_1(t)(L_2(t))^{1+\delta}} = -\delta^{-1}(L_2^{-\delta})'(t), \quad \delta > 0,\ t > 1. \tag{1.16.14}$$

Folglich ergibt sich für $N \to \infty$

$$\sum_{n=3}^{N} \frac{1}{nL_1(n)L_2(n)} \geq \int_3^{N+1} \frac{dt}{tL_1(t)L_2(t)} = L_3(N+1) - L_3(3) \to \infty$$

und (für $\delta > 0$)

$$\begin{aligned} &\sum_{n=4}^{N} \frac{1}{nL_1(n)(L_2(n))^{1+\delta}} \\ \leq\ &\int_3^{N} \frac{dt}{tL_1(t)(L_2(t))^{1+\delta}} \\ =\ &\delta^{-1}\left((L_2(3))^{-\delta} - (L_2(N))^{-\delta}\right) \to \delta^{-1}(L_2(3))^{-\delta}, \end{aligned}$$

womit (1.16.4) und (1.16.5) bewiesen sind.

Wir werden eine Folge von unabhängigen identisch verteilten ZVK auch kürzer als UIV-*Folge* bezeichnen.

1.16.1 Beispiel. Sei $\xi_1, \xi_2, \ldots$ eine UIV-Folge von ZV derart, daß $\xi_1 \sim$ EXP(1). Folglich gilt $\xi_n \geq 0$ f.s. ($n \geq 1$) und

$$P(\xi_n > t) = \exp(-t), \quad t \geq 0,\ n \geq 1. \tag{1.16.15}$$

Aus (1.16.15) ergibt sich unter Benutzung der in (1.16.8)–(1.16.10) eingeführten Bezeichnungen

$$P(\xi_n > L_1(n) + L_2(n) + L_3(n)) = 1/(nL_1(n)L_2(n)), \quad n \geq 4$$

und (für $\delta > 0$)

$$P(\xi_n > L_1(n) + L_2(n) + (1+\delta)L_3(n)) = 1/(nL_1(n)(L_2(n))^{1+\delta}), \quad n \geq 4,$$

so daß aufgrund der beiden Borel-Cantelli-Lemmata sowie (1.16.4) und (1.16.5)

$$P(\xi_n > L_1(n) + L_2(n) + L_3(n) \text{ u.o.}) = 1 \tag{1.16.16}$$

und

$$P(\xi_n > L_1(n) + L_2(n) + (1+\delta)L_3(n) \text{ u.o.}) = 0, \quad \delta > 0. \tag{1.16.17}$$

Aus (1.16.16) folgt wegen

$$L_2(n)/L_1(n) \to 0 \quad (n \to \infty) \tag{1.16.18}$$

die Beziehung

$$\limsup_{n\to\infty} \xi_n/L_1(n) \geq 1 \quad \text{f.s.} \tag{1.16.19}$$

Wegen (1.16.17) existiert zu fast allen $\omega \in \Omega$ eine Zahl $n_0(\omega) \geq 1$ derart,daß

$$\xi_n(\omega)/L_1(n) \leq 1 + (L_2(n) + 2L_3(n))/L_1(n), \quad n \geq n_0(\omega).$$

Wegen (1.16.18) und (1.16.19) impliziert dies

$$\limsup_{n\to\infty} \xi_n/(\log n) = 1 \quad \text{f.s.} \tag{1.16.20}$$

Für das Wachstum der Maxima $M_n := \xi_1 \vee \cdots \vee \xi_n$ gilt:

$$\lim_{n\to\infty} M_n/(\log n) = 1 \quad \text{f.s.} \tag{1.16.21}$$

Diese Schreibweise bedeutet:

$$P\left\{\omega \in \Omega : \lim_{n\to\infty} M_n(\omega)/(\log n) \quad \text{existiert und ist gleich } 1\right\} = 1.$$

In der Tat existiert wegen (1.16.17) (für $\delta = 1$) und (1.16.18) zu jedem $\epsilon > 0$ eine Menge $\Omega(\epsilon) \in \mathcal{A}$ mit folgenden Eigenschaften: Es gilt $P(\Omega(\epsilon)) = 1$, und zu jedem $\omega \in \Omega(\epsilon)$ existiert eine Zahl $n_0 = n_0(\omega, \epsilon) \geq 4$ derart, daß für alle $\omega \in \Omega(\epsilon)$ und $n \geq n_0$

$$\xi_n(\omega)/L_1(n) \leq 1 + (L_2(n) + 2L_3(n))/L_1(n) \leq 1 + \epsilon.$$

Folglich erhält man für $\omega \in \Omega(\epsilon)$ und $n \geq n_0$

$$\begin{aligned} M_n(\omega)/L_1(n) &\leq (\xi_1(\omega) + \cdots + \xi_{n_0-1}(\omega))/L_1(n) + \max_{n_0 \leq i \leq n} \xi_i(\omega)/L_1(i) \\ &\leq (\xi_1(\omega) + \cdots + \xi_{n_0-1}(\omega))/L_1(n) + 1 + \epsilon, \end{aligned}$$

so daß

$$\limsup_{n\to\infty} M_n/L_1(n) \leq 1 \quad \text{f.s.} \tag{1.16.22}$$

Andererseits erhält man für $0 < \epsilon < 1$ und $n \geq 2$ wegen (1.16.15) und (1.16.3)

$$\begin{aligned} P(M_n/L_1(n) \leq 1 - \epsilon) &= \left(P(\xi_1 \leq (1-\epsilon)L_1(n))\right)^n \\ &= \left(1 - n^{-(1-\epsilon)}\right)^n \leq \exp(-n^\epsilon), \end{aligned}$$

so daß wegen des Borel-Cantelli-Lemmas

$$P(M_n/L_1(n) \leq 1 - \epsilon \text{ u.o.}) = 0$$

und somit

$$P\left(\liminf_{n\to\infty} M_n/L_1(n) \geq 1-\epsilon\right) = 1, \quad 0 < \epsilon < 1$$

gilt. Dies impliziert

$$\liminf_{n\to\infty} M_n/L_1(n) \geq 1 \quad \text{f.s.},$$

woraus sich zusammen mit (1.16.22) das gewünschte Konvergenzresultat (1.16.21) ergibt. ■

Es erhebt sich die Frage, ob jeweils (auf einem geeigneten W.-Raum) eine Folge von unabhängigen ZV mit vorgegebenen Verteilungen existiert. Hierzu beweisen wir folgenden *Spezialfall des Existenzsatzes von Kolmogorov* (vgl. Satz 2.9[2]):

1.17 Satz. *Seien $F_1, F_2, \ldots$ beliebige* VF. *Dann existieren auf einem geeigneten W.-Raum $(\Omega, \mathcal{A}, P)$ unabhängige* ZV *$\xi_1, \xi_2, \ldots$ derart, daß für $n = 1, 2, \ldots$ ξ_n jeweils die* VF *F_n hat.*

BEWEIS. Die Aussage des Satzes gelte im Fall, daß F_n jeweils die VF der Gleichverteilung auf $[0,1]$ ist. Es existiere also auf einem geeigneten W.-Raum eine UIV-Folge $(\tilde{\xi}_n)$ von ZV derart, daß $\tilde{\xi}_1$ gleichverteilt auf $[0,1]$ ist. Wir dürfen annehmen, daß jedes $\tilde{\xi}_n$ lediglich Werte aus $]0,1[$ annimmt. Sind dann $F_1, F_2, \ldots$ *beliebige* VF, so sind die ZV $\xi_n := F_n^{-1}(\tilde{\xi}_n)$ unabhängig, und wegen Satz 2.8[2] hat ξ_n die VF F_n, $n \geq 1$. (Hierin bezeichnet F_n^{-1} die zu F_n gehörige *Quantil-Funktion*; vgl. Definition 2.7[2].) Im folgenden sei F_n jeweils die VF der Gleichverteilung auf $[0,1]$. Ähnlich wie in Beispiel 1.14.1 setzen wir

$$\Omega_n = \{\omega = (\omega_1, \ldots, \omega_n) : \omega_i \in [0,1], \ i = 1, \ldots, n\}, \quad n \geq 1,$$
$$\Omega = \Omega_\infty = \{\omega = (\omega_1, \omega_2, \ldots) : \omega_i \in [0,1], \ i = 1, 2, \ldots\}$$

und

$$\xi_n(\omega) = \omega_n, \quad \omega = (\omega_1, \omega_2, \ldots) \in \Omega_\infty, \quad n \geq 1. \tag{1.17.1}$$

Als σ-Algebra $\mathcal{A} \subset \mathcal{P}(\Omega_\infty)$ wählen wir

$$\mathcal{A} := \sigma\{B_1 \times B_2 \times \cdots : B_i \in \mathcal{R}([0,1]), \ i = 1, 2, \ldots\}. \tag{1.17.2}$$

Der Beweis des Satzes geschieht nun durch Anwendung des Fortsetzungssatzes von Carathéodory (Satz 4.1[1]). Dazu definieren wir zunächst eine geeignete Algebra $\mathcal{A}_0$ derart, daß

$$\sigma(\mathcal{A}_0) = \mathcal{A}. \tag{1.17.3}$$

Für $n \geq 1$ bestehe $\mathcal{Z}_n \subset \mathcal{P}(\Omega_\infty)$ aus allen Mengen der Form ($[0,1]^n = [0,1] \times \cdots \times [0,1]$ ist ein n-faches kartesisches Produkt)

$$\tilde{C} \times [0,1] \times \cdots = \{(\omega_1, \omega_2, \ldots) \in \Omega_\infty : (\omega_1, \ldots, \omega_n) \in \tilde{C}\}, \ \tilde{C} \in \mathcal{R}_n([0,1]^n)$$

(eine derartige Menge heißt auch *Zylindermenge*). Da für beliebige $\widetilde{C}, \widetilde{D} \in \mathcal{R}_n([0,1]^n)$

$$\Omega_\infty \setminus (\widetilde{C} \times [0,1] \times \cdots) = (\Omega_n \setminus \widetilde{C}) \times [0,1] \times \cdots$$

und

$$(\widetilde{C} \times [0,1] \times \cdots) \cup (\widetilde{D} \times [0,1] \times \cdots) = (\widetilde{C} \cup \widetilde{D}) \times [0,1] \times \cdots$$

gilt, ist jede Familie $\mathcal{Z}_n$ eine Algebra und somit wegen

$$\mathcal{Z}_1 \subset \mathcal{Z}_2 \subset \cdots \tag{1.17.4}$$

auch

$$\mathcal{A}_0 := \mathcal{Z}_1 \cup \mathcal{Z}_2 \cup \cdots. \tag{1.17.5}$$

Zum Nachweis von (1.17.3) beachte man zunächst, daß $\mathcal{Z}_n \subset \mathcal{A}$ $(n \geq 1)$, woraus sich wegen (1.17.5) $\sigma(\mathcal{A}_0) \subset \mathcal{A}$ ergibt. Für Mengen $B_n \in \mathcal{R}([0,1])$ $(n \geq 1)$ gilt $A_n := \{(\omega_1, \omega_2, \ldots) \in \Omega_\infty : \omega_n \in B_n\} \in \mathcal{Z}_n \subset \mathcal{A}_0$, so daß $B_1 \times B_2 \times \cdots = A_1 \cap A_2 \cap \cdots \in \sigma(\mathcal{A}_0)$. Dies zeigt, daß $\mathcal{A} \subset \sigma(\mathcal{A}_0)$ und somit (1.17.3) gilt. Im folgenden bezeichnet λ_n das n-dimensionale Lebesgue-Maß. Im Hinblick auf (1.17.1) definieren wir eine Abbildung $P_0 : \mathcal{A}_0 \longrightarrow [0,1]$ durch

$$P_0(\widetilde{C} \times [0,1] \times \cdots) = \lambda_n(\widetilde{C}), \quad \text{falls} \quad \widetilde{C} \in \mathcal{R}_n([0,1]^n). \tag{1.17.6}$$

Diese Definition ist sinnvoll, denn für jedes $\widetilde{C} \in \mathcal{R}_n([0,1]^n)$ und $m \geq 1$ gilt dann

$$\widetilde{C} \times [0,1] \times \cdots = \widetilde{D} \times [0,1] \times \cdots \in \mathcal{Z}_{n+m},$$

worin

$$\widetilde{D} = \widetilde{C} \times [0,1] \times \cdots \times [0,1] \in \mathcal{R}_{n+m}([0,1]^{n+m})$$

und $\lambda_{n+m}(\widetilde{D}) = \lambda_n(\widetilde{C})$.

Ersichtlich ist P_0 normiert und endlich-additiv, so daß insbesondere

$$A_1 \subset A_2 \Longrightarrow P_0(A_1) \leq P_0(A_2), \quad A_1, A_2 \in \mathcal{A}_0. \tag{1.17.7}$$

Wegen des Fortsetzungssatzes von Carathéodory läßt sich P_0 zu einem (eindeutig bestimmten!) W.-Maß P auf $\mathcal{A}$ fortsetzen, falls gilt:

$$P_0 \text{ ist } \sigma\text{-additiv auf } \mathcal{A}_0. \tag{1.17.8}$$

Zum Nachweis von (1.17.8) reicht es wegen Satz 2.8[1] zu zeigen: Gilt für Mengen $A_n \in \mathcal{A}_0$ $(n \geq 1)$

$$A_1 \supset A_2 \supset \cdots \quad \text{und} \quad A_1 \cap A_2 \cap \cdots = \emptyset, \tag{1.17.9}$$

so folgt

$$P_0(A_n) \to 0 \quad (n \to \infty). \tag{1.17.10}$$

Aufgrund von (1.17.7) reicht es, (1.17.10) für *irgendeine* Teilfolge von (A_n) zu beweisen. Wegen (1.17.4) dürfen (und werden) wir daher annehmen, daß die Mengen in (1.17.9) von der Form

$$A_n = \widetilde{A}_n \times [0,1] \times \cdots \quad \text{für ein } \widetilde{A}_n \in \mathcal{R}_n([0,1]^n) \quad (n \geq 1)$$

sind, so daß wegen (1.17.6) $P_0(A_n) = \lambda(\widetilde{A}_n)$, $n \geq 1$. Wir nehmen indirekt an, daß für eine gewisse Zahl $0 < \delta < 1$

$$P_0(A_n) = \lambda_n(\widetilde{A}_n) \geq \delta, \quad n \geq 1 \tag{1.17.11}$$

gilt. Wegen Satz 3.16[1] existieren ***kompakte*** Mengen $\widetilde{C}_n \subset \mathbb{R}^n$ derart, daß

$$\widetilde{C}_n \subset \widetilde{A}_n \quad \text{und} \quad \lambda_n(\widetilde{A}_n \setminus \widetilde{C}_n) < \delta/2^{n+1}, \quad n \geq 1. \tag{1.17.12}$$

Für die Mengen $C_n := \widetilde{C}_n \times [0,1] \times \cdots$ gilt $C_n \in \mathcal{Z}_n$ $(n \geq 1)$, und die Menge $D_n := C_1 \cap \cdots \cap C_n$ ist von der Form $D_n = \widetilde{D}_n \times [0,1] \times \cdots$. Hierin ist $\widetilde{D}_n \subset \mathbb{R}^n$ *kompakt*, und (1.17.9) impliziert

$$D_1 \cap D_2 \cap \cdots = \emptyset. \tag{1.17.13}$$

Andererseits erhält man $\widetilde{D}_n \neq \emptyset$ $(n \geq 1)$ und folglich

$$D_n \neq \emptyset, \quad n \geq 1, \tag{1.17.14}$$

da aufgrund von (1.17.11), (1.17.9) und (1.17.12)

$$\begin{aligned} \delta \leq \lambda_n(\widetilde{A}_n) &= \lambda_n(\widetilde{A}_n \cap \widetilde{D}_n) + \lambda_n(\widetilde{A}_n \cap (\Omega_n \setminus \widetilde{D}_n)) \\ &\leq \lambda_n(\widetilde{D}_n) + \sum_{k=1}^{n} \lambda_k(\widetilde{A}_k \setminus \widetilde{C}_k) < \lambda_n(\widetilde{D}_n) + \delta/2. \end{aligned}$$

Wir zeigen nun, daß sich mit Hilfe von (1.17.14) ein Widerspruch zu (1.17.13) ergibt, wobei entscheidend benutzt wird, daß die Mengen $\widetilde{D}_n \subset \mathbb{R}^n$ *kompakt* sind. Wegen (1.17.14) existiert eine Folge $(\omega(n)) \subset \Omega_\infty$ derart, daß $\omega(n) = (\omega_1(n), \omega_2(n), \dots) \in D_n$, $n \geq 1$. Da $(\omega_1(n)) \subset \widetilde{D}_1$ und $\widetilde{D}_1$ kompakt ist, existieren Indizes $1 \leq m(1,1) < m(1,2) < \cdots$ und eine Zahl $\widetilde{\omega}_1 \in \widetilde{D}_1$ derart, daß $\omega_1(m(1,k)) \to \widetilde{\omega}_1$ $(k \to \infty)$. Wendet man eine analoge Überlegung auf die Folge $(\omega_1(m(1,k)), \omega_2(m(1,k))) \in \widetilde{D}_2$ $(k \geq 1)$ an und fährt entsprechend fort, so sieht man, daß es zu jedem $i \geq 1$ Indizes $1 \leq m(i,1) < m(i,2) < \cdots$ sowie eine Zahl $0 \leq \widetilde{\omega}_i \leq 1$ gibt derart, daß $(m(i+1,k))$ eine Teilfolge von $(m(i,k))$ ist und für $k \to \infty$

$$(\omega_1(m(i,k)), \dots, \omega_i(m(i,k))) \to (\widetilde{\omega}_1, \dots, \widetilde{\omega}_i) \in \widetilde{D}_i$$

gilt. Für die „Diagonalfolge" $n(k) := m(k,k)$ $(k \geq 1)$ ergibt sich dann $\omega_i(n(k)) \to \widetilde{\omega}_i$ $(k \to \infty)$, $i \geq 1$, so daß $(\widetilde{\omega}_1, \widetilde{\omega}_2, \dots) \in D_1 \cap D_2 \cap \cdots$. Dies widerspricht (1.17.13). (Ein ähnliches Diagonalverfahren wird im Beweis von Satz 1.3[5] verwendet.) Folglich existiert auf $\mathcal{A}$ ein (eindeutig bestimmtes) W.-Maß P derart, daß $P(A) = P_0(A)$, $A \in \mathcal{A}_0$. Wegen (1.17.1) und (1.17.6) gilt also für alle $n \geq 1$ und $(t_1, \dots, t_n) \in \Omega_n$

$$\begin{aligned} P(\xi_i \leq t_i,\ 1 \leq i \leq n) &= P_0([0,t_1] \times \cdots \times [0,t_n] \times [0,1] \times \cdots) \\ &= \lambda_n([0,t_1] \times \cdots \times [0,t_n]) \\ &= t_1 \cdots t_n = P(\xi_1 \leq t_1) \cdots P(\xi_n \leq t_n), \end{aligned}$$

so daß (ξ_n) wegen Satz 1.10(b) eine UIV-Folge bildet derart, daß ξ_1 gleichverteilt auf $[0,1]$ ist. ■

Sei $X_1, X_2, \ldots$ eine UIV-Folge von ZV, die auf einem gewissen W.-Raum $(\Omega, \mathcal{A}, P)$ definiert sind. Mit Hilfe der Folge (X_n) lassen sich weitere UIV-Folgen von ZV konstruieren, die gewisse wünschenswerte Eigenschaften haben. Sei $S(n) := X_1 + \cdots + X_n$ $(n \geq 0)$ sowie

$$\mathcal{A}_n := \sigma\{X_1, \ldots, X_n\} \; (n \geq 1) \quad \text{und} \quad \mathcal{A}_0 := \{\emptyset, \Omega\}. \tag{1.17.15}$$

Für eine Menge $\emptyset \neq B \in \mathcal{R}$ wird eine NZV $\tau = \tau_B : \Omega \longrightarrow \{1, 2, \ldots, \infty\}$ definiert durch

$$\tau_B(\omega) := \min\{n \geq 1 : S(n)(\omega) \in B\}, \tag{1.17.16}$$

wobei lt. Konvention

$$\min \emptyset := \infty. \tag{1.17.17}$$

Interpretiert man den Index n als Zeit, so ist τ_B der *Zeitpunkt des ersten Eintritts* der Folge $(S(n))$ in die Menge B.

1.18 Bemerkung. Da $\{\tau_B = 0\} = \emptyset$ und

$$\{\tau_B = n\} = \{S(1) \notin B, \ldots, S(n-1) \notin B, S(n) \in B\}, \; n = 1, 2, \ldots,$$

so folgt

$$\{\tau_B = n\} \in \mathcal{A}_n, \quad n = 0, 1, 2, \ldots \tag{1.18.1}$$

(Hierbei wird nicht benutzt, daß (X_n) eine UIV-Folge ist.) Die Bedingung (1.18.1) besagt, daß τ_B eine *Stoppzeit* bez. der σ-Algebren $\mathcal{A}_n$ $(n \geq 0)$ ist (vgl. Definition 3.1[8]). ■

1.19 Satz. *Sei* (X_n) $(n \geq 1)$ *eine* UIV*-Folge von* ZV *und sei* $\emptyset \neq B \in \mathcal{R}$ *eine Borel-Menge derart, daß*

$$\tau = \tau_B < \infty \quad f.s. \tag{1.19.1}$$

Dann existiert eine UIV*-Folge* $\tau(1) = \tau, \tau(2), \tau(3), \ldots$ *mit folgenden Eigenschaften: Wird* $\sigma(n) := \tau(1) + \cdots + \tau(n)$ $(n \geq 0)$ *gesetzt, so bilden die* ZV

$$Y_n := S(\sigma(n)) - S(\sigma(n-1)), \quad n \geq 1 \tag{1.19.2}$$

eine UIV*-Folge derart, daß*

$$P(Y_n \in B) = 1, \quad n \geq 1. \tag{1.19.3}$$

1.20 Bemerkung. Genaugenommen ist die Differenz in (1.19.2) nur auf der Menge $\{\sigma(n) < \infty\} \cap \{\sigma(n-1) < \infty\}$, deren Komplement wegen (1.19.1) die Wahrscheinlichkeit 0 hat, definiert. Im folgenden wird auf $\{\sigma(n) = \infty\} \cup \{\sigma(n-1) = \infty\}$ stillschweigend (willkürlich!) $Y_n = 0$ gesetzt. ■

BEWEIS VON SATZ 1.19. Wir definieren die Folge $\tau(1), \tau(2), \ldots$ rekursiv wie folgt: Sei $\tau(1) := \tau = \tau_B$. Sind $\tau(1), \ldots, \tau(i-1)$ für ein gewisses $i \geq 2$ bereits definiert, so setzen wir $\sigma(i-1) := \tau(1) + \cdots + \tau(i-1)$ und definieren $\tau(i) : \Omega \longrightarrow \{1, 2, \ldots, \infty\}$ wie folgt: Es sei

$$\tau(i) := \min\{n \geq 1 : X_{\sigma(i-1)+1} + \cdots + X_{\sigma(i-1)+n} \in B\} \quad \text{auf } \{\sigma(i-1) < \infty\} \tag{1.20.1}$$

(man beachte (1.17.17)), während auf $\{\sigma(i-1) = \infty\}$ $\tau(i) = \infty$ gesetzt wird. Natürlich wird $X_{\sigma(i-1)+j}$ auf $\{\sigma(i-1) < \infty\}$ definiert durch $(X_{\sigma(i-1)+j})(\omega) = X_{\sigma(i-1)(\omega)+j}(\omega)$ $(j \geq 1)$. Da (X_n) eine UIV-Folge bildet, erhält man für ganze Zahlen $n(0) = 0 < n(1) < n(2) < \cdots < n(k)$ $(k \geq 2)$

$$\begin{aligned} & P(\tau(1) = n(1),\, \tau(2) = n(2) - n(1), \ldots, \tau(k) = n(k) - n(k-1)) \\ = \;& P(\sigma(i) = n(i),\, 1 \leq i \leq k) \\ = \;& P(\tau = n(1))P(\tau = n(2) - n(1)) \cdots P(\tau = n(k) - n(k-1)). \end{aligned}$$

Durch Aufsummieren ergibt sich hieraus, daß $\tau(1), \tau(2), \ldots$ eine UIV-Folge bilden. Insbesondere gilt also wegen (1.19.1) $\tau(i) < \infty$ f.s. und somit auch $\sigma(i) < \infty$ f.s. $(i \geq 1)$. Für $C \in \mathcal{R}$ und $k \geq 2$ erhält man wegen (1.20.1), falls für $0 \leq m < n$

$$A_{m,n} = \{X_{m+i} \notin B,\, 1 \leq i \leq n - m - 1;\; X_{m+1} + \cdots + X_n \in B\}$$

gesetzt wird,

$$\begin{aligned} & P(Y_k \in C) \\ = \;& \sum_{m=1}^{\infty} \sum_{n=m+1}^{\infty} P(S(n) - S(m) \in C,\, \sigma(k-1) = m,\, \sigma(k) = n) \\ = \;& \sum_{m=1}^{\infty} \sum_{n=m+1}^{\infty} P(X_{m+1} + \cdots + X_n \in C,\, \sigma(k-1) = m,\, \tau(k) = n - m) \\ = \;& \sum_{m=1}^{\infty} \sum_{n=m+1}^{\infty} P(\{X_{m+1} + \cdots + X_n \in C\} \cap A_{m,n}) P(\sigma(k-1) = m) \\ = \;& \sum_{m=1}^{\infty} \sum_{n=1}^{\infty} P(S(n) \in B \cap C,\, \tau = n) P(\sigma(k-1) = m) \\ = \;& P(S(\tau) \in B \cap C,\, \tau < \infty) P(\sigma(k-1) < \infty) \\ = \;& P(S(\tau) \in B \cap C) = P(S(\tau) \in C) \end{aligned}$$

(das letzte „=" resultiert daraus, daß $\tau < \infty$ f.s. und $S(\tau) \in B$ auf $\{\tau < \infty\}$ gilt). Folglich sind $Y_1 = S(\tau), Y_2, Y_3, \ldots$ identisch verteilt, und es gilt

(1.19.3). Ähnlich ergibt sich für Mengen $C_i \in \mathcal{R}$, $1 \le i \le k$ $(k \ge 2)$

$$\begin{aligned} P(Y_i \in C_i,\ 1 \le i \le k) &= P(Y_i \in C_i,\ 1 \le i \le k-1)P(Y_1 \in C_k) \\ &= \cdots \\ &= P(Y_1 \in C_1)\cdots P(Y_1 \in C_k) \\ &= P(Y_1 \in C_1)\cdots P(Y_k \in C_k), \end{aligned}$$

so daß (Y_n) eine UIV-Folge bildet. ■

Teil (b) des folgenden Satzes ist wichtig für gewisse nichtparametrische (verteilungsfreie) Schätz– und Testverfahren, die auf sog. Ordnungsstatistiken beruhen. Unter den Annahmen in Teil (b) nehmen die ZV $X_1, \ldots, X_n$ fast sicher n verschiedene Werte an, die sich eindeutig nach wachsender Größe ordnen lassen: $X_{(1)} < X_{(2)} < \cdots < X_{(n)}$. Insbesondere gilt also

$$X_{(1)} = \min_{1\le k\le n} X_k \quad \text{und} \quad X_{(n)} = \max_{1\le k\le n} X_k. \tag{1.20.2}$$

Man nennt die Folge $X_{(1)}, \ldots, X_{(n)}$ die zu $X_1, \ldots, X_n$ gehörende *Ordnungsstatistik.*

1.21 Satz. (a) *X und Y seien unabhängige* ZV *mit den* VF *F bzw. G. Ist F stetig, so folgt*

$$P(X = Y) = 0. \tag{1.21.1}$$

(b) *Sind $X_1, \ldots, X_n$ $(n \ge 2)$ unabhängige identisch verteilte* ZV *und hat X_1 eine stetige* VF, *so gilt für jede Permutation π der Zahlen* $1, \ldots, n$

$$P(X_{\pi(1)} < X_{\pi(2)} < \cdots < X_{\pi(n)}) = \frac{1}{n!}. \tag{1.21.2}$$

BEWEIS. (a) Da F stetig ist, existieren zu jedem $n \ge 1$ Zahlen $a_1, \ldots, a_n$ derart, daß $F(a_k) = k/(n+1)$, $1 \le k \le n$. Aufgrund der Unabhängigkeit von X und Y folgt dann

$$\begin{aligned} &P(X = Y) \\ &\le P(X \le a_1, Y \le a_1) + P(X > a_n, Y > a_n) \\ &\quad + \sum_{k=1}^{n-1} P(a_k < X \le a_{k+1},\ a_k < Y \le a_{k+1}) \\ &= F(a_1)G(a_1) + (1 - F(a_n))(1 - G(a_n)) \\ &\quad + \sum_{k=1}^{n-1} (F(a_{k+1} - F(a_k))(G(a_{k+1}) - G(a_k)) \\ &= \frac{1}{n+1}G(a_1) + \frac{1}{n+1}(1 - G(a_n)) + \frac{1}{n+1}\sum_{k=1}^{n-1}(G(a_{k+1}) - G(a_k)) \\ &= \frac{1}{n+1}, \end{aligned}$$

so daß (1.21.1) gilt.

(b) Wegen (1.21.1) folgt

$$P(X_i = X_j \text{ für gewisse Zahlen } 1 \leq i < j \leq n) \leq \sum_{i=1}^{n-1} \sum_{j=i+1}^{n} P(X_i = X_j) = 0,$$

so daß

$$\sum_{\pi} P(X_{\pi(1)} < X_{\pi(2)} < \cdots < X_{\pi(n)}) = 1 \tag{1.21.3}$$

(die Summation erstreckt sich über alle $n!$ Permutationen π der Zahlen $1, \ldots, n$). Da die ZV $X_1, \ldots, X_n$ eine UIV-Folge bilden, hängt die Verteilung des ZVK $(X_{\pi(1)}, \ldots, X_{\pi(n)})$ nicht von der Permutation π ab, so daß (1.21.2) eine Folgerung aus (1.21.3) ist. ■

3.2 Null-Eins-Gesetze

Sei $Y = (Y_n)$ $(n \geq 0)$ eine Folge von $\mathbb{R}^d$-wertigen ZVK, die auf einem gemeinsamen W.-Raum $(\Omega, \mathcal{A}, P)$ definiert sind. Sei

$$\mathcal{F} := \mathcal{F}(Y) := \bigcap_{k=0}^{\infty} \sigma\{Y_k, Y_{k+1}, \ldots\} \subset \mathcal{A} \tag{2.0.1}$$

die σ-Algebra der *Y-finalen Ereignisse* (vgl. Definition 3.1[2]). Weiter sei $\mathcal{S}(Y) \subset \mathcal{A}$ die σ-Algebra der *Y-symmetrischen Ereignisse* (vgl. Definition 3.2[2]). Aufgrund von Satz 3.7[2] gilt stets

$$\mathcal{F}(Y) \subset \mathcal{S}(Y). \tag{2.0.2}$$

Wir werden zeigen, daß unter zusätzlichen Voraussetzungen über Y die σ-Algebren $\mathcal{F}(Y)$ bzw. $\mathcal{S}(Y)$ *ausgeartet* sind, d.h. lediglich solche Mengen A enthalten, für die $P(A) \in \{0, 1\}$ gilt.

Das folgende Resultat heißt *Null-Eins-Gesetz* (0-1-*Gesetz*) *von Kolmogorov:*

2.1 Satz. *Sind die $\mathbb{R}^d$-wertigen* ZVK *$Y_0, Y_1, \ldots$ unabhängig, so ist die σ-Algebra $\mathcal{F}(Y)$ der Y-finalen Ereignisse ausgeartet.*

BEWEIS. Es reicht zu zeigen:

$$P^2(A) = P(A), \quad A \in \mathcal{F}(Y). \tag{2.1.1}$$

Sei $A \in \mathcal{F}(Y)$. Die Vereinigung der σ-Algebren $\sigma\{Y_0, \ldots, Y_n\}$ $(n \geq 0)$ ist eine Algebra $\mathcal{A}_0$, für die $\sigma(\mathcal{A}_0) = \sigma\{Y_0, Y_1, \ldots\}$ gilt. Da wegen (2.0.1) $A \in \sigma\{Y_0, Y_1, \ldots\}$, existiert aufgrund von Satz 3.15[1] zu jedem $n \geq 1$ ein Index $m(n)$ und ein $A_n \in \sigma\{Y_0, \ldots, Y_{m(n)}\}$ derart, daß

$$P(A \Delta A_n) = P(A) + P(A_n) - 2P(A \cap A_n) < 1/n. \tag{2.1.2}$$

Aufgrund der Ungleichung $|P(A) - P(A_n)| \leq P(A \Delta A_n)$ erhält man wegen (2.1.2)

$$P(A_n) \to P(A) \quad (n \to \infty), \tag{2.1.3}$$

woraus sich nach erneuter Anwendung von (2.1.2)

$$P(A \cap A_n) \to P(A) \quad (n \to \infty) \tag{2.1.4}$$

ergibt. Da wegen (2.0.1) $A \in \sigma\{Y_{m(n)+1}, Y_{m(n)+2}, \dots\}$ $(n \geq 1)$, sind A und A_n aufgrund von Satz 1.14 sowie Satz 1.8 jeweils unabhängig, so daß (2.1.1) eine Konsequenz aus (2.1.3) und (2.1.4) ist. ■

2.1.1 Beispiel. Seien $A_0, A_1, \dots$ unabhängige Ereignisse. Setzen wir $Y_n = I(A_n)$, $n \geq 0$, so gilt ersichtlich

$$\{A_n \text{ u.o.}\} = \{Y_n = 1 \text{ u.o.}\} \in \mathcal{F}(Y),$$

so daß wegen des 0-1-Gesetzes von Kolmogorov

$$P(A_n \text{ u.o.}) \in \{0, 1\}. \tag{2.1.5}$$

Aufgrund der beiden Borel-Cantelli-Lemmata ergibt sich

$$P(A_n \text{ u.o.}) = 1 \iff P(A_0) + P(A_1) + \dots = \infty. \tag{2.1.6}$$

■

Wir beweisen nun folgendes *Null-Eins-Gesetz von Hewitt-Savage*:

2.2 Satz. *Bilden die $\mathbb{R}^d$-wertigen* ZVK $Y_0, Y_1, \dots$ *eine* UIV*-Folge, so ist die σ-Algebra $\mathcal{S}(Y)$ der Y-symmetrischen Ereignisse ausgeartet.*

2.3 Bemerkung. Würde allgemein gelten, daß $\mathcal{S}(Y)$ bereits dann ausgeartet ist, falls die ZVK $Y_0, Y_1, \dots$ lediglich als unabhängig vorausgesetzt werden, so wäre das 0-1-Gesetz von Kolmogorov wegen (2.0.2) eine unmittelbare Konsequenz aus Satz 2.2. Man sieht jedoch anhand von Beispiel 6.13.5[8], daß $\mathcal{S}(Y)$ i.a. *nicht* ausgeartet ist, falls die ZVK $Y_0, Y_1, \dots$ unabhängig, aber nicht identisch verteilt sind. ■

BEWEIS VON SATZ 2.2. Es reicht zu zeigen:

$$P^2(A) = P(A), \quad A \in \mathcal{S}(Y). \tag{2.3.1}$$

Sei $A \in \mathcal{S}(Y)$. Aufgrund von Definition 3.2[2] existiert eine Menge $B_\infty \in \mathcal{R}_\infty$ derart, daß

$$A = \{(Y_{\pi(0)}, Y_{\pi(1)}, \dots) \in B_\infty\}, \quad \pi \in \Pi \tag{2.3.2}$$

gilt (hierin bezeichnet Π die Menge der *endlichen* Permutationen $\pi : \{0, 1, \dots\} \longrightarrow \{0, 1, \dots\}$). Mit Hilfe von Satz 3.15[1] ergibt sich ähnlich wie im Beweis von Satz 2.1 die Existenz von Ereignissen $A_n \in \sigma\{Y_0, \dots, Y_n\}$ $(n \geq 0)$ derart, daß

$$P(A_n \Delta A) \to 0 \quad (n \to \infty). \tag{2.3.3}$$

Da $A_n \in \sigma\{Y_0, \dots, Y_n\}$, existieren wegen Satz 1.24[2] Borel-Mengen $B_n \in \mathcal{R}_{(n+1)d}$ derart, daß

$$A_n = \{(Y_0, \dots, Y_n) \in B_n\}, \quad n \geq 0. \tag{2.3.4}$$

(Gilt $Y_k = (Y_{k1}, \dots, Y_{kd})$ $(k \geq 0)$, so fassen wir $(Y_0, \dots, Y_n)$ auf als ZVK $(Y_{01}, \dots, Y_{0d}, \dots, Y_{n1}, \dots, Y_{nd})$ usw.) Das Ereignis $\widetilde{A}_n := \{(Y_{2n+1}, Y_{2n}, \dots, Y_{n+1}) \in B_n\}$ ist unabhängig von A_n, so daß

$$P(A_n \cap \widetilde{A}_n) = P(A_n)P(\widetilde{A}_n), \quad n \geq 0. \tag{2.3.5}$$

Da (Y_n) eine UIV-Folge bildet, gilt

$$P(A_n) = P(\widetilde{A}_n), \quad n \geq 0. \tag{2.3.6}$$

Aufgrund von (2.3.6) und der Ungleichung $|P(A_n) - P(A)| \leq P(A_n \Delta A)$ $(n \geq 0)$ folgt aus (2.3.3)

$$P(A_n) = P(\widetilde{A}_n) \to P(A) \quad (n \to \infty). \tag{2.3.7}$$

Zum Nachweis von (2.3.1) reicht es also wegen (2.3.5) und (2.3.6) zu zeigen:

$$P(A_n \cap \widetilde{A}_n) \to P(A) \quad (n \to \infty). \tag{2.3.8}$$

Da $P(A_n \Delta \widetilde{A}_n) = P(A_n) + P(\widetilde{A}_n) - 2P(A_n \cap \widetilde{A}_n)$ $(n \geq 0)$, ergibt sich (2.3.8) wegen (2.3.7) aus $P(A_n \Delta \widetilde{A}_n) \to 0$ $(n \to \infty)$, also wegen $P(A_n \Delta \widetilde{A}_n) \leq P(A_n \Delta A) + P(A \Delta \widetilde{A}_n)$ und (2.3.3) aus

$$P(A \Delta \widetilde{A}_n) \to 0 \quad (n \to \infty). \tag{2.3.9}$$

Schließlich ist (2.3.9) wegen (2.3.3) eine Konsequenz aus

$$P(A \Delta \widetilde{A}_n) = P(A \Delta A_n), \quad n \geq 0. \tag{2.3.10}$$

Zum Nachweis von (2.3.10) benutzen wir erstmals (2.3.2). Für *festes* $n \geq 0$ definieren wir eine endliche Permutation $\widetilde{\pi} \in \Pi$ durch $\widetilde{\pi}(m) = m$, falls $m \geq 2n + 2$, und $\widetilde{\pi}(2n + 1 - i) = i$, falls $0 \leq i \leq 2n + 1$. Da (Y_n) ein UIV-Folge ist, hat $(Y_{\widetilde{\pi}(0)}, Y_{\widetilde{\pi}(1)}, \dots)$ dieselbe Verteilung wie $(Y_0, Y_1, \dots)$, so daß wegen (2.3.2) und (2.3.4)

$$\begin{aligned} P(A \Delta \widetilde{A}_n) &= P\big(\{(Y_{\widetilde{\pi}(0)}, Y_{\widetilde{\pi}(1)}, \dots) \in B_\infty\} \\ &\qquad \Delta\{(Y_{\widetilde{\pi}(2n+1)}, \dots, Y_{\widetilde{\pi}(n+1)}) \in B_n\}\big) \\ &= P(A \Delta \{(Y_0, \dots, Y_n) \in B_n\}) = P(A \Delta A_n). \end{aligned}$$

■

2.3.1 Beispiel. Die ZV $X_1, X_2, \dots$ seien unabhängig und identisch verteilt derart, daß für ein $0 < p < 1$ $P(X_1 = 1) = p$ und $P(X_1 = -1) = 1 - p =: q$. Wir dürfen (und werden) im folgenden annehmen, daß $X_n(\omega) \in \{-1, 1\}$, $\omega \in \Omega$, $n \geq 1$. Sei $S_n := X_1 + \cdots + X_n$ $(n \geq 0)$. Die Folge (S_n) läßt sich als *einfache Irrfahrt* eines Teilchens auf der Menge $\mathbb{Z} = \{0, \pm 1, \pm 2, \dots\}$ mit Start im Nullpunkt interpretieren. Hierbei ist S_n $(n \geq 1)$ die Position, in der sich das Teilchen nach n Sprüngen befindet; beim n-ten Sprung springt das Teilchen — ausgehend von der Position S_{n-1} — um eine Einheit nach rechts bzw. links mit der Wahrscheinlichkeit p bzw. q. Sei $A := \{S_n = 0 \text{ u.o.}\}$ das Ereignis, daß das Teilchen unendlich oft in die Position 0 gelangt. Ersichtlich gilt (die Folge $X_1, X_2, \ldots$ werde durch $X_0 \equiv 0$ ergänzt)

$$A \in \mathcal{S}(X), \tag{2.3.11}$$

während A *nicht* X-final ist. (Warum?) Aus dem 0-1-Gesetz von Hewitt-Savage folgt somit $P(A) \in \{0,1\}$. Wir zeigen nun, daß genauer gilt:

$$p \neq 1/2 \Longrightarrow P(A) = 0 \tag{2.3.12}$$

und

$$p = 1/2 \Longrightarrow P(A) = 1. \tag{2.3.13}$$

Für $A_n := \{S_n = 0\}$ ist $P(A_{2n-1}) = 0$ $(n \geq 1)$, während man mit Hilfe der Stirling-Formel für $n \to \infty$

$$\begin{aligned} P(A_{2n}) &= \binom{2n}{n} p^n q^n = \frac{(2n)!}{(n!)^2}(pq)^n \\ &\sim \frac{\sqrt{2\pi \cdot 2n}(2n/e)^{2n}}{2\pi n (n/e)^{2n}}(pq)^n = \frac{(4pq)^n}{\sqrt{\pi n}} \end{aligned}$$

erhält. Im Fall $p \neq 1/2$ ist $4pq < 1$, so daß $P(A_2) + P(A_4) + \cdots < \infty$. Folglich ergibt sich (2.3.12) mit Hilfe des Borel-Cantelli-Lemmas. Sei nun $p = 1/2$. Wir setzen im folgenden

$$\xi = \limsup_{n\to\infty} S_n/\sqrt{n} \quad \text{und} \quad \eta = \liminf_{n\to\infty} S_n/\sqrt{n}.$$

Zum Nachweis von (2.3.13) reicht es zu zeigen:

$$P(\xi \geq a) > 0, \quad a \in \mathbb{R}. \tag{2.3.14}$$

In der Tat, die Ereignisse in (2.3.14) sind X-final, so daß sich wegen des 0-1-Gesetzes von Kolmogorov aus (2.3.14) $\xi \geq a$ f.s. für alle $a \in \mathbb{R}$ und somit $\xi = \infty$ f.s. ergibt. Wendet man dieses Resultat auf die Folge $(-X_n)$ an, so erhält man $\eta = -\infty$ f.s. Gilt für Indizes $1 \leq m < n$ $S_m < 0$ und $S_n > 0$ bzw. $S_m > 0$ und $S_n < 0$, so existiert jeweils ein Index $m < k < n$ derart, daß $S_k = 0$. Dies impliziert $\{\xi = \infty, \eta = -\infty\} \subset A$, so daß (2.3.13) eine Konsequenz aus (2.3.14) ist. Zum Nachweis von (2.3.14) beachte man zunächst, daß

$$\{S_n/\sqrt{n} > a \quad \text{u.o.}\} \subset \{\xi \geq a\}, \quad a \in \mathbb{R}$$

und

$$\limsup_{n\to\infty} P(S_n/\sqrt{n} > a) \leq P(S_n/\sqrt{n} > a \quad \text{u.o.}), \quad a \in \mathbb{R}$$

gilt, woraus sich

$$\limsup_{n\to\infty} P(S_n/\sqrt{n} > a) \leq P(\xi \geq a), \quad a \in \mathbb{R} \tag{2.3.15}$$

ergibt. Wegen des zentralen Grenzwertsatzes für UIV-Folgen (Satz 2.3[5]) ist die linke Seite in (2.3.15) gleich $1 - \Phi(a) > 0$ (Φ ist die VF der $N(0,1)$-Verteilung), so daß (2.3.14) und damit auch (2.3.13) gilt. (Es sei angemerkt, daß (2.3.13) auch eine unmittelbare Konsequenz aus dem Satz von Chung-Fuchs (Satz 7.9[4]) ist, während sich (2.3.12) alternativ mit Hilfe des starken Gesetzes der großen Zahlen (Satz 7.1[4]) ergibt.) ∎

Aufgaben

3.1. Man konstruiere Ereignisse A, B, C, die nicht unabhängig voneinander sind derart, daß $0 < P(A) < 1$, $0 < P(B) < 1$, $0 < P(C) < 1$ und $P(A \cap B \cap C) = P(A)P(B)P(C)$ gilt.

3.2. Gegeben seien Ereignisse A, B, C derart, daß $0 < P(C) < 1$. Weiter gelte $P(A \cap B|C) = P(A|C) \cdot P(B|C)$ und $P(A \cap B|C^c) = P(A|C^c) \cdot P(B|C^c)$. Außerdem seien A und C unabhängig. Man zeige, daß dann A und B unabhängig sind.

3.3. Man zeige: Sind $A_1, \dots, A_n$ unabhängige Ereignisse, so gilt $P(A_1 \cup \dots \cup A_n) = 1 - (1 - P(A_1)) \cdots (1 - P(A_n))$.

3.4. Ein Laplace-Würfel wird n-mal ($n \geq 3$) geworfen. (Die Ergebnisse der Würfe seien unabhängig.) Sei A_{ij} ($1 \leq i < j \leq n$) das Ereignis, daß beim i-ten und j-ten Wurf dieselbe Augenzahl fällt. Man zeige, daß die Ereignisse A_{ij} nicht unabhängig, aber paarweise unabhängig sind.

3.5. Gegeben seien zwei Laplace-Würfel W_1, W_2. In der k-ten Runde ($k \geq 1$) werden W_1, W_2 jeweils einmal geworfen; per Definition tritt dann eine Doppel-Sechs auf, falls die Augenzahlen von W_1, W_2 jeweils gleich sechs sind. Sei p_n ($n \geq 1$) die Wahrscheinlichkeit dafür, daß in den ersten n Runden insgesamt eine gerade Anzahl von Doppel-Sechsen auftritt. (Null gilt als gerade; es sei $p_0 := 1$.)
(a) Mit Hilfe des Satzes von der totalen Wahrscheinlichkeit bestimme man (unter naheliegenden Unabhängigkeitsannahmen!) eine Rekursionsbeziehung für die Wahrscheinlichkeiten p_n.
(b) Mit Hilfe des Ergebnisses in (a) zeige man:

$$p_n = \frac{1}{2}\left[1 + \left(\frac{17}{18}\right)^n\right], \quad n = 0, 1, 2, \dots$$

3.6. Ein Zufallsexperiment habe drei mögliche Ausgänge A, B, C, die mit den Wahrscheinlichkeiten p_A, p_B bzw. p_C auftreten. Es gelte $p_A > 0$ und $p_A + p_B + p_C = 1$. Das Zufallsexperiment werde beliebig oft wiederholt, wobei die Ausgänge der Experimente unabhängig seien. Mit welcher Wahrscheinlichkeit tritt A eher als B ein? (Dies schließt den Fall mit ein, daß zwar A, aber niemals B eintritt!)
Hinweis: Man betrachte das Ergebnis des ersten Zufallsexperiments.

3.7. Die beiden Ereignis-Familien $\{A_1, \ldots, A_n\}$ und $\{B_1, \ldots, B_n\}$ seien unabhängig voneinander. Man zeige, daß dann gilt:

$$P\left(\bigcup_{i=1}^{n}(A_i \cap B_i)\right) \geq P\left(\bigcup_{i=1}^{n} A_i\right) \cdot \min_{1 \leq j \leq n} P(B_j).$$

3.8. Sei $X_1, X_2, \ldots$ eine UIV-Folge von ZV derart, daß $X_1 \sim \text{BER}(p)$ für ein $0 < p \leq 1$. Für die ZV $Y := \min\{n \geq 0 : X_{n+1} = 1\}$ gilt dann $Y \sim \text{GEO}(p)$. (Es sei $\min \emptyset := \infty$ und $0^0 := 1$.)

3.9. Die ZV $X \sim \text{GEO}(r)$ und $Y \sim \text{GEO}(s)$ seien unabhängig. Man zeige, daß dann $X \wedge Y \sim \text{GEO}(r + s - rs)$.
Hinweis: Man betrachte zunächst $P(X \wedge Y \geq n)$ für $n \geq 0$.

3.10. Die ZV $N, X_1, X_2, \ldots$ seien unabhängig und nichtnegativ; die ZV N nehme lediglich Werte aus $\{1, 2, \ldots\}$ an. Es sei $S_n := X_1 + \cdots + X_n$ $(n \geq 0)$.
(a) Man zeige: Sind die ZV $X_1, X_2, \ldots$ außerdem identisch verteilt, so sind die ZV S_{N-1} und N unabhängig.
(b) Man zeige anhand eines Beispiels, daß S_{N-1} und N i.a. *nicht* unabhängig sind, falls $X_1, X_2, \ldots$ nicht identisch verteilt sind.

3.11. Die ZV $X \sim \text{UNI}(0,1)$ und $Y \sim \text{UNI}(0,1)$ seien unabhängig. Man berechne $P(X \vee Y \geq b | X \wedge Y \leq a)$ für $0 < a \leq b < 1$.

3.12. Die ZV $X \sim \text{GEO}(p)$ und $Y \sim \text{GEO}(p)$ $(0 < p \leq 1)$ seien unabhängig. Man zeige, daß dann die ZV $U := (X + 1) \wedge (Y + 1)$ und $V := X - Y$ unabhängig sind.

3.13. Der Leser weise nach, daß die im Beweis von Satz 1.8 betrachtete Familie $\mathcal{M}$ $\cap$-stabil ist.

3.14. Die Verteilung des $\mathbb{R}^d$-wertigen ZVK $\xi = (\xi_1, \ldots, \xi_d)$ $(d \geq 2)$ sei die Gleichverteilung auf $[0,1]^d$ (vgl. (4.9.7)[1]). Man zeige, daß dann $\xi_1, \ldots, \xi_d$ unabhängig und jeweils gleichverteilt auf $[0,1]$ sind.
Hinweis: Man benutze Satz 1.10(b).

3.15. Man zeige: ZV $X_1, X_2, \ldots$ sind genau dann unabhängig, wenn für jedes $n \geq 2$ gilt, daß die σ-Algebren $\sigma\{X_n\}$ und $\sigma\{X_1, \ldots, X_{n-1}\}$ voneinander unabhängig sind.

3.16. Sei $X_1, X_2, \ldots$ eine UIV-Folge von ZV derart, daß X_1 eine stetige VF hat. Im folgenden wird angenommen, daß $X_i(\omega) \neq X_j(\omega)$, $\omega \in \Omega$, falls $i \neq j$. (Gilt letzteres nicht, so läßt sich aufgrund von Satz 1.21 der ursprüngliche Grundraum Ω ersetzen durch $\Omega \setminus \Omega_0$, wobei

$$\Omega_0 := \{X_i = X_j \text{ für gewisse Indizes } 1 \leq i < j < \infty\}$$

und $P(\Omega_0) = 0$.) Sei $\pi_n = (\pi_{n1}, \ldots, \pi_{nn})$ eine zufällige Permutation der Zahlen $1, \ldots, n$, die gegeben wird durch $\pi_n = (i_1, \ldots, i_n) \iff X_{i_1} < \cdots < X_{i_n}$. Sei R_n der Rang von X_n innerhalb von $X_1, \ldots, X_n$, d.h. es ist $R_n = k$ $(1 \leq$

$k \le n$), falls $X_i < X_n$ für genau $k-1$ Indizes $i \in \{1, \dots, n-1\}$ gilt, so daß $R_n = k \iff \pi_{nk} = n$, $1 \le k \le n$. Man zeige:
(a) π_n ist gleichverteilt auf der Menge der $n!$ Permutationen der Zahlen $1, \dots, n$.
(b) $P(R_n = k) = 1/n, \quad 1 \le k \le n$.
(c) R_m ist $\sigma\{\pi_n\}$-meßbar, $\quad 1 \le m \le n$.
(d) R_{n+1} ist unabhängig von $\sigma\{\pi_n\}, \quad n \ge 1$.
(e) $R_1, R_2, \dots$ sind unabhängig.
(f) Sei $A_n := \{R_n = n\}, \quad n \ge 1$. (Tritt A_n ein, so sagt man auch, daß zum Zeitpunkt n ein „*Rekord*" auftritt.) Dann gilt $P(A_n \text{ u.o.}) = 1$.
Hinweis zu (e): Man benutze Aufgabe 3.15.

3.17. $X_1, X_2, \dots$ seien unabhängige ZV derart, daß $X_i \sim \mathrm{PO}(\lambda_i)$, $i \ge 1$, und $\lambda_1 + \lambda_2 + \cdots < \infty$. Man zeige, daß für $S := X_1 + X_2 + \cdots \quad P(S < \infty) = 1$ gilt und bestimme die Verteilung von S.
Hinweis: Man betrachte $P(S \le k)$ und benutze auf geeignete Weise ein Ergebnis in Beispiel 1.14.2.

3.18. Sei $X_1, X_2, \dots$ eine UIV-Folge von ZV derart, daß $X_1 \sim \mathrm{PO}(1)$. Man zeige:

$$\limsup_{n\to\infty} ((\log\log n)/\log n) X_n = 1 \quad \text{f.s.}$$

(„log" bezeichnet den natürlichen Logarithmus).
Hinweis: Für festes $0 < \epsilon < 1$ betrachte man die Ereignisse

$$A_n = \{X_n > ((1+\epsilon)\log n)/\log\log n\},$$

$$B_n = \{X_n > ((1-\epsilon)\log n)/\log\log n\}$$

und wende das Borel-Cantelli-Lemma bzw. das alternative Borel-Cantelli-Lemma sowie die Stirling-Formel an.

KAPITEL 4

Erwartungswerte

Sei $(\Omega,\ \mathcal{A},\ P)$ ein W.-Raum und $X : \Omega \longrightarrow \overline{\mathbb{R}}_+ = \mathbb{R}_+ \cup \{\infty\}$ eine NZV. Ziel dieses Kapitels ist u. a. zu zeigen, daß sich der NZV X auf „sinnvolle“ Weise ein „Erwartungswert“ (EW) $E[X]$ zuordnen läßt, der die Rolle eines „mittleren“ oder „durchschnittlichen“ Wertes von X spielt. Hierbei ist der EW $E[X]$ ein „abstraktes“ Lebesgue-Integral, so daß wir statt $E[X]$ auch

$$\int X\,dP \quad \text{oder ausführlicher} \quad \int_\Omega X(\omega)\,dP(\omega)$$

schreiben. Ist X eine beliebige NZV derart, daß $E[X^+] < \infty$ oder $E[X^-] < \infty$ gilt, so liegt es nahe, den EW von $X = X^+ - X^-$ durch

$$E[X] = E[X^+] - E[X^-]$$

zu definieren, wobei ein Ausdruck der Form $\infty - \infty$ vermieden wird.

4.1 Definition

Wir betrachten zunächst eine auf einem W.-Raum $(\Omega,\ \mathcal{A},\ P)$ definierte *elementare* ZV X, die sich stets in der Form

$$X = \sum_{i=1}^{n} a_i I(A_i) \tag{1.0.1}$$

schreiben läßt. Hierin ist $A_1, \ldots, A_n$ eine meßbare Zerlegung von Ω, während $a_1, \ldots, a_n$ reelle Zahlen sind, unter denen einige mehrfach vorkommen können. Der *Erwartungswert* (EW) von X wird dann definiert durch

$$E[X] = \sum_{i=1}^{n} a_i P(A_i). \tag{1.0.2}$$

Diese Definition ist sinnvoll, d. h. sie hängt nicht von der speziellen Darstellung (1.0.1) ab. Dazu ist zu zeigen: Ist

$$X = \sum_{j=1}^{m} b_j I(B_j) \tag{1.0.3}$$

für eine meßbare Zerlegung $B_1, \dots, B_m$ von Ω, so folgt

$$\sum_{i=1}^{n} a_i P(A_i) = \sum_{j=1}^{m} b_j P(B_j). \tag{1.0.4}$$

Für $\omega \in A_i \cap B_j$ gilt nämlich $X(\omega) = a_i = b_j$, so daß

$$a_i P(A_i \cap B_j) = b_j P(A_i \cap B_j), \quad 1 \leq i \leq n,\ 1 \leq j \leq m. \tag{1.0.5}$$

Wegen (1.0.5) ergibt sich

$$\begin{aligned}
\sum_{i=1}^{n} a_i P(A_i) &= \sum_{i=1}^{n} a_i \sum_{j=1}^{m} P(A_i \cap B_j) \\
&= \sum_{j=1}^{m} \sum_{i=1}^{n} a_i P(A_i \cap B_j) \\
&= \sum_{j=1}^{m} \sum_{i=1}^{n} b_j P(A_i \cap B_j) \\
&= \sum_{j=1}^{m} b_j P(B_j)
\end{aligned}$$

und somit (1.0.4), da für festes i die Mengen $A_i \cap B_1, \dots, A_i \cap B_m$ und für festes j die Mengen $A_1 \cap B_j, \dots, A_n \cap B_j$ paarweise disjunkt sind.

Aus (1.0.2) folgt insbesondere: Nimmt X die (verschiedenen !) Werte $x_1, \dots, x_m$ an, so gilt

$$X = \sum_{i=1}^{m} x_i I\{X = x_i\} \tag{1.0.6}$$

(*Normaldarstellung* von X), und es folgt

$$E[X] = \sum_{i=1}^{m} x_i P(X = x_i), \tag{1.0.7}$$

d. h. *$E[X]$ hängt lediglich von der Verteilung von X ab.* Aus (1.0.7) ergibt sich insbesondere

$$E[I_A] = P(A), \quad A \in \mathcal{A}. \tag{1.0.8}$$

1.1 Satz. *Seien X, Y elementare* ZV *und a, $b \in \mathbb{R}$. Dann gilt:*

(a) *Aus $X \equiv a$ folgt*

$$E[X] = a. \tag{1.1.1}$$

(b) (*Positivität des* EW)

$$X \geq 0 \Longrightarrow E[X] \geq 0. \tag{1.1.2}$$

(c) (*Linearität des* EW)

$$E[aX + bY] = aE[X] + bE[Y]. \tag{1.1.3}$$

(d) (*Monotonie des* EW)

(1.1.4) $$X \geq Y \Longrightarrow E[X] \geq E[Y],$$

so daß insbesondere

(1.1.5) $$|E[X]| \leq E\left[|X|\right].$$

(e) *Sind X, Y unabhängig, so folgt*

(1.1.6) $$E[XY] = E[X]E[Y].$$

BEWEIS. (a), (b) sind trivial. Zum Nachweis von (c) seien

$$X = \sum_{i=1}^{m} x_i I(A_i) \quad \text{und} \quad Y = \sum_{j=1}^{n} y_j I(B_j)$$

die Normaldarstellungen von X bzw. Y. Wegen

$$aX + bY = \sum_{i=1}^{m}\sum_{j=1}^{n}(ax_i + by_j)\, I(A_i \cap B_j)$$

ist die linke Seite in (1.1.3) gleich

$$\begin{aligned}
&\sum_{i=1}^{m}\sum_{j=1}^{n}(ax_i + by_j)\, P(A_i \cap B_j) \\
=\ & a\sum_{i=1}^{m}\sum_{j=1}^{n} x_i P(A_i \cap B_j) + b\sum_{i=1}^{m}\sum_{j=1}^{n} y_j P(A_i \cap B_j) \\
=\ & a\sum_{i=1}^{m} x_i\, P(A_i) + b\sum_{j=1}^{n} y_j\, P(B_j) \\
=\ & aE[X] + bE[Y].
\end{aligned}$$

(d) (1.1.4) ist eine unmittelbare Konsequenz aus (b), (c), da sich aus $X \geq Y$ $X - Y \geq 0$ und somit $E[X - Y] = E[X] - E[Y] \geq 0$ ergibt. Wegen $-|X| \leq X \leq |X|$ folgt (1.1.5) aus (1.1.4).

(e) Sind X, Y unabhängig, so erhält man

$$\begin{aligned}
E[XY] &= \sum_{i=1}^{m}\sum_{j=1}^{n} x_i y_j P(A_i \cap B_j) \\
&= \sum_{i=1}^{m}\sum_{j=1}^{n} x_i y_j\, P(A_i)\, P(B_j) \\
&= E[X]E[Y].
\end{aligned}$$

■

1.1.1 Beispiel. Sei $X \sim \mathrm{BER}(p)$. Dann ist $E[X] = 0 \cdot P(X = 0) + 1 \cdot P(X = 1)$, so daß

$$E[X] = p. \tag{1.1.7}$$

■

1.1.2 Beispiel. Sei $X \sim \mathrm{BIN}(n, p)$. Dann hat X dieselbe Verteilung wie eine Summe $X_1 + \cdots + X_n$ von unabhängigen ZV $X_1, \ldots, X_n$, derart, daß $X_i \sim \mathrm{BER}(p)$, $1 \leq i \leq n$. Mit Hilfe von Satz 1.1(c) und (1.1.7) erhält man

$$E[X] = np. \tag{1.1.8}$$

■

Ist $(\Omega, \mathcal{A}, P)$ ein W.-Raum und $\mathcal{E} = \mathcal{E}(\omega)$ eine von $\omega \in \Omega$ abhängende Aussage, so sagen wir im folgenden, $\mathcal{E}$ trifft *fast sicher* (*f.s.*), genauer: *P-fast sicher* (*P-f.s.*) zu, falls für die Menge $\widetilde{\Omega} = \{\omega \in \Omega : \mathcal{E}(\omega) \text{ trifft zu}\}$ gilt: $\widetilde{\Omega} \in \mathcal{A}$ und $P(\widetilde{\Omega}) = 1$. Ist etwa X eine NZV, so besagt

$$X = 0 \quad \text{f.s.}, \tag{1.1.9}$$

daß $P\{\omega \in \Omega : X(\omega) = 0\} = P(X = 0) = 1$. Sind $X, X_1, X_2, \ldots$ NZV, so besagt

$$\lim_{n \to \infty} X_n = X \quad \text{f.s.} \tag{1.1.10}$$

oder

$$X_n \to X \quad \text{f.s.}: \tag{1.1.11}$$

$P\{\omega \in \Omega : \text{Die Folge}(X_n(\omega)) \text{ konvergiert und ihr Grenzwert ist } X(\omega)\} = 1$. Gilt (1.1.11), so sagt man, daß die Folge (X_n) *fast sicher* gegen X *konvergiert*.

1.2 Lemma. *Sei X eine elementare ZV derart, daß $X \geq 0$ f.s. Dann gilt*

$$E[X] = 0 \Longleftrightarrow X = 0 \quad \textit{f.s.} \tag{1.2.1}$$

BEWEIS. Aus $X = 0$ f.s. folgt ersichtlich $E[X] = 0$. Gelte $X \geq 0$ f.s. und $E[X] = 0$. Aus (1.0.7) folgt dann für jedes $x_i > 0$ $P(X = x_i) = 0$, so daß $X = 0$ f.s. ■

Sei jetzt $X \geq 0$ eine beliebige NZV. Aufgrund des Approximationssatzes für NZV (Satz 1.18[2]) existiert eine Folge $0 \leq X_1 \leq X_2 \leq \cdots$ von elementaren ZV derart, daß

$$\lim_{n \to \infty} X_n(\omega) = X(\omega), \quad \omega \in \Omega. \tag{1.2.2}$$

Wegen Satz 1.1(b), (d) folgt $0 \leq E[X_1] \leq E[X_2] \leq \cdots$. Der *Erwartungswert* (EW) *von* X wird dann definiert durch

$$E[X] := \lim_{n \to \infty} E[X_n], \tag{1.2.3}$$

wobei $0 \leq E[X] \leq \infty$.

Es bleibt zu zeigen, daß die Definition (1.2.3) sinnvoll ist, d. h. der Grenzwert in (1.2.3) *nicht* von der speziellen Wahl der approximierenden Folge (X_n) abhängt. Dies resultiert aus

1.3 Lemma. *Seien* $0 \le X_1 \le X_2 \le \cdots$ *und* $0 \le Y_1 \le Y_2 \le \cdots$ *zwei Folgen elementarer* ZV *derart, daß*

$$\lim_{n\to\infty} X_n(\omega) = \lim_{n\to\infty} Y_n(\omega), \quad \omega \in \Omega. \tag{1.3.1}$$

Dann folgt

$$\lim_{n\to\infty} E[X_n] = \lim_{n\to\infty} E[Y_n]. \tag{1.3.2}$$

BEWEIS. Es reicht zu zeigen: Ist Z eine elementare ZV derart, daß

$$Z(\omega) \le \lim_{n\to\infty} Y_n(\omega), \quad \omega \in \Omega, \tag{1.3.3}$$

so folgt

$$E[Z] \le \lim_{n\to\infty} E[Y_n]. \tag{1.3.4}$$

In der Tat, da (1.3.3) wegen (1.3.1) für $Z = X_k$ $(k \ge 1)$ gilt, ergibt sich aus (1.3.4)

$$\lim_{k\to\infty} E[X_k] \le \lim_{n\to\infty} E[Y_n]$$

und somit aus Symmetriegründen (1.3.2). Sei also Z elementar derart, daß (1.3.3) erfüllt ist. Gelte $Z = z_1\, I(A_1) + \cdots + z_m\, I(A_m)$ und sei $0 < \alpha < 1$ fixiert. Für die Ereignisse $B_n := \{Y_n \ge \alpha Z\}$ $(n \ge 1)$ gilt $B_1 \subset B_2 \subset \cdots$ und (wegen (1.3.3)) $B_1 \cup B_2 \cup \cdots = \Omega$, so daß $P(B_n) \to 1$. Da folglich $P(A_i \cap B_n) \to P(A_i)$ $(n \to \infty)$, $1 \le i \le m$, erhalten wir wegen (1.0.8)

$$\lim_{n\to\infty} E\left[Z I(B_n)\right] = E[Z]. \tag{1.3.5}$$

Ersichtlich gilt $\alpha Z I(B_n) \le Y_n I(B_n) \le Y_n$, $n \ge 1$, woraus sich wegen Satz 1.1(c), (d)

$$\alpha E\left[Z I(B_n)\right] \le E[Y_n], \quad n \ge 1 \tag{1.3.6}$$

ergibt. Aus (1.3.5) und (1.3.6) folgt für $n \to \infty$

$$\alpha E[Z] \le \lim_{n\to\infty} E[Y_n], \quad 0 < \alpha < 1,$$

und somit (1.3.4). ■

Für den EW einer NZV $X \ge 0$ schreiben wir auch

$$E[X] = \int X\, dP = \int_\Omega X\, dP = \int_\Omega X(\omega)\, dP(\omega), \tag{1.3.7}$$

da es sich um ein „abstraktes“ *Lebesgue-Integral* handelt, das bez. eines W.-Maßes P gebildet wird.

1.4 Bemerkung. Aufgrund von (1.0.7) und (1.2.3) ergibt sich (man vgl. den Beweis des Approximationssatzes): *Der Erwartungswert einer* ZV $X \geq 0$ *hängt nur von der Verteilung von* X *ab.* ■

Im folgenden werden die üblichen *Konventionen für arithmetische Operationen innerhalb* $\overline{\mathbb{R}} := \mathbb{R} \cup \{-\infty, \infty\}$ *sowie* $\overline{\mathbb{R}}_+ := \mathbb{R}_+ \cup \{\infty\} = [0, \infty[\cup \{\infty\}$ benutzt:

(1.4.1) $$a + \infty = \infty + a = \infty, \quad a - \infty = -\infty + a = -\infty, \quad a \in \mathbb{R}.$$

(1.4.2) $$\infty + \infty = \infty, \quad -\infty - \infty = -\infty.$$

(1.4.3) $$a/\infty = a/(-\infty) = 0, \quad a \in \mathbb{R}.$$

(1.4.4) $$\begin{aligned} &a \cdot \infty = \infty \cdot a = \infty, \\ &\quad a \cdot (-\infty) = (-\infty) \cdot a = -\infty, \quad a \in]0, \infty[\cup \{\infty\}. \end{aligned}$$

(1.4.5) $$\begin{aligned} &a \cdot \infty = \infty \cdot a = -\infty, \\ &\quad a \cdot (-\infty) = (-\infty) \cdot a = \infty, \quad a \in]-\infty, 0[\cup \{-\infty\}. \end{aligned}$$

(1.4.6) $$0 \cdot \infty = \infty \cdot 0 = 0 \cdot (-\infty) = (-\infty) \cdot 0 = 0.$$

Ausdrücke der Form $\infty - \infty$, $-\infty + \infty$ sowie $\infty/(\pm\infty)$, $-\infty/(\pm\infty)$ sind *nicht* definiert.

Es gilt nun folgende Erweiterung von Satz 1.1:

1.5 Satz. *Seien* $X \geq 0$, $Y \geq 0$ NZV *und* $a, b \in \overline{\mathbb{R}}_+$. *Dann folgt:*

(a) $aX + bY$ *sowie* XY *sind* NZV.

(b) (*Positivität des* EW) *Es gilt* $E[X] \geq 0$.

(c) *Es gilt*

(1.5.1) $$E[aX + bY] = aE[X] + bE[Y].$$

(d) *Gilt* $X \leq Y$ *und* $X(\omega) \wedge Y(\omega) < \infty$, $\omega \in \Omega$, *sowie* $E[X] < \infty$, *so ist* $Y - X$ *eine* NZV, *und*

(1.5.2) $$E[Y - X] = E[Y] - E[X].$$

(e) *Für alle* $A \in \mathcal{A}$ *gilt*

(1.5.3) $$P(A) = 0 \Longrightarrow E[XI_A] = 0$$

sowie

(1.5.4) $$P(A) = 1 \Longrightarrow E[XI_A] = E[X].$$

(f) $X = Y$ *f.s.* $\Longrightarrow E[X] = E[Y]$.

(g) $X = a$ *f.s.* $\Longrightarrow E[X] = a$.

(h) (*Monotonie des* EW) $X \geq Y$ *f.s.* $\Longrightarrow E[X] \geq E[Y]$.

(i) *Aus* $P(X = \infty) > 0$ *folgt* $E[X] = \infty$.

(k) *Sind* X, Y *unabhängig, so folgt*

$$E[XY] = E[X]E[Y]. \tag{1.5.5}$$

BEWEIS. (a) folgt aus Satz 1.19[2], während (b) unmittelbar aus Definition (1.2.3) resultiert.

Für den restlichen Beweis seien $0 \leq X_1 \leq X_2 \leq \cdots$ und $0 \leq Y_1 \leq Y_2 \leq \cdots$ Folgen von elementaren ZV derart, daß für alle $\omega \in \Omega$

$$X_n(\omega) \to X(\omega) \quad \text{und} \quad Y_n(\omega) \to Y(\omega). \tag{1.5.6}$$

(c) Im Hinblick auf (1.4.6) reicht es, (1.5.1) für $a > 0$ und $b > 0$ zu beweisen. Sei etwa $a = b = \infty$. Dann folgt aus (1.5.6) für alle $\omega \in \Omega$ $nX_n(\omega) \to aX(\omega)$ und $nY_n(\omega) \to bY(\omega)$. Aufgrund von Definition (1.2.3) und Satz 1.1(c) erhält man

$$\begin{aligned} E[\infty X + \infty Y] &= \lim_{n\to\infty} E[nX_n + nY_n] \\ &= \lim_{n\to\infty} (nE[X_n] + nE[Y_n]) = \infty E[X] + \infty E[Y]. \end{aligned}$$

Ähnlich ergibt sich die Behauptung, falls $0 < a < \infty$ oder $0 < b < \infty$.

(d) $Y - X$ ist eine NZV wegen Satz 1.19[2]. Aus (c) erhält man wegen $Y = (Y - X) + X$ $E[Y] = E[Y - X] + E[X]$ und somit (1.5.2). (Da $E[X] < \infty$, tritt in (1.5.2) kein Ausdruck der Form $\infty - \infty$ auf.)

(e) Da die monoton wachsende Folge $(X_n I_A)$ gegen XI_A konvergiert, folgt $E[X_n I_A] \to E[XI_A]$. Aus $P(A) = 0$ folgt aber $E[X_n I_A] = 0$, $n \geq 1$, so daß $E[XI_A] = 0$. Aus $X = XI_A + XI_{\Omega\setminus A}$ folgt wegen (c) $E[X] = E[XI_A] + E[XI_{\Omega\setminus A}]$, so daß (1.5.4) eine Konsequenz aus (1.5.3) ist.

(f) Aus $X = Y$ f.s. folgt für $\tilde{\Omega} := \{X = Y\}$ $P(\tilde{\Omega}) = 1$ und $XI(\tilde{\Omega}) = YI(\tilde{\Omega})$, so daß sich (f) aus (1.5.4) ergibt.

(g) Aus $Z \equiv \infty$ folgt ersichtlich $E[Z] = \infty$, so daß (g) eine Folgerung aus (f) und Satz 1.1(a) ist.

(h) Aufgrund von (1.5.6) folgt für alle $\omega \in \Omega$

$$X_n(\omega) \vee Y_n(\omega) \to (X \vee Y)(\omega) \quad \text{und} \quad Y_n(\omega) \to Y(\omega),$$

so daß sich wegen Satz 1.1(d) $E[X \vee Y] \geq E[Y]$ ergibt. Gilt $X \geq Y$ f.s., so folgt $X \vee Y = X$ f.s., also wegen (f) $E[X \vee Y] = E[X] \geq E[Y]$.

(i) Aus (h) erhält man wegen $X \geq XI\{X = \infty\} = \infty I\{X = \infty\}$ $E[X] \geq E[\infty I\{X = \infty\}] = \infty P(X = \infty)$, so daß sich aus $P(X = \infty) > 0$ aufgrund von (1.4.4) $E[X] = \infty$ ergibt.

(k) Seien X, Y unabhängig. Aus dem Beweis des Approximationssatzes ergibt sich, daß die Folgen (X_n) und (Y_n) in diesem Fall so konstruiert werden können, daß für jedes $n \geq 1$ X_n und Y_n unabhängig sind und somit aufgrund von Satz 1.1(e) $E[X_n Y_n] = E[X_n]E[Y_n]$, $n \geq 1$, gilt. Dies impliziert (1.5.5).

■

Ist $X \geq 0$ eine NZV, so setzen wir

$$\int_A X\,dP = \int_A X(\omega)\,dP(\omega) = E[XI_A], \quad A \in \mathcal{A}. \tag{1.5.7}$$

Die in den Aussagen (b), (c) von Satz 1.6 auftretende Eigenschaft nennen wir im folgenden *Rückschlußeigenschaft* (RSE); sie gestattet es, aus Ungleichungen, die zwischen gewissen EW bestehen, auf die Gültigkeit einer analogen Ungleichung für die Integranden zu schließen.

1.6 Satz. *Seien $X \geq 0$, $Y \geq 0$ NZV.*

(a) $E[X] = 0 \iff X = 0$ *f.s.*

(b) *Es gilt*

$$X \leq Y \text{ f.s.} \iff \int_A X\,dP \leq \int_A Y\,dP, \quad A \in \mathcal{A}. \tag{1.6.1}$$

(c) *Es gilt*

$$X = Y \text{ f.s.} \iff \int_A X\,dP = \int_A Y\,dP, \quad A \in \mathcal{A}. \tag{1.6.2}$$

BEWEIS. (a) Seien $0 \leq X_1 \leq X_2 \leq \cdots$ elementar derart, daß $X_n(\omega) \to X(\omega)$ $(n \to \infty)$, $\omega \in \Omega$. Aus $E[X] = 0$ folgt $E[X_n] = 0$ $(n \geq 1)$, so daß wegen Lemma 1.2 $X_n = 0$ f.s. $(n \geq 1)$, also $X = 0$ f.s. gilt. Die umgekehrte Implikation ergibt sich mit Hilfe von Satz 1.5(g).

(b) „$\Longrightarrow$“ ergibt sich aus Satz 1.5(h). „$\Longleftarrow$“ Gelte also

$$\int_A X\,dP \leq \int_A Y\,dP, \quad A \in \mathcal{A}. \tag{1.6.3}$$

Sei $P(X > Y) > 0$. Aufgrund der σ-Subadditivität eines W.-Maßes existieren dann Zahlen $a > b \geq 0$ derart, daß für das Ereignis $\widetilde{A} := \{X > a > b \geq Y\}$ $P(\widetilde{A}) > 0$ gilt. Wegen $XI(\widetilde{A}) \geq aI(\widetilde{A})$ und $YI(\widetilde{A}) \leq bI(\widetilde{A})$ ergibt sich aus Satz 1.5(h) die Ungleichung

$$E\left[XI(\widetilde{A})\right] \geq aP(\widetilde{A}) > bP(\widetilde{A}) \geq E\left[YI(\widetilde{A})\right],$$

die (1.6.3) widerspricht. Schließlich ist (c) eine Konsequenz aus (b), da $X = Y$ f.s. gleichbedeutend damit ist, daß $X \leq Y$ f.s. *und* $Y \leq X$ f.s. gilt. ∎

Sind $X_1, X_2, \ldots$ *elementare* ZV derart, daß

$$0 \leq X_1 \leq X_2 \leq \cdots, \tag{1.6.4}$$

so ergibt sich aufgrund von Definition (1.2.3) die folgende *Vertauschbarkeit* der Operationen „$E[\cdot]$“ und „lim“:

$$E\left[\lim_{n\to\infty} X_n\right] = \lim_{n\to\infty} E[X_n]. \tag{1.6.5}$$

Es ist nun bemerkenswert, daß (1.6.5) allgemeiner für jede Folge (X_n) von NZV gilt, die (1.6.4) erfüllt. Dies ergibt sich aus folgendem *Satz von der monotonen Konvergenz* (manchmal auch *Satz von Beppo Levi* genannt):

1.7 Satz. *Seien* $X_n \geq 0\,(n \geq 1)$ NZV *derart, daß*

(1.7.1) $$X_1 \leq X_2 \leq \cdots \quad f.s.$$

Ist dann $X \geq 0$ *eine* NZV *derart, daß*

(1.7.2) $$X_n \to X \quad f.s.,$$

so folgt

(1.7.3) $$E[X] = \lim_{n\to\infty} E[X_n].$$

BEWEIS. Aus (1.7.1) ergibt sich mit Hilfe von Satz 1.5(h), daß der Grenzwert in (1.7.3) existiert. Wir beweisen (1.7.3) zunächst unter der *stärkeren* Annahme, daß

(1.7.4) $$X_1(\omega) \leq X_2(\omega) \leq \cdots \quad \text{für } alle\ \omega \in \Omega$$

gilt und setzen

(1.7.5) $$\lim_{n\to\infty} X_n(\omega) = \widetilde{X}(\omega), \quad \omega \in \Omega,$$

so daß $\widetilde{X}$ aufgrund des Approximationssatzes für NZV eine NZV ist derart, daß $E[X_n] \leq E[\widetilde{X}]$, $n \geq 1$. Zum Nachweis von (1.7.3) (für $X = \widetilde{X}$) reicht es also zu zeigen:

(1.7.6) $$E[\widetilde{X}] \leq \lim_{n\to\infty} E[X_n].$$

Aufgrund des Approximationssatzes existieren zu jedem $n \geq 1$ elementare ZV $0 \leq X_{n1} \leq X_{n2} \leq \cdots$ derart, daß $X_{nm} \to X_n\ (m \to \infty)$, $n \geq 1$. Dann ist $Y_n := X_{1n} \vee X_{2n} \vee \cdots \vee X_{nn}\ (n \geq 1)$ elementar, und es gilt

(1.7.7) $$0 \leq Y_1 \leq Y_2 \leq \cdots \quad \text{und} \quad Y_n \leq X_n, \quad n \geq 1$$

und somit

(1.7.8) $$E[Y_n] \leq E[X_n], \quad n \geq 1.$$

Aus (1.7.7) und (1.7.5) folgt

(1.7.9) $$Y := \lim_{n\to\infty} Y_n \leq \widetilde{X}.$$

Aufgrund von $X_{nm} \leq Y_m\ (m \geq n)$ folgt für $m \to \infty$ $X_n \leq Y\ (n \geq 1)$, so daß wegen (1.7.4) und (1.7.9) $\widetilde{X} = Y$ und somit $E[Y_n] \to E[\widetilde{X}]\,(n \to \infty)$. Zusammen mit (1.7.8) impliziert dies (1.7.6). Gilt (1.7.1) statt (1.7.4), so folgt für $\widetilde{\Omega} := \{X_1 \leq X_2 \leq \cdots\} \cap \{X_n \to X\ (n \to \infty)\}$ $P(\widetilde{\Omega}) = 1$ und $X_1 I(\widetilde{\Omega}) \leq X_2 I(\widetilde{\Omega}) \leq \cdots$. Aus dem soeben Bewiesenen folgt also $E\left[X_n I(\widetilde{\Omega})\right] \to E\left[X I(\widetilde{\Omega})\right]$ $(n \to \infty)$. Da $X_n I(\widetilde{\Omega}) = X_n$ f.s. $(n \geq 1)$ und $X I(\widetilde{\Omega}) = X$ f.s., ergibt sich (1.7.3) mit Hilfe von Satz 1.5(f). ■

Teil (b) des folgenden Resultats (einer unmittelbaren Konsequenz aus Satz 1.7) zeigt, wie sich EW von nichtnegativen NZV, die höchstens abzählbar viele Werte annehmen, *berechnen* lassen.

1.8 Satz. *Seien $Y_n \geq 0$ ($n \geq 1$) NZV. Dann gilt:*
(a) *Durch*

$$(1.8.1) \qquad \sum_{i=1}^{\infty} Y_i := \lim_{n\to\infty} \sum_{i=1}^{n} Y_i$$

wird eine NZV definiert derart, daß

$$(1.8.2) \qquad \int_{\Omega} \left(\sum_{i=1}^{\infty} Y_i \right) dP = \sum_{i=1}^{\infty} \int_{\Omega} Y_i \, dP.$$

(b) *Ist $X \geq 0$ eine NZV, die höchstens abzählbar viele Werte $x_1, x_2, \ldots$ annimmt, so folgt*

$$(1.8.3) \qquad E[X] = \sum_i x_i P(X = x_i).$$

BEWEIS. (a) Die erste Aussage folgt aus Satz 1.17[2], während sich (1.8.2) aus Satz 1.7, angewandt auf $X_n := Y_1 + \cdots + Y_n$ ($n \geq 1$), ergibt.
(b) Dies folgt aus (a), angewandt auf $Y_n := x_n I\{X = x_n\}$. ■

1.8.1 Beispiel. Sei $X \sim \mathrm{PO}(\lambda)$. Dann gilt

$$(1.8.4) \qquad E[X] = \lambda,$$

denn aus (1.8.3) folgt

$$\begin{aligned} E[X] = \sum_{i=1}^{\infty} i \frac{\lambda^i}{i!} e^{-\lambda} &= e^{-\lambda} \sum_{i=1}^{\infty} \frac{\lambda^i}{(i-1)!} = \lambda e^{-\lambda} \sum_{i=0}^{\infty} \frac{\lambda^i}{i!} \\ &= \lambda e^{-\lambda} e^{\lambda} = \lambda. \end{aligned}$$

■

1.8.2 Beispiel. Sei $X \sim \mathrm{GEO}(p)$ für ein $0 < p \leq 1$, so daß

$$(1.8.5) \qquad P(X = n) = p(1-p)^n, \quad n = 0, 1, 2, \ldots$$

Mit Hilfe von (1.8.3) ergibt sich

$$E[X] = \sum_{i=1}^{\infty} ip(1-p)^i = p(1-p) \sum_{i=1}^{\infty} i(1-p)^{i-1}.$$

Hieraus folgt wegen ($0^0 := 1$)

$$(1.8.6) \qquad \sum_{i=1}^{\infty} it^{i-1} = 1/(1-t)^2, \quad 0 \leq t < 1$$

$$(1.8.7) \qquad E[X] = (1-p)/p.$$

■

1.8.3 Beispiel. Eine Bildserie besteht aus m verschiedenen Bildern. Eine Firma legt jeder Packung ein Bild bei. Sei Y_m die Anzahl der Packungen, die ich kaufen muß, um jedes der m Bilder zu erwerben. (Es werde angenommen, daß eine gekaufte Packung das i-te Bild mit Wahrscheinlichkeit $1/m\,(1 \leq i \leq m)$ enthält und daß Unabhängigkeit vorliegt.) Zur Berechnung vom $E[Y_m]$ sei X_k $(1 \leq k \leq m)$ die Anzahl der Packungen, die ich *zusätzlich* kaufen muß, um ein weiteres Bild der Serie zu erwerben, wenn ich bereits $k-1$ verschiedene Bilder habe. Dann gilt $Y_m = X_1 + \cdots + X_m$ und somit

$$E[Y_m] = E[X_1] + \cdots + E[X_m]. \tag{1.8.8}$$

Da ersichtlich $X_k - 1 \sim \mathrm{GEO}\,(1-(k-1)/m)$, ergibt sich wegen (1.8.8) und (1.8.7)

$$E[Y_m] = m\left(1 + \frac{1}{2} + \frac{1}{3} + \cdots + \frac{1}{m}\right), \quad m \geq 1, \tag{1.8.9}$$

woraus man durch Vergleich mit einem Riemann-Integral der Funktion $f(x) = 1/x\;(x \geq 1)$

$$m \log(m+1) \leq E[Y_m] \leq m(1 + \log m), \quad m \geq 2 \tag{1.8.10}$$

(„log“ ist der natürliche Logarithmus) und somit als Näherungswert für $E[Y_m]$

$$E[Y_m] \approx \frac{m}{2}\left(1 + \log m + \log(m+1)\right), \quad m \geq 2 \tag{1.8.11}$$

erhält. Folglich ist $E[Y_{50}]$ ungefähr gleich 221, so daß man im Mittel ungefähr 171 „unnötige“ Packungen kauft ! (Der genaue Wert von $E[Y_{50}]$ ist 224,9602...) ■

1.9 Satz. (a) *Für eine ZV $X \geq 0$, die nur ganzzahlige Werte annimmt, gilt*

$$E[X] = \sum_{i=1}^{\infty} P(X \geq i). \tag{1.9.1}$$

(b) *Für eine beliebige ZV $X \geq 0$ ergeben sich die Ungleichungen*

$$\sum_{i=1}^{\infty} P(X \geq i) \leq E[X] \leq 1 + \sum_{i=1}^{\infty} P(X \geq i), \tag{1.9.2}$$

so daß insbesondere folgt:

$$E[X] < \infty \iff \sum_{i=1}^{\infty} P(X \geq i) < \infty. \tag{1.9.3}$$

Man sieht leicht, daß Satz 1.9(a) auch für NZV X gilt, die die Werte $0, 1, 2, \ldots, \infty$ annehmen derart, daß $P(X = \infty) > 0$.

BEWEIS VON SATZ 1.9. Für eine beliebige ZV $X \geq 0$ gilt

$$X = \sum_{i=0}^{\infty} X I\{i \leq X < i+1\},$$

so daß wegen Satz 1.8(a)

$$E[X] = \sum_{i=0}^{\infty} E\left[XI\{i \le X < i+1\}\right]. \tag{1.9.4}$$

Aufgrund der Ungleichung

$$\begin{aligned} iI\{i \le X < i+1\} &\le XI\{i \le X < i+1\} \\ &\le (i+1)I\{i \le X < i+1\}, \quad i \ge 0 \end{aligned}$$

ergibt sich aus (1.9.4) mit Hilfe von Satz 1.5(h)

$$\sum_{i=1}^{\infty} iP(i \le X < i+1) \le E[X] \le 1 + \sum_{i=1}^{\infty} iP(i \le X < i+1). \tag{1.9.5}$$

Die linke Seite in (1.9.5) ist gleich

$$\begin{aligned} &\sum_{i=1}^{\infty}\sum_{j=1}^{i} P(i \le X < i+1) \\ &= \sum_{j=1}^{\infty}\sum_{i=j}^{\infty} P(i \le X < i+1) = \sum_{j=1}^{\infty} P(X \ge j), \end{aligned} \tag{1.9.6}$$

so daß (1.9.2) eine Konsequenz aus (1.9.5) ist. Nimmt $X \ge 0$ nur ganzzahlige Werte an, so gilt $P(i \le X < i+1) = P(X = i)$, und man erhält (1.9.1) aus (1.9.6) mit Hilfe von Satz 1.8(b). ■

1.10 Beispiel. Sei $X \ge 0$ eine ZV und seien $c > 0, d > 0$ und $\delta > 0$ gewisse Konstanten. Gilt („log" sei der natürliche Logarithmus)

$$P(X \ge i) \ge c(i \log i)^{-1}, \quad i \ge 3, \tag{1.10.1}$$

so folgt $E[X] = \infty$, während sich aus

$$P(X \ge i) \le di^{-1}(\log i)^{-(1+\delta)}, \quad i \ge 3 \tag{1.10.2}$$

$E[X] < \infty$ ergibt. Durch Vergleich mit geeigneten Riemann-Integralen erhält man nämlich für $n \ge 3$

$$\sum_{i=3}^{n} 1/(i \log i) \ge \int_3^{n+1} \frac{dx}{x \log x} = \log\left(\log(n+1)\right) - \log(\log 3) \to \infty$$

und

$$\begin{aligned} \sum_{i=3}^{n} i^{-1}(\log i)^{-(1+\delta)} \le \int_2^n \frac{dx}{x(\log x)^{1+\delta}} &= \delta^{-1}\left((\log 2)^{-\delta} - (\log n)^{-\delta}\right) \\ &\le \delta^{-1}(\log 2)^{-\delta}, \end{aligned}$$

so daß sich die Behauptungen mit Hilfe von (1.9.3) ergeben. ■

Eine weitere wichtige Anwendung des Satzes von der monotonen Konvergenz betrifft die Möglichkeit, sog. Maße (als Verallgemeinerung von W.-Maßen) zu konstruieren. Wir erinnern an folgende

1.11 Definition. Sei $(\Omega, \mathcal{A})$ ein meßbarer Raum. Ein *Maß* auf $\mathcal{A}$ ist eine Abbildung $\mu : \mathcal{A} \longrightarrow \overline{\mathbb{R}}$ derart, daß

$$\mu(\emptyset) = 0, \tag{1.11.1}$$

$$\mu(A) \geq 0, \quad A \in \mathcal{A} \tag{1.11.2}$$

sowie

$$\mu\left(\bigcup_{n=1}^{\infty} A_n\right) = \sum_{n=1}^{\infty} \mu(A_n), \tag{1.11.3}$$

falls die Mengen $A_n \in \mathcal{A}$ $(n \geq 1)$ paarweise disjunkt sind (*σ-Additivität von* μ). ■

1.12 Satz. *Sei* $(\Omega, \mathcal{A}, P)$ *ein W.-Raum und* $X \geq 0$ *eine* NZV.

(a) *Durch*

$$\mu(A) := \int_A X\, dP, \quad A \in \mathcal{A} \tag{1.12.1}$$

wird ein Maß auf $\mathcal{A}$ *definiert. Gilt insbesondere* $E[X] = 1$, *so ist* μ *ein W.-Maß.*

(b) *Das Maß* μ *in* (1.12.1) *ist absolut-stetig bez.* P (*Bezeichnung:* $\mu \ll P$), *d. h. es gilt:*

$$P(A) = 0 \Longrightarrow \mu(A) = 0, \quad A \in \mathcal{A}. \tag{1.12.2}$$

1.13 Bemerkungen. (a) Eine NZV $X \geq 0$, für die (1.12.1) gilt, nennen wir eine *Dichte* von μ bez. P.

(b) Die RSE impliziert, daß eine Dichte *fast sicher eindeutig bestimmt* ist, d. h. ist neben X auch Y eine Dichte von μ bez. P, so gilt $Y = X$ f.s.

(c) Es wird sich später ergeben, daß folgende Umkehrung von Satz 1.12(b) gilt: *Ist* μ *ein W.-Maß auf* $\mathcal{A}$ *derart, daß* $\mu \ll P$, *so besitzt* μ *eine Dichte bez.* P (*Satz von Radon-Nikodým*). ■

BEWEIS VON SATZ 1.12. (1.11.1), (1.11.2) sowie (1.12.2) folgen aus Satz 1.5(b),(e). Da für paarweise disjunkte Mengen $A_n \in \mathcal{A}(n \geq 1)$ $XI(A_1 \cup A_2 \cup \cdots) = XI(A_1) + XI(A_2) + \cdots$ gilt, ergibt sich die σ-Additivität von μ aus Satz 1.8(a). ■

Zur Definition des Erwartungswertes einer NZV, die positive und negative Werte annimmt, benutzen wir, daß sich eine NZV X in der Form

$$X = X^+ - X^- \tag{1.13.1}$$

schreiben läßt, wobei X^+ (*positiver Teil von* X) und X^- (*negativer Teil von* X) definiert werden durch

(1.13.2) $$X^+ = X \vee 0, \quad X^- = (-X) \vee 0.$$

$X^+ \geq 0$ und $X^- \geq 0$ sind NZV, so daß die EW $E[X^+], E[X^-]$ definiert sind. Soll also der für X zu definierende Erwartungswert *linear* sein, so führt (1.13.1) zu folgender

1.14 Definition. Sei X eine NZV derart, daß

(1.14.1) $$E[X^+] \wedge E[X^-] < \infty.$$

Der *Erwartungswert* (EW) von X wird dann definiert durch

(1.14.2) $$E[X] = E[X^+] - E[X^-]$$

(man beachte, daß wegen (1.14.1) ein Ausdruck der Form $\infty - \infty$ vermieden wird). Gilt (1.14.1), so sagen wir,daß der EW von X *existiert* oder *definiert* ist.

Gilt sogar

(1.14.3) $$E[X^+] < \infty \quad \text{und} \quad E[X^-] < \infty,$$

so folgt $-\infty < E[X] < \infty$. In diesem Fall heißt X *integrierbar* (wir sagen dann auch: X *besitzt einen endlichen* EW). ■

Gilt (1.14.1), so schreiben wir für den EW von X auch

(1.14.4) $$E[X] = \int X\,dP = \int_\Omega X\,dP = \int_\Omega X(\omega)\,dP(\omega).$$

Eine einfache Konsequenz aus Definition 1.14 ist

1.15 Satz. *Sei* X *eine* NZV. *Dann sind folgende Aussagen äquivalent:*

(a) X *ist integrierbar.*

(b) X^+ *und* X^- *sind integrierbar.*

(c) $|X|$ *ist integrierbar.*

(d) *Es existiert eine integrierbare* NZV $Y \geq 0$ *derart, daß*

(1.15.1) $$|X| \leq Y \quad f.s.$$

BEWEIS. Ist X integrierbar, so folgt aus (1.14.3) die Integrierbarkeit von X^+ und X^-. Wegen

(1.15.2) $$|X| = X^+ + X^-$$

und Satz 1.5(c) ergibt sich aus der Integrierbarkeit von X^+, X^- diejenige von $|X|$. Gilt (1.15.1) für eine integrierbare NZV $Y \geq 0$, so folgt wegen (1.15.2) $X^+ \leq Y$ f.s., $X^- \leq Y$ f.s., so daß (1.14.3) aus Satz 1.5(h) resultiert. ■

Der Beweis der folgenden Konsequenz aus Satz 1.15 sei dem Leser überlassen.

1.16 Korollar. (a) *Sei X eine* NZV, *deren* EW *existiert. Dann existieren die* EW

$$\int_A X\,dP := \int_A X(\omega)\,dP(\omega) := E[XI_A], \quad A \in \mathcal{A}. \tag{1.16.1}$$

(b) *Ist X integrierbar, so ist für jedes $A \in \mathcal{A}$ auch XI_A integrierbar.* ∎

Die für $1 \le p < \infty$ definierten Mengen

$$L^p := L^p(\Omega, \mathcal{A}, P) := \{X : X \text{ ist eine ZV mit } E[|X|^p] < \infty\} \tag{1.16.2}$$

heißen *Lebesgue-Räume* oder kurz *L^p-Räume*. Der EW $E[|X|^p]$ heißt auch *absolutes Moment der Ordnung p von X*. Wegen Satz 1.15 enthält also L^1 genau die integrierbaren ZV, während die ZV aus L^2 auch *quadrat-integrierbar* heißen. Wir werden später zeigen, daß

$$(E[|X|^r])^{1/r} \le (E[|X|^s])^{1/s}, \quad 1 \le r < s < \infty \tag{1.16.3}$$

gilt (*Ljapunov-Ungleichung*), woraus sich

$$L^s \subset L^r, \quad 1 \le r < s < \infty \tag{1.16.4}$$

ergibt.

Die in den Aussagen (1.17.1) und (1.17.2) von Satz 1.17 auftretende Eigenschaft nennen wir im folgenden *Rückschlußeigenschaft* (RSE) des Erwartungswertes (ein Spezialfall hiervon ist in Satz 1.6(b), (c) enthalten).

1.17 Satz. *Seien X, Y* NZV, *deren* EW *existiert.*

(a) *Es gilt*

$$X \le Y \ \text{f.s.} \iff \int_A X\,dP \le \int_A Y\,dP, \quad A \in \mathcal{A} \tag{1.17.1}$$

sowie

$$X = Y \ \text{f.s.} \iff \int_A X\,dP = \int_A Y\,dP, \quad A \in \mathcal{A}. \tag{1.17.2}$$

Insbesondere gilt also

$$X \le Y \ \text{f.s.} \Longrightarrow E[X] \le E[Y] \tag{1.17.3}$$

(*Monotonie des* EW) *und*

$$X = Y \ \text{f.s.} \Longrightarrow E[X] = E[Y]. \tag{1.17.4}$$

(b) *Für alle $a \in \overline{\mathbb{R}}$ gilt*

$$X = a \ \text{f.s.} \Longrightarrow E[X] = a. \tag{1.17.5}$$

Für alle $A \in \mathcal{A}$ gilt

$$P(A) = 0 \Longrightarrow \int_A X\,dP = 0 \tag{1.17.6}$$

sowie

$$(1.17.7)\qquad P(A) = 1 \Longrightarrow \int_A X\,dP = \int_\Omega X\,dP = E[X].$$

(d) *Es gilt die Ungleichung*

$$(1.17.8)\qquad |E[X]| \le E[|X|].$$

1.18 Bemerkung. Sind X, Y NZV derart, daß

$$(1.18.1)\qquad X \le Y \quad \text{f.s.},$$

so folgt $X^+ \le Y^+$ f.s., $Y^- \le X^-$ f.s. und somit wegen Satz 1.5(h) $E[X^+] \le E[Y^+]$, $E[Y^-] \le E[X^-]$. Gilt also $E[Y^+] < \infty$ oder $E[X^-] < \infty$, so existieren die EW $E[X]$ *und* $E[Y]$. Aus (1.18.1) und der Existenz von $E[Y]$ folgt jedoch i. a. *nicht* die Existenz von $E[X]$. Als Beispiel betrachte man eine disjunkte Vereinigung $\Omega = \Omega_1 \cup \Omega_2$ derart, daß $P(\Omega_1) > 0, P(\Omega_2) > 0$, und setze $X = \infty I(\Omega_1) - \infty I(\Omega_2)$, $Y = \infty I(\Omega_1)$. ■

BEWEIS VON SATZ 1.17. (a) Wegen Korollar 1.16(a) sind die EW in (1.17.1) und (1.17.2) definiert. Zum Nachweis von (1.17.1) sei $X \le Y$ f.s. Dann folgt für $A \in \mathcal{A}$ $(XI_A)^+ = X^+I_A \le Y^+I_A = (YI_A)^+$ f.s. und $(YI_A)^- \le (XI_A)^-$ f.s. Aus Satz 1.5(h) ergibt sich also für $A \in \mathcal{A}$

$$\begin{aligned} E[XI_A] &= E\left[(XI_A)^+\right] - E\left[(XI_A)^-\right] \\ &\le E\left[(YI_A)^+\right] - E\left[(YI_A)^-\right] \\ &= E[YI_A]. \end{aligned}$$

Gelte umgekehrt für alle $A \in \mathcal{A}$ $E[XI_A] \le E[YI_A]$, d. h. $E[X^+I_A] - E[X^-I_A] \le E[Y^+I_A] - E[Y^-I_A]$. Dies impliziert $E[X^+I_A] + E[Y^-I_A] \le E[Y^+I_A] + E[X^-I_A]$, $A \in \mathcal{A}$. (Es reicht, sich dies im Fall zu überlegen, daß $E[Y^+I_A] < \infty$ *und* $E[X^-I_A] < \infty$ gilt !) Wegen Satz 1.5(c) und Satz 1.6(b) ergibt sich $X^+ + Y^- \le Y^+ + X^-$ f.s. und somit (wieso ?) $X = X^+ - X^- \le Y^+ - Y^- = Y$ f.s. Damit ist (1.17.1) bewiesen, während (1.17.2) eine Folgerung aus (1.17.1) ist.

(b) und (c) sind unmittelbare Konsequenzen aus (1.17.2) und Satz 1.5(g).

(d) Mit Hilfe von Satz 1.5(c) ergibt sich

$$|E[X]| = \left|E[X^+] - E[X^-]\right| \le E[X^+] + E[X^-] = E[X^+ + X^-] = E[|X|],$$

d. h. (1.17.8). ■

1.19 Bemerkungen. (a) Sind X, Y NZV, so ist $X + Y$ auf der Menge $\widetilde{\Omega} := (\{X = \infty\} \cap \{Y = -\infty\}) \cup (\{X = -\infty\} \cap \{Y = \infty\})$ nicht definiert. Gilt $P(\widetilde{\Omega}) = 0$, so ersetzen wir im folgenden $X + Y$ *stillschweigend* durch die NZV Z, die definiert wird durch

$$(1.19.1)\qquad Z = XI(\Omega \setminus \widetilde{\Omega}) + YI(\Omega \setminus \widetilde{\Omega}).$$

Existiert der EW von Z, so wird der EW von $X+Y$ definiert durch

$$E[X+Y] := E[Z] = E[Z^+] - E[Z^-]. \tag{1.19.2}$$

(b) Ist eine NZV X integrierbar, so gilt $\widetilde{X} := XI\{|X| < \infty\} = X$ f.s. und (wegen (1.4.6)) $\widetilde{X} \in L^1$. Die — manchmal bequeme — Formulierung „ $X \in L^1$ “ bedeutet dann $\widetilde{X} \in L^1$ (analog für L^p, $1 \leq p < \infty$). ■

1.20 Satz. *Seien* X, Y NZV, *deren* EW *existieren.*

(a) *Der* EW *von* aX $(a \in \mathbb{R})$ *existiert, und es gilt*

$$E[aX] = aE[X], \quad a \in \mathbb{R}. \tag{1.20.1}$$

(b) *Seien* $a, b \in \mathbb{R}$ *derart, daß* $aE[X] + bE[Y]$ *definiert (d. h. nicht von der Form* $\infty - \infty$ *oder* $-\infty + \infty$*) ist. Dann existiert der* EW *von* $aX + bY$, *und*

$$E[aX + bY] = aE[X] + bE[Y] \tag{1.20.2}$$

(*Linearität des Erwartungswertes*).

Insbesondere ergibt sich aus $X \in L^1$ *die Existenz von* $E[X+Y]$ *sowie*

$$E[X+Y] = E[X] + E[Y]. \tag{1.20.3}$$

(c) *Aus* $X, Y \in L^1$ *folgt* $aX + bY \in L^1$, $a, b \in \mathbb{R}$, *und*

$$E[aX + bY] = aE[X] + bE[Y]. \tag{1.20.4}$$

(d) *Gelte* $X \leq Y$ *f.s. Aus* $X \in L^1$ *oder* $Y \in L^1$ *folgt dann*

$$E[X] < E[Y], \quad \textit{falls } P(X < Y) > 0. \tag{1.20.5}$$

(e) *Seien* X, Y *unabhängig. Gilt* $X \in L^1$ *und* $Y \in L^1$, *so folgt* $XY \in L^1$ *und*

$$E[XY] = E[X]E[Y]. \tag{1.20.6}$$

BEWEIS. (a) Für $a \geq 0$ gilt $(aX)^+ = aX^+$, $(aX)^- = aX^-$, wobei aufgrund von Satz 1.5(c) $E[aX^+] = aE[X^+]$, $E[aX^-] = aE[X^-]$. Da $E[X^+] \wedge E[X^-] < \infty$, existiert der EW von aX, und es gilt (1.20.1). Im Fall $a < 0$ beachte man, daß $(aX)^+ = -aX^-$, $(aX)^- = -aX^+$.

(b) Wegen (a) reicht es, den Fall $a = b = 1$ zu betrachten. Wir beweisen (1.20.3) zunächst unter der Annahme, daß

$$X \in L^1 \quad \text{und} \quad X + Y \geq 0 \quad \text{f.s.} \tag{1.20.7}$$

gilt (man beachte, daß aus $X \in L^1$ wegen Satz 1.5(i) $|X| < \infty$ f.s. folgt). Aus (1.20.7) und Satz 1.5(c) ergibt sich

$$\begin{aligned} E[X^+] + E[Y^+] &= E[X^+ + Y^+] = E[X + Y + X^- + Y^-] \\ &= E[X+Y] + E[X^-] + E[Y^-], \end{aligned}$$

also $E[X]+E[Y^+] = E[X+Y]+E[Y^-]$, woraus sich wegen (1.20.7) $E[Y^-] < \infty$ und somit (1.20.3) ergibt. Wird statt (1.20.7) lediglich $X \in L^1$ angenommen, so folgt wegen

$$(1.20.8) \qquad (u+v)^+ \le u^+ + v^+ \quad \text{und} \quad (u+v)^- \le u^- + v^-, \qquad u, v \in \mathbb{R}$$

$(X+Y)^+ \in L^1$ oder $(X+Y)^- \in L^1$. Beachtet man, daß $(X+Y)^- = -(X+Y) + (X+Y)^+$ und $(X+Y)^+ = (X+Y) + (X+Y)^-$ gilt, so erhält man — unter Benutzung des zuvor Bewiesenen — (1.20.3) (aus Symmetriegründen ergibt sich dies auch, falls $Y \in L^1$ angenommen wird). Gelte nun $E[X] = E[Y] = \infty$, woraus sich $E[X^+] = E[Y^+] = \infty$ und $X^-, Y^- \in L^1$ ergibt. Aus (1.20.8) erhält man $(X+Y)^- \in L^1$, so daß $E[X+Y]$ existiert. Zum Nachweis von (1.20.3) reicht es also zu zeigen: $E[(X+Y)^+] = \infty$. Aus $E[X^+] = \infty$ folgt wegen Satz 1.5(c) $E[X^+ I\{Y \ge 0\}] = \infty$ oder $E[X^+ I\{Y < 0\}] = \infty$. Aus $E[X^+ I\{Y \ge 0\}] = \infty$ ergibt sich $E[(X+Y)^+] \ge E[(X+Y)^+ I\{Y \ge 0\}] \ge E[X^+ I\{Y \ge 0\}] = \infty$. Aus $E[X^+ I\{Y < 0\}] = \infty$ folgt aufgrund von

$$(1.20.9) \qquad (u-v)^+ \ge u^+ - v, \qquad u \in \overline{\mathbb{R}}_+,\ v \in \mathbb{R}_+$$

$$\begin{aligned} E[(X+Y)^+] &\ge E[(X+Y)^+ I\{Y<0\}] \\ &= E\left[(X-Y^-)^+ I\{Y<0\}\right] \\ &\ge E[X^+ I\{Y<0\}] - E[Y^- I\{Y<0\}] = \infty. \end{aligned}$$

Gilt $E[X] = E[Y] = -\infty$, so betrachte man $-X, -Y$.

(c) ist eine einfache Konsequenz aus (b).

(d) Sei $X \le Y$ f.s. Die Ungleichung $E[X] < E[Y]$ gilt ersichtlich, falls $X \in L^1$ *und* $Y \notin L^1$ oder falls $X \notin L^1$ *und* $Y \in L^1$. Im folgenden sei also $X \in L^1$ *und* $Y \in L^1$. Wegen der σ-Subadditivität von P ergibt sich aus $P(X < Y) > 0$ die Existenz von Zahlen $a < b$ derart, daß für $A := \{X \le a < b \le Y\}$ $P(A) > 0$ gilt. Wegen

$$X = YI\{X=Y\} + XI(A) + XI(\{X<Y\} \setminus A) \quad \text{f.s.}$$

erhält man mit Hilfe von (b) und (1.17.3)

$$\begin{aligned} E[X] &= E[YI\{X=Y\}] + E[XI(A)] + E[XI(\{X<Y\} \setminus A)] \\ &\le E[YI\{X=Y\}] + aP(A) + E[YI(\{X<Y\} \setminus A)] \\ &< E[YI\{X=Y\}] + bP(A) + E[YI(\{X<Y\} \setminus A)] \le E[Y]. \end{aligned}$$

(e) ist eine einfache Konsequenz aus (c) und Satz 1.5(k). ∎

Gilt für ein $A \in \mathcal{A}$ $P(A) > 0$, so ist $P(\cdot|A)$ ein W.-Maß auf $\mathcal{A}$. Ist X eine NZV, deren EW bez. $P(\cdot|A)$ existiert, so schreiben wir

$$(1.20.10) \qquad E[X|A] := \int_\Omega X\, dP(\cdot|A), \quad \text{falls } P(A) > 0$$

(*bedingter* EW *von* X — *gegeben* A).

1.21 Satz. *Sei X eine* NZV, *deren* EW *existiert.*

(a) *Gilt für ein $A \in \mathcal{A}$ $P(A) > 0$, so existiert der* EW *von X bez. $P(\cdot|A)$, und*

$$E[X|A] = E[XI_A]/P(A). \tag{1.21.1}$$

(b) *Gelte zusätzlich $X \geq 0$. Ist $(A_n) \subset \mathcal{A}$ $(n = 1, 2, \ldots)$ eine endliche oder abzählbare Zerlegung von Ω, so folgt*

$$E[X] = \sum_i E[X|A_i]P(A_i). \tag{1.21.2}$$

(Ist $P(A_i) = 0$, so wird $E[X|A_i]\, P(A_i) = 0$ gesetzt.)

1.22 Bemerkung. Die Beziehung (1.21.2) ist eine Verallgemeinerung des Satzes von der totalen Wahrscheinlichkeit (Satz 5.1[1]), der sich aus (1.21.2) für $X = I(B)$ $(B \in \mathcal{A})$ ergibt. ■

BEWEIS VON SATZ 1.21. (a) Gilt $X = I(B)$ für ein $B \in \mathcal{A}$, so folgt wegen (1.20.10)

$$E[X|A] = P(B|A) = \frac{P(B \cap A)}{P(A)} = \frac{E[I(B)I(A)]}{P(A)} = \frac{E[XI(A)]}{P(A)}.$$

Folglich gilt (1.21.1) für beliebige *elementare* ZV X. Mit Hilfe des Approximationssatzes und des Satzes von der monotonen Konvergenz ergibt sich (1.21.1) für beliebige NZV $X \geq 0$. Existiert $E[X]$, so folgt mit Hilfe von Korollar 1.16(a), daß $E[X|A]$ existiert und (1.21.1) gilt.

(b) Da $X = XI(A_1) + XI(A_2) + \cdots$, impliziert Satz 1.8(a) $E[X] = E[XI(A_1)] + E[XI(A_2)] + \cdots$, woraus sich (1.21.2) mit Hilfe von (1.21.1) ergibt (gilt $P(A_i) = 0$, so folgt wegen Satz 1.17(c) $E[XI(A_i)] = 0$). ■

1.23 Bemerkung. Der Beweis von Satz 1.21(a) zeigt, daß es reicht, (1.21.1) für *Indikatorfunktionen* zu beweisen ! In der Tat, beide Seiten in (1.21.1) hängen *linear* von X ab. Gilt also (1.21.1) für Indikatorfunktionen, so auch für elementare ZV. Wird anschließend die Anwendung des Approximationssatzes mit der Anwendung des Satzes von der monotonen Konvergenz kombiniert, so liefert dies die Gültigkeit von (1.21.1) für beliebige NZV $X \geq 0$. Wir nennen dieses Beweisschema im folgenden auch *Standardapproximation.* ■

1.23.1 Beispiel. Die Spieler Eduard („Eins") und Norbert („Null") spielen eine Folge von Glücksspielen, wobei sie eine UIV-Folge von ZV $\xi_1, \xi_2, \ldots$ beobachten derart, daß $\xi_1 \sim$ BER(p). Es gelte $0 < p < 1$ und es sei $q := 1-p$. Eduard verbucht die n-te Runde $(n \geq 1)$ für sich, falls $\xi_n = 1$; gilt hingegen $\xi_n = 0$, so geht die n-te Runde an Norbert. Gewonnen hat derjenige Spieler, der als erster zwei aufeinanderfolgende Runden für sich verbuchen kann. Ist X die Anzahl der dafür zu spielenden Runden, so gilt also

$$X = \min\{n \geq 2 : \xi_n = \xi_{n-1}\}. \tag{1.23.1}$$

Zur Berechnung von $E[X]$ sei $A_n := \{\xi_n = 1\}$, $n \geq 1$. Wegen Satz 1.21(b) gilt

$$E[X] = pE[X|A_1] + qE[X|A_1^c]. \tag{1.23.2}$$

Da A_1, A_2 unabhängig sind, folgt wegen Satz 1.21(a)

$$E[X|A_1] = pE[X|A_1 \cap A_2] + qE[X|A_1 \cap A_2^c].$$

Tritt $A_1 \cap A_2$ ein, so folgt $X = 2$; tritt $A_1 \cap A_2^c$ ein, so ist dies im Hinblick auf die Berechung des EW von X gleichbedeutend damit, daß die erste Runde an Norbert geht und X durch $X + 1$ ersetzt wird. Somit ergibt sich $E[X|A_1] = 2p + q(1 + E[X|A_1^c])$, also

$$E[X|A_1] = 1 + p + qE[X|A_1^c]. \tag{1.23.3}$$

Ähnlich folgt

$$E[X|A_1^c] = 1 + q + pE[X|A_1]. \tag{1.23.4}$$

Aus (1.23.3), (1.23.4) ergibt sich

$$E[X|A_1] = \frac{2+q^2}{1-pq} \quad \text{und} \quad E[X|A_1^c] = \frac{2+p^2}{1-pq}.$$

Einsetzen in (1.23.2) liefert

$$E[X] = \frac{2+pq}{1-pq}. \tag{1.23.5}$$

Wegen $pq = 1/4 - (p - 1/2)^2$ wird $E[X]$ maximal für $p = 1/2$, und dann ist $E[X] = 3$. Eine *direkte* Berechnung von $E[X]$, die nicht (1.23.2) benutzt, ist ziemlich mühsam ! ∎

Wir zeigen nun mit Hilfe von EW, daß zu einer *beliebigen* Familie von NZV eine NZV existiert, die eine Verallgemeinerung des gewöhnlichen Supremums bildet. Genauer sei $J \neq \emptyset$ eine Indexmenge und X_α $(\alpha \in J)$ eine NZV. Ist J höchstens abzählbar, so ist

$$Y := \sup_{\alpha \in J} X_\alpha \qquad \left(Y(\omega) = \sup_{\alpha \in J} X_\alpha(\omega),\ \omega \in \Omega \right) \tag{1.23.6}$$

eine NZV. Dies gilt jedoch i. a. *nicht* mehr, falls J *nicht* höchstens abzählbar ist (vgl. Beispiel 1.24.1). Die NZV Y in (1.23.6) wird durch die folgenden beiden Eigenschaften charakterisiert:

(I) Es gilt

$$Y(\omega) \geq X_\alpha(\omega) \quad \text{für } \textit{alle } \omega \in \Omega \text{ und } \alpha \in J. \tag{1.23.7}$$

(II) Ist Z eine NZV derart, daß

$$Z(\omega) \geq X_\alpha(\omega) \quad \text{für } \textit{alle } \omega \in \Omega \text{ und } \alpha \in J, \tag{1.23.8}$$

so folgt

$$Z(\omega) \geq Y(\omega) \quad \text{für } \textit{alle } \omega \in \Omega. \tag{1.23.9}$$

Bemerkenswert ist nun: Verlangt man, daß die Ungleichungen in (1.23.7)-(1.23.9) lediglich *fast sicher* gelten (wobei die Ausnahmemengen in (1.23.7), (1.23.8) von α abhängen dürfen), so existiert für *beliebige* Indexmengen J eine NZV Y mit den gewünschten Eigenschaften. Genauer gilt folgendes Resultat, das später in §9.3 benötigt wird:

1.24 Satz. *Sei* $\mathcal{M} = \{X_\alpha : \alpha \in J\}$ *eine beliebige Familie von* NZV, *die auf einem gemeinsamen W.-Raum* $(\Omega, \mathcal{A}, P)$ *definiert sind.*

(a) *Es existiert eine* NZV Y (*Bezeichung:* $Y =:$ ess sup$(\mathcal{M})$) *mit den folgenden beiden Eigenschaften:*

(1.24.1) $$Y \geq X_\alpha \quad f.s., \ \alpha \in J;$$

gilt für eine NZV Z

(1.24.2) $$Z \geq X_\alpha \quad f.s., \ \alpha \in J,$$

so folgt

(1.24.3) $$Z \geq Y \quad f.s..$$

Y *ist durch diese beiden Eigenschaften f.s. eindeutig bestimmt.*

(b) *Es existiert eine Folge* $(X_{\alpha(n)}) \subset \mathcal{M}$ $(\alpha(n) \in J, n = 1, 2, \ldots)$ *derart, daß*

(1.24.4) $$\text{ess sup}(\mathcal{M}) = \sup_{n \geq 1} X_{\alpha(n)} \quad f.s.$$

(c) *Zusätzlich gelte, daß zu je zwei Indizes* $\alpha, \beta \in J$ *ein* $\gamma \in J$ *existiert derart, daß*

(1.24.5) $$X_\gamma \geq X_\alpha \vee X_\beta \quad f.s.$$

In diesem Fall läßt sich die Folge $(X_{\alpha(n)})$ *in* (b) *so wählen, daß sie f.s. wächst, d. h.* $P(X_{\alpha(n+1)} \geq X_{\alpha(n)}, n \geq 1) = 1$ *gilt, und dann ist*

(1.24.6) $$\text{ess sup}(\mathcal{M}) = \lim_{n\to\infty} X_{\alpha(n)} \quad f.s.$$

Die NZV ess sup$(\mathcal{M}) =:$ ess $\sup_{\alpha\in J} X_\alpha$ in Satz 1.24 heißt *wesentliches Supremum* der Familie $\mathcal{M}$.

BEWEIS VON SATZ 1.24. Im folgenden sei J unendlich. Wir betrachten zunächst den Spezialfall

(1.24.7) $$X_\alpha : \Omega \longrightarrow [-1, 1], \quad \alpha \in J.$$

(a) Sei $A(J)$ die Familie aller abzählbaren Teilmengen von J, und für $H \in A(J)$ sei

(1.24.8) $$Y_H := \sup_{\alpha\in H} X_\alpha$$

(gewöhnliches Supremum wie in (1.23.6)!). Setzen wir

(1.24.9) $$\Sigma := \sup_{H\in A(J)} E[Y_H],$$

so existiert eine Folge $(H(n)) \subset A(J)$ $(n \geq 1)$ derart, daß

$$\Sigma = \sup_{n \geq 1} E[Y_{H(n)}].$$

Da für $H(0) := H(1) \cup H(2) \cup \cdots H(0) \in A(J)$ gilt (wieso ?), folgt ersichtlich

$$\Sigma = E[Y_{H(0)}]. \tag{1.24.10}$$

Zeigen wir, daß $Y := Y_{H(0)}$ die in (a) genannten Eigenschaften hat. Gilt für ein $\pi \in J$ $P(X_\pi > Y_{H(0)}) > 0$, so folgt für $K := H(0) \cup \{\pi\}$ $K \in A(J)$, $Y_K \geq Y_{H(0)}$ sowie $P(Y_K > Y_{H(0)}) > 0$, so daß wegen (1.24.7) und (1.24.10) $E[Y_K] > E[Y_{H(0)}] = \Sigma$. Dies widerspricht (1.24.9). Somit ist (1.24.1) erfüllt. Gilt für eine NZV Z (1.24.2), so folgt $Z \geq Y_{H(0)}$ f.s. Schließlich ist klar, daß Y durch die genannten Eigenschaften f.s. eindeutig bestimmt ist.

(b) Sei

$$H(0) = \{\beta(1), \beta(2), \ldots\}. \tag{1.24.11}$$

Dann gilt ersichtlich (1.24.4) für $\alpha(n) := \beta(n)$, $n \geq 1$.

(c) Im Hinblick auf (1.24.11) definieren wir Indizes $\alpha(n) \in J$ $(n \geq 1)$ induktiv wie folgt: Sei $\alpha(1) := \beta(1)$. Sind für ein $n \geq 1$ die Indizes $\alpha(1), \ldots, \alpha(n)$ bereits definiert, so existiert wegen (1.24.5) ein Index $\alpha(n+1) \in J$ derart, daß $X_{\alpha(n+1)} \geq X_{\alpha(n)} \vee X_{\beta(n+1)}$ f.s. Dies impliziert für $n \geq 1$ $X_{\alpha(n+1)} \geq X_{\alpha(n)}$ f.s. und $X_{\alpha(n)} \geq X_{\beta(n)}$ f.s., woraus sich wegen (a)

$$Y_{H(0)} \leq \lim_{n \to \infty} X_{\alpha(n)} \leq \text{ess sup}(\mathcal{M}) \quad \text{f.s.}$$

und somit (1.24.6) ergibt.

Folglich sind (a) – (c) bewiesen, falls zusätzlich (1.24.7) gilt. Sind $X_\alpha (\alpha \in J)$ beliebige NZV, so betrachte man die (auf $\mathbb{R}$ stetige !) strikt wachsende Abbildung

$$\phi := (2/\pi) \arctan : \overline{\mathbb{R}} \longrightarrow [-1, 1],$$

wobei $\phi(-\infty) := -1$ und $\phi(\infty) := 1$, und wende das soeben Bewiesene an auf die ZV

$$\widetilde{X}_\alpha := \phi(X_\alpha) : \Omega \longrightarrow [-1, 1], \quad \alpha \in J.$$

■

1.24.1 Beispiel. Sei $\Omega = [0, 1]$, $P = \text{Leb}$ und $J \in \mathcal{P}(\Omega) \setminus \mathcal{R}([0, 1])$. Setzen wir $X_\alpha = I_{\{\alpha\}}$, $\alpha \in J$, so ist

$$\sup_{\alpha \in J} X_\alpha = I_J$$

nicht Borel-meßbar. Da $X_\alpha = 0$ f.s. $(\alpha \in J)$, folgt für $\mathcal{M} := \{X_\alpha : \alpha \in J\}$

$$\text{ess sup}(\mathcal{M}) = 0 \quad \text{f.s.} \tag{1.24.12}$$

■

4.2 Stetigkeitseigenschaften des Erwartungswertes

Seien $X, X_1, X_2, \ldots$ integrierbare NZV derart, daß die Folge (X_n) in einem gewissen Sinne gegen X konvergiert. Von großem Interesse sind dann Bedingungen, unter denen

$$\lim_{n\to\infty} E[X_n] = E[X] \tag{2.0.1}$$

gilt. Die Beziehung (2.0.1) besagt dann, daß der Erwartungswert bez. der betrachteten Art der Konvergenz *„stetig“* vom Integranden abhängt, oder auch: Erwartungswert- und Limes-Bildung sind miteinander *vertauschbar.*

Wir betrachten zunächst integrierbare NZV $X, X_1, X_2, \ldots$, für die $X_n \to X$ f. s. gilt. Um eine hinreichende Bedingung dafür zu erhalten, daß $E[X_n] \to E[X]$, benötigen wir die Aussage (a) des folgenden Resultats, die auch *Lemma von Fatou* heißt.

2.1 Satz. (a) *Für beliebige* NZV $X_n \geq 0\,(n \geq 1)$ *gilt*

$$E\left[\liminf_{n\to\infty} X_n\right] \leq \liminf_{n\to\infty} E[X_n]. \tag{2.1.1}$$

(b) *Sind* $X \geq 0$ *und* $X_n \geq 0\,(n \geq 1)$ NZV *derart, daß*

$$\lim_{n\to\infty} X_n = X \quad \textit{f.s.}, \tag{2.1.2}$$

so folgt

$$E[X] \leq \liminf_{n\to\infty} E[X_n] \leq \sup_{n\geq 1} E[X_n]. \tag{2.1.3}$$

Gilt zusätzlich

$$\sup_{n\geq 1} E[X_n] < \infty, \tag{2.1.4}$$

so ist X *integrierbar.*

BEWEIS. (a) Wegen Satz 1.17[2] ist $X_\infty := \liminf_{n\to\infty} X_n$ eine NZV. Setzen wir $Y_n = \inf_{m\geq n} X_m\ (n \geq 1)$, so gilt $0 \leq Y_1 \leq Y_2 \leq \cdots$, $Y_n \leq X_n\ (n \geq 1)$ und $Y_n(\omega) \to X_\infty(\omega), \omega \in \Omega$. Mit Hilfe des Satzes von der monotonen Konvergenz und Satz 1.5(h) ergibt sich also

$$E[X_\infty] = E\left[\lim_{n\to\infty} Y_n\right] = \lim_{n\to\infty} E[Y_n] \leq \liminf_{n\to\infty} E[X_n].$$

(b) Für $\widetilde{\Omega} := \{\omega \in \Omega : X_n(\omega) \to X(\omega)\}$ gilt wegen (2.1.2) $P(\widetilde{\Omega}) = 1$ und $(X_n I(\widetilde{\Omega}))(\omega) \to (X I(\widetilde{\Omega}))(\omega)\ (n \to \infty)$, $\omega \in \Omega$. Aufgrund von Satz 1.5(f) und (2.1.1) folgt also

$$\begin{aligned} E[X] &= E[XI(\widetilde{\Omega})] = E\left[\lim_{n\to\infty} X_n I(\widetilde{\Omega})\right] \\ &\leq \liminf_{n\to\infty} E[X_n I(\widetilde{\Omega})] = \liminf_{n\to\infty} E[X_n], \end{aligned}$$

woraus sich (2.1.3) ergibt. ∎

Das folgende Beispiel zeigt, daß die Ungleichung (2.1.1) i.a. strikt ist.

2.1.1 Beispiel. Sei $\Omega = [0,1]$ und P das Lebesgue-Maß auf $\mathcal{R}([0,1])$. Für $n \geq 1$ sei

$$X_{2n-1} := (4n-2)I_{[0,1/2]}, \quad X_{2n} := 4nI_{]1/2,1]},$$

so daß $E[X_n] = n$ $(n \geq 1)$ und $\liminf_{n\to\infty} X_n \equiv 0$. Folglich gilt

$$E[\liminf_{n\to\infty} X_n] = 0, \quad \text{und} \quad \liminf_{n\to\infty} E[X_n] = \infty.$$

■

Der folgende *Satz von der dominierten Konvergenz* (auch *Satz von Lebesgue* genannt) ist der Prototyp eines Resultats über die Vertauschbarkeit von Erwartungswert- und Limes-Bildung, falls der zugrundeliegende Konvergenzbegriff die fast sichere Konvergenz ist.

2.2 Satz. *Seien* $X, X_1, X_2, \ldots$ NZV *derart, daß*

$$X_n \to X \quad \textit{f.s.} \tag{2.2.1}$$

und

$$|X_n| \leq Y \quad \textit{f.s.}, \quad n \geq 1 \tag{2.2.2}$$

für eine NZV $Y \in L^1$ *gilt. Dann folgt*

$$X \in L^1 \tag{2.2.3}$$

und

$$E[X] = \lim_{n\to\infty} E[X_n]. \tag{2.2.4}$$

(Man vgl. Bemerkung 1.19(b).)

BEWEIS VON SATZ 2.2. Aus (2.2.1) und (2.2.2) folgt $|X| \leq Y$ f.s., so daß X und X_n $(n \geq 1)$ wegen Satz 1.15 integrierbar sind. Da (2.2.2) richtig bleibt, falls wir $Y \in L^1$ durch $YI\{|Y| < \infty\} \in L^1$ ersetzen, dürfen (und werden) wir im folgenden annehmen, daß (2.2.1) und die Ungleichungen (2.2.2) sowie $0 \leq Y < \infty$ jeweils für *alle* $\omega \in \Omega$ gelten. Da $X^+ = \liminf_{n\to\infty} X_n^+$, folgt mit Hilfe des Fatou-Lemmas

$$E[X^+] \leq \liminf_{n\to\infty} E[X_n^+]. \tag{2.2.5}$$

Da $Y - X_n^+ \geq 0$ $(n \geq 1)$, folgt wegen des Fatou-Lemmas und Satz 1.20(c)

$$\begin{aligned} E[Y] - E[X^+] &= E[Y - X^+] \leq \liminf_{n\to\infty} E[Y - X_n^+] \\ &= \liminf_{n\to\infty} \left(E[Y] - E[X_n^+]\right) = E[Y] + \liminf_{n\to\infty} \left(-E[X_n^+]\right) \\ &= E[Y] - \limsup_{n\to\infty} E[X_n^+], \end{aligned}$$

woraus sich wegen $0 \leq E[Y] < \infty$ $\limsup_{n\to\infty} E[X_n^+] \leq E[X^+]$ ergibt. Zusammen mit (2.2.5) impliziert dies $E[X_n^+] \to E[X^+]$. Ähnlich folgt $E[X_n^-] \to E[X^-]$ und somit (2.2.4). ■

Das folgende Beispiel zeigt, daß man in Satz 2.2 die Annahme, daß für ein gewisses $Y \in L^1$ (2.2.2) gilt, nicht ersatzlos streichen kann.

2.2.1 Beispiel. Sei $\Omega = [0,1]$ und P das Lebesgue-Maß auf $\mathcal{R}([0,1])$. Für $X_n := n^2 I_{]0,1/n]}$ $(n \geq 1)$ und $X \equiv 0$ gilt dann $X_n(\omega) \to X(\omega)$, $\omega \in \Omega$, so daß $E[X] = 0$ und $E[X_n] = n$ $(n \geq 1)$. ∎

Eine erste Anwendung des Satzes von der dominierten Konvergenz liefert folgendes Resultat, das Satz 1.17(a) ergänzt. Wir bezeichnen darin mit $C_b(\mathbb{R})$ die Menge aller Funktionen $f : \mathbb{R} \longrightarrow \mathbb{R}$, die *stetig* und *beschränkt* sind.

2.3 Satz. *Für ZV X, Y gilt $X = Y$ f.s. genau dann, wenn*

$$E[f(X)g(Y)] = E[f(X)g(X)], \quad f, g \in C_b(\mathbb{R}). \tag{2.3.1}$$

BEWEIS. Es ist klar, daß (2.3.1) *notwendig* dafür ist, daß $X = Y$ f.s. Gelte (2.3.1). Sei

$$\mathcal{M} = \{M \in \mathcal{R}_2 : E[I_M(X,Y)] = E[I_M(X,X)]\}.$$

Mit Hilfe des Satzes von der monotonen Konvergenz erhält man, daß $\mathcal{M}$ ein Dynkin-System ist. Wir zeigen nun

$$[a,b] \times [c,d] \in \mathcal{M}, \quad a \leq b, \quad c \leq d, \quad a,b,c,d \in \mathbb{R}. \tag{2.3.2}$$

Anhand einer einfachen Zeichnung überzeugt man sich leicht davon, daß es zu festen Zahlen $a \leq b$ Funktionen $f_n \in C_b(\mathbb{R})$ $(n \geq 1)$ mit folgenden Eigenschaften gibt: $0 \leq f_n \leq 1$, $f_n(t) = 1$, falls $t \in [a,b]$, $f_n(t) = 0$, falls $t \leq a - 1/n$ oder $t \geq b + 1/n$, sowie $f_n(t) \to I_{[a,b]}(t)$ $(n \to \infty)$, $t \in \mathbb{R}$. Ähnlich existieren zu Zahlen $c \leq d$ stetige Funktionen $g_n \in C_b(\mathbb{R})$ $(n \geq 1)$ mit analogen Eigenschaften. Wegen (2.3.1) gilt dann $E[f_n(X)g_n(Y)] = E[f_n(X)g_n(X)]$ $(n \geq 1)$, woraus sich mit Hilfe des Satzes von der dominierten Konvergenz (2.3.2) ergibt. Da die Familie der kartesischen Produkte in (2.3.2) $\mathcal{R}_2$ erzeugt, folgt mit Hilfe des Satzes von Dynkin $\mathcal{M} = \mathcal{R}_2$. Insbesondere erhält man also, daß $M := \{(x,y) \in \mathbb{R}^2 : x \neq y\} \in \mathcal{M}$, so daß $P(X \neq Y) = P(X \neq X) = 0$. ∎

Wir zeigen im folgenden, daß im Satz von der dominierten Konvergenz (2.2.4) unter schwächeren Voraussetzungen gilt. Einerseits reicht es statt (2.2.1) anzunehmen, daß die Folge $(X_n) \subset L^1$ in einem schwächeren Sinne gegen $X \in L^1$ konvergiert; andererseits läßt sich die Dominanz-Bedingung (2.2.2) abschwächen.

Im folgenden setzen wir für eine Funktion $f : \mathbb{R} \longrightarrow \mathbb{R}$

$$S_f = \{t \in \mathbb{R} : f \text{ ist an der Stelle } t \text{ stetig}\}. \tag{2.3.3}$$

2.4 Definition. $X, X_1, X_2, \ldots$ seinen ZV mit den VF $F, F_1, F_2, \ldots$

(a) Gilt

$$\lim_{n\to\infty} P(|X_n - X| > c) = 0, \quad c > 0 \tag{2.4.1}$$

so sagen wir: Die Folge (X_n) *konvergiert stochastisch* gegen X. Bezeichnung:

(2.4.2) $$X_n \to X \quad \text{(stochastisch)}.$$

(b) Gilt

(2.4.3) $$\lim_{n\to\infty} F_n(t) = F(t), \quad t \in S_F,$$

so sagen wir: (X_n) *konvergiert schwach* (oder *in Verteilung*) gegen X. Bezeichung:

(2.4.4) $$X_n \to X \quad \text{(schwach)}$$

oder auch (falls X die Verteilung Q hat)

(2.4.5) $$X_n \to Q \quad \text{(schwach)}.$$

Statt (2.4.3) schreiben wir auch

(2.4.6) $$F_n \to F \quad \text{(schwach)}.$$

■

2.5 Satz. *Für beliebige* ZV $X, X_1, X_2, \ldots$ *gilt*

(2.5.1) $$X_n \to X \quad \textit{f.s.} \Longrightarrow X_n \to X \quad \textit{(stochastisch)}$$

und

(2.5.2) $$X_n \to X \quad \textit{(stochastisch)} \Longrightarrow X_n \to X \quad \textit{(schwach)}.$$

2.5.1 Beispiel. I.a. gilt nicht die Umkehrung von (2.5.1). Dazu sei $\Omega = [0,1]$, P das Lebesgue-Maß auf $\mathcal{R}([0,1])$, $X \equiv 0$ sowie $X_1 = I_{]0,1/2]}$, $X_2 = I_{]1/2,1]}$, $X_3 = I_{]0,1/3]}$, $X_4 = I_{]1/3,2/3]}$, $X_5 = I_{]2/3,1]}$, $X_6 = I_{]0,1/4]}, \ldots, X_9 = I_{]3/4,1]}, \ldots$ Man sieht leicht, daß $X_n \to X$ (stochastisch) und $\liminf_{n\to\infty} X_n \equiv 0$ sowie $\limsup_{n\to\infty} X_n \equiv 1$ gilt. ■

2.5.2 Beispiel. I.a. gilt nicht die Umkehrung von (2.5.2). Dazu seien Ω und P wie im vorigen Beispiel definiert. Die ZV $X := I_{]0,1/2]}$ und $X_n := I_{]1/2,1]} (n \geq 1)$ haben dieselbe Verteilung, so daß $X_n \to X$ (schwach), während für $0 < c < 1$ $\; P(|X_n - X| > c) = 1, \quad n \geq 1.$ ■

Die Implikation (2.5.1) ist eine unmittelbare Folgerung aus (2.4.1) und

2.6 Satz. *Für* ZV $X, X_1, X_2, \ldots$ *gilt* $X_n \to X$ *f.s. genau dann, wenn*

(2.6.1) $$\lim_{n\to\infty} P\left(\sup_{m\geq n} |X_m - X| > c\right) = 0, \quad c > 0.$$

BEWEIS. Sei

$$A := \{\omega \in \Omega : \text{Es gilt nicht } X_n(\omega) \to X(\omega)\}$$

und

$$A_n(c) := \left\{\sup_{m\geq n} |X_m - X| > c\right\}, \quad n \geq 1,\, c > 0.$$

Wegen $A_1(c) \supset A_2(c) \supset \cdots$ ist (2.6.1) äquivalent zu

$$P\left(\bigcap_{n=1}^{\infty} A_n(1/k)\right) = 0, \quad k \geq 1. \tag{2.6.2}$$

Es ist nun einfach zu sehen, daß

$$A = \bigcup_{k=1}^{\infty} \bigcap_{n=1}^{\infty} A_n(1/k). \tag{2.6.3}$$

Gilt nämlich etwa $\omega \in A$, so existiert ein $k \geq 1$ derart, daß $|X_m(\omega) - X(\omega)| > 1/k$ für unendlich viele $m \geq 1$ ist. Dies zeigt $\omega \in A_1(1/k) \cap A_2(1/k) \cap \cdots$. Ähnlich sieht man, daß die Menge auf der rechten Seite in (2.6.3) eine Teilmenge von A ist. Aus (2.6.2) und (2.6.3) folgt wegen der σ-Subadditivität von P $P(A) = 0$, d.h. $X_n \to X$ f.s. Gilt $P(A) = 0$, so folgt wegen (2.6.3) ersichtlich (2.6.2). ■

BEWEIS VON SATZ 2.5. Wie bereits bemerkt, folgt die Implikation (2.5.1) aus (2.4.1) und Satz 2.6. Zum Beweis von (2.5.2) seien $F, F_1, F_2, \ldots$ die VF der ZV $X, X_1, X_2, \ldots$. Es gelte

$$X_n \to X \quad \text{(stochastisch)}. \tag{2.6.4}$$

Dies impliziert

$$\limsup_{n\to\infty} F_n(t) \leq F(t+c), \quad t \in \mathbb{R},\ c > 0 \tag{2.6.5}$$

und

$$\liminf_{n\to\infty} F_n(t) \geq F(t-c), \quad t \in \mathbb{R},\ c > 0. \tag{2.6.6}$$

Zum Nachweis von (2.6.5) beachte man, daß für $t \in \mathbb{R}$ und $c > 0$ wegen (2.6.4)

$$\begin{aligned} F_n(t) &= P(X_n \leq t,\ |X - X_n| > c) + P(X_n \leq t,\ |X - X_n| \leq c) \\ &\leq o(1) + P(X \leq t + c) \quad (n \to \infty), \end{aligned}$$

so daß (2.6.5) gilt. Ähnlich erhält man (2.6.6). Aus (2.6.5) ergibt sich wegen der Rechtsstetigkeit von F für $c \to 0$ $(c > 0)$

$$\limsup_{n\to\infty} F_n(t) \leq F(t), \quad t \in \mathbb{R}.$$

Für ein $t \in S_F$ folgt aus (2.6.6) für $c \to 0$ $(c > 0)$

$$\liminf_{n\to\infty} F_n(t) \geq F(t).$$

Damit ist $F_n \to F$ (schwach) gezeigt. ■

Mit Hilfe des Satzes von der dominierten Konvergenz ergibt sich folgendes Kriterium für schwache Konvergenz:

2.7 Satz. *$X, X_1, X_2, \ldots$ seien ZV.*

(a) *Es gilt*

(2.7.1) $$X_n \to X \quad (schwach)$$

genau dann, wenn

(2.7.2) $$E[h(X_n)] \to E[h(X)], \quad h \in C_b(\mathbb{R}).$$

(b) *Es gelte (2.7.1). Ist $h : \mathbb{R} \longrightarrow \mathbb{R}$ Borel-meßbar und gilt*

(2.7.3) $$P(X \notin S_h) = 0,$$

so folgt

(2.7.4) $$h(X_n) \to h(X) \quad (schwach).$$

Ist h zusätzlich beschränkt, so gilt

(2.7.5) $$E[h(X_n)] \to E[h(X)].$$

Man kann zeigen, daß für *jede* Abbildung $h : \mathbb{R} \longrightarrow \mathbb{R}$ $S_h \in \mathcal{R}$ gilt.

Im Beweis von Satz 2.7 benutzen wir folgenden *Satz von Skorochod*, der später bewiesen wird:

2.8 Satz. *Seien $X, X_1, X_2, \ldots$ ZV derart, daß*

(2.8.1) $$X_n \to X \quad (schwach).$$

Dann existiert ein W.-Raum $(\widetilde{\Omega}, \widetilde{\mathcal{A}}, \widetilde{P})$ und ZV $Y, Y_1, Y_2, \ldots$ auf $(\widetilde{\Omega}, \widetilde{\mathcal{A}}, \widetilde{P})$ derart, daß Y und X sowie Y_n und X_n $(n \geq 1)$ jeweils dieselbe Verteilung haben und

(2.8.2) $$Y_n(\omega) \to Y(\omega) \quad (n \to \infty), \; \omega \in \widetilde{\Omega}.$$

2.9 Bemerkung. Manche Konvergenzresultate werden zunächst unter der Annahme bewiesen, daß eine gewisse Folge (X_n) von ZV f.s. gegen eine ZV X konvergiert. Mit Hilfe des Satzes von Skorochod ergibt sich dann, daß das betrachtete Konvergenzresultat u. U. richtig bleibt, falls lediglich $X_n \to X$ (schwach) angenommen wird. ■

BEWEIS VON SATZ 2.7. (a) Gelte (2.7.1) und sei $h \in C_b(\mathbb{R})$. Für die ZV $Y, Y_1, Y_2, \ldots$ in Satz 2.8 ergibt sich aufgrund des Satzes von der dominierten Konvergenz

$$E[h(X_n)] = \int_{\widetilde{\Omega}} h(Y_n)\, d\widetilde{P} \to \int_{\widetilde{\Omega}} h(Y) d\widetilde{P} = E[h(X)],$$

so daß (2.7.2) gilt. Gelte umgekehrt (2.7.2) und seien $t \in \mathbb{R}$ und $c > 0$ fixiert. Es ist leicht zu sehen (Zeichnung !), daß es Funkionen $f_{t,c}, g_{t,c} \in C_b(\mathbb{R})$ gibt derart, daß

$$I_{]-\infty,t-c]} \leq f_{t,c} \leq I_{]-\infty,t]} \leq g_{t,c} \leq I_{]-\infty,t+c]}.$$

Mit Hilfe von (2.7.2) erhält man für $h = f_{t,c}$

(2.9.1) $$\liminf_{n\to\infty} F_n(t) \geq E[f_{t,c}(X)] \geq F(t-c),$$

während sich für $h = g_{t,c}$

$$\limsup_{n\to\infty} F_n(t) \leq E\left[g_{t,c}(X)\right] \leq F(t+c) \tag{2.9.2}$$

ergibt. Für ein $t \in S_F$ folgt aus (2.9.1) und (2.9.2) für $c \to 0\,(c > 0)$ $F_n(t) \to F(t)$, so daß (2.7.1) gilt.

(b) Aus (2.7.3) folgt $P(Y \notin S_h) = 0$ und somit $h(Y_n) \to h(Y)$ f.s. Wegen Satz 2.5 impliziert dies $h(Y_n) \to h(Y)$ (schwach), so daß ersichtlich (2.7.4) gilt. Ist h zusätzlich beschränkt, so erhält man mit Hilfe des Satzes von der dominierten Konvergenz $E\left[h(Y_n)\right] \to E\left[h(Y)\right]$, woraus sich (2.7.5) ergibt. ∎

Zum Beweis von Satz 2.8 benötigen wir folgendes Resultat (*Quantil-Funktionen* wurden in Definition 2.7[2] eingeführt):

2.10 Lemma. *Seien $F, F_1, F_2, \ldots$ die VF der ZV $X, X_1, X_2, \ldots$ mit den zugehörigen Quantil-Funktionen $F^{-1}, F_1^{-1}, F_2^{-1}, \ldots$ Aus*

$$X_n \to X \quad (\textit{schwach}) \tag{2.10.1}$$

folgt

$$\lim_{n\to\infty} F_n^{-1}(t) = F^{-1}(t) \tag{2.10.2}$$

für jede Stetigkeitsstelle $t \in]0,1[$ von F^{-1}.

BEWEIS. Aus (2.10.1) ergibt sich

$$\liminf_{n\to\infty} F_n^{-1}(t) \geq F^{-1}(t) \quad 0 < t < 1 \tag{2.10.3}$$

und

$$\limsup_{n\to\infty} F_n^{-1}(t) \leq F^{-1}(u), \quad 0 < t < u < 1. \tag{2.10.4}$$

In der Tat, seien $0 < t < 1$ und $\epsilon > 0$ fixiert. Sei $x \in S_F$ derart, daß $F^{-1}(t) - \epsilon < x < F^{-1}(t)$. Wegen Satz 2.8[2] gilt $F(x) < t$, also wegen (2.10.1) $F_n(x) < t$, $n \geq n_0(t, x)$, und folglich $x < F_n^{-1}(t)$, $n \geq n_0(t, x)$. Dies impliziert

$$\liminf_{n\to\infty} F_n^{-1}(t) \geq x > F^{-1}(t) - \epsilon,$$

so daß (2.10.3) gilt. Zum Nachweis von (2.10.4) sei $0 < t < u < 1$. Sei $x \in S_F$ derart, daß $F^{-1}(u) < x < F^{-1}(u) + \epsilon$. Ähnlich wie zuvor ergibt sich

$$\limsup_{n\to\infty} F_n^{-1}(t) \leq x < F^{-1}(u) + \epsilon,$$

so daß (2.10.4) gilt. Aus (2.10.3), (2.10.4) folgt die Gültigkeit von (2.10.2), falls F^{-1} an der Stelle $t \in]0,1[$ stetig ist. ∎

BEWEIS VON SATZ 2.8. Sei $\widetilde{\Omega} =]0,1[$, $\widetilde{\mathcal{A}} = \mathcal{R}(]0,1[)$, $\widetilde{P}$ = Lebesgue-Maß und gelte $\xi(\omega) = \omega$, $\omega \in \widetilde{\Omega}$. Dann ist ξ gleichverteilt auf $\widetilde{\Omega}$. Seien $F, F_1, F_2, \ldots$ die VF von $X, X_1, X_2, \ldots$ Setzen wir $\widetilde{Y}(\omega) = F^{-1}(\xi(\omega)) = F^{-1}(\omega)$, $\widetilde{Y}_n(\omega) = F_n^{-1}(\xi(\omega)) = F_n^{-1}(\omega)$, $\omega \in \widetilde{\Omega}$, so haben die ZV $\widetilde{Y}, \widetilde{Y}_1, \widetilde{Y}_2, \ldots$

wegen Satz 2.8[2] die VF $F, F_1, F_2, \ldots$ Sei $M \subset \widetilde{\Omega}$ die Menge der Stetigkeitsstellen von F^{-1}. Wegen der Monotonie von F^{-1} ist $\widetilde{\Omega} \setminus M$ höchstens abzählbar, so daß $\widetilde{P}\left(\widetilde{\Omega} \setminus M\right) = 0$. Wegen Lemma 2.10 folgt aus (2.8.1) $F_n^{-1}(\omega) \to F^{-1}(\omega), \omega \in M$, d.h. $\widetilde{Y}_n(\omega) \to \widetilde{Y}(\omega), \omega \in M$. Die ZV $Y := \widetilde{Y} I(M)$ und $Y_n := \widetilde{Y}_n I(M) (n \geq 1)$ haben somit die in Satz 2.8 genannten Eigenschaften. ∎

2.11 Korollar. *Seien* $X, X_1, X_2, \ldots$ ZV *derart, daß* $X_n \to X$ *(schwach). Dann folgt*

(2.11.1) $$E[|X|] \leq \liminf_{n\to\infty} E[|X_n|],$$

so daß insbesondere gilt:

(2.11.2) $$\sup_{n\geq 1} E[|X_n|] < \infty \Longrightarrow X \in L^1.$$

BEWEIS. Für die ZV $Y, Y_1, Y_2, \ldots$ in Satz 2.8 ergibt sich wegen des Lemmas von Fatou

$$\begin{aligned} E[|X|] &= E[|Y|] = E\left[\lim_{n\to\infty} |Y_n|\right] \\ &\leq \liminf_{n\to\infty} E[|Y_n|] = \liminf_{n\to\infty} E[|X_n|]. \end{aligned}$$

∎

Es zeigt sich (vgl. Satz 2.20), daß sich im Satz von der dominierten Konvergenz die Dominanz-Bedingung (2.2.2) ersetzen läßt durch die schwächere Annahme, daß die ZV $X_1, X_2, \ldots$ „gleichmäßig integrierbar“ im Sinne der folgenden Definition sind.

2.12 Definition. Eine Familie $\mathcal{M}$ von ZV, die auf einem gemeinsamen W.-Raum $(\Omega, \mathcal{A}, P)$ definiert sind, heißt *gleichmäßig integrierbar*, falls zu jedem $\epsilon > 0$ eine Zahl $a(\epsilon) > 0$ existiert derart, daß

(2.12.1) $$E[|X| I\{|X| > a(\epsilon)\}] < \epsilon, \quad X \in \mathcal{M}.$$

∎

2.13 Satz. *Eine Familie* $\mathcal{M}$ *von* ZV *ist genau dann gleichmäßig integrierbar, falls*

(2.13.1) $$\sup_{X\in\mathcal{M}} E[|X|] < \infty$$

und es zu jedem $\epsilon > 0$ *eine Zahl* $\delta(\epsilon) > 0$ *gibt derart, daß für alle* $A \in \mathcal{A}$ *gilt:*

(2.13.2) $$P(A) < \delta(\epsilon) \Longrightarrow E[|X| I_A] < \epsilon \quad \textit{für alle } X \in \mathcal{M}.$$

BEWEIS. Gelte (2.13.1), (2.13.2) und sei c der Wert des Supremums in (2.13.1). Sei $\epsilon > 0$ gegeben und $a(\epsilon) := (2c+1)/\delta(\epsilon)$. Wegen

$$|X| \geq |X| I\{|X| > a(\epsilon)\} \geq a(\epsilon) I\{|X| > a(\epsilon)\}$$

folgt dann

$$P(|X| > a(\epsilon)) \leq (a(\epsilon))^{-1} E[|X|] \leq (a(\epsilon))^{-1} c \leq \delta(\epsilon)/2,$$

so daß wegen (2.13.2) für $X \in \mathcal{M}$ $E[|X|I\{|X| > a(\epsilon)\}] < \epsilon$ ist. $\mathcal{M}$ ist also gleichmäßig integrierbar. Sei umgekehrt $\mathcal{M}$ gleichmäßig integrierbar. Dann folgt wegen (2.12.1) für ein $X \in \mathcal{M}$

$$E[|X|] = E[|X|I\{|X| \leq a(1)\}] + E[|X|I\{|X| > a(1)\}] \leq a(1) + 1,$$

so daß (2.13.1) gilt. Zum Nachweis von (2.13.2) sei $\epsilon > 0$ gegeben. Wegen (2.12.1) existiert eine Zahl $a(\epsilon/2) > 0$ derart, daß $E[|X|I\{|X| > a(\epsilon/2)\}] < \epsilon/2$, $X \in \mathcal{M}$. Für $\delta(\epsilon) := \epsilon/(2a(\epsilon/2))$ folgt dann aus $P(A) < \delta(\epsilon)$ für alle $X \in \mathcal{M}$

$$\begin{aligned} E[|X|I(A)] &= E[|X|I(A \cap \{|X| > a(\epsilon/2)\})] \\ &\quad + E[|X|I(A \cap \{|X| \leq a(\epsilon/2)\})] \\ &\leq E[|X|I\{|X| > a(\epsilon/2)\}] + a(\epsilon/2)P(A) \\ &< \epsilon/2 + a(\epsilon/2)\epsilon/(2a(\epsilon/2)) = \epsilon, \end{aligned}$$

so daß (2.13.2) gilt. ■

2.14 Satz. *Sei $\mathcal{M}$ eine Familie von* ZV, *die auf einem gemeinsamen W.-Raum definiert sind.*

(a) *Gilt für ein* $1 < p < \infty$

(2.14.1) $$\sup_{X \in \mathcal{M}} E[|X|^p] < \infty,$$

so ist $\mathcal{M}$ gleichmäßig integrierbar.

(b) *Existiert eine* ZV $Y \in L^1$ *derart, daß*

(2.14.2) $$|X| \leq Y \quad \text{f.s.}, \ X \in \mathcal{M},$$

so ist $\mathcal{M}$ gleichmäßig integrierbar.

(c) *Sei $X \in L^1$. Dann existiert zu jedem $\epsilon > 0$ ein $\delta = \delta(\epsilon) > 0$ derart, daß für alle $A \in \mathcal{A}$ gilt:*

(2.14.3) $$P(A) < \delta(\epsilon) \Longrightarrow E[|X|I_A] < \epsilon.$$

BEWEIS. (a) Sei $\epsilon > 0$ gegeben. Bezeichnet c das Supremum in (2.14.1), so gilt für $a := ((2c+1)/\epsilon)^{1/(p-1)}$ und $X \in \mathcal{M}$

$$\begin{aligned} E[|X|I\{|X| > a\}] &= E\left[|X|^{-(p-1)}|X|^p I\{|X| > a\}\right] \leq a^{-(p-1)} E[|X|^p] \\ &\leq ca^{-(p-1)} = c\epsilon/(2c+1) \leq \epsilon/2, \end{aligned}$$

so daß $\mathcal{M}$ gleichmäßig integrierbar ist.

(b) Für $X \in \mathcal{M}$ und $a > 0$ gilt wegen (2.14.2) $E[|X|I\{|X| > a\}] \leq E[|Y|I\{|Y| > a\}]$. Da aufgrund des Satzes von der dominierten Konvergenz $E[|Y|I\{|Y| > a\}] \to 0$ $(a \to \infty)$, ist $\mathcal{M}$ gleichmäßig integrierbar.

(c) folgt aus (b) und Satz 2.13. ■

2.15 Bemerkungen. (a) Aus der Gültigkeit von (2.14.1) für $p = 1$ folgt i.a. nicht die gleichmäßige Integrierbarkeit von $\mathcal{M}$. In der Tat, sei $\Omega = [0,1]$, $\mathcal{A} = \mathcal{R}([0,1])$ und P das Lebesgue-Maß. Für $X_n := nI_{[0,1/n]}$ $(n \geq 1)$ gilt dann $E[|X_n|] = 1$ $(n \geq 1)$, und für $a > 0$ ergibt sich $E[|X_n| I\{|X_n| > a\}] = E[X_n] = 1$, $n > a$, so daß (X_n) nicht gleichmäßig integrierbar ist.

(b) Ist eine Folge (X_n) von ZV gleichmäßig integrierbar, so existiert i.a. keine integrierbare ZV Y derart, daß die Dominanz-Bedingung (2.14.2) erfüllt ist. In der Tat, sei $\Omega = [0,1]$, $\mathcal{A} = \mathcal{R}([0,1])$, P =Lebesgue-Maß und $X_n := a_n I_{]0,1/n]}$, $n \geq 1$, wobei $a_n := n/\log(n+1)$, $n \geq 1$. Die Folge (a_n) ist monoton wachsend, so daß sich ergibt (Zeichnung !):

$$\sup_{n \geq 1} X_n = \sum_{k=1}^{\infty} a_k I_{]1/(k+1),1/k]}.$$

Wegen Satz 1.8(a) folgt also

$$E\left[\sup_{n\geq 1} X_n\right] = \sum_{k=1}^{\infty} a_k P\left(]1/(k+1), 1/k]\right) = \sum_{k=2}^{\infty} \frac{1}{k \log k} = \infty$$

(vgl. Beispiel 1.10), so daß es kein $Y \in L^1$ gibt, für das (2.14.2) gilt. Andererseits ergibt sich für $a > 0$ und $\epsilon > 0$

$$E[|X_n| I\{|X_n| > a\}] \leq E[X_n] = a_n/n < \epsilon, \quad n \geq n_0(\epsilon),$$

so daß (X_n) wegen Satz 2.14(c) gleichmäßig integrierbar ist. ∎

2.16 Satz. *Die ZV $X_n \in L^1$ $(n \geq 1)$ seien identisch verteilt und $S_n := X_1 + \cdots + X_n$ $(n \geq 1)$. Dann ist die Folge (S_n/n) gleichmäßig integrierbar.*

BEWEIS. Da $|S_n| \leq |X_1| + \cdots + |X_n|$, dürfen (und werden) wir im folgenden $X_n \geq 0$ $(n \geq 1)$ annehmen. Ersichtlich gilt

$$E\left[\frac{1}{n} S_n I\left\{\frac{1}{n} S_n > a\right\}\right] = \frac{1}{n} \sum_{i=1}^{n} E[X_i I\{S_n > an\}], \quad a > 0. \tag{2.16.1}$$

Sei $\epsilon > 0$ gegeben und $\mu := E[X_1]$. Zur Abschätzung der Summanden in (2.16.1) beachte man, daß wegen Satz 2.14(c) ein $c > 0$ existiert derart, daß

$$E[X_n I\{X_n > c\}] < \epsilon/2, \quad n \geq 1. \tag{2.16.2}$$

Weiter benutzen wir die Ungleichung

$$anP(S_n > an) \leq E[S_n] = \mu n, \quad a > 0, \tag{2.16.3}$$

die sich aus $S_n \geq S_n I\{S_n > an\} \geq anI\{S_n > an\}$, $a > 0$, ergibt. Für $a > 2c\mu/\epsilon$ und $1 \leq i \leq n$ erhält man dann aufgrund von (2.16.3) und (2.16.2)

$$\begin{aligned} E[X_i I\{S_n > an\}] &= E[X_i I(\{X_i \leq c\} \cap \{S_n > an\})] \\ &\quad + E[X_i I(\{X_i > c\} \cap \{S_n > an\})] \\ &\leq cP(S_n > an) + E[X_i I\{X_i > c\}] \\ &\leq c\mu/a + \epsilon/2 < \epsilon, \quad n \geq 1, \end{aligned}$$

so daß wegen (2.16.1)

$$E\left[\frac{1}{n}S_n I\left\{\frac{1}{n}S_n > a\right\}\right] < \epsilon, \quad a > 2c\mu/\epsilon, \quad n \geq 1.$$

■

2.17 Satz. *Die ZV* $X, X_1, X_2, \ldots$ *seien integrierbar. Gilt*

(2.17.1) $$E\left[|X_n - X|\right] \to 0 \quad (n \to \infty),$$

so ist die Folge (X_n) *gleichmäßig integrierbar.*

(Man beachte, daß aus (2.17.1) folgt: $E[X_n] \to E[X]$.)

BEWEIS VON SATZ 2.17. Sei $\epsilon > 0$ gegeben. Wegen (2.17.1) existiert eine Zahl $n_0(\epsilon) \geq 1$ derart, daß

(2.17.2) $$E\left[|X_n - X|\right] < \epsilon/2, \quad n > n_0(\epsilon).$$

Wegen Satz 2.14(c) existiert eine Zahl $\delta(\epsilon) > 0$ derart, daß

(2.17.3) $$P(A) < \delta(\epsilon) \Longrightarrow E\left[|X|I(A)\right] < \epsilon/2, \quad A \in \mathcal{A}.$$

Aus (2.17.1) folgt ersichtlich

$$K := \sup_{n\geq 1} E\left[|X_n|\right] < \infty,$$

so daß aufgrund der Abschätzung $|X_n| \geq aI\left\{|X_n| > a\right\}$ $(a \geq 0)$

(2.17.4) $$P\left(|X_n| > a\right) \leq E\left[|X_n|\right]/a \leq K/a < \delta(\epsilon), \quad a > K/\delta(\epsilon), n \geq 1.$$

Für $a > K/\delta(\epsilon)$ und $n > n_0(\epsilon)$ ergibt sich also aus (2.17.2)–(2.17.4)

$$\begin{aligned} E\left[|X_n|I\left\{|X_n| > a\right\}\right] &\leq E\left[|X_n - X|I\left\{|X_n| > a\right\}\right] + E\left[|X|I\left\{|X_n| > a\right\}\right] \\ &< \epsilon/2 + \epsilon/2 = \epsilon. \end{aligned}$$

Durch eine weitere Vergrößerung von a läßt sich erreichen, daß zusätzlich $E\left[|X_n|I\left\{|X_n| > a\right\}\right] < \epsilon$ $(1 \leq n \leq n_0(\epsilon))$ gilt. ■

Der Bedingung (2.17.1) liegt ein weiterer Konvergenzbegriff zugrunde:

2.18 Definition. Die ZV $X, X_1, X_2, \ldots$ seien integrierbar. Wir sagen, die Folge (X_n) *konvergiert in* L^1 (oder *im Mittel*) gegen X, falls (2.17.1) gilt. Wir schreiben dann

(2.18.1) $$X_n \to X \quad \text{in } L^1$$

oder auch

(2.18.2) $$\lim_{n\to\infty} X_n = X \quad \text{in } L^1.$$

■

Das nächste Resultat — im folgenden ebenfalls *Lemma von Fatou* genannt — verallgemeinert Satz 2.1 und führt zu einer Verallgemeinerung des Satzes von der dominierten Konvergenz.

2.19 Satz. *Seien* $X_1, X_2, \ldots$ NZV.

(a) *Gilt für eine* ZV $Z \in L^1$

$$X_n \geq Z \quad f.s.,\ n \geq 1, \tag{2.19.1}$$

so existiert der EW *von* $\liminf_{n\to\infty} X_n$, *und es folgt*

$$E\left[\liminf_{n\to\infty} X_n\right] \leq \liminf_{n\to\infty} E[X_n]. \tag{2.19.2}$$

(b) *Gilt für eine* ZV $Z \in L^1$

$$X_n \leq Z \quad f.s.,\ n \geq 1, \tag{2.19.3}$$

so existiert der EW *von* $\limsup_{n\to\infty} X_n$, *und es folgt*

$$\limsup_{n\to\infty} E[X_n] \leq E\left[\limsup_{n\to\infty} X_n\right]. \tag{2.19.4}$$

(c) *Ist die Folge* (X_n^-) *gleichmäßig integrierbar und existiert der* EW *von* $\liminf_{n\to\infty} X_n$, *so folgt* (2.19.2).

(d) *Ist die Folge* (X_n^+) *gleichmäßig integrierbar und existiert der* EW *von* $\limsup_{n\to\infty} X_n$, *so folgt* (2.19.4).

BEWEIS. Wegen Satz 1.17(a) dürfen (und werden) wir im folgenden annehmen, daß die Ungleichungen (2.19.1) und (2.19.3) jeweils für *alle* $\omega \in \Omega$ gelten.

(a) Setzen wir $X_\infty = \liminf_{n\to\infty} X_n$, so folgt wegen (2.19.1) $X_\infty \geq Z$, so daß der EW von X_∞ wegen $X_\infty^- \leq Z^- \in L^1$ existiert. Setzen wir wie im Beweis von Satz 2.1(a) $Y_n = \inf_{m\geq n} X_m$, $n \geq 1$, so folgt wegen (2.19.1) $0 \leq Y_1 - Z \leq Y_2 - Z < \cdots,\ Y_n - Z \leq X_n - Z \quad (n \geq 1)$ und für $n \to \infty$

$$Y_n(\omega) - Z(\omega) \to \liminf_{m\to\infty} (X_m(\omega) - Z(\omega)) = X_\infty(\omega) - Z(\omega), \quad \omega \in \Omega.$$

Mit Hilfe von Satz 1.20(b) und des Satzes von der monotonen Konvergenz erhält man also

$$\begin{aligned} E[X_\infty] - E[Z] &= E[X_\infty - Z] = E\left[\lim_{n\to\infty} (Y_n - Z)\right] \\ &= \lim_{n\to\infty} E\left[Y_n - Z\right] \leq \liminf_{n\to\infty} E[X_n] - E[Z], \end{aligned}$$

woraus sich wegen $E[Z] \in \mathbb{R}$ (2.19.2) ergibt.

(b) folgt aus (a) — angewandt auf $(-X_n)$.

(c) Setzen wir $b(m) = \sup_{n\geq 1} E\left[X_n^- I\{X_n^- > m\}\right]$, $m \geq 1$, so folgt aufgrund der gleichmäßigen Integrierbarkeit der Folge (X_n^-) $b(m) < \infty\ (m \geq 1)$ und

$$b(m) \to 0. \tag{2.19.5}$$

Wegen $s \geq -s^-$ $(s \in \mathbb{R})$ erhält man

$$E\left[X_n I\{X_n^- > m\}\right] \geq -E\left[X_n^- I\{X_n^- > m\}\right] \geq -b(m), \quad m, n \geq 1$$

und

$$X_nI\{X_n^- \le m\} \ge -X_n^-I\{X_n^- \le m\} \ge -mI\{X_n^- \le m\}, \quad m,n \ge 1,$$

so daß aufgrund von Satz 1.20(b)

$$(2.19.6) \quad E[X_n] = E\left[X_nI\{X_n^- > m\}\right] + E\left[X_nI\{X_n^- \le m\}\right], \quad m,n \ge 1.$$

Anwendung von (a) auf die Folge $(X_nI\{X_n^- \le m\})$ (bei festem $m \ge 1$) führt wegen (2.19.6) zur Abschätzung

$$\begin{aligned}\liminf_{n\to\infty} E[X_n] &\ge -b(m) + \liminf_{n\to\infty} E\left[X_nI\{X_n^- \le m\}\right] \\ &\ge -b(m) + E\left[\liminf_{n\to\infty} X_nI\{X_n^- \le m\}\right].\end{aligned}$$

Nun gilt $X_nI\{X_n^- \le m\} \ge X_n$, $m, n \ge 1$ (man betrachte die Fälle $X_n^- \le m$ und $X_n^- > m$), so daß wegen Satz 1.17

$$\liminf_{n\to\infty} E[X_n] \ge -b(m) + E\left[\liminf_{n\to\infty} X_n\right], \quad m \ge 1.$$

Mit Hilfe von (2.19.5) ergibt sich hieraus (2.19.2).

(d) folgt aus (c) — angewandt auf $(-X_n)$. ■

Das folgende Resultat verallgemeinert den Satz von der dominierten Konvergenz.

2.20 Satz. *Seien* $X, X_1, X_2, \ldots$ ZV *derart, daß*

$$(2.20.1) \qquad X_n \to X \quad (\textit{schwach}).$$

Ist die Folge (X_n) *gleichmäßig integrierbar, so gilt*

$$(2.20.2) \qquad X \in L^1$$

und

$$(2.20.3) \qquad E[X] = \lim_{n\to\infty} E[X_n].$$

BEWEIS. Aufgrund von Korollar 2.11 und Satz 2.13 ergibt sich (2.20.2). Wir beweisen (2.20.3) zunächst unter der Annahme

$$(2.20.4) \qquad X_n \to X \quad \text{f.s.},$$

die wegen Satz 2.5 stärker als (2.20.1) ist. Wegen $X_n^- \le |X_n|$, $X_n^+ \le |X_n|$ $(n \ge 1)$ sind die Folgen (X_n^-) und (X_n^+) gleichmäßig integrierbar, da (X_n) gleichmäßig integrierbar ist. Mit Hilfe von Satz 2.19(c), (d) folgt also aus (2.20.4)

$$\liminf_{n\to\infty} E[X_n] \ge E[X] \ge \limsup_{n\to\infty} E[X_n],$$

so daß (2.20.3) gilt. Sei nun (2.20.1) anstelle von (2.20.4) erfüllt. Das soeben bewiesene Resultat läßt sich dann auf die im Satz von Skorochod auftretenden ZV $Y, Y_1, Y_2, \ldots$ anwenden, da aus der gleichmäßigen Integrierbarkeit von (X_n) diejenige von (Y_n) resultiert. Somit gilt $E[Y_n] \to E[Y]$, woraus sich wegen $E[Y_n] = E[X_n]$ $(n \ge 1)$ und $E[Y] = E[X]$ (2.20.3) ergibt. ■

Das folgende Resultat zeigt, daß in Satz 2.20 unter einer Zusatzannahme die gleichmäßige Integrierbarkeit der Folge (X_n) auch *notwendig* für die Gültigkeit von (2.20.3) ist:

2.21 Satz. *Seien* $X, X_1, X_2, \ldots$ *integrierbare* ZV *derart, daß*

(2.21.1) $$X_n \to X \quad (schwach).$$

Gilt zusätzlich

(2.21.2) $$X \geq 0 \quad und \quad X_n \geq 0, \quad n \geq 1,$$

so sind die folgenden beiden Aussagen äquivalent:

(a) (X_n) *ist gleichmäßig integrierbar.*

(b) $E[X_n] \to E[X] \quad (n \to \infty)$.

BEWEIS. Die Implikation (a) $\Longrightarrow$ (b) ergibt sich aus Satz 2.20. Gelte (b). Die durch $h_a(x) := xI_{[-a,a]}(x)$ auf $\mathbb{R}$ definierte Funktion h_a $(a > 0)$ ist beschränkt, und $D_a = \{-a, a\}$ ist die Menge ihrer Unstetigkeitsstellen. Ersichtlich existieren beliebig große Zahlen a derart, daß $P(X \in D_a) = 0$. Sei $\epsilon > 0$ gegeben. Wegen Satz 2.14(c) existiert ein $a = a(\epsilon) > 0$ derart, daß $P(X \in D_a) = 0$ und $E[XI\{X > a\}] < \epsilon/2$. Mit Hilfe von (2.21.2), (b) und Satz 2.7(b) erhält man folglich für $n \to \infty$

$$\begin{aligned} E[|X_n| I\{|X_n| > a\}] &= E[X_n I\{X_n > a\}] = E[X_n] - E[h_a(X_n)] \\ &\to E[X] - E[h_a(X)] = E[XI\{X > a\}] < \epsilon/2, \end{aligned}$$

so daß $E[|X_n|I\{|X_n| > a\}] < \epsilon$, $n \geq n_0(\epsilon)$. Daraus ergibt sich die gleichmäßige Integrierbarkeit von (X_n) (man vgl. dazu die Bemerkung am Ende des Beweises von Satz 2.17). ■

Sei $(\Omega, \mathcal{A})$ ein meßbarer Raum. Im Hinblick auf die *Berechnung* von Erwartungswerten wird es sich in §4.5 als zweckmäßig erweisen, Integrale $\int X \, d\mu$ geeigneter NZV $X : \Omega \longrightarrow \overline{\mathbb{R}}$ zu konstruieren, die bez. *σ-endlicher Maße* $\mu : \mathcal{A} \longrightarrow \overline{\mathbb{R}}_+$ gebildet werden (vgl. Definition 4.2[1]). Im folgenden sei $\mu : \mathcal{A} \longrightarrow \overline{\mathbb{R}}_+$ ein σ-endliches Maß. Lt. Definition existieren dann höchstens abzählbar viele Mengen $\Omega(m) \in \mathcal{A}$ $(m \geq 1)$, die eine Zerlegung von Ω bilden und für die jeweils $\mu(\Omega(m)) < \infty$ ist. Gilt für ein $m \geq 1$ $\mu(\Omega(m)) > 0$, so wird durch

(2.21.3) $$\mu_m(A) := \frac{\mu(A \cap \Omega(m))}{\mu(\Omega(m))}, \quad A \in \mathcal{A}$$

ein W.-Maß μ_m auf $\mathcal{A}$ definiert. Im Fall $\mu(\Omega(m)) = 0$ sei $\mu_m(A) := 0$, $A \in \mathcal{A}$. Es liegt nahe, das *Integral* (genauer: *μ-Integral*) einer NZV $X \geq 0$ durch

(2.21.4) $$\int X \, d\mu := \sum_m \mu(\Omega(m)) \int_{\Omega(m)} X \, d\mu_m$$

zu definieren, wobei im Fall $\mu(\Omega(m)) = 0$ für eine *beliebige* NZV ξ

$$\int_A \xi \, d\mu_m := \int \xi I(A) \, d\mu_m := 0, \quad A \in \mathcal{A}$$

gesetzt wird. Wie früher schreiben wir auch

$$\int X\,d\mu = \int_\Omega X\,d\mu = \int_\Omega X(\omega)\,d\mu(\omega).$$

Für $X = I(A)$ $(A \in \mathcal{A})$ ergibt sich aus (2.21.4)

$$\int I(A)\,d\mu = \sum_m \mu\left(\Omega(m)\right)\mu_m(A) = \sum_m \mu\left(A \cap \Omega(m)\right) = \mu(A), \tag{2.21.5}$$

wie es sein sollte.

Aufgrund von Definition (2.21.4) wird man vermuten, daß sich viele Eigenschaften von Erwartungswerten auf μ-Integrale übertragen. So gilt z.B. analog zu Satz 1.7 folgender *Satz von der monotonen Konvergenz*:

2.22 Satz. *Seien $X \geq 0$ und $0 \leq X_1 \leq X_2 \leq \cdots$ NZV derart, daß $X_n(\omega) \to X(\omega)$ $(n \to \infty)$, $\omega \in \Omega$. Dann folgt*

$$\lim_{n\to\infty} \int X_n\,d\mu = \int X\,d\mu. \tag{2.22.1}$$

BEWEIS. Aufgrund der Monotonie des EW ergibt sich wegen (2.21.4)

$$\limsup_{n\to\infty} \int X_n\,d\mu \leq \int X\,d\mu. \tag{2.22.2}$$

Gelte etwa $\int X\,d\mu = \infty$ und sei $K > 0$ gegeben. Dann existiert eine ganze Zahl $M = M(K) \geq 1$ derart, daß

$$\sum_{1\leq m\leq M} \mu\left(\Omega(m)\right) \int_{\Omega(m)} X\,d\mu > K,$$

so daß sich wegen des Satzes von der monotonen Konvergenz für EW

$$\lim_{n\to\infty} \sum_{1\leq m\leq M} \mu\left(\Omega(m)\right) \int_{\Omega(m)} X_n\,d\mu_m > K$$

und somit

$$\liminf_{n\to\infty} \sum_m \mu\left(\Omega(m)\right) \int_{\Omega(m)} X_n\,d\mu_m = \liminf_{n\to\infty} \int X_n\,d\mu > K$$

ergibt. Da $K > 0$ beliebig ist, impliziert dies — zusammen mit (2.22.2) — die gewünschte Aussage (2.22.1). Ähnlich erhält man (2.22.1) im Fall $\int X\,d\mu < \infty$. ∎

Mit Hilfe von von Satz 2.22 und (2.21.5) erhält man leicht

2.23 Korollar. *Die Definition des μ-Integrals einer* NZV *$X \geq 0$ in* (2.21.4) *hängt nicht von der Wahl der Zerlegung $(\Omega(m)) \subset \mathcal{A}$ ab. Genauer gilt: Ist $(\widetilde{\Omega}(k)) \subset \mathcal{A}$ eine Zerlegung von Ω derart, daß jeweils $\mu(\widetilde{\Omega}(k)) < \infty$ gilt, und setzen wir analog zu* (2.21.3)

$$\widetilde{\mu}_k(A) := \frac{\mu(A \cap \widetilde{\Omega}(k))}{\mu(\widetilde{\Omega}(k))}, \quad A \in \mathcal{A},$$

falls $\mu(\widetilde{\Omega}(k)) > 0$, *und* $\widetilde{\mu}_k(A) = 0$, $A \in \mathcal{A}$, *falls* $\mu(\widetilde{\Omega}(k)) = 0$, *so gilt*

$$\sum_m \mu(\Omega(m)) \int_{\Omega(m)} X \, d\mu_m = \sum_k \mu(\widetilde{\Omega}(k)) \int_{\widetilde{\Omega}(k)} X \, d\widetilde{\mu}_k. \tag{2.23.1}$$

BEWEIS. Wegen (2.21.5) gilt (2.23.1) für *elementare* ZV $X \geq 0$. Mit Hilfe des Approximationssatzes für NZV und Satz 2.22 ergibt sich dann die Gültigkeit von (2.23.1) für beliebige NZV $X \geq 0$. ∎

Aus Korollar 2.23 folgt für W.-Maße μ, daß das durch (2.21.4) definierte μ-Integral einer NZV $X \geq 0$ mit dem früher definierten EW von X übereinstimmt.

Ist X eine NZV derart, daß

$$\int X^+ \, d\mu < \infty \quad \text{oder} \quad \int X^- \, d\mu < \infty,$$

so setzen wir analog zu früher

$$\int X \, d\mu = \int_\Omega X \, d\mu = \int_\Omega X(\omega) \, d\mu(\omega) = \int X^+ \, d\mu - \int X^- \, d\mu \tag{2.23.2}$$

und sagen dann, daß das μ-Integral von X *existiert* oder *definiert* ist. Gilt insbesondere

$$\int X^+ \, d\mu < \infty \quad \text{und} \quad \int X^- \, d\mu < \infty, \tag{2.23.3}$$

so heißt X *μ-integrierbar*. Existiert das μ-Integral einer NZV X, so existieren auch die μ-Integrale

$$\int_A X \, d\mu := \int_A X(\omega) \, d\mu(\omega) := \int X I(A) \, d\mu, \quad A \in \mathcal{A}. \tag{2.23.4}$$

Ist $\mathcal{E} = \mathcal{E}(\omega)$ eine von $\omega \in \Omega$ abhängige Aussage, so sagen wir analog zu früher, daß $\mathcal{E}$ *μ-fast überall* (μ-f.ü.) zutrifft, falls für die Menge $\widetilde{\Omega} := \{\omega \in \Omega : \mathcal{E}(\omega)$ trifft *nicht* zu$\}$ gilt: $\widetilde{\Omega} \in \mathcal{A}$ und $\mu(\widetilde{\Omega}) = 0$. Sind X, Y NZV, so bedeutet also z.B. $X \leq Y$ μ-f.ü., daß $\mu\{X > Y\} = 0$.

Der Beweis des folgenden Resultats sei dem Leser überlassen (man vgl. dazu die Beweise entsprechender Eigenschaften von Erwartungswerten).

2.24 Satz. *Sei* $\mu : \mathcal{A} \longrightarrow \overline{\mathbb{R}}_+$ *ein σ-endliches Maß und seien* X, Y NZV, *deren μ-Integrale existieren. Dann gilt*

(a) (*Positivität*) $X \geq 0 \Longrightarrow \int X \, d\mu \geq 0$.

(b) (*Monotonie*) *Aus* $X \geq 0$, $Y \geq 0$ *und* $X \leq Y$ *μ-f.ü. folgt* $\int X d\mu \leq \int Y \, d\mu$.

(c) (*Satz von der monotonen Konvergenz*) *Seien* $X_n \geq 0$ $(n \geq 1)$ NZV *derart, daß* $X_1 \leq X_2 \leq \cdots$ *μ-f.ü. Gilt* $X \geq 0$ *und* $X_n \to X$ *μ-f.ü., so folgt*

$$\int X \, d\mu = \lim_{n \to \infty} \int X_n \, d\mu. \tag{2.24.1}$$

Insbesondere gilt also für NZV $Y_n \geq 0\,(n \geq 1)$:

$$\int \left(\sum_{i=1}^{\infty} Y_i\right) d\mu = \sum_{i=1}^{\infty} \int Y_i\, d\mu. \tag{2.24.2}$$

(d) (*Linearität*) *Aus* $X \geq 0$, $Y \geq 0$ *folgt für* $a, b \in \overline{\mathbb{R}}_+$

$$\int (aX + bY)\, d\mu = a \int X\, d\mu + b \int Y\, d\mu. \tag{2.24.3}$$

Sind X, Y μ*-integrierbare* ZV, *so ist die* ZV $aX + bY$ *für beliebige* $a, b \in \mathbb{R}$ μ*-integrierbar, und es gilt* (2.24.3) *für* $a, b \in \mathbb{R}$.

(e) *Nimmt die* NZV $X \geq 0$ *höchstens abzählbar viele Werte* $x_1, x_2, \ldots$ *an, so gilt*

$$\int X\, d\mu = \sum_m x_m \mu\{X = x_m\}. \tag{2.24.4}$$

(f) *Existiert das* μ*-Integral* $\int X\, d\mu$, *so existieren auch die* μ*-Integrale*

$$\int_A X\, d\mu, \quad A \in \mathcal{A}.$$

Ist insbesondere X μ*-integrierbar, so auch* $XI(A)$, $A \in \mathcal{A}$.

(g) (*Rückschlußeigenschaft*) *Es gilt*

$$X \leq Y \quad \mu\text{-f.ü.} \iff \int_A X\, d\mu \leq \int_A Y\, d\mu, \quad A \in \mathcal{A} \tag{2.24.5}$$

und

$$X = Y \quad \mu\text{-f.ü.} \iff \int_A X\, d\mu = \int_A Y\, d\mu, \quad A \in \mathcal{A}. \tag{2.24.6}$$

(h) (*Fatou-Lemma*) *Für beliebige* NZV $X_n \geq 0\,(n \geq 1)$ *gilt*

$$\int \liminf_{n\to\infty} X_n\, d\mu \leq \liminf_{n\to\infty} \int X_n\, d\mu. \tag{2.24.7}$$

(i) (*Satz von der dominierten Konvergenz*) *Seien* $X, X_1, X_2, \ldots$ NZV *derart, daß*

$$\lim_{n\to\infty} X_n = X \quad \mu\text{-f.ü.} \tag{2.24.8}$$

Existiert eine μ*-integrierbare* ZV Y *derart, daß*

$$|X_n| \leq Y \quad \mu\text{-f.ü.}, \ n \geq 1, \tag{2.24.9}$$

so ist X μ*-integrierbar, und es gilt*

$$\int X\, d\mu = \lim_{n\to\infty} \int X_n\, d\mu. \tag{2.24.10}$$

■

4.3 Ungleichungen für Erwartungswerte

Einige der wichtigsten Ungleichungen für Erwartungswerte basieren auf konvexen Funktionen. Im folgenden sei $G =]a, b[\subset \mathbb{R}$ ein offenes Intervall derart, daß $a < b$ und $a, b \in \overline{\mathbb{R}}$. Mit $\overline{G} \subset \mathbb{R}$ bezeichnen wir die abgeschlossene Hülle von G, die aus G durch Hinzunahme der *endlichen* Endpunkte von G entsteht. Somit gilt etwa $\overline{G} = \mathbb{R}_+$, falls $G =]0, \infty[$, $\overline{G} = G$, falls $G = \mathbb{R}$ und $\overline{G} = [a, b]$, falls $a, b \in \mathbb{R}$. Im folgenden bedeute $G(\overline{G})$, daß G bzw. $\overline{G}$ zugrundegelegt wird je nachdem, ob eine Funktion $\phi : G \longrightarrow \mathbb{R}$ oder $\phi : \overline{G} \longrightarrow \mathbb{R}$ betrachtet wird.

3.1 Definition. Eine Funktion $\phi : G(\overline{G}) \longrightarrow \mathbb{R}$ heißt *konvex*, falls

$$\begin{aligned}&\phi(\alpha x + (1-\alpha)z) \\ &\quad \leq \alpha\phi(x) + (1-\alpha)\phi(z), \quad x, z \in G(\overline{G}),\ x \neq z,\ 0 < \alpha < 1.\end{aligned} \tag{3.1.1}$$

Ist die Ungleichung (3.1.1) jeweils strikt, so heißt ϕ ***strikt konvex***. Eine Funktion $\phi : G(\overline{G}) \longrightarrow \mathbb{R}$ heißt (***strikt***) ***konkav***, falls $-\phi$ (strikt) konvex ist. ∎

3.2 Lemma. *Sei X eine integrierbare* ZV.

(a) *Aus*

$$X(\omega) \in G, \quad \omega \in \Omega \tag{3.2.1}$$

folgt

$$E[X] \in G, \tag{3.2.2}$$

während sich aus

$$X(\omega) \in \overline{G}, \quad \omega \in \Omega \tag{3.2.3}$$

$$E[X] \in \overline{G} \tag{3.2.4}$$

ergibt.

(b) *Gilt* (3.2.3) *und* $P(X \neq E[X]) > 0$, *so folgt* (3.2.2).

BEWEIS. (a) folgt aus Satz 1.20 (d).

(b) Aus (3.2.3) ergibt sich mit Hilfe von (a) $E[X] \in \overline{G}$. Gilt $E[X] \in \overline{G} \backslash G$, so ist $E[X]$ ein endlicher Endpunkt von $\overline{G}$. Sei etwa $E[X] = a$. Da wegen (3.2.3) $X(\omega) \geq a$, $\omega \in \Omega$, ergibt sich mit Hilfe von Satz 1.20 (d) $X = E[X]$ f.s. ∎

Die Ungleichung in Teil (a) bzw. (b) des folgenden Resultats heißt jeweils *Jensen-Ungleichung.*

3.3 Satz. *Sei $\phi : G(\overline{G}) \longrightarrow \mathbb{R}$ konvex und X eine integrierbare* ZV *derart, daß*

$$X(\omega) \in G(\overline{G}), \quad \omega \in \Omega. \tag{3.3.1}$$

(a) *Die Abbildung $\phi(X)$ ist eine* ZV, *deren* EW *existiert, und es gilt*

$$\phi(E[X]) \leq E[\phi(X)]. \tag{3.3.2}$$

(b) *Ist ϕ strikt konvex, und gilt*

$$P(X \neq E[X]) > 0, \tag{3.3.3}$$

so folgt

$$\phi(E[X]) < E[\phi(X)]. \tag{3.3.4}$$

Zum Beweis von Satz 3.3 benötigen wir einige Eigenschaften konvexer Funktionen. Im folgenden setzen wir für eine Funktion $\phi : G(\overline{G}) \longrightarrow \mathbb{R}$

$$Q(x,y) = \frac{\phi(y) - \phi(x)}{y - x}, \quad x < y, \quad x,y \in G(\overline{G}). \tag{3.3.5}$$

3.4 Lemma. *Eine Funktion $\phi : G(\overline{G}) \longrightarrow \mathbb{R}$ ist genau dann konvex, wenn*

$$Q(x,y) \leq Q(y,z), \quad x < y < z, \quad x,y,z \in G(\overline{G}). \tag{3.4.1}$$

BEWEIS. Gelte $x < y < z \, (x,y,z \in G(\overline{G}))$. Dann existiert ein $0 < \alpha < 1$ derart, daß

$$y = \alpha x + (1 - \alpha)z, \tag{3.4.2}$$

und (3.4.1) ist äquivalent dazu, daß

$$\frac{\phi(\alpha x + (1-\alpha)z) - \phi(x)}{(1-\alpha)(z-x)} \leq \frac{\phi(z) - \phi(\alpha x + (1-\alpha)z)}{\alpha(z-x)} \tag{3.4.3}$$

für alle $\alpha \in]0,1[$ und alle $x, z \in G(\overline{G})$ mit $x < z$ gilt. Eine einfache Rechnung zeigt, daß die Ungleichungen (3.4.3) äquivalent zu (3.1.1) sind. ■

3.5 Lemma. *Ist $\phi : G(\overline{G}) \longrightarrow \mathbb{R}$ konvex, so gilt*

$$Q(x,y) \leq Q(x,z), \quad x < y < z, \quad x,y,z \in G(\overline{G}) \tag{3.5.1}$$

und

$$Q(x,z) \leq Q(y,z), \quad x < y < z, \quad x,y,z \in G(\overline{G}). \tag{3.5.2}$$

BEWEIS. Sei $x < y < z$ und gelte (3.4.2). Aus (3.1.1) folgt $\phi(\alpha x + (1-\alpha)z) - \phi(x) \leq (1-\alpha)(\phi(z) - \phi(x))$, woraus sich (3.5.1) nach Division durch $(1-\alpha)(z-x) = y - x$ ergibt. Andererseits folgt aus (3.1.1) $\alpha(\phi(z) - \phi(x)) \leq \phi(z) - \phi(\alpha x + (1-\alpha)z)$, woraus sich (3.5.2) nach Division durch $\alpha(z-x) = z-y$ ergibt. ■

3.6 Satz. *Sei $\phi : G(\overline{G}) \longrightarrow \mathbb{R}$ konvex.*

(a) *ϕ ist an jeder Stelle $x \in G$ stetig und somit Borel-meßbar.*

(b) *Die Grenzwerte*

$$D_+\phi(y) := \lim_{z \downarrow y} Q(y,z), \quad y \in G \tag{3.6.1}$$

und

$$D_-\phi(y) := \lim_{x \uparrow y} Q(x,y), \quad y \in G \tag{3.6.2}$$

existieren, und es gilt

$$-\infty < D_-\phi(y) \le D_+\phi(y) < \infty, \quad y \in G. \tag{3.6.3}$$

(c) *Die auf G definierten Funktionen $D_+\phi$ und $D_-\phi$ sind monoton wachsend.*

(d) *Für eine konvexe Funktion $\phi : \overline{G} \longrightarrow \mathbb{R}$ gilt*

$$\limsup_{y \downarrow a} \phi(y) \le \phi(a), \quad \textit{falls} \quad a \in \mathbb{R} \tag{3.6.4}$$

und

$$\limsup_{y \uparrow b} \phi(y) \le \phi(b), \quad \textit{falls} \quad b \in \mathbb{R}. \tag{3.6.5}$$

(Es sei daran erinnert, daß $G =]a, b[$ für $a < b$ und $a, b \in \overline{\mathbb{R}}$.)

3.7 Beispiel. Die durch $\phi(t) = I_{\{0,1\}}(t)$, $t \in [a, b] = [0, 1]$ definierte Funktion ϕ ist konvex, und die Ungleichungen (3.6.4) und (3.6.5) sind strikt. ■

BEWEIS VON SATZ 3.6. (a) Sei $y \in \overline{G}$ und $(y_n) \subset G$ derart, daß $y_1 > y_2 > \cdots$ und $y_n \to y$. Gilt insbesondere $y \in G$, so folgt aus (3.4.1) für ein $x \in G$ derart, daß $x < y$,

$$\frac{\phi(y) - \phi(x)}{y - x} \le \frac{\phi(y_n) - \phi(y)}{y_n - y}, \quad n \ge 1. \tag{3.7.1}$$

Hieraus ergibt sich $\liminf_{n\to\infty} \phi(y_n) \ge \phi(y)$, da die Brüche auf der rechten Seite der Ungleichung (3.7.1) nach unten beschränkt sind. Andererseits folgt aus $y \in G(\overline{G})$ wegen (3.5.1)

$$\frac{\phi(y_n) - \phi(y)}{y_n - y} \le \frac{\phi(y_1) - \phi(y)}{y_1 - y}, \quad n \ge 1,$$

so daß $\limsup_{n\to\infty} \phi(y_n) \le \phi(y)$. Folglich ist ϕ rechtsstetig auf G, und es gilt (3.6.4). Ähnlich ergibt sich mit Hilfe von (3.4.1) und (3.5.2), daß ϕ linksstetig auf G ist und (3.6.5) gilt. Damit sind (a) und (d) bewiesen. Schließlich folgen (b) und (c) aus (3.5.1), (3.5.2) sowie (3.4.1). ■

Sei $\phi : G(\overline{G}) \longrightarrow \mathbb{R}$ konvex und $y \in G$. Aus Satz 3.6 ergibt sich, daß im Punkt $(y, \phi(y))$ des Graphen von ϕ eine *Stützgerade* existiert:

3.8 Satz. *Sei $\phi : G(\overline{G}) \longrightarrow \mathbb{R}$ konvex.*

(a) *Gilt für ein $y \in G$*

$$D_-\phi(y) \le c \le D_+\phi(y), \tag{3.8.1}$$

so existiert im Punkt $(y, \phi(y))$ des Graphen von ϕ eine Stützgerade mit der Steigung c:

$$\phi(t) \ge \phi(y) + c(t - y), \quad t \in G(\overline{G}). \tag{3.8.2}$$

(b) *Es existieren Folgen $(c_n) \subset \mathbb{R}$, $(b_n) \subset \mathbb{R}$ $(n \ge 1)$ derart, daß*

$$\phi(t) = \sup_{n\ge 1}(c_n t + b_n), \quad t \in G. \tag{3.8.3}$$

(c) *Sei ϕ strikt konvex und $y \in G(\overline{G})$. Existiert im Punkt $(y, \phi(y))$ des Graphen von ϕ eine Stützgerade mit der Steigung c ($c \in \mathbb{R}$), so folgt*

(3.8.4) $$\phi(t) > \phi(y) + c(t-y), \quad t \in G(\overline{G}) \setminus \{y\}.$$

BEWEIS. (a) Aus (3.8.1) ergibt sich wegen (3.5.1) und (3.5.2)

$$\frac{\phi(y)-\phi(x)}{y-x} \leq c \leq \frac{\phi(z)-\phi(y)}{z-y}, \quad x < y < z, \quad x, y, z \in G(\overline{G}),$$

so daß (3.8.2) gilt.

(b) Es existieren beschränkte abgeschlossene Intervalle $[a_m, b_m]$ ($m \geq 1$) derart, daß je zwei von ihnen höchstens einen Endpunkt gemeinsam haben und $G = [a_1, b_1] \cup [a_2, b_2] \cup \cdots$. Wegen Satz 3.6 (a) ist ϕ stetig auf G, also auf jedem Intervall $[a_m, b_m]$ *gleichmäßig stetig.* Wegen (a) existieren demnach zu jedem Intervall $[a_m, b_m]$ Folgen $(c_n(m)) \subset \mathbb{R}$, $(b_n(m)) \subset \mathbb{R}$ derart, daß

$$\phi(t) = \sup_{n \geq 1} (c_n(m)t + b_n(m)), \quad t \in [a_m, b_m]$$

und

$$\phi(t) \geq \sup_{n \geq 1} (c_n(m)t + b_n(m)), \quad t \in G(\overline{G}).$$

Hieraus ergibt sich (b).

(c) Für die Stützgerade in (3.8.4) existiere ein $y < z \in G(\overline{G})$ derart, daß

(3.8.5) $$\phi(z) = \phi(y) + c(z-y).$$

Mit Hilfe von (3.1.1) ergibt sich hieraus leicht $\phi(t) = \phi(y) + c(t-y)$, $t \in [y, z]$, woraus ein Widerspruch zur *strikten* Konvexität von ϕ resultiert (warum ?). Ähnlich sieht man, daß (3.8.5) nicht für ein $y > z \in G(\overline{G})$ gelten kann. ■

Eine einfache hinreichende Bedingung für (strikte) Konvexität liefert

3.9 Satz. *Die Funktion $\phi : G(\overline{G}) \longrightarrow \mathbb{R}$ sei auf G zweimal differenzierbar derart, daß die Ableitungen ϕ' und ϕ'' stetig auf G sind. Im Fall einer Abbildung: $\phi : \overline{G} \longrightarrow \mathbb{R}$ seien zusätzlich* (3.6.4) *und* (3.6.5) *erfüllt.*

(a) *Gilt*

(3.9.1) $$\phi''(t) \geq 0, \quad t \in G,$$

so ist ϕ konvex.

(b) *Gilt*

(3.9.2) $$\phi''(t) > 0, \quad t \in G,$$

so ist ϕ strikt konvex.

BEWEIS. (a) Aufgrund der Taylor-Formel existiert zu beliebigen Zahlen $t, y \in G$ eine Zahl $v = v(t, y)$ zwischen t und y derart, daß

(3.9.3) $$\phi(t) = \phi(y) + (t-y)\phi'(y) + \frac{1}{2}(t-y)^2\phi''(v),$$

so daß wegen (3.9.1)

$$\phi(t) \geq \phi(y) + (t-y)\phi'(y), \quad t, y \in G.$$

Im Fall einer Abbildung $\phi : \overline{G} \longrightarrow \mathbb{R}$ gilt diese Ungleichung wegen (3.6.4) und (3.6.5) auch für $t \in \overline{G}$ und $y \in G$, so daß

(3.9.4) $$\phi(t) \geq \phi(y) + (t-y)\phi'(y), \quad t \in G(\overline{G}),\ y \in G.$$

Für $x < z$ $(x, z \in G(\overline{G}))$, $\alpha \in]0,1[$ und $y := \alpha x + (1-\alpha)z \in G(!)$ folgt also aus (3.9.4)

$$\begin{aligned} &\alpha\phi(x) + (1-\alpha)\phi(z) \\ &\quad \geq \alpha(\phi(y) + (x-y)\phi'(y)) + (1-\alpha)(\phi(y) + (z-y)\phi'(y)) \\ &\quad = \phi(y) + (\alpha x + (1-\alpha)z - y)\phi'(y) = \phi(y), \end{aligned}$$

so daß ϕ konvex ist. Ähnlich zeigt man mit Hilfe von (3.9.3), daß ϕ strikt konvex ist, falls (3.9.2) gilt. ■

3.10 Beispiele. (a) Für jedes $\alpha \neq 0$ ist $t \longmapsto \exp(\alpha t)$ $(t \in \mathbb{R})$ strikt konvex, während $t \longmapsto \log t$ $(t > 0)$ strikt konkav ist.

(b) Die Abbildung $t \longmapsto t^\alpha$ $(t \geq 0)$ ist für $\alpha > 1$ strikt konvex, für $0 < \alpha < 1$ strikt konkav und für $\alpha = 1$ konvex. ■

BEWEIS VON SATZ 3.3. (a) Aufgrund von Lemma 3.2 (a) gilt $E[X] \in G(\overline{G})$. Wir betrachten zunächst den Fall $E[X] \in G$. Wegen Satz 3.8 (a) existiert eine Zahl $c \in \mathbb{R}$ derart, daß $\phi(t) \geq \phi(E[X]) + c(t - E[X])$, $t \in G(\overline{G})$. Wegen (3.3.1) erhält man also

(3.10.1) $$\phi(X) \geq \phi(E[X]) + c(X - E[X]) \in L^1,$$

so daß $E[\phi(X)]$ existiert. Die gewünschte Ungleichung (3.3.2) ist eine einfache Folgerung aus (3.10.1) und Satz 1.17 (a). Sei nun $E[X] \in \overline{G} \setminus G$ und gelte etwa $E[X] = a$. Da $X(\omega) \geq a$, $\omega \in \Omega$, folgt wegen Satz 1.20 (d) $X = a$ f.s., so daß $\phi(E[X]) = E[\phi(X)] = \phi(a)$.

(b) Aus (3.3.3) und (3.3.1) ergibt sich aufgrund von Lemma 3.2 (b) $E[X] \in G$. Ist ϕ strikt konvex, so gilt wegen (3.10.1) und Satz 3.8 (c)

$$\phi(X) > \phi(E[X]) + c(X - E[X]) \quad \text{auf} \quad \{X \neq E[X]\}.$$

Aus (3.3.3) folgt also (3.3.4) mit Hilfe von Satz 1.20 (d). ■

Aus der Jensen-Ungleichung ergibt sich sehr einfach folgende Ungleichung für reelle Zahlen:

3.11 Satz. *Für beliebige reelle Zahlen $a_m > 0$ und $0 < \pi(m) < 1$, $1 \leq m \leq n$ $(n \geq 1)$ derart, daß*

(3.11.1) $$\pi(1) + \cdots + \pi(n) = 1,$$

gilt

(3.11.2) $$a_1^{\pi(1)} \cdots a_n^{\pi(n)} \leq \pi(1)a_1 + \cdots + \pi(n)a_n.$$

Sind die Zahlen $a_1, \ldots, a_n$ nicht alle gleich, so ist die Ungleichung (3.11.2) *strikt.*

Insbesondere ergibt sich für das geometrische Mittel $(a_1 \cdots a_n)^{1/n}$ *der Zahlen* $a_1, \ldots, a_n$

$$(a_1 \cdots a_n)^{1/n} \leq \frac{1}{n}(a_1 + \cdots + a_n). \tag{3.11.3}$$

BEWEIS. Es reicht, (3.11.2) für den Fall zu beweisen, daß die Zahlen $a_1, \ldots, a_n$ alle verschieden sind (warum ?). In *diesem Fall* sei X eine ZV derart, daß $P(X = a_m) = \pi(m)$, $1 \leq m \leq n$. Aufgrund der Jensen-Ungleichung und Beispiel 3.10 (a) folgt also

$$\exp(E[\log X]) \leq E[\exp(\log X)] = E[X] = \sum_{m=1}^{n} \pi(m)a(m), \tag{3.11.4}$$

wobei die linke Seite in (3.11.4) mit derjenigen in (3.11.2) übereinstimmt. Die Ungleichung (3.11.4) ist wegen Satz 3.3 (b) strikt im Fall $n \geq 2$, da $t \longmapsto \exp(t)$ $(t \in \mathbb{R})$ strikt konvex ist. ∎

Die Ungleichung (3.12.2) im folgenden Resultat heißt *Hölder-Ungleichung.*

3.12 Satz. *Seien* $X, Y, X_1, \ldots, X_n$ ZV *und* $p(m) > 1$, $1 \leq m \leq n$ $(n \geq 2)$ *reelle Zahlen derart, daß*

$$\sum_{m=1}^{n} \frac{1}{p(m)} = 1. \tag{3.12.1}$$

Dann gilt

$$E[|X_1 \cdots X_n|] \leq (E[|X_1|^{p(1)}])^{1/p(1)} \cdots (E[|X_n|^{p(n)}])^{1/p(n)}. \tag{3.12.2}$$

Daraus ergibt sich insbesondere

$$E[|XY|] \leq (E[X^2])^{1/2}(E[Y^2])^{1/2} \tag{3.12.3}$$

(*Schwarz-Ungleichung*) *und*

$$(E[|X|^r])^{1/r} \leq (E[|X|^s])^{1/s}, \quad 0 < r < s < \infty \tag{3.12.4}$$

(*Ljapunov-Ungleichung*).

BEWEIS. Zum Nachweis von (3.12.2) nehmen wir im folgenden $e(m) := E[|X_m|^{p(m)}] > 0$ $(1 \leq m \leq n)$ an, da andernfalls beide Seiten in (3.12.2) wegen Satz 1.6 (a) Null sind. Zusätzlich gelte $e(m) < \infty$ $(1 \leq m \leq n)$, da sonst (3.12.2) trivial ist. Mit Hilfe von Satz 3.11 erhält man für $\pi(m) := 1/p(m)$ und beliebige Zahlen $a_m \geq 0$

$$a_1 \cdots a_n \leq a_1^{p(1)}/p(1) + \cdots + a_n^{p(n)}/p(n). \tag{3.12.5}$$

Wendet man (3.12.5) bei festem $\omega \in \Omega$ an auf $a_m := |X_m(\omega)|/(e(m))^{1/p(m)}$, so folgt

$$\frac{|X_1 \cdots X_n|}{(e(1))^{1/p(1)} \cdots (e(n))^{1/p(n)}} \leq \sum_{m=1}^{n} \frac{1}{p(m)} \frac{|X_m|^{p(m)}}{e(m)},$$

woraus sich nach Erwartungswertbildung wegen (3.12.1) gerade (3.12.2) ergibt. Aus (3.12.2) folgt (3.12.3) für $p(1) = p(2) = 2$, während sich (3.12.4) aus (3.12.2) für $X_1 = |X|^r$, $X_2 \equiv 1$, $p(1) = s/r$ und $p(2) = s/(s-r)$ ergibt. ∎

Die folgende Ungleichung heißt *Minkowski-Ungleichung.*

3.13 Satz. *Für beliebige* ZV $X_1, \dots, X_n$ *und jede Zahl* $1 \le p < \infty$ *gilt*

(3.13.1) $$(E[|X_1 + \dots + X_n|^p])^{1/p} \le (E[|X_1|^p])^{1/p} + \dots + (E[|X_n|^p])^{1/p}.$$

BEWEIS. Offensichtlich reicht es, (3.13.1) für $n = 2$ und $1 < p < \infty$ zu beweisen. Da die rechte Seite in (3.13.1) unverändert bleibt, wenn X_m durch $|X_m|$ ersetzt wird, dürfen (und werden) wir zusätzlich $X_m \ge 0$ $(m = 1, 2)$ annehmen, so daß dann

(3.13.2) $$(X_1 + X_2)^p = X_1(X_1 + X_2)^{p-1} + X_2(X_1 + X_2)^{p-1}$$

(es sei $1 < p < \infty$). Im folgenden sei $q > 1$ derart, daß $1/p + 1/q = 1$ und somit

(3.13.3) $$q(p-1) = p$$

gilt. Für $a := E[(X_1 + X_2)^p]$ ergibt sich aufgrund der Hölder-Ungleichung wegen (3.13.3)

$$E[X_m(X_1 + X_2)^{p-1}] \le (E[X_m^p])^{1/p} a^{1/q}, \quad m = 1, 2,$$

so daß wegen (3.13.2)

(3.13.4) $$a \le ((E[X_1^p])^{1/p} + (E[X_2^p])^{1/p}) a^{1/q}.$$

Im Fall $a = 0$ ist (3.13.1) trivial, während sich (3.13.1) im Fall $0 < a < \infty$ aus (3.13.4) nach Division durch $a^{1/q}$ ergibt. Insbesondere gilt also (3.13.1) für elementare ZV. Sind $X_m \ge 0$ $(m = 1, 2)$ beliebige ZV, so ergibt sich (3.13.1) mit Hilfe des Approximationssatzes und des Satzes von der monotonen Konvergenz. ∎

Mit Hilfe der obigen Ungleichungen erhält man leicht

3.14 Korollar. *Seien* $L^p = L^p(\Omega, \mathcal{A}, P)$ $(1 \le p < \infty)$ *die in* (1.16.2) *definierten Lebesgue-Räume.*

(a) *Es gilt*

(3.14.1) $$L^s \subset L^r, \quad 1 \le r < s < \infty.$$

(b) *Für reelle Zahlen* $p(m) > 1$ $(1 \le m \le n)$ *derart, daß*

(3.14.2) $$\sum_{m=1}^{n} \frac{1}{p(m)} = 1,$$

gilt

(3.14.3) $$X_m \in L^{p(m)}, \quad 1 \le m \le n \implies X_1 \cdots X_n \in L^1.$$

Insbesondere ergibt sich also

(3.14.4) $$X, Y \in L^2 \Longrightarrow XY \in L^1.$$

(c) *Jeder L^p-Raum ist ein linearer Raum, d. h.*

(3.14.5) $$X, Y \in L^p \Longrightarrow aX + bY \in L^p, \quad a, b \in \mathbb{R}.$$

■

Das folgende Resultat, das später benötigt wird, ist ebenfalls eine Konsequenz aus der Jensen-Ungleichung.

3.15 Satz. (a) *Seien $\xi_1, \ldots, \xi_n$ $(n \geq 2)$ integrierbare* ZV *und sei $\phi : \mathbb{R}_+ \longrightarrow \mathbb{R}_+$ strikt wachsend, stetig und konvex. Sind dann $c > 0$ sowie $c_i > 0$ $(1 \leq i \leq n)$ reelle Zahlen derart, daß*

(3.15.1) $$E[\phi(|\xi_i|/c_i)] \leq c, \quad 1 \leq i \leq n,$$

so folgt

(3.15.2) $$E[\max_{1\leq i\leq n} |\xi_i|] \leq \phi^{-1}(cn) \max_{1\leq i\leq n} c_i.$$

(b) *Gilt insbesondere $\xi_i \sim \mathrm{N}(0, \sigma_i^2)$, $1 \leq i \leq n$ $(n \geq 2)$, so folgt*

(3.15.3) $$E[\max_{1\leq i\leq n} |\xi_i|] \leq \sqrt{6 \log n} \max_{1\leq i\leq n} \sigma_i.$$

(Man beachte, daß die ZV $\xi_1, \ldots, \xi_n$ nicht unabhängig zu sein brauchen !)

BEWEIS VON SATZ 3.15. (a) Wir benutzen eine von Pisier stammende Idee. Aufgrund der Ungleichung

(3.15.4) $$a_1 \vee \cdots \vee a_n \leq a_1 + \cdots + a_n, \quad a_i \in \mathbb{R}\,(1 \leq i \leq n)$$

folgt $|\xi_1| \vee \cdots \vee |\xi_n| \in L^1$. Mit Hilfe der Jensen-Ungleichung und (3.15.1) erhält man

$$\begin{aligned}\phi\left(E\left[\left(\max_{1\leq i\leq n}|\xi_i|\right)\Big/\left(\max_{1\leq i\leq n}c_i\right)\right]\right) &\leq \phi\left(E\left[\max_{1\leq i\leq n}(|\xi_i|/c_i)\right]\right)\\ \leq E\left[\phi\left(\max_{1\leq i\leq n}(|\xi_i|/c_i)\right)\right] &= E\left[\max_{1\leq i\leq n}\phi(|\xi_i|/c_i)\right]\\ \leq \sum_{i=1}^{n} E[\phi(|\xi_i|/c_i)] &\leq cn,\end{aligned}$$

woraus sich (3.15.2) ergibt.

(b) Wir wenden (a) an auf die Abbildung $\phi(x) = \exp(x^2)$, $x \geq 0$, die wegen Satz 3.9 (b) strikt konvex ist. Für eine ZV $\xi \sim \mathrm{N}(0,1)$ erhält man mit Hilfe von Satz 5.4 (a) durch einfache Rechnung

(3.15.5) $$E[\exp(\xi^2/4)] = E[\phi(|\xi|/2)] = \sqrt{2},$$

so daß (vgl. Beispiel 5.6.1) $E[\phi(|\xi_i|/(2\sigma_i))] = \sqrt{2}$, $1 \le i \le n$. Aus (3.15.2) folgt somit wegen $n \ge 2$

$$\begin{aligned} E\left[\max_{1\le i\le n} |\xi_i|\right] &\le \phi^{-1}(n\sqrt{2}) \max_{1\le i\le n}(2\sigma_i) \\ &= 2(\log n + \log\sqrt{2})^{1/2} \max_{1\le i\le n} \sigma_i \le \sqrt{6\log n} \max_{1\le i\le n} \sigma_i. \end{aligned}$$

■

3.16 Bemerkung. Analog zu Satz 3.3 (a) gilt eine Jensen-Ungleichung für konvexe Funktionen, die auf gewissen Teilmengen von $\mathbb{R}^d$ definiert sind. Eine nichtleere Menge $C \subset \mathbb{R}^d$ heißt *konvex*, falls gilt:

$$x, y \in C \Longrightarrow \alpha x + (1-\alpha)y \in C, \quad x, y \in C, \quad 0 < \alpha < 1. \tag{3.16.1}$$

Es sei daran erinnert, daß eine Menge $C \subset \mathbb{R}^d$ *offen* heißt, falls zu jedem $x \in C$ eine Zahl $r > 0$ existiert derart, daß $\{y \in \mathbb{R}^d : ||y - x|| < r\} \subset C$ ($||\cdot||$ bezeichne die euklidische Norm auf $\mathbb{R}^d$). *Im folgenden bezeichne C stets eine offene konvexe Teilmenge von $\mathbb{R}^d$.* Eine Funktion $\phi : C \longrightarrow \mathbb{R}$ heißt *konvex*, falls

$$\phi(\alpha x + (1-\alpha)y) \le \alpha\phi(x) + (1-\alpha)\phi(y), \quad x, y \in C, \quad 0 < \alpha < 1. \tag{3.16.2}$$

Es läßt sich zeigen, daß eine derartig Funktion *stetig auf C*, also insbesondere Borel-meßbar ist. Sei $X = (X_1, \ldots, X_d)$ ein auf einem W.-Raum $(\Omega, \mathcal{A}, P)$ definierter ZVK derart, daß

$$X : \Omega \longrightarrow C. \tag{3.16.3}$$

Gilt zusätzlich $E[||X||] < \infty$ (gleichbedeutend hiermit ist: $X_i \in L^1$, $1 \le i \le d$), so läßt sich zeigen:

$$E[X] := (E[X_1], \ldots, E[X_d]) \in C. \tag{3.16.4}$$

Es gilt dann folgende *Jensen-Ungleichung*, die wir ohne Beweis angeben: *Sei $\phi : C \longrightarrow \mathbb{R}$ konvex und sei $X : \Omega \longrightarrow C$ ein* ZVK *derart, daß* $E[||X||] < \infty$. *Dann existiert der* EW $E[\phi(X)]$, *und es gilt*

$$-\infty < \phi(E[X]) \le E[\phi(X)] \le \infty. \tag{3.16.5}$$

■

Für eine ZV $X \in L^1$ ist es häufig wichtig zu wissen, wie stark X um $E[X]$ „streut“. Das vielleicht wichtigste Streuungsmaß ist die Varianz (im Fall $X \in L^2$), die gegeben wird durch

3.17 Definition. Sei $X \in L^2$. Die *Varianz* von X wird definiert durch

$$\mathrm{Var}[X] := \sigma^2(X) := E[(X - E[X])^2], \tag{3.17.1}$$

so daß wegen Korollar 3.14 (b) $\mathrm{Var}[X] < \infty$. Die Größe $\sigma(X) := \sqrt{\mathrm{Var}[X]}$ (≥ 0) heißt *Standardabweichung* von X.

Für ZV $X, Y \in L^2$ heißt

$$\mathrm{Cov}[X,Y] := E[(X - E[X])(Y - E[Y])] \tag{3.17.2}$$

die *Kovarianz* von X, Y. Gilt $\mathrm{Cov}[X,Y] = 0$, so heißen X, Y *unkorreliert*.■

Wegen Satz 1.20 (e) sind $X, Y \in L^2$ unkorreliert, falls X, Y unabhängig sind.

Ist $X \in L^2$ eine ZV derart, daß $\mathrm{Var}[X] > 0$, so heißt die ZV

$$X^* := \frac{X - E[X]}{\sqrt{\mathrm{Var}[X]}} \tag{3.17.3}$$

die zu X gehörige *standardisierte* ZV.

Der Grund für die Wichtigkeit der Varianz als Streuungsmaß ist u. a. deren *Additivitätseigenschaft* (auch *Satz von Bienaymé* genannt), die durch Teil (d) des folgenden Resultats gegeben wird.

3.18 Satz. *Seien $X, Y, X_1, \ldots, X_n$ ($n \geq 2$) ZV aus L^2.*

(a) *Es gilt*

$$\mathrm{Cov}[X,Y] = E[XY] - E[X]E[Y], \tag{3.18.1}$$

also insbesondere

$$\mathrm{Var}[X] = \mathrm{Cov}[X,X] = E[X^2] - (E[X])^2. \tag{3.18.2}$$

(b) *Für $a, b \in \mathbb{R}$ gilt*

$$\mathrm{Var}[a + bX] = \mathrm{Var}[bX] = b^2 \mathrm{Var}[X]. \tag{3.18.3}$$

Insbesondere ergibt sich also für die zu X gehörige standardisierte ZV X^* (*gegeben durch* (3.17.3))

$$E[X^*] = 0, \quad \textit{und} \quad \mathrm{Var}[X^*] = 1. \tag{3.18.4}$$

(c) *Es gilt*

$$\mathrm{Var}[X] = 0 \Longleftrightarrow X = E[X] \quad \textit{f.s.} \tag{3.18.5}$$

(d) *Sind $X_1, \ldots, X_n$ paarweise unkorreliert, d. h. sind X_i, X_j unkorreliert für $i \neq j$, so folgt*

$$\mathrm{Var}[X_1 + \cdots + X_n] = \mathrm{Var}[X_1] + \cdots + \mathrm{Var}[X_n]. \tag{3.18.6}$$

Insbesondere gilt also (3.18.6), *falls $X_1, \ldots, X_n$ paarweise unabhängig sind.*

BEWEIS. Wir beweisen lediglich (d) (die restlichen Nachweise seien dem Leser überlassen). Es reicht, (3.18.6) für $n = 2$ zu beweisen. Wegen

$$\mathrm{Var}[X_1 + X_2] = E[((X_1 - E[X_1]) + (X_2 - E[X_2]))^2]$$

erhält man durch Ausquadrieren

$$\mathrm{Var}[X_1 + X_2] = \mathrm{Var}[X_1] + \mathrm{Var}[X_2] + 2\mathrm{Cov}[X_1, X_2],$$

so daß im Fall $n = 2$ (3.18.6) gleichbedeutend damit ist, daß X_1, X_2 unkorreliert sind. ∎

3.18.1 Beispiele. (a) Es gilt

$$\text{Var}[X] = p(1-p), \quad \text{falls} \quad X \sim \text{BER}(p). \tag{3.18.7}$$

(b) Sei $X \sim \text{BIN}(n,p)$. Da X dieselbe Verteilung hat wie eine Summe $X_1 + \cdots + X_n$ von unabhängigen ZV $X_i \sim \text{BER}(p)$ $(1 \leq i \leq n)$, folgt wegen Satz 3.18 (d) und (3.18.7)

$$\text{Var}[X] = np(1-p), \quad \text{falls} \quad X \sim \text{BIN}(n,p). \tag{3.18.8}$$

(c) Sei $X \sim \text{PO}(\lambda)$. Dann gilt

$$\begin{aligned} E[X^2] &= \sum_{k=1}^{\infty} k^2 \frac{\lambda^k}{k!} e^{-\lambda} = \sum_{k=0}^{\infty} (k+1) \frac{\lambda^{k+1}}{k!} e^{-\lambda} \\ &= \lambda^2 \sum_{k=0}^{\infty} \frac{\lambda^k}{k!} e^{-\lambda} + \lambda \sum_{k=0}^{\infty} \frac{\lambda^k}{k!} e^{-\lambda} = \lambda^2 + \lambda, \end{aligned}$$

so daß wegen Beispiel 1.8.1 und (3.18.2)

$$\text{Var}[X] = \lambda, \quad \text{falls} \quad X \sim \text{PO}(\lambda). \tag{3.18.9}$$

∎

3.19 Beispiel. $X, Y \in L^2$ seien ZV derart, daß X beobachtbar ist, während Y aufgrund von Störeinflüssen nicht direkt beobachtbar ist. Im folgenden bestimmen wir diejenige beobachtbare ZV $a + bX$ $(a, b \in \mathbb{R})$, die Y am besten im Sinne der *mittleren quadratischen Abweichung* approximiert, d. h. für welche die Funktion

$$f(a,b) := E[(Y - (a+bX))^2] \quad (a, b \in \mathbb{R}) \tag{3.19.1}$$

minimal wird (*Methode der kleinsten Quadrate*). Es gelte

$$\text{Var}[X] > 0 \quad \text{und} \quad \text{Var}[Y] > 0. \tag{3.19.2}$$

Setzt man die partiellen Ableitungen

$$\frac{\partial f(a,b)}{\partial a} = -2E[Y - (a+bX)], \quad \frac{\partial f(a,b)}{\partial b} = -2E[(Y - (a+bX))X]$$

Null, so erhält man die sog. *Normalgleichungen*:

$$E[Y - (a+bX)] = 0, \quad E[(Y - (a+bX))X] = 0. \tag{3.19.3}$$

Aus (3.19.2) folgt, daß das Gleichungssystem (3.19.3) als eindeutig bestimmte Lösung

$$a^* := E[Y] - \frac{\text{Cov}[X,Y]}{\text{Var}[X]} E[X], \quad b^* := \frac{\text{Cov}[X,Y]}{\text{Var}[X]} \tag{3.19.4}$$

besitzt und f an der Stelle (a^*, b^*) ein globales Minimum besitzt. Die ZV Y wird also am besten approximiert durch

$$\widetilde{Y} := E[Y] + \frac{\mathrm{Cov}[X,Y]}{\mathrm{Var}[X]}(X - E[X]). \tag{3.19.5}$$

Wird die zugehörige *Abweichung* durch

$$\Delta^* := Y - \widetilde{Y} \tag{3.19.6}$$

definiert, so gilt wegen (3.19.5)

$$E[\Delta^*] = 0, \tag{3.19.7}$$

und die Standardabweichung

$$\sigma(\Delta^*) = \sqrt{\mathrm{Var}[\Delta^*]} = \sqrt{E[(\Delta^*)^2]} \tag{3.19.8}$$

heißt auch *Standardfehler* der Approximation von Y durch $\widetilde{Y}$. Bei dessen Berechnung spielt die Zahl

$$\rho_{XY} := \frac{\mathrm{Cov}[X,Y]}{\sigma(X)\sigma(Y)}, \tag{3.19.9}$$

die *Korrelationskoeffizient* von X und Y heißt, eine wesentliche Rolle.

3.20 Satz. *Es gelte* (3.19.2). *Dann folgt:*

(a) *Die* ZV X *und* Δ^* *sind unkorreliert.*

(b) *Die* ZV $\widetilde{Y} = a^* + b^*X$ *und* Δ^* *sind unkorreliert.*

(c) *Für den Standardfehler gilt*

$$\sigma(\Delta^*) = \sigma(Y)\sqrt{1 - \rho_{XY}^2}. \tag{3.20.1}$$

(d) *Es gilt*

$$-1 \leq \rho_{XY} \leq 1 \tag{3.20.2}$$

sowie

$$|\rho_{XY}| = 1 \Longleftrightarrow Y = a^* + b^*X \quad f.s., \tag{3.20.3}$$

wobei im Fall $|\rho_{XY}| = 1$

$$\rho_{XY} = 1 \Longleftrightarrow b^* > 0 \quad und \quad \rho_{XY} = -1 \Longleftrightarrow b^* < 0.$$

BEWEIS. Aus (3.19.3) folgt $E[\Delta^*] = 0$ und $E[\Delta^* X] = 0$, so daß (a) und (b) gelten. Aus (b) ergibt sich aufgrund von Satz 3.18 (d), (3.18.3) und (3.19.5)

$$\begin{aligned}\mathrm{Var}[Y] &= \mathrm{Var}[\widetilde{Y}] + \mathrm{Var}[\Delta^*]\\ &= \left(\frac{\mathrm{Cov}[X,Y]}{\mathrm{Var}[X]}\right)^2 \mathrm{Var}[X] + \mathrm{Var}[\Delta^*] = \rho_{XY}^2 \mathrm{Var}[Y] + \mathrm{Var}[\Delta^*],\end{aligned}$$

so daß (c) gilt. Mit Hilfe der Schwarz-Ungleichung erhält man (3.20.2), wobei wegen (3.20.1), (3.19.2) und Satz 1.6 (a)

$$|\rho_{XY}| = 1 \iff \sigma^2(\Delta^*) = 0 \iff Y = a^* + b^*X \quad \text{f.s.}$$

Gilt $Y = a^* + b^*X$ f.s., so muß $b^* \neq 0$ sein, da sonst $\sigma^2(Y) = 0$ wäre. Die restlichen Aussagen ergeben sich aus (3.19.9) und (3.19.4). ∎

Die folgenden Ungleichungen resultieren aus der Monotonie des Erwartungswertes (bei der Herleitung von (3.21.4) wird zusätzlich die Schwarz-Ungleichung benutzt).

3.21 Satz. (a) *Für eine beliebige* NZV X *gilt*

(3.21.1) $$P(|X| \geq c) \leq E[|X|^r]/c^r, \quad c > 0,\, r > 0.$$

(b) *Für eine* ZV $X \in L^2$ *gilt*

(3.21.2) $$P(|X - E[X]| \geq c) \leq \text{Var}[X]/c^2, \quad c > 0$$

sowie

(3.21.3) $$P(X - E[X] \geq c) \leq \frac{\text{Var}[X]}{c^2 + \text{Var}[X]}, \quad c > 0.$$

(c) *Für eine* ZV $X \in L^2$ *derart, daß* $E[X] > 0$, *gilt*

(3.21.4) $$P(X > cE[X]) \geq (1-c)^2 (E[X])^2 / E[X^2], \quad 0 < c < 1.$$

Die Ungleichungen (3.21.1), (3.21.2) heißen *Markov-Ungleichung* bzw. *Tschebyschev-Ungleichung.*

BEWEIS VON SATZ 3.21. Für $c > 0$, $r > 0$ gilt

$$|X|^r \geq |X|^r I\{|X| \geq c\} \geq c^r I\{|X| \geq c\},$$

woraus sich nach Erwartungswertbildung (3.21.1) ergibt. Die Ungleichung (3.21.2) ist ein Spezialfall von (3.21.1). Die linke Seite in (3.21.3) läßt sich mit Hilfe von (3.21.1) für $a > -c$ und $c > 0$ so abschätzen:

$$\begin{aligned} P(X - E[X] \geq c) &= P(X - E[X] + a \geq c + a) \leq P(|X - E[X] + a| \geq c + a) \\ &\leq \frac{E[(X - E[X] + a)^2]}{(c+a)^2} = \frac{\text{Var}[X] + a^2}{(c+a)^2}. \end{aligned}$$

Der letzte Ausdruck wird bei festem $c > 0$ minimal für $a = \alpha := \text{Var}[X]/c$, so daß

$$P(X - E[X] \geq c) \leq \frac{\alpha}{c + \alpha} = \frac{\text{Var}[X]}{c^2 + \text{Var}[X]}.$$

Zum Nachweis von (3.21.4) setzen wir für festes $0 < c < 1$ $A := \{X > cE[X]\}$. Aufgrund der Schwarz-Ungleichung folgt dann

(3.21.5) $$(E[XI(A)])^2 \leq E[X^2]P(A).$$

Wegen $E[X] > 0$ erhält man

$$\begin{aligned} E[X] &= E[XI(A)] + E[XI(\Omega \setminus A)] \\ &\leq E[XI(A)] + cE[X]P(\Omega \setminus A) \leq E[XI(A)] + cE[X], \end{aligned}$$

so daß $(1-c)E[X] \leq E[XI(A)]$. Aufgrund von (3.21.5) ergibt sich hieraus wegen $E[X] > 0$

$$(1-c)^2(E[X])^2 \leq E[X^2]P(A),$$

woraus man nach Division durch $E[X^2]$ (3.21.4) erhält (man beachte, daß wegen $E[X] > 0$ $E[X^2] > 0$ ist). ■

Mit Hilfe der Tschebyschev-Ungleichung erhält man ziemlich einfach den folgenden klassischen *Approximationssatz von Weierstrass*:

3.22 Satz. *Sei $[a,b] \subset \mathbb{R}$ ein beschränktes Intervall. Zu jeder stetigen Funktion $f : [a,b] \longrightarrow \mathbb{R}$ existiert eine Folge (f_n) von Polynomen, die gleichmäßig gegen f konvergiert:*

$$\lim_{n\to\infty} \sup_{a \leq t \leq b} |f_n(t) - f(t)| = 0. \tag{3.22.1}$$

BEWEIS. Es reicht, (3.22.1) im Fall $[a,b] = [0,1]$ zu beweisen (warum ?). Sei f stetig auf $[0,1]$. Wir zeigen, daß (3.22.1) für die sog. *Bernstein-Polynome*

$$\begin{aligned} f_n(t) &= B_n f(t) \\ &:= \sum_{k=0}^{n} f\left(\frac{k}{n}\right)\binom{n}{k} t^k (1-t)^{n-k}, \quad t \in [0,1],\ n \geq 1 \end{aligned} \tag{3.22.2}$$

gilt. Für gegebenes $p \in [0,1]$ sei $\xi_1, \xi_2, \ldots$ eine UIV-Folge von ZV derart, daß $\xi_1 \sim \mathrm{BER}(p)$. Für $S_n := \xi_1 + \cdots + \xi_n$ $(n \geq 1)$ gilt dann $S_n \sim \mathrm{BIN}(n,p)$. Wegen (3.22.2) erhält man daher $B_n f(p) = E[f(S_n/n)]$, $n \geq 1$, so daß

$$|B_n f(p) - f(p)| \leq E[|f(S_n/n) - f(p)|], \quad n \geq 1. \tag{3.22.3}$$

Sei $\epsilon > 0$ gegeben. Aus der Stetigkeit von f auf $[0,1]$ folgt, daß f *gleichmäßig stetig* und *beschränkt* ist, d. h. es existieren Konstanten $\delta(\epsilon) > 0$ und $K > 0$ derart, daß

$$|s-t| < \delta(\epsilon) \Longrightarrow |f(s) - f(t)| < \epsilon/2, \quad s,t \in [0,1] \tag{3.22.4}$$

und

$$|f(t)| \leq K, \quad t \in [0,1]. \tag{3.22.5}$$

Sei $A_n := \{|S_n/n - p| < \delta(\epsilon)\}$ $(n \geq 1)$. Wendet man (3.22.3), (3.22.4), (3.22.5) und (3.18.8) sowie die Tschebyschev-Ungleichung an, so erhält man für $n > K/(\epsilon\delta^2(\epsilon))$

$$\begin{aligned}|B_nf(p) - f(p)| &\leq E[|f(S_n/n) - f(p)|I(A_n)] + E[|f(S_n/n) - f(p)|I(A_n^c)] \\ &\leq \epsilon/2 + 2KP(A_n^c) \leq \epsilon/2 + 2K\mathrm{Var}[S_n/n]/\delta^2(\epsilon) \\ &= \epsilon/2 + 2Kp(1-p)/(n\delta^2(\epsilon)) \leq \epsilon/2 + K/(2n\delta^2(\epsilon)) < \epsilon,\end{aligned}$$

wobei sich die vorletzte Ungleichung wegen $r(1-r) \leq 1/4$, $r \in [0,1]$, ergibt. Dies beweist (3.22.1). ■

Sei X eine ZV. Gilt für ein $n \geq 1$ $X^n \in L^1$, so ist $E[X^n]$ das *Moment n-ter Ordnung* von X, wobei $E[X^n]$ nur von der *Verteilung* von X abhängt. Auch wenn für alle $n \geq 1$ $X^n \in L^1$ ist, wird i.a. die Verteilung von X *nicht* eindeutig durch die Folge ihrer Momente $E[X^n]\,(n \geq 1)$ festgelegt. Für *beschränkte* ZV gilt

3.23 Satz. *Sind X, Y beschränkte ZV derart, daß*

(3.23.1) $$E[X^n] = E[Y^n], \quad n \geq 1,$$

so besitzen X und Y dieselbe Verteilung.

BEWEIS. Aufgrund der Voraussetzung existieren reelle Zahlen $a < b$ derart, daß

$$a \leq X(\omega) \leq b \quad \text{und} \quad a \leq Y(\omega) \leq b, \quad \omega \in \Omega.$$

Wegen (3.23.1) gilt für jedes Polynom f

(3.23.2) $$E[f(X)] = E[f(Y)].$$

Sei f eine auf $[a,b]$ stetige Funktion. Wegen des Approximationssatzes von Weierstrass existiert zu jedem $\epsilon > 0$ ein Polynom g_ϵ derart, daß

(3.23.3) $$|g_\epsilon(t) - f(t)| \leq \epsilon, \quad t \in [a,b].$$

Mit Hilfe von (3.23.2) (für g_ϵ statt f) und (3.23.3) gelangt man zur Abschätzung

$$\begin{aligned}&|E[f(X)] - E[f(Y)]| \\ &\quad = |E[f(X) - g_\epsilon(X)] + E[g_\epsilon(X) - g_\epsilon(Y)] + E[g_\epsilon(Y) - f(Y)]| \\ &\quad \leq E[|f(X) - g_\epsilon(X)|] + E[|g_\epsilon(Y) - f(Y)|] \leq 2\epsilon.\end{aligned}$$

Dies zeigt, daß (3.23.2) sogar für beliebige stetige Funktionen $f : [a,b] \longrightarrow \mathbb{R}$ gilt. Es ist nun leicht zu sehen (Zeichung!), daß zu jedem $c \in [a,b]$ stetige Funktionen $f_n : [a,b] \longrightarrow [0,1]$ $(n \geq 1)$ existieren, für die

(3.23.4) $$\lim_{n\to\infty} f_n(t) = I_{[a,c]}(t), \quad t \in [a,b].$$

Wegen (3.23.2) gilt $E[f_n(X)] = E[f_n(Y)]$, $n \geq 1$, so daß sich aus (3.23.4) mit Hilfe des Satzes von der dominierten Konvergenz $P(X \leq c) = P(Y \leq c)$ ergibt. ■

Die Überlegung im vorigen Beweis zeigt noch:

3.24 Satz. *Sind* X, Y ZV *derart, daß*

(3.24.1) $$E[f(X)] = E[f(Y)], \quad f \in C_b(\mathbb{R}),$$

so besitzen X, Y *dieselbe Verteilung.* ■

Eine wichtige Anwendung von Satz 3.23 betrifft sog. Laplace-Transformierte.

3.25 Definition. Sei $X \geq 0$ eine ZV. Die Funktion

(3.25.1) $$L_X(t) := E[\exp(-tX)], \quad t \in \mathbb{R}_+$$

heißt die *Laplace-Transformierte* von X. ■

Man beachte, daß für die Laplace-Transformierte L_X einer ZV $X \geq 0$

(3.25.2) $$0 < L_X(t) \leq 1, \quad t \in \mathbb{R}_+$$

gilt und L_X nur von der *Verteilung* von X abhängt (man spricht daher auch von der *Laplace-Transformierten einer Verteilung*).

Mit Hilfe von Satz 3.23 ergibt sich auf einfache Weise folgende bemerkenswerte Eigenschaft von Laplace-Transformierten:

3.26 Satz. (a) *Gilt für* ZV $X \geq 0, Y \geq 0$

(3.26.1) $$L_X(t) = L_Y(t), \quad t \in \mathbb{R}_+,$$

so besitzen X *und* Y *dieselbe Verteilung.*

(b) *Sind die* ZV $X \geq 0, Y \geq 0$ *unabhängig, so folgt*

(3.26.2) $$L_{X+Y}(t) = L_X(t) \cdot L_Y(t), \quad t \in \mathbb{R}_+.$$

BEWEIS. (a) Für die ZV $\xi := \exp(-X)$, $\psi := \exp(-Y)$ gilt $0 < \xi \leq 1$, $0 < \psi \leq 1$, während sich aus (3.26.1) $E[\xi^n] = E[\psi^n]$, $n \geq 1$, ergibt. Aufgrund von Satz 3.23 haben folglich ξ, ψ dieselbe Verteilung, also auch $-\log \xi = X$ und $-\log \psi = Y$.

(b) folgt aus Satz 1.5 (k). ■

3.26.1 Beispiel. Eine einfache Rechnung zeigt:

(3.26.3) $$L_X(t) = \exp(\lambda(e^{-t} - 1)) \quad (t \in \mathbb{R}_+), \quad \text{falls } X \sim \mathrm{PO}(\lambda).$$

Für *unabhängige* ZV $X \sim \mathrm{PO}(\lambda)$, $Y \sim \mathrm{PO}(\mu)$ folgt also wegen (3.26.2)

$$L_{X+Y}(t) = \exp((\lambda + \mu)(e^{-t} - 1)), \quad t \in \mathbb{R}_+,$$

so daß aufgrund von (3.26.3) und Satz 3.26 (a) $X + Y \sim \mathrm{PO}(\lambda + \mu)$. ■

4.4 Der Satz von Fubini-Tonelli

Im folgenden seien $(\Omega_1, \mathcal{A}_1)$, $(\Omega_2, \mathcal{A}_2)$ meßbare Räume, und $\mathcal{A} := \mathcal{A}_1 \otimes \mathcal{A}_2$ bezeichne das Produkt der σ-Algebren $\mathcal{A}_1, \mathcal{A}_2$ (vgl. Definition 3.5[1]). Seien $\mu_i : \mathcal{A}_i \longrightarrow \overline{\mathbb{R}}_+$ $(i = 1, 2)$ σ-endliche Maße. Das weitere Vorgehen wird durch folgendes Beispiel motiviert.

4.1 Beispiel. Sei $\Omega_1 = \Omega_2 = \mathbb{R}$ und $\mathcal{A}_1 = \mathcal{A}_2 = \mathcal{R}_1$. Wir betrachten beschränkte Intervalle $[a_i, b_i] \subset \Omega_i (i = 1, 2)$, so daß $[a_1, b_1] \times [a_2, b_2] \subset \Omega_1 \times \Omega_2$ ein *Rechteck* ist. Ist $\mu_1 = \mu_2$ das Lebesgue-Maß auf $\mathcal{A}_1 = \mathcal{A}_2$, so definiert man in der Elementar-Geometrie

$$\text{(4.1.1)} \quad \begin{aligned} &\text{Fläche von } [a_1, b_1] \times [a_2, b_2] \\ &= \mu_1([a_1, b_1]) \cdot \mu_2([a_2, b_2]) = (b_1 - a_1)(b_2 - a_2). \end{aligned}$$

■

Zunächst gilt

4.2 Lemma. *Auf $\mathcal{A}_1 \otimes \mathcal{A}_2$ existiert höchstens ein Maß μ derart, daß*

$$\text{(4.2.1)} \qquad \mu(A_1 \times A_2) = \mu_1(A_1) \cdot \mu_2(A_2), \quad A_i \in \mathcal{A}_i, \quad i = 1, 2.$$

Ein Maß μ auf $\mathcal{A}_1 \otimes \mathcal{A}_2$, für das (4.2.1) *gilt, ist σ-endlich.*

BEWEIS. Die Familie

$$\mathcal{M}_0 := \{A_1 \times A_2 \ : \ A_i \in \mathcal{A}_i, \, i = 1, 2\}$$

ist $\cap$-stabil, und es gilt

$$\text{(4.2.2)} \qquad \sigma(\mathcal{M}_0) = \mathcal{A}_1 \otimes \mathcal{A}_2.$$

Da μ_i σ-endlich ist, existiert eine höchstens abzählbare Zerlegung $(\Omega_i(m)) \subset \mathcal{A}_i$ von Ω_i derart, daß $\mu_i(\Omega_i(m)) < \infty$ für alle m $(i = 1, 2)$. Ist also μ ein Maß auf $\mathcal{A}_1 \otimes \mathcal{A}_2$ derart, daß (4.2.1) gilt, so folgt $\mu(\Omega_1(j) \times \Omega_2(k)) = \mu_1(\Omega_1(j))\mu_2(\Omega_2(k)) < \infty$ für alle j, k. Da die Mengen $\Omega_1(j) \times \Omega_2(k) \in \mathcal{M}_0$ eine Zerlegung von $\Omega_1 \times \Omega_2$ bilden, ergibt sich die Eindeutigkeitsaussage in Lemma 4.2 mit Hilfe von (4.2.2) und Satz 4.5[1]. Die zweite Aussage folgt aus der vorangehenden Überlegung. ■

4.3 Lemma. *Sei $X : \Omega_1 \times \Omega_2 \longrightarrow \overline{\mathbb{R}}$ eine $\mathcal{A}_1 \otimes \mathcal{A}_2$-meßbare* NZV. *Dann gilt:*

(a) *Für festes $\omega_2 \in \Omega_2$ ist $\omega_1 \longmapsto X(\omega_1, \omega_2)$ $(\omega_1 \in \Omega_1)$ $\mathcal{A}_1$-meßbar.*

(b) *Für festes $\omega_1 \in \Omega_1$ ist $\omega_2 \longmapsto X(\omega_1, \omega_2)$ $(\omega_2 \in \Omega_2)$ $\mathcal{A}_2$-meßbar.*

(c) *Sei $X \geq 0$. Für beliebige σ-endliche Maße μ_i auf $\mathcal{A}_i (i = 1, 2)$ sind die Abbildungen*

$$\text{(4.3.1)} \qquad \omega_1 \longmapsto \int X(\omega_1, \omega_2) d\mu_2(\omega_2) \quad (\omega_1 \in \Omega_1)$$

und

$$\text{(4.3.2)} \qquad \omega_2 \longmapsto \int X(\omega_1, \omega_2) d\mu_1(\omega_1) \quad (\omega_2 \in \Omega_2)$$

jeweils NZV.

BEWEIS. (a) Für festes $\omega_2 \in \Omega_2$ sei $\mathcal{M} := \{A \in \mathcal{A}_1 \otimes \mathcal{A}_2 : \omega_1 \longmapsto I(A)(\omega_1, \omega_2)$ ist $\mathcal{A}_1 -$ meßbar$\}$. Dann gilt

$$\text{(4.3.3)} \qquad A_1 \times A_2 \in \mathcal{M}, \quad A_i \in \mathcal{A}_i, \quad i = 1, 2,$$

da $\omega_1 \longmapsto I(A_1 \times A_2)(\omega_1, \omega_2) = I(A_1)(\omega_1) \cdot I(A_2)(\omega_2)$, wobei $I(A_1)$ $\mathcal{A}_1$-meßbar und $I(A_2)(\omega_2) \in \{0, 1\}$ eine Konstante ist. Da $\mathcal{M}$ ersichtlich ein

Dynkin-System ist, folgt aus (4.3.3) mit Hilfe des Satzes von Dynkin $\mathcal{A}_1 \otimes \mathcal{A}_2 \subset \mathcal{M}$. Wegen $\mathcal{M} \subset \mathcal{A}_1 \otimes \mathcal{A}_2$ ergibt sich $\mathcal{M} = \mathcal{A}_1 \otimes \mathcal{A}_2$, so daß $\omega_1 \longmapsto X(\omega_1, \omega_2)$ für elementare ZV X bei festem $\omega_2 \in \Omega_2$ $\mathcal{A}_1$-meßbar ist. Hieraus ergibt sich (a) mit Hilfe des Approximationssatzes für NZV. Ähnlich beweist man (b).

(c) Da μ_2 σ-endlich ist, existieren höchstens abzählbar viele Mengen $\Omega(m) \in \mathcal{A}_2$ derart, daß gilt: $\Omega(1) \subset \Omega(2) \subset \cdots$, $\Omega(1) \cup \Omega(2) \cup \cdots = \Omega_2$ sowie $\mu_2(\Omega(m)) < \infty$ für alle m. Die Familie $\mathcal{N}(m)$ bestehe aus allen Mengen $A \in \mathcal{A}_1 \otimes \mathcal{A}_2$ derart, daß die Abbildung

$$\omega_1 \longmapsto \int_{\Omega(m)} I(A)(\omega_1, \omega_2) d\mu_2(\omega_2) \quad (\omega_1 \in \Omega_1)$$

eine $\mathcal{A}_1$-meßbare ZV ist. Ersichtlich gilt für alle m

$$A_1 \times A_2 \in \mathcal{N}(m), \quad A_i \in \mathcal{A}_i, \quad i = 1, 2. \tag{4.3.4}$$

Da $\mathcal{N}(m)$ ein Dynkin-System ist, folgt mit Hilfe des Satzes von Dynkin wegen (4.3.4) und (4.2.2) $\mathcal{N}(m) = \mathcal{A}_1 \otimes \mathcal{A}_2$ für alle m. Mit Hilfe des Satzes von der monotonen Konvergenz und des Approximationssatzes für NZV folgt hieraus die erste Aussage in (c). Ähnlich ergibt sich die zweite Aussage. ■

Die *Existenz* eines Maßes μ auf $\mathcal{A}_1 \otimes \mathcal{A}_2$, für das (4.2.1) gilt, ergibt sich so: Sei

$$\mu(A) := \int_{\Omega_2} \left(\int_{\Omega_1} I(A)(\omega_1, \omega_2) d\mu_1(\omega_1) \right) d\mu_2(\omega_2), \quad A \in \mathcal{A}_1 \otimes \mathcal{A}_2 \tag{4.3.5}$$

und

$$\nu(A) := \int_{\Omega_1} \left(\int_{\Omega_2} I(A)(\omega_1, \omega_2) d\mu_2(\omega_2) \right) d\mu_1(\omega_1), \quad A \in \mathcal{A}_1 \otimes \mathcal{A}_2. \tag{4.3.6}$$

Wegen Lemma 4.3 (c) folgt, daß die sog. *iterierten Integrale* auf den rechten Seiten in (4.3.5) und (4.3.6) wohldefiniert sind. Mit Hilfe von Satz 2.24 (c) ergibt sich, daß durch (4.3.5) und (4.3.6) jeweils ein *Maß* $\mu : \mathcal{A}_1 \otimes \mathcal{A}_2 \longrightarrow \overline{\mathbb{R}}_+$ bzw. $\nu : \mathcal{A}_1 \otimes \mathcal{A}_2 \longrightarrow \overline{\mathbb{R}}_+$ definiert wird. Für Mengen $A_i \in \mathcal{A}_i$ $(i = 1, 2)$ erhält man $\mu(A_1 \times A_2) = \mu_1(A_1)\mu_2(A_2) = \nu(A_1 \times A_2)$, so daß aufgrund von Lemma 4.2 $\mu = \nu$ gilt. Das Maß $\mu = \nu$, das wegen Lemma 4.2 σ-endlich ist, heißt auch *Produktmaß* und ist das „Produkt" der Maße μ_1, μ_2 (Bezeichung: $(\mu_1 \times \mu_2)$). Somit gilt

$$\begin{aligned} \int_{\Omega_1 \times \Omega_2} I(A) d(\mu_1 \times \mu_2) &= \int_{\Omega_2} \left(\int_{\Omega_1} I(A)(\omega_1, \omega_2) d\mu_1(\omega_1) \right) d\mu_2(\omega_2) \\ &= \int_{\Omega_1} \left(\int_{\Omega_2} I(A)(\omega_1, \omega_2) d\mu_2(\omega_2) \right) d\mu_1(\omega_1), \quad A \in \mathcal{A}_1 \otimes \mathcal{A}_2. \end{aligned} \tag{4.3.7}$$

4.3.1 Beispiel. Wie in Beispiel 4.1 sei $\Omega_1 = \Omega_2 = \mathbb{R}$ und $\mathcal{A}_1 = \mathcal{A}_2 = \mathcal{R}_1$, so daß $\mathcal{A}_1 \otimes \mathcal{A}_2 = \mathcal{R}_2$. Sei $\lambda_1 :=$ Leb das „eindimensionale" Lebesgue-Maß auf

$\mathcal{R}_1$. Folglich existiert auf $\mathcal{R}_2$ genau ein Maß (*zweidimensionales Lebesgue-Maß*; Bezeichung: $\lambda_2 = \mathrm{Leb}_2$) derart, daß

$$\lambda_2(A_1 \times A_2) = \lambda_1(A_1) \cdot \lambda_1(A_2), \quad A_1, A_2 \in \mathcal{R}_1. \tag{4.3.8}$$

Das Maß λ_2 ordnet also jedem Rechteck $[a_1, b_1] \times [a_2, b_2] \subset \mathbb{R}^2$ die übliche Fläche $(b_1 - a_1)(b_2 - a_2)$ zu. Mehrfache Anwendung dieses Resultats zeigt: Auf $\mathcal{R}_d (d \geq 2)$ existiert genau ein Maß $\lambda_d = \mathrm{Leb}_d$ (*d-dimensionales Lebesgue-Maß*) derart, daß

$$\lambda_d(A_1 \times \cdots \times A_d) = \lambda_1(A_1) \cdots \lambda_1(A_d), \quad A_i \in \mathcal{R}, \quad 1 \leq i \leq d, \tag{4.3.9}$$

wobei für $A \in \mathcal{R}_d$

$$\begin{aligned} &\lambda_d(A) = \\ &\int_{\mathbb{R}} \left(\cdots \left(\int_{\mathbb{R}} I_A(\omega_1, \omega_2, \ldots, \omega_d) d\lambda_1(\omega_1) \right) \cdots \right) d\lambda_1(\omega_d). \end{aligned} \tag{4.3.10}$$

■

Mit Hilfe des Approximationssatzes für NZV und des Satzes von der monotonen Konvergenz ergibt sich aus (4.3.7) sofort der folgende *Satz von Fubini-Tonelli*:

4.4 Satz. *Gegeben seien meßbare Räume* $(\Omega_i, \mathcal{A}_i)$ *und* σ*-endliche Maße* $\mu_i : \mathcal{A}_i \longrightarrow \overline{\mathbb{R}}_+$ $(i = 1, 2)$. *Dann gilt für jede* $\mathcal{A}_1 \otimes \mathcal{A}_2$*-meßbare* NZV $X : \Omega_1 \times \Omega_2 \longrightarrow \overline{\mathbb{R}}_+$

$$\begin{aligned} \int_{\Omega_1 \times \Omega_2} X \, d(\mu_1 \times \mu_2) &= \int_{\Omega_2} \left(\int_{\Omega_1} X(\omega_1, \omega_2) d\mu_1(\omega_1) \right) d\mu_2(\omega_2) \\ &= \int_{\Omega_1} \left(\int_{\Omega_2} X(\omega_1, \omega_2) d\mu_2(\omega_2) \right) d\mu_1(\omega_1). \end{aligned} \tag{4.4.1}$$

■

Das folgende Resultat, das ebenfalls *Satz von Fubini-Tonelli* heißt, ist eine einfache Folgerung aus Satz 4.4.

4.5 Satz. *Gegeben seien meßbare Räume* $(\Omega_i, \mathcal{A}_i)$ *und* σ*-endliche Maße* $\mu_i : \mathcal{A}_i \longrightarrow \overline{\mathbb{R}}_+$ $(i = 1, 2)$. *Sei* $X : \Omega_1 \times \Omega_2 \longrightarrow \overline{\mathbb{R}}$ *eine* $\mathcal{A}_1 \otimes \mathcal{A}_2$*-meßbare* NZV.

(a) *Die Bedingungen*

$$\int_{\Omega_2} \left(\int_{\Omega_1} |X(\omega_1, \omega_2)| d\mu_1(\omega_1) \right) d\mu_2(\omega_2) < \infty \tag{4.5.1}$$

sowie

$$\int_{\Omega_1} \left(\int_{\Omega_2} |X(\omega_1, \omega_2)| d\mu_2(\omega_2) \right) d\mu_1(\omega_1) < \infty \tag{4.5.2}$$

sind äquivalent.

(b) *Die* NZV X *ist genau dann* $\mu_1 \times \mu_2$*-integrierbar, wenn* (4.5.1) *oder* (4.5.2) *erfüllt ist. In diesem Fall gilt* (4.4.1)

BEWEIS. Wegen Satz 4.4 gilt (a) sowie die erste Aussage in (b). Setzen wir

$$M_1 = \{\omega_1 \in \Omega_1 : \int_{\Omega_2} X^+(\omega_1, \omega_2) d\mu_2(\omega_2) = \infty\},$$

$$N_1 = \{\omega_1 \in \Omega_1 : \int_{\Omega_2} X^-(\omega_1, \omega_2) d\mu_2(\omega_2) = \infty\},$$

$$M_2 = \{\omega_2 \in \Omega_2 : \int_{\Omega_1} X^+(\omega_1, \omega_2) d\mu_1(\omega_1) = \infty\},$$

$$N_2 = \{\omega_2 \in \Omega_2 : \int_{\Omega_1} X^-(\omega_1, \omega_2) d\mu_1(\omega_1) = \infty\},$$

so ergibt sich wegen Lemma 4.3 (c) $M_i, N_i \in \mathcal{A}_i (i = 1, 2)$. Im folgenden seien (4.5.1) und (!) (4.5.2) erfüllt. Aufgrund von Satz 1.5 (i) und der Definition der μ_i-Integrale folgt $\mu_i(M_i) = \mu_i(N_i) = 0$ $(i = 1, 2)$, und (4.4.1) gilt wegen Satz 4.4 und Satz 2.24 (g) (man vgl. dazu Bemerkung 1.19 (a)). ∎

Aufgrund des Satzes von Fubini-Tonelli lassen sich – unter sehr allgemeinen Voraussetzungen – Doppel-Integrale mit Hilfe von iterierten Integralen berechnen. Wir zeigen im folgenden Abschnitt, daß dies für die Berechnung von Erwartungswerten nützlich sein kann.

Seien $\xi = (\xi_1, \dots, \xi_r)$, $\eta = (\eta_1, \dots, \eta_s)$ $\mathbb{R}^r$-bzw. $\mathbb{R}^s$-wertige ZVK. Entsprechend Definition 2.2[2] sind die *Verteilungen* $Q_\xi, Q_\eta, Q_{(\xi,\eta)}$ von ξ, η bzw. $(\xi, \eta) = (\xi_1, \dots, \xi_r, \eta_1, \dots, \eta_s)$ W.-Maße auf $\mathcal{R}_r, \mathcal{R}_s$ bzw. $\mathcal{R}_{r+s}$ derart, daß

(4.5.3) $$P(\xi \in B) = Q_\xi(B), \quad B \in \mathcal{R}_r$$

(4.5.4) $$P(\eta \in C) = Q_\eta(C), \quad C \in \mathcal{R}_s$$

und

(4.5.5) $$P((\xi, \eta) \in D) = Q_{(\xi,\eta)}(D), \quad D \in \mathcal{R}_{r+s}.$$

4.6 Satz. *Die* ZVK ξ *und* η *sind genau dann unabhängig voneinander, wenn*

(4.6.1) $$Q_{(\xi,\eta)} = Q_\xi \times Q_\eta.$$

BEWEIS. Sind ξ, η unabhängig voneinander, so folgt wegen (4.5.5), (4.5.3) und (4.5.4) für $B \in \mathcal{R}_r$ und $C \in \mathcal{R}_s$

$$\begin{aligned} Q_{(\xi,\eta)}(B \times C) &= P(\xi \in B, \eta \in C) = P(\xi \in B) P(\eta \in C) \\ &= Q_\xi(B) Q_\eta(C) = (Q_\xi \times Q_\eta)(B \times C). \end{aligned}$$

Da $\sigma\{B \times C : B \in \mathcal{R}_r, C \in \mathcal{R}_s\} = \mathcal{R}_{r+s} = \mathcal{R}_r \otimes \mathcal{R}_s$, ergibt sich (4.6.1) mit Hilfe von Lemma 4.2. Gilt umgekehrt (4.6.1), so sind ξ, η unabhängig voneinander. ∎

Mit Hilfe des Satzes von Fubini-Tonelli läßt sich das folgende speziellere Resultat erhalten, das in §7.6 benötigt wird:

4.7 Satz. *Die ZVK ξ, η seien $\mathbb{R}^m$- bzw. $\mathbb{R}^n$-wertig und unabhängig voneinander. Die Abbildungen*

$$\phi_i : \mathbb{R}^m \longrightarrow \mathbb{R}, \quad \psi_i : \mathbb{R}^n \longrightarrow \mathbb{R}, \quad i \geq 1$$

seien Borel-meßbar derart, daß

$$E[\psi_i(\eta)] = 0, \quad i \geq 1. \tag{4.7.1}$$

Dann gilt

$$E[\sup_{i\geq 1} |\phi_i(\xi) - \psi_i(\eta)|] \geq E[\sup_{i\geq 1} |\phi_i(\xi)|]. \tag{4.7.2}$$

BEWEIS. Wegen des Satzes von der monotonen Konvergenz reicht es zu zeigen:

$$E[\max_{1\leq i\leq k} |\phi_i(\xi) - \psi_i(\eta)|] \geq E[\max_{1\leq i\leq k} |\phi_i(\xi)|], \quad k \geq 1. \tag{4.7.3}$$

Seien Q_ξ, Q_η die Verteilungen von ξ bzw. η und bezeichne $E(k)$ den EW auf der linken Seite in (4.7.3). Benutzt man eine einfache Eigenschaft von Erwartungswerten, die erst im folgenden Abschnitt bewiesen wird (vgl. Satz 5.1 (a)), sowie Satz 4.6, den Satz von Fubini-Tonelli und (4.7.1), so ergibt sich

$$\begin{aligned} E(k) &= \int_{\mathbb{R}^m} \left(\int_{\mathbb{R}^n} \max_{1\leq i\leq k} |\phi_i(x) - \psi_i(y)| dQ_\eta(y) \right) dQ_\xi(x) \\ &\geq \int_{\mathbb{R}^m} \left(\max_{1\leq i\leq k} \int_{\mathbb{R}^n} |\phi_i(x) - \psi_i(y)| dQ_\eta(y) \right) dQ_\xi(x) \\ &\geq \int_{\mathbb{R}^m} \max_{1\leq i\leq k} |\phi_i(x) - E[\psi_i(\eta)]| dQ_\xi(x) = E[\max_{1\leq i\leq k} |\phi_i(\xi)|]. \end{aligned}$$

■

4.5 Berechnung von Erwartungswerten

Ist X eine ZV, die höchstens abzählbar viele Werte annimmt, so liefert Satz 1.8 (b) einfache Ausdrücke für $E[X^+]$ und $E[X^-]$. Ziel dieses Abschnitts ist zu zeigen, wie sich – zumindest im Prinzip – der EW einer beliebigen ZV (falls er existiert) berechnen läßt.

Im folgenden sei $(\Omega, \mathcal{A}, P)$ ein W.-Raum, $X = (X_1, \ldots, X_d)$ ein $\mathbb{R}^d$-wertiger ZVK und $F = F_X$ die VF von X, so daß

$$P(X_1 \leq t_1, \ldots, X_d \leq t_d) = F(t_1, \ldots, t_d), \quad (t_1, \ldots, t_d) \in \mathbb{R}^d. \tag{5.0.1}$$

Es sei daran erinnert (vgl. Definition 2.2[2]), daß die *Verteilung* von X ein W.-Maß $Q = Q_X$ auf $\mathcal{R}_d$ ist, das definiert wird durch

$$Q(B) = P(X \in B) = P(X^{-1}B), \quad B \in \mathcal{R}_d. \tag{5.0.2}$$

Wegen (5.0.1) gilt dann

(5.0.3) $Q(]-\infty,t_1]\times\cdots\times]-\infty,t_d]) = F(t_1,\ldots,t_d), \quad (t_1,\ldots,t_d)\in\mathbb{R}^d,$

wobei das W.-Maß Q eindeutig durch (5.0.3) festgelegt wird.

Wir zeigen zunächst, daß sich die Berechnung eines EW der Form $E[\phi(X)]$ für eine Borel-meßbare Funktion $\phi:\mathbb{R}^d\longrightarrow\mathbb{R}$ zurückführen läßt auf die Berechnung eines EW, der bez. Q gebildet wird.

5.1 Satz. (a) *Sei $\phi:\mathbb{R}^d\longrightarrow\mathbb{R}$ Borel-meßbar. Der* EW $E[\phi(X)]$ *existiert genau dann, wenn der* EW *von ϕ bez. $Q=Q_X$ existiert. In diesem Fall gilt*

(5.1.1) $$E[\phi(X)] = \int_{\mathbb{R}^d}\phi(t)dQ(t) =: \int_{\mathbb{R}^d}\phi(t)dF(t),$$

so daß insbesondere

(5.1.2) $$\phi(X)\in L^1 \iff \phi\in L^1(\mathbb{R}^d,\mathcal{R}_d,Q).$$

(*Bei der in* (5.1.1) *neu eingeführten Bezeichung wird benutzt, daß Q eindeutig durch* (5.0.3) *festgelegt wird.*)

(b) *Sei $d=1$ und $\phi(t)=t$, $t\in\mathbb{R}$. Dann existiert $E[X]$ genau dann, wenn der* EW *von ϕ bez. Q existiert. In diesem Fall ist*

(5.1.3) $$E[X] = \int_{\mathbb{R}} t\,dQ(t) = \int_{\mathbb{R}} t\,dF(t).$$

(c) *Allgemeiner seien $(\Omega,\mathcal{A})$ und $(\widetilde{\Omega},\widetilde{\mathcal{A}})$ meßbare Räume und μ ein σ-endliches Maß auf $\mathcal{A}$. Sei $T:\Omega\longrightarrow\widetilde{\Omega}$ meßbar, d.h. es gelte*

(5.1.4) $$T^{-1}\widetilde{A}\in\mathcal{A},\quad \widetilde{A}\in\widetilde{\mathcal{A}}.$$

Durch

(5.1.5) $$\widetilde{\mu}(\widetilde{A}) := \mu(T^{-1}\widetilde{A}),\quad \widetilde{A}\in\widetilde{\mathcal{A}}$$

wird ein Maß $\widetilde{\mu}$ auf $\widetilde{\mathcal{A}}$ definiert. Ist $\widetilde{\xi}$ eine NZV *auf $(\widetilde{\Omega},\widetilde{\mathcal{A}})$, so wird durch*

(5.1.6) $$(\widetilde{\xi}\circ T)(\omega) := \widetilde{\xi}(T(\omega)),\quad \omega\in\Omega$$

eine NZV *$\widetilde{\xi}\circ T$ auf $(\Omega,\mathcal{A})$ definiert. Gilt $\widetilde{\xi}\geq 0$ und ist das Maß $\widetilde{\mu}$ σ-endlich, so folgt*

(5.1.7) $$\int_{T^{-1}\widetilde{A}}\widetilde{\xi}\circ T\,d\mu = \int_{\widetilde{A}}\widetilde{\xi}\,d\widetilde{\mu},\quad \widetilde{A}\in\widetilde{\mathcal{A}}.$$

(d) (*Fortsetzung von* (c)) *Sei $\Omega=\widetilde{\Omega}=\mathbb{R}^d$, $\mathcal{A}=\widetilde{\mathcal{A}}=\mathcal{R}_d$, $\mu=\lambda_d:=\mathrm{Leb}_d$ und sei $T:\mathbb{R}^d\longrightarrow\mathbb{R}^d$ eine Translation auf $\mathbb{R}^d$, d.h. es existiere ein $a\in\mathbb{R}^d$ derart, daß*

(5.1.8) $$T(x) = x+a,\quad x\in\mathbb{R}^d.$$

Dann gilt

(5.1.9) $$\lambda_d(T^{-1}\widetilde{A}) = \lambda_d(\widetilde{A}),\quad \widetilde{A}\in\mathcal{R}_d,$$

und für jede NZV $\widetilde{\xi} : \mathbb{R}^d \longrightarrow \overline{\mathbb{R}}_+$ *ergibt sich*

$$\int_{T^{-1}\widetilde{A}} \widetilde{\xi} \circ T \, d\lambda_d = \int_{\widetilde{A}} \widetilde{\xi} \, d\lambda_d, \quad \widetilde{A} \in \mathcal{R}_d, \tag{5.1.10}$$

so daß insbesondere

$$\int_{\mathbb{R}^d} \widetilde{\xi} \circ T \, d\lambda_d = \int_{\mathbb{R}^d} \widetilde{\xi} \, d\lambda_d. \tag{5.1.11}$$

BEWEIS. Da für $B \in \mathcal{R}_d$

$$E[I_B(X)] = P(X \in B) = Q(B) = \int_{\mathbb{R}^d} I_B(t) dQ(t),$$

gilt (5.1.1) für jedes elementare $\phi \geq 0$. Mit Hilfe der *Standardapproximation* (vgl. Bemerkung 1.23) erhält man die Gültigkeit von (5.1.1) für jedes Borel-meßbare $\phi \geq 0$, woraus sich ersichtlich (a) und damit auch (b) ergibt. Der Nachweis von (5.1.7) verläuft analog wie derjenige von (5.1.1). Beide Seiten in (5.1.9) sind – als Funktionen von $\widetilde{A} \in \widetilde{\mathcal{A}}$ - σ-endliche Maße auf $\mathcal{R}_d$. Die Familie $\mathcal{M}_0$, die aus $\emptyset$ sowie allen „Rechtecken" der Form $[a_1, b_1] \times \cdots \times [a_d, b_d]$ $(-\infty < a_i \leq b_i < \infty,\ 1 \leq i \leq d)$ besteht, ist $\cap$-stabil und erzeugt $\mathcal{R}_d$. Da ersichtlich $\lambda_d(T^{-1}\widetilde{A}) = \lambda_d(\widetilde{A})$, $A \in \mathcal{M}_0$, ergibt sich (5.1.9) aufgrund von Satz 4.5 [1]. Die restlichen Aussagen in (c) sind klar, während sich (5.1.10) und (5.1.11) mit Hilfe von (5.1.9) und (5.1.7) ergeben. ■

Häufig läßt sich ein EW, der bez. eines W.-Maßes Q auf $\mathcal{R}_d$ gebildet wird, als *Riemann-Integral* berechnen, falls Q eine Dichte im Sinne der folgenden Definition besitzt:

5.2 Definition. Sei Q ein W.-Maß auf $\mathcal{R}_d$ und sei $\lambda_d := \text{Leb}_d$ (d- dimensionales Lebesgue-Maß; vgl. Beispiel 4.3.1). Eine Borel-meßbare Funktion $f : \mathbb{R}^d \longrightarrow \mathbb{R}_+$ heißt eine *Dichte* von Q (genauer: eine *Dichte* von Q bez. λ_d), falls

$$Q(B) = \int_B f(t) \, d\lambda_d(t), \quad B \in \mathcal{R}_d. \tag{5.2.1}$$

Gilt (5.2.1) und ist Q die Verteilung eines ZVK X mit der VF F, so nennen wir f auch eine *Dichte* von X oder von F. ■

Hat eine ZV X die VF F und eine Dichte f, so gilt wegen (5.2.1)

$$F(t) = \int_{]-\infty, t]} f(s) \, d\lambda(s), \quad t \in \mathbb{R} \quad (\lambda = \text{Leb}). \tag{5.2.2}$$

5.3 Satz. (a) *Eine Borel-meßbare Funktion* $f : \mathbb{R}^d \longrightarrow \mathbb{R}_+$ *ist genau dann Dichte eines gewissen W.-Maßes auf* $\mathcal{R}_d$, *falls*

$$\int_{\mathbb{R}^d} f(t) d\lambda_d(t) = 1. \tag{5.3.1}$$

(b) *Sind f, g Dichten eines W.-Maßes Q auf $\mathcal{R}_d$, so gilt*

$$f = g \quad \lambda_d - f.\ddot{u}. \tag{5.3.2}$$

(c) *Sei $f : \mathbb{R}^d \longrightarrow \mathbb{R}_+$ Borel-meßbar derart, daß* (5.3.1) *gilt, und sei Q ein W.-Maß auf $\mathcal{R}_d$. Sei $\mathcal{M} \subset \mathcal{R}_d$ $\cap$-stabil derart, daß $\sigma(\mathcal{M}) = \mathcal{R}_d$. Gilt*

$$Q(B) = \int_B f(t)d\lambda_d(t), \quad B \in \mathcal{M}, \tag{5.3.3}$$

so ist f eine Dichte von Q. Insbesondere ist also f eine Dichte von Q, falls (5.3.3) *für alle Mengen der Form*

$$B =]-\infty, t_1] \times \cdots \times]-\infty, t_d], \quad (t_1, \ldots, t_d) \in \mathbb{R}^d$$

gilt.

(d) *Sei $X = (X_1, \ldots, X_d)$ ein d-dimensionaler* ZVK *derart, daß X_i eine Dichte f_i $(1 \leq i \leq d)$ besitzt. Sind $X_1, \ldots, X_d$ unabhängig, so wird durch*

$$f(t_1, \ldots, t_d) := f_1(t_1) \cdots f_d(t_d), \quad (t_1, \ldots, t_d) \in \mathbb{R}^d \tag{5.3.4}$$

eine Dichte von X definiert.

(e) *Der $\mathbb{R}^d$-wertige* ZVK *$X = (X_1, \ldots, X_d)$ besitze eine Dichte f. Seien $f_i : \mathbb{R} \longrightarrow \mathbb{R}_+$ $(1 \leq i \leq d)$ Borel-meßbare Funktionen derart, daß*

$$\int_{\mathbb{R}} f_i(t)d\lambda(t) = 1, \quad 1 \leq i \leq d \quad (\lambda := \text{Leb}). \tag{5.3.5}$$

Gilt dann (5.3.4), *so ist f_i eine Dichte von X_i $(1 \leq i \leq d)$, und die* ZV *$X_1, \ldots, X_d$ sind unabhängig.*

BEWEIS. (a) Ersichtlich ist (5.3.1) notwendig dafür, daß f die Dichte eines W.-Maßes auf $\mathcal{R}_d$ ist. Ist (5.3.1) erfüllt, so wird durch (5.2.1) wegen Satz 2.24 (c) ein W.-Maß Q auf $\mathcal{R}_d$ definiert.

(b) ist eine direkte Konsequenz aus der Rückschlußeigenschaft (vgl. Satz 2.24 (g)).

(c) Aufgrund der Annahmen ist die Familie $\mathcal{N}$ aller Mengen $B \in \mathcal{R}_d$, für die (5.3.3) gilt, wegen Satz 2.24 (c), (d) ein Dynkin-System derart, daß $\mathcal{M} \subset \mathcal{N}$. Die Behauptung folgt also mit Hilfe des Satzes von Dynkin.

(d) Wegen des Satzes von Fubini-Tonelli erfüllt f die Bedingung (5.3.1). Sei Q die Verteilung von X. Aufgrund der Unabhängigkeit der ZV $X_1, \ldots, X_d$ gilt dann (5.3.3) für jede Menge der Form $B =]-\infty, t_1] \times \cdots \times]-\infty, t_d]$, $(t_1, \ldots, t_d) \in \mathbb{R}^d$, so daß (d) aus (c) folgt.

(e) Für gegebene Mengen $A_i \in \mathcal{R} (1 \leq i \leq d)$ sei $B_i := \mathbb{R} \times \cdots \times \mathbb{R} \times A_i \times \mathbb{R} \times \cdots \times \mathbb{R} \in \mathcal{R}_d$ (A_i sei der i-te „Faktor" von B_i) und $B := A_1 \times \cdots \times A_d$. Wegen (5.3.4) und (5.3.5) ergibt sich mit Hilfe des Satzes von Fubini-Tonelli für $1 \leq i \leq d$

$$P(X_i \in A_i) = P(X \in B_i) = \int_{B_i} f(t)d\lambda_d(t) = \int_{A_i} f_i(t)d\lambda(t),$$

so daß f_i eine Dichte von X_i ist. Erneute Anwendung des Satzes von Fubini-Tonelli liefert wegen (5.3.4)

$$P(X_i \in A_i, 1 \leq i \leq d) = P(X \in B) = P(X_1 \in A_1) \cdots P(X_d \in A_d),$$

so daß $X_1, \dots, X_d$ unabhängig sind. ■

5.4 Satz. *Der ZVK $X = (X_1, \dots, X_d)$ habe eine Dichte f. Sei $\phi : \mathbb{R}^d \longrightarrow \mathbb{R}$ Borel-meßbar und $\lambda_d :=$ Leb$_d$.*

(a) *Der* EW $E[\phi(X)]$ *existiert genau dann, wenn das λ_d-Integral der Funktion ϕf (wobei $(\phi f)(t) := \phi(t) f(t)$, $t \in \mathbb{R}^d$) existiert, und in diesem Fall gilt*

$$E[\phi(X)] = \int_{\mathbb{R}^d} \phi(t) f(t) d\lambda_d(t). \tag{5.4.1}$$

(b) *Sei $d = 1$ und $\phi(t) := t$, $t \in \mathbb{R}$. Dann existiert der* EW $E[X]$ *genau dann, wenn das λ_1-Integral von ϕf existiert, und in diesem Fall ist*

$$E[X] = \int_{\mathbb{R}} t f(t) d\lambda_1(t). \tag{5.4.2}$$

BEWEIS. Sei Q die Verteilung von X. Wegen (5.2.1) gilt für $B \in \mathcal{R}_d$

$$E[I_B(X)] = Q(B) = \int_{\mathbb{R}^d} I_B(t) f(t) d\lambda_d(t),$$

so daß man mit Hilfe der Standardapproximation die Gültigkeit von (5.4.1) für *jedes* Borel-meßbare $\phi \geq 0$ erhält. Hieraus ergeben sich die Aussagen von Satz 5.4 wegen $(\phi(t) f(t))^+ = (\phi(t))^+ f(t)$, $(\phi(t) f(t))^- = (\phi(t))^- f(t)$, $t \in \mathbb{R}^d$. ■

Häufig lassen sich Integrale bez. $\lambda :=$ Leb unter Benutzung von Riemann-Integralen berechnen. Um dies zu erläutern, betrachten wir im folgenden ein Intervall $[a, b]$ derart, daß $-\infty < a < b < \infty$, sowie eine Funktion $f : [a, b] \longrightarrow \mathbb{R}$. Eine *Unterteilung* von $[a, b]$ ist eine endliche Folge $\pi : a = x_0 < x_1 < \dots < x_m = b$. Die Zahl

$$\text{sp}(\pi) := \max\{x_i - x_{i-1} : 1 \leq i \leq m\} \tag{5.4.3}$$

heißt *Spanne* von π. Für eine gegebene Unterteilung π setzen wir

$$v(\pi, i) = \sup\{f(y) : y \in [x_{i-1}, x_i]\}, \quad 1 \leq i \leq m,$$
$$u(\pi, i) = \inf\{f(y) : y \in [x_{i-1}, x_i]\}, \quad 1 \leq i \leq m$$

und

$$V(\pi) := \sum_{i=1}^{m} v(\pi, i)(x_i - x_{i-1}) \tag{5.4.4}$$

(*obere Riemann-Summe*) sowie

$$U(\pi) := \sum_{i=1}^{m} u(\pi, i)(x_i - x_{i-1}) \tag{5.4.5}$$

(*untere Riemann-Summe*), so daß

(5.4.6) $$-\infty < V(\pi) \leq \infty, \quad -\infty \leq U(\pi) < \infty.$$

Ist f insbesondere Borel-meßbar und beschränkt, so ist f λ-integrierbar, und es folgt wegen Satz 2.24 (g)

(5.4.7) $$\sup_\pi U(\pi) \leq \int_{[a,b]} f(t)d\lambda(t) \leq \inf_\pi V(\pi)$$

(das Supremum und Infimum jeweils über alle Unterteilungen π von $[a,b]$ gebildet).

5.5 Definition. Eine Funktion $f : [a,b] \longrightarrow \mathbb{R}$ heißt *Riemann-integrierbar*, falls zu jedem $\epsilon > 0$ ein $\delta(\epsilon) > 0$ existiert derart, daß

(5.5.1) $$\mathrm{sp}(\pi) < \delta(\epsilon) \implies V(\pi) - U(\pi) < \epsilon.$$

Hieraus folgt insbesondere (warum?), daß f beschränkt ist. ■

Es läßt sich zeigen: Ist f Riemann-integrierbar, so ergibt sich für jede Folge $(\pi(n))$ von Unterteilungen von $[a,b]$ derart, daß $\mathrm{sp}(\pi(n)) \to 0 (n \to \infty)$:

(5.5.2) $$\lim_{n\to\infty} V(\pi(n)) = \lim_{n\to\infty} U(\pi(n)) =: (R)\int_a^b f(t)dt \in \mathbb{R}.$$

Der gemeinsame Grenzwert in (5.5.2) hängt nicht von der speziellen Folge $(\pi(n))$ ab und heißt das *Riemann-Integral* von f.

Für die Berechnung von Lebesgue-Integralen ist folgendes Resultat nützlich, das wir ohne Beweis angeben:

5.6 Satz. *Eine beschränkte Borel-meßbare-Funktion $f : [a,b] \longrightarrow \mathbb{R}$ ist genau dann Riemann-integrierbar, wenn f λ-f.ü. stetig ist. In diesem Fall gilt dann*

(5.6.1) $$\int_{[a,b]} f(t)d\lambda(t) = (R)\int_a^b f(t)dt.$$

■

(Man vgl. hierzu die Bemerkung nach Satz 2.7!)

Ist f Borel-meßbar und Riemann-integrierbar, so ist f beschränkt, und (5.6.1) ist eine Konsequenz aus (5.4.7) und (5.5.2). Sei f insbesondere *stetig*. Dann ist f Borel-meßbar, beschränkt und *gleichmäßig stetig*, d.h. zu jedem $\epsilon > 0$ existiert ein $\delta(\epsilon) > 0$ derart, daß

$$|x - y| < \delta(\epsilon) \Longrightarrow |f(x) - f(y)| < \epsilon, \quad x, y \in [a,b].$$

Aus $\mathrm{sp}(\pi) < \delta(\epsilon)$ folgt $v(\pi,i) - u(\pi,i) < \epsilon\,(1 \leq i \leq m)$ und somit $V(\pi) - U(\pi) < \epsilon(b-a)$, so daß f Riemann-integrierbar ist und (5.6.1) gilt.

Die Berechnung von Integralen bez. $\mathrm{Leb}_d (d \geq 2)$ läßt sich häufig ebenfalls auf die Berechnung von Riemann-Integralen zurückführen, indem man Satz 5.6 in Verbindung mit dem Satz von Fubini-Tonelli anwendet. Wir illustrieren dies anhand des folgenden Beispiels.

5.6.1 Beispiel. Durch

$$f(x) := \frac{1}{\sqrt{2\pi}} \exp(-x^2/2), \quad x \in \mathbb{R} \tag{5.6.2}$$

wird die Dichte eines W.-Maßes auf $\mathcal{R}$ (*Standard-Normalverteilung* N(0,1)) definiert. Für

$$I := \int_{\mathbb{R}} \exp(-x^2/2) d\lambda(x) \quad (\lambda = \text{Leb}) \tag{5.6.3}$$

ist also $I = \sqrt{2\pi}$ zu zeigen. Mit Hilfe des Satzes von Fubini-Tonelli, des Satzes von der monotonen Konvergenz und Satz 5.6 erhält man ($\lambda_2 := \text{Leb}_2$, $||\cdot|| =$ euklidische Norm)

$$\begin{aligned} I^2 &= \lim_{n\to\infty} \int_{\{z:||z||\le n\}} \exp(-||z||^2/2) d\lambda_2(z) \\ &= \lim_{n\to\infty} (R) \int_{-n}^{n} \left((R) \int_{-\sqrt{n^2-y^2}}^{\sqrt{n^2-y^2}} \exp(-(x^2+y^2)/2) dx \right) dy \\ &= \lim_{n\to\infty} (R) \int_{\{z:||z||\le n\}} \exp(-||z||^2/2) dz, \end{aligned}$$

wobei das letzte Integral ein zweidimensionales Riemann-Integral ist. Einführung von *Polar-Koordinaten* liefert

$$\begin{aligned} I^2 &= \lim_{n\to\infty} (R) \int_0^n \left((R) \int_0^{2\pi} \exp(-r^2/2) r d\phi \right) dr \\ &= 2\pi \lim_{n\to\infty} [-\exp(-r^2/2)]_0^n \\ &= 2\pi \lim_{n\to\infty} (1 - \exp(-n^2/2)) = 2\pi. \end{aligned}$$

Mit Hilfe von Satz 5.6 ergibt sich hieraus, daß für feste Zahlen $\mu \in \mathbb{R}$, $\sigma > 0$

$$g(x) := \frac{1}{\sqrt{2\pi\sigma^2}} \exp(-(x-\mu)^2/(2\sigma^2)), \quad x \in \mathbb{R} \tag{5.6.4}$$

die Dichte eines W.-Maßes auf $\mathcal{R}$ (*Normalverteilung* $\text{N}(\mu, \sigma^2)$) ist. Eine einfache Rechnung liefert unter Benutzung von Satz 5.4 (b) und Satz 5.6

$$E[X] = \mu, \quad \text{Var}[X] = \sigma^2, \quad \text{falls} \quad X \sim \text{N}(\mu, \sigma^2). \tag{5.6.5}$$

■

Wegen des engen Zusammenhangs zwischen Riemann- und Lebesgue-Integralen schreiben wir auch

$$\int_{\mathbb{R}} \exp(-x^2/2) d\lambda(x) =: \int_{\mathbb{R}} \exp(-x^2/2) dx =: \int_{-\infty}^{\infty} \exp(-x^2/2) dx. \tag{5.6.6}$$

5.6.2 Beispiel. Für reelle Zahlen $-\infty < a < b < \infty$ wird durch $f(x) = 0,\ x \notin [a,b]$, und

$$f(x) := 1/(b-a), \quad x \in [a,b] \tag{5.6.7}$$

eine Dichte der *Gleichverteilung* UNI(a,b) *auf* $[a,b]$ definiert. Man erhält

$$E[X] = (a+b)/2, \quad \mathrm{Var}[X] = (b-a)^2/12, \quad \text{falls} \quad X \sim \mathrm{UNI}(a,b). \tag{5.6.8}$$

Allgemeiner sei $B \in \mathcal{R}_d$ $(d \geq 1)$ eine Borel-Menge derart, daß für $\lambda_d := \mathrm{Leb}_d$ $0 < \lambda_d(B) < \infty$ gilt. Dann wird durch $f_B(t) := 0,\ t \notin B$, und

$$f_B(t) = 1/\lambda_d(B), \quad t \in B \tag{5.6.9}$$

eine Dichte der *Gleichverteilung auf* B definiert. Ist ein ZVK ξ gleichverteilt auf B, so gilt also

$$P(\xi \in A) = \lambda_d(A \cap B)/\lambda_d(B), \quad A \in \mathcal{R}_d. \tag{5.6.10}$$

■

5.6.3 Beispiel. Sei $\lambda > 0$ eine Konstante. Durch $f(x) = 0,\ x < 0$, und

$$f(x) := \lambda \exp(-\lambda x), \quad x \geq 0 \tag{5.6.11}$$

wird die Dichte eines W.-Maßes auf $\mathcal{R}$ (*Exponentialverteilung* EXP(λ) mit Parameter $\lambda > 0$) definiert. Es gilt

$$E[X] = 1/\lambda, \quad \mathrm{Var}[X] = 1/\lambda^2, \quad \text{falls} \quad X \sim \mathrm{EXP}(\lambda). \tag{5.6.12}$$

Die VF F von $X \sim \mathrm{EXP}(\lambda)$ wird gegeben durch $F(t) = 0,\ t < 0$ und

$$F(t) = 1 - \exp(-\lambda t), \quad t \geq 0. \tag{5.6.13}$$

■

Das folgende Resultat (*partielle Integration*) liefert für den EW einer ZV X – falls er existiert – einen Integral-Ausdruck, der die VF F von X explizit enthält. Die in (5.7.1) - (5.7.3) auftretenden Integrale lassen sich als Riemann-Integrale berechnen, da sämtliche Integranden auf jedem beschränkten Intervall beschränkt sind und höchstens abzählbar viele Unstetigkeitsstellen besitzen (hierbei wird die in (5.6.6) eingeführte Notation benutzt).

5.7 Satz. *Sei X eine* ZV *mit der* VF F.

(a) *Ist $X \geq 0$, so gilt für $r > 0$*

$$\begin{aligned} E[X^r] &= r\int_0^\infty t^{r-1}P(X \geq t)dt \\ &= r\int_0^\infty t^{r-1}P(X > t)dt \\ &= r\int_0^\infty t^{r-1}(1-F(t))dt. \end{aligned} \tag{5.7.1}$$

(b) *Ist $X \leq 0$, so gilt*

(5.7.2) $$E[X] = -\int_{-\infty}^{0} F(t)dt.$$

(c) *Existiert der* EW *von X, so gilt*

(5.7.3) $$E[X] = \int_{0}^{\infty} (1 - F(t))\, dt - \int_{-\infty}^{0} F(t)\, dt.$$

BEWEIS. (a) Sei $X \geq 0$ und Q die Verteilung von X. Wegen Satz 5.1 (a) und des Satzes von Fubini-Tonelli folgt für $r > 0$ ($\lambda = \text{Leb}$)

$$\begin{aligned} E[X^r] &= \int_{\mathbb{R}_+} t^r dQ(t) = \int_{\mathbb{R}_+} \left(\int_{\mathbb{R}_+} I([0,t^r])(s)ds \right) dQ(t) \\ &= \int_{\mathbb{R}_+^2} I([0,t^r])(s)d(\lambda \times Q)(s,t) = \int_{\mathbb{R}_+} \left(\int_{\mathbb{R}_+} I([0,t^r])(s)dQ(t) \right) d\lambda(s) \\ &= \int_{0}^{\infty} P(X \geq s^{1/r})ds, \end{aligned}$$

woraus sich mit Hilfe der Substitution $t = s^{1/r}$ das erste „ = “ in (5.7.1) ergibt. Ersetzt man in dieser Herleitung $I([0,t^r])$ durch $I([0,t^r[)$, so resultiert das zweite „ = “ in (5.7.1). Gilt $X \leq 0$, so ergibt sich (5.7.2) durch Anwendung von (5.7.1) auf $-X \geq 0$. Schließlich ist (c) eine einfache Konsequenz aus (a) und (b). ∎

5.7.1 Beispiel. Ein Versicherer (VS) verlange als Prämie für eine Versicherung gegen einen drohenden Schaden $\xi \geq 0$ derart, daß $\xi \in L^1$, lediglich die sog. *Nettoprämie* $E[\xi]$. Ein „Versicherungsnehmer“ (VN) möchte sich beim VS gegen einen drohenden Schaden $X \geq 0$ versichern, wobei $0 < E[X] < \infty$ gelte. Der VN möchte als Prämie lediglich $0 < p < E[X]$ bezahlen, wobei er bereit ist, eine *Selbstbeteiligung* $\sigma \geq 0$ (σ sei konstant) zu übernehmen (*Stopp-Loss-Versicherung*), so daß dann der VS lediglich $(X - \sigma)^+$ an den VN zahlt und dafür als Prämie $\phi(\sigma) := E[(X-\sigma)^+]$ verlangt. Dann gilt (*Satz von Arrow*): *Zu jedem $0 < p < E[X]$ existiert genau ein $0 < \sigma = \sigma(p) < \infty$ derart, daß*

(5.7.4) $$E[(X - \sigma(p))^+] = p.$$

In der Tat, ϕ ist monoton fallend und stetig aufgrund des Satzes von der dominierten Konvergenz. Sei $0 < p < E[X]$ gegeben. Da $\phi(\sigma) \to 0 (\sigma \to \infty)$ und $\phi(\sigma) \to E[X]$ ($\sigma \to 0$) (warum?), *existiert* eine Zahl $0 < \sigma(p) < \infty$ derart, daß (5.7.4) gilt. Es bleibt zu zeigen, daß ϕ an der Stelle $\sigma(p)$ *strikt* fällt. Wegen $p > 0$ folgt $P(X > \sigma(p)) > 0$. Ist F die VF von X, so ergibt sich also $F(\sigma(p)) < 1$, so daß wegen der Rechtsstetigkeit von F ein $\Delta > 0$ existiert derart, daß $F(\sigma(p) + \Delta) < 1$. Mit Hilfe partieller Integration und

Satz 5.6 ergibt sich

$$\phi(\sigma) = \int_0^\infty P((X-\sigma)^+ > t)dt = \int_\sigma^\infty (1-F(t))dt, \quad \sigma \geq 0,$$

so daß für $0 < h \leq \Delta$

$$\phi(\sigma(p)) - \phi(\sigma(p)+h) = \int_{\sigma(p)}^{\sigma(p)+h} (1-F(t))dt \geq h(1-F(\sigma(p)+\Delta)) > 0$$

und für $0 < h \leq \sigma(p)$

$$\phi(\sigma(p)-h) - \phi(\sigma(p)) = \int_{\sigma(p)-h}^{\sigma(p)} (1-F(t))dt \geq h(1-F(\sigma(p))) > 0$$

gilt. ∎

Eine weitere Konsequenz aus dem Satz von Fubini-Tonelli ist

5.8 Satz. *Seien* $\xi = (\xi_1, \ldots, \xi_r)$, $\eta = (\eta_1, \ldots, \eta_s)$ $\mathbb{R}^r$- *bzw.* $\mathbb{R}^s$*-wertige* ZVK. *Sei* $\phi : \mathbb{R}^{r+s} \longrightarrow \overline{\mathbb{R}}_+$ *Borel-meßbar. Die Funktion* ψ *werde auf* $\mathbb{R}^s$ *definiert durch*

(5.8.1) $$\psi(y_1, \ldots, y_s) = E[\phi(\xi_1, \ldots, \xi_r, y_1, \ldots, y_s)].$$

Dann folgt:

(a) *Die Funktion* $\psi : \mathbb{R}^s \longrightarrow \overline{\mathbb{R}}_+$ *ist Borel-meßbar.*

(b) *Sind* ξ *und* η *unabhängig voneinander, so gilt*

(5.8.2) $$E[\psi(\eta_1, \ldots, \eta_s)] = E[\phi(\xi_1, \ldots, \xi_r, \eta_1, \ldots, \eta_s)].$$

BEWEIS. Seien Q_ξ, Q_η bzw. $Q_{(\xi,\eta)}$ die Verteilungen von ξ, η bzw. (ξ, η). Wegen Satz 5.1 (a) gilt für festes $y = (y_1, \ldots, y_s) \in \mathbb{R}^s$

$$\psi(y) = \int_{\mathbb{R}^r} \phi(x,y)dQ_\xi(x),$$

woraus sich mit Hilfe von Lemma 4.3 (c) die Aussage (a) ergibt. Sind ξ, η unabhängig voneinander, so erhält man mit Hilfe von Satz 5.1 (a), Satz 4.6 und des Satzes von Fubini-Tonelli

$$\begin{aligned} E[\phi(\xi,\eta)] &= \int_{\mathbb{R}^{r+s}} \phi(x,y)dQ_{(\xi,\eta)}(x,y) = \int_{\mathbb{R}^s} \left(\int_{\mathbb{R}^r} \phi(x,y)dQ_\xi(x) \right) dQ_\eta(y) \\ &= \int_{\mathbb{R}^s} \psi(y)dQ_\eta(y) = E[\psi(\eta)]. \end{aligned}$$

∎

5.8.1 Beispiel. Für $x = (x_1, x_2) \in \mathbb{R}^2$ und $r \geq 0$ sei $S(x,r) := \{y \in \mathbb{R}^2 : ||y-x|| \leq r\}$ die abgeschlossene Kreisscheibe mit Radius r und Mittelpunkt x ($||\cdot||$ bezeichne die euklidische Norm). Der *Rand* von $S(x,r)$ besteht aus allen $y \in S(x,r)$ derart, daß $||y-x|| = r$. Ein zufälliger Punkt ξ sei auf

$S(0,1)$ $(0 \in \mathbb{R}^2)$ *gleichverteilt* (vgl. Beispiel 5.6.2), d.h. für eine beliebige Borel-Menge $B \subset S(0,1)$ gilt ($\lambda_2 := \text{Leb}_2$)

$$(5.8.3) \qquad P(\xi \in B) = \int_B \frac{1}{\pi} d\lambda_2(x) = \frac{1}{\pi}\lambda_2(B) = \frac{\lambda_2(B)}{\lambda_2(S(0,1))}$$

(man beachte, daß $S(0,1)$ die Fläche π hat). Sei $\phi(x,s)$ $(x \in \mathbb{R}^2, s \geq 0)$ das Minimum der Abstände zwischen Punkten auf dem Rand von $S(0,1)$ und solchen auf dem Rand von $S(x,s)$, so daß für $s \geq 0$

$$(5.8.4) \qquad \phi(x,s) = (1 - (||x|| + s))^+, \quad \text{falls} \quad x \in S(0,1).$$

Die ZV $\rho \geq 0$ (zufälliger Radius einer abgeschlossenen Kreisscheibe mit Mittelpunkt ξ) sei unabhängig von ξ. Zur Berechnung von $E[\phi(\xi,\rho)]$ benutzen wir Satz 5.8. Sei

$$\psi(s) := E[\phi(\xi,s)] = E[(1 - (||\xi|| + s))^+], \quad s \geq 0,$$

so daß $\psi(s) = 0$, $s \geq 1$, während sich für $0 \leq s \leq 1$ wegen (5.8.3), Satz 5.4 und Satz 5.6

$$\begin{aligned}\psi(s) &= E[(1 - s - ||\xi||)I\{||\xi|| \leq 1 - s\}] \\ &= (1-s)P(||\xi|| \leq 1-s) - E[||\xi||I\{||\xi|| \leq 1-s\}] \\ &= (1-s)^3 - \frac{1}{\pi}\int_{S(0,1-s)} ||x||dx\end{aligned}$$

ergibt. Einführung von Polar-Koordinaten liefert für das letzte Integral den Wert $2\pi(1-s)^3/3$ $(0 \leq s \leq 1)$, so daß

$$\psi(s) = \frac{1}{3}(1-s)^3 I_{[0,1]}(s), \quad s \geq 0.$$

Mit Hilfe von Satz 5.8 erhält man also

$$(5.8.5) \qquad E[\phi(\xi,\rho)] = E[\psi(\rho)] = \frac{1}{3}E[(1-\rho)^3 I\{\rho \leq 1\}].$$

Ist ρ insbesondere gleichverteilt auf $[0,1]$, so folgt aus (5.8.5) $E[\phi(\xi,\rho)] = 1/12$. ■

5.8.2 Beispiel. Die ZV X, Y seien unabhängig, und es gelte $X, Y \sim \text{EXP}(1)$ (vgl. Beispiel 5.6.3). Dann folgt

$$(5.8.6) \qquad \frac{X}{X+Y} \sim \text{UNI}(0,1).$$

Zum Nachweis von (5.8.6) reicht es zu zeigen:

$$(5.8.7) \qquad P\left(\frac{X}{X+Y} \leq t\right) = t, \quad 0 < t < 1$$

(warum?). Für festes $0 < t < 1$ sei $\phi(x,y) := I_{[0,t]}(x/(x+y))$, $x > 0, y > 0$, so daß (5.8.7) besagt:

$$(5.8.8) \qquad E[\phi(X,Y)] = t.$$

Sei $\psi(y) := E[\phi(X, y)] = 1 - \exp(-ty/(1-t))$, $y > 0$. Da wegen Satz 5.8 $E[\phi(X, Y)] = E[\psi(Y)]$, ist (5.8.8) gleichbedeutend mit

$$E[\exp(-tY/(1-t))] = 1 - t. \tag{5.8.9}$$

Der Nachweis von (5.8.9) sei dem Leser überlassen (man benutze Satz 5.4 (a)). ■

Eine wichtige Anwendung von Satz 5.8 betrifft die Frage, wie sich die VF einer Summe von zwei *unabhängigen* ZV mit Hilfe der VF der Summanden ausdrücken läßt.

5.9 Satz. *Seien* X, Y *unabhängige* ZV *mit den* VF F *bzw.* G.

(a) *Für die* VF H *der Summe* $X + Y$ *gilt*

$$H(t) = \int_{\mathbb{R}} F(t-s)dG(s) = \int_{\mathbb{R}} G(t-s)dF(s), \quad t \in \mathbb{R} \tag{5.9.1}$$

(*hierin wird die in* (5.1.1) *eingeführte Bezeichnung benutzt*).

(b) *Gilt zusätzlich, daß die* ZV X, Y *Dichten* f *bzw.* g *besitzen, so wird durch*

$$h(t) := \int_{\mathbb{R}} f(t-s)g(s)d\lambda(s) = \int_{\mathbb{R}} g(t-s)f(s)d\lambda(s), \quad t \in \mathbb{R} \tag{5.9.2}$$

(λ =Leb) *eine Dichte von* $X + Y$ *definiert.*

Durch (5.9.1) wird mit Hilfe von VF F, G auf $\mathbb{R}$ eine VF H auf $\mathbb{R}$ definiert, die man *Faltung* von F und G nennt und mit

$$H = F * G = G * F \tag{5.9.3}$$

bezeichnet. Durch (5.9.2) wird mit Hilfe von Dichten f, g auf $\mathbb{R}$ eine Dichte h auf $\mathbb{R}$ definiert, die man *Faltung* von f und g nennt. Bezeichnung:

$$h = f * g = g * f \tag{5.9.4}$$

(*Kommutativität* der Faltungsoperation). Aufgrund von Satz 5.9 ist klar: Für beliebige VF F_1, F_2, F_3 auf $\mathbb{R}$ und beliebige Dichten f_1, f_2, f_3 auf $\mathbb{R}$ gilt

$$F_1 * (F_2 * F_3) = (F_1 * F_2) * F_3 \tag{5.9.5}$$

und

$$f_1 * (f_2 * f_3) = (f_1 * f_2) * f_3 \tag{5.9.6}$$

(*Assoziativität* der Faltungsoperation).

BEWEIS VON SATZ 5.9. (a) Für festes $t \in \mathbb{R}$ sei $\phi(x, y) := I_{]-\infty,t]}(x + y)$, $x, y \in \mathbb{R}$. Dann gilt $H(t) = E[\phi(X, Y)]$. Sei $\psi(y) := E[\phi(X, y)] = F(t - y)$, $y \in \mathbb{R}$, woraus sich mit Hilfe von Satz 5.8 sowie Satz 5.1 (a)

$$H(t) = E[F(t-Y)] = \int_{\mathbb{R}} F(t-s)dG(s)$$

ergibt. Da H unverändert bleibt, wenn X, Y vertauscht werden, erhält man (5.9.1).

(b) Haben X, Y Dichten f bzw. g, so ergibt sich aus (5.9.1) mit Hilfe von Satz 5.4 für festes $t \in \mathbb{R}$ (λ = Leb)

$$H(t) = \int_{\mathbb{R}} \left(\int_{\mathbb{R}} I_{]-\infty,t-s]}(u) f(u) d\lambda(u) \right) g(s) d\lambda(s).$$

Setzen wir $T_s(u) = u + s$ und $\phi_s(u) = f(u-s)$ $(s, u \in \mathbb{R})$, so folgt also im Hinblick auf Satz 5.1 (d) mit Hilfe des Satzes von Fubini-Tonelli

$$\begin{aligned} H(t) &= \int_{\mathbb{R}} \left(\int_{\mathbb{R}} I_{]-\infty,t]}(T_s(u)) \phi_s(T_s(u)) d\lambda(u) \right) g(s) d\lambda(s) \\ &= \int_{\mathbb{R}} \left(\int_{\mathbb{R}} I_{]-\infty,t]}(u) \phi_s(u)\, d\lambda(u) \right) g(s) d\lambda(s) \\ &= \int_{]-\infty,t]} \left(\int_{\mathbb{R}} f(u-s) g(s) d\lambda(s) \right) d\lambda(u) = \int_{]-\infty,t]} h(u) d\lambda(u). \end{aligned}$$

Somit wird durch h eine Dichte von $X+Y$ definiert, die unverändert bleibt, wenn f und g vertauscht werden. ∎

5.9.1 Beispiel. Die ZV $X \sim \text{UNI}(0,c)$ und $Y \sim \text{UNI}(0,c)$ seien unabhängig, so daß $0 \leq X+Y \leq 2c$ f. s. Aufgrund von (5.6.7) ist $f := c^{-1} I_{[0,c]}$ eine Dichte von X und Y, so daß durch die Faltung

$$h(t) := \int_{-\infty}^{\infty} f(t-s) f(s) ds, \quad t \in \mathbb{R}$$

eine Dichte von $X+Y$ gegeben wird. Ersichtlich ist $h(t) = 0$, $t \notin [0, 2c]$, während sich für $t \in [0, 2c]$

$$h(t) := \int_{(t-c)^+}^{t \wedge c} f(t-s) f(s) ds = ((t \wedge c) - (t-c)^+)/c^2$$

ergibt. Somit wird durch

(5.9.7) $$h(t) := (t/c^2) I_{[0,c]}(t) + ((2c-t)/c^2) I_{]c,2c]}(t), \quad t \in \mathbb{R}$$

eine Dichte von $X+Y$ definiert, die manchmal auch *Dreiecks-Dichte* heißt (Zeichnung!). ∎

Wir betrachten jetzt eine weitere Möglichkeit, Erwartungswerte und Faltungen zu berechnen, falls die ZV nichtnegativ sind. Sei $X \geq 0$ eine ZV und L_X die in Definition 3.25 eingeführte *Laplace-Transformierte* von X:

(5.9.8) $$L_X(t) := E[\exp(-tX)], \quad t \geq 0.$$

Dann gilt

5.10 Satz. *Die Laplace-Transformierte L_X einer ZV $X \geq 0$ ist an jeder Stelle $t > 0$ beliebig oft differenzierbar, und es gilt*

(5.10.1) $$L_X^{(n)}(t) = (-1)^n E[X^n \exp(-tX)], \quad n \geq 0, \quad t > 0$$

sowie

(5.10.2) $$\lim_{t \downarrow 0} L_X^{(n)}(t) = (-1)^n E[X^n], \quad n \geq 0.$$

(Man beachte, daß für ein $n \geq 1$ $E[X^n] = \infty$ sein kann!)

BEWEIS VON SATZ 5.10. Im folgenden sei $t > 0$ festgehalten. Die Ungleichung

(5.10.3) $$x^n \exp(-tx) \leq (n/t)^n \exp(-n) \leq (n/t)^n, \quad x \geq 0, \quad n \geq 1,$$

die man leicht durch Betrachtung eines einfachen Extremwertproblems erhält, zeigt, daß der EW in (5.10.1) für $n \geq 0$ *endlich* ist. Sei $n \geq 0$ ebenfalls festgehalten. Wir zeigen, daß die Funktion $\phi(s) := E[X^n \exp(-sX)]$ ($s > 0$) an der Stelle t differenzierbar ist und man Ableitungs- und EW-Bildung vertauschen darf. Für die Funktion ($0^0 := 1$)

$$Q(x,h) := x^n[\exp(-(t+h)x) - \exp(-tx)]/h, \quad x \geq 0, \quad 0 < |h| \leq t$$

gilt ersichtlich

$$Q(x,h) = -\frac{x^{n+1}}{h} \int_t^{t+h} \exp(-sx)ds, \quad x \geq 0, \quad 0 < |h| \leq t,$$

so daß sich wegen (5.10.3) für $0 < |h| \leq t/2$ die Abschätzung

$$|Q(x,h)| \leq x^{n+1} \exp(-xt/2) \leq (2(n+1)/t)^{n+1}, \quad x \geq 0$$

ergibt. Aufgrund des Satzes von der dominierten Konvergenz impliziert dies $\phi'(t) = -E[X^{n+1} \exp(-tX)]$, so daß (5.10.1) gilt. Schließlich erhält man (5.10.2) mit Hilfe des Satzes von der monotonen Konvergenz aus (5.10.1). ∎

5.10.1 Beispiel. Die Eulersche *Gamma-Funktion* wird definiert durch

(5.10.4) $$\Gamma(t) = \int_0^\infty y^{t-1} \exp(-y)dy, \quad t > 0.$$

Es läßt sich zeigen, daß $\Gamma(\cdot)$ an jeder Stelle $t > 0$ beliebig oft differenzierbar ist und in (5.10.4) Integration und Ableitungsbildung vertauschbar sind:

(5.10.5) $$\Gamma^{(n)}(t) = \int_0^\infty y^{t-1}(\log y)^n \exp(-y)dy, \quad t > 0, \quad n \geq 0.$$

Man erhält sofort $\Gamma(1) = 1$, während man mit Hilfe des Resultats in Beispiel 5.6.1 leicht zum Wert

(5.10.6) $$\Gamma(1/2) = \sqrt{\pi}$$

gelangt. Partielle Integration für Riemann-Integrale liefert die Rekursionsformel

(5.10.7) $$\Gamma(t+1) = t\Gamma(t), \quad t > 0,$$

so daß sich insbesondere

(5.10.8) $$\Gamma(n+1) = n!, \quad n = 0, 1, 2, \ldots$$

ergibt. Für eine Konstante $\alpha > 0$ erhält man aus (5.10.4) mit Hilfe der Substitution $y = \alpha x$, daß für jedes $\nu > 0$ durch $f(x|\alpha,\nu) := 0$, $x \leq 0$, und

$$(5.10.9) \qquad f(x|\alpha,\nu) := \alpha^\nu x^{\nu-1}\exp(-\alpha x)/\Gamma(\nu), \quad x > 0$$

die Dichte eines W.-Maßes auf $\mathcal{R}$ (*Gamma-Verteilung* $\Gamma(\alpha,\nu)$) gegeben wird. Insbesondere gilt also

$$(5.10.10) \qquad \Gamma(\alpha,1) = \mathrm{EXP}(\alpha), \quad \alpha > 0.$$

Eine einfache Rechnung liefert für eine ZV $X \sim \Gamma(\alpha,\nu)$

$$L_X(t) = \int_0^\infty e^{-tx} f(x|\alpha,\nu)dx = \left(\frac{\alpha}{\alpha+t}\right)^\nu \int_0^\infty f(x|\alpha+t,\nu)dx, \quad t > 0,$$

so daß

$$(5.10.11) \qquad L_X(t) = \left(\frac{\alpha}{\alpha+t}\right)^\nu, \quad t \geq 0, \quad \text{falls} \quad X \sim \Gamma(\alpha,\nu).$$

Aus (5.10.11) ergibt sich sofort aufgrund von Satz 3.26

$$(5.10.12) \qquad f(\cdot|\alpha,\nu) * f(\cdot|\alpha,\mu) = f(\cdot|\alpha,\nu+\mu), \quad \alpha,\nu,\mu > 0.$$

Hieraus folgt insbesondere wegen (5.10.10) für *unabhängige* ZV $X_i \sim \mathrm{EXP}(\alpha)$ $(1 \leq i \leq n)$

$$(5.10.13) \qquad X_1 + \cdots + X_n \sim \Gamma(\alpha,n), \quad n \geq 1.$$

Eine einfache Rechnung liefert unter Benutzung von (5.10.6)

$$X^2 \sim \Gamma(1/2,1/2), \quad \text{falls} \quad X \sim \mathrm{N}(0,1),$$

so daß für *unabhängige* ZV $X_i \sim \mathrm{N}(0,1)$ $(1 \leq i \leq n)$

$$(5.10.14) \qquad X_1^2 + \cdots + X_n^2 \sim \Gamma(1/2,n/2).$$

Die Verteilung der Summe in (5.10.14) heißt auch χ^2- (*Chi-Quadrat-*) *Verteilung* mit n Freiheitsgraden.

Aus (5.10.11) folgt für $X \sim \Gamma(\alpha,\nu)$

$$L_X^{(1)}(t) = -\nu\alpha^\nu/(\alpha+t)^{\nu+1}, \quad L_X^{(2)}(t) = \nu(\nu+1)\alpha^\nu/(\alpha+t)^{\nu+2}, \quad t > 0.$$

Wegen Satz 5.10 liefert dies $E[X] = \nu/\alpha$ und $E[X^2] = \nu(\nu+1)/\alpha^2$, so daß

$$(5.10.15) \qquad E[X] = \nu/\alpha, \quad \mathrm{Var}[X] = \nu/\alpha^2, \quad \text{falls} \quad X \sim \Gamma(\alpha,\nu).$$

(Im Fall $\nu = 1$ hatten wir dieses Resultat bereits in Beispiel 5.6.3 erhalten.)

■

Falls eine ZV X sowohl positive als auch negative Werte annimmt, kann man anstelle der Laplace-Transformierten die *momentenerzeugende Funktion* (MEF) von X betrachten, die durch

$$(5.10.16) \qquad M_X(t) = E[\exp(tX)], \quad t \in \mathbb{R}$$

definiert wird. Für eine ZV $X \geq 0$ gilt dann

$$L_X(t) = M_X(-t), \quad t \in \mathbb{R}_+. \tag{5.10.17}$$

Für gewisse ZV X kann (leider !) der Fall eintreten, daß $M_X(t) = \infty$ für *alle* $t \neq 0$ gilt. Ist nämlich X eine ZV mit Werten in $\{1, -1, 2, -2, \ldots\}$ derart, daß für eine geeignete Normierungskonstante $a > 0$ $P(X = n) = a/n^2$, $n = \pm 1, \pm 2, \ldots$, so folgt

$$E[\exp(tX)] = a \sum_{n=1}^{\infty} (\exp(tn) + \exp(-tn))/n^2 = \infty, \quad t \neq 0.$$

Es gilt jedoch

5.11 Lemma. *Existiert eine Zahl $t_0 > 0$ derart, daß*

$$M_X(t_0) < \infty \quad \textit{und} \quad M_X(-t_0) < \infty, \tag{5.11.1}$$

so folgt

$$M_X(t) < \infty, \quad \textit{falls} \quad |t| \leq t_0. \tag{5.11.2}$$

BEWEIS. Für $|t| \leq t_0$ erhält man

$$\begin{aligned} M_X(t) &= E[\exp(tX)I\{X \geq 0\}] + E[\exp(tX)I\{X < 0\}] \\ &\leq E[\exp(t_0X)I\{X \geq 0\}] + E[\exp(-t_0X)I\{X < 0\}] \\ &\leq M_X(t_0) + M_X(-t_0) < \infty. \end{aligned}$$

■

Für MEF gilt nun folgendes Analogon zu Satz 3.26 und Satz 5.10:

5.12 Satz. *Seien $X, Y, X_1, \ldots, X_n$ ($n \geq 2$) ZV und sei $t_0 > 0$ eine reelle Zahl.*

(a) *Genügt X der Bedingung* (5.11.1), *so besitzt M_X eine Taylor-Entwicklung um $t = 0$. Genauer gilt*

$$M_X(t) = \sum_{k=0}^{\infty} \frac{t^k}{k!} E[X^k], \quad |t| \leq t_0, \tag{5.12.1}$$

so daß insbesondere

$$M_X^{(k)}(0) = E[X^k] \in \mathbb{R}, \quad k \geq 0. \tag{5.12.2}$$

(b) *Sind die ZV $X_1, \ldots, X_n$ unabhängig und erfüllen sie jeweils die Bedingung* (5.11.1), *so gilt für $S_n := X_1 + \cdots + X_n$*

$$M_{S_n}(t) = M_{X_1}(t) \cdots M_{X_n}(t) < \infty, \quad |t| \leq t_0. \tag{5.12.3}$$

(c) *Erfüllen die ZV X, Y jeweils* (5.11.1) *und gilt*

$$M_X(t) = M_Y(t), \quad |t| \leq t_0, \tag{5.12.4}$$

so besitzen X, Y dieselbe Verteilung.

Die Bezeichnung „momentenerzeugende Funktion" wird durch (5.12.2) motiviert.

BEWEIS VON SATZ 5.12. Wir beweisen lediglich (a) und (b). Eine Abschätzung wie im Beweis von Lemma 5.11 liefert

$$E[\exp(t_0|X|)] \le M_X(t_0) + M_X(-t_0) < \infty,$$

so daß sich für $m \ge 0$ und $|t| \le t_0$

$$\left|\sum_{k=0}^{m} \frac{t^k}{k!} X^k\right| \le \sum_{k=0}^{m} \frac{t_0^k}{k!} |X|^k \le \exp(t_0|X|) \in L^1$$

ergibt. Mit Hilfe des Satzes von der dominierten Konvergenz erhält man also für $|t| \le t_0$

$$M_X(t) = E\left[\sum_{k=0}^{\infty} \frac{t^k}{k!} X^k\right] = \sum_{k=0}^{\infty} \frac{t^k}{k!} E[X^k],$$

d.h. (5.12.1), woraus sich (5.12.2) ergibt. (b) folgt aus Satz 1.5 (k). ■

5.12.1 Beispiel. Sei $X \sim \mathrm{N}(\mu, \sigma^2)$ (vgl. Beispiel 5.6.1), so daß

$$M_X(t) = \int_{-\infty}^{\infty} e^{tx} \frac{1}{\sqrt{2\pi\sigma^2}} \exp\left(-\frac{(x-\mu)^2}{2\sigma^2}\right) dx, \quad t \in \mathbb{R}.$$

Substituiert man hierin $y = (x - \mu)/\sigma$, so erhält man nach kurzer Rechnung

$$\text{(5.12.5)} \qquad M_X(t) = \exp(\mu t + \sigma^2 t^2/2), \quad t \in \mathbb{R}, \quad \text{falls } X \sim \mathrm{N}(\mu, \sigma^2).$$

Gilt insbesondere $X \sim \mathrm{N}(0, 1)$, so folgt mit Hilfe von (5.12.5) und Satz 5.12 (a)

$$M_X(t) = \sum_{k=0}^{\infty} \frac{t^{2k}}{2^k k!} = \sum_{k=0}^{\infty} \frac{t^k}{k!} E[X^k], \quad t \in \mathbb{R}.$$

Durch Koeffizientenvergleich ergibt sich hieraus für $k \ge 0$

$$E[X^{2k+1}] = 0, \quad \frac{1}{2^k k!} = \frac{1}{(2k)!} E[X^{2k}],$$

so daß

$$\text{(5.12.6)} \qquad E[X^{2k}] = 1 \cdot 3 \cdot 5 \cdots (2k-1), \quad k \ge 0, \quad \text{falls } X \sim \mathrm{N}(0, 1).$$

Sind die ZV $X \sim \mathrm{N}(\mu, \sigma^2)$ und $Y \sim \mathrm{N}(\nu, \tau^2)$ *unabhängig*, so folgt aus (5.12.5) mit Hilfe von Satz 5.12 (b)

$$M_{X+Y}(t) = \exp((\mu + \nu)t + (\sigma^2 + \tau^2)t^2/2), \quad t \in \mathbb{R},$$

so daß wegen Satz 5.12 (c) $X + Y \sim \mathrm{N}(\mu + \nu, \sigma^2 + \tau^2)$. ■

4.6 Lebesgue-Räume

Sei $(\Omega, \mathcal{A}, P)$ ein W.-Raum und $1 \leq p < \infty$ eine reelle Zahl. Für die in (1.16.2) eingeführten *Lebesgue-Räume*

(6.0.1) $$L^p := L^p(\Omega, \mathcal{A}, P) := \{X\colon X \text{ ist eine ZV mit } E[|X|^p] < \infty\}$$

wurde bereits gezeigt (vgl. Korollar 3.14):

(6.0.2) $$L^s \subset L^r, \quad 1 \leq r < s < \infty,$$

(6.0.3) $$X, Y \in L^2 \Longrightarrow XY \in L^1$$

und

(6.0.4) $$X, Y \in L^p \Longrightarrow aX + bY \in L^p, \quad a, b \in \mathbb{R},$$

d. h. *jeder L^p-Raum ist ein linearer Raum.*

Um für die L^p-Räume zu einem geeigneten Konvergenzbegriff zu gelangen, setzen wir für eine beliebige ZV X

(6.0.5) $$\|X\|_p := (E[|X|^p])^{1/p}, \quad 1 \leq p < \infty.$$

Für eine ZV $X \in L^p$ heißt die Zahl $\|X\|_p$ in (6.0.5) *L^p-Norm* von X, da sie ähnliche Eigenschaften wie die gewöhnliche euklidische Norm hat. In der Tat ergibt sich mit Hilfe der Minkowski-Ungleichung (Satz 3.13) und Satz 1.6(a)

6.1 Satz. *Für $X, Y \in L^p$ und $a \in \mathbb{R}$ gilt*

(6.1.1) $$\|aX\|_p = |a|\,\|X\|_p,$$

(6.1.2) $$\|X + Y\|_p \leq \|X\|_p + \|Y\|_p$$

(Dreiecksungleichung) sowie

(6.1.3) $$\|X\|_p = 0 \Longleftrightarrow X = 0 \quad f.s.$$

■

6.2 Bemerkung. Die Eigenschaft (6.1.3) zeigt, daß es (strenggenommen) nicht ganz korrekt ist, $\|\cdot\|_p$ als Norm zu bezeichnen, da die euklidische Norm $\|x\|$ eines Vektors $x \in \mathbb{R}^d$ genau dann Null ist, wenn x der Nullvektor ist. Man kann jedoch durch $X \sim Y :\Longleftrightarrow X = Y$ f.s. $(X, Y \in L^p)$ auf L^p eine Äquivalenzrelation „$\sim$" einführen. Ordnet man einer Äquivalenzklasse als Norm die obige L^p-Norm eines ihrer Repräsentanten zu, so erhält man eine „echte" Norm. Wir werden jedoch von dieser Möglichkeit im folgenden keinen Gebrauch machen. ■

6.3 Definition. Eine Folge $(X_n) \subset L^p\,(n \geq 1)$ *konvergiert in L^p* (oder auch: *im p-ten Mittel*) gegen eine ZV $X \in L^p$, falls

(6.3.1) $$\lim_{n\to\infty} \|X_n - X\|_p = 0.$$

In den Fällen $p = 1$ bzw. $p = 2$ spricht man auch von *Konvergenz im Mittel* bzw. *Konvergenz im quadratischen Mittel*. (Im Fall $p = 1$ wurde dieser Konvergenzbegriff bereits in Definition 2.18 eingeführt.)

Gilt (6.3.1), so schreiben wir

$$X_n \to X \quad \text{in } L^p \tag{6.3.2}$$

oder auch

$$\lim_{n\to\infty} X_n = X \quad \text{in } L^p. \tag{6.3.3}$$

■

6.4 Bemerkungen. (a) Gilt für eine Folge $(X_n) \subset L^p$ und eine ZV X

$$\lim_{n\to\infty} (E[|X_n - X|^p])^{1/p} = 0, \tag{6.4.1}$$

so folgt $X \in L^p$, da aufgrund der Minkowski-Ungleichung wegen (6.4.1)

$$\begin{aligned}(E[|X|^p])^{1/p} &\le (E[|X - X_n|^p])^{1/p} + (E[|X_n|^p])^{1/p} \\ &\le 1 + (E[|X_n|^p])^{1/p} < \infty\end{aligned}$$

für alle hinreichend großen n ist.

(b) Gilt für eine Folge $(X_n) \subset L^p$ und ZV $X, Y \in L^p$ $X_n \to X$ in L^p und $X_n \to Y$ in L^p, so folgt $X = Y$ f.s., da aufgrund der Minkowski-Ungleichung $\|X - Y\|_p \le \|X - X_n\|_p + \|X_n - Y\|_p \to 0$ $(n \to \infty)$ und somit $\|X - Y\|_p = 0$, also $X = Y$ f.s. gilt. ■

6.5 Satz. *Sei $(X_n) \subset L^p$ und $X \in L^p$. Dann gilt*

$$X_n \to X \quad \textit{in } L^p \tag{6.5.1}$$

genau dann, wenn

$$X_n \to X \quad (\textit{stochastisch}) \tag{6.5.2}$$

(*vgl. Definition* 2.4) *und zusätzlich eine der beiden folgenden Bedingungen erfüllt ist:*

$$E[|X_n|^p] \to E[|X|^p] \quad (n \to \infty); \tag{6.5.3}$$

$$(|X_n|^p) \quad \textit{ist gleichmäßig integrierbar.} \tag{6.5.4}$$

BEWEIS. Zunächst beachte man: Gilt (6.5.2), so folgt mit Hilfe von Satz 2.5 und Satz 2.7(b) $|X_n|^p \to |X|^p$ (schwach), so daß dann wegen Satz 2.21 (6.5.3) und (6.5.4) *äquivalent* sind.

„$\Longrightarrow$“ Mit Hilfe der Markov-Ungleichung (Satz 3.21(a)) ergibt sich (6.5.2), während (6.5.3) aus (6.5.1) folgt, da aufgrund der Dreiecksungleichung

$$\Big| \|X_n\|_p - \|X\|^p \Big| \le \|X_n - X\|_p, \quad n \ge 1. \tag{6.5.5}$$

„$\Longleftarrow$" Gelte (6.5.2), so daß $|X_n - X|^p \to 0$ (stochastisch). Wegen Satz 2.20 reicht es also zum Nachweis von (6.5.1) zu zeigen:

(6.5.6) $\qquad (|X_n - X|^p)$ ist gleichmäßig integrierbar.

Da die Funktion $f(t) := |t|^p$ ($t \in \mathbb{R}$) konvex ist, folgt

(6.5.7) $$|X_n - X|^p = 2^p \left|\frac{1}{2}X_n + \frac{1}{2}(-X)\right|^p \leq 2^{p-1}\left(|X_n|^p + |X|^p\right), \quad n \geq 1,$$

so daß sich (6.5.6) aus (6.5.4) mit Hilfe von Satz 2.13 und Satz 2.14(c) (angewandt auf $|X|^p \in L^1$) ergibt. ■

Wegen Satz 2.5 gilt für ZV $X, X_1, X_2, \ldots$

$$X_n \to X \quad \text{f.s.} \Longrightarrow X_n \to X \quad \text{(stochastisch)},$$

während Beispiel 2.5.1 zeigt, daß i. a. eine stochastisch konvergente Folge nicht f.s. konvergiert. Jedoch gilt

6.6 Satz. *Gegeben seien* ZV $X, X_1, X_2, \ldots$

(a) *Gilt*

(6.6.1) $$X_n \to X \quad (\textit{stochastisch}),$$

so existieren Indizes $1 \leq m(1) < m(2) < \cdots$ *derart, daß*

(6.6.2) $$X_{m(k)} \to X \quad \textit{f.s.}\ (k \to \infty).$$

(b) *Sei* $1 \leq p < \infty$. *Konvergiert die Folge* $(X_n) \subset L^p$ *in* L^p *gegen* X, *so existieren Indizes* $1 \leq m(1) < m(2) < \cdots$ *derart, daß* (6.6.2) *gilt.*

BEWEIS. Wegen Satz 6.5 folgt (b) aus (a). Gelte (6.6.1). Dann existieren Indizes $1 \leq m(1) < m(2) < \cdots$ derart, daß $P(|X_n - X| > 1/k) < 2^{-k}$, $n \geq m(k)$, $k \geq 1$. Da somit

$$\sum_{k=1}^{\infty} P\left(|X_{m(k)} - X| > 1/k\right) < \sum_{k=1}^{\infty} 2^{-k} < \infty,$$

folgt wegen des Borel-Cantelli-Lemmas $P\left(|X_{m(k)} - X| > 1/k \text{ u.o.}\right) = 0$, so daß (6.6.2) gilt. ■

Gilt für Vektoren $x, x(1), x(2), \ldots$ aus $\mathbb{R}^d$ $\|x(n) - x\| \to 0$ ($\|\cdot\|$ bezeichne die euklidische Norm), so ist $(x(n))$ ersichtlich eine *Cauchy-Folge*, d. h. zu jedem $\epsilon > 0$ existiert eine Zahl $k(\epsilon) \geq 1$ derart, daß $\|x(m) - x(n)\| < \epsilon$, $m, n \geq k(\epsilon)$. Hiervon gilt auch die *Umkehrung*: Ist $(x(n)) \subset \mathbb{R}^d$ eine Cauchy-Folge, so existiert ein $x \in \mathbb{R}^d$ derart, daß $\|x(n) - x\| \to 0$ (*Vollständigkeit* des Raumes $\mathbb{R}^d$). Es ist bemerkenswert, daß ein analoges Resultat auch für die L^p-Räume gilt.

6.7 Definition. Eine Folge $(X_n) \subset L^p$ ($n \geq 1$) heißt *Cauchy-Folge*, falls zu jedem $\epsilon > 0$ eine Zahl $k(\epsilon) \geq 1$ existiert derart, daß

(6.7.1) $$\|X_m - X_n\|_p < \epsilon \quad \text{für alle } m, n \geq k(\epsilon)$$

gilt. ■

Konvergiert (X_n) in L^p gegen X, so ist (X_n) aufgrund der Abschätzung

$$\|X_m - X_n\|_p \leq \|X_m - X\|_p + \|X - X_n\|_p, \quad m, n \geq 1,$$

die sich mit Hilfe der Dreiecksungleichung ergibt, eine Cauchy-Folge. Der folgende wichtige Existenzsatz zeigt, daß hiervon auch die Umkehrung gilt:

6.8 Satz. *Jeder L^p-Raum ist vollständig, d. h. zu jeder Cauchy-Folge $(X_n) \subset L^p$ existiert eine ZV $X \in L^p$ derart, daß*

$$X_n \to X \quad \textit{in } L^p. \tag{6.8.1}$$

BEWEIS. Sei $(X_n) \subset L^p$ eine Cauchy-Folge. Dann gilt

$$\lim_{n\to\infty} \sup_{m\geq 1} \|X_{n+m} - X_n\|_p = 0,$$

so daß Indizes $1 \leq m(1) < m(2) < \cdots$ existieren derart, daß

$$\|X_n - X_{m(k)}\|_p < 2^{-k}, \quad n \geq m(k),\ k \geq 1 \tag{6.8.2}$$

und

$$\|X_{m(k+1)} - X_{m(k)}\|_p < 2^{-k}, \quad k \geq 1. \tag{6.8.3}$$

Für die ZV $Y_k := X_{m(k+1)} - X_{m(k)}$ $(k \geq 1)$ und $Y := |Y_1| + |Y_2| + \cdots$ gilt dann

$$Y \in L^p, \tag{6.8.4}$$

da aufgrund des Satzes von der monotonen Konvergenz und der Minkowski-Ungleichung wegen (6.8.3)

$$\|Y\|_p = \lim_{n\to\infty} \left\| \sum_{k=1}^{n} |Y_k| \right\|_p \leq \sum_{k=1}^{\infty} \|Y_k\|_p < 1.$$

Aufgrund von (6.8.4) folgt $|Y| < \infty$ f.s., so daß gilt:

$$\sum_{k=1}^{\infty} Y_k \quad \text{ist f.s. absolut konvergent.}$$

Wegen

$$Y_1 + \cdots + Y_k = X_{m(k+1)} - X_{m(1)}, \quad k \geq 1 \tag{6.8.5}$$

existiert also eine ZV X derart, daß $X_{m(k)} \to X$ f.s. $(k \to \infty)$. Aus (6.8.5) und (6.8.4) folgt

$$|X_{m(k)}|^p \leq \left(|X_{m(1)}| + Y\right)^p \in L^1, \quad k \geq 1,$$

so daß aufgrund des Satzes von der dominierten Konvergenz $E\left[|X_{m(k)}|^p\right] \to E\left[|X|^p\right] < \infty$ $(k \to \infty)$ und somit $X \in L^p$ gilt. Benutzt man eine zu (6.5.7) analoge Ungleichung, so erhält man für $k \geq 1$

$$\begin{aligned} |X_{m(k+1)} - X|^p &\leq 2^{p-1}\left(|X_{m(k+1)}|^p + |X|^p\right) \\ &\leq 2^{p-1}\left[\left(|X_{m(1)}| + Y\right)^p + |X|^p\right] \in L^1. \end{aligned}$$

Erneute Anwendung des Satzes von der dominierten Konvergenz führt somit zu

(6.8.6) $$\|X_{m(k)} - X\|_p \to 0 \quad (k \to \infty).$$

Aus (6.8.6) ergibt sich (6.8.1), da aufgrund von (6.8.2) für $n \geq m(k)$ und $k \geq 1$

$$\begin{aligned} \|X_n - X\|_p &\leq \|X_n - X_{m(k)}\|_p + \|X_{m(k)} - X\|_p \\ &< 2^{-k} + \|X_{m(k)} - X\|_p. \end{aligned}$$

■

Im Raum $\mathbb{R}^d$ ist für Vektoren $x = (x_1, \ldots, x_d)$ und $y = (y_1, \ldots, y_d)$ ein Skalarprodukt $x \cdot y = x_1y_1 + \cdots + x_dy_d$ definiert, und x, y heißen *orthogonal*, falls $x \cdot y = 0$. Analoge Begriffe lassen sich in L^2-Räumen einführen:

6.9 Definition. Die für ZV $X, Y \in L^2$ definierte Zahl

(6.9.1) $$\langle X, Y\rangle := E[XY]$$

heißt *Skalarprodukt* von X, Y (man beachte dazu (6.0.3)). ZV $X, Y \in L^2$ heißen *orthogonal*, falls $\langle X, Y\rangle = 0$. ■

Der Beweis des folgenden Resultats sei dem Leser überlassen.

6.10 Satz. *Für beliebige* ZV $X, Y \in L^2$ *und* $a, b \in \mathbb{R}$ *gilt:*

(6.10.1) $$|\langle X, Y\rangle| \leq \|X\|_2\|Y\|_2$$

(*Schwarz-Ungleichung*).

(6.10.2) $$0 \leq \langle X, X\rangle = \|X\|_2^2.$$

(6.10.3) $$\langle X, Y\rangle = \langle Y, X\rangle$$

(*Kommutativität des Skalarprodukts*).

(6.10.4) $$\langle aX + bY, Z\rangle = \langle Z, aX + bY\rangle = a\langle X, Z\rangle + b\langle Y, Z\rangle$$

(*Bilinearität des Skalarprodukts*).

(6.10.5) $$\|X + Y\|_2^2 = \|X\|_2^2 + \|Y\|_2^2,$$

falls X, Y *orthogonal sind* (*Satz des Pythagoras*).

(6.10.6) $$\|X + Y\|_2^2 + \|X - Y\|_2^2 = 2\|X\|_2^2 + 2\|Y\|_2^2$$

(*Parallelogramm-Identität*). ■

Eine Folge $(X_n) \subset L^2$ $(n \geq 1)$ heißt *orthonormal*, falls

(6.10.7) $$\langle X_m, X_n\rangle = 0, \quad m \neq n$$

und

(6.10.8) $$\langle X_n, X_n\rangle = 1, \quad n \geq 1.$$

6.11 Satz. *Die Folge* $(X_n) \subset L^2$ $(n \geq 1)$ *sei orthonormal. Dann gilt für eine beliebige Folge* $(a_n) \subset \mathbb{R}$ $(n \geq 1)$*: Der Grenzwert*

$$\sum_{k=1}^{\infty} a_k X_k := \lim_{n\to\infty} \sum_{k=1}^{n} a_k X_k \tag{6.11.1}$$

existiert in L^2 *genau dann, wenn*

$$\sum_{k=1}^{\infty} a_k^2 < \infty. \tag{6.11.2}$$

BEWEIS. Aufgrund von Satz 6.8 ist die Folge in (6.11.1) genau dann in L^2 konvergent, wenn sie eine Cauchy-Folge ist. Der Satz des Pythagoras impliziert für $m, n \geq 1$

$$\left\| \sum_{k=1}^{n+m} a_k X_k - \sum_{k=1}^{n} a_k X_k \right\|_2^2 = \left\| \sum_{k=n+1}^{n+m} a_k X_k \right\|_2^2 = \sum_{k=n+1}^{n+m} \|a_k X_k\|_2^2 = \sum_{k=n+1}^{n+m} a_k^2.$$

Daraus folgt die Behauptung des Satzes, da (6.11.2) äquivalent dazu ist, daß die Folge der Partialsummen $a_1^2 + \cdots + a_n^2$ $(n \geq 1)$ eine Cauchy-Folge in $\mathbb{R}$ bildet. ■

Ist $\emptyset \neq M \subset \mathbb{R}^d$ ein linearer Teilraum von $\mathbb{R}^d$, so existiert zu jedem Vektor $x \in \mathbb{R}^d$ die *orthogonale Projektion* $(x)_M$ von x auf M, d. h. es gilt $(x)_M \in M$, und $x - (x)_M$ ist orthogonal zu allen Vektoren aus M. Der Vektor $(x)_M$ wird eindeutig charakterisiert durch folgende Eigenschaft: *$(x)_M$ ist derjenige Vektor aus M, der von x minimalen Abstand hat.* Für L^2 gilt ein analoger Existenzsatz, falls man zusätzlich voraussetzt, daß der betrachtete lineare Teilraum von L^2 abgeschlossen ist im Sinne von folgender

6.12 Definition. Eine Menge $M \neq \emptyset$ heißt *linearer Teilraum* von L^2, falls gilt:

$$M \subset L^2 \tag{6.12.1}$$

und

$$X, Y \in M \Longrightarrow aX + bY \in M, \quad a, b \in \mathbb{R}. \tag{6.12.2}$$

Ein linearer Teilraum M von L^2 heißt *abgeschlossen*, falls zu jeder Folge $(X_n) \subset M$, die in L^2 konvergiert, eine ZV $X \in M$ existiert derart, daß $X_n \to X$ in L^2. ■

6.12.1 Beispiel. Für jede σ-Algebra $\mathcal{B} \subset \mathcal{A}$ ist $L^2(\Omega, \mathcal{B}, P)$ ein abgeschlossener linearer Teilraum von $L^2(\Omega, \mathcal{A}, P)$. ■

6.12.2 Beispiel. Die Menge $M := \{X \in L^2 : E[X] = 0\}$ ist ersichtlich ein linearer Teilraum von L^2, der zudem abgeschlossen ist, da aufgrund der Ljapunov-Ungleichung (3.12.4)

$$|E[X] - E[Y]| \leq \|X - Y\|_1 \leq \|X - Y\|_2, \quad X, Y \in L^2.$$

■

Wir beweisen nun folgenden *Projektionssatz für* L^2:

6.13 Satz. *Sei* M *ein abgeschlossener linearer Teilraum von* L^2. *Dann existiert zu jeder* ZV $X \in L^2$ *eine* ZV $(X)_M \in M$, *die f.s. eindeutig bestimmt ist und die folgenden äquivalenten Eigenschaften besitzt:*

(PR 1) $X - (X)_M$ *ist orthogonal zu allen* ZV *aus* M.

(PR 2) *Es gilt*

$$\|X - (X)_M\|_2 = \inf\{\|X - Y\|_2 : Y \in M\}.$$

Die ZV $(X)_M$ heißt *orthogonale Projektion* von X auf M.

BEWEIS VON SATZ 6.13. Im folgenden sei $X \in L^2$ fixiert. Sei

$$\mu := \inf\{\|X - Y\|_2 : Y \in M\}.$$

Wir zeigen zunächst, daß für eine gewisse ZV $(X)_M \in M$

$$\mu = \|X - (X)_M\|_2 \tag{6.13.1}$$

gilt (das Infimum also angenommen wird). Sei $(X_n) \subset M$ derart, daß

$$\|X - X_n\|_2 \to \mu \quad (n \to \infty). \tag{6.13.2}$$

Dann ist (X_n) eine Cauchy-Folge. In der Tat, da M ein linearer Teilraum von L^2 ist, folgt $\frac{1}{2}(X_m + X_n) \in M$, $m, n \geq 1$, woraus sich

$$\mu \leq \left\| X - \frac{1}{2}(X_m + X_n) \right\|_2, \quad m, n \geq 1$$

und somit

$$4\mu^2 \leq \|(X - X_m) + (X - X_n)\|_2^2, \quad m, n \geq 1$$

ergibt. Mit Hilfe der Parallelogramm-Identität erhält man also für $m, n \geq 1$

$$\begin{aligned} 4\mu^2 + \|X_m - X_n\|_2^2 &= 4\mu^2 + \|(X - X_m) - (X - X_n)\|_2^2 \\ &\leq 2\|X - X_m\|_2^2 + 2\|X - X_n\|_2^2, \end{aligned}$$

so daß (X_n) wegen (6.13.2) eine Cauchy-Folge ist. Da somit $(X_n) \subset M$ in L^2 konvergiert, existiert wegen der Abgeschlossenheit von M eine ZV $(X)_M \in M$ derart, daß $\|X_n - (X)_M\|_2 \to 0$. Aufgrund der Abschätzung

$$\mu \leq \|X - (X)_M\|_2 \leq \|X - X_n\|_2 + \|X_n - (X)_M\|_2$$

ergibt sich also (6.13.1) aus (6.13.2).

(PR 2) $\Longrightarrow$ (PR 1). Sei $Y \in M$ derart, daß $\mu = \|X - Y\|_2$. Zeigen wir, daß dann $X - Y$ orthogonal zu allen $Z \in M$ ist. Dazu reicht es zu zeigen:

$$\langle X - Y, Z \rangle = 0 \quad \text{für alle } Z \in M \text{ mit } \|Z\|_2 = 1. \tag{6.13.3}$$

Sei also $Z \in M$ derart, daß $\|Z\|_2 = 1$. Da M ein linearer Teilraum von L^2 ist, folgt $Y + aZ \in M$, $a \in \mathbb{R}$, so daß

$$\begin{aligned}\mu^2 = \|X - Y\|_2^2 &\leq \|X - Y - aZ\|_2^2 \\ &= \|X - Y\|_2^2 + a^2\|Z\|_2^2 - 2a\langle X - Y, Z\rangle \\ &= \mu^2 + a^2 - 2a\langle X - Y, Z\rangle, \quad a \in \mathbb{R}.\end{aligned}$$

Dies impliziert $2\langle X - Y, Z\rangle \leq a$, falls $a > 0$, und $2\langle X - Y, Z\rangle \geq a$, falls $a < 0$. Folglich gilt (6.13.3), so daß insbesondere aufgrund von (6.13.1)

$$\langle X - (X)_M, Z\rangle = 0, \quad Z \in M. \tag{6.13.4}$$

(PR 1) $\Longrightarrow$ (PR 2). Sei also $Y \in M$ derart, daß $\langle X - Y, Z\rangle = 0$, $Z \in M$. Dann folgt $\langle X, Z\rangle = \langle Y, Z\rangle$, $Z \in M$, so daß wegen (6.13.4) $\langle Y, Z\rangle = \langle (X)_M, Z\rangle$, $Z \in M$. Da $Y - (X)_M \in M$, erhält man hieraus $\langle Y - (X)_M, Y - (X)_M\rangle = \|Y - (X)_M\|_2^2 = 0$, d. h. $Y = (X)_M$ f.s., so daß Y f.s. eindeutig bestimmt ist. Wegen (6.13.1) ergibt sich

$$\mu = \|X - (X)_M\|_2 = \|X - Y\|_2,$$

so daß Y (PR 2) erfüllt. ∎

Sei $(\Omega, \mathcal{A})$ ein meßbarer Raum und seien μ, ν Maße auf $\mathcal{A}$. Das Maß ν heißt *absolut-stetig* bez. μ (Bezeichnung: $\nu \ll \mu$), falls

$$\mu(A) = 0 \Longrightarrow \nu(A) = 0, \quad A \in \mathcal{A}. \tag{6.13.5}$$

Die Maße μ und ν heißen *singulär* (Bezeichnung: $\nu \perp \mu$), falls es eine Menge $B \in \mathcal{A}$ gibt, derart, daß

$$\mu(B) = \nu(\Omega \setminus B) = 0. \tag{6.13.6}$$

(Man beachte, daß $\nu \perp \mu$ äquivalent zu $\mu \perp \nu$ ist.) Ist $X \geq 0$ eine ZV auf $(\Omega, \mathcal{A})$ und μ ein σ-endliches Maß auf $\mathcal{A}$, so wird aufgrund von Satz 2.24(c) durch

$$\nu(A) := \int_A X \, d\mu, \quad A \in \mathcal{A} \tag{6.13.7}$$

ein Maß ν auf $\mathcal{A}$ definiert derart, daß $\nu \ll \mu$.

Wir zeigen jetzt mit Hilfe des Projektionssatzes, daß für W.-Maße eine Umkehrung dieses Resultats gilt (man vgl. Aussage (b) des folgenden Satzes, die *Satz von Radon-Nikodým* heißt).

6.14 Satz. *Sei $(\Omega, \mathcal{A}, P)$ ein W.-Raum und Q ein W.-Maß auf $\mathcal{A}$.*

(a) *Es existiert eine* ZV $X \geq 0$ *und eine Menge $B \in \mathcal{A}$ derart, daß*

$$P(B) = 0 \tag{6.14.1}$$

und

$$Q(A) = \int_A X \, dP + Q(A \cap B), \quad A \in \mathcal{A}. \tag{6.14.2}$$

(b) *Ist insbesondere* $Q \ll P$, *so existiert eine* ZV $X \geq 0$ *derart, daß*

(6.14.3) $$Q(A) = \int_A X\,dP, \quad A \in \mathcal{A}.$$

6.15 Bemerkungen. (a) Die Zerlegung (6.14.2) heißt *Lebesgue-Zerlegung* des W.-Maßes Q bez. P. Setzen wir

$$\widetilde{Q}(A) = E[XI(A)], \quad Q^*(A) = Q(A \cap B), \quad A \in \mathcal{A}$$

so sind $\widetilde{Q}, Q^*$ Maße auf $\mathcal{A}$ derart, daß

(6.15.1) $$Q(A) = \widetilde{Q}(A) + Q^*(A), \quad A \in \mathcal{A}$$

und

(6.15.2) $$\widetilde{Q} \ll P, \quad Q^* \perp P.$$

Durch (6.15.1) und (6.15.2) werden $\widetilde{Q}, Q^*$ *eindeutig bestimmt.* Sind nämlich $\widetilde{R}, R^*$ Maße auf $\mathcal{A}$ derart, daß

(6.15.3) $$Q(A) = \widetilde{R}(A) + R^*(A), \quad A \in \mathcal{A}$$

und

(6.15.4) $$\widetilde{R} \ll P, \quad R^* \perp P,$$

so folgt $\widetilde{Q} = \widetilde{R}$ und $Q^* = R^*$. In der Tat, sei $C \in \mathcal{A}$ derart, daß

(6.15.5) $$P(C) = R^*(\Omega \setminus C) = 0.$$

Wegen (6.14.1), (6.15.5), (6.15.2) sowie (6.15.4) erhält man für $D := B \cup C$

$$P(D) = \widetilde{Q}(D) = \widetilde{R}(D) = Q^*(\Omega \setminus D) = R^*(\Omega \setminus D) = 0.$$

Für $A \in \mathcal{A}$ derart, daß $A \subset D$, folgt somit wegen (6.15.1) und (6.15.3) $Q(A) = Q^*(A) = R^*(A)$, so daß $Q^* = R^*$ und $\widetilde{Q} = \widetilde{R}$ ist.

Mit Hilfe der RSE (vgl. Satz 1.17(a)) erhält man, daß die ZV X, die in (6.14.2) bzw. (6.14.3) auftritt, jeweils f.s. eindeutig bestimmt ist.

(b) Die ZV X in (6.14.3) heißt *Dichte* oder auch *Radon-Nikodým-Ableitung* von Q bez. P und wird mit

(6.15.6) $$\frac{dQ}{dP} := X$$

bezeichnet. ■

Wir beweisen zunächst folgenden Spezialfall von Satz 6.14(b):

6.16 Lemma. *Sei R ein W.-Maß auf $\mathcal{A}$ derart, daß für eine gewisse Zahl* $a \geq 1$

(6.16.1) $$R(A) \leq aP(A), \quad A \in \mathcal{A}.$$

Dann existiert eine ZV X *derart, daß*

(6.16.2) $$0 \leq X \leq a,$$

(6.16.3) $$R(A) = \int_A X\,dP, \quad A \in \mathcal{A}$$

und allgemeiner

(6.16.4) $$\int_\Omega Y\,dR = \int_\Omega YX\,dP, \quad Y \in L^2.$$

BEWEIS. Im folgenden bezeichne $\|\cdot\|_2$ die L^2-Norm des Raumes $L^2 = L^2(\Omega, \mathcal{A}, P)$ und E_R den bez. R gebildeten EW. Wegen (6.16.1) folgt $E_R[Y^2] \leq aE[Y^2] < \infty$, $Y \in L^2$, so daß

(6.16.5) $$L^2 \subset L^2(\Omega, \mathcal{A}, R).$$

Die Überlegung in Beispiel 6.12.2 zeigt, daß

$$M := \{Y \in L^2 : E_R[Y] = 0\}$$

ein abgeschlossener linearer Teilraum von L^2 ist. Für die ZV $\xi := (1)_M$ („1" bezeichne hier die ZV, die $\equiv 1$ ist) gilt dann $\xi \in M$ und

(6.16.6) $$E_R[1 - \xi] = 1.$$

Es ist $\|1 - \xi\|_2 > 0$, da andernfalls $P(\xi = 1) = 1$ ist und sich dann wegen (6.16.1) $R(\xi = 1) = 1$, also ein Widerspruch zu (6.16.6) ergibt. Wir zeigen nun, daß für die ZV $X := (1-\xi)/\|1-\xi\|_2^2$ (6.16.2) und (6.16.4) gelten. Wegen (PR 1) folgt

(6.16.7) $$\langle X, Y \rangle = 0, \quad Y \in M.$$

Sei jetzt Y eine *beschränkte* ZV. Da $Z := Y - E_R[Y](1-\xi) \in M$, folgt wegen (6.16.7)

$$\begin{aligned} \langle Y, X \rangle &= \langle Z, X \rangle + E_R[Y]\langle 1 - \xi, X \rangle \\ &= E_R[Y]\langle 1 - \xi, X \rangle = E_R[Y], \end{aligned}$$

d. h. (6.16.4). Insbesondere gilt also (6.16.3), woraus sich wegen (6.16.1) und der RSE $P(0 \leq X \leq a) = 1$ ergibt. Wir dürfen annehmen, daß $0 \leq X(\omega) \leq a$ für *alle* $\omega \in \Omega$ gilt, da wir sonst X durch $XI\{0 \leq X \leq a\}$ ersetzen können. Anwendung der Standardapproximation (vgl. Bemerkung 1.23) liefert nun wegen (6.16.5) die Gültigkeit von (6.16.4) für beliebige $Y \in L^2$. ■

BEWEIS VON SATZ 6.14. Für das W.-Maß $R := 2^{-1}(P + Q)$ ergibt sich $Q \leq 2R$, so daß wegen Lemma 6.16 eine ZV $\widetilde{X}$ existiert derart, daß

(6.16.8) $$0 \leq \widetilde{X} \leq 2$$

und für jede beschränkte ZV Y

$$E_Q[Y] = E_R[Y\widetilde{X}] = \frac{1}{2}E[Y\widetilde{X}] + \frac{1}{2}E_Q[Y\widetilde{X}]$$

gilt (E_Q bezeichne den bez. Q gebildeten EW). Somit folgt für jede beschränkte ZV Y

(6.16.9) $$E_Q[Y(2 - \widetilde{X})] = E[Y\widetilde{X}].$$

Sei $B := \{\widetilde{X} = 2\}$. Wendet man (6.16.9) auf $Y := I(B)$ an, so ergibt sich

$$P(B) = 0. \tag{6.16.10}$$

Wir zeigen nun, daß für die ZV $X := \widetilde{X} I\{\widetilde{X} < 2\}/(2 - \widetilde{X})$ (6.14.2) gilt. Sei $A \in \mathcal{A}$ fixiert und $A_n := A \cap \{\widetilde{X} \leq 2 - 1/n\}$, $n \geq 1$. Dann ist

$$Q(A_n) = E\left[I(A_n)X\right], \quad n \geq 1. \tag{6.16.11}$$

In der Tat, die ZV $X_n := I(A_n)/(2 - \widetilde{X})$ $(n \geq 1)$ sind beschränkt, so daß sich wegen (6.16.9) und $I(A_n) = I(A_n)I\{\widetilde{X} < 2\}$ $(n \geq 1)$

$$\begin{aligned} Q(A_n) &= E_Q[X_n(2 - \widetilde{X})] = E[X_n \widetilde{X}] \\ &= E[I(A_n)\widetilde{X}/(2 - \widetilde{X})] = E[I(A_n)X], \quad n \geq 1, \end{aligned}$$

d. h. (6.16.11) ergibt. Wegen $A_1 \subset A_2 \subset \cdots$ und $A_1 \cup A_2 \cup \cdots = A \cap \{\widetilde{X} < 2\}$ erhält man also aus (6.16.11) mit Hilfe des Satzes von der monotonen Konvergenz $Q(A \cap \{\widetilde{X} < 2\}) = E[I(A \cap \{\widetilde{X} < 2\})X]$, woraus sich wegen (6.16.10) $Q(A) = Q(A \cap B) + E\left[I(A)X\right]$, d. h. (6.14.2) ergibt. Somit ist (a) bewiesen. Ersichtlich ist (b) eine einfache Folgerung aus (a). ■

Der Beweis des folgenden Resultats sei dem Leser überlassen.

6.17 Satz. *Sei Q ein W.-Maß auf $\mathcal{A}$ derart, daß $Q \ll P$. Dann gilt für beliebige* NZV *ξ derart, daß $\xi \geq 0$ oder $\xi \in L^1(\Omega, \mathcal{A}, Q)$,*

$$\int_\Omega \xi \, dQ = \int_\Omega \xi \frac{dQ}{dP} \, dP. \tag{6.17.1}$$

Insbesondere folgt also

$$\xi \in L^1(\Omega, \mathcal{A}, Q) \Longleftrightarrow \xi \frac{dQ}{dP} \in L^1(\Omega, \mathcal{A}, P). \tag{6.17.2}$$

■

6.18 Bemerkungen. (a) Der Satz von Radon-Nikodým gilt analog für σ-endliche Maße μ, ν derart, daß

$$\nu \ll \mu. \tag{6.18.1}$$

In der Tat, da μ, ν σ-endlich sind, gibt es eine höchstens abzählbare Zerlegung $(\Omega(m)) \subset \mathcal{A}$ von Ω derart, daß für alle m $\mu(\Omega(m)) < \infty$ *und* $\nu(\Omega(m)) < \infty$ gilt. Sei $J := \{m : \nu(\Omega(m)) > 0\}$, so daß wegen (6.18.1) $\mu(\Omega(m)) > 0$, $m \in J$. Analog zu (2.21.3) definieren wir für jedes $m \in J$ W.-Maße μ_m, ν_m auf $\mathcal{A}$ durch

$$\mu_m(A) = \frac{\mu(A \cap \Omega(m))}{\mu(\Omega(m))}, \quad \nu_m(A) = \frac{\nu(A \cap \Omega(m))}{\nu(\Omega(m))}, \quad A \in \mathcal{A},$$

für die $\nu_m \ll \mu_m$ gilt. Für die ZV

$$X := \sum_{m \in J} \frac{\nu(\Omega(m))}{\mu(\Omega(m))} \cdot \frac{d\nu_m}{d\mu_m} I_{\Omega(m)}$$

rechnet man leicht nach, daß

$$\nu(A) = \int_A X \, d\mu, \quad A \in \mathcal{A}. \tag{6.18.2}$$

(Wegen der Definition des Integrals in (6.18.2) vgl. man (2.21.4) und (2.23.4).)

(b) Mit Hilfe des Satzes von Radon-Nikodým läßt sich die Existenz bedingter EW beweisen (vgl. Bemerkung 1.4[6]). In §6.1 werden wir zur Existenz bedingter EW auf eine etwas direktere Weise gelangen, wobei ebenfalls der Projektionssatz benutzt wird. ∎

6.18.1 Beispiel. Sei λ das Lebesgue-Maß auf $\mathcal{R}$. Durch $\mu(A) := \lambda(A \cap [0,2])$, $\nu(A) := \lambda(A \cap [1,3])$, $A \in \mathcal{R}$, werden dann σ-endliche Maße auf $\mathcal{R}$ definiert. Die Lebesgue-Zerlegung von ν bez. μ wird gegeben durch

$$\nu = \widetilde{\nu} + \nu^* \quad (\widetilde{\nu} \ll \mu, \ \nu^* \perp \mu),$$

wobei $\widetilde{\nu}(A) := \lambda(A \cap [1,2])$, $\nu^*(A) := \lambda(A \cap [2,3])$, $A \in \mathcal{R}$. ∎

Das folgende Resultat, das ein zur Absolut-Stetigkeit von W.-Maßen äquivalentes Kriterium liefert, ist manchmal nützlich.

6.19 Satz. *Seien P, Q W.-Maße auf einem meßbaren Raum $(\Omega, \mathcal{A})$. Dann sind folgende Aussagen äquivalent:*

(a) *Es gilt $Q \ll P$.*

(b) *Zu jedem $\epsilon > 0$ existiert eine Zahl $\delta(\epsilon) > 0$ derart, daß*

$$P(A) < \delta(\epsilon) \Longrightarrow Q(A) < \epsilon, \quad A \in \mathcal{A}. \tag{6.19.1}$$

BEWEIS. (b) $\Longrightarrow$ (a). Sei $P(A) = 0$. Dann folgt $P(A) < \delta(1/n)$, $n \geq 1$, so daß wegen (6.19.1) $Q(A) < 1/n$, $n \geq 1$, also $Q(A) = 0$ ist.

(a) $\Longrightarrow$ (b). Gelte (a), aber nicht (b). Dann existiert eine Zahl $c > 0$ und eine Folge $(A_n) \subset \mathcal{A}$ derart, daß $Q(A_n) \geq c$ und $P(A_n) < 1/2^n$, $n \geq 1$. Für die ZV $\xi := \limsup_{n\to\infty} I(A_n)$ folgt wegen des Borel-Cantelli-Lemmas $P(\xi = 0) = 1$, so daß wegen (a) $Q(\xi = 0) = 1$. Andererseits ergibt sich wegen des Fatou-Lemmas (E_Q ist der bez. Q gebildete EW)

$$0 = E_Q[\xi] \geq \limsup_{n\to\infty} E_Q\,[I(A_n)] \geq c.$$

Aufgrund des erhaltenen Widerspruchs gilt also (b). ∎

4.7 Das starke Gesetz der großen Zahlen

Das im folgenden Satz enthaltene Resultat über fast sichere Konvergenz, das von Kolmogorov stammt, heißt *starkes Gesetz der großen Zahlen.* In der ursprünglichen Formulierung des starken Gesetzes wurden die ZV $X_1, X_2, \ldots$ als unabhängig vorausgesetzt, während der hier angegebene Beweis von Satz 7.1, der auf einer Idee aus Etemadi (1981) beruht, lediglich die *paarweise Unabhängigkeit* der ZV $X_1, X_2, \ldots$ benutzt.

7.1 Satz. *Die ZV $X_1, X_2, \dots$ seien paarweise unabhängig und identisch verteilt. Existiert der Erwartungswert $E[X_1]$, so gilt für die Folge $S_n := X_1 + \dots + X_n$ $(n \geq 1)$*

(7.1.1) $$\lim_{n\to\infty} \frac{1}{n} S_n = E[X_1] \quad \textit{f.s.}$$

Gilt sogar $X_1 \in L^1$, so konvergiert die Folge (S_n/n) auch in L^1 gegen $E[X_1]$.

BEWEIS. Gelte zunächst $X_1 \in L^1$. Aufgrund von Satz 2.16 ist die Folge (S_n/n) gleichmäßig integrierbar. Aus

(7.1.2) $$S_n/n \to E[X_1] \quad \text{f.s.}$$

folgt also wegen Satz 6.5, daß (S_n/n) auch in L^1 gegen $E[X_1]$ konvergiert. Gilt (7.1.2) für *nichtnegative* ZV, so ergibt sich für $n \to \infty$

$$\frac{1}{n} S_n = \frac{1}{n} \sum_{k=1}^{n} X_k^+ - \frac{1}{n} \sum_{k=1}^{n} X_k^- \to E[X_1^+] - E[X_1^-] = E[X_1] \quad \text{f.s.}$$

Im folgenden gelte also zusätzlich

(7.1.3) $$X_n \geq 0, \quad n \geq 1.$$

Für eine feste Zahl $\alpha > 1$ betrachten wir die Indizes $m(k) := [\alpha^k]$, $k \geq 1$ (hierin bezeichnet $[r]$ für ein $r \in \mathbb{R}$ die größte ganze Zahl $\leq r$), so daß $m(k) \leq \alpha^k < m(k) + 1$. Folglich gilt $1 \leq m(1) \leq m(2) \leq \cdots$, $m(k) \to \infty$ $(k \to \infty)$ sowie

(7.1.4) $$\lim_{k\to\infty} m(k+1)/m(k) = \alpha.$$

Zum Nachweis von (7.1.2) reicht es zu zeigen, daß für beliebiges $\alpha > 1$

(7.1.5) $$S_{m(k)}/m(k) \to E[X_1] \quad \text{f.s. } (k \to \infty).$$

Gilt nämlich (7.1.5), so erhält man für Indizes $m(k) \leq n < m(k+1)$ wegen (7.1.3)

$$\frac{m(k)}{m(k+1)} \cdot \frac{S_{m(k)}}{m(k)} \leq \frac{S_n}{n} \leq \frac{m(k+1)}{m(k)} \cdot \frac{S_{m(k+1)}}{m(k+1)},$$

woraus sich wegen (7.1.5) und (7.1.4) für beliebiges $\alpha > 1$

$$\frac{1}{\alpha} E[X_1] \leq \liminf_{n\to\infty} \frac{1}{n} S_n \leq \limsup_{n\to\infty} \frac{1}{n} S_n \leq \alpha E[X_1] \quad \text{f.s.}$$

ergibt. Wählt man hierin für α die Werte $1 + 1/k$ $(k \geq 1)$, so erhält man (7.1.2). Zum Nachweis von (7.1.5) betrachten wir die ZV $Y_n := X_n I\{X_n \leq n\}$ $(n \geq 1)$, die ebenfalls paarweise unabhängig sind und für die $0 \leq Y_n \leq n$ gilt. Mit Hilfe des Borel-Cantelli-Lemmas erhält man

(7.1.6) $$P(Y_n \neq X_n \text{ u.o.}) = 0,$$

da wegen Satz 1.9(b)

$$\sum_{n=1}^{\infty} P(Y_n \neq X_n) = \sum_{n=1}^{\infty} P(X_n > n) = \sum_{n=1}^{\infty} P(X_1 > n) \leq E[X_1] < \infty.$$

Setzen wir $T_n := Y_1 + \cdots + Y_n$ $(n \geq 1)$, so reicht es also wegen (7.1.6) zum Nachweis von (7.1.5) zu zeigen:

$$T_{m(k)}/m(k) \to E[X_1] \quad \text{f.s. } (k \to \infty). \tag{7.1.7}$$

Wegen des Satzes von der monotonen Konvergenz ergibt sich $E[Y_n] = E[X_1 I\{X_1 \leq n\}] \to E[X_1]$, so daß aufgrund eines klassischen Konvergenzresultats für reelle Zahlenfolgen $E[T_{m(k)}/m(k)] \to E[X_1]$. Folglich ist (7.1.7) gleichbedeutend mit

$$\left(T_{m(k)} - E[T_{m(k)}]\right)/m(k) \to 0 \quad \text{f.s.,}$$

d.h. mit

$$P\left(\left|T_{m(k)} - E[T_{m(k)}]\right|/m(k) > \epsilon \quad \text{u.o.}\right) = 0, \quad \epsilon > 0. \tag{7.1.8}$$

Da wegen der Tschebyschev-Ungleichung (vgl. Satz 3.21(b)) für $\epsilon > 0$

$$\sum_{k=1}^{\infty} P\left(\left|T_{m(k)} - E[T_{m(k)}]\right|/m(k) > \epsilon\right) \leq \sum_{k=1}^{\infty} \operatorname{Var}[T_{m(k)}]/(\epsilon m(k))^2,$$

ergibt sich (7.1.8) aufgrund des Borel-Cantelli-Lemmas aus

$$\sum_{k=1}^{\infty} \operatorname{Var}[T_{m(k)}]/(m(k))^2 < \infty. \tag{7.1.9}$$

Beim Nachweis von (7.1.9) benutzen wir erstmals die paarweise Unabhängigkeit der ZV $Y_1, Y_2, \ldots$ Mit Hilfe des Satzes von Bienaymé (vgl. Satz 3.18(d)) erhält man für $n \geq 1$

$$\begin{aligned}\operatorname{Var}[T_n] &= \sum_{k=1}^{n} \operatorname{Var}[Y_k] \leq \sum_{k=1}^{n} E\left[Y_k^2\right] \\ &= \sum_{k=1}^{n} E\left[X_1^2 I\{X_1 \leq k\}\right] \leq nE\left[X_1^2 I\{X_1 \leq n\}\right],\end{aligned}$$

so daß wegen Satz 1.8(a)

$$\begin{aligned}\sum_{k=1}^{\infty} \operatorname{Var}[T_{m(k)}]/(m(k))^2 &\leq \sum_{k=1}^{\infty} E\left[X_1^2 I\{X_1 \leq m(k)\}\right]/m(k) \\ &= E\left[X_1^2 \sum_{k=1}^{\infty} \frac{1}{m(k)} I\{X_1 \leq m(k)\}\right].\end{aligned}$$

Wird die Funktion ϕ auf $\mathbb{R}_+$ definiert durch

$$\phi(t) := \sum_{k=1}^{\infty} \frac{1}{m(k)} I_{[t,\infty[}(m(k)),$$

so ergibt sich

$$\begin{aligned}\sum_{k=1}^{\infty} \operatorname{Var}[T_{m(k)}]/(m(k))^2 &\leq E\left[X_1^2\phi(X_1)\right] \\ &= E\left[X_1^2\phi(X_1)I\{X_1 < \alpha\}\right] + E\left[X_1^2\phi(X_1)I\{X_1 \geq \alpha\}\right] \\ &\leq \alpha^2\phi(0) + E\left[X_1^2\phi(X_1)I\{X_1 \geq \alpha\}\right].\end{aligned}$$

Da ersichtlich $\phi(0) < \infty$, reicht es zum Nachweis von (7.1.9) zu zeigen:

$$E\left[X_1^2\phi(X_1)I\{X_1 \geq \alpha\}\right] < \infty.$$

Sei $t \geq \alpha$ und bezeichne N die kleinste ganze Zahl derart, daß $\alpha^N \geq t$. Dann folgt $N \geq 1$, und man erhält wegen $\alpha^k - 1 < m(k) \leq \alpha^k$

$$\begin{aligned}\phi(t) &\leq \sum_{k=1}^{\infty} \frac{1}{\alpha^k - 1} I_{[t,\infty[}(\alpha^k) = \sum_{k=N}^{\infty} \frac{1}{\alpha^k - 1} = \sum_{k=N}^{\infty} \frac{1}{\alpha^k(1 - 1/\alpha^k)} \\ &\leq \frac{\alpha}{\alpha - 1} \sum_{k=N}^{\infty} \left(\frac{1}{\alpha}\right)^k = \left(\frac{\alpha}{\alpha - 1}\right)^2 \left(\frac{1}{\alpha}\right)^N \leq \left(\frac{\alpha}{\alpha - 1}\right)^2 \frac{1}{t},\end{aligned}$$

so daß $E\left[X_1^2\phi(X_1)I\{X_1 \geq \alpha\}\right] \leq (\alpha/(\alpha-1))^2 E[X_1] < \infty$.

Wir betrachten jetzt den Fall, daß (etwa) $E[X_1^+] = \infty$ und $E[X_1^-] < \infty$ gilt. Zum Nachweis von (7.1.1) reicht es zu zeigen:

$$\lim_{n\to\infty} \frac{1}{n}\left(X_1^+ + \cdots + X_n^+\right) = \infty \quad \text{f.s.} \tag{7.1.10}$$

Für festes $k \geq 1$ sind die ZV $X_n^+ I\{X_n^+ \leq k\}$ $(n \geq 1)$ paarweise unabhängig, identisch verteilt und integrierbar, so daß aufgrund des bisher erhaltenen Resultats

$$\begin{aligned}\liminf_{n\to\infty} \frac{1}{n} \sum_{i=1}^{n} X_i^+ &\geq \liminf_{n\to\infty} \frac{1}{n} \sum_{i=1}^{n} X_i^+ I\{X_i^+ \leq k\} \\ &= E\left[X_1^+ I\{X_1^+ \leq k\}\right] \quad \text{f.s., } k \geq 1.\end{aligned}$$

Da wegen des Satzes von der monotonen Konvergenz $E\left[X_1^+ I\{X_1^+ \leq k\}\right] \to E[X_1^+] = \infty$ $(k \to \infty)$, gilt (7.1.10). ■

Der vorangehende Beweis zeigt, daß sich die Unabhängigkeitsannahmen über die Folge $X_1, X_2, \ldots$ in Satz 7.1 abschwächen lassen, falls die ZV $X_1, \ldots$ sogar *beschränkt* sind. Genauer gilt

7.2 Satz. *Die ZV $X_1, X_2, \ldots$ seien paarweise unkorreliert, identisch verteilt und beschränkt. Dann gilt für $1 \leq p < \infty$*

$$\lim_{n\to\infty} \frac{1}{n} S_n = E[X_1] \quad \textit{f.s. und in } L^p. \tag{7.2.1}$$

BEWEIS. Wegen Satz 6.5 reicht es zu zeigen, daß die Folge in (7.2.1) f.s. konvergiert. Nach Voraussetzung existiert eine ganze Zahl $K \geq 2$ derart, daß für $n \geq 1$ $|X_n(\omega)| \leq K$, $\omega \in \Omega$. Gelte Satz 7.2 für positive ZV. Die ZV $\widetilde{X}_n := X_n + K$ $(n \geq 1)$ sind dann positiv, paarweise unkorreliert und identisch verteilt, so daß für $n \to \infty$

$$\frac{1}{n} S_n = \frac{1}{n} \sum_{k=1}^{n} \widetilde{X}_k - K \to E[\widetilde{X}_1] - K = E[X_1] \quad \text{f.s.}$$

Wir dürfen (und werden) also annehmen, daß $0 \leq X_n \leq K$, $n \geq 1$. Für die im vorigen Beweis eingeführten ZV Y_n ergibt sich $Y_n = X_n$, $n \geq K$. Setzen wir für $n \geq K$

$$\widetilde{S}_n = X_K + X_{K+1} + \cdots + X_n, \quad \widetilde{T}_n = Y_K + Y_{K+1} + \cdots + Y_n,$$

so folgt $\widetilde{S}_n = \widetilde{T}_n$, $n \geq K$, und (7.1.5) ist äquivalent zu

$$\widetilde{T}_{m(k)}/(m(k) - K + 1) \to E[X_1] \quad \text{f.s. } (k \to \infty) \tag{7.2.2}$$

(die ZV $\widetilde{T}_{m(k)}$ werden nur für $m(k) \geq K$, d.h. für $k \geq (\log K)/(\log \alpha)$ betrachtet). Der Satz von Bienaymé ist auch jetzt anwendbar, da die ZV $Y_K, Y_{K+1}, \ldots$ paarweise unkorreliert sind. Der Nachweis von (7.2.2), der analog wie derjenige von (7.1.7) verläuft, sei dem Leser überlassen (man beachte, daß jetzt $E\left[X_1^2\right] < \infty$!). ∎

7.2.1 Beispiel. Die ZV $X_1, X_2, \ldots$ seien paarweise unkorreliert, und es gelte $X_n \sim \text{BER}(p)$, $n \geq 1$. Mit Hilfe von Satz 7.2 ergibt sich

$$\frac{1}{n} S_n \to p \quad \text{f.s.} \tag{7.2.3}$$

Die ZV S_n/n läßt sich als relative Häufigkeit der Erfolge bei den ersten n Zufallsexperimenten interpretieren, und (7.2.3) besagt dann, daß die Erfolgswahrscheinlichkeit p fast sicher Grenzwert einer Folge von relativen Häufigkeiten ist. (Der Ausgang $X_n = 1$ werde als „Erfolg“ und $X_n = 0$ als „Mißerfolg“ beim n-ten Zufallsexperiment gewertet.) ∎

Wir betrachten im folgenden einige Anwendungen des starken Gesetzes.

Sei $\xi(1), \xi(2), \ldots$ eine UIV-Folge von nichtnegativen ZV derart, daß gilt: $P(\xi(1) > 0) > 0$. Für $\mu := E[\xi(1)]$ folgt dann $0 < \mu \leq \infty$. Die ZV $\xi(1), \xi(2), \ldots$ lassen sich als *Lebensdauern* gewisser Objekte, etwa Glühbirnen, interpretieren. Sobald ein Objekt defekt wird, wird es erneuert. Setzen wir

$$T(n) := \xi(1) + \cdots + \xi(n) \quad n \geq 0 \tag{7.2.4}$$

($T(0) :\equiv 0$), so ist $T(n)$ ($n \geq 1$) der Zeitpunkt der n-ten Erneuerung. Sei

$$N(t) := \max\{n \geq 0 : T(n) \leq t\}, \quad t \in \mathbb{R}_+, \tag{7.2.5}$$

so daß

$$\{N(t) = n\} = \{T(n) \leq t < T(n+1)\}, \quad n \geq 0,\ t \in \mathbb{R}_+ \tag{7.2.6}$$

und

$$\{T(n) \leq t\} = \{N(t) \geq n\}, \quad n \geq 0,\ t \in \mathbb{R}_+. \tag{7.2.7}$$

Die ZV $N(t)$ ist die Anzahl der Erneuerungen im Zeitintervall $[0, t]$.

Es gilt nun folgender *Erneuerungssatz*, der eine asymptotische Aussage über die Anzahl der Erneuerungen pro Zeiteinheit macht:

7.3 Satz. *Aus den obigen Annahmen folgt:*

$$P\{\omega \in \Omega : N(t)(\omega) < \infty,\ t \geq 0\} = 1, \tag{7.3.1}$$

$$\lim_{t \to \infty} N(t) = \infty \quad \textit{f.s.} \tag{7.3.2}$$

und

$$\lim_{t \to \infty} \frac{1}{t} N(t) = \frac{1}{\mu} \quad \textit{f.s.} \quad \left(\frac{1}{\infty} := 0\right). \tag{7.3.3}$$

BEWEIS. Wegen des starken Gesetzes existiert eine Menge $\Omega_0 \in \mathcal{A}$ mit $P(\Omega_0) = 0$ derart, daß

$$\lim_{n \to \infty} \frac{1}{n} T(n)(\omega) = \mu, \quad \omega \notin \Omega_0, \tag{7.3.4}$$

woraus sich

$$\lim_{n \to \infty} T(n)(\omega) = \infty, \quad \omega \notin \Omega_0 \tag{7.3.5}$$

ergibt. Sei $t \geq 0$. Wegen (7.3.5) folgt $T(n)(\omega) > t$, $n \geq n_0(t, \omega), \omega \notin \Omega_0$, so daß wegen (7.2.7) $N(t)(\omega) < n_0(t, \omega)$, $\omega \notin \Omega_0$, also (7.3.1) gilt. Da für jedes $\omega \in \Omega$ $N(\cdot)(\omega)$ monoton wächst, existiert der Grenzwert $\lim_{t \to \infty} N(t)(\omega)$ für alle $\omega \in \Omega$. Gilt (7.3.2) nicht, so existiert eine Zahl $m_0 \geq 1$ derart, daß

$$P\left(\sup_{t \geq 0} N(t) < m_0\right) > 0.$$

Daraus folgt wegen (7.2.7) $P(T(m_0) > t,\ t \geq 0) = P(T(m_0) = \infty) > 0$, so daß sich wegen $T(m_0) < \infty$ f.s. ein Widerspruch ergibt. Folglich gilt (7.3.2). Zum Nachweis von (7.3.3) beachte man, daß wegen (7.3.1), (7.3.2) und (7.3.4) eine Menge $\Omega_1 \in \mathcal{A}$ mit $P(\Omega_1) = 0$ existiert derart, daß für alle $\omega \notin \Omega_1$ gilt: $0 < N(t)(\omega) < \infty$, $t \geq t_0(\omega)$, und

$$\lim_{t \to \infty} N(t)(\omega) = \infty \quad \text{sowie} \quad \lim_{n \to \infty} \frac{1}{n} T(n)(\omega) = \mu.$$

Für alle $\omega \notin \Omega_1$ folgt daher wegen (7.2.7)

$$\frac{T(N(t)(\omega))(\omega)}{N(t)(\omega)} \leq \frac{t}{N(t)(\omega)} < \frac{T(N(t)(\omega)+1)(\omega)}{N(t)(\omega)}, \quad t \geq t_0(\omega)$$

und somit $t/N(t)(\omega) \to \mu \ (t \to \infty)$. ■

Wir betrachten nun einen wichtigen Spezialfall:

7.3.1 Beispiel. Sei $\xi(1) \sim \text{EXP}(\lambda)$. Dann heißt die durch (7.2.5) definierte Familie $(N(t))$ $(t \in \mathbb{R}_+)$ ein *Poisson-Prozeß* mit Parameter $\lambda > 0$, da sie die nachfolgenden Eigenschaften (7.3.6), (7.3.9) sowie (7.3.10) besitzt. Unmittelbar klar ist

(7.3.6) $$N(0) = 0 \quad \text{f.s.}$$

Weiter gilt

(7.3.7) $$N(t) \sim \text{PO}(\lambda t), \quad t > 0.$$

Dies ergibt sich daraus, daß $T(n)$ $(n \geq 1)$ folgende spezielle *Gamma-Dichte* besitzt (vgl. Beispiel 5.10.1):

(7.3.8) $$f_n(x) = \frac{\lambda^n}{(n-1)!} x^{n-1} e^{-\lambda x}, \quad x \geq 0.$$

Wegen (7.2.6) folgt somit für $n \geq 1$ und $t > 0$

$$\begin{aligned} P(N(t) = n) &= P(T(n) \leq t) - P(T(n+1) \leq t) \\ &= \frac{\lambda^n}{n!} \int_0^t \left(n x^{n-1} - \lambda x^n\right) e^{-\lambda x} \, dx \\ &= \frac{\lambda^n}{n!} \int_0^t \frac{d}{dx} \left(x^n e^{-\lambda x}\right) dx = \frac{(\lambda t)^n}{n!} e^{-\lambda t}. \end{aligned}$$

Wir werden später zeigen (vgl. Satz 3.1[6]), daß sogar gilt:

(7.3.9) $$N(t) - N(s) \sim \text{PO}(\lambda(t-s)), \quad 0 \leq s < t$$

und

(7.3.10) $(N(t))$ *hat unabhängige Zuwächse,*

d.h. für $n \geq 2$ und $t_0 = 0 < t_1 < \cdots < t_n$ sind die *Zuwächse* $N(t_1) - N(t_0), N(t_2) - N(t_1), \ldots, N(t_n) - N(t_{n-1})$ unabhängig. ■

Im folgenden bezeichnen $X_1, X_2, \ldots$ ZV, die auf einem gemeinsamen W.-Raum $(\Omega, \mathcal{A}, P)$ definiert sind, und wir setzen

(7.3.11) $$S_n := X_1 + \cdots + X_n, \quad n \geq 0 \quad (S_0 :\equiv 0).$$

Weiter ist $\tau : \Omega \longrightarrow \mathbb{Z}_+ \cup \{\infty\} = \{0, 1, 2, \ldots, \infty\}$ eine NZV derart, daß

(7.3.12) $$\tau < \infty \quad \text{f.s.}$$

Ein Ausdruck für den EW der Summe $S_\tau = X_1 + \cdots + X_\tau$ mit einer *zufälligen* Anzahl τ von Summanden heißt *Wald-Gleichung* (benannt nach A. Wald).

Ein erstes Resultat, das hinreichende Bedingungen für die Gültigkeit der Wald-Gleichung (7.4.4) liefert, ist

7.4 Satz. *Sei* $X_1, X_2, \ldots$ *eine* UIV*-Folge von* ZV *derart, daß der* EW $E[X_1]$ *existiert und*

(7.4.1) $$E[X_1] \neq 0$$

ist. Weiter sei

(7.4.2) $$\tau < \infty \quad f.s.$$

und

(7.4.3) $$\{\tau = n\} \in \sigma\{X_1, \ldots, X_n\}, \quad n \geq 0.$$

(Für $n = 0$ *sei* $\sigma\{X_1, \ldots, X_n\} := \{\emptyset, \Omega\}$.*) Existiert dann der* EW $E[S_\tau]$, *so folgt*

(7.4.4) $$E[S_\tau] = E[\tau]E[X_1].$$

7.5 Bemerkung. Die Bedingung (7.4.3) besagt, daß τ eine *Stoppzeit* bez. der σ-Algebren $\sigma\{X_1, \ldots, X_n\}$ $(n \geq 0)$ ist (vgl. Definition 3.1[8]). ■

BEWEIS VON SATZ 7.4. Wegen (7.4.3) folgt $\{\tau = 0\} \in \{\emptyset, \Omega\}$, so daß $\tau \equiv 0$ oder $\tau \geq 1$. Gilt $\tau \equiv 0$, so sind aufgrund der Konvention $0 \cdot \infty = 0$ beide Seiten in (7.4.4) gleich Null. Im folgenden gelte also

(7.5.1) $$\tau \geq 1.$$

Aus typographischen Gründen schreiben wir im folgenden $S(n)$ statt S_n. Wegen Satz 1.19[3] existiert eine UIV-Folge $\tau(1) = \tau, \tau(2), \tau(3), \ldots$ derart, daß $(S(\sigma(n)) - S(\sigma(n-1)))$ $(n \geq 1)$ eine UIV-Folge bildet, wobei $\sigma(n) := \tau(1) + \cdots + \tau(n)$ $(n \geq 0)$. Aufgrund des starken Gesetzes folgt

(7.5.2) $$\sigma(n)/n \to E[\tau] \quad \text{f.s.},$$

so daß wegen (7.5.1) insbesondere

(7.5.3) $$\sigma(n) \to \infty \quad \text{f.s.}$$

Da der EW $E[X_1]$ nach Voraussetzung existiert, erhält man nach erneuter Anwendung des starken Gesetzes

(7.5.4) $$S(\sigma(n))/\sigma(n) \to E[X_1] \quad \text{f.s.}$$

Aus (7.5.2) und (7.5.4) folgt wegen (7.4.1)

(7.5.5) $$\frac{1}{n}S(\sigma(n)) = \frac{\sigma(n)}{n} \cdot \frac{S(\sigma(n))}{\sigma(n)} \to E[\tau]E[X_1] \quad \text{f.s.}$$

Da andererseits

$$\frac{1}{n}S(\sigma(n)) = \frac{1}{n}\sum_{i=1}^{n}(S(\sigma(i)) - S(\sigma(i-1))), \quad n \geq 1,$$

und der EW $E[S(\sigma(1))] = E[S(\tau)]$ nach Vorraussetzung existiert, ergibt eine weitere Anwendung des starken Gesetzes $S(\sigma(n))/n \to E[S(\tau)]$ f.s., woraus wegen (7.5.5) die gewünschte Wald-Gleichung (7.4.4) resultiert. ■

7.6 Bemerkung. Bei der Herleitung von (7.5.5) wurde insbesondere (7.4.1) benutzt. Das folgende triviale Beispiel zeigt, daß man ohne die Gültigkeit von (7.4.1) nicht ohne weiteres (7.5.5) erhält. Für $n \geq 1$ sei $a_n = n$, $b_n = 1/n$. Für $a_\infty := \infty$, $b_\infty := 0$ gilt dann $a_n \to a_\infty$, $b_n \to b_\infty$ sowie $a_n b_n \to 1 \neq a_\infty b_\infty = 0$. ■

Gilt statt $\tau < \infty$ f.s. sogar $E[\tau] < \infty$, so lassen sich einige der restlichen Annahmen in Satz 7.4 abschwächen. Das folgende Resultat ist elementarer als Satz 7.4, da bei dessen Herleitung nicht das starke Gesetz benötigt wird.

7.7 Satz. *Die* ZV $X_1, X_2, \ldots$ *seien identisch verteilt, es existiere der* EW $E[X_1]$, *und es sei*

$$E[\tau] < \infty. \tag{7.7.1}$$

Weiter gelte für jedes $n \geq 1$:

$$I\{\tau \geq n\} \quad \textit{und } X_n \textit{ sind unabhängig} \tag{7.7.2}$$

(*äquivalent:* $I\{\tau \leq n-1\}$ *und* X_n *sind unabhängig*). *Dann folgt:*

$$E\left[\sum_{i=1}^{\tau} X_i^+\right] < \infty \quad \textit{oder} \quad E\left[\sum_{i=1}^{\tau} X_i^-\right] < \infty, \tag{7.7.3}$$

der EW $E[S_\tau]$ *existiert, und*

$$E[S_\tau] = E[\tau]E[X_1]. \tag{7.7.4}$$

BEWEIS. Wegen (7.7.1) gilt $\tau < \infty$ f.s., so daß aufgrund des Satzes von der monotonen Konvergenz

$$\begin{aligned} E\left[(S_\tau)^+\right] &\leq E\left[\sum_{i=1}^{\tau} X_i^+\right] = \sum_{n=1}^{\infty} E\left[I\{\tau = n\}\sum_{i=1}^{n} X_i^+\right] \\ &= \sum_{n=1}^{\infty}\sum_{i=1}^{n} E\left[I\{\tau = n\}X_i^+\right] = \sum_{i=1}^{\infty}\sum_{n=i}^{\infty} E\left[I\{\tau = n\}X_i^+\right] \\ &= \sum_{i=1}^{\infty} E\left[I\{\tau \geq i\}X_i^+\right]. \end{aligned}$$

Hieraus ergibt sich wegen (7.7.2) und Satz 1.5(k)

$$E\left[\sum_{i=1}^{\tau} X_i^+\right] = E\left[X_1^+\right]\sum_{i=1}^{\infty} P(\tau \geq i),$$

so daß wegen Satz 1.9(a)

$$E\left[(S_\tau)^+\right] \leq E\left[\sum_{i=1}^{\tau} X_i^+\right] = E[\tau]E[X_1^+]. \tag{7.7.5}$$

Ähnlich erhält man

$$E\left[(S_\tau)^-\right] \leq E\left[\sum_{i=1}^{\tau} X_i^-\right] = E[\tau]E[X_1^-]. \tag{7.7.6}$$

Aus (7.7.5), (7.7.6) und (7.7.1) ergibt sich durch Differenzbildung wegen Satz 1.20(b) die gewünschte Wald-Gleichung (7.7.4). ■

Aus Satz 7.7 erhält man

7.8 Satz. *Die* ZV $X_1, X_2, \ldots$ *seien identisch verteilt, es existiere der* EW $E[X_1]$ *und es sei*

$$E[\tau] < \infty. \tag{7.8.1}$$

Zusätzlich sei eine der beiden folgenden Bedingungen erfüllt:

(i) τ *ist unabhängig von* (X_n).

(ii) *Die* ZV $X_1, X_2, \ldots$ *sind unabhängig, und es gilt*

$$\{\tau = n\} \in \sigma\{X_1, \ldots, X_n\}, \quad n \geq 0. \tag{7.8.2}$$

Dann existiert der EW $E[S_\tau]$, *und es gilt*

$$E[S_\tau] = E[\tau]E[X_1]. \tag{7.8.3}$$

BEWEIS. Aus (i) folgt ersichtlich (7.7.2). Ist andererseits (ii) erfüllt, so ist $I\{\tau \leq n-1\}$ wegen $\{\tau \leq n-1\} = \{\tau = 0\} \cup \{\tau = 1\} \cup \cdots \cup \{\tau = n-1\} \in \sigma\{X_1, \ldots, X_{n-1}\}$ unabhängig von X_n. Satz 7.8 ist also eine unmittelbare Folgerung aus Satz 7.7. ■

7.8.1 Beispiel (*Wartezeit-Paradox*). An einer Haltestelle kommen Busse einer bestimmten Linie zu den zufälligen Zeitpunkten $0 < T_1 < T_2 < \cdots$ an. Sei $T_0 \equiv 0$. Wir nehmen an, daß die Wartezeiten $X_n := T_n - T_{n-1}$ $(n \geq 1)$ eine UIV-Folge von ZV bilden derart, daß $X_1 \sim \mathrm{EXP}(\lambda)$. Ich treffe zum (deterministischen !) Zeitpunkt $t > 0$ an der Haltestelle ein. Sei

$$\tau := \min\{n \geq 1 : T_n \geq t\}.$$

Wegen des starken Gesetzes dürfen (und werden) wir annehmen, daß $\tau(\omega) < \infty$, $\omega \in \Omega$. Die Ankunftszeit des ersten Busses, den ich benutzen kann, ist somit T_τ, und $V_t := T_\tau - t$ ist *meine* Wartezeit. (Die Busse mögen unmittelbar nach ihrem Eintreffen die Haltestelle wieder verlassen !) Die ZV $T_n = X_1 + \cdots + X_n$ $(n \geq 1)$ hat eine Gamma-Verteilung $\Gamma(\lambda, n)$ mit der Dichte

$$f_n(x) = \frac{\lambda^n}{(n-1)!} x^{n-1} e^{-\lambda x}, \quad x \geq 0$$

(vgl. Beispiel 5.10.1), und es gilt $\{\tau > n\} = \{T_n < t\}$, $n \geq 1$. Aufgrund von Satz 1.9(a) und des Satzes von der monotonen Konvergenz ergibt sich also

$$\begin{aligned} E[\tau] &= 1 + \sum_{n=1}^{\infty} P(\tau > n) = 1 + \int_0^t \left(\sum_{n=1}^{\infty} f_n(x) \right) dx \\ &= 1 + \lambda \int_0^t e^{\lambda x} e^{-\lambda x}\, dx = 1 + \lambda t \end{aligned}$$

(man beachte, daß $\tau \geq 1$). Ersichtlich trifft (7.8.2) zu, so daß aufgrund von Satz 7.8 $E[T_\tau] = E[\tau]E[X_1] = t + 1/\lambda$. Dies impliziert

$$E[V_t] = 1/\lambda, \tag{7.8.4}$$

so daß meine mittlere Wartezeit mit der mittleren Zeit $E[X_1] = 1/\lambda$ übereinstimmt, die zwischen der Ankunft zweier aufeinanderfolgender Busse vergeht. Der Leser versuche, sich dieses „paradoxe" Ergebnis plausibel zu machen. ■

Der Beweis des folgenden merkwürdigen Resultats (*Satz von Chung-Fuchs*) benutzt ebenfalls eine Wald-Gleichung sowie das starke Gesetz.

7.9 Satz. *Sei $(X_n) \subset L^1$ $(n \geq 1)$ eine* UIV*-Folge derart, daß*

$$E[X_1] = 0 \tag{7.9.1}$$

und

$$P(X_1 \neq 0) > 0. \tag{7.9.2}$$

Für die Folge $S(n) := X_1 + \cdots + X_n$ $(n \geq 1)$ gilt dann

$$P\left(\liminf_{n\to\infty} S(n) = -\infty,\ \limsup_{n\to\infty} S(n) = \infty \right) = 1. \tag{7.9.3}$$

Wird die NZV *τ definiert durch*

$$\tau = \min\{n \geq 1 : S(n) \geq 0\} \tag{7.9.4}$$

(lt. Konvention ist $\min\emptyset := \infty$, *so daß* $\tau(\omega) := \infty$, *falls* $(S(n)(\omega) < 0$ *für alle* $n \geq 1)$, *so gilt*

$$\tau < \infty \quad f.s. \tag{7.9.5}$$

und

$$E[\tau] = \infty. \tag{7.9.6}$$

BEWEIS. Zum Nachweis von (7.9.6) beachte man zunächst, daß $\{\tau = n\} \in \sigma\{X_1, \dots, X_n\}$, $n \geq 1$ (vgl. Bemerkung 1.18[3]). Gilt statt (7.9.6) $E[\tau] < \infty$ (so daß $\tau < \infty$ f.s. !), so folgt wegen Satz 7.8 und (7.9.1)

$$E[S(\tau)] = E[\tau]E[X_1] = 0. \tag{7.9.7}$$

Da $\tau < \infty$ f.s., folgt $S(\tau) \geq 0$ f.s., so daß sich aus (7.9.7) wegen Satz 1.6(a) $S(\tau) = 0$ f.s. ergibt. Andererseits erhält man wegen (7.9.1) und (7.9.2) $P(X_1 > 0) = P(S(1) > 0) > 0$, also

$$P(S(\tau) > 0) > 0. \tag{7.9.8}$$

Somit muß (7.9.6) gelten. Wir zeigen nun, daß für die Wahrscheinlichkeit $\pi := P(S(n) > 0,\ n \geq 1)$

$$\pi = 0 \tag{7.9.9}$$

gilt. Zum Nachweis von (7.9.9) setzen wir

$$A_n := \{S(k) > S(n) \text{ für alle } k \neq n\}, \quad n \geq 1.$$

Nun ist

$$\begin{aligned} P(A_n) &= P(S(n) - S(k) < 0,\ 1 \leq k < n;\ S(k) - S(n) > 0,\ k > n) \\ &= P(X_i + X_{i+1} + \cdots + X_n < 0,\ 2 \leq i \leq n; \\ &\qquad X_{n+1} + X_{n+2} + \cdots + X_{n+j} > 0,\ j \geq 1) \\ &= P(X_i + X_{i+1} + \cdots + X_n < 0,\ 2 \leq i \leq n) \\ &\qquad \times P(X_{n+1} + X_{n+2} + \cdots + X_{n+j} > 0,\ j \geq 1). \end{aligned}$$

Da (X_n) eine UIV-Folge ist, ergibt sich

$$P(A_n) = P(S(k) < 0,\ 1 \leq k \leq n-1)\, P(S(k) > 0,\ k \geq 1) = \pi P(\tau \geq n).$$

Da $A_i \cap A_j = \emptyset$ $(i \neq j)$, folgt wegen Satz 1.9(a) $1 \geq P(A_1) + P(A_2) + \cdots = \pi E[\tau]$. Aus $\pi > 0$ würde sich $E[\tau] < \infty$, also ein Widerspruch zu (7.9.6) ergeben. Dies beweist (7.9.9), so daß $P(S(n) \leq 0 \text{ für ein } n \geq 1) = 1$. Wendet man dieses Resultat auf $(-X_n)$ an, erhält man $P(S(n) \geq 0 \text{ für ein } n \geq 1) = 1$, d.h. (7.9.5). Aufgrund von Satz 1.19[3] (angewandt auf $B = [0, \infty[$) existiert also eine UIV-Folge $\tau(1) = \tau, \tau(2), \tau(3), \ldots$ derart, daß die Folge

$$Y_n := S(\sigma(n)) - S(\sigma(n-1)), \quad n \geq 1$$

eine UIV-Folge bildet (hierin ist $\sigma(n) := \tau(1) + \cdots + \tau(n)$, $n \geq 0$) derart, daß $Y_1 \geq 0$ f.s. Da $Y_1 = S(\sigma(1)) = S(\tau)$, folgt wegen (7.9.8) $E[Y_1] > 0$. Aufgrund des starken Gesetzes erhält man

$$\frac{1}{n}(Y_1 + \cdots + Y_n) = \frac{1}{n} S(\sigma(n)) \to E[Y_1] \quad \text{f.s.},$$

woraus sich $S(\sigma(n)) \to \infty$ f.s., also $\limsup_{n\to\infty} S(n) = \infty$ f.s. ergibt. Anwendung dieses Resultats auf $(-X_n)$ zeigt $\liminf_{n\to\infty} S(n) = -\infty$ f.s., so daß (7.9.3) bewiesen ist. ■

4.8 Symmetrisch verteilte Zufallsvariable

Dieser Abschnitt enthält einige speziellere Resultate, die in §7.6 bei der Behandlung eines Problems aus der Statistik (Konvergenz empirischer Verteilungsfunktionen) benötigt werden.

8.1 Definition. Eine ZV η heißt *symmetrisch verteilt*, falls η und $-\eta$ dieselbe Verteilung haben. Dies ist gleichbedeutend mit

$$P(\eta \leq t) = P(\eta \geq -t), \quad t \in \mathbb{R}. \tag{8.1.1}$$

Eine Folge $\eta_1, \ldots, \eta_d$ von ZV heißt *symmetrisch*, falls für beliebige Zahlen $a_i \in \{-1, 1\}$ $(1 \leq i \leq d)$ der ZVK $(a_1\eta_1, \ldots, a_d\eta_d)$ dieselbe Verteilung wie $(\eta_1, \ldots, \eta_d)$ hat. ■

Ist eine ZV $\eta \in L^1$ symmetrisch verteilt, so folgt ersichtlich $E[\eta] = 0$.

8.2 Beispiel. Sind die ZV $\eta_1, \ldots, \eta_d$ unabhängig und ist jedes η_i symmetrisch verteilt, so ist die Folge $\eta_1, \ldots, \eta_d$ symmetrisch. Sind also insbesondere $R_1, \ldots, R_d$ unabhängige *Rademacher*-ZV („*zufällige Vorzeichen*"), d. h. gilt

$$P(R_i = 1) = P(R_i = -1) = 1/2, \quad 1 \leq i \leq d, \tag{8.2.1}$$

so ist die Folge $R_1, \ldots, R_d$ symmetrisch. ■

Betrachtet man die 2^d möglichen Werte des ZVK $(R_1, \ldots, R_d)$ und jeweils die Fälle $\eta_i \geq 0$ sowie $\eta_i < 0$, so erhält man leicht:

8.3 Lemma. *Ist $\eta_1, \ldots, \eta_d$ symmetrisch und sind $R_1, \ldots, R_d$ unabhängige Rademacher-ZV derart, daß $(R_1, \ldots, R_d)$ unabhängig von $(\eta_1, \ldots, \eta_d)$ ist, so hat der ZVK $(\eta_1, \ldots, \eta_d)$ dieselbe Verteilung wie $(R_1\eta_1, \ldots, R_d\eta_d)$ und $(R_1|\eta_1|, \ldots, R_d|\eta_d|)$.* ■

Wir beweisen nun folgendes *Kontraktionsprinzip*:

8.4 Satz. *Seien $R_1, \ldots, R_d$ unabhängige Rademacher-ZV. Sei $H : \mathbb{R}_+ \longrightarrow \mathbb{R}_+$ konvex und monoton wachsend.*

(a) *Sind $b_1, \ldots, b_d$ und $a_1, \ldots, a_d$ reelle Zahlen mit $|a_i| \leq 1$, $1 \leq i \leq d$, so gilt*

$$E\left[H\left(\left|\sum_{i=1}^d a_i b_i R_i\right|\right)\right] \leq E\left[H\left(\left|\sum_{i=1}^d b_i R_i\right|\right)\right]. \tag{8.4.1}$$

(b) *Ist $\eta_1, \ldots, \eta_d$ eine symmetrische Folge von integrierbaren ZV, so folgt*

$$E\left[H\left(\min_{1\leq j\leq d} E\left[|\eta_j|\right]\left|\sum_{i=1}^d b_i R_i\right|\right)\right] \leq E\left[H\left(\left|\sum_{i=1}^d b_i \eta_i\right|\right)\right]. \tag{8.4.2}$$

8.5 Korollar. *Innerhalb der symmetrisch verteilten ZV haben die Rademacher-ZV folgende Minimalitätseigenschaft: Ist $\eta_1, \eta_2, \ldots$ eine UIV-Folge* *von integrierbaren symmetrisch verteilten* ZV *mit* $E[|\eta_1|] = 1$, *so gilt für unabhängige Rademacher-*ZV $R_1, R_2, \ldots$

$$E[|R_1 + \cdots + R_n|] \leq E[|\eta_1 + \cdots + \eta_n|], \quad n \geq 1, \tag{8.5.1}$$

also insbesondere

$$E\left[|R_1 + \cdots + R_n|\right] \leq \sqrt{n}, \quad n \geq 1. \tag{8.5.2}$$

8.6 Bemerkung. Die Ungleichung (8.5.2) besagt, daß für die sog. *einfache symmetrische Irrfahrt* $S_n := R_1 + \cdots + R_n$ $(n \geq 0)$ gilt: $E[|S_n|] \leq \sqrt{n}$, $n \geq 1$. Das langsame Wachstum der Folge $(E[|S_n|])$ rührt intuitiv daher, daß aufgrund des Satzes von Chung-Fuchs die Irrfahrt (S_n) f.s. unendlich oft zum Startzustand 0 zurückkehrt. Ein direkter Beweis von (8.5.2) ist etwas mühsam (in Beispiel 1.14.2[8] wird ein expliziter Ausdruck für $E[|S_n|]$ hergeleitet). Wir werden später sehen (vgl. Beispiel 1.14.2[8]):

$$\lim_{n\to\infty} \frac{1}{\sqrt{n}} E[|S_n|] = \sqrt{\frac{2}{\pi}}. \tag{8.6.1}$$

■

BEWEIS VON KOROLLAR 8.5. Die Ungleichung (8.5.1) resultiert aus (8.4.2) für die Funktion $H(t) := t$, $t \geq 0$, $b_1 = \cdots = b_d = 1$ und $d = n$. Die Ungleichung (8.5.2) ergibt sich aus (8.5.1) im Fall $\eta_1 \sim \mathrm{N}(0, \pi/2)$, da aufgrund einer einfachen Rechnung

$$E[|\xi|] = \sqrt{2/\pi}, \quad \text{falls} \quad \xi \sim \mathrm{N}(0,1). \tag{8.6.2}$$

■

BEWEIS VON SATZ 8.4. (a) Da H konvex und monoton wachsend auf $\mathbb{R}_+$ ist, ist H aufgrund von Satz 3.6 stetig auf $\mathbb{R}_+$. Man sieht nun leicht, daß die Abbildung

$$\phi(x_1, \ldots, x_d) := E\left[H\left(\left|\sum_{i=1}^{d} x_i b_i R_i\right|\right)\right], \quad (x_1, \ldots, x_d) \in \mathbb{R}^d$$

konvex und wegen des Satzes von der dominierten Konvergenz stetig ist. Somit nimmt ϕ auf dem d-dimensionalen Würfel $[-1,1]^d$, der konvex und kompakt ist, sein Maximum in einem der 2^d Extremalpunkte an, d. h. in einem Punkt der Form $(a_1, \ldots, a_d)$ mit $a_i \in \{-1, 1\}$, $1 \leq i \leq d$. Für jeden derartigen Punkt stimmen aber beide Seiten in (8.4.1) überein, da die Folge $R_1, \ldots, R_d$ symmetrisch ist.

(b) Wir nehmen zusätzlich an, daß $E[|\eta_i|] > 0$ für alle $1 \leq i \leq d$ gilt, da sonst (8.4.2) trivial ist. Wendet man also (8.4.1) an auf

$$a_i := \min_{1\leq j\leq d} E[|\eta_j|]/E[|\eta_i|] \quad \text{und} \quad b_i E[|\eta_i|] \text{ statt } b_i,$$

so sieht man, daß sich (8.4.2) aus der Ungleichung

$$E\left[H\left(\left|\sum_{i=1}^{d} b_i E[|\eta_i|] R_i\right|\right)\right] \le E\left[H\left(\left|\sum_{i=1}^{d} b_i \eta_i\right|\right)\right] \tag{8.6.3}$$

ergibt, die ihrerseits eine Konsequenz aus folgendem allgemeineren Resultat ist:

8.7 Satz. *Gegeben seien* ZV $\epsilon_1, \dots, \epsilon_d$ *sowie unabhängige Rademacher-*ZV $R_1, \dots, R_d$. *Weiter sei* $\eta_1, \dots, \eta_d$ *eine symmetrische Folge integrierbarer* ZV *derart, daß die* ZVK $(\epsilon_1, \dots, \epsilon_d)$, $(R_1, \dots, R_d)$ *und* $(\eta_1, \dots, \eta_d)$ *unabhängig voneinander sind. Sind die Funktionen* $f_j : \mathbb{R} \longrightarrow \mathbb{R}$ $(1 \le j \le n)$ *Borel-meßbar und ist* $H : \mathbb{R}_+ \longrightarrow \mathbb{R}_+$ *konvex und monoton wachsend, so folgt*

$$\begin{aligned} &E\left[\max_{1\le j\le n} H\left(\left|\sum_{i=1}^{d} R_i E[|\eta_i|] f_j(\epsilon_i)\right|\right)\right] \\ &\qquad \le E\left[\max_{1\le j\le n} H\left(\left|\sum_{i=1}^{d} \eta_i f_j(\epsilon_i)\right|\right)\right]. \end{aligned} \tag{8.7.1}$$

8.8 Bemerkung. Die Ungleichung (8.7.1) ist u. a. aus folgendem Grund von Interesse: Wählt man die ZV η_i derart, daß $\eta_i \sim \mathrm{N}(0,1)$ $(1 \le i \le d)$ und $\eta_1, \dots, \eta_d$ unabhängig sind, so läßt sich der EW auf der linken Seite in (8.7.1) mit Hilfe von Ungleichungen für normalverteilte ZV nach oben abschätzen. Wir werden diese Idee bei der Behandlung eines wichtigen statistischen Problems benutzen (vgl. §7.6). ■

BEWEIS VON SATZ 8.7. Wegen Lemma 8.3 ist die rechte Seite in (8.7.1) gleich

$$\widetilde{E} := E\left[\max_{1\le j\le n} H\left(\left|\sum_{i=1}^{d} R_i |\eta_i| f_j(\epsilon_i)\right|\right)\right].$$

Wir nehmen im folgenden $\widetilde{E} < \infty$ an, da sonst (8.7.1) trivial ist. Wird ϕ auf $\mathbb{R}^{2d}$ definiert durch

$$\phi(r_1, \dots, r_d, e_1, \dots, e_d) = E\left[\max_{1\le j\le n} H\left(\left|\sum_{i=1}^{d} r_i |\eta_i| f_j(e_i)\right|\right)\right],$$

so folgt wegen Satz 5.8

$$\widetilde{E} = E\left[\phi(R_1, \dots, R_d, \epsilon_1, \dots, \epsilon_d)\right]. \tag{8.8.1}$$

Bei festem $(r_1, \dots, r_d, e_1, \dots, e_d) \in \mathbb{R}^{2d}$ sei für $1 \le j \le n$

$$\psi_j(y_1, \dots, y_d) := H\left(\left|\sum_{i=1}^{d} r_i y_i f_j(e_i)\right|\right), \quad (y_1, \dots, y_d) \in \mathbb{R}^d.$$

Man verifiziert leicht, daß $\psi_1, \ldots, \psi_n$, also auch $\psi := \psi_1 \vee \cdots \vee \psi_n$ konvex sind. Mit Hilfe der Jensen-Ungleichung folgt (vgl. Bemerkung 3.16)

$$\begin{aligned}\phi(r_1, \ldots, r_d, e_1, \ldots, e_d) \\ &= E[\psi(|\eta_1|, \ldots, |\eta_d|)] \geq \psi(E[|\eta_1|], \ldots, E[|\eta_d|]) \\ &= \max_{1 \leq j \leq n} H\left(\left|\sum_{i=1}^{d} r_i E[|\eta_i|] f_j(e_i)\right|\right),\end{aligned}$$

so daß sich (8.7.1) aufgrund von (8.8.1) ergibt. Schließlich erhält man (8.6.3) aus (8.7.1) für $n = 1$, $\epsilon_i \equiv b_i$ und die Funktion $f_1(t) := t$, $t \in \mathbb{R}$. Hierbei beachte man, daß man bei der Herleitung von (8.4.2) zusätzlich annehmen darf, daß $(R_1, \ldots, R_d)$ unabhängig von $(\eta_1, \ldots, \eta_d)$ ist, da bei gegebener Verteilung von $(\eta_1, \ldots, \eta_d)$ und gegebenen Zahlen $b_1, \ldots, b_d$ die linke Seite in (8.4.2) nur von der Verteilung von $(R_1, \ldots, R_d)$ abhängt. ■

Aufgaben

4.1. $N \geq 1$ Kugeln werden nacheinander in $M \geq 1$ Behälter gelegt, wobei für jede Kugel derjenige Behälter, in den sie gelegt wird, rein zufällig aus den M Behältern ausgewählt wird. (In gewissen Behältern können also mehrere Kugeln liegen, falls $N \geq 2$.) Für die Anzahl X der leer bleibenden Behälter gilt dann $E[X] = (M-1)^N / M^{N-1}$.
Hinweis: Man stelle X mit Hilfe von Indikatorfunktionen dar.

4.2. Die ZV $X \sim \mathrm{PO}(\lambda)$, $Y \sim \mathrm{PO}(\mu)$ seien unabhängig. Man berechne $P(X = m | X + Y = n)$, $0 \leq m \leq n$ $(n \geq 0)$ und $E[X | X + Y = n]$, $n \geq 0$.

4.3. $X_1, X_2, \ldots$ sei eine UIV-Folge von ZV derart, daß $X_1 \sim \mathrm{UNI}(0,1)$. Man zeige:

$$\sum_{k=1}^{\infty} X_1 X_2 \cdots X_k < \infty \quad \text{f.s.}$$

4.4. Man zeige, daß für eine ZV $X \sim \mathrm{PO}(\lambda)$

$$E[X(X-1)(X-2)\cdots(X-k)] = \lambda^{k+1}, \quad k = 0, 1, 2, \ldots$$

4.5. Sei $Y_1, Y_2, \ldots$ eine UIV-Folge von $\mathbb{R}^2$-wertigen ZVK derart, daß $P(Y_1 = (1,0)) = P(Y_1 = (-1,0)) = P(Y_1 = (0,1)) = P(Y_1 = (0,-1)) = 1/4$. Die ZV $S_n := Y_1 + \cdots + Y_n$ $(n \geq 0)$ bilden dann eine *einfache symmetrische Irrfahrt* auf $\mathbb{Z}^2$ mit Start in 0. Sei $N := \#\{n \geq 1 : S_n = (0,0)\}$. Man zeige:
(a) $P(S_{2n} = (0,0)) = \sum_{k=0}^{n} \binom{2n}{k}\binom{2n-k}{k}\binom{2n-2k}{n-k}\binom{n-k}{n-k}\left(\frac{1}{4}\right)^{2n}$, $\quad n \geq 1$.

(b) Man folgere aus (a):

$$P(S_{2n} = (0,0)) = \left[\binom{2n}{n}\left(\frac{1}{2}\right)^{2n}\right]^2 \sim \frac{1}{\pi n} \quad (n \to \infty).$$

(c) Man folgere aus (b), daß $E[N] = \infty$.
Hinweis zu (c): Man stelle N mit Hilfe von Indikatorfunktionen dar.

4.6. Die ZV $X \geq 0$ nehme nur ganzzahlige Werte an. Dann gilt:

$$E[X^2] = \sum_{k=1}^{\infty}(2k-1)P(X \geq k).$$

Hinweis: Man benutze Satz 1.9(a).

4.7. Ein Würfel weise lediglich die Augenzahlen $1,2,3$ auf. Für die gewürfelte Augenzahl X gelte $P(X = i) = p_i > 0$, $i = 1,2,3$, wobei $p_1 + p_2 + p_3 = 1$. Es werde so oft (N mal) gewürfelt, bis erstmals jede der drei Augenzahlen mindestens einmal aufgetreten ist. Dann gilt:

$$E[N] = 1 + \sum_{i=1}^{3}\left(\frac{1}{p_i} - \frac{1}{1-p_i}\right).$$

Hinweis: Man berechne $P(N > n)$ mit Hilfe einer Siebformel und benutze Satz 1.9(a).

4.8. Sei X eine integrierbare ZV und seien $a < b$ reelle Zahlen derart, daß $P(X > b) > 0$. Man zeige:

$$E[X|X > b] \geq E[X|X > a].$$

4.9. Die ZV $X_1, X_2, \ldots$ seien identisch verteilt, und es gelte $E[|X_1|] < \infty$. Man zeige, daß dann

$$E\left[\max_{1\leq i\leq n} X_i\right] / n \to 0 \quad (n \to \infty).$$

Hinweis: $|X_n| = |X_n|I\{|X_n| \leq m\} + |X_n|I\{|X_n| > m\}$.

4.10. Sei ξ integrierbar. Seien A, B Ereignisse, derart, daß $P(A \cap B) > 0$ und $P(A \cap B^c) > 0$. Man zeige anhand eines einfachen Beispiels, daß i.a. *nicht*

$$(*) \qquad E[\xi|A] = E[\xi|A \cap B]P(B) + E[\xi|A \cap B^c]P(B^c)$$

gilt. Man zeige, daß jedoch $(*)$ gilt, falls A und B (und somit A und B^c!) unabhängig sind.

4.11. Seien $X, X_1, X_2, \ldots$ und $Y, Y_1, Y_2, \ldots$ ZV derart, daß für jedes $n \geq 1$ gilt, daß X_n und Y_n unabhängig sind. Man zeige: Gilt $X_n \to X$ f.s. und $Y_n \to Y$ f.s., so sind X und Y unabhängig.

4.12. Seien $X, X_1, X_2, \ldots$ ZV derart, daß $X_1(\omega) \leq X_2(\omega) \leq \cdots$, $\omega \in \Omega$. Man zeige:

$$X_n \to X \quad \text{f.s.} \iff X_n \to X \quad \text{(stochastisch)}.$$

4.13. Seien $X_1, X_2, \ldots$ beliebige ZV. Man zeige:

$$X_n \to 0 \quad \text{(stochastisch)} \iff E[|X_n|/(1+|X_n|)] \to 0.$$

4.14. Sei $(\Omega, \mathcal{A}, P)$ ein W.-Raum derart, daß Ω höchstens abzählbar und $\mathcal{A} = \mathcal{P}(\Omega)$ ist. Man zeige, daß für beliebige ZV $X, X_1, X_2, \ldots$ gilt:

$$X_n \to X \quad \text{f.s.} \iff X_n \to X \quad \text{(stochastisch)}.$$

4.15. Seien $X, X_1, X_2, \ldots$ integrierbare ZV. Man zeige:

$$X_n \to X \quad \text{in } L^1 \iff \sup_{A \in \mathcal{A}} \left| \int_A X_n dP - \int_A X dP \right| \to 0.$$

4.16. Man konstruiere ZV $X_1, X_2, \ldots$ derart, daß (X_n^-) gleichmäßig integrierbar ist, während der EW von $\liminf_{n\to\infty} X_n$ nicht existiert. (Man vgl. Satz 2.19(c).)

4.17. Sei $X_\lambda \sim \mathrm{EXP}(\lambda)$, $\lambda > 0$. Man zeige, daß es keine Borel-meßbare Funktion $f : \mathbb{R}_+ \longrightarrow \mathbb{R}_+$ gibt derart, daß $E[f(X_\lambda)] = \lambda$ für alle $\lambda > 0$ gilt. (Der Parameter einer Exponentialverteilung läßt sich also — basierend auf einer Beobachtung — nicht erwartungstreu schätzen.)
Hinweis: Man argumentiere indirekt.

4.18. Gegeben seien Zahlen $-\infty < a < b < \infty$ und eine *stetige* Funktion $g : [a, b] \longrightarrow \mathbb{R}$. Man zeige: Gilt

$$g(\frac{1}{2}x + \frac{1}{2}y) \leq \frac{1}{2}g(x) + \frac{1}{2}g(y), \quad x, y \in [a, b],$$

so ist g *konvex* auf $[a, b]$.

4.19. Sei $A = (a_{ij})$ eine beliebige reelle $(n \times n)$-Matrix, und sei $\xi_1, \ldots, \xi_n$ eine UIV-Folge von ZV derart, daß $\xi_1 \sim \mathrm{N}(0, 1)$. Man zeige, daß dann für die ZV $X_i := a_{i1}\xi_1 + \cdots + a_{in}\xi_n$ $(1 \leq i \leq n)$ gilt:

$$E[X_i \exp(X_j - 1/2\mathrm{Var}[X_j])] = \mathrm{Cov}[X_i, X_j], \quad 1 \leq i,\ j \leq n.$$

Hinweis: Für $t \in \mathbb{R}$ gilt $E[\exp(tZ)] = \exp(t^2/2)$ und $E[Z\exp(tZ)] = t\exp(t^2/2)$, falls $Z \sim \mathrm{N}(0, 1)$.

4.20. Die ZV $X \in L^2$ und $Y \in L^2$ seien unabhängig. Zusätzlich gelte, daß $X + Y$ und $X - Y$ unabhängig sind. Man folgere: $\mathrm{Var}[X] = \mathrm{Var}[Y]$.

4.21. Kann es eine ZV $X \in L^2$ geben derart, daß

$$|X - E[X]| < \sqrt{\mathrm{Var}[X]} \quad \text{f.s.?}$$

4.22. Die ZV $X_n \in L^2$ $(n \geq 1)$ seien paarweise unkorreliert derart, daß $E[X_n] =: \mu$ und $\mathrm{Var}[X_n] =: \sigma^2$ jeweils nicht von n abhängen. Man folgere für $S_n := X_1 + \cdots + X_n$ $(n \geq 1)$, daß $S_n/n \to \mu$ (stochastisch).

4.23. Sei X eine ZV. Die Funktionen $f, g : \mathbb{R} \longrightarrow \mathbb{R}$ seien monoton wachsend derart, daß $f(X), g(X) \in L^2$. Aufgrund von Beispiel 3.19 sollten $f(X), g(X)$ *positiv korreliert* sein, d.h. es sollte gelten:

$$(*) \qquad \mathrm{Cov}[f(X), g(X)] \geq 0.$$

Man zeige dies!
Hinweis: Man darf annehmen, daß auf dem betrachteten W.-Raum eine weitere ZV Y definiert ist, die unabhängig von X ist und dieselbe Verteilung wie X hat. Man betrachte $E[(f(X) - f(Y))(g(X) - g(Y))]$. (Ein *direkter* Nachweis von $(*)$ ist sehr mühsam.)

4.24. Seien $X_n \in L^2$ $(n \geq 1)$ ZV derart, daß $\mu := E[X_n]$ und $\sigma^2 := \mathrm{Var}[X_n] > 0$ jeweils nicht von n abhängen. Man zeige, daß aus $E[(X_n - X_m)^2] \to 0$ $(n, m \to \infty)$ folgt: $\rho_{X_n X_m} \to 1$ $(n, m \to \infty)$.

4.25. Sei $\Omega = [0,1]$, $\mathcal{A} = \mathcal{R}([0,1])$, P das Lebesgue-Maß auf $\mathcal{A}$ und $\psi \in L^1$.
(a) Man zeige:

$$\int_{[a,b]} \psi \, dP = 0, \quad 0 \leq a \leq b \leq 1 \Longrightarrow \psi = 0 \quad \text{f.s.}$$

(b) Man zeige:

$$\int_\Omega \psi(x) x^n dP(x) = 0, \quad n \geq 1 \Longrightarrow \psi = 0 \quad \text{f.s.}$$

Hinweis: Zum Nachweis von (a) betrachte man ein geeignetes Dynkin-System. Beim Nachweis von (b) verwende man den Approximationssatz von Weierstrass und (a).

4.26. Man zeige, daß folgende d-dimensionale Variante $(d \geq 2)$ des *Approximationssatzes von Weierstrass* (vgl. Satz 3.22) gilt: Seien $a < b$ reelle Zahlen und $J := [a,b]^d$. Zu jeder stetigen Funktion $f : J \longrightarrow \mathbb{R}$ existiert eine Folge (f_n) von Polynomen in d Veränderlichen, die auf J gleichmäßig gegen f konvergiert:

$$\lim_{n \to \infty} \sup_{t \in J} |f_n(t) - f(t)| = 0.$$

(Ein *Polynom in d Veränderlichen* ist eine Funktion der Form

$$g(t_1, \ldots, t_d) = \sum_{i_1=0}^{n} \cdots \sum_{i_d=0}^{n} a(i_1, \ldots, i_d) t_1^{i_1} \cdots t_d^{i_d}, \quad (t_1, \ldots, t_d) \in \mathbb{R}^d$$

für ein $n \geq 0$, worin die Koeffizienten $a(i_1, \ldots, i_d)$ reelle Zahlen sind.)
Hinweis: Ist $f : J \longrightarrow \mathbb{R}$ stetig, so ist f beschränkt und *gleichmäßig stetig*,

d.h. zu jedem $\epsilon > 0$ existiert eine Zahl $\delta(\epsilon) > 0$ derart, daß für alle $s = (s_1, \dots, s_d) \in J$ und $t = (t_1, \dots, t_d) \in J$ gilt:

$$|s_i - t_i| < \delta(\epsilon), \quad 1 \leq i \leq d \Longrightarrow |f(s) - f(t)| < \epsilon.$$

Man konstruiere geeignete d-dimensionale Varianten der Bernstein-Polynome in (3.22.2).

4.27. Man beweise folgende d-dimensionale Variante ($d \geq 2$) von Satz 3.23: Die ZV $X_1, \dots, X_d, Y_1, \dots, Y_d$ seien beschränkt. Gilt

$$E[X_1^{i_1} \cdots X_d^{i_d}] = E[Y_1^{i_d} \cdots Y_d^{i_d}] \quad \text{für alle } i_j \in \mathbb{Z}_+,\ 1 \leq j \leq d,$$

so haben die ZVK $X = (X_1, \dots, X_d)$ und $Y = (Y_1, \dots, Y_d)$ dieselbe Verteilung.
Hinweis: Man argumentiere wie im Beweis von Satz 3.23 und benutze Aufgabe 4.26. Analog zu den im Beweis von Satz 3.23 auftretenden Funktionen f_n lassen sich jetzt geeignete stetige Funktionen mit Hilfe von (stetigen!) Funktionen der Form

$$D(t, A) := \inf\{\|t - s\| : s \in A\}, \quad t \in \mathbb{R}^d$$

konstruieren ($A \subset \mathbb{R}^d$ ist nichtleer; $\|\cdot\|$ bezeichnet die euklidische Norm in $\mathbb{R}^d$).

4.28. Seien $X = (X_1, \dots, X_d)$ und $Y = (Y_1, \dots, Y_d)$ $\mathbb{R}^d$-wertige ZVK ($d \geq 2$) derart, daß $X_i \geq 0$, $Y_i \geq 0$ ($1 \leq i \leq d$). Die *Laplace-Transformierte* L_X von X werde definiert durch

$$L_X(t_1, \dots, t_d) = E[\exp(-(t_1 X_1 + \cdots + t_d X_d))], \quad t_i \geq 0,\ 1 \leq i \leq d.$$

Mit L_{X_i} bezeichnen wir die Laplace-Transformierte von X_i (vgl. Definition 3.25). Man zeige:
(a) Die ZVK X, Y haben genau dann dieselbe Verteilung, wenn $L_X = L_Y$.
(b) Die ZV $X_1, \dots, X_d$ sind genau dann unabhängig, wenn

$$L_X(t_1, \dots, t_d) = L_{X_1}(t_1) \cdots L_{X_d}(t_d), \quad t_i \geq 0,\ 1 \leq i \leq d.$$

Hinweis zu (a): Man argumentiere wie im Beweis von Satz 3.26(a) und benutze Aufgabe 4.27.

4.29. $X_1, \dots, X_n$ ($n \geq 1$) seien unabhängige identisch verteilte ZV derart, daß $X_1 \sim \mathrm{N}(0,1)$. Weiter seien $a_1, \dots, a_n$ reelle Zahlen. Man zeige, daß die Verteilung der ZV $S(n) := (X_1 + a_1)^2 + \cdots + (X_n + a_n)^2$ nur von $\lambda := a_1^2 + \cdots + a_n^2$ abhängt. (Im Fall $\lambda > 0$ hat $S(n)$ eine *nichtzentrale Chi-Quadrat-Verteilung* mit n Freiheitsgraden und Parameter λ.)
Hinweis: Man benutze Laplace-Transformierte.

4.30. Seien X, Y ZV derart, daß $X \in L^1$, $Y \in L^1$ und $XY \in L^1$. Ziel ist der Nachweis der Beziehung

$$(*)\quad \begin{aligned} &E[XY] - E[X]E[Y] \\ &= \int_{-\infty}^{\infty}\int_{-\infty}^{\infty} (P(X > s, Y > t) - P(X > s)P(Y > t))\, ds\, dt. \end{aligned}$$

(Man beachte, daß die linke Seite in $(*)$ die *Kovarianz* von X, Y ist.) Man beweise zunächst:

(a) Für beliebige Zahlen r, s gilt

$$\int_{-\infty}^{\infty} \left(I_{]-\infty,r[}(t) - I_{]-\infty,s[}(t)\right) dt = r - s.$$

(b) Die $\mathbb{R}^2$-wertigen ZVK $(X_1, Y_1), (X_2, Y_2)$ seien unabhängig voneinander und jeweils wie (X, Y) verteilt. Dann gilt

$$E[(X_1 - X_2)(Y_1 - Y_2)] = 2(E[XY] - E[X]E[Y]).$$

Man zeige schließlich mit Hilfe des Satzes von Fubini-Tonelli, daß sich $(*)$ aus (a), (b) ergibt. (Man beachte, daß $(X_1 - X_2)(Y_1 - Y_2)$ integrierbar ist.)

4.31. Sei F eine *stetige* VF. Man zeige (F^{-1} bezeichne die zu F gehörige Quantil-Funktion):

(a) $F(F^{-1}(t)) = t, \quad 0 < t < 1.$

(b) Für $s > 0$ ist F^s eine VF derart, daß $(F^s)^{-1}(t) = F^{-1}(t^{1/s}), \quad 0 < t < 1.$

(c) Es gilt

$(*)$ $\int_{-\infty}^{\infty} F^r(t)dF^s(t) = \frac{s}{r+s}, \quad r > 0,\ s > 0.$

Hinweis zu (c): Es reicht, $(*)$ im Fall $r = 1$ zu beweisen. (Warum?) Ist ξ gleichverteilt auf $]0, 1[$, so hat $\xi^{1/s}$ $(s > 0)$ die Dichte $f(t) = st^{s-1}$, $0 < t < 1$. Man benutze Satz 2.8 [2].

4.32. Die ZV $X_1, \ldots, X_n$ seien unabhängig, identisch verteilt, und es gelte $X_1 > 0$ f.s. Dann folgt

$$E\left[\frac{X_1 + \cdots + X_m}{X_1 + \cdots + X_n}\right] = \frac{m}{n}, \quad 1 \le m \le n.$$

Hinweis: Der fragliche EW bleibt unverändert, wenn die ZV $X_1, \ldots, X_n$ permutiert werden.

4.33. Sei λ das Lebesgue-Maß auf $\mathcal{R}([0, 1])$, und sei $f : [0, 1] \longrightarrow \mathbb{R}_+$ stetig derart, daß

$$\int_{[0,1]} f\, d\lambda = 1.$$

Für welche derartige Funktionen f wird

$$\int_{[0,1]} f^2 d\lambda$$

minimal?
Hinweis: Ist g die vermutete Funktion, so beachte man, daß $f = (f - g) + g$.

4.34. Seien X, Y ZV mit den Dichten f bzw. g. Man zeige, daß dann gilt ($\lambda :=$ Leb):
(a) $\int_{\mathbb{R}}(f-g)^+ d\lambda = \int_{\mathbb{R}}(g-f)^+ d\lambda = \frac{1}{2}\int_{\mathbb{R}} |f-g|\, d\lambda$.
(b) $\sup_{A\in\mathcal{R}} |P\{X \in A\} - P\{Y \in A\}| = \frac{1}{2}\int_{\mathbb{R}} |f-g|\, d\lambda$.
(Das Supremum in (b) heißt manchmal auch (totaler) *Variationsabstand* der Verteilungen von X und Y.)
Hinweis: Man betrachte die Borel-Mengen $\{f \geq g\}$, $\{f < g\}$, und beachte, daß $|a-b| \leq a \vee b$, falls $a \geq 0$, $b \geq 0$.

4.35. Ein $\mathbb{R}^2$-wertiger ZVK (X, Y) habe eine Dichte f, die gegeben wird durch $f(x,y) = x + y$, falls $0 < x < 1$, $0 < y < 1$. Man berechne $\mathrm{Cov}[X, Y]$.

4.36. Sei $X \sim \mathrm{N}(0,1)$. Man berechne eine Dichte der ZV $Y := \exp(X)$, die per Definition eine *Lognormalverteilung* hat.

4.37. (a) Durch einen formalen Vergleich mit Riemann-Integralen wird nahegelegt, daß für jede Borel-meßbare Funktion $\phi : \mathbb{R} \longrightarrow \mathbb{R}_+$ gilt ($\lambda :=$ Leb):

$$(*) \qquad \int_{[-\sqrt{t},\sqrt{t}]} \phi\, d\lambda = \int_{]0,t]} \frac{1}{2\sqrt{s}}(\phi(\sqrt{s}) + \phi(-\sqrt{s}))\, d\lambda(s), \quad t > 0.$$

Man zeige dies!
(b) Eine ZV X habe eine Dichte f. Man zeige, daß dann X^2 eine Dichte g hat und drücke g mit Hilfe von f aus.
Hinweis zu (a): Man zeige zunächst, daß $(*)$ für $\phi = I_B$ ($B \in \mathcal{R}$) gilt. Man benutze Satz 5.6.

4.38. Gelte $X \sim \mathrm{N}(\mu, 1)$ für ein $\mu > 0$. Sei $Y := (1 - \Phi(X))/\phi(X)$ (hierin sind Φ, ϕ die VF bzw. die Dichte von $\mathrm{N}(0,1)$).
(a) Man zeige, daß $E[Y] = 1/\mu$.
(b) Welcher Wert ergibt sich für $E[Y]$ im Fall $\mu \leq 0$?

4.39. Sei $X_1, X_2, \ldots$ eine UIV-Folge von ZV derart, daß $X_1 \sim \mathrm{EXP}(1)$. Man zeige mit Hilfe partieller Integration:

$$E[\max\{X_1, \ldots, X_n\}] = \int_0^1 \frac{1-(1-x)^n}{x} dx, \quad n \geq 1.$$

4.40. Die ZV $N, X_1, X_2, \ldots$ seien unabhängig, und es gelte $N \sim \mathrm{PO}(\lambda)$, $X_n \sim \mathrm{UNI}(0,1)$, $n \geq 1$. Man berechne $E[\max\{X_1, \ldots, X_N\}]$ ($\max \emptyset := 0$).
Hinweis: Man benutze partielle Integration.

4.41. Eine ZV $X \geq 0$ habe eine „*abgeschnittene*" *Exponentialverteilung* mit den Parametern $\lambda > 0$ und $L > 0$, d.h. für die VF F von X gilt

$$F(t) = \begin{cases} 0 & , \quad t < 0 \\ 1 - \exp(-\lambda t) & , \quad 0 \leq t < L \\ 1 & , \quad t > L. \end{cases}$$

Man berechne $E[X]$.

4.42. Seien F, G und H VF von ZV X, Y bzw. Z derart, daß X, Y integrierbar sind und H eine beschränkte Dichte h besitzt derart, daß $h(t) = 0$, $t \notin]0,1[$. Man zeige ($\lambda :=$ Leb):
(a) Die Funktionen $t \longmapsto F^{-1}(t)h(t)$ und $t \longmapsto G^{-1}(t)h(t)$ ($t \in]0,1[$) sind integrierbar bez. λ.
(b) Sei $\xi \sim \text{UNI}(0,1)$ eine ZV mit Werten in $]0,1[$. Dann haben die ZV $F^{-1}(H^{-1}(\xi)), G^{-1}(H^{-1}(\xi))$ die VF $H(F(\cdot))$ bzw. $H(G(\cdot))$.
(c) Es gilt

$$\int_{]0,1[} (F^{-1}(t) - G^{-1}(t))h(t)d\lambda(t) = \int_{-\infty}^{\infty} [H(G(t)) - H(F(t))]dt.$$

Hinweis: Man benutze Satz 2.8[2], Satz 5.4(a) sowie partielle Integration.

4.43. Sei $X \geq 0$ eine ZV mit ZV F derart, daß $0 < E[X] < \infty$. Folglich wird durch

$$G(t) = (1/E[X]) \int_0^t (1 - F(s))ds, \quad t \geq 0 \quad (G(t) = 0,\ t < 0)$$

die VF G einer gewissen ZV $Y \geq 0$ gegeben. (Warum?) Man zeige: $E[Y^n] = E[X^{n+1}]/((n+1)E[X])$, $n = 1, 2, \ldots$

4.44. Die ZV X, Y seien unabhängig, identisch verteilt und integrierbar. Man zeige: $E[|X + Y|] \geq E[|X - Y|]$.
Hinweis: Man zeige zunächst, daß für reelle Zahlen a, b

$$|a + b| - |a - b| = 2(|a| \wedge |b|)\text{sgn}(ab)$$

gilt, worin „sgn" die Vorzeichen-Funktion ist (vgl. (1.14.13)[8]). Man unterscheide die vier Fälle $X > 0, Y > 0; X < 0, Y < 0; X > 0, Y < 0; X < 0, Y > 0$ und verwende partielle Integration.

4.45. Die ZV $X \sim \text{N}(0,1)$ und $Y \sim \text{N}(0,1)$ seien unabhängig. Man zeige, daß

$$f(x) = \frac{1}{\pi(1 + x^2)}, \quad x \in \mathbb{R}$$

eine Dichte von X/Y ist. (Per Definition ist f die Dichte einer *Cauchy-Verteilung*.)
Hinweis: Man benutze Satz 5.8.

4.46. Seien $Y_1, Y_2, \ldots$ und $U_1, U_2, \ldots$ UIV-Folgen von ZV derart, daß Y_1 eine Dichte g hat, $U_1 \sim \text{UNI}(0,1)$ gilt und die gesamte Folge $Y_1, U_1, Y_2, U_2, \ldots$ unabhängig ist. Sei f die Dichte einer gewissen ZV derart, daß es eine Konstante $a \geq 1$ gibt mit $f(x) \leq ag(x)$, $x \in \mathbb{R}$. Es werde

$$\tau = \min\{n \geq 1 : U_n \leq f(Y_n)/(ag(Y_n))\} \quad (\min \emptyset := \infty)$$

gesetzt. Man zeige:
(a) $P(g(Y_1) = 0) = 0$.
(b) $P(f(Y_1) > 0) \geq 1/a$.
(c) $P(U_1 \leq f(Y_1)/(ag(Y_1))) = 1/a$.
(d) $\tau - 1 \sim \text{GEO}(1/a)$.
(e) Y_τ hat die Dichte f.
Hinweis zu (c) und (e): Man benutze Satz 5.8.

4.47. Die ZV $X \sim \text{N}(0,1)$ und $Y \sim \text{N}(0,1)$ seien unabhängig. Man zeige, daß $E[X \vee Y] = 1/\sqrt{\pi}$.

4.48. Die ZV $X \sim \text{EXP}(\lambda)$ und $Y \sim \text{EXP}(\lambda)$ seien unabhängig.
(a) Man berechne die VF von X/Y.
(b) Man zeige, daß die ZV $X+Y$ und X/Y unabhängig sind.
Hinweis zu (b): Man betrachte $P(X+Y \leq s, X/Y \leq t)$ für $s > 0$, $t > 0$.

4.49. Eine *Laplace-Verteilung* mit den Parametern $\mu \in \mathbb{R}$ und $\sigma > 0$ hat als Dichte die Funktion

$$(*) \qquad f(x) = \frac{1}{2\sigma}\exp(-|x-\mu|/\sigma), \quad x \in \mathbb{R}.$$

(a) Man überzeuge sich davon, daß durch (*) in der Tat eine Dichte gegeben wird.
(b) Man bestimme die MEF einer Laplace-Verteilung. Für welche Argumente ist die MEF endlich?
(c) Sei $X_1, \ldots, X_n$ eine UIV-Folge von ZV, die jeweils eine Laplace-Verteilung mit den Parametern μ und σ haben. Man zeige, daß die ZV

$$Y_n = \frac{1}{n}\sum_{j=1}^{n} |X_j - \mu| \quad (n \geq 1)$$

dieselbe Verteilung hat wie eine ZV $(\sigma/(2n))Z_{2n}$. Hierin ist Z_{2n} eine ZV, die eine Chi-Quadrat-Verteilung mit $2n$ Freiheitsgraden (vgl. Beispiel 5.10.1) besitzt.

4.50. Man bestimme diejenigen Zahlen $n = 1, 2, \ldots$, zu denen eine ZV $X(n)$ und eine Zahl $t_0(n) > 0$ existiert derart, daß für die MEF $M_{X(n)}$ von $X(n)$ gilt:

$$M_{X(n)}(t) = \exp(-t^n), \quad t \in [-t_0(n), t_0(n)].$$

Hinweis: Man betrachte $M^{(2)}_{X(n)}(0)$.

4.51. Eine ZV X habe die MEF

$$M_X(t) = \frac{1}{8} \cdot 2^t + \frac{5}{8} \cdot 3^t + \frac{1}{4} \cdot 5^{-t}, \quad t \in \mathbb{R}.$$

Welche Verteilung hat X?

4.52. Die ZV $N \geq 0$ mit der MEF M_N nehme nur ganzzahlige Werte an. Weiter sei $X_1, X_2, \ldots$ eine UIV-Folge von ZV derart, daß $N, X_1, X_2, \ldots$ unabhängig sind. Es existiere eine Zahl $t_0 > 0$ derart, daß für M_N und die MEF M_{X_1} von X_1 gilt: $M_N(t) < \infty$ und $M_{X_1}(t) < \infty$, falls $|t| \leq t_0$. Man zeige, daß es dann eine Zahl $t_1 > 0$ gibt derart, daß für die MEF M_S des *kollektiven Risikomodells* $S := X_1 + X_2 + \cdots + X_N$ gilt: $M_S(t) = M_N(\log M_{X_1}(t)) < \infty$, $|t| \leq t_1$ („log" bezeichnet den natürlichen Logarithmus).

4.53. In Aufgabe 4.52 habe X_1 die VF F, und es sei $N \sim \mathrm{PO}(\lambda)$. Ist die Annahme über X_1 in Aufgabe 4.52 erfüllt, so heißt die Verteilung von S eine CP-(*compound Poisson*) *Verteilung* mit den Parametern λ und F. Man zeige: Sind die unabhängigen ZV $Y_1, \ldots, Y_n$ CP-verteilt mit den Parametern $\lambda_1, F_1, \ldots, \lambda_n, F_n$, so hat $Y_1 + \cdots + Y_n$ eine CP-Verteilung mit den Parametern

$$\lambda := \sum_{i=1}^{n} \lambda_i \quad \text{und} \quad F := \sum_{i=1}^{n} \frac{\lambda_i}{\lambda} F_i$$

(man beachte, daß F — als konvexe Kombination von VF — eine VF ist). Warum hat insbesondere die ZV $a \cdot N$ ($a \in \mathbb{R}$) eine CP-Verteilung ?

4.54. Seien X, Y, Z ZV mit den VF F_X, F_Y, F_Z und den MEF M_X, M_Y, M_Z. Es gebe reelle Zahlen $0 < p < 1$ und $t_0 > 0$ derart, daß

$$M_Z(t) = pM_X(t) + (1-p)M_Y(t) < \infty, \quad |t| \leq t_0.$$

Man zeige, daß dies impliziert:

$$F_Z(t) = pF_X(t) + (1-p)F_Y(t), \quad t \in \mathbb{R}.$$

Hinweis: Man nehme an, daß X, Y unabhängig sind und betrachte eine geeignete „zufällige konvexe" Kombination von X und Y.

4.55. Man konstruiere integrierbare ZV $X, X_1, X_2, \ldots$ derart, daß (X_n) gleichmäßig integrierbar ist, $X_n \to X$ (schwach), aber *nicht* $X_n \to X$ in L^1 gilt. (Man vgl. die Aussage von Satz 6.5!)

4.56. Sei $f : [0,1] \longrightarrow \mathbb{R}$ stetig. Man zeige:

(i) $$\int_0^1 \cdots \int_0^1 f\left(\frac{1}{n}(x_1 + \cdots + x_n)\right) dx_1 \cdots dx_n \to f\left(\frac{1}{2}\right) \quad (n \to \infty)$$

und

(ii) $$\int_0^1 \cdots \int_0^1 f((x_1 \cdots x_n)^{1/n}) \, dx_1 \cdots dx_n \to f\left(\frac{1}{e}\right) \quad (n \to \infty).$$

(In (i), (ii) wird bez. des n-dimensionalen Lebesgue-Maßes integriert.) Hinweis: Man schreibe das Integral in (i) als EW, der mit Hilfe von ZV aus einer geeigneten UIV-Folge gebildet wird, und benutze das starke Gesetz. (ii) ist eine Konsequenz aus (i).

KAPITEL 5

Schwache Konvergenz und zentraler Grenzwertsatz

5.1 Schwache Konvergenz

Seien $X, X_1, X_2, \ldots$ ZV, die auf einem gemeinsamen W.-Raum definiert sind. Wir betrachten folgende Konvergenzaussagen:

(I) $X_n \to X$ f.s.

(II) $X_n \to X$ (stochastisch) (vgl. Definition 2.4 (a)[4]).

(III) $X_n \to X$ (schwach) (vgl. Definition 2.4 (b)[4]).

(IV) $X_n \to X$ in L^p für ein gewisses $1 \leq p < \infty$ (vgl. Definition 6.3 [4]).

Aufgrund von Satz 2.5 [4] sowie Satz 6.5 [4] folgt dann (I) $\Longrightarrow$ (II) $\Longrightarrow$ (III) und (IV) $\Longrightarrow$ (II) $\Longrightarrow$ (III), so daß die schwache Konvergenz schwächer ist als die übrigen Konvergenzarten. Die Beispiele 2.5.1 [4] und 2.5.2 [4] zeigen, daß i.a. weder (III) $\Longrightarrow$ (II) noch (II) $\Longrightarrow$ (I) gilt. Der folgende Satz zeigt u.a., daß jedoch (III) $\Longrightarrow$ (II) gilt, falls X *konstant* ist.

1.1 Satz. *Seien $X, X_1, X_2, \ldots, Y, Y_1, Y_2, \ldots$ sowie $Z_1, Z_2, \ldots$* ZV, *die auf einem gemeinsamen W.-Raum $(\Omega, \mathcal{A}, P)$ definiert sind. Seien a, b reelle Zahlen und sei $h : \mathbb{R} \longrightarrow \mathbb{R}$ Borel-meßbar.*

(i) *Die Grenzverteilung einer schwach konvergenten Folge ist eindeutig bestimmt, d.h. gilt $X_n \to X$ (schwach) und $X_n \to Y$ (schwach), so haben X, Y dieselbe Verteilung.*

(ii) *Es gilt*

(1.1.1) $$X_n \to a \quad (\textit{schwach}) \Longleftrightarrow X_n \to a \quad (\textit{stochastisch}).$$

(iii) *Gilt $X_n \to a$ (stochastisch) und ist h an der Stelle a stetig, so folgt*

(1.1.2) $$h(X_n) \to h(a) \quad (\textit{stochastisch}).$$

(iv) *Gilt $X_n \to X$(schwach) und $Y_n - X_n \to 0$ (schwach), so folgt $Y_n \to X$ (schwach).*

(v) *Gilt $X_n \to a$ (schwach), $Y_n \to Y$ (schwach) und $Z_n \to b$ (schwach), so folgt*

(1.1.3) $$X_n Y_n + Z_n \to aY + b \quad (\textit{schwach}).$$

Man beachte, daß $Y_n - X_n \to 0$ (schwach) äquivalent ist zu $X_n - Y_n \to 0$ (schwach).

Die Aussagen (iii), (iv) heißen manchmal jeweils auch *Satz von Slutsky*.

BEWEIS VON SATZ 1.1. (i) Gelte $X_n \to X$ (schwach) und $X_n \to Y$ (schwach). Sind F, G die VF von X bzw. Y, so folgt also $F(t) = G(t)$, $t \in S_F \cap S_G$. Da $\mathbb{R} \setminus (S_F \cap S_G)$ höchstens abzählbar ist und F, G rechtsstetig sind, folgt $F = G$.

(ii) Gelte $X_n \to a$ (schwach). Dann folgt für alle $\delta > 0$ $P(X_n \leq a-\delta) \to 0$, $P(X_n \leq a + \delta) \to 1$, so daß $P(|X_n - a| > \delta) = P(X_n < a - \delta) + P(X_n > a + \delta) \to 0$.

(iii) folgt aus (ii) und Satz 2.7 (b) [4].

(iv) Sei F die VF von X und sei $t \in S_F$. Zu gegebenem $\epsilon > 0$ existieren dann Zahlen $s < t < u$ derart, daß $s, u \in S_F$ und

$$F(t) - F(s) \leq \epsilon/2, \quad F(u) - F(t) \leq \epsilon/2. \tag{1.1.4}$$

Wegen (ii) existiert eine Zahl n_0 derart, daß

$$P(|Y_n - X_n| > \min(t - s, u - t)) \leq \epsilon/2, \quad n \geq n_0. \tag{1.1.5}$$

Für $n \geq n_0$ folgt also wegen (1.1.5)

$$\begin{aligned} P(Y_n \leq t) &= P(Y_n \leq t, |Y_n - X_n| \leq u - t) + P(Y_n \leq t, |Y_n - X_n| > u - t) \\ &\leq P(X_n \leq u) + \epsilon/2, \end{aligned}$$

so daß wegen (1.1.4)

$$\limsup_{n\to\infty} P(Y_n \leq t) \leq F(u) + \epsilon/2 \leq F(t) + \epsilon$$

und somit

$$\limsup_{n\to\infty} P(Y_n \leq t) \leq F(t).$$

Ähnlich folgt für $n \geq n_0$ $P(X_n \leq s) \leq P(Y_n \leq t) + \epsilon/2$ und somit

$$\liminf_{n\to\infty} P(Y_n \leq t) \geq F(s) - \epsilon/2 \geq F(t) - \epsilon.$$

Für jedes $t \in S_F$ ergibt sich also $P(Y_n \leq t) \to F(t)$.

(v) Wir zeigen zunächst: Gilt $X_n \to 0$ (schwach) sowie $Y_n \to Y$ (schwach), so folgt $X_n Y_n \to 0$ (schwach). Sei G die VF von Y und seien $\epsilon > 0, \delta > 0$ gegeben. Da $\mathbb{R} \setminus S_G$ höchstens abzählbar ist, existiert eine Zahl $t = t(\epsilon) > 0$ derart, daß $t, -t \in S_G$ und $P(|Y| \geq t) \leq \epsilon/2$. Da wegen (ii) $X_n \to 0$ (stochastisch), ist $P(|X_n| > \delta/t) \leq \epsilon/2$, $n \geq n_0$. Für $n \geq n_0$ ergibt sich dann

$$\begin{aligned} P(|X_n Y_n| > \delta) &= P(|X_n Y_n| > \delta, |X_n| \leq \delta/t) + P(|X_n Y_n| > \delta, |X_n| > \delta/t) \\ &\leq P(|Y_n| > t) + \epsilon/2 \\ &\leq P(Y_n \leq -t) + 1 - P(Y_n \leq t) + \epsilon/2. \end{aligned}$$

Dies impliziert

$$\begin{aligned} \limsup_{n\to\infty} P(|X_n Y_n| > \delta) &\leq P(Y \leq -t) + 1 - P(Y \leq t) + \epsilon/2 \\ &\leq P(|Y| \geq t) + \epsilon/2 \leq \epsilon, \end{aligned}$$

so daß $P(|X_nY_n| > \delta) \to 0$. Gilt allgemein $X_n \to a$ (schwach), $Y_n \to Y$ (schwach) und $Z_n \to b$ (schwach), so schreiben wir $X_nY_n + Z_n = (X_n - a)Y_n + Z_n - b + aY_n + b$. Satz 2.7 (b) [4] impliziert $aY_n + b \to aY + b$ (schwach) sowie $X_n - a \to 0$ (schwach) und $Z_n - b \to 0$ (schwach). Aufgrund des zuvor Bewiesenen und (ii) erhält man also $(X_n - a)Y_n + Z_n - b \to 0$ (schwach), so daß (v) aus (iv) folgt. ■

Das folgende Resultat liefert ein einfaches Kriterium für schwache Konvergenz:

1.2 Satz. *Seien* $G, G_1, G_2, \ldots$ VF. *Dann sind folgende Aussagen äquivalent:*

(i) *Es gilt* $G_n \to G$ *(schwach).*

(ii) *Zu jeder Teilfolge* $(G_{n(k)})$ $(k \geq 1)$ *von* (G_n) *existiert eine Teilfolge* $(G_{m(k)})$ $(k \geq 1)$ *von* $(G_{n(k)})$ *derart, daß* $G_{m(k)} \to G$ *(schwach).*

BEWEIS. Die Implikation (i) $\Longrightarrow$ (ii) ist trivial. Ist (i) nicht erfüllt, so gibt es eine Zahl $t \in S_G$ sowie Indizes $1 \leq n(1) < n(2) < \cdots$ derart, daß die (beschränkte !) Folge $(G_{n(k)}(t))$ gegen eine Zahl $a \neq G(t)$ konvergiert. Somit kann nicht (ii) gelten. ■

Wir beweisen nun folgenden *Auswahlsatz von Helly*:

1.3 Satz. *Seien* $G_1, G_2, \ldots$ *beliebige* VF. *Dann existieren Indizes* $1 \leq n(1) < n(2) < \cdots$ *und eine wachsende rechtsstetige Funktion* G *derart, daß* $0 \leq G(t) \leq 1$ $(t \in \mathbb{R})$ *und*

$$G_{n(k)}(t) \to G(t) \quad (k \to \infty), \quad t \in S_G. \tag{1.3.1}$$

1.4 Bemerkung. Die Funktion G in Satz 1.3 braucht keine VF zu sein, wie folgendes Beispiel zeigt: Ist $G_n := I_{[n,\infty[}$ $(n \geq 1)$, so folgt $G \equiv 0$.

Kann man jedoch sicherstellen, daß die Funktion G in (1.3.1) sogar eine VF ist, und läßt sich zusätzlich zeigen, daß die Aussage (ii) in Satz 1.2 zutrifft, so ergibt sich mit Hilfe von Satz 1.2 $G_n \to G$ (schwach). Wir werden von dieser Möglichkeit, Resultate über schwache Konvergenz zu beweisen, später Gebrauch machen. ■

BEWEIS VON SATZ 1.3. Die Folge $r(1), r(2), \ldots$ durchlaufe die Menge $\mathbb{Q}$ der rationalen Zahlen aus $\mathbb{R}$. Da $0 \leq G_n(r(1)) \leq 1$ $(n \geq 1)$, existieren Indizes $1 \leq m(1,1) < m(1,2) < \cdots$ und eine Zahl $0 \leq a(r(1)) \leq 1$ derart, daß

$$G_{m(1,k)}(r(1)) \to a(r(1)) \quad (k \to \infty).$$

Wendet man eine analoge Überlegung auf die Folge $G_{m(1,k)}(r(2))$ $(k \geq 1)$ an und fährt entsprechend fort, so sieht man, daß es zu jedem $i \geq 1$ Indizes $1 \leq m(i,1) < m(i,2) < \cdots$ sowie eine Zahl $0 \leq a(r(i)) \leq 1$ gibt derart, daß für jedes $i \geq 1$ $(m(i+1,k))$ eine Teilfolge von $(m(i,k))$ ist und

$$G_{m(i,k)}(r(i)) \to a(r(i)) \quad (k \to \infty), i \geq 1.$$

Für die „Diagonalfolge“ $n(k) := m(k,k)$ $(k \geq 1)$ erhält man dann

$$G_{n(k)}(t) \to a(t) \quad (k \to \infty), \quad t \in \mathbb{Q}. \tag{1.4.1}$$

Es ist klar, daß $a(s) \leq a(t)$ für rationale Zahlen $s < t$ gilt. Sei

$$G(t) := \inf\{a(r) : r \in \mathbb{Q},\ r > t\} \quad t \in \mathbb{R}.$$

Ersichtlich ist G wachsend, es gilt $G(t) = a(t)$, $t \in \mathbb{Q}$, und man sieht leicht, daß G rechtsstetig ist. Zum Nachweis von (1.3.1) sei also $t \in S_G$. Zu jedem $\epsilon > 0$ existieren dann $s, u \in \mathbb{Q}$ derart, daß $s \leq t \leq u$ und

$$G(t) - \epsilon < G(s) \leq G(t) \leq G(u) < G(t) + \epsilon.$$

Wegen (1.4.1) folgt

$$\liminf_{k\to\infty} G_{n(k)}(t) \geq \liminf_{k\to\infty} G_{n(k)}(s) = a(s) = G(s) > G(t) - \epsilon,$$

so daß $\liminf_{k\to\infty} G_{n(k)}(t) \geq G(t)$. Ähnlich zeigt man $\limsup_{k\to\infty} G_{n(k)}(t) \leq G(t)$, so daß (1.3.1) gilt. ■

Laplace-Transformierte erweisen sich als nützlich beim Nachweis, daß eine Folge von *nichtnegativen* ZV schwach konvergiert.

1.5 Satz. *Seien $X, X_1, X_2, \ldots$ nichtnegative* ZV *mit den Laplace-Transformierten $L, L_1, L_2, \ldots$ Dann gilt*

(1.5.1) $$X_n \to X \quad (schwach)$$

genau dann, wenn

(1.5.2) $$L_n(t) \to L(t) \quad (n \to \infty), \quad t \geq 0.$$

BEWEIS. Gelte (1.5.1). Für ein festes $t > 0$ sei $h \in C_b(\mathbb{R})$ definiert durch $h(s) = 1$, $s < 0$ und $h(s) = \exp(-ts)$, $s \geq 0$. Aus (1.5.1) ergibt sich mit Hilfe von Satz 2.7(a)[4]

$$L_n(t) = E[\exp(-tX_n)] = E[h(X_n)] \to E[h(X)] = L(t).$$

Gelte umgekehrt (1.5.2). Sei $\epsilon > 0$ gegeben. Da wegen des Satzes von der monotonen Konvergenz $L(t) \to 1$ $(t \downarrow 0)$, existiert wegen (1.5.2) eine Zahl $t(\epsilon) > 0$ derart, daß $L_n(t(\epsilon)) \geq 1 - \epsilon/2$, $n \geq n(\epsilon)$. Sei $K > 0$ derart gewählt, daß $\exp(-t(\epsilon)K) < \epsilon/2$. Dann folgt für $n \geq n(\epsilon)$

$$\begin{aligned} 1 - \epsilon/2 &\leq E[\exp(-t(\epsilon)X_n)I\{X_n \leq K\}] + E[\exp(-t(\epsilon)X_n)I\{X_n > K\}] \\ &\leq P(X_n \leq K) + \exp(-t(\epsilon)K), \end{aligned}$$

so daß

(1.5.3) $$P(X_n \leq K) > 1 - \epsilon, \quad n \geq n(\epsilon).$$

Seien $F, F_1, F_2, \ldots$ die VF der ZV $X, X_1, X_2, \ldots$, und sei $(F_{n(k)})$ eine beliebige Teilfolge von (F_n). Wegen des Auswahlsatzes existiert eine Teilfolge $(F_{m(k)})$ von $(F_{n(k)})$ und eine wachsende rechtsstetige Funktion G derart, daß $0 \leq G \leq 1$ und

(1.5.4) $$F_{m(k)}(t) \to G(t) \quad (k \to \infty), \quad t \in S_G.$$

Aus (1.5.4) und (1.5.3) ergibt sich $G(t) = 0$, $t < 0$, und $G(t) \geq 1 - \epsilon$ für ein $t \in S_G$ derart, daß $t \geq K$. Folglich ist G eine VF. Für die Laplace-

Transformierte L_G von G erhält man aufgrund des zuvor Bewiesenen wegen (1.5.4) und (1.5.2) $L_G = L$, also wegen Satz 3.26(a)[4] $G = F$. Wegen Satz 1.2 impliziert dies (1.5.1). ■

Aus dem vorangehenden Resultat erhält man folgenden *Grenzwertsatz von Poisson*:

1.6 Satz. *Für jedes $n \geq 1$ seien $X_{n1}, \ldots, X_{nn}$ unabhängige* ZV *derart, daß*

$$P(X_{nm} = 1) = p_{nm}, \quad P(X_{nm} = 0) = 1 - p_{nm}, \quad 1 \leq m \leq n. \tag{1.6.1}$$

Es existiere eine Zahl $0 < \lambda < \infty$ derart, daß

$$p_n := p_{n1} + \cdots + p_{nn} \to \lambda. \tag{1.6.2}$$

Schließlich gelte

$$\max_{1 \leq m \leq n} p_{nm} \to 0. \tag{1.6.3}$$

Dann konvergiert die Folge $S_n := X_{n1} + \cdots + X_{nn}$ $(n \geq 1)$ in Verteilung gegen PO(λ), *so daß*

$$P(S_n = k) \to (\lambda^k/k!)e^{-\lambda}, \quad k = 0, 1, 2, \ldots \tag{1.6.4}$$

1.7 Bemerkung. Die ZV $X_{n1}, \ldots, X_{nn}$ bilden die n-te Zeile eines „*Dreiecksschemas*". Die Bedingung (1.6.3) besagt, daß im Mittel die Einzelbeiträge zur Zeilensumme S_n für $n \to \infty$ gleichmäßig verschwindend klein werden. Ähnliche Dreiecksschemata treten später im zentralen Grenzwertsatz in §5.2 auf. Man beachte noch, daß wegen (1.6.2) $E[S_n] \to \lambda$. ■

BEWEIS VON SATZ 1.6. Seien L_{nm} bzw. L_n die Laplace-Transformierten von X_{nm} bzw. S_n. Wegen Satz 1.5 und Beispiel 3.26.1 [4] reicht es zu zeigen:

$$L_n(t) \to \exp(\lambda(e^{-t} - 1)), \quad t > 0. \tag{1.7.1}$$

Wegen (1.6.2) folgt dies aus

$$|L_n(t) - \exp(p_n(e^{-t} - 1))| \to 0, \quad t > 0. \tag{1.7.2}$$

Im folgenden sei $t > 0$ fixiert. Aus (1.6.1) folgt $L_{nm}(t) = 1 + p_{nm}(\exp(-t) - 1)$, so daß wegen Satz 3.26(b)[4]

$$L_n(t) = \prod_{m=1}^{n} (1 + p_{nm}(e^{-t} - 1)), \quad n \geq 1. \tag{1.7.3}$$

Zur Abschätzung des Ausdrucks in (1.7.2) benutzen wir, daß für reelle Zahlen $a_1, \ldots, a_n, b_1, \ldots, b_n$

$$|a_1 \cdots a_n - b_1 \cdots b_n| \leq \sum_{m=1}^{n} |a_m - b_m|, \qquad \text{falls } |a_m| \leq 1,\ |b_m| \leq 1, \quad 1 \leq m \leq n. \tag{1.7.4}$$

Die Ungleichung (1.7.4) ist sicher richtig für $n = 1$, während für $n \geq 2$

$$\begin{aligned}|a_1 \cdots a_n - b_1 \cdots b_n| &\leq |a_1(a_2 \cdots a_n) - a_1(b_2 \cdots b_n)| \\ &\quad + |a_1(b_2 \cdots b_n) - b_1(b_2 \cdots b_n)| \\ &= |a_1|\,|a_2 \cdots a_n - b_2 \cdots b_n| + |a_1 - b_1|\,|b_2 \cdots b_n| \\ &\leq |a_2 \cdots a_n - b_2 \cdots b_n| + |a_1 - b_1|\end{aligned}$$

gilt, so daß sich (1.7.4) mit Hilfe vollständiger Induktion ergibt. Wenden wir (1.7.4) an auf $a_m = 1 + p_{nm}(e^{-t} - 1)$ und $b_m = \exp(p_{nm}(e^{-t} - 1))$, so ergibt sich wegen (1.7.3)

(1.7.5)
$$\begin{aligned}&|L_n(t) - \exp(p_n(e^{-t} - 1))| \\ &\leq \sum_{m=1}^{n} |\exp(p_{nm}(e^{-t} - 1)) - (1 + p_{nm}(e^{-t} - 1))|.\end{aligned}$$

Nun gilt

(1.7.6)
$$|e^s - (1 + s)| \leq s^2, \quad \text{falls} \quad |s| \leq 1,$$

da für $|s| \leq 1$

$$|e^s - (1 + s)| \leq |s|^2/2! + |s|^3/3! + \cdots \leq (s^2/2)(1 + 1/2 + 1/2^2 + \cdots) = s^2.$$

Mit Hilfe von (1.7.5) und (1.7.6) erhält man

$$\begin{aligned}|L_n(t) - \exp(p_n(e^{-t} - 1))| &\leq \sum_{m=1}^{n} p_{nm}^2(e^{-t} - 1)^2 \\ &\leq \sum_{m=1}^{n} p_{nm}^2 \leq \left(\max_{1 \leq m \leq n} p_{nm}\right) \sum_{m=1}^{n} p_{nm},\end{aligned}$$

so daß (1.7.2) aus (1.6.2) und (1.6.3) resultiert. Schließlich gilt (1.6.4), da die VF von PO(λ) an jeder nicht ganzzahligen Stelle $t > 0$ stetig ist. ■

1.8 Korollar. *Sei* $X_n \sim \mathrm{BIN}(n, p(n))$, $n \geq 1$, *und* $X \sim \mathrm{PO}(\lambda)$. *Gilt*

(1.8.1)
$$E[X_n] = np(n) \to \lambda,$$

so folgt

(1.8.2)
$$X_n \to X \quad (\textit{schwach}).$$

BEWEIS. Seien $X_{n1}, \ldots, X_{nn}$ unabhängige ZV derart, daß $X_{nm} \sim$ BER($p(n)$), $1 \leq m \leq n$ ($n \geq 1$). Dann hat X_n dieselbe Verteilung wie $S_n := X_{n1} + \cdots + X_{nn}$. In den Bezeichnungen von Satz 1.6 ist also $p_{nm} = p(n)$, $1 \leq m \leq n$, so daß $p_n = np(n) \to \lambda$. Die Behauptung folgt somit aus Satz 1.6. ■

1.8.1 Beispiel. Wir betrachten eine Gruppe von 500 zufällig ausgewählten Personen. Die Anzahl X der Personen, die am 1. September Geburtstag haben, sollte dann wegen Korollar 1.8 angenähert eine PO(λ)-Verteilung mit

$\lambda = 500/365$ haben. (Ein Jahr habe 365 Tage; alle Geburtstage seien gleichwahrscheinlich.) Sei $Y \sim \text{PO}(\lambda)$ und $p := 1/365$, so daß $X \sim \text{BIN}(500, p)$. Die Wahrscheinlichkeiten $P(X = k)$ bzw. $P(Y = k)$ sind für $k = 0, 1, \ldots, 5$ gleich

0,25366 (0,25414)	0,34844 (0,34814)	0,23883 (0,23845)
0,10892 (0,10888)	0,03718 (0,03729)	0,01013 (0,01022).

■

1.8.2 Beispiel. Im Quadrat $Q_n := [-n, n] \times [-n, n] \subset \mathbb{R}^2$ $(n \geq 1)$ werden sukzessive n^2 Punkte unabhängig voneinander entsprechend einer Gleichverteilung auf Q_n plaziert. Sei $A := [a, b] \times [c, d] \subset \mathbb{R}^2$ ein festes Rechteck (es sei $a < b$, $c < d$) derart, daß $A \subset Q_m$ für ein $m \geq 1$. Dann fällt ein bestimmter Punkt mit Wahrscheinlichkeit $p(n) := (b - a)(d - c)/(4n^2)$ in A $(n \geq m)$. Für die Anzahl S_n $(n \geq m)$ der Punkte, die insgesamt in A fallen, gilt dann $S_n \sim \text{BIN}(n^2, p(n))$, so daß S_n asymptotisch eine $\text{PO}((b-a)(d-c)/4)$-Verteilung besitzt. ■

1.9 Definition. Sei X eine ZV derart, daß $X^n \in L^1$, $n \geq 1$. Wir sagen dann, daß die Verteilung von X *eindeutig durch ihre Momente bestimmt wird*, falls gilt: Ist Y eine ZV derart, daß $Y^n \in L^1$, $n \geq 1$, und gilt $E[Y^k] = E[X^k]$, $k = 1, 2, \ldots$, so haben Y und X diesselbe Verteilung. ■

Das folgende Resultat, das wir ohne Beweis angeben, verallgemeinert Satz 3.23 [4] (M_X bezeichne die momentenerzeugende Funktion (MEF) von X):

1.10 Satz. *Sei X eine ZV derart, daß $M_X(t) < \infty$, $t \in [-t_0, t_0]$, für eine gewisse Zahl $t_0 > 0$ gilt. Dann wird die Verteilung von X eindeutig durch ihre Momente bestimmt.* ■

1.10.1 Beispiel. Die Verteilungen $\text{PO}(\lambda)$, $\text{N}(\mu, \sigma^2)$ sowie die Gamma- Verteilungen $\Gamma(\alpha, \nu)$ (insbesondere also $\Gamma(\lambda, 1) = \text{EXP}(\lambda)$!) werden eindeutig durch ihre Momente bestimmt. Für die MEF M von $\Gamma(\alpha, \nu)$ ergibt die Rechnung in Beispiel 5.10.1 [4]

$$M(t) = \left(\frac{\alpha}{\alpha - t}\right)^\nu, \quad -\infty < t < \alpha. \tag{1.10.1}$$

■

Für MEF gilt nun ein gewisses Analogon zu Satz 1.5.

1.11 Satz. *Seien $X, X_1, X_2, \ldots$ ZV mit den MEF $M, M_1, M_2, \ldots$ Es existiere eine Zahl $t_0 > 0$ derart, daß für alle $t \in [-t_0, t_0]$ $M(t) < \infty$ und $M_n(t) < \infty$, $n \geq 1$.*

(a) *Gilt*

$$M_n(t) \to M(t) \quad \textit{für alle} \quad t \in [-t_0, t_0], \tag{1.11.1}$$

so folgt

$$X_n \to X \quad (\textit{schwach}). \tag{1.11.2}$$

(b) *Gelte* (1.11.2). *Ist die Folge* $(M_n(t))$ *für jedes* $t \in]-t_0, t_0[$ *beschränkt, so folgt*

$$M_n(t) \to M(t) \quad \textit{für alle} \quad t \in]-t_0, t_0[. \tag{1.11.3}$$

1.12 Bemerkung. Es erhebt sich die Frage, ob unter den Voraussetzungen von Satz 1.11 *allein* aus (1.11.2) folgt, daß $M_n(t) \to M(t)$ für alle $t \in]-t_0, t_0[$ gilt. Das folgende Beispiel zeigt, daß dies leider *nicht* der Fall ist. Seien $F, F_1, F_2, \dots$ VF, die gegeben werden durch $F = I_{[0,\infty[}$ und

$$F_n(t) = \begin{cases} 0 & , \quad t < -n \\ 1/2 + a(n) \arctan nt & , \quad -n \le t < n \\ 1 & , \quad t \ge n, \end{cases}$$

worin $a(n) := 1/(2\arctan n^2)$. Sind $M, M_1, M_2, \dots$ die zugehörigen MEF, so gilt $M \equiv 1$ und $M_n(t) < \infty$ für alle $t \in \mathbb{R}$. Mit Hilfe einer einfachen Abschätzung (man beachte, daß F_n eine Dichte hat !) erhält man, daß $M_n(t) \to \infty$ für alle $t \neq 0$ gilt. Dies zeigt, daß man in Satz 1.11 (b) die Annahme, daß $(M_n(t))$ für jedes $t \in]-t_0, t_0[$ beschränkt ist, nicht ersatzlos streichen kann. ■

BEWEIS VON SATZ 1.11. (a) Gelte (1.11.1). Wir zeigen zunächst, daß für $n \to \infty$

$$E[X_n^k] \to E[X^k], \quad k \ge 0. \tag{1.12.1}$$

Aufgrund der einfachen Abschätzung im Beweis von Satz 5.12 [4] ergibt sich

$$\exp(t_0|X_n|) \in L^1 \quad (n \ge 1) \quad \text{und} \quad \exp(t_0|X|) \in L^1,$$

so daß wegen (1.11.1) eine Zahl $K > 0$ existiert derart, daß

$$\sum_{k=0}^{\infty} \frac{|t|^k}{k!} E[|X_n|^k] \le K, \quad t \in [-t_0, t_0], \quad n \ge 1 \tag{1.12.2}$$

und

$$\sum_{k=0}^{\infty} \frac{|t|^k}{k!} E[|X|^k] \le K, \quad t \in [-t_0, t_0]. \tag{1.12.3}$$

Wegen Satz 5.12 [4] gilt

$$M_n(t) = \sum_{k=0}^{\infty} \frac{t^k}{k!} E[X_n^k], \quad t \in [-t_0, t_0], \quad n \ge 1 \tag{1.12.4}$$

und

$$M(t) = \sum_{k=0}^{\infty} \frac{t^k}{k!} E[X^k], \quad t \in [-t_0, t_0]. \tag{1.12.5}$$

Wir beweisen nun (1.12.1) durch Induktion nach $k \geq 0$. Trivialerweise gilt (1.12.1) für $k = 0$. Gelte (1.12.1) für $k = 0, 1, \ldots, m-1$. Wegen (1.11.1), (1.12.4) und (1.12.5) folgt dann

$$\sum_{k=m}^{\infty} \frac{t^k}{k!} E[X_n^k] \to \sum_{k=m}^{\infty} \frac{t^k}{k!} E[X^k], \quad t \in [-t_0, t_0],$$

woraus sich nach Division durch t^m für $t \in [-t_0, t_0] \setminus \{0\}$

$$\begin{aligned} &\frac{1}{m!} E[X_n^m] + \sum_{k=m+1}^{\infty} \frac{t^{k-m}}{k!} E[X_n^k] \\ &\quad \to \frac{1}{m!} E[X^m] + \sum_{k=m+1}^{\infty} \frac{t^{k-m}}{k!} E[X^k] \end{aligned} \tag{1.12.6}$$

ergibt. Aus (1.12.2), (1.12.3) erhält man mittels einer einfachen Abschätzung, daß die Absolutbeträge der Reihen in (1.12.6) für hinreichend kleine $t > 0$ (gleichmäßig) beliebig klein werden, so daß sich aus (1.12.6) die Gültigkeit von (1.12.1) für $k = m$ ergibt. Zum Nachweis von (1.11.2) wenden wir Satz 1.2 an. Sei F_n die VF von X_n, und sei $(F_{n(k)})$ eine beliebige Teilfolge von (F_n). Wegen des Auswahlsatzes (Satz 1.3) existiert eine Teilfolge $(F_{m(k)})$ von $(F_{n(k)})$ und eine wachsende rechtsstetige Funktion $0 \leq G \leq 1$ derart, daß

$$F_{m(k)}(t) \to G(t), \quad t \in S_G. \tag{1.12.7}$$

Sei $0 < \epsilon < 1$. Wegen der Markov-Ungleichung und (1.12.2) ergibt sich für $n \geq 1$ sowie $a \geq a(\epsilon) > 0$

$$\begin{aligned} 1 - F_n(a) = P(X_n > a) &= P(\exp(t_0 X_n) > \exp(t_0 a)) \\ &\leq \exp(-t_0 a) M_n(t_0) \leq K \exp(-t_0 a) < \epsilon \end{aligned}$$

und ähnlich

$$F_n(-a) = P(-X_n \geq a) \leq K \exp(-t_0 a) < \epsilon,$$

so daß die Funktion G in (1.12.7) eine VF ist. Hat eine ZV Y die VF G, so folgt wegen (1.12.7) und Satz 2.7 (b) [4]

$$X_{m(k)}^r \to Y^r \quad \text{(schwach)}, \quad r = 1, 2, \ldots \tag{1.12.8}$$

Da wegen (1.12.1)

$$\sup_{k \geq 1} E[X_{m(k)}^{2r}] < \infty, \quad r = 1, 2, \ldots,$$

erhält man aus (1.12.8) in Verbindung mit Satz 2.20 [4] und Satz 2.14 (a) [4] $E[X_{m(k)}^r] \to E[Y^r]$ $(r = 1, 2, \ldots)$, so daß wegen (1.12.1) $E[X^r] = E[Y^r]$, $r = 1, 2, \ldots$ Aufgrund von Satz 1.10 und (1.12.8) impliziert dies $X_{m(k)} \to X$ (schwach), so daß sich (1.11.2) mit Hilfe von Satz 1.2 ergibt.

(b) Aus (1.11.2) ergibt sich aufgrund von Satz 2.7 (b) [4] $\exp(tX_n) \to \exp(tX)$ (schwach), $t \in \mathbb{R}$. Wegen Satz 2.21 [4] reicht es also zum Nachweis von (1.11.3) zu zeigen, daß die Folge $(\exp(tX_n))$ für jedes $t \in]-t_0, t_0[$

gleichmäßig integrierbar ist. Es reicht, den Fall $0 < t < t_0$ zu betrachten, da man im Fall $-t_0 < t < 0$ (X_n) durch $(-X_n)$ ersetzen kann. Sei also ein $t \in]0, t_0[$ fixiert. Für Zahlen $s \in]t, t_0[$ und $a > 0$ gilt dann

$$\begin{aligned} &E[\exp(tX_n)I\{\exp(tX_n) > \exp(ta)\}] = E[\exp(tX_n)I\{X_n > a\}] \\ &\quad = E[\exp(sX_n)\exp(-(s-t)X_n)I\{X_n > a\}] \\ &\quad \leq \exp(-(s-t)a)M_n(s). \end{aligned}$$

Hieraus ergibt sich die gleichmäßige Integrierbarkeit der Folge $(\exp(tX_n))$, da die Folge $(M_n(s))$ beschränkt ist. ■

1.12.1 Beispiel. Seien $N(n)$ $(n \geq 0)$ ZV derart, daß $N(0) \equiv 0$ und für ein $\lambda > 0$

(1.12.9) $$N(n) \sim \mathrm{PO}(n\lambda), \quad n = 1, 2, \ldots$$

gilt. Wir zeigen nun:

(1.12.10) $$X_n := (N(n) - n\lambda)/\sqrt{n\lambda} \to \mathrm{N}(0,1) \quad \text{(schwach)}$$

(man beachte, daß $E[X_n] = 0$, $\mathrm{Var}[X_n] = 1$). Ist M_n die MEF von X_n, so folgt (man vgl. Beispiel 3.26.1 [4]) für $t \in \mathbb{R}$

$$\begin{aligned} M_n(t) &= E[\exp((N(n) - n\lambda)t/\sqrt{n\lambda})] \\ &= \exp(-t\sqrt{n\lambda})E[\exp(N(n)t/\sqrt{n\lambda})] \\ &= \exp(-t\sqrt{n\lambda})\exp(n\lambda(e^{t/\sqrt{n\lambda}} - 1)). \end{aligned}$$

Wegen Beispiel 5.12.1 [4] reicht es also zum Nachweis von (1.12.10) zu zeigen:

(1.12.11) $$n\lambda(e^{t/\sqrt{n\lambda}} - 1) - t\sqrt{n\lambda} \to t^2/2, \quad t \neq 0.$$

Setzen wir für ein festes $t \neq 0$ $x = t/\sqrt{n\lambda}$, so folgt (1.12.11) aus der Beziehung

(1.12.12) $$(1/x)^2(e^x - 1) - 1/x \to 1/2 \quad (x \to 0),$$

die sich leicht mit Hilfe der Regel von l'Hospital ergibt.

Ausgehend von (1.12.10) erhält man auf einfache Weise zwei interessante analytische Resultate. Wegen (1.12.10) gilt für $\lambda = 1$

$$P((N(n) - n)/\sqrt{n} \leq 0) = P(N(n) \leq n) \to \Phi(0) = 1/2$$

(Φ bezeiche die VF von $\mathrm{N}(0,1)$), so daß

(1.12.13) $$e^{-n}\sum_{k=0}^{n}\frac{n^k}{k!} \to \frac{1}{2}.$$

(Ein direkter Nachweis von (1.12.13) ist ziemlich mühsam.)

Weiter ergibt sich aus (1.12.10) auf einfache Weise die folgende asymptotische Beziehung (*Stirling-Formel*):

(1.12.14) $$n! \sim \sqrt{2\pi n}(n/e)^n \quad (n \to \infty).$$

(Sind $(a_n), (b_n)$ reelle Zahlenfolgen, so bedeute $a_n \sim b_n$ $(n \to \infty)$, daß $a_n/b_n \to 1$ $(n \to \infty)$.) Die durch (1.12.14) gegebene Approximation von $n!$ durch $\sqrt{2\pi n}(n/e)^n$ ist bereits für kleine n bemerkenswert genau. Für $n!$ bzw. $\sqrt{2\pi n}(n/e)^n$ erhält man für $n = 1, \dots, 8$ die Werte

$$1(0{,}992) \quad 2(1{,}919) \quad 6(5{,}836) \quad 24(23{,}506) \quad 120(118{,}019)$$

$$720(710{,}078) \quad 5040(4980{,}396) \quad 40320(39902{,}396)$$

mit den prozentualen Fehlern

$$7{,}8 \quad 4{,}1 \quad 2{,}7 \quad 2{,}1 \quad 1{,}7 \quad 1{,}4 \quad 1{,}2 \quad 1{,}0.$$

Zum Nachweis von (1.12.14) wenden wir (1.12.10) für $\lambda = 1$ an. Eine kurze Rechnung liefert zunächst

(1.12.15) $$E[((N(n) - n)/\sqrt{n})^-] = \sqrt{n}(n/e)^n/n!, \quad n = 1, 2, \dots$$

(der EW läßt sich als Differenz zweier Summen schreiben). Für eine ZV $X \sim \mathrm{N}(0,1)$ ergibt sich aus (1.12.10) wegen Satz 2.7 (b) [4]

(1.12.16) $$((N(n) - n)/\sqrt{n})^- \to X^- \quad \text{(schwach)}.$$

Die Folge in (1.12.16) ist gleichmäßig integrierbar. In der Tat erhält man für

$$E_n(a) := E[((N(n) - n)/\sqrt{n})^- I\{((N(n) - n)/\sqrt{n})^- > a\}], \quad a > 0$$

mit Hilfe der Schwarz-Ungleichung, der Ungleichung $(a^-)^2 \le a^2$ $(a \in \mathbb{R})$ sowie der Tschebyschev-Ungleichung

$$\begin{aligned} E_n^2(a) &\le (\mathrm{Var}[N(n)]/n) P((N(n) - n)^- > a\sqrt{n}) \\ &\le P(|N(n) - n| > a\sqrt{n}) \le 1/a^2, \quad n \ge 1. \end{aligned}$$

Aufgrund von Satz 2.21 [4] folgt also aus (1.12.16)

$$E[((N(n) - n)/\sqrt{n})^-] \to E[X^-] = 1/\sqrt{2\pi},$$

woraus sich durch Vergleich mit (1.12.15) die gewünschte Stirling-Formel ergibt. ■

Resultate über schwache Konvergenz lassen sich u.U. auch mit Hilfe der sog. *Momentenmethode* erhalten, bei der folgender *Satz von Fréchet-Shohat* benutzt wird:

1.13 Satz. *Seien* $X, X_1, X_2, \dots$ ZV *derart, daß* $X^k \in L^1, X_n^k \in L^1$ *für alle* $k \ge 1$ *und* $n \ge 1$. *Wird die Verteilung von* X *eindeutig durch ihre Momente bestimmt und gilt*

(1.13.1) $$E[X_n^k] \to E[X^k], \quad k = 1, 2, \dots,$$

so folgt

(1.13.2) $$X_n \to X \quad (\textit{schwach}).$$

BEWEIS. Seien $F, F_1, F_2, \ldots$ die VF der ZV $X, X_1, X_2, \ldots$ und sei $(F_{n(k)})$ eine Teilfolge von (F_n). Wegen des Auswahlsatzes existiert eine Teilfolge $(F_{m(k)})$ von $(F_{n(k)})$ sowie eine wachsende rechtsstetige Funktion $0 \leq G \leq 1$ derart, daß

(1.13.3) $$F_{m(k)}(t) \to G(t), \quad t \in S_G.$$

Wegen (1.13.1) existiert eine Zahl $K > 0$ derart, daß $E[X_n^2] \leq K$, $n \geq 1$, so daß aufgrund der Markov-Ungleichung

$$P(|X_n| \geq a) \leq E[X_n^2]/a^2 \leq K/a^2, \quad n \geq 1,\ a > 0.$$

Mit Hilfe einer Überlegung, die analog zu derjenigen im Beweis von Satz 1.11 (a) verläuft, ergibt sich, daß G die VF von X ist, so daß (1.13.2) aus Satz 1.2 resultiert. ■

Man kann u.U. (1.13.1) dadurch verifizieren, daß man zunächst eine Rekursionsbeziehung für die Momente $E[X_n^k]$ herleitet und dann (1.13.1) durch Induktion nach k beweist. Wir erläutern dieses Vorgehen im nachfolgenden Beispiel. Darin tritt die *Arcus-Sinus-Verteilung* auf, deren VF F gegeben wird durch

(1.13.4) $$F(t) = (2/\pi) \arcsin \sqrt{t}, \quad 0 \leq t \leq 1,$$

so daß $F(0) = 0$ und $F(1) = 1$. Da $(\arcsin t)' = (1 - t^2)^{-1/2}$, $|t| < 1$, wird durch

(1.13.5) $$f(t) = \frac{1}{\pi} \frac{1}{\sqrt{t(1-t)}}, \quad 0 < t < 1$$

($f(t) = 0$, $t \notin]0, 1[$) eine Dichte von F gegeben. Aufgrund von Satz 1.10 wird die Arcus-Sinus-Verteilung eindeutig durch ihre Momente

(1.13.6) $$m(k) := \frac{1}{\pi} \int_0^1 \frac{t^k}{\sqrt{t(1-t)}}\, dt = \frac{1}{2} \cdot \frac{3}{4} \cdot \frac{5}{6} \cdots \frac{2k-1}{2k}, \quad k \geq 0$$

bestimmt (ein leeres Produkt wird gleich 1 gesetzt). Zum Nachweis von (1.13.6) für $k \geq 1$ wende man partielle Integration auf die Funktionen $2t^k$ und $\left(2\sqrt{t(1-t)}\right)^{-1}$ an und erhält

$$m(k) = 1 - (2k/\pi) \int_0^1 t^{k-1} \arcsin \sqrt{t}\, dt.$$

Substituiert man hierin $t = (\sin u)^2$, so ergibt sich mittels partieller Integration

$$m(k) = \frac{2}{\pi} \int_0^{\pi/2} (\sin u)^{2k}\, du, \quad k \geq 1.$$

Benutzt man, daß $(\sin u)^2 = 1 - (\cos u)^2$ ist, und wendet erneut partielle Integration an, so gelangt man zur Rekursionsbeziehung

$$m(k) = m(k-1) - (1/(2k-1))m(k), \quad k \geq 1,$$

und damit zu (1.13.6).

1.13.1 Beispiel. Sei $R_1, R_2, \ldots$ eine UIV-Folge von Rademacher-ZV (vgl. Beispiel 8.2 [4]) und $S_n := R_1 + \cdots + R_n$ $(n \geq 0)$ die zugehörige *einfache symmetrische Irrfahrt* auf $\mathbb{Z}$ mit Start im Nullpunkt. Die ZV S_n läßt sich interpretieren als Position, in der sich ein Teilchen nach n Sprüngen befindet. Sei $N_n := \#\{k : 1 \leq k \leq n,\ S_k > 0\}$ $(n \geq 0)$, so daß $0 \leq N_n \leq n$ und $N_0 \equiv 0$. Es gilt nun folgendes merkwürdige *Arcus-Sinus-Gesetz*, das weiter unten bewiesen wird:

$$(1.13.7) \qquad P(N_n/n \leq t) \to (2/\pi) \arcsin \sqrt{t}, \quad 0 \leq t \leq 1.$$

Entsprechend der Form der Dichte in (1.13.5) ist es wesentlich wahrscheinlicher, daß N_n/n Werte nahe an 0 oder 1 annimmt als an 1/2. Hat nämlich eine ZV ξ die durch (1.13.4) gegebene VF F, so folgt leicht mit Hilfe der Regel von l'Hospital für $\Delta \downarrow 0$

$$\frac{P(1/2 - \Delta \leq \xi \leq 1/2 + \Delta)}{P(\xi \leq \Delta \text{ oder } \xi \geq 1 - \Delta)} = \frac{F(1/2 + \Delta) - F(1/2)}{F(\Delta)} \to 0.$$

Wegen (1.13.7) gilt für große n z.B. $P(N_n/n \leq 0{,}024) \approx 0{,}1$. Im Fall $n = 1000$ nimmt also das Teilchen mit einer Wahrscheinlichkeit von etwa 0,1 nach mindestens 976 vom 1000 Sprüngen eine nichtpositive Position ein. (Der Leser vergleiche dies mit der Aussage des Satzes von Chung -Fuchs.) Andererseits kehrt das Teilchen relative selten zur Startposition 0 zurück, denn für $\widetilde{N}_n := \#\{k : 1 \leq k \leq n,\ S_k = 0\}$ gilt $\widetilde{N}_n = I\{S_1 = 0\} + \cdots + I\{S_n = 0\}$, so daß wegen $P(S_{2n-1} = 0) = 0$ $(n \geq 1)$

$$E[\widetilde{N}_{2n}] = E[\widetilde{N}_{2n+1}] = \sum_{k=1}^{n} P(S_{2k} = 0) = \sum_{k=1}^{n} \binom{2k}{k} 2^{-2k}.$$

Mit Hilfe der Stirling-Formel ergibt sich

$$\binom{2k}{k} 2^{-2k} \sim \frac{1}{\sqrt{\pi k}},$$

so daß man durch Vergleich mit Riemann-Integralen der Funktion $g(x) = x^{-1/2}$

$$E[\widetilde{N}_{2n}] \sim \sum_{k=1}^{n} \frac{1}{\sqrt{\pi k}} \sim 2\sqrt{n/\pi}$$

und somit

$$(1.13.8) \qquad E[\widetilde{N}_n] = P(S_1 = 0) + \cdots + P(S_n = 0) \sim \sqrt{2n/\pi}$$

erhält. Dies impliziert $\widetilde{N}_n/n \to 0$ in L^1, also wegen Satz 2.5 [4] und Satz 6.5 [4]

$$(1.13.9) \qquad \widetilde{N}_n/n \to 0 \quad \text{(schwach)}.$$

Man findet zum Arcus-Sinus-Gesetz in Feller (1968) interessante numerische Resultate sowie Ergebnisse von Simulationsstudien. ■

BEWEIS VON (1.13.7). Zunächst beachte man, daß $N_n + \widetilde{N}_n$ dieselbe Verteilung hat wie $n - N_n$ (wieso ?), so daß (1.13.7) wegen (1.13.9) und Satz 1.1 (iv) äquivalent ist zu

$$(1.13.10) \qquad P((n - N_n)/n \le t) \to (2/\pi)\arcsin\sqrt{t}, \quad 0 \le t \le 1.$$

Sei $M(n,k) := E[(n - N_n)^k]$, $n, k = 0, 1, \ldots$ ($0^0 = 1$ gesetzt). Wegen Satz 1.13 und (1.13.6) folgt (1.13.10) aus

$$(1.13.11) \qquad M(n,k)/n^k \to m(k) \quad (n \to \infty), \quad k \ge 1.$$

Im folgenden sei $a_n := P(S_n > 0)$. Wir beweisen nun (1.13.11) durch Induktion nach k mit Hilfe der Beziehung

$$(1.13.12) \quad M(n, k+1) = nM(n,k) - \sum_{m=0}^{n-1} a_{n-m} M(m,k), \quad k \ge 0, \quad n \ge 1$$

(vgl. Spitzer (1964), S. 232), die hier nicht hergeleitet wird. Da $2a_n = P(S_n \neq 0) = 1 - P(S_n = 0)$, folgt $2(a_1 + \cdots + a_n) = n - E[\widetilde{N}_n]$, woraus sich wegen (1.13.8)

$$(1.13.13) \qquad (a_1 + \cdots + a_n)/n \to 1/2$$

ergibt. Dies impliziert

$$M(n,1)/n = 1 - E[N_n]/n = 1 - (a_1 + \cdots + a_n)/n \to 1/2 = m(1),$$

so daß (1.13.11) für $k = 1$ gilt. Gelte (1.13.11) für ein $k \ge 1$. Zum Nachweis von

$$M(n, k+1)/n^{k+1} \to m(k+1) = m(k) - m(k)/(2k+2)$$

reicht es wegen (1.13.12) zu zeigen:

$$(1.13.14) \qquad \frac{1}{n^{k+1}} \sum_{m=1}^{n-1} a_{n-m} M(m,k) \to \frac{m(k)}{2(k+1)}.$$

Zunächst beachte man, daß

$$\frac{1}{2n^{k+1}} \sum_{m=1}^{n-1} M(m,k) \to \frac{m(k)}{2(k+1)},$$

da aufgrund der Induktionsannahme

$$\frac{1}{2n^{k+1}} \sum_{m=1}^{n-1} M(m,k) \sim \frac{m(k)}{2n^{k+1}} \sum_{m=1}^{n-1} m^k \sim \frac{m(k)}{2(k+1)}$$

(des letzte „$\sim$“ ergibt sich durch Vergleich der fraglichen Summe mit Riemann-Integralen der Funktion $g(x) = x^k$). Setzen wir $b_n := a_n - 1/2$ ($n \ge 1$), so folgt also (1.13.14) aus

$$T_n := \sum_{m=1}^{n-1} b_{n-m} M(m,k) = \mathrm{o}(n^{k+1}) \quad (n \to \infty), \tag{1.13.15}$$

wobei aufgrund von (1.13.13) $B_n := b_1 + \cdots + b_n = \mathrm{o}(n)$. Wegen $B_0 = M(0,k) = 0$ ergibt sich für $n \geq 2$

$$\begin{aligned} T_n &= \sum_{m=1}^{n-1} b_m M(n-m,k) = \sum_{m=1}^{n-1} (B_m - B_{m-1}) M(n-m,k) \\ &= \sum_{m=1}^{n-1} B_m (M(n-m,k) - M(n-m-1,k)). \end{aligned}$$

Nun ist

$$0 \leq M(n,k) \leq M(n+1,k) \quad n \geq 0, \tag{1.13.16}$$

da $N_{n+1} \leq 1 + N_n$, $n \geq 0$. Zu gegebenem $\epsilon > 0$ existiert eine ganze Zahl $K = K(\epsilon) \geq 1$ mit $|B_m| \leq \epsilon m$, $m \geq K$. Wegen (1.13.16) ergibt sich also für $n > K$ die Abschätzung

$$\begin{aligned} |T_n| &\leq \sum_{m=1}^{K-1} |B_m| (M(n-m,k) - M(n-m-1,k)) \\ &\quad + \epsilon n \sum_{m=K}^{n-1} (M(n-m,k) - M(n-m-1,k)) \\ &\leq \left(\max_{1 \leq m \leq K} |B_m| \right) M(n,k) + \epsilon n M(n,k), \end{aligned}$$

so daß aufgrund der Induktionsannahme

$$\limsup_{n \to \infty} |T_n| / n^{k+1} \leq \epsilon m(k).$$

Dies beweist (1.13.15). ∎

Am Schluß dieses Abschnitts behandeln wir noch ein spezielles Problem für Laplace-Transformierte. Satz 3.26(a) [4] besagt: Sind $X \geq 0$, $Y \geq 0$ ZV, deren Laplace-Transformierte L_X, L_Y übereinstimmen, so besitzen X und Y dieselbe Verteilung. Die im folgenden Satz enthaltene *Umkehrformel für Laplace-Transformierte* zeigt, wie sich mit Hilfe der Laplace-Transformierten L_X die VF von X berechnen läßt.

1.14 Satz. *Sei $X \geq 0$ eine* ZV *mit der* VF *F. Dann gilt für alle $s > 0$ derart, daß $s \in S_F$,*

$$\lim_{n \to \infty} \sum_{k=0}^{[ns]} \frac{(-1)^k}{k!} n^k L_X^{(k)}(n) = F(s). \tag{1.14.1}$$

(Hierin bezeichnet $[r]$ ($r \in \mathbb{R}$) die größte ganze Zahl $\leq r$, so daß etwa $[5] = 5$, $[7,4] = 7$ und $[-3,1] = -4$ ist.) Man beachte, daß die VF F durch (1.14.1) eindeutig bestimmt ist, denn sind G, H VF derart, daß $G(t) = H(t)$, $t \in S_G \cap S_H$, folgt $G = H$ aufgrund der Rechtsstetigkeit von G und H.

BEWEIS VON SATZ 1.14. Sei Q die Verteilung von X. Mit Hilfe von Satz 5.10 [4] und Satz 5.1 (a) [4] erhält man für $k \geq 0$ und $t > 0$

$$L_X^{(k)}(t) = E[(-X)^k \exp(-tX)] = \int_{[0,\infty[} (-x)^k \exp(-tx) dQ(x).$$

Im folgenden sei $s > 0$ festgehalten. Für

$$T(s,n) := \sum_{k=0}^{[ns]} \frac{(-1)^k}{k!} n^k L_X^{(k)}(n), \quad n \geq 1/s$$

ergibt sich also

$$T(s,n) = \int_{[0,\infty[} \sum_{k=0}^{[ns]} \frac{(nx)^k}{k!} e^{-nx} dQ(x), \quad n \geq 1/s. \tag{1.14.2}$$

Nun gilt

$$\lim_{n\to\infty} \sum_{k=0}^{[ns]} \frac{(nx)^k}{k!} e^{-nx} = I_{[x,\infty[}(s), \quad x > 0, \quad x \neq s. \tag{1.14.3}$$

In der Tat, für festes $x > 0$ sei $Z_1, Z_2, \ldots$ eine UIV-Folge von ZV derart, daß $Z_1 \sim \mathrm{PO}(x)$. Dann folgt $S_n := Z_1 + \cdots + Z_n \sim \mathrm{PO}(nx)$ $(n \geq 1)$ und

$$P(S_n \leq [ns]) = P\left(\frac{1}{n} S_n \leq s\right) = \sum_{k=0}^{[ns]} \frac{(nx)^k}{k!} e^{-nx}, \quad n \geq 1/s. \tag{1.14.4}$$

Wegen des starken Gesetzes der großen Zahlen (Satz 7.1 [4]) gilt $S_n/n \to E[Z_1] = x$ f.s., so daß aufgrund von Satz 2.5 [4] die Folge (S_n/n) schwach gegen die ZV $Z \equiv x$ mit der VF $I_{[x,\infty[}$ konvergiert. Somit ergibt sich (1.14.3) aus (1.14.4). Gelte zusätzlich $s \in S_F$, so daß $Q(\{s\}) = 0$. Zerlegt man den Integrationsbereich in (1.14.2) in der Form $[0,\infty[= \{0\} \cup]0,s[\cup \{s\} \cup]s,\infty[$, so erhält man aus (1.14.2) und (1.14.3) mit Hilfe des Satzes von der dominierten Konvergenz für $n \to \infty$

$$\begin{aligned} T(s,n) \quad \to \quad & Q(\{0\}) + Q(]0,s[) = Q([0,s[) \\ & = Q([0,s]) = P(0 \leq X \leq s) = F(s). \end{aligned}$$

■

1.14.1 Beispiel. Sei $\lambda > 0$. Wegen Beispiel 5.10.1[4] ist

$$L_X(t) = \frac{\lambda}{\lambda + t}, \quad t \geq 0 \tag{1.14.5}$$

die Laplace-Transformierte einer ZV $X \sim \mathrm{EXP}(\lambda)$. Sei F die VF von X. Eine einfache Rechnung liefert

$$L_X^{(k)}(t) = (-1)^k k!\lambda/(\lambda+t)^{k+1}, \quad t > 0, \quad k \geq 0.$$

Bezeichnen wir die Summe in (1.14.1) mit $T(s,n)$, so ergibt sich für $s > 0$ und $n \geq 1/s$ mit Hilfe der Formel für eine geometrische Reihe

$$T(s,n) = \frac{\lambda}{\lambda+n}\sum_{k=0}^{[ns]}\left(\frac{n}{\lambda+n}\right)^k = 1 - \left(1 - \frac{\lambda}{\lambda+n}\right)^{[ns]+1}$$

so daß wegen $(1+a/t)^t \to \exp(a)$ $(t \to \infty)$, $a \in \mathbb{R}$,

$$\lim_{n\to\infty} T(s,n) = 1 - \exp(-\lambda s) = F(s), \quad s > 0.$$

■

5.2 Der zentrale Grenzwertsatz

Der zentrale Grenzwertsatz (ZGS) besagt intuitiv: Eine standardisierte Summe S von vielen unabhängigen ZV, die jeweils nur einen „kleinen" Beitrag zu S liefern, ist angenähert N(0,1)-verteilt. (Eine ZV $\xi \in L^2$ heißt *standardisiert*, falls $E[\xi] = 0$ und $\mathrm{Var}[\xi] = 1$.)

Um den ZGS präzise zu formulieren, betrachten wir - ähnlich wie im Grenzwertsatz von Poisson (Satz 1.6) - ein *„Dreiecks - Schema"* (X_{nm}) von ZV X_{nm} $(1 \leq m \leq k(n),\ n \geq 1)$, dessen n-te Zeile aus den ZV $X_{n1}, \ldots, X_{nk(n)}$ besteht. Hierbei darf der W.-Raum, auf dem die ZV $X_{n1}, \ldots, X_{nk(n)}$ definiert sind, von n abhängen. Die n-te *Zeilensumme* ist $S_n := X_{n1} + \cdots + X_{nk(n)}$. Ein Dreiecks-Schema (X_{nm}) heißt Δ-*Schema*, falls die folgenden drei Bedingungen erfüllt sind:

(2.0.1) $$E[X_{nm}] = 0, \quad E[X_{nm}^2] < \infty, \quad 1 \leq m \leq k(n), \quad n \geq 1.$$

(2.0.2) Für jedes n sind $X_{n1}, \ldots, X_{nk(n)}$ unabhängig.

(2.0.3) $$\mathrm{Var}[S_n] = 1, \quad n \geq 1.$$

In diesem Fall ergibt sich für die Varianzen $\sigma_{nm}^2 := \mathrm{Var}[X_{nm}] = E[X_{nm}^2]$

(2.0.4) $$\sigma_{n1}^2 + \cdots + \sigma_{nk(n)}^2 = 1, \quad n \geq 1.$$

2.1 Beispiel. Sei $(X_n) \subset L^2$ $(n \geq 1)$ eine UIV-Folge derart, daß $\sigma^2 := \mathrm{Var}[X_1] > 0$. Sei $\mu := E[X_1]$ und $X_{nm} := (X_m - \mu)/\sqrt{n\sigma^2}$, $1 \leq m \leq k(n) := n$. Die Familie (X_{nm}) bildet dann ein Δ-Schema derart, daß

(2.1.1) $$S_n = (X_1 + \cdots + X_n - n\mu)/\sqrt{n\sigma^2}, \quad n \geq 1.$$

■

Im folgenden bezeichne N eine ZV derart, daß $N \sim \mathrm{N}(0,1)$. Der *zentrale Grenzwertsatz* lautet dann:

2.2 Satz. *Sei (X_{nm}) ein Δ-Schema. Gilt*

$$\text{(L)} \qquad \sum_{m=1}^{k(n)} E[X_{nm}^2 I\{|X_{nm}| > \epsilon\}] \to 0 \quad (n \to \infty), \quad \epsilon > 0,$$

so folgt

$$(2.2.1) \qquad S_n \to N \quad (\textit{schwach}).$$

Die Bedingung (L) heißt *Lindeberg-Bedingung.* Bevor wir den ZGS beweisen, erläutern wir zunächst, inwiefern durch (L) die eingangs verwendete Formulierung präzisiert wird, daß die ZV in der n-ten Zeile des Δ-Schemas für große n jeweils einen „kleinen“ Beitrag zu S_n liefern. Im folgenden bezeichnen wir die Summe in der Bedingung (L) mit $L_n(\epsilon)$ und setzen für $\epsilon > 0$

$$(2.2.2) \qquad A_{nm}(\epsilon) = \{|X_{nm}| > \epsilon\}.$$

Einerseits gilt nun

$$(2.2.3) \qquad \text{(L)} \Longrightarrow M_n := \max_{1 \le m \le k(n)} |X_{nm}| \to 0 \quad \text{(stochastisch)}.$$

Mit Hilfe der Markov-Ungleichung erhält man nämlich für $\epsilon > 0$

$$P(M_n > \epsilon) = P\left(\bigcup_{m=1}^{k(n)} A_{nm}(\epsilon)\right) \le \sum_{m=1}^{k(n)} P(A_{nm}(\epsilon)) \le L_n(\epsilon)/\epsilon^2,$$

woraus (2.2.3) resultiert. Andererseits ergibt sich

$$(2.2.4) \qquad \text{(L)} \Longrightarrow d_n := \max_{1 \le m \le k(n)} \sigma_{nm}^2 \to 0.$$

Wird nämlich ein Index $1 \le m(n) \le k(n)$ derart gewählt, daß $d_n = \sigma_{nm(n)}^2$, so erhält man wegen (2.0.1)

$$\begin{aligned} L_n(\epsilon) &\ge E[X_{nm(n)}^2 I(A_{nm(n)}(\epsilon))] \\ &= E[X_{nm(n)}^2] - E[X_{nm(n)}^2 I(A_{nm(n)}^c(\epsilon))] \ge d_n - \epsilon^2, \end{aligned}$$

so daß aus (L)

$$\limsup_{n \to \infty} d_n \le \epsilon^2,$$

also $d_n \to 0$ folgt. Da aufgrund von (2.0.1) und der Tschebyschev-Ungleichung $P(A_{nm}(\epsilon)) \le d_n/\epsilon^2$, $1 \le m \le k(n)$, $\epsilon > 0$, impliziert (2.2.4)

$$(2.2.5) \qquad \text{(L)} \Longrightarrow \max_{1 \le m \le k(n)} P(A_{nm}(\epsilon)) \to 0 \quad (n \to \infty), \quad \epsilon > 0.$$

2.2.1 Beispiel. Für das Δ-Schema in Beispiel 2.1 ist (L) erfüllt. In der Tat erhält man nach kurzer Rechnung (man beachte, daß $k(n) = n$)

$$L_n(\epsilon) = \sigma^{-2} E[(X_1 - \mu)^2 I\{|X_1 - \mu| > \epsilon\sqrt{n\sigma^2}\}], \quad \epsilon > 0,$$

so daß wegen des Satzes von der dominierten Konvergenz $L_n(\epsilon) \to 0$ $(n \to \infty)$, $\epsilon > 0$. ■

Hieraus ergibt sich mit Hilfe des obigen ZGS folgender *zentraler Grenzwertsatz* für UIV-Folgen:

2.3 Satz. *Sei* $(X_n) \subset L^2$ $(n \geq 1)$ *eine* UIV-*Folge, für die* $\sigma^2 := \mathrm{Var}[X_1] > 0$ *gilt. Sei* $\mu := E[X_1]$. *Dann folgt für* $n \to \infty$

$$\frac{1}{\sqrt{n\sigma^2}}(X_1 + \cdots + X_n - n\mu) \to N \quad (\textit{schwach}). \tag{2.3.1}$$

■

Das folgende einfache Beispiel zeigt, daß für ein Δ-Schema $S_n \to N$ (schwach) gelten kann, ohne daß (L) erfüllt ist.

2.4 Beispiel. Sei (X_{nm}) $(1 \leq m \leq n,\ n \geq 1)$ ein Δ-Schema derart, daß $X_{11} \sim \mathrm{N}(0,1)$ und für $n \geq 2$ $X_{n1} \sim \mathrm{N}(0,1/2)$ und $X_{nm} \sim \mathrm{N}(0,1/(2n-2))$, $2 \leq m \leq n$. Dann gilt $S_n \sim \mathrm{N}(0,1)$ $(n \geq 1)$ und somit trivialerweise $S_n \to N$ (schwach). Andererseits ist wegen $d_n = 1/2$ $(n \geq 2)$ und (2.2.4) (L) nicht erfüllt. ■

Das folgende - von Feller stammende -Resultat, das wir ohne Beweis angeben, zeigt, daß unter einer Zusatzannahme (die ihrerseits notwendig für (L) ist !) die Lindeberg-Bedingung auch *notwendig* für (2.2.1) ist.

2.5 Satz. *Sei* (X_{nm}) *ein* Δ*-Schema derart, daß*

$$\max_{1 \leq m \leq k(n)} P(A_{nm}(\epsilon)) \to 0 \quad (n \to \infty), \quad \epsilon > 0. \tag{2.5.1}$$

Gilt dann $S_n \to N$ *(schwach), so ist* (L) *erfüllt.* ■

BEWEIS VON SATZ 2.2. Sei also (X_{nm}) ein Δ-Schema, für das (L) gilt. Dann existiert eine Zahlenfolge $\epsilon_n > 0$ $(n \geq 1)$ derart, daß

$$\epsilon_n \to 0 \quad \text{und} \quad L_n(\epsilon_n) \to 0. \tag{2.5.2}$$

In der Tat, wegen (L) existieren ersichtlich ganze Zahlen $1 \leq n(1) < n(2) < \cdots$ derart, daß $L_n(1/m) \leq 1/m$, $n \geq n(m)$, $m \geq 1$. Setzen wir $\epsilon_n = 1$ für $1 \leq n < n(1)$ und $\epsilon_n = 1/m$ für $n(m) \leq n < n(m+1)$, so folgt für $n(m) \leq n < n(m+1)$ $L_n(\epsilon_n) = L_n(1/m) \leq 1/m$, so daß (2.5.2) gilt.

Der Beweis des ZGS geschieht nun mit Hilfe der Momentenmethode. Dazu werden die ZV X_{nm} auf geeignete Weise „abgeschnitten" („gestutzt"). Sei

$$U_{nm} := X_{nm} I\{|X_{nm}| > \epsilon_n\}, \quad V_{nm} := X_{nm} I\{|X_{nm}| \leq \epsilon_n\},$$
$$W_{nm} := V_{nm} - E[V_{nm}] \quad \text{und} \quad T_n := W_{n1} + \cdots + W_{nk(n)}.$$

Dann folgt

$$|W_{nm}| \leq 2\epsilon_n, \quad 1 \leq m \leq k(n), \quad n \geq 1 \tag{2.5.3}$$

und

$$X_{nm} = U_{nm} + V_{nm}, \tag{2.5.4}$$

so daß aufgrund von (2.0.1)

$$E[V_{nm}] = -E[U_{nm}]. \tag{2.5.5}$$

Nun gilt

$$S_n - T_n \to 0 \quad \text{in} \quad L^2, \tag{2.5.6}$$

also insbesondere

$$S_n - T_n \to 0 \quad \text{(schwach)}, \tag{2.5.7}$$

da wegen (2.5.4), (2.5.5), (2.0.2) und (2.5.2)

$$\begin{aligned} E[(S_n - T_n)^2] &= E\left[\left(\sum_{m=1}^{k(n)}(U_{nm} - E[U_{nm}])\right)^2\right] = \sum_{m=1}^{k(n)} \operatorname{Var}[U_{nm}] \\ &\leq \sum_{m=1}^{k(n)} E[U_{nm}^2] = L_n(\epsilon_n) \to 0 \quad (n \to \infty). \end{aligned}$$

Mit Hilfe der Momentenmethode, Satz 1.1(iv) sowie (2.5.7) ergibt sich, daß es zum Beweis des ZGS reicht zu zeigen: $E[T_n^r] \to E[N^r] \quad (n \to \infty), \quad r = 1, 2, \ldots$, d.h. wegen Beispiel 5.12.1[4]

$$E[T_n^{2r-1}] \to 0 \quad (n \to \infty), \quad r = 1, 2, \ldots \tag{2.5.8}$$

sowie

$$E[T_n^{2r}] \to \frac{(2r)!}{2^r r!} \quad (n \to \infty), \quad r = 1, 2, \ldots \tag{2.5.9}$$

Mit Hilfe von (2.0.1) - (2.0.3) und der Schwarz-Ungleichung erhält man

$$\begin{aligned} |E[T^2] - 1| &= |E[T_n^2 - S_n^2]| = |E[(T_n - S_n)^2 + 2S_n(T_n - S_n)]| \\ &\leq E[(T_n - S_n)^2] + 2(E[S_n^2])^{1/2}(E[(T_n - S_n)^2])^{1/2}, \end{aligned}$$

so daß wegen (2.5.6)

$$E[T_n^2] \to 1. \tag{2.5.10}$$

Somit gelten (2.5.9) und (trivialerweise) (2.5.8) jeweils für $r = 1$. Wir benutzen nun die *Multinomial-Formel*

$$\left(\sum_{i=1}^{k} a_i\right)^r = \sum \frac{r!}{r(1)! \cdots r(k)!} a_1^{r(1)} \cdots a_k^{r(k)}, \qquad a_1, \ldots, a_k \in \mathbb{R}, \quad r = 1, 2, \ldots \tag{2.5.11}$$

(die letzte Summation erstreckt über *alle* k-tupel von ganzen Zahlen $0 \leq r(i) \leq r$ derart, daß $r(1) + \cdots + r(k) = r$). Berücksichtigt man auf der rechten Seite in (2.5.11) nur Zahlen $r(i)$, die ≥ 1 sind, so ergibt sich wegen (2.0.2)

$$E[T_n^r] = \sum_{s=1}^{r} \sum{}' \frac{r!}{r(1)! \cdots r(s)!} \frac{1}{s!} B_n(r(1), \ldots, r(s)), \quad r \geq 2 \tag{2.5.12}$$

(die innere Summation erstreckt über *alle* s-tupel von ganzen Zahlen $r(i) \geq 1$ derart, daß $r(1) + \cdots + r(s) = r$), wobei

$$B_n(r(1), \ldots, r(s)) := \sum{}'' E[W_{ni(1)}^{r(1)}] \cdots E[W_{ni(s)}^{r(s)}] \tag{2.5.13}$$

(die Summation erstreckt über alle s-tupel von *verschiedenen* ganzen Zahlen $1 \leq i(j) \leq k(n)$). Die Ausdrücke in (2.5.13) haben folgende Eigenschaften:

(I) Ist eine der Zahlen $r(i)$ gleich 1, so folgt $B_n(r(1), \ldots, r(s)) = 0$, da $E[W_{nm}] = 0$.

(II) Für $r(1) = \cdots = r(s) = 2$ ergibt sich $B_n(2, \ldots, 2) \to 1$. Wegen (2.5.13), (2.0.2) und (2.5.10) folgt nämlich

$$\begin{aligned} B_n(2, \ldots, 2) &\leq \left(\sum_{m=1}^{k(n)} E[W_{nm}^2] \right)^s = \left(\sum_{m=1}^{k(n)} \operatorname{Var}[W_{nm}] \right)^s \\ &= (\operatorname{Var}[T_n])^s = (E[T_n^2])^s \to 1 \quad (n \to \infty), \end{aligned}$$

während wegen (2.5.3)

$$\begin{aligned} \left(\sum_{m=1}^{k(n)} E[W_{nm}^2] \right)^s - B_n(2, \ldots, 2) &\leq \binom{s}{2} (2\epsilon_n)^2 \left(\sum_{m=1}^{k(n)} E[W_{nm}^2] \right)^{s-1} \\ &= \binom{s}{2} (2\epsilon_n)^2 (E[T_n^2])^{s-1}. \end{aligned}$$

(Man beachte, daß die Differenz auf der linken Seite der vorangehenden Ungleichung von der Form

$$\sum{}''' E[W_{ni(1)}^2] \cdots E[W_{ni(s)}^2]$$

ist, wobei die Summation erstreckt wird über alle s-tupel von ganzen Zahlen $1 \leq i(j) \leq k(n)$, die *nicht* alle verschieden sind.) Mit Hilfe von (2.5.2) und (2.5.10) erhält man somit $B_n(2, \ldots, 2) \to 1$ $(n \to \infty)$.

(III) Gilt $r(i) \geq 2$ $(1 \leq i \leq s)$ und $r(j) > 2$ für ein $1 \leq j \leq s$, so folgt $B_n(r(1), \ldots, r(s)) \to 0$ $(n \to \infty)$. In der Tat, gilt $r(i) \geq 2$ $(1 \leq i \leq s)$ und $r(j) > 2$ für ein $1 \leq j \leq s$, so folgt $r - 2s > 0$, und man erhält wegen (2.5.3), (2.5.2) und (II)

$$\begin{aligned} |B_n(r(1), \ldots, r(s))| &\leq \sum{}'' E[|W_{ni(1)}^{r(1)-2} \cdots W_{ni(s)}^{r(s)-2}| W_{ni(1)}^2 \cdots W_{ni(s)}^2] \\ &\leq (2\epsilon_n)^{r-2s} B_n(2, \ldots, 2) \to 0 \quad (n \to \infty). \end{aligned}$$

Aus (I)-(III) sowie (2.5.12) folgen nun auf einfache Weise (2.5.8) und (2.5.9). Für ungerades $r \geq 3$ ist für jedes $1 \leq s \leq r$ eine der Zahlen $r(1), \ldots, r(s)$ in (2.5.12) $= 1$ oder > 2. Aufgrund von (I) und (III) impliziert dies (2.5.8). Sei schließlich $r = 2t \geq 4$ gerade. In (2.5.12) ist dann im Fall $1 \leq s \leq t-1$ eine der Zahlen $r(1), \ldots, r(s)$ größer als 2, während im Fall $t+1 \leq s \leq 2t$ eine der Zahlen $r(1), \ldots, r(s)$ gleich 1 sein muß, so daß (2.5.9) aus (I)-(III) folgt. ■

Aus dem soeben bewiesenen ZGS ergibt sich sehr einfach folgender *Satz von Ljapunov*, der manchmal bequem anwendbar ist:

2.6 Satz. *Sei (X_{nm}) ein Δ-Schema derart, daß für ein gewisses $\delta > 0$*

(2.6.1) $$(X_{nm}) \subset L^{2+\delta}$$

und

(2.6.2) $$\sum_{m=1}^{k(n)} E[|X_{nm}|^{2+\delta}] \to 0 \quad (n \to \infty)$$

(Ljapunov-Bedingung). Dann folgt

(2.6.3) $$S_n \to N \quad (schwach).$$

BEWEIS. Wegen (2.6.2) gilt für $\epsilon > 0$

$$\begin{aligned} L_n(\epsilon) &= \epsilon^{-\delta} \sum_{m=1}^{k(n)} E[\epsilon^{\delta} X_{nm}^2 I\{|X_{nm}| > \epsilon\}] \\ &\leq \epsilon^{-\delta} \sum_{m=1}^{k(n)} E[|X_{nm}|^{2+\delta}] \to 0 \quad (n \to \infty), \end{aligned}$$

so daß die Lindeberg-Bedingung erfüllt ist. ■

2.7 Satz. *Die ZV $X_1, X_2, \ldots$ seien unabhängig, und für eine gewisse Zahl $K > 0$ sei*

(2.7.1) $$|X_n| \leq K, \quad f.s., \quad n \geq 1.$$

Gilt dann

(2.7.2) $$s_n^2 := \mathrm{Var}[X_1 + \cdots + X_n] \to \infty \quad (n \to \infty),$$

so folgt

(2.7.3) $$\frac{1}{s_n}(X_1 + \cdots + X_n - E[X_1 + \cdots + X_n]) \to N \quad (schwach).$$

BEWEIS. Wir dürfen (und werden) im folgenden annehmen, daß $s_n > 0$, $n \geq 1$. Setzen wir $X_{nm} := (X_m - E[X_m])/s_n$ $(1 \leq m \leq k(n) := n,\ n \geq 1)$, so ist (X_{nm}) ein Δ-Schema. Sei $\epsilon > 0$. Wegen (2.7.1) und (2.7.2) gilt dann $P(|X_{nm}| > \epsilon) = P(|X_m - E[X_m]| > \epsilon s_n) = 0$, $1 \leq m \leq n$, $n \geq n_0(\epsilon)$, so daß $L_n(\epsilon) = 0$, $n \geq n_0(\epsilon)$. Das Δ-Schema (X_{nm}) erfüllt also die Lindeberg-Bedingung. ■

2.7.1 Beispiel. Die ZV $X_1, X_2, \ldots$ seien unabhängig und es gelte $X_n \sim \text{BER}(p_n)$, $n \geq 1$ (es sei $0 \leq p_n \leq 1$), so daß

$$s_n^2 := \text{Var}[X_1 + \cdots + X_n] = \sum_{i=1}^{n} p_i(1 - p_i)$$

(es sei $s_n^2 > 0$, $n \geq 1$). Wir zeigen für das Δ-Schema $X_{nm} := (X_m - p_m)/s_n$ $(1 \leq m \leq k(n) := n,\ n \geq 1)$

$$\text{(L)} \iff \sum_{i=1}^{\infty} p_i(1 - p_i) = \infty. \tag{2.7.4}$$

Wie im Beweis von Satz 2.7 gezeigt, ist $s_n^2 \to \infty$ hinreichend für (L). Sei $p_1(1 - p_1) + p_2(1 - p_2) + \cdots < \infty$. Dann existiert ein $\epsilon > 0$ derart, daß $\epsilon s_n < 1/2$, $n \geq 1$. Dies impliziert $p_m \geq \epsilon s_n$ oder $1 - p_m \geq \epsilon s_n$ $(1 \leq m \leq n)$, so daß für $A_{n1}(\epsilon) := \{|X_{n1}| > \epsilon\} = \{|X_1 - p_1| > \epsilon s_n\}$ gilt:

$$P(A_{n1}(\epsilon)) \geq p_1 \wedge (1 - p_1) \geq s_1^2 > 0, \quad n \geq 1.$$

Wegen (2.2.5) ist also (L) nicht erfüllt. ■

2.7.2 Beispiel. Die ZV $X_1, X_2, \ldots$ seien unabhängig, und es gelte für $n \geq 1$

$$P(X_n = 1) = P(X_n = -1) = \frac{1}{2}(1 - \frac{1}{n^2}),$$
$$P(X_n = 2n\sqrt{2n-1}) = P(X_n = -2n\sqrt{2n-1}) = \frac{1}{2n^2}.$$

Sei $T_n := X_1 + \cdots + X_n$ und $s_n^2 = \text{Var}[T_n]$. Wir zeigen, daß für das Δ-Schema $X_{nm} := X_m/s_n$, $1 \leq m \leq k(n) := n$ $(n \geq 1)$ die Lindeberg-Bedingung *nicht* erfüllt ist, während dennoch

$$T_n/\sqrt{n} \to \text{N}(0,1) \quad \text{(schwach)}. \tag{2.7.5}$$

Außerdem ist

$$\text{Var}[T_n]/n \to \infty, \tag{2.7.6}$$

so daß also *nicht* $\text{Var}[T_n/\sqrt{n}] \to 1$ gilt! Sei $Y_n := X_n I\{|X_n| = 1\}$, $Z_n := X_n I\{|X_n| = 2n\sqrt{2n-1}\}$, $U_n := Y_1 + \cdots + Y_n$, $V_n := Z_1 + \cdots + Z_n$. Man erhält $\text{Var}[Y_n] = E[Y_n^2] = 1 - 1/n^2$ und somit $\text{Var}[U_n] \sim n$ wegen $1^{-2} + 2^{-2} + 3^{-2} + \cdots < \infty$. Mit Hilfe von Satz 2.7 sowei Satz 1.1 (v) folgt also

$$U_n/\sqrt{n} \to \text{N}(0,1) \quad \text{(schwach)}. \tag{2.7.7}$$

Aufgrund des Borel-Cantelli-Lemmas ergibt sich $P(Z_n \neq 0 \text{ u.o.}) = 0$, so daß $V_n/\sqrt{n} \to 0$ f.s., also $V_n/\sqrt{n} \to 0$ (schwach). Wegen $X_n = Y_n + Z_n$ folgt (2.7.5) aus (2.7.7) aufgrund von Satz 1.1 (iv). Da $\text{Var}[X_n] = 4(2n-1) + 1 - 1/n^2 = 4(n^2 - (n-1)^2) + 1 - 1/n^2$, erhält man $\text{Var}[T_n] \sim 4n^2$, so daß (2.7.6) gilt. Es bleibt zu zeigen, daß (L) nicht erfüllt ist. Für ein $\epsilon > 0$ gilt $\epsilon s_n > 1$, $n \geq n_0(\epsilon)$, so daß für $n \geq n_0(\epsilon)$ $E[X_{nm}^2 I\{|X_{nm}| > \epsilon\}] = 4(2m-1)/s_n^2$, falls $2m\sqrt{2m-1} > \epsilon s_n$. Die obige Rechnung zeigt $s_n^2 = \mathrm{Var}[T_n] < 4n^2 + n \leq 5n^2$, so daß $2m\sqrt{2m-1} > \epsilon s_n$ gilt, falls $m > (5\epsilon^2/4)^{1/3} n^{2/3}$. Dies impliziert (man beachte, daß $2m - 1 = m^2 - (m-1)^2$)

$$\liminf_{n\to\infty} L_n(\epsilon) \geq \liminf_{n\to\infty} 4n^2 s_n^{-2} = 1, \quad \epsilon > 0,$$

so daß (L) nicht erfüllt ist. ∎

2.7.3 Beispiel. Seien $X_1, X_2, \ldots$ ZV derart, daß $X_n \sim \mathrm{PO}(n)$, $n \geq 1$. Dann gilt

$$(2.7.8) \qquad Y_n := 2\sqrt{n}(\sqrt{X_n/n} - 1) \to \mathrm{N}(0,1) \quad \text{(schwach)}.$$

Auf einem gewissen W.-Raum sei eine UIV-Folge von ZV $\xi_1, \xi_2, \ldots$ definiert derart, daß $\xi_1 \sim \mathrm{PO}(1)$. Dann gilt $Z_n := \xi_1 + \cdots + \xi_n \sim \mathrm{PO}(n)$ $(n \geq 1)$, und es reicht, (2.7.8) für die ZV Z_n anstelle von X_n zu beweisen. Eine einfache Rechnung zeigt, daß $Y_n = U_n/V_n$ $(n \geq 1)$, wobei $U_n := (Z_n - n)/\sqrt{n}$ und $V_n := (\sqrt{Z_n/n} + 1)/2$. Mit Hilfe von Satz 2.3 erhält man $U_n \to \mathrm{N}(0,1)$ (schwach), während sich wegen des starken Gesetzes $V_n \to 1$ f.s. und somit (wegen Satz 2.5 [4]) $1/V_n \to 1$ (schwach) ergibt. Die gewünschte Beziehung (2.7.8) folgt also aus Satz 1.1 (v). ∎

2.7.4 Beispiel. Wir betrachten für das Bildsammel-Problem in Beispiel 1.8.3 [4] folgendes Urnenmodell (wir schreiben im folgenden n statt m): Eine Urne enthalte n Kugeln mit den Nummern $1, \ldots, n$, die den verschiedenen Bildern entsprechen. Jemand zieht rein zufällig aus der Urne eine Kugel, registriert deren Nummer und legt die Kugel anschließend in die Urne zurück. Sei T_n die Anzahl der Ziehungen, die erforderlich sind, um $k(n)$ $(1 \leq k(n) \leq n)$ verschiedene Kugeln zu ziehen (in Beispiel 1.8.3 [4] ist $k(n) = n$, und wir haben dort Y_n statt T_n geschrieben). Wir zeigen mit Hilfe des Satzes von Ljapunov, daß T_n nach Standardisierung asymptotisch $\mathrm{N}(0,1)$-verteilt ist, falls für ein $0 < \alpha < 1$

$$(2.7.9) \qquad k(n)/n \to \alpha.$$

(Der Sammler begnügt sich also mit $100\alpha\%$ aller Bilder !) Sind bereits $m-1$ verschiedene Kugeln gezogen, so bezeichne (wie in Beispiel 1.8.3 [4]) X_m die Anzahl der *zusätzlichen* Ziehungen, die erforderlich sind, um eine bisher noch nicht aufgetretene Nummer zu ziehen. Dann sind $X_1, \ldots, X_n$ unabhängig, und es gilt $T_n := X_1 + \cdots + X_{k(n)}$ $(n \geq 1)$ sowie

$$(2.7.10) \qquad X_m - 1 \sim \mathrm{GEO}(1 - (m-1)/n), \quad 1 \leq m \leq n.$$

Mit Hilfe von Beispiel 1.8.2 [4] und (2.7.10) erhält man also

$$E[T_n] = \sum_{m=0}^{k(n)-1} \left(1 - \frac{m}{n}\right)^{-1}, \quad n \geq 1,$$

so daß sich wegen (2.7.9) durch Vergleich mit Riemann-Integralen für $n \to \infty$

$$E[T_n] \sim n \int_0^\alpha \frac{dx}{1-x} = -n \log(1-\alpha) \tag{2.7.11}$$

ergibt. Ist $\xi \sim \text{GEO}(p)$ $(0 < p \leq 1)$, so erhält man für die MEF M_ξ von ξ $(\log(1/0) := \infty)$

$$M_\xi(t) = \frac{p}{1-(1-p)e^t}, \quad -\infty < t < \log(1/(1-p)), \tag{2.7.12}$$

so daß wegen Satz 5.12 (a)[4] $\text{Var}[\xi] = (1-p)/p^2$. Aufgrund von (2.7.10) impliziert dies

$$\text{Var}[T_n] = \sum_{m=0}^{k(n)-1} \frac{m}{n}\left(1-\frac{m}{n}\right)^{-2},$$

so daß wegen (2.7.9) für $n \to \infty$

$$\text{Var}[T_n] \sim n \int_0^\alpha \frac{x}{(1-x)^2} dx = n(\alpha/(1-\alpha) + \log(1-\alpha)). \tag{2.7.13}$$

Wir zeigen nun, daß das Δ-Schema

$$X_{nm} := (X_m - E[X_m])/\sqrt{\text{Var}[T_n]}, \quad 1 \leq m \leq k(n), \quad n \geq 1$$

die Ljapunov-Bedingung (2.6.2) für $\delta = 2$ erfüllt. Zunächst beachte man

$$\sum_{m=1}^{k(n)} E[(X_{nm})^4] = (\text{Var}[T_n])^{-2} \sum_{m=1}^{k(n)} E[(X_m - E[X_m])^4]. \tag{2.7.14}$$

Eine etwas mühsame Rechnung liefert unter Benutzung von (2.7.12) und Satz 5.12 (a)[4]

$$E[(\xi - E[\xi])^4] = (1-p)(p^2 - 9p + 9)/p^4 \leq 9/p^4,$$

falls $\xi \sim \text{GEO}(p)$ $(0 < p \leq 1)$, woraus sich aufgrund von (2.7.10) und (2.7.9)

$$\sum_{m=1}^{k(n)} E[(X_m - E[X_m])^4] \leq 9 \sum_{m=0}^{k(n)} \left(1-\frac{m}{n}\right)^{-4} \sim 9n \int_0^\alpha \frac{dx}{(1-x)^4}$$

ergibt. Wegen (2.7.14) und (2.7.13) ist also die Ljapunov-Bedingung für $\delta = 2$ erfüllt, so daß wegen das Satzes von Ljapunov

$$(T_n - E[T_n])/\sqrt{\text{Var}[T_n]} \to \text{N}(0,1) \quad \text{(schwach)}.$$

■

2.7.5 Beispiel. Der ZGS wird häufig benutzt, um angenähert kompliziertere Wahrscheinlichkeiten zu berechnen. Wir illustrieren dies anhand von folgender Situation. Innerhalb einer Bevölkerung soll der unbekannte relative Anteil $0 < p < 1$ der Pro-Stimmen für einen Kandidaten geschätzt werden. Dazu werden n zufällig ausgewählte Personen befragt. Als *Schätzwert* für p

wird der relative Anteil $\widehat{p}$ der Pro-Stimmen innerhalb der Stichprobe gewählt. Es sei wünschenswert, daß für den Schätzfehler

$$|\widehat{p} - p| \leq 0,01 \tag{2.7.15}$$

gilt. Da es keine absolute Sicherheit gibt, soll (2.7.15) mit einer Wahrscheinlichkeit von mindestens 0,95 gelten. Zur näherungsweisen Bestimmung des erforderlichen Stichprobenumfangs n wird angenommen, daß die jeweiligen Befragungsergebnisse 1 (pro) bzw. 0 (nicht pro) unabhängig und BER(p)-verteilt sind. Ist X_k das Ergebnis der Befragung der k-ten Person, so ist $S_n := X_1 + \cdots + X_n$ die Anzahl der Pro-Stimmen in der Stichprobe. Wegen $\widehat{p} = S_n/n$ soll also gelten:

$$P_p(|S_n/n - p| \leq 0,01) \geq 0,95 \tag{2.7.16}$$

(P_p ist das zugrundeliegende W.-Maß, das von p abhängt). Da $\operatorname{Var}[S_n] = n\operatorname{Var}[X_1] = np(1-p)$, erhält man für die linke Seite in (2.7.16) aufgrund von Satz 2.3 und der Ungleichung $p(1-p) \leq 1/4$

$$\begin{aligned} P_p\left(\left|\frac{S_n - np}{\sqrt{np(1-p)}}\right| \leq \frac{0,01n}{\sqrt{np(1-p)}}\right) &\geq P_p\left(\left|\frac{S_n - np}{\sqrt{np(1-p)}}\right| \leq 0,02\sqrt{n}\right) \\ &\approx \Phi(0,02\sqrt{n}) - \Phi(-0,02\sqrt{n}) = 2\Phi(0,02\sqrt{n}) - 1 \end{aligned}$$

(Φ bezeichnet die VF von N(0,1)). Wir wählen nun n so, daß $2\Phi(0,02\sqrt{n}) - 1 = 0,95$. Dies führt zu $n = (50\Phi^{-1}(0,975))^2 = 9604$ als Näherungswert für den gesuchten Stichprobenumfang. ∎

2.7.6 Beispiel. Sei $(X_n) \subset L^2$ $(n \geq 1)$ eine UIV-Folge, wobei $X_n \geq 0$ die Leistung sei, die ein Versicherer (VS) aufgrund eines Portfolios von Policen im n-ten Schadensfall (in zeitlicher Reihenfolge) zu erbringen hat. Sei $(N(t))$ $(t \geq 0)$ ein Poisson-Prozeß mit Parameter λ (vgl. Beispiel 7.3.1 [4]). Die Anzahl der Schadensfälle im Zeitintervall $[0,t]$ sei $N(t)$. Setzen wir $T_n = X_1 + \cdots + X_n$ $(n \geq 0)$, so ist also $T_{N(t)}$ die Gesamtleistung des VS im Zeitintervall $[0,t]$. (Die ZV $T_{N(t)}$ $(t > 0)$ heißt auch *kollektives Risikomodell* für das Zeitintervall $[0,t]$.) Wir nehmen im folgenden an, daß die ZV $X_1, N(1), X_2, N(2) - N(1), X_3, N(3) - N(2), \ldots$ unabhängig sind. Sei $\mu := E[X_1]$ und $\sigma^2 := \operatorname{Var}[X_1] > 0$. Aufgrund einer Wald-Gleichung (vgl. Satz 7.7 [4]) gilt dann

$$E[T_{N(n)}] = \lambda\mu n, \quad n \geq 0. \tag{2.7.17}$$

Mit Hilfe der Ungleichung $(a_1 + \cdots + a_k)^2 \leq k(a_1^2 + \cdots + a_k^2)$ $(a_i \in \mathbb{R}, 1 \leq i \leq k)$ und Satz 1.21 [4] ergibt sich leicht $T_{N(n)} \in L^2$, $n \geq 1$. Wir zeigen nun, daß für $n \geq 0$

$$\operatorname{Var}[T_{N(n)}] = \sigma^2 E[N(n)] + \mu^2 \operatorname{Var}[N(n)] = (\sigma^2 + \mu^2)\lambda n. \tag{2.7.18}$$

(Hierin ist $\mu^2\operatorname{Var}[N(n)]$ der Beitrag zur Varianz von $T_{N(n)}$, der aufgrund der Streuung der *Anzahl* der Summanden in $T_{N(n)}$ auftritt.) Setzen wir bei festem $n \geq 1$, $A_k = \{N(n) = k\}$ und $p_k = P(A_k)$, so erhalten wir wegen Satz 1.21 [4] und (2.7.17)

$$\begin{aligned}
\mathrm{Var}[T_{N(n)}] &= E[T^2_{N(n)}] - (E[T_{N(n)}])^2 \\
&= \sum_{k=0}^{\infty}(E[T^2_{N(n)}|A_k] - (E[T_{N(n)}|A_k])^2)p_k \\
&\quad + \sum_{k=0}^{\infty}(E[T_{N(n)}|A_k])^2 p_k - (\lambda\mu n)^2 \\
&= \sum_{k=0}^{\infty} \mathrm{Var}[T_k]p_k + \sum_{k=0}^{\infty}(E[T_k])^2 p_k - (\lambda\mu n)^2 \\
&= \sum_{k=0}^{\infty} k\sigma^2 p_k + \sum_{k=0}^{\infty} k^2\mu^2 p_k - \mu^2(E[N(n)])^2 \\
&= \sigma^2 E[N(n)] + \mu^2 \mathrm{Var}[N(n)] = (\sigma^2 + \mu^2)\lambda n.
\end{aligned}$$

Man sieht leicht, daß die ZV $T_{N(n)} - T_{N(n-1)}$ $(n \geq 1)$ unabhängig und identisch verteilt sind. Mit Hilfe von Satz 2.3 sowie (2.7.17) und (2.7.18) ergibt sich also

$$(2.7.19) \qquad (T_{N(n)} - \lambda\mu n)/\sqrt{(\sigma^2 + \mu^2)\lambda n} \to \mathrm{N}(0,1) \quad \text{(schwach)}.$$

Sei c die Gesamtprämie, die der VS aufgrund seines Portfolios von Policen pro Zeiteinheit einnimmt. Der VS möchte c so festlegen, daß seine Gesamtleistung in einem langen Zeitraum $[0,n]$ die Gesamtprämie cn für diesen Zeitraum mit Wahrscheinlichkeit 0,95 nicht übersteigt, d.h. $P(T_{N(n)} \leq cn) = 0,95$ gilt. Mit Hilfe von (2.7.19) erhält man

$$P(T_{N(n)} \leq cn) \approx \Phi((c - \lambda\mu)\sqrt{n}/\sqrt{(\sigma^2 + \mu^2)\lambda}),$$

so daß sich als Näherungswert für c

$$\lambda\mu + \lambda\mu\sqrt{(1 + \sigma^2/\mu^2)/(\lambda n)}\,\Phi^{-1}(0,95)$$

$(\Phi^{-1}(0,95) = 1,645)$ ergibt. Hierin ist $\lambda\mu = E[T_{N(1)}]$ die sog.(Gesamt-) *Nettoprämie* pro Zeiteinheit und

$$\lambda\mu\sqrt{(1 + \sigma^2/\mu^2)/(\lambda n)}\,\Phi^{-1}(0,95)$$

ein sog. *Risikozuschlag* pro Zeiteinheit. ■

Aufgaben

5.1. $X, X_1, X_2, \ldots$ seien ZV derart, daß $X_n \to X$ (schwach). Man zeige: Hat X die VF F, so gilt

$$P(X_n < t) \to P(X < t), \quad t \in S_F.$$

5.2. Man zeige, daß für ZV $X, X_1, X_2, \ldots$ genau dann $X_n \to X$ (schwach) gilt, wenn $X_n^+ \to X^+$ (schwach) *und* $X_n^- \to X^-$ (schwach).
Hinweis: Man beachte, daß für eine ZV Z $\{Z \leq t\} = \{Z^+ \leq t\}, \quad t \geq 0$, sowie $\{Z \leq t\} = \{Z^- \geq -t\}, \quad t < 0$, und benutze Aufgabe 5.1.

5.3. Seien $X_1, X_2, \ldots$ ZV derart, daß $P(X_n = k/n) = 1/n, \quad k = 1, \ldots, n$ $(n \geq 1)$. Man zeige, daß (X_n) schwach konvergiert und bestimme die Grenzverteilung. (Man versuche zunächst, die Grenzverteilung zu erraten !)

5.4. Sei $X_1, X_2, \ldots$ eine UIV-Folge von ZV derart, daß für eine gewisse Zahl a $X_1 \leq a$ f.s. Man zeige, daß dann eine Zahl b existiert derart, daß $X_1 \vee \cdots \vee X_n \to b$ (schwach). Wie läßt sich b charakterisieren ?

5.5. Die ZV $X_n \sim \mathrm{N}(0,1)$ $(n \geq 1)$ seien unabhängig. Sei $T_n := X_1^2 + \cdots + X_n^2, \quad n \geq 1$. Dann gilt

$$\frac{X_1}{\sqrt{T_n/n}} \to \mathrm{N}(0,1) \quad \text{(schwach)}.$$

5.6. Sei $X_1, X_2, \ldots$ eine UIV-Folge von nichtnegativen ZV, die eine Dichte f besitzen. Es existiere der Grenzwert $f(t) \to \lambda \in \,]0, \infty[\quad (t \to 0,\ t > 0)$. Man zeige, daß dann gilt :

$$n(X_1 \wedge \cdots \wedge X_n) \to \mathrm{EXP}(\lambda) \quad \text{(schwach)}.$$

5.7. Sei $X_1, X_2, \ldots$ eine UIV-Folge von ZV derart, daß $X_1 \sim \mathrm{EXP}(1)$. Man zeige, daß es dann eine ZV Y gibt derart, daß $(X_1 \vee \cdots \vee X_n) - \log n \to Y$ (schwach) („log“ ist der natürliche Logarithmus). Welche VF hat Y ?

5.8. Seien $X, X_1, X_2, \ldots$ und $Y, Y_1, Y_2, \ldots$ nichtnegative ZV derart, daß $X_n \to X$ (schwach) und $Y_n \to Y$ (schwach). Die ZV X, Y seien unabhängig, und für jedes $n \geq 1$ gelte, daß X_n, Y_n (voneinander) unabhängig sind.
(a) Man zeige, daß dann $X_n + Y_n \to X + Y$ (schwach).
(b) Seien $V, V_1, V_2, \ldots$ und $W, W_1, W_2, \ldots$ ZV. Man zeige anhand eines Beispiels, daß i.a. aus $V_n \to V$ (schwach) und $W_n \to W$ (schwach) *nicht* $V_n + W_n \to V + W$ (schwach) folgt.

5.9. Für jedes $n \geq 1$ seien $X_{n1}, \ldots, X_{nn}$ unabhängige ZV derart, daß für $1 \leq m \leq n$

$$P(X_{nm} = 0) = 1 - 1/n - 1/n^2,\ P(X_{nm} = 1) = 1/n,\ P(X_{nm} = 2) = 1/n^2.$$

Man zeige, daß für $S_n := X_{n1} + \cdots + X_{nn}$ gilt :

$$S_n \to \mathrm{PO}(1) \quad \text{(schwach)}.$$

Hinweis: Man betrachte die ZV $Y_{nm} := X_{nm}I\{X_{nm} \leq 1\}$ und verwende Laplace-Transformierte.

5.10. Sei X eine ZV derart, daß für ein gewisses beschränktes Intervall $[a, b]$ $X \in [a, b]$ f.s. Sei Y eine ZV derart, daß $Y^n \in L^1$ für alle $n \geq 1$, und für beliebige beschränkte Intervalle $[c, d]$ $P(Y \in [c, d]) < 1$ gilt. Mit Hilfe einer einfachen Überlegung zeige man (als Ergänzung zu Satz 3.23[4] und Satz 1.10), daß *nicht* für alle $n \geq 1$ $E[X^n] = E[Y^n]$ gelten kann.

5.11. (a) Die ZV ξ habe eine *Cauchy-Verteilung* mit der Dichte $f(x) = (\pi(1 + x^2))^{-1}$, $x \in \mathbb{R}$. Man zeige, daß dann die ZV $(1 + \xi^2)^{-1}$ eine Arcus-Sinus-Verteilung hat.
(b) Die ZV $N \sim \mathrm{N}(0, 1)$ und $\tilde{N} \sim \mathrm{N}(0, 1)$ seien unabhängig. Man zeige, daß die Funktion f in (a) eine Dichte von $N/|\tilde{N}|$ ist.
Hinweis: Man beachte, daß

$$1 - (2/\pi) \arctan \sqrt{(1-t)/t} = (2/\pi) \arcsin \sqrt{t}, \quad 0 \leq t \leq 1$$

gilt und $N/|\tilde{N}|$ symmetrisch verteilt ist.

5.12. Die ZV $X \sim \mathrm{N}(0, 1)$ und $Y \sim \mathrm{N}(0, 1)$ seien unabhängig. Man zeige, daß dann die ZV $X^2/(X^2 + Y^2)$ eine Arcus-Sinus-Verteilung besitzt.
Hinweis: Man verwende die Dichte des ZVK (X, Y), benutze Polarkoordinaten und beachte, daß

$$\pi/2 - \arccos \sqrt{t} = \arctan \sqrt{t/(1-t)}, \quad 0 \leq t \leq 1.$$

5.13. Sei $X_1, X_2, \ldots$ eine UIV-Folge von ZV derart, daß $X_1 \sim \mathrm{UNI}(-1, 1)$. Man zeige :

$$\frac{X_1 + \cdots + X_n}{\sqrt{n}(X_1 \vee \cdots \vee X_n)} \to \mathrm{N}(0, \frac{1}{3}) \quad \text{(schwach)}.$$

5.14. Sei $X_n \sim \Gamma(1, n)$, $n \geq 1$ (vgl. Beispiel 5.10.1[4]) und $Y_n := (X_n - n)/\sqrt{X_n}$, $n \geq 1$. Dann gilt $Y_n \to \mathrm{N}(0, 1)$ (schwach).

5.15. Seien $X_1, X_2, \ldots$ unabhängige identisch verteilte ZV mit der VF F. Sei F_n die zu $X_1, \ldots, X_n$ gehörige empirische VF (vgl. (6.0.1)[7]). Man zeige, daß es zu jedem $t \in \mathbb{R}$ mit $0 < F(t) < 1$ eine Zahl $a(t) > 0$ gibt derart, daß für $n \to \infty$ $(\sqrt{n}/a(t))(F_n(t) - F(t)) \to \mathrm{N}(0, 1)$ (schwach).

5.16. Sei $X_1, X_2, \ldots$ eine UIV-Folge von ZV derart, daß X_1 die Dichte $f(t) = (1/|t|^3)I\{|t| \geq 1\}$, $t \in \mathbb{R}$, hat. Man zeige („log" ist der natürliche

Logarithmus):

$$(X_1 + \cdots + X_n)/\sqrt{n \log n} \to \mathrm{N}(0,1) \quad \text{(schwach)}.$$

Hinweis: Da $\mathrm{Var}[X_1] = E[X_1^2] = \infty$, ist der ZGS nicht *direkt* anwendbar ! Man betrachte die „abgeschnittenen" ZV $\widetilde{X}_n := X_n I\{|X_n| \leq a_n\}$ für geeignete Zahlen a_n.

5.17. Sei $X_1, X_2, \ldots$ eine UIV-Folge von ZV derart, daß $E[X_1^4] < \infty$ und $\sigma^2 := \mathrm{Var}[X_1] > 0$. Es werde $\mu = E[X_1]$ und $\mu_4 = E[(X_1 - \mu)^4]$ gesetzt. Mit

$$\overline{X}_n := \frac{1}{n}\sum_{i=1}^{n} X_i \quad \text{bzw.} \quad S_n^2 := \frac{1}{n}\sum_{i=1}^{n}(X_i - \overline{X}_n)^2$$

bezeichnen wir das *empirische Stichprobenmittel* bzw. die *empirische Stichprobenvarianz*. Man zeige :

(a) $E[S_n^2] = \dfrac{n-1}{n}\sigma^2, \quad n \geq 1.$

(Dies zeigt, daß $(n/(n-1))S_n^2$ ein „erwartungstreuer" Schätzer für σ^2 ist.)

(b) $\dfrac{\sqrt{n}(S_n^2 - \sigma^2)}{\sqrt{\mu_4 - \sigma^4}} \to \mathrm{N}(0,1) \quad$ (schwach).

5.18. An jedem Samstag fahren zur gleichen Zeit zwei Schiffe zweier konkurrierender Gesellschaften vom Hafen A zum Hafen B. Die Schiffe haben bei gleichem Fahrpreis vergleichbaren Komfort und benötigen die gleiche Fahrzeit. Die an jedem Samstag eintreffenden $n = 1000$ Kunden entscheiden sich daher unabhängig voneinander jeweils zufällig für eines der beiden Schiffe. Man bestimme mit Hilfe des ZGS näherungsweise die Zahl N der Plätze, die jedes Schiff mindestens haben sollte, damit es mit Wahrscheinlichkeit 0,99 alle Kunden aufnehmen kann! (Antwort : $N = 537$.) (Eine realistischere Annahme wäre, daß die samstags eintreffende Kundenzahl eine PO(1000)-Verteilung hat.)

Hinweis: $\Phi(2,3263) = 0,99$.

5.19. Die ZV $X_1, X_2, \ldots$ seien unabhängig. Das Δ-Schema sei in den folgenden Fällen jeweils wie im Beweis von Satz 2.7 definiert :

(a) $P(X_n = n) = P(X_n = -n) = 1/2, \quad n \geq 1.$

(b) $P(X_n = 2^{n/2}) = P(X_n = -2^{n/2}) = 1/2, \quad n \geq 1.$

(c) $P(X_n = n) = P(X_n = -n) = 1/(2n), \quad P(X_n = 0) = 1 - 1/n, \quad n \geq 1.$

Man untersuche, in welchen Fällen die Lindeberg-Bedingung erfüllt ist.

5.20. Die ZV $X_1, X_2, \ldots$ seien unabhängig derart, daß $X_n \sim \mathrm{UNI}(-a_n, a_n)$ mit $0 < a_n \leq 1, \quad n \geq 1$. Man zeige, daß für das Δ-Schema im Beweis von Satz 2.7 genau dann die Lindeberg-Bedingung erfüllt ist, falls $a_1^2 + a_2^2 + \cdots = \infty$.

KAPITEL 6

Bedingte Erwartungswerte

Bei der Bildung des gewöhnlichen EW $E[X]$ wird eine ZV X, die auf einem W.-Raum $(\Omega, \mathcal{A}, P)$ definiert ist, über den gesamten Grundraum Ω gemittelt. Häufig liegt jedoch über das von der Glücksgöttin Tyche gewählte $\omega \in \Omega$ eine gewisse Information vor, die etwa durch die Beobachtung gewisser ZV $X_1, \ldots, X_n$ gegeben wird. Mittelt man in diesem Fall lediglich über diejenigen $\omega \in \Omega$, für welche $X_1, \ldots, X_n$ die beobachteten Werte annehmen, so gelangt man zum ***bedingten Erwartungswert*** $E[X|X_1, \ldots, X_n]$, der eine von $X_1, \ldots, X_n$ abhängende ***Zufallsvariable*** ist. Der bedingte EW $E[X|X_1, \ldots, X_n]$, der mit Hilfe der in der σ-Algebra $\sigma\{X_1, \ldots, X_n\}$ enthaltenen Information über das von Tyche gewählte $\omega \in \Omega$ gebildet wird, läßt sich etwa als *Approximation* einer nicht direkt beobachtbaren ZV X auffassen. Gilt $X \in L^2(\Omega, \mathcal{A}, P)$, so stimmt $E[X|X_1, \ldots, X_n]$ mit der orthogonalen Projektion von X auf den Lebesgue-Raum $L^2(\Omega, \sigma\{X_1, \ldots, X_n\}, P)$, der einen abgeschlossenen linearen Teilraum von $L^2(\Omega, \mathcal{A}, P)$ bildet, überein.

Bedingte EW treten in wichtigen Grenzwertsätzen auf; man vgl. dazu in Kapitel 7 etwa den fast-subadditiven Grenzwertsatz (Satz 3.1[7]) sowie den Ergodensatz von Birkhoff (Satz 3.7[7]). Martingale, die in der neueren Wahrscheinlichkeitstheorie eine wesentliche Rolle spielen, werden mit Hilfe von bedingten EW definiert (vgl. Definition 1.6[8]).

Es zeigt sich, ähnlich wie bei gewöhnlichen EW, daß der bedingte EW $E[X|\mathcal{B}]$ ($\mathcal{B} \subset \mathcal{A}$ sei eine beliebige σ-Algebra) für jede NZV $X \geq 0$ existiert. Ist X eine ***beliebige*** NZV derart, daß $E[X^+|\mathcal{B}] \wedge E[X^-|\mathcal{B}] < \infty$ f.s., so wird der ***bedingte Erwartungswert von X — gegeben $\mathcal{B}$*** — definiert durch $E[X|\mathcal{B}] = E[X^+|\mathcal{B}] - E[X^-|\mathcal{B}]$. Insbesondere existiert $E[X|\mathcal{B}]$, falls der gewöhnliche EW $E[X]$ existiert.

6.1 Definition und Existenz bedingter Erwartungswerte

Sei $(\Omega, \mathcal{A}, P)$ ein W.-Raum und $X : \Omega \longrightarrow \overline{\mathbb{R}}$ eine integrierbare ZV oder eine ***positive*** NZV. Sei $B \in \mathcal{A}$ ein Ereignis derart, daß $P(B) > 0$. Weiß man, daß das von der Glücksgöttin Tyche gewählte ω in B liegt (d.h. ist B eingetreten), so liefert die Berechnung des EW von X auf der Menge der in Frage kommenden $\omega \in \Omega$ („neuer" Grundraum ist B !) den gewöhnlichen ***bedingten Erwartungswert*** $E[X|B]$, der bez. des bedingten W.-Maßes $P(\cdot|B)$ gebildet wird. Wegen Satz 1.21[4] gilt die insbesondere für Berechnungen nützliche Formel

$$E[X|B] = \frac{1}{P(B)} E[XI_B]. \tag{1.0.1}$$

Sei jetzt $\mathcal{P} = \{B_1, \ldots, B_n\} \subset \mathcal{A}$ eine Zerlegung von Ω derart, daß $P(B_i) > 0$, $1 \leq i \leq n$. Die bedingten EW $E[X|B_i]$ lassen sich dann zu einer ZV bzw. NZV $E[X|\mathcal{P}]$ „zusammensetzen“, die auf B_i mit dem jeweiligen bedingten EW $E[X|B_i]$ übereinstimmt:

$$E[X|\mathcal{P}] := \sum_{i=1}^{n} E[X|B_i]\, I(B_i). \tag{1.0.2}$$

Jede Menge der Form $\{E[X|\mathcal{P}] \in B\}$, $B \in \mathcal{R}$, ist somit Vereinigung von Mengen aus $\mathcal{P}$, so daß $E[X|\mathcal{P}]$ $\sigma(\mathcal{P})$-meßbar ist. Ist umgekehrt $\mathcal{B} \subset \mathcal{A}$ eine *endliche* σ-Algebra, so folgt aus Satz 3.2[1], daß es genau eine Zerlegung $\mathcal{P} = \{B_1, \ldots, B_n\} \subset \mathcal{A}$ von Ω gibt derart, daß $\emptyset \notin \mathcal{P}$ und $\mathcal{B} = \sigma(\mathcal{P})$. Wir setzen dann $E[X|\mathcal{B}] := E[X|\mathcal{P}]$ (*bedingter Erwartungswert von X — gegeben* $\mathcal{B}$).

Sei jetzt $\mathcal{P} = \{B_1, \ldots, B_n\} \subset \mathcal{A}$ eine Zerlegung von Ω derart, daß $\emptyset \notin \mathcal{P}$ und $P(B_i) = 0$ für gewisse $1 \leq i \leq n$ gilt (letzteres hatten wir bisher ausgeschlossen!). Ist $P(B_i) = 0$, so sei $E[X|\sigma(\mathcal{P})]$ *konstant* (etwa gleich b_i) auf B_i, wobei $b_i \in \mathbb{R}$, falls X eine integrierbare ZV ist, und $b_i \in \overline{\mathbb{R}}_+ := \mathbb{R}_+ \cup \{\infty\}$, falls $X \geq 0$ eine NZV, aber keine ZV ist. Für jede Wahl der Werte b_i erhalten wir eine mit $E[X|\sigma(\mathcal{P})]$ bezeichnete *Version* des bedingten EW von X — gegeben $\sigma(\mathcal{P})$ —, und je zwei Versionen stimmen f.s. überein. Jede Version $E[X|\sigma(\mathcal{P})]$ ist $\sigma(\mathcal{P})$-meßbar und zusätzlich integrierbar, falls $X \in L^1$.

1.1 Lemma. *Sei $\mathcal{B} \subset \mathcal{A}$ eine endliche σ-Algebra und sei X integrierbar oder eine positive* NZV. *Dann gilt für jede Version* $E[X|\mathcal{B}]$

$$\int_B E[X|\mathcal{B}]\, dP = \int_B X\, dP, \quad B \in \mathcal{B}. \tag{1.1.1}$$

BEWEIS. Sei $\mathcal{B} = \sigma(\mathcal{P})$, wobei $\mathcal{P} = \{B_1, \ldots, B_n\} \subset \mathcal{A}$ die aufgrund von Satz 3.2[1] eindeutig bestimmte Zerlegung von Ω ist derart, daß $\emptyset \notin \mathcal{P}$. Da jedes $B \in \sigma(\mathcal{P})$ Vereinigung von Mengen aus $\mathcal{P}$ ist, reicht es zu zeigen, daß (1.1.1) für $B = B_i$ $(1 \leq i \leq n)$ gilt. Für $B = B_i$ derart, daß $P(B_i) = 0$, sind beide Seiten in (1.1.1) Null. Sei also $B = B_i$ derart, daß $P(B_i) > 0$. Wegen (1.0.2) und (1.0.1) ist die linke Seite in (1.1.1) gleich

$$E[I(B_i)E[X|B_i]] = E[I(B_i)E[XI(B_i)]/P(B_i)] = E[XI(B_i)].$$

■

Aufgrund der *Rückschlußeigenschaft* (RSE) gewöhnlicher EW wird eine Version $E[X|\mathcal{B}]$ f.s. eindeutig bestimmt durch (1.1.1). Diese Beobachtung legt die Frage nahe, ob für eine *beliebige* σ-Algebra $\mathcal{B} \subset \mathcal{A}$ und eine *beliebige* NZV $X \geq 0$ eine $\mathcal{B}$-meßbare NZV Y existiert derart, daß $E[YI_B] = E[XI_B]$, $B \in$

$\mathcal{B}$. Diese Frage wird positiv beantwortet durch folgenden *Existenzsatz für bedingte Erwartungswerte*:

1.2 Satz. *Sei $(\Omega, \mathcal{A}, P)$ ein W.-Raum und $\mathcal{B} \subset \mathcal{A}$ eine σ-Algebra. Zu jeder* NZV $X \geq 0$ *existiert eine $\mathcal{B}$-meßbare* NZV $E[X|\mathcal{B}] \geq 0$ *derart, daß*

$$\int_B E[X|\mathcal{B}]\, dP = \int_B X\, dP, \quad B \in \mathcal{B}. \tag{1.2.1}$$

Durch (1.2.1) *wird $E[X|\mathcal{B}]$ f.s. eindeutig bestimmt, d.h. ist Y eine $\mathcal{B}$-meßbare* NZV, *deren* EW *existiert und für die*

$$\int_B Y\, dP = \int_B X\, dP, \quad B \in \mathcal{B} \tag{1.2.2}$$

gilt, so folgt $Y = E[X|\mathcal{B}]$ f.s. ■

Eine $\mathcal{B}$-meßbare NZV $E[X|\mathcal{B}]$, für die (1.2.1) gilt, heißt eine *Version des bedingten Erwartungswertes von X — gegeben $\mathcal{B}$*. Ist $\xi_1, \xi_2, \ldots$ eine endliche oder unendliche Folge von NZV, so setzen wir

$$E[X|\xi_1, \xi_2, \ldots] := E[\xi|\sigma\{\xi_1, \xi_2, \ldots\}]. \tag{1.2.3}$$

1.3 Bemerkung. Ist $X \geq 0$ *integrierbar*, so ist (1.2.1) äquivalent zu

$$\int_B E[X|\mathcal{B}]\, dP = \int_B X\, dP, \quad B \in \mathcal{B}_0, \tag{1.3.1}$$

worin $\mathcal{B}_0 \subset \mathcal{B}$ $\cap$-stabil ist derart, daß $\Omega \in \mathcal{B}_0$ und $\sigma(\mathcal{B}_0) = \mathcal{B}$. Gilt nämlich (1.3.1), so ist die Familie $\mathcal{M} := \{B \in \mathcal{B} : E[I_B E[X|\mathcal{B}]] = E[I_B X]\}$ ein Dynkin-System derart, daß $\mathcal{B}_0 \subset \mathcal{M}$ (man beachte, daß $E[X|\mathcal{B}]$ integrierbar ist). Aufgrund des Satzes von Dynkin gilt somit $\sigma(\mathcal{B}_0) = \mathcal{B} \subset \mathcal{M}$, so daß $\mathcal{M} = \mathcal{B}$. ■

BEWEIS VON SATZ 1.2. Die Eindeutigkeitsaussage ergibt sich aus der RSE. Zum Nachweis der *Existenz* einer NZV $E[X|\mathcal{B}]$ mit den genannten Eigenschaften nehmen wir zunächst an, daß *zusätzlich* $X \in L^2$ gilt, und wenden den Projektionssatz (Satz 6.13[4]) auf den abgeschlossenen linearen Teilraum $L^2(\Omega, \mathcal{B}, P)$ von $L^2(\Omega, \mathcal{A}, P)$ an. (Genaugenommen müßte P durch seine Restriktion $P|\mathcal{B}$ auf $\mathcal{B}$ ersetzt werden!) Aufgrund von Satz 6.13[4] existiert also eine ZV $Y \in L^2(\Omega, \mathcal{B}, P)$ derart, daß wegen (PR1) $E[Z(X - Y)] = 0$, $Z \in L^2(\Omega, \mathcal{B}, P)$. Daraus folgt für $Z = I_B$ $(B \in \mathcal{B})$ $E[I_B Y] = E[I_B X]$. Aufgrund der RSE ergibt sich $Y \geq 0$ f.s. wegen $X \geq 0$. Da wir — falls erforderlich — Y durch $YI\{Y \geq 0\}$ ersetzen können, dürfen wir annehmen, daß $Y(\omega) \geq 0$, $\omega \in \Omega$, gilt, so daß $E[X|\mathcal{B}] := Y$ die gewünschten Eigenschaften hat. Ist $X \geq 0$ eine beliebige NZV, so existiert aufgrund des Approximationssatzes (Satz 1.18[2]) eine Folge $0 \leq X_1 \leq X_2 \leq \cdots$ von *elementaren* ZV derart, daß

$$\lim_{n \to \infty} X_n(\omega) = X(\omega), \quad \omega \in \Omega. \tag{1.3.2}$$

Wegen $X_n \in L^2$ $(n \geq 1)$ existieren $\mathcal{B}$-meßbare ZV $E[X_n|\mathcal{B}] \geq 0$ derart, daß

$$\int_B E[X_n|\mathcal{B}]\,dP = \int_B X_n\,dP, \quad B \in \mathcal{B},\ n \geq 1. \tag{1.3.3}$$

Da die Folge (X_n) monoton wächst, erhält man aus (1.3.3) aufgrund der RSE $E[X_n|\mathcal{B}] \leq E[X_{n+1}|\mathcal{B}]$ f.s., $n \geq 1$. Für $\Omega_0 := \{\omega \in \Omega : E[X_n|\mathcal{B}] \leq E[X_{n+1}|\mathcal{B}],\ n \geq 1\}$ ergibt sich also $\Omega_0 \in \mathcal{B}$ und $P(\Omega_0) = 1$. Die Folge $(E\,[X_n|\mathcal{B}]\,I(\Omega_0))$ ist dann auf Ω monoton wachsend, so daß der Grenzwert

$$Y := \lim_{n\to\infty} E[X_n|\mathcal{B}]I(\Omega_0) \tag{1.3.4}$$

auf Ω existiert und eine $\mathcal{B}$-meßbare NZV Y definiert. Aus (1.3.3), (1.3.4) und (1.3.2) folgt mit Hilfe des Satzes von der monotonen Konvergenz $E[I_B Y] = E[I_B X]$, $B \in \mathcal{B}$. Die NZV $E[X|\mathcal{B}] := Y$ hat also die gewünschten Eigenschaften. ■

Ist X eine beliebige NZV, so existieren aufgrund von Satz 1.2 die bedingten EW $E[X^+|\mathcal{B}]$, $E[X^-|\mathcal{B}]$. (Mit dieser Kurz-Formulierung ist natürlich gemeint, daß $E[X^+|\mathcal{B}]$ und $E[X^-|\mathcal{B}]$ Versionen des bedingten EW von X^+ bzw. X^- — gegeben $\mathcal{B}$ — sind !) Gelte insbesondere $X \in L^1$. Aufgrund von (1.2.1) sind dann $E[X^+|\mathcal{B}]$, $E[X^-|\mathcal{B}]$ integrierbar, so daß $E[X^+|\mathcal{B}] < \infty$ f.s., $E[X^-|\mathcal{B}] < \infty$ f.s. Wir setzen in diesem Fall

$$E[X|\mathcal{B}] := E[X^+|\mathcal{B}] - E[X^-|\mathcal{B}]. \tag{1.3.5}$$

(Man beachte, daß die rechte Seite in (1.3.5) auf der Menge

$$\Omega_1 := \{E[X^+|\mathcal{B}] = E[X^-|\mathcal{B}] = \infty\}, \tag{1.3.6}$$

für die $P(\Omega_1) = 0$ gilt, nicht definiert ist. In einem derartigen Fall werde die rechte Seite in (1.3.5) stillschweigend auf Ω_1 (etwa) Null gesetzt, so daß $E[X|\mathcal{B}]$ $\mathcal{B}$-meßbar ist.) Aufgrund von (1.2.1) gilt also, falls $X \in L^1$,

$$\int_B E[X|\mathcal{B}]\,dP = \int_B X\,dP, \quad B \in \mathcal{B}. \tag{1.3.7}$$

Durch (1.3.5) wird der *bedingte Erwartungswert von X — gegeben $\mathcal{B}$* — (genauer: eine *Version* des bedingten EW von X — gegeben $\mathcal{B}$!) definiert. Ist X eine NZV und $\mathcal{B} \subset \mathcal{A}$ eine σ-Algebra derart, daß für die Menge Ω_1 in (1.3.6) $P(\Omega_1) = 0$ ist, so wird der *bedingte Erwartungswert von X — gegeben $\mathcal{B}$* — durch (1.3.5) definiert; wir sagen in diesem Fall, daß der bedingte EW von X — gegeben $\mathcal{B}$ — *existiert* oder *definiert* ist.

Ist insbesondere $X = I_A$ $(A \in \mathcal{A})$ und $\mathcal{B} \subset \mathcal{A}$ eine σ-Algebra, so setzt man

$$P(A|\mathcal{B}) := E[I_A|\mathcal{B}] \tag{1.3.8}$$

(*bedingte Wahrscheinlichkeit von A — gegeben $\mathcal{B}$*).

1.3.1 Beispiel. Sei X eine beliebige NZV und $\mathcal{B} = \{\emptyset, \Omega\}$. Aus (1.2.1) folgt $E[X^+|\mathcal{B}] = E[X^+]$ f.s. und $E[X^-|\mathcal{B}] = E[X^-]$ f.s. Im Fall $\mathcal{B} = \{\emptyset, \Omega\}$ ist also $E[X|\mathcal{B}]$ genau dann definiert, wenn der EW $E[X]$ existiert. ■

1.3.2 Beispiel. Sei $X \in L^2(\Omega, \mathcal{A}, P)$ und $\mathcal{B} \subset \mathcal{A}$ eine σ-Algebra. Aufgrund des Beweises von Satz 1.2 stimmen $E[X^+|\mathcal{B}]$ und $E[X^-|\mathcal{B}]$ f.s. mit den orthogonalen Projektionen von X^+ bzw. X^- auf $L^2(\Omega, \mathcal{B}, P)$ überein, so daß

$$E[Z(X^+ - E[X^+|\mathcal{B}])] = E[Z(X^- - E[X^-|\mathcal{B}])] = 0, \quad Z \in L^2(\Omega, \mathcal{B}, P).$$

Hieraus folgt wegen (1.3.5) $E[Z(X - E[X|\mathcal{B}])] = 0$, $Z \in L^2(\Omega, \mathcal{B}, P)$, so daß $E[X|\mathcal{B}]$ f.s. mit der orthogonalen Projektion von X auf $L^2(\Omega, \mathcal{B}, P)$ übereinstimmt. Aufgrund des Projektionssatzes (Satz 6.13[4]) erhält man also wegen (PR 2)

$$\inf_Z E\left[(X - Z)^2\right] = E\left[(X - E[X|\mathcal{B}])^2\right] \tag{1.3.9}$$

(das Infimum gebildet über alle $Z \in L^2(\Omega, \mathcal{B}, P)$). Unter allen ZV $Z \in L^2(\Omega, \mathcal{B}, P)$, bei deren Konstruktion lediglich die in $\mathcal{B}$ enthaltene Information über das von Tyche gewählte $\omega \in \Omega$ benutzt wird, ist somit $Z = E[X|\mathcal{B}]$ diejenige ZV, die X am besten im Sinne der L^2-Norm approximiert. ■

1.4 Bemerkung. Man kann bei der Herleitung von Satz 1.2 für integrierbare ZV $X \geq 0$ auch den *Satz von Radon-Nikodým* (Satz 6.14[4]) benutzen, der ebenfalls mit Hilfe des Projektionssatzes bewiesen wurde. (Hinweis: Ist $X \geq 0$ eine *integrierbare* ZV derart, daß $E[X] > 0$, so wird durch $Q(B) := E[I_B X]/E[X]$, $B \in \mathcal{B}$, ein W.-Maß auf $\mathcal{B}$ definiert derart, daß $Q \ll P$ auf $\mathcal{B}$ gilt.) ■

1.5 Satz. *Sei X eine* NZV, *deren* EW $E[X]$ *existiert. Dann existiert für jede σ-Algebra $\mathcal{B} \subset \mathcal{A}$ der bedingte* EW $E[X|\mathcal{B}]$ *sowie der* EW $E[E[X|\mathcal{B}]]$, *und es gilt*

$$\int_B E[X|\mathcal{B}]\, dP = \int_B X\, dP, \quad B \in \mathcal{B}. \tag{1.5.1}$$

BEWEIS. Gilt $E[X^+] < \infty$ bzw. $E[X^-] < \infty$, so folgt $E[X^+|\mathcal{B}] \in L^1$ bzw. $E[X^-|\mathcal{B}] \in L^1$, woraus sich $E[X^+|\mathcal{B}] < \infty$ f.s. bzw. $E[X^-|\mathcal{B}] < \infty$ f.s. ergibt. Für die Menge Ω_1 in (1.3.6) gilt also $P(\Omega_1) = 0$. Wegen (1.3.5) gilt $E[X|\mathcal{B}] := E[X^+|\mathcal{B}] - E[X^-|\mathcal{B}]$. Aufgrund von Satz 1.20[4] existiert demnach für alle $B \in \mathcal{B}$ der EW von $I_B E[X|\mathcal{B}] = I_B E[X^+|\mathcal{B}] - I_B E[X^-|\mathcal{B}]$, und es folgt (1.5.1). ■

1.6 Bemerkung. Die Umkehrung von Satz 1.5 gilt *nicht*, d.h. der bedingte EW $E[X|\mathcal{B}]$ einer NZV X kann existieren, *auch wenn der* EW $E[X]$ *nicht existiert.* Ist nämlich X eine $\mathcal{B}$-meßbare NZV, so gilt

$$E[X|\mathcal{B}] = X \quad \text{f.s.} \tag{1.6.1}$$

In der Tat, da X^+, X^- $\mathcal{B}$-meßbar sind, ergibt sich aus (1.2.1) $E[X^+|\mathcal{B}] = X^+$ f.s. und $E[X^-|\mathcal{B}] = X^-$ f.s., so daß $E[X^+|\mathcal{B}] \wedge E[X^-|\mathcal{B}] = X^+ \wedge X^- = 0$ f.s. Folglich existiert $E[X|\mathcal{B}]$, und es gilt (1.6.1). Insbesondere existiert also im Fall $\mathcal{B} = \mathcal{A}$ $E[X|\mathcal{B}]$ für *jede* NZV X. ■

Die folgende *Faktorisierungseigenschaft* bedingter EW wird häufig benutzt:

1.7 Satz. *Sei $\mathcal{B} \subset \mathcal{A}$ eine σ-Algebra und $Y \geq 0$ eine $\mathcal{B}$-meßbare* NZV.

(a) *Für eine beliebige* NZV $X \geq 0$ *gilt*

$$E[XY|\mathcal{B}] = YE[X|\mathcal{B}] \quad f.s. \tag{1.7.1}$$

(b) *Existiert für eine* NZV X $E[X|\mathcal{B}]$ *und ist* $0 \leq Y < \infty$ *f.s., so existiert* $E[XY|\mathcal{B}]$, *und es gilt* (1.7.1).

(c) *Gilt $X \in L^1$ und ist Y eine beliebige (nicht notwendig positive!) $\mathcal{B}$-meßbare* ZV *derart, daß $XY \in L^1$, so sind $E[XY|\mathcal{B}]$ und $YE[X|\mathcal{B}]$ integrierbar, und es gilt* (1.7.1).

BEWEIS. (a) Da die NZV $E[XY|\mathcal{B}]$ und $YE[X|\mathcal{B}]$ $\mathcal{B}$-meßbar und positiv sind, reicht es wegen der RSE und (1.2.1) zu zeigen:

$$\int_B XY\,dP = \int_B YE[X|\mathcal{B}]\,dP, \quad B \in \mathcal{B}. \tag{1.7.2}$$

Gilt $Y = I_C$ für ein $C \in \mathcal{B}$, so besagt (1.7.2) $E[I_{B\cap C}X] = E\left[I_{B\cap C}E[X|\mathcal{B}]\right]$, $B \in \mathcal{B}$. Letzteres ergibt sich aus (1.2.1). Folglich gilt (1.7.2) für alle elementaren $\mathcal{B}$-meßbaren ZV $Y \geq 0$. Mit Hilfe des Approximationssatzes (Satz 1.18[2]) und des Satzes von der monotonen Konvergenz ergibt sich dann die Gültigkeit von (1.7.2) für *alle* $\mathcal{B}$-meßbaren NZV $Y \geq 0$.

(b) Sei X eine NZV derart, daß

$$E\left[X^+|\mathcal{B}\right] \wedge E[X^-|\mathcal{B}] < \infty \quad \text{f.s.} \tag{1.7.3}$$

Da $(cr)^+ = cr^+$ und $(cr)^- = cr^-$, $r \in \mathbb{R}$, $c \geq 0$, ergibt sich wegen (a) $E\left[(XY)^+|\mathcal{B}\right] = YE[X^+|\mathcal{B}]$ f.s. sowie $E\left[(XY)^-|\mathcal{B}\right] = YE\left[X^-|\mathcal{B}\right]$ f.s. Da $Y < \infty$ f.s., folgt wegen (1.7.3) $E[(XY)^+|\mathcal{B}] \wedge E[(XY)^-|\mathcal{B}] < \infty$ f.s., so daß $E[XY|\mathcal{B}]$ existiert. Aufgrund von (1.3.5) und (a) gilt dann f.s.

$$\begin{aligned} E[XY|\mathcal{B}] &= E\left[(XY)^+|\mathcal{B}\right] - E\left[(XY)^-|\mathcal{B}\right] = YE[X^+|\mathcal{B}] - YE[X^-|\mathcal{B}] \\ &= Y\left(E[X^+|\mathcal{B}] - E[X^-|\mathcal{B}]\right) = YE[X|\mathcal{B}]. \end{aligned}$$

(c) Wegen $|XY| = |X|\,|Y| = (X^+ + X^-)(Y^+ + Y^-) \in L^1$ folgt mit Hilfe von (a) und Satz 1.5 $E[X^+Y^+|\mathcal{B}] = Y^+E[X^+|\mathcal{B}] \in L^1$. Ähnlich ergibt sich $Y^-E[X^+|\mathcal{B}] \in L^1$ und somit $|Y|E[X^+|\mathcal{B}] \in L^1$. Analog erhält man $|Y|E[X^-|\mathcal{B}] \in L^1$. Aufgrund der RSE und Satz 1.5 gilt $E[X^+|\mathcal{B}]+E[X^-|\mathcal{B}] = E[|X||\mathcal{B}]$ f.s., so daß $|Y|E[|X||\mathcal{B}] \in L^1$. Erneute Anwendung der RSE liefert $|Y||E[X|\mathcal{B}]| \leq |Y|E[|X||\mathcal{B}]$ f.s. und somit $YE[X|\mathcal{B}] \in L^1$. Der Nachweis von (1.7.2) verläuft nun analog wie im Beweis von (a). ∎

Mit Hilfe von Satz 1.7 erhält man

1.8 Satz. *Sei X eine* NZV, *$\mathcal{B} \subset \mathcal{A}$ eine σ-Algebra und Y eine $\mathcal{B}$-meßbare* NZV.

(a) *Genau dann gilt*

$$E[|X||\mathcal{B}] < \infty \quad f.s., \tag{1.8.1}$$

wenn es paarweise disjunkte Mengen $B_n \in \mathcal{B}$ $(n \geq 1)$ *gibt derart, daß*

(1.8.2) $$P(B_1) + P(B_2) + \cdots = 1$$

und

(1.8.3) $$E[|X|I(B_n)] < \infty, \quad n \geq 1.$$

(b) *Sei* $(B_n) \subset \mathcal{B}$ $(n \geq 1)$ *eine Folge paarweise disjunkter Mengen derart, daß* (1.8.2) *und* (1.8.3) *gelten. Dann folgt:*

(1.8.4) $$E[X|\mathcal{B}] \text{ existiert.}$$

Gilt für alle $B \in \mathcal{B}$

(1.8.5) $$I_B X \in L^1 \Longrightarrow E[I_B Y] \text{ existiert und } E[I_B X] = E[I_B Y],$$

so folgt

(1.8.6) $$E[X|\mathcal{B}] = Y \quad f.s.$$

Gilt für alle $B \in \mathcal{B}$

(1.8.7) $$I_B X \in L^1 \Longrightarrow E[I_B Y] \text{ existiert und } E[I_B X] \geq E[I_B Y],$$

so folgt

(1.8.8) $$E[X|\mathcal{B}] \geq Y \quad f.s.$$

1.9 Bemerkung. Sind in Satz 1.8(b) X und Y *integrierbar*, so ergeben sich (1.8.6) und (1.8.8) direkt mit Hilfe der RSE. ■

BEWEIS VON SATZ 1.8. (a) „$\Longrightarrow$". Die Mengen $B_n := \{n - 1 \leq E[|X||\mathcal{B}] < n\}$, $n \geq 1$, sind paarweise disjunkt, und es gilt $B_n \in \mathcal{B}$ $(n \geq 1)$ sowie (wegen (1.8.1)) (1.8.2). Schließlich folgt (1.8.3), da aufgrund von (1.2.1) und Satz 1.7(a)

$$E[|X|I(B_n)] = E\left[I(B_n)E[|X||\mathcal{B}]\right] \leq n, \quad n \geq 1.$$

(a) „$\Longleftarrow$". Sei $(B_n) \subset \mathcal{B}$ $(n \geq 1)$ eine Folge paarweise disjunkter Mengen, für die (1.8.2) und (1.8.3) gelten. Da aufgrund von Satz 1.7(a) $E\left[I(B_n)E[|X||\mathcal{B}]\right] = E\left[I(B_n)|X|\right] < \infty$, folgt $I(B_n)E[|X||\mathcal{B}] < \infty$ f.s. $(n \geq 1)$, woraus sich (1.8.1) wegen (1.8.2) ergibt.

(b) Aufgrund von (a) erhält man $E[|X||\mathcal{B}] < \infty$ f.s., so daß wegen der RSE $E[X^+|\mathcal{B}] < \infty$ f.s. Dies zeigt, daß $E[X|\mathcal{B}]$ existiert.

Gelte für alle $B \in \mathcal{B}$ (1.8.7). Das Ereignis $D := \{E[X|\mathcal{B}] < Y\}$ gehört zu $\mathcal{B}$. Wir schließen indirekt und nehmen $P(D) > 0$ an. Wegen (1.8.2) existiert dann ein $m \geq 1$ derart, daß für das Ereignis $D_m := D \cap (B_1 \cup \cdots \cup B_m)$

(1.9.1) $$D_m \in \mathcal{B}$$

und

(1.9.2) $$P(D_m) > 0$$

gilt. (1.8.3) impliziert $XI(D_m) \in L^1$ und damit

$$E[XI(D_m)|\mathcal{B}] \in L^1, \tag{1.9.3}$$

so daß aufgrund von (1.8.7) und (1.9.1) der EW $E[YI(D_m)]$ existiert derart, daß

$$E[XI(D_m)] \geq E[YI(D_m)]. \tag{1.9.4}$$

Andererseits ergibt sich aufgrund der Definition von D und D_m

$$E[X|\mathcal{B}]I(D_m) \leq YI(D_m),$$

so daß man mit Hilfe von Satz 1.7(b) wegen (1.9.1)

$$E[XI(D_m)|\mathcal{B}] \leq YI(D_m) \quad \text{f.s.} \tag{1.9.5}$$

erhält, wobei wegen (1.9.2)

$$P\big(E[XI(D_m)|\mathcal{B}] < YI(D_m)\big) > 0. \tag{1.9.6}$$

Im Hinblick auf (1.9.3) zeigt ein Vergleich von (1.9.5) und (1.9.6), daß

$$E\left[E[XI(D_m)|\mathcal{B}]\right] = E[XI(D_m)] < E[YI(D_m)]$$

gelten muß, woraus ein Widerspruch zu (1.9.4) resultiert.

Schließlich ergibt sich (1.8.6) durch Anwendung von (1.8.8) auf X und Y bzw. $-X$ und $-Y$. ■

Das folgende Resultat faßt einige weitere Eigenschaften bedingter EW, die häufig benutzt werden, zusammen.

Sind A, B Ereignisse, so bedeute die Formulierung

$$A \text{ gilt f.s. auf } B, \tag{1.9.7}$$

daß $P(B \setminus A) = 0$. Im Fall $P(B) > 0$ ist (1.9.7) äquivalent zu $P(A|B) = 1$.

1.10 Satz. *Sei $\mathcal{B} \subset \mathcal{A}$ eine σ-Algebra. Seien X, Y NZV, deren bedingte EW $E[X|\mathcal{B}], E[Y|\mathcal{B}]$ existieren (dies gilt insbesondere, falls $X, Y \in L^1$).*

(a) (*Monotonie*) *Gilt $X \leq Y$ f.s., so folgt*

$$E[X|\mathcal{B}] \leq E[Y|\mathcal{B}] \quad \textit{f.s.} \tag{1.10.1}$$

Sei $Y \geq 0$ f.s. und gelte $Y > 0$ f.s. auf einer Menge $B \in \mathcal{B}$. Dann folgt

$$E[Y|\mathcal{B}] > 0 \quad \textit{f.s. auf } B. \tag{1.10.2}$$

Insbesondere gilt $E[Y|\mathcal{B}] > 0$ f.s., falls $Y > 0$ f.s.

(b) *Es gilt*

$$|E[X|\mathcal{B}]| \leq E[|X||\mathcal{B}] \quad \textit{f.s.} \tag{1.10.3}$$

(c) (*Linearität*) *Existieren die EW $E[X], E[Y]$ und sind $a, b \in \mathbb{R}$ derart, daß $aE[X]+bE[Y] = E[aX]+E[bY]$ nicht von der Form $\infty-\infty$ oder $-\infty+\infty$ ist, so existieren die bedingten EW $E[aX+bY|\mathcal{B}], E[X|\mathcal{B}]$ sowie $E[Y|\mathcal{B}]$, und es gilt*

$$E[aX + bY|\mathcal{B}] = aE[X|\mathcal{B}] + bE[Y|\mathcal{B}] \quad \textit{f.s.} \tag{1.10.4}$$

(d) (*Jensen-Ungleichung*) *Sei* $G =]a, b[\subset \mathbb{R}$ *ein offenes Intervall derart, daß* $a < b$ *und* $a, b \in \overline{\mathbb{R}}$. *Sei* $\phi : G \longrightarrow \mathbb{R}$ *konvex und gelte*

$$P(X \in G) = 1. \tag{1.10.5}$$

Es existiere $E[\phi(X)]$ *und gelte*

$$E[|X||\mathcal{B}] < \infty \quad f.s. \tag{1.10.6}$$

Dann existiert $E[\phi(X)|\mathcal{B}]$, *und es gilt*

$$P(E[X|\mathcal{B}] \in G) = 1 \tag{1.10.7}$$

sowie

$$\phi(E[X|\mathcal{B}]) \leq E[\phi(X)|\mathcal{B}] \quad f.s. \tag{1.10.8}$$

Insbesondere ergibt sich für $X \in L^p$ $(1 \leq p < \infty)$

$$\|E[X|\mathcal{B}]\|_p \leq \|X\|_p \tag{1.10.9}$$

($\|\cdot\|_p$ *bezeichne die* L^p*-Norm*).

(e) *Existiert* $E[X]$, *so auch* $E[E[X|\mathcal{B}]]$, *und es gilt*

$$E[E[X|\mathcal{B}]] = E[X]. \tag{1.10.10}$$

(f) (*Iterationseigenschaft*) *Existiert* $E[X]$, *so existieren für jede* σ*-Algebra* $\mathcal{C} \subset \mathcal{B}$ *die bedingten* EW $E[E[X|\mathcal{B}]|\mathcal{C}]$ *sowie* $E[X|\mathcal{C}]$, *und es gilt*

$$E[E[X|\mathcal{B}]|\mathcal{C}] = E[X|\mathcal{C}] \quad f.s. \tag{1.10.11}$$

(g) *Existiert* $E[X]$ *und ist* X *unabhängig von* $\mathcal{B}$, *so folgt*

$$E[X|\mathcal{B}] = E[X] \quad f.s. \tag{1.10.12}$$

BEWEIS. (a) Da $E[X|\mathcal{B}]$, $E[Y|\mathcal{B}]$ existieren, gilt also

$$E[X^+|\mathcal{B}] \wedge E[X^-|\mathcal{B}] < \infty \quad \text{f.s.}, \quad E[Y^+|\mathcal{B}] \wedge E[Y^-|\mathcal{B}] < \infty \quad \text{f.s.} \tag{1.10.13}$$

Aus $X \leq Y$ f.s. folgt $X^+ \leq Y^+$ f.s. und $Y^- \leq X^-$ f.s., so daß aufgrund der RSE

$$E[X^+|\mathcal{B}] \leq E[Y^+|\mathcal{B}] \quad \text{f.s.}, \quad E[Y^-|\mathcal{B}] \leq E[X^-|\mathcal{B}] \quad \text{f.s.} \tag{1.10.14}$$

Ω_2 bestehe aus allen $\omega \in \Omega$, für die *sämtliche* Ungleichungen in (1.10.13) und (1.10.14) gelten, so daß $P(\Omega_2) = 1$. Man überzeugt sich nun leicht davon, daß für alle $\omega \in \Omega_2$ die gewünschte Ungleichung (1.10.1) gilt. Zum Nachweis von (1.10.2) sei $C := \{E[Y|\mathcal{B}] > 0\}$. Wegen Satz 1.5 und Satz 1.7(a) folgt dann wegen $B, C \in \mathcal{B}$ $E[I_{B\setminus C}Y] = E[I_{B\setminus C}E[Y|\mathcal{B}]] = 0$, so daß $I_{B\setminus C}Y = 0$ f.s. Da $Y > 0$ f.s. auf B, folgt $P(B \setminus C) = 0$, d.h. (1.10.2).

(b) Da $-|X| \leq X \leq |X|$, folgt wegen (a)

$$E[-|X||\mathcal{B}] = -E[|X||\mathcal{B}] \leq E[X|\mathcal{B}] \leq E[|X||\mathcal{B}] \quad \text{f.s.},$$

woraus sich (1.10.3) ergibt.

(c) Wegen Satz 1.20[4] existiert $E[aX + bY]$, also wegen Satz 1.5 auch $E[aX + bY|\mathcal{B}]$, und es gilt

$$\int_B (aX + bY)\, dP = a \int_B X\, dP + b \int_B Y\, dP, \quad B \in \mathcal{B}. \tag{1.10.15}$$

Der EW $E[aE[X|\mathcal{B}] + bE[Y|\mathcal{B}]]$ existiert aufgrund von Satz 1.20[4] und Satz 1.5, und es gilt

$$\int_B (aE[X|\mathcal{B}] + bE[Y|\mathcal{B}])\, dP = a \int_B X\, dP + b \int_B Y\, dP, \quad B \in \mathcal{B}. \tag{1.10.16}$$

Aus (1.10.15) und (1.10.16) folgt wegen Satz 1.5

$$\int_B E[aX + bY|\mathcal{B}]\, dP = \int_B (aE[X|\mathcal{B}] + bE[Y|\mathcal{B}])\, dP, \quad B \in \mathcal{B},$$

woraus sich (1.10.4) mit Hilfe der RSE ergibt.

(d) Wegen Satz 3.8(b)[4] existieren Folgen $(a_n) \subset \mathbb{R}$, $(b_n) \subset \mathbb{R}$ $(n \geq 1)$ derart, daß

$$\phi(t) = \sup_{n \geq 1}(a_n t + b_n), \quad t \in G. \tag{1.10.17}$$

Zum Nachweis von (1.10.7) sei etwa $G =]a, \infty[$ $(a \in \mathbb{R})$. Aufgrund von (1.10.6) erhält man $E[X^+|\mathcal{B}] < \infty$ f.s., $E[X^-|\mathcal{B}] < \infty$ f.s., so daß $E[X|\mathcal{B}]$ existiert derart, daß $|E[X|\mathcal{B}]| < \infty$ f.s. Wegen (1.10.5) gilt $a < X < \infty$ f.s., so daß sich mit Hilfe von (a) für $Y := X - a$ $E[X|\mathcal{B}] > a$ f.s. und somit $E[X|\mathcal{B}] \in G$ f.s. ergibt. Ähnlich erhält man (1.10.7), falls G beschränkt ist. Aus (1.10.17) und (1.10.5) folgt $\phi(X) \geq a_n X + b_n$ f.s. $(n \geq 1)$. Aus der Existenz von $E[\phi(X)]$ folgt wegen Satz 1.5 diejenige von $E[\phi(X)|\mathcal{B}]$. Mit Hilfe von (a) und (c) erhält man also $E[\phi(X)|\mathcal{B}] \geq a_n E[X|\mathcal{B}] + b_n$ f.s. $(n \geq 1)$. Hieraus folgt die gewünschte Jensen-Ungleichung (1.10.8) aufgrund von (1.10.7) und (1.10.17). Da $\phi(x) := |x|^p$, $x \in \mathbb{R}$, konvex auf $G := \mathbb{R}$ ist, ergibt sich (1.10.9) mit Hilfe von (1.10.8) und Satz 1.5.

(e) folgt aus Satz 1.5.

(f) Wegen Satz 1.5 folgt aus der Existenz von $E[X]$ die Existenz des EW $E[E[X|\mathcal{B}]]$ und somit diejenige von $E[E[E[X|\mathcal{B}]|\mathcal{C}]]$. Erneute Anwendung von Satz 1.5 ergibt für $C \in \mathcal{C}$ wegen $\mathcal{C} \subset \mathcal{B}$

$$\int_C E[E[X|\mathcal{B}]|\mathcal{C}]\, dP = \int_C E[X|\mathcal{B}]\, dP = \int_C X\, dP = \int_C E[X|\mathcal{C}]\, dP,$$

so daß sich (1.10.11) aufgrund der RSE ergibt.

(g) Da X unabhängig von $\mathcal{B}$ ist, gilt $E[I_B X] = E[I_B]E[X]$, $B \in \mathcal{B}$, so daß wegen Satz 1.5

$$\int_B E[X|\mathcal{B}]\, dP = \int_B E[X]\, dP, \quad B \in \mathcal{B}.$$

Hieraus folgt (1.10.12) aufgrund der RSE. ■

1.10.1 Bemerkung. Sei $\mathcal{B} \subset \mathcal{A}$ eine σ-Algebra und gelte $X \in L^1$. Der Übergang von X zu $E[X|\mathcal{B}]$ läßt sich auch als *Glättungsoperation* auffassen. Ist etwa $\mathcal{P} = \{B_1, \ldots, B_n\} \subset \mathcal{A}$ eine Zerlegung von Ω derart, daß $P(B_i) > 0$ $(1 \le i \le n)$, so gilt für $\mathcal{B} := \sigma(\mathcal{P})$ $E[X|\mathcal{B}] = E[X|B_i]$ auf B_i. Man sollte daher erwarten, daß $E[X|\mathcal{B}]$ weniger um $E[E[X|\mathcal{B}]] = E[X]$ „fluktuiert" als X. In der Tat, gilt sogar $X \in L^2$, so folgt für *jede* σ-Algebra $\mathcal{B} \subset \mathcal{A}$

$$\mathrm{Var}[E[X|\mathcal{B}]] \le \mathrm{Var}[X]. \tag{1.10.18}$$

Mit Hilfe der Jensen-Ungleichung (1.10.8) sowie Satz 1.5 erhält man nämlich

$$\begin{aligned} \mathrm{Var}[E[X|\mathcal{B}]] &= E[(E[X|\mathcal{B}])^2] - (E[E[X|\mathcal{B}]])^2 \\ &\le E[E[X^2|\mathcal{B}]] - (E[X])^2 = E[X^2] - (E[X])^2 \\ &= \mathrm{Var}[X]. \end{aligned}$$

■

1.11 Satz. *Ist X eine* NZV, *deren* EW *existiert, und ist $\mathcal{B} \subset \mathcal{A}$ eine ausgeartete σ-Algebra, d.h. gilt*

$$P(B) \in \{0,1\}, \quad B \in \mathcal{B}, \tag{1.11.1}$$

so folgt

$$E[X|\mathcal{B}] = E[X] \quad f.s. \tag{1.11.2}$$

BEWEIS. Dies folgt aus Satz 1.10(g), da X unabhängig von $\mathcal{B}$ ist. ■

1.12 Satz. *Sei $\xi_1, \xi_2, \ldots$ eine endliche oder unendliche Folge von* ZV. *Zu jeder* NZV $X \ge 0$ *existiert dann eine Borel-meßbare Funktion ϕ mit Werten in $\overline{\mathbb{R}}_+ := \mathbb{R}_+ \cup \{\infty\}$ derart, daß*

$$E[X|\xi_1, \xi_2, \ldots] = \phi(\xi_1, \xi_2, \ldots) \quad f.s. \tag{1.12.1}$$

Ist $X \in L^1$, so existiert eine reellwertige Borel-meßbare Funktion ϕ, für die (1.12.1) *gilt.*

BEWEIS. Da der bedingte EW in (1.12.1) $\sigma\{\xi_1, \xi_2, \ldots\}$-meßbar ist, folgt die Behauptung aus Satz 1.24[2]. ■

1.13 Satz. *Sei $\mathcal{B} \subset \mathcal{A}$ eine σ-Algebra. Haben* ZV $\xi, \eta \in L^1$ *dieselbe Verteilung und gilt*

$$E[\xi|\mathcal{B}] \ge \eta \quad f.s., \tag{1.13.1}$$

so folgt

$$\xi = \eta \quad f.s. \tag{1.13.2}$$

BEWEIS. Aus (1.13.1) folgt wegen $E[E[\xi|\mathcal{B}]] = E[\xi] = E[\eta]$

$$E[\xi|\mathcal{B}] = \eta \quad \text{f.s.} \tag{1.13.3}$$

Wir beweisen (1.13.2) zunächst unter der *stärkeren* Annahme $\xi, \eta \in L^2$. Wegen (1.13.3) folgt dann

$$E[\xi\eta] = E[E[\xi\eta|\mathcal{B}]] = E[E[\xi E[\xi|\mathcal{B}]|\mathcal{B}]] = E[(E[\xi|\mathcal{B}])^2] = E[\eta^2],$$

so daß $E[(\xi-\eta)^2] = E[\xi^2+\eta^2-2\xi\eta] = 2E[\eta^2]-2E[\eta^2] = 0$. Dies impliziert (1.13.2). Im allgemeinen Fall benutzen wir, daß $\phi_a(x) := a \wedge x$, $x \in \mathbb{R}$ $(a \in \mathbb{R})$ konkav auf $\mathbb{R}$ ist. Aus (1.13.3) ergibt sich mit Hilfe der Jensen-Ungleichung $a \wedge \eta = \phi_a(\eta) = \phi_a(E[\xi|\mathcal{B}]) \geq E[a \wedge \xi|\mathcal{B}]$ f.s. Da $a\wedge\eta$, $a\wedge\xi$ dieselbe Verteilung haben, erhält man

$$a \wedge \eta \doteq E[a \wedge \xi|\mathcal{B}] \quad \text{f.s.}, \; a \in \mathbb{R}. \tag{1.13.4}$$

Die Funktion $\psi_b(x) := b \vee x$, $x \in \mathbb{R}$ $(b \in \mathbb{R})$ ist konvex auf $\mathbb{R}$. Wendet man ψ_b auf (1.13.4) an, so ergibt sich unter Benutzung der Jensen-Ungleichung

$$b \vee (a \wedge \eta) = E[b \vee (a \wedge \xi)|\mathcal{B}] \quad \text{f.s.}, \quad a, b \in \mathbb{R}. \tag{1.13.5}$$

Wegen $b \leq b \vee (a \wedge \xi) \leq b \vee a$ folgt $b \vee (a \wedge \xi) \in L^2$, so daß man aus (1.13.5) $b \vee (a \wedge \xi) = b \vee (a \wedge \eta)$ f.s., $a, b \in \mathbb{R}$, also insbesondere $(-m) \vee (n \wedge \xi) = (-m) \vee (n \wedge \eta)$ f.s., $m, n = 1, 2, \ldots$, erhält. Für $m \to \infty$ impliziert dies $n \wedge \xi = n \wedge \eta$ f.s., $n \geq 1$, woraus sich für $n \to \infty$ (1.13.2) ergibt. ■

Der folgende *Satz von Bayes* verallgemeinert Satz 6.17[4].

1.14 Satz. *Sei* $Q \ll P$.

(a) *Für eine beliebige* σ*-Algebra* $\mathcal{B} \subset \mathcal{A}$ *gilt*

$$E\left[\frac{dQ}{dP}\middle|\mathcal{B}\right] > 0 \quad Q\text{-}f.s. \tag{1.14.1}$$

(b) *Sei* ξ *eine* NZV *derart, daß* $\xi \geq 0$ *oder* $\xi \in L^1(\Omega, \mathcal{A}, Q)$. *Bezeichnet* E_Q *den bez.* Q *gebildeten* EW, *so folgt für eine beliebige* σ*-Algebra* $\mathcal{B} \subset \mathcal{A}$

$$E_Q[\xi|\mathcal{B}] = \frac{E[\xi dQ/dP|\mathcal{B}]}{E[dQ/dP|\mathcal{B}]} \quad Q\text{-}f.s. \tag{1.14.2}$$

BEWEIS. (a) Sei $B := \{E[dQ/dP|\mathcal{B}] = 0\}$. Wegen $B \in \mathcal{B}$ ergibt sich mit Hilfe von Satz 6.17[4] und Satz 1.7(a) $Q(B) = E[I_B dQ/dP] = E[I_B E[dQ/dP|\mathcal{B}]] = 0$.

(b) Wegen der RSE reicht es zum Nachweis von (1.14.2) zu zeigen, daß für eine NZV $\xi \geq 0$ gilt:

$$\int_B E\left[\xi\frac{dQ}{dP}\middle|\mathcal{B}\right] dQ = \int_B E_Q[\xi|\mathcal{B}] E\left[\frac{dQ}{dP}\middle|\mathcal{B}\right] dQ, \quad B \in \mathcal{B}. \tag{1.14.3}$$

Wendet man mehrfach Satz 6.17[4], Satz 1.5 und Satz 1.7(a) an, so erhält man für die linke Seite in (1.14.3)

$$\begin{aligned}
\int_B E\left[\xi\frac{dQ}{dP}\middle|\mathcal{B}\right]\frac{dQ}{dP}\,dP &= \int_B E\left[E\left[\xi\frac{dQ}{dP}\middle|\mathcal{B}\right]\frac{dQ}{dP}\middle|\mathcal{B}\right]dP\\
&= \int_B E\left[\xi\frac{dQ}{dP}\middle|\mathcal{B}\right]E\left[\frac{dQ}{dP}\middle|\mathcal{B}\right]dP = \int_B E\left[\xi E\left[\frac{dQ}{dP}\middle|\mathcal{B}\right]\frac{dQ}{dP}\middle|\mathcal{B}\right]dP\\
&= \int_B \xi E\left[\frac{dQ}{dP}\middle|\mathcal{B}\right]\frac{dQ}{dP}\,dP = \int_B \xi E\left[\frac{dQ}{dP}\middle|\mathcal{B}\right]dQ\\
&= \int_B E_Q\left[\xi E\left[\frac{dQ}{dP}\middle|\mathcal{B}\right]\middle|\mathcal{B}\right]dQ = \int_B E_Q[\xi|\mathcal{B}]E\left[\frac{dQ}{dP}\middle|\mathcal{B}\right]dQ.
\end{aligned}$$

■

1.15 Satz. *Sei $\xi \in L^1(\Omega, \mathcal{A}, P)$. Dann ist die Familie der bedingten* EW $E[\xi|\mathcal{B}]$ *($\mathcal{B} \subset \mathcal{A}$ eine beliebige σ-Algebra) gleichmäßig integrierbar.*

(In diesem Satz sei für jede σ-Algebra $\mathcal{B} \subset \mathcal{A}$ $E[\xi|\mathcal{B}]$ eine Version des bedingten EW von ξ — gegeben $\mathcal{B}$.)

BEWEIS. Sei $\epsilon > 0$. Aufgrund von Satz 2.14[4] existiert eine Zahl $\delta(\epsilon) > 0$ derart, daß

(1.15.1) $$P(A) < \delta(\epsilon) \Longrightarrow E[|\xi|I_A] < \epsilon.$$

Sei $a(\epsilon) > 0$ derart, daß

(1.15.2) $$E[|\xi|]/a(\epsilon) < \delta(\epsilon).$$

Sei $\mathcal{B} \subset \mathcal{A}$ eine σ-Algebra und $B := \{E[|\xi||\mathcal{B}] > a(\epsilon)\}$, so daß $B \in \mathcal{B}$. Mit Hilfe der Markov-Ungleichung ergibt sich wegen (1.15.2)

$$P(B) \leq E[E[|\xi||\mathcal{B}]]/a(\epsilon) = E[|\xi|]/a(\epsilon) < \delta(\epsilon),$$

so daß aufgrund von (1.15.1) $E[|\xi|I_B] < \epsilon$. Mit Hilfe der Jensen-Ungleichung erhält man schließlich

$$E[|E[\xi|\mathcal{B}]|I\{|E[\xi|\mathcal{B}]| > a(\epsilon)\}] \leq E[E[|\xi||\mathcal{B}]I_B] = E[|\xi|I_B] < \epsilon,$$

woraus sich die Behauptung des Satzes ergibt. ■

Das folgende Resultat ist ein Analogon zum *Satz von der monotonen Konvergenz* für bedingte EW.

1.16 Satz. *Sei Z eine* NZV *derart, daß $Z^- \in L^1$. Seien $X_1, X_2, \ldots$* NZV *derart, daß $Z \leq X_1 \leq X_2 \leq \cdots$ f.s. Ist dann X_∞ eine* NZV *derart, daß*

(1.16.1) $$\lim_{n\to\infty} X_n = X_\infty \quad f.s.,$$

so existieren für jede σ-Algebra $\mathcal{B} \subset \mathcal{A}$ die bedingten EW $E[X_n|\mathcal{B}]$ $(n \geq 1)$ *sowie $E[X_\infty|\mathcal{B}]$, und es gilt*

(1.16.2) $$\lim_{n\to\infty} E[X_n|\mathcal{B}] = E[X_\infty|\mathcal{B}] \quad f.s.$$

BEWEIS. Sei $\mathcal{B} \subset \mathcal{A}$ eine σ-Algebra. Wegen $X_n^- \le Z^-$ f.s. folgt $E[X_n^-] < \infty$, $n \ge 1$, so daß wegen Satz 1.5 $E[X_n|\mathcal{B}]$ $(n \ge 1)$ existiert. Ähnlich ergibt sich die Existenz von $E[X_\infty|\mathcal{B}]$. Da die Folge $(E[X_n|\mathcal{B}])$ aufgrund von Satz 1.10(a) f.s. monoton wächst, existiert eine $\mathcal{B}$-meßbare NZV $\widetilde{Z}$ derart, daß $E[X_n|\mathcal{B}] \to \widetilde{Z}$ f.s. $(n \to \infty)$. Es bleibt zu zeigen:

$$\widetilde{Z} = E[X_\infty|\mathcal{B}] \quad \text{f.s.} \tag{1.16.3}$$

Wegen Satz 1.10(a) folgt $E[-Z^-|\mathcal{B}] \le E[X_1|\mathcal{B}] \le \cdots$ f.s., wobei $E[-Z^-|\mathcal{B}] \in L^1$. Wegen des Satzes von der monotonen Konvergenz folgt $E[I_B E[X_n|\mathcal{B}]] \to E[I_B \widetilde{Z}]$ $(n \to \infty)$ für alle $B \in \mathcal{B}$, so daß wegen Satz 1.7(b) $E[I_B X_n] \to E[I_B \widetilde{Z}]$ $(n \to \infty)$, $B \in \mathcal{B}$. Erneute Anwendung des Satzes von der monotonen Konvergenz ergibt wegen (1.16.1) $E[I_B X_n] \to E[I_B X_\infty]$ $(n \to \infty)$, $B \in \mathcal{B}$, so daß $E[I_B X_\infty] = E[I_B \widetilde{Z}]$, $B \in \mathcal{B}$. Da $\widetilde{Z}$ $\mathcal{B}$-meßbar ist, gilt somit (1.16.3) wegen Satz 1.5. ■

Es gilt nun folgendes Analogon zum *Fatou-Lemma* für bedingte EW:

1.17 Satz. *Seien* $X_1, X_2, \ldots$ NZV *und sei* $\mathcal{B} \subset \mathcal{A}$ *eine beliebige* σ*-Algebra.*

(a) *Gilt*

$$X_n \ge 0 \quad f.s., \quad n \ge 1, \tag{1.17.1}$$

so folgt

$$E\left[\liminf_{n\to\infty} X_n \,\middle|\, \mathcal{B}\right] \le \liminf_{n\to\infty} E[X_n|\mathcal{B}] \quad f.s. \tag{1.17.2}$$

(b) *Gilt für eine* NZV Z *derart, daß* $Z^- \in L^1$,

$$X_n \ge Z \quad f.s., \quad n \ge 1, \tag{1.17.3}$$

so folgt (1.17.2).

(c) *Gilt für eine* NZV Z *derart, daß* $Z^+ \in L^1$,

$$X_n \le Z \quad f.s., \quad n \ge 1, \tag{1.17.4}$$

so folgt

$$\limsup_{n\to\infty} E[X_n|\mathcal{B}] \le E\left[\limsup_{n\to\infty} X_n \,\middle|\, \mathcal{B}\right] \quad f.s. \tag{1.17.5}$$

(d) *Existieren die* EW $E[X_n]$ $(n \ge 1)$ *sowie* $E[\liminf_{n\to\infty} X_n]$ *und gilt*

$$\lim_{m\to\infty} \left(\sup_{n\ge1} E[X_n^- I\{X_n^- > m\}|\mathcal{B}] \right) = 0 \quad f.s., \tag{1.17.6}$$

so folgt (1.17.2).

(e) *Existieren die* EW $E[X_n]$ $(n \ge 1)$ *sowie* $E[\limsup_{n\to\infty} X_n]$ *und gilt*

$$\lim_{m\to\infty} \left(\sup_{n\ge1} E[X_n^+ I\{X_n^+ > m\}|\mathcal{B}] \right) = 0 \quad f.s., \tag{1.17.7}$$

so folgt (1.17.5).

BEWEIS. (a) folgt aus (b) für $Z \equiv 0$.

(b) Setzen wir $Y_n = \inf_{m \geq n} X_m$ $(n \geq 1)$, so ergibt sich wegen (1.17.3) $Z \leq Y_1 \leq Y_2 \leq \cdots$ f.s., wobei $Y_n \to \liminf_{m\to\infty} X_m$ $(n \to \infty)$. Aufgrund von Satz 1.16 folgt somit wegen $Z \leq Y_n \leq X_n$ f.s. $(n \geq 1)$

$$E\left[\liminf_{n\to\infty} X_n \middle| \mathcal{B}\right] = E\left[\lim_{n\to\infty} Y_n \middle| \mathcal{B}\right] = \lim_{n\to\infty} E[Y_n|\mathcal{B}] \leq \liminf_{n\to\infty} E[X_n|\mathcal{B}] \quad \text{f.s.}$$

(c) ergibt sich aus (b) — angewandt auf $(-X_n)$.

(d) Setzen wir $W_m = \sup_{n\geq 1} E[X_n^- I\{X_n^- > m\}|\mathcal{B}]$ $(m \geq 1)$, so folgt wegen (1.17.6)

$$\text{(1.17.8)} \qquad \lim_{m\to\infty} W_m = 0 \quad \text{f.s.}$$

Nun gilt für $m \geq 1$ wegen Satz 1.10(c)

$$E[X_n|\mathcal{B}] = E[X_n I\{X_n^- \leq m\}|\mathcal{B}] + E[X_n I\{X_n^- > m\}|\mathcal{B}] \quad \text{f.s.}$$

Wegen $s \geq -s^-$ $(s \in \mathbb{R})$ erhält man

$$E[X_n I\{X_n^- > m\}|\mathcal{B}] \geq -E[X_n^- I\{X_n^- > m\}|\mathcal{B}] \geq -W_m \quad \text{f.s.}$$

und $X_n I\{X_n^- \leq m\} \geq -X_n^- I\{X_n^- \leq m\} \geq -m$. Anwendung von (b) auf die Folge $(X_n I\{X_n^- \leq m\})$ bei festem $m \geq 1$ führt zu

$$\begin{aligned} &\liminf_{n\to\infty} E[X_n|\mathcal{B}] \\ &\qquad \geq \ -W_m + \liminf_{n\to\infty} E[X_n I\{X_n^- \leq m\}|\mathcal{B}] \\ &\qquad \geq \ -W_m + E\left[\liminf_{n\to\infty} X_n I\{X_n^- \leq m\} \middle| \mathcal{B}\right] \quad \text{f.s.} \end{aligned}$$

Nun gilt $X_n I\{X_n^- \leq m\} \geq X_n$, $n, m \geq 1$ (man betrachte die Fälle $X_n^- \leq m$ und $X_n^- > m$). Da nach Voraussetzung $E[\liminf_{n\to\infty} X_n]$ existiert, erhält man mit Hilfe von Satz 1.5 sowie Satz 1.10(a)

$$\liminf_{n\to\infty} E[X_n|\mathcal{B}] \geq -W_m + E\left[\liminf_{n\to\infty} X_n \middle| \mathcal{B}\right] \quad \text{f.s.}, \quad m \geq 1,$$

woraus sich (1.17.2) aufgrund von (1.17.8) ergibt.

(e) ergibt sich aus (d) — angewandt auf $(-X_n)$. ■

1.18 Korollar. *Sei $\mathcal{B} \subset \mathcal{A}$ eine σ-Algebra. Dann gilt für $\xi \in L^1$*

$$\text{(1.18.1)} \qquad \lim_{n\to\infty} E[|\xi| I\{|\xi| > n\}|\mathcal{B}] = 0 \quad \textit{f.s.}$$

BEWEIS. Für die ZV $X_n := |\xi| I\{|\xi| > n\}$ $(n \geq 1)$ gilt $0 \leq X_n \leq |\xi| \in L^1$ und $X_n \to 0$ f.s. $(n \to \infty)$. Wegen Satz 1.17(c) folgt also

$$\limsup_{n\to\infty} E[X_n|\mathcal{B}] \leq E\left[\limsup_{n\to\infty} X_n \middle| \mathcal{B}\right] = 0 \quad \text{f.s.}$$

■

Teil (b) des folgenden Satzes ist ein Analogon zum *Satz von der dominierten Konvergenz* für bedingte EW.

1.19 Satz. *Sei $\mathcal{B} \subset \mathcal{A}$ eine σ-Algebra.*

(a) *Seien $X_1, X_2, \ldots$ NZV derart, daß $E[X_n]$ $(n \geq 1)$ existiert und*

(1.19.1) $$\lim_{m\to\infty} \left(\sup_{n\geq 1} E[|X_n| I\{|X_n| > m\}|\mathcal{B}] \right) = 0 \quad f.s.$$

Ist X_∞ eine NZV derart, daß $E[X_\infty]$ existiert und gilt

(1.19.2) $$\lim_{n\to\infty} X_n = X_\infty \quad f.s.,$$

so folgt

(1.19.3) $$\lim_{n\to\infty} E[X_n|\mathcal{B}] = E[X_\infty|\mathcal{B}] \quad f.s.$$

(b) *Seien $X_1, X_2, \ldots$ und $\xi \in L^1$ ZV derart, daß*

(1.19.4) $$|X_n| \leq \xi \quad f.s., \quad n \geq 1.$$

Gilt dann für eine ZV X_∞

(1.19.5) $$\lim_{n\to\infty} X_n = X_\infty \quad f.s.,$$

so folgt $X_\infty \in L^1$ und

(1.19.6) $$\lim_{n\to\infty} E[X_n|\mathcal{B}] = E[X_\infty|\mathcal{B}] \quad f.s.$$

BEWEIS. (a) Aufgrund von (1.19.1) und Satz 1.10(a) erfüllt (X_n) die Voraussetzungen von Satz 1.17(d), (e), woraus sich (1.19.3) ergibt.

(b) Aus (1.19.4), Satz 1.10(a) und Korollar 1.18 folgt (1.19.1), so daß sich (b) aus (a) ergibt. ∎

1.20 Korollar. *Sei $\mathcal{B} \subset \mathcal{A}$ eine σ-Algebra und seien $X_1, X_2, \ldots$ ZV derart, daß für ein $\delta > 0$ $E[|X_n|^{1+\delta}] < \infty$, $n \geq 1$. Es existiere eine Konstante $K \geq 0$ derart, daß*

(1.20.1) $$E[|X_n|^{1+\delta}|\mathcal{B}] \leq K \quad f.s., \quad n \geq 1.$$

Ist dann X_∞ eine ZV derart, daß

(1.20.2) $$\lim_{n\to\infty} X_n = X_\infty \quad f.s.,$$

so folgt $X_\infty \in L^{1+\delta}$ und

(1.20.3) $$\lim_{n\to\infty} E[X_n|\mathcal{B}] = E[X_\infty|\mathcal{B}] \quad f.s.$$

BEWEIS. Wir zeigen, daß die Voraussetzungen von Satz 1.19(a) erfüllt sind. Zunächst erhält man mit Hilfe von (1.20.2), Satz 1.17(a) sowie (1.20.1)

$$\begin{aligned} E[|X_\infty|^{1+\delta}] &= E\left[E\left[\liminf_{n\to\infty} |X_n|^{1+\delta} \,\middle|\, \mathcal{B}\right]\right] \\ &\leq E\left[\liminf_{n\to\infty} E\left[|X_n|^{1+\delta} \,\middle|\, \mathcal{B}\right]\right] \leq K, \end{aligned}$$

so daß $X_\infty \in L^{1+\delta}$. Schließlich resultiert (1.19.1) aus folgender Abschätzung, bei der (1.20.1) benutzt wird:

$$\begin{aligned} & E[|X_n| I\{|X_n| > m\}|\mathcal{B}] \\ = \;& E\left[|X_n|^{1+\delta}|X_n|^{-\delta} I\{|X_n| > m\} \,|\, \mathcal{B}\right] \\ \le \;& m^{-\delta} E\left[|X_n|^{1+\delta} \,|\, \mathcal{B}\right] \le K m^{-\delta} \quad \text{f.s.} \end{aligned}$$

■

1.21 Beispiel. Das folgende Beispiel zeigt: *Für eine f.s. und in L^1 konvergente Folge (X_n) gilt i.a. nicht, daß die Folge $(E[X_n|\mathcal{B}])$ für jede σ-Algebra $\mathcal{B} \subset \mathcal{A}$ f.s. konvergiert.* In der Tat, seien $Y_1, Z_1, Y_2, Z_2, \ldots$ unabhängige ZV derart, daß für $n \geq 1$ $P(Y_n = \sqrt{n}) = 1/n$, $P(Y_n = 0) = 1-1/n$, $P(Z_n = n^2) = 1/n^2$, $P(Z_n = 0) = 1-1/n^2$. Sei $X_n := Y_n Z_n$ $(n \geq 1)$ und $\mathcal{B} := \sigma\{Y_1, Y_2, \ldots\}$. Mit Hilfe des Borel-Cantelli-Lemmas erhält man $P(Z_n \neq 0 \text{ u.o.}) = 0$, so daß $X_n \to 0$ f.s. $(n \to \infty)$. Wegen $E[X_n] = E[Y_n]E[Z_n] = 1/\sqrt{n}$ $(n \geq 1)$ gilt $X_n \to 0$ in L^1. Andererseits ergibt sich wegen Satz 1.7(a) und Satz 1.10(g) $E[X_n|\mathcal{B}] = Y_n E[Z_n|\mathcal{B}] = Y_n E[Z_n] = Y_n$ f.s. $(n \geq 1)$. Da aufgrund des alternativen Borel-Cantelli-Lemmas $P(Y_n = 0 \text{ u.o.}) = 1$, $P(Y_n = \sqrt{n} \text{ u.o.}) = 1$, folgt

$$\liminf_{n\to\infty} E[X_n|\mathcal{B}] = 0 \quad \text{f.s.}, \qquad \limsup_{n\to\infty} E[X_n|\mathcal{B}] = \infty \quad \text{f.s.}$$

■

6.2 Berechnung bedingter Erwartungswerte

Der Existenzsatz für bedingte EW (Satz 1.2) besagt: Ist $X \geq 0$ eine NZV, so *existiert* zu jeder σ-Algebra $\mathcal{B} \subset \mathcal{A}$ eine f.s. eindeutig bestimmte $\mathcal{B}$-meßbare NZV $E[X|\mathcal{B}]$ derart, daß $E[X|\mathcal{B}] \geq 0$ f.s. und

$$\int_B E[X|\mathcal{B}]\,dP = \int_B X\,dP, \quad B \in \mathcal{B}. \tag{2.0.1}$$

Daraus folgt leicht (vgl. (1.3.7)): Zu jedem $X \in L^1$ und jeder σ-Algebra $\mathcal{B} \subset \mathcal{A}$ *existiert* eine f.s. eindeutig bestimmte $\mathcal{B}$-meßbare ZV $E[X|\mathcal{B}] \in L^1$ derart, daß (2.0.1) gilt. Wir betrachten im folgenden einige Situationen, in denen sich ein *expliziter* Ausdruck für $E[X|\mathcal{B}]$ erhalten läßt.

Sei $\mathcal{P} = \{B_1, B_2, \ldots\} \subset \mathcal{A}$ eine endliche oder abzählbare Zerlegung von Ω und $\mathcal{B} := \sigma(\mathcal{P})$. Ist dann X eine NZV derart, daß $X \geq 0$ oder $X \in L^1$, so gilt

$$E[X|\mathcal{B}] = \sum_i E[X|B_i] I(B_i) = \sum_i \frac{1}{P(B_i)} E[X I(B_i)] I(B_i) \quad \text{f.s.}, \tag{2.0.2}$$

wobei über alle Indizes i, für die $P(B_i) > 0$ gilt, summiert wird. Der Nachweis von (2.0.2), der (1.0.1) benutzt, verläuft analog wie der Beweis von Lemma 1.1.

Wir betrachten jetzt ZV $X_1, \dots, X_m, Y_1, \dots, Y_n$ und die zugehörigen $\mathbb{R}^m$- bzw. $\mathbb{R}^n$-wertigen ZVK $X := (X_1, \dots, X_m)$, $Y := (Y_1, \dots, Y_n)$. Im folgenden wird angenommen, daß der $\mathbb{R}^{m+n}$-wertige ZVK (X, Y) eine Dichte f besitzt, so daß

$$P((X,Y) \in C) = \int_C f(z)\,dz, \quad C \in \mathcal{R}_{m+n} \tag{2.0.3}$$

gilt (in (2.0.3) wird bez. des $(m+n)$-dimensionalen Lebesgue-Maßes integriert). Wir zeigen nun, daß sich für den bedingten EW $E[\phi(X)|Y] = E[\phi(X_1, \dots, X_m)|Y_1, \dots, Y_n]$ ($\phi : \mathbb{R}^m \longrightarrow \overline{\mathbb{R}}_+ = \mathbb{R}_+ \cup \{\infty\}$ sei Borelmeßbar) ein expliziter Ausdruck finden läßt, der mit Hilfe der „bedingten Dichte " von X — gegeben Y — gebildet wird. Aus (2.0.3) ergibt sich, daß durch

$$f_X(x) := \int_{\mathbb{R}^n} f(x,y)\,dy, \quad x \in \mathbb{R}^m \tag{2.0.4}$$

eine Dichte von X definiert wird. Für $A \in \mathcal{R}_m$ folgt nämlich aus (2.0.3) und (2.0.4) aufgrund des Satzes von Fubini-Tonelli

$$\begin{aligned} P(X \in A) &= P((X,Y) \in A \times \mathbb{R}^n) = \int_{A \times \mathbb{R}^n} f(z)\,dz \\ &= \int_A \left(\int_{\mathbb{R}^n} f(x,y)\,dy \right) dx = \int_A f_X(x)\,dx. \end{aligned}$$

Ähnlich ergibt sich, daß durch

$$f_Y(y) := \int_{\mathbb{R}^m} f(x,y)\,dx, \quad y \in \mathbb{R}^n \tag{2.0.5}$$

eine Dichte von Y definiert wird. Wegen Satz 1.12 existiert zu jedem $A \in \mathcal{R}_m$ eine Borel-meßbare Abbildung $\psi_A : \mathbb{R}^n \longrightarrow \mathbb{R}_+$ derart, daß

$$P(X \in A|Y) = \psi_A(Y) \quad \text{f.s.}, \tag{2.0.6}$$

wobei die in (2.0.6) auftretende „Ausnahmemenge" von A abhängt. Es zeigt sich, daß sich im vorliegenden Fall eine *bedingte Dichte* von X — gegeben Y — durch

$$f_{X|Y}(x,y) := \frac{f(x,y)}{f_Y(y)}, \quad x \in \mathbb{R}^m,\ y \in \mathbb{R}^n \tag{2.0.7}$$

definieren läßt (wobei $f_{X|Y}(x,y) := 0$, falls $f_Y(y) = 0$) derart, daß

$$P(X \in A|Y) = \int_A f_{X|Y}(x,Y)\,dx \quad \text{f.s.},\ A \in \mathcal{R}_m \tag{2.0.8}$$

gilt. (Betrachtet man beide Seiten in (2.0.8) auf der Menge $\{Y = y\}$, so ist (2.0.8) wegen (2.0.7) und (2.0.3) *formal* plausibel.) Schreiben wir (2.0.8) in der Form (vgl. (1.3.8))

$$E[I_A(X)|Y] = \int_{\mathbb{R}^m} I_A(x) f_{X|Y}(x,Y)\, dx \quad \text{f.s.}, \ A \in \mathcal{R}_m,$$

so führt dies zu folgender *Vermutung*:

2.1 Satz. *Unter den obigen Voraussetzungen gilt für jede Borel-meßbare Abbildung* $\phi : \mathbb{R}^m \longrightarrow \overline{\mathbb{R}}_+$

$$E[\phi(X)|Y] = \int_{\mathbb{R}^m} \phi(x) f_{X|Y}(x,Y)\, dx \quad \textit{f.s.} \tag{2.1.1}$$

BEWEIS. Zum Nachweis von (2.1.1) ist zu zeigen, daß für alle $B \in \mathcal{R}_n$

$$\int_{\{Y\in B\}} \phi(X)\, dP = \int_{\{Y \in B\}} \left(\int_{\mathbb{R}^m} \phi(x) f_{X|Y}(x,Y)\, dx \right) dP. \tag{2.1.2}$$

Sei $B \in \mathcal{R}_n$ fixiert. Aufgrund des Approximationssatzes und des Satzes von der monotonen Konvergenz reicht es, (2.1.2) für $\phi = I_A$ ($A \in \mathcal{R}_m$) zu verifizieren. Die linke Seite in (2.1.2) ist dann gleich $P((X,Y) \in A \times B)$. Da f_Y eine Dichte von Y ist, ist die rechte Seite in (2.1.2) gleich

$$\int_B \left(\int_A f_{X|Y}(x,y)\, dx \right) f_Y(y)\, dy = \int_B \left(\int_A f(x,y)\, dx \right) dy,$$

wobei benutzt wurde:

$$f_Y(y) \int_A f_{X|Y}(x,y)\, dx = \int_A f(x,y)\, dx, \quad y \in \mathbb{R}^n. \tag{2.1.3}$$

(Im Fall $f_Y(y) > 0$ folgt (2.1.3) aus (2.0.7), während im Fall $f_Y(y) = 0$ die rechte Seite in (2.1.3) wegen $\int_A f(x,y)\, dx \leq f_Y(y)$ Null ist.) Bezeichnet $\widetilde{Q}$ die Verteilung von (X,Y), so ist also wegen des Satzes von Fubini-Tonelli die rechte Seite in (2.1.2) gleich $\widetilde{Q}(A \times B) = P((X,Y) \in A \times B)$. ■

Unter den obigen Annahmen läßt sich analog die *bedingte Dichte* von Y — gegeben X — durch

$$f_{Y|X}(y,x) := \frac{f(x,y)}{f_X(x)}, \quad y \in \mathbb{R}^n, \ x \in \mathbb{R}^m \tag{2.1.4}$$

definieren, wobei $f_{Y|X}(y,x) := 0$, falls $f_X(x) = 0$. Analog zu (2.1.1) erhält man für jede Borel-meßbare Abbildung $\psi : \mathbb{R}^n \longrightarrow \overline{\mathbb{R}}_+$

$$E[\psi(Y)|X] = \int_{\mathbb{R}^n} \psi(y) f_{Y|X}(y,X)\, dy \quad \text{f.s.}, \tag{2.1.5}$$

so daß insbesondere

$$P(Y \in B|X) = \int_B f_{Y|X}(y,X)\, dy \quad \text{f.s.}, \quad B \in \mathcal{R}_n. \tag{2.1.6}$$

2.1.1 Beispiel. Durch

$$f(x,y) := \begin{cases} e^{-y} & , \quad 0 < x < y < \infty \\ 0 & , \quad \text{sonst} \end{cases} \tag{2.1.7}$$

wird eine Dichte auf $\mathbb{R}^2$ definiert, da aufgrund des Satzes von Fubini-Tonelli

$$\int_{\mathbb{R}^2} f(z)\,dz = \int_0^\infty \left(\int_x^\infty e^{-y}\,dy \right) dx = \int_0^\infty e^{-x}\,dx = 1.$$

Hat ein ZVK (ξ,η) die Dichte f, so folgt $\xi > 0$ f.s. und $\eta > 0$ f.s. Man erhält leicht $f_\xi(x) = \exp(-x)$ $(x > 0)$ als Dichte von ξ und $f_\eta(y) = y\exp(-y)$ $(y > 0)$ als Dichte von η, woraus sich mit Hilfe von (2.0.7) und (2.1.4)

$$f_{\xi|\eta}(x,y) = \frac{1}{y}, \quad f_{\eta|\xi}(y,x) = \exp(x-y), \quad 0 < x < y < \infty$$

ergibt, so daß ξ — gegeben η — gleichverteilt auf $]0,\eta[$ ist. Daraus folgt

$$E[\xi|\eta] = \frac{1}{2}\eta \quad \text{f.s.}, \tag{2.1.8}$$

während man aufgrund von (2.1.5)

$$E[\eta|\xi] = 1 + \xi \quad \text{f.s.} \tag{2.1.9}$$

erhält, da $-(1+y)\exp(-y)$ eine Stammfunktion von $y\exp(-y)$ ist. ■

Wir betrachten jetzt den Fall, daß $\mathcal{B}$ von gewissen ZV erzeugt wird und die insgesamt auftretenden ZV gewisse Unabhängigkeitseigenschaften besitzen.

2.2 Satz. *Der $\mathbb{R}^r$-wertige* ZVK $\xi = (\xi_1,\dots,\xi_r)$ *sei unabhängig vom $\mathbb{R}^s$-wertigen* ZVK $\eta = (\eta_1,\dots,\eta_s)$. *Sei* $\phi : \mathbb{R}^{r+s} \longrightarrow \overline{\mathbb{R}}_+ := \mathbb{R}_+ \cup \{\infty\}$ *Borel-meßbar. Dann ist die durch*

$$\psi(y_1,\dots,y_s) := E[\phi(\xi_1,\dots,\xi_r,y_1,\dots,y_s)], \quad (y_1,\dots,y_s) \in \mathbb{R}^s \tag{2.2.1}$$

definierte Abbildung $\psi : \mathbb{R}^s \longrightarrow \overline{\mathbb{R}}_+$ $\mathcal{R}_s$*-meßbar, und es gilt*

$$E[\phi(\xi_1,\dots,\xi_r,\eta_1,\dots,\eta_s)|\eta_1,\dots,\eta_s] = \psi(\eta_1,\dots,\eta_s) \quad f.s. \tag{2.2.2}$$

Betrachtet man beide Seiten in (2.2.2) auf der Menge $\{\eta_1 = y_1,\dots,\eta_s = y_s\}$, so ist (2.2.2) im Hinblick auf (2.2.1) und Satz 1.10(g) *formal* plausibel.

BEWEIS VON SATZ 2.2. Die $\mathcal{R}_s$-Meßbarkeit von ψ ergibt sich aus Satz 5.8[4]. Zum Nachweis von (2.2.2) ist zu zeigen, daß für alle Mengen A der Form $\{(\eta_1,\dots,\eta_s) \in B\}$ $(B \in \mathcal{R}_s)$

$$\int_A \phi(\xi_1,\dots,\xi_r,\eta_1,\dots,\eta_s)\,dP = \int_A \psi(\eta_1,\dots,\eta_s)\,dP \tag{2.2.3}$$

gilt. Sind Q_1, Q_2 die Verteilungen der ZVK ξ bzw. η, so ist aufgrund des Satzes von Fubini-Tonelli die linke Seite in (2.2.3) gleich

$$\int_B \left(\int_{\mathbb{R}^r} \phi(x_1,\dots,x_r,y_1,\dots,y_s)\,dQ_1(x_1,\dots,x_r) \right) dQ_2(y_1,\dots,y_s),$$

während die rechte Seite in (2.2.3) wegen (2.2.1) gleich

$$\int_B E[\phi(\xi_1,\dots,\xi_r,y_1,\dots,y_s)]\,dQ_2(y_1,\dots,y_s)$$

ist. Daraus folgt ersichtlich (2.2.3). ■

2.3 Korollar. *Der* $\mathbb{R}^r$*-wertige* ZVK $(\xi_1,\dots,\xi_r)$ *sei unabhängig vom* $\mathbb{R}^s$*-wertigen* ZVK $(\eta_1,\dots,\eta_s)$. *Seien* $\rho:\mathbb{R}^s\longrightarrow\mathbb{R}$ *und* $\phi:\mathbb{R}^{r+1}\longrightarrow\overline{\mathbb{R}}_+$ *Borel-meßbar. Für die Abbildung* $\psi(t):=E[\phi(\xi_1,\dots,\xi_r,t)]$, $t\in\mathbb{R}$, *gilt dann*

$$E[\phi(\xi_1,\dots,\xi_r,\rho(\eta_1,\dots,\eta_s)|\eta_1,\dots,\eta_s]=\psi(\rho(\eta_1,\dots,\eta_s))\quad f.s. \tag{2.3.1}$$

■

2.3.1 Beispiel. Die ZV $\xi_1,\dots,\xi_{n+1}$ seien UIV. Für $\psi(t):=E[(\xi_1-t)^+]$, $t\in\mathbb{R}$, gilt dann

$$E\left[\left(\xi_{n+1}-\max_{1\le i\le n}\xi_i\right)^+\middle|\,\xi_1,\dots,\xi_n\right]=\psi\left(\max_{1\le i\le n}\xi_i\right)\quad\text{f.s.} \tag{2.3.2}$$

■

2.3.2 Beispiel. Die ZV ξ,η seien unabhängig und jeweils N(0,1)-verteilt mit VF Φ und Dichte g. Sei $-1<\rho<1$ eine feste Zahl. Für die ZV $X_1:=\xi$, $X_2:=\rho\xi+\sqrt{1-\rho^2}\eta$ gilt $X_i\sim\mathrm{N}(0,1)$ $(i=1,2)$ und $\mathrm{Cov}[X_1,X_2]=E[X_1X_2]=\rho$. Die (2×2)-Matrix (c_{ij}) mit $c_{ij}:=\mathrm{Cov}[X_i,X_j]$ ist dann die *Kovarianz-Matrix* des ZVK (X_1,X_2), der per Definition eine (nicht-ausgeartete) *zweidimensionale Normalverteilung* mit dem Mittelwert-Vektor $(E[X_1],E[X_2])=(0,0)$ und der Kovarianz-Matrix (c_{ij}) besitzt. Wir zeigen nun mit Hilfe von Satz 2.2 und Satz 2.1, daß eine Dichte des ZVK (X_1,X_2) für $(x,y)\in\mathbb{R}^2$ gegeben wird durch

$$f(x,y):=\frac{1}{2\pi\sqrt{1-\rho^2}}\exp\left(-\frac{1}{2(1-\rho^2)}(x^2+y^2-2\rho xy)\right) \tag{2.3.3}$$

und gilt:

$$E[X_1|X_2]=\rho X_2\quad\text{f.s.} \tag{2.3.4}$$

Zum Nachweis von (2.3.3) sei $(s,t)\in\mathbb{R}^2$ fixiert. Dann gilt wegen Satz 2.2

$$P(X_1\le s,X_2\le t)=E[P(\xi\le s,\rho\xi+\sqrt{1-\rho^2}\eta\le t|\xi)]=E[\phi(\xi)] \tag{2.3.5}$$

für $\phi(x):=I_{]-\infty,s]}(x)P(\rho x+\sqrt{1-\rho^2}\eta\le t)$, $x\in\mathbb{R}$. Setzen wir $\psi(u,v)=(u-\rho v)/\sqrt{1-\rho^2}$, $(u,v)\in\mathbb{R}^2$, so folgt $\phi(x)=I_{]-\infty,s]}(x)\Phi(\psi(t,x))$, $x\in\mathbb{R}$, und somit

$$E[\phi(\xi)]=\int_{-\infty}^{s}\Phi(\psi(t,x))g(x)\,dx=\int_{-\infty}^{s}\int_{-\infty}^{\psi(t,x)}g(z)g(x)\,dz\,dx. \tag{2.3.6}$$

Wird (bei festem x) eine neue Integrationsvariable y durch $z = \psi(y, x)$ eingeführt, so ergibt sich aus (2.3.6)

$$E[\phi(\xi)] = \int_{-\infty}^{s} \int_{-\infty}^{t} g(\psi(y,x))g(x)/\sqrt{1-\rho^2}\, dy\, dx = \int_{-\infty}^{s} \int_{-\infty}^{t} f(x,y)\, dy\, dx.$$

Wegen des Satzes von Fubini-Tonelli und (2.3.5) ist also f eine Dichte von (X_1, X_2). Mit Hilfe von Satz 2.1 und (2.3.3) erhält man durch einfache Rechnung

$$\begin{aligned} E[X_1|X_2] &= \int_{-\infty}^{\infty} \frac{xf(x, X_2)}{g(X_2)}\, dx \\ &= \int_{-\infty}^{\infty} \frac{x}{\sqrt{2\pi(1-\rho^2)}} \exp\left(-\frac{(x-\rho X_2)^2}{2(1-\rho^2)}\right) dx = \rho X_2 \quad \text{f.s.} \end{aligned}$$

(man beachte, daß bei gegebenem $\omega \in \Omega$ das letzte Integral der Erwartungswert einer $\mathrm{N}(\rho X_2(\omega), 1-\rho^2)$-Verteilung ist). ■

2.4 Satz. *Sei ζ ein $\mathbb{R}^d$-wertiger* ZVK *und $\phi : \mathbb{R}^d \longrightarrow \overline{\mathbb{R}}_+$ Borel-meßbar.*

(a) *Seien $\mathcal{B} \subset \mathcal{A}$, $\mathcal{C} \subset \mathcal{A}$ σ-Algebren derart, daß $\mathcal{C}$ unabhängig ist von der σ-Algebra $\sigma\{D : D \in \mathcal{B} \cup \sigma\{\zeta\}\}$. Dann gilt für die σ-Algebra $\sigma(\mathcal{B}, \mathcal{C}) := \sigma\{A : A \in \mathcal{B} \cup \mathcal{C}\}$*

$$E[\phi(\zeta)|\sigma(\mathcal{B},\mathcal{C})] = E[\phi(\zeta)|\mathcal{B}] \quad f.s. \tag{2.4.1}$$

(b) *Seien ξ, η* ZVK *derart, daß η unabhängig vom* ZVK *(ξ, ζ) ist. Dann folgt*

$$E[\phi(\zeta)|\xi,\eta] = E[\phi(\zeta)|\xi] \quad f.s. \tag{2.4.2}$$

2.5 Bemerkung. I.a. gilt (2.4.2) *nicht*, falls η, ξ, ζ *paarweise unabhängig* sind. Zur Konstruktion eines Gegenbeispiels betrachten wir wie in Beispiel 1.1.1[3] ein Laplace-Tetraeder mit den zugehörigen Ereignissen B, G, R, die paarweise unabhängig, aber nicht unabhängig sind. Für $\zeta := I_B$, $\xi := I_G$, $\eta := I_R$ verifiziert man leicht $E[\zeta|\xi,\eta] = 1 - |\xi - \eta|$ f.s. und $E[\zeta|\xi] = 1/2$ f.s., so daß $E[\zeta|\xi,\eta] \neq E[\zeta|\xi]$ f.s. ■

BEWEIS VON SATZ 2.4. (b) folgt aus (a) für $\mathcal{B} := \sigma\{\xi\}$, $\mathcal{C} := \sigma\{\eta\}$.

(a) Die Familie aller Mengen der Form $B \cap C$ ($B \in \mathcal{B}$, $C \in \mathcal{C}$) ist $\cap$-stabil und erzeugt $\sigma(\mathcal{B},\mathcal{C})$. Zum Nachweis der Gültigkeit von (2.4.1) für $\phi = I_A$ ($A \in \mathcal{R}_d$) reicht es also für $B \in \mathcal{B}$, $C \in \mathcal{C}$ und $A \in \mathcal{R}_d$ zu zeigen:

$$P(B \cap C \cap \{\zeta \in A\}) = E\left[I_{B\cap C} E[I_A(\zeta)|\mathcal{B}]\right]. \tag{2.5.1}$$

Die linke Seite in (2.5.1) ist gleich $P(C)P(B \cap \{\zeta \in A\})$. Da $\mathcal{C}$ insbesondere unabhängig von $\mathcal{B}$ ist, erhalten wir für die rechte Seite in (2.5.1)

$$\begin{aligned} E[I_C E[I_B I_A(\zeta)|\mathcal{B}]] &= P(C)E[E[I_B I_A(\zeta)|\mathcal{B}]] \\ &= P(C)E[I_B I_A(\zeta)] = P(C)P(B \cap \{\zeta \in A\}). \end{aligned}$$

Somit gilt (2.4.1) für $\phi = I_A$ ($A \in \mathcal{R}_d$). Mit Hilfe des Approximationssatzes und Satz 1.16 ergibt sich die Gültigkeit von (2.4.1) für beliebige Borel-meßbare Abbildungen $\phi : \mathbb{R}^d \longrightarrow \overline{\mathbb{R}}_+$. ■

Später benötigen wir noch folgenden

2.6 Satz. *Die $n+2$ ZVK $\xi_1, \dots, \xi_n, \eta, \zeta$ mit Werten in $\mathbb{R}^{d(1)}, \dots, \mathbb{R}^{d(n)}$, $\mathbb{R}^{d(n+1)}$ bzw. $\mathbb{R}^{d(n+2)}$ seien unabhängig voneinander, wobei $d(i) \geq 0$, $1 \leq i \leq n+2$. (Gilt für ein i $d(i) = 0$, so sei der jeweilige ZVK konstant!) Die Abbildungen $f_i : \mathbb{R}^{d(i)+d(n+1)+d(n+2)} \longrightarrow \overline{\mathbb{R}}$ $(1 \leq i \leq n)$ seien Borel-meßbar, und es gelte*

$$f_i \geq 0, \quad 1 \leq i \leq n \tag{2.6.1}$$

oder

$$f_i(\xi_i, \eta, \zeta) \in L^n, \quad 1 \leq i \leq n. \tag{2.6.2}$$

Dann folgt

$$\begin{aligned} &E[E[f_1(\xi_1,\eta,\zeta)|\xi_1,\eta] \cdots E[f_n(\xi_n,\eta,\zeta)|\xi_n,\eta]|\eta] \\ &\quad = E[f_1(\xi_1,\eta,\zeta)|\eta] \cdots E[f_n(\xi_n,\eta,\zeta)|\eta] \quad f.s. \end{aligned} \tag{2.6.3}$$

Für $d(n+2) = 0$ ergibt sich hieraus

$$E[f_1(\xi_1,\eta) \cdots f_n(\xi_n,\eta)|\eta] = E[f_1(\xi_1,\eta)|\eta] \cdots E[f_n(\xi_n,\eta)|\eta] \quad f.s. \tag{2.6.4}$$

BEWEIS. Für $1 \leq i \leq n$ sei $f_i = I(A_i \times B_i \times C_i)$, wobei $A_i \in \mathcal{R}_{d(i)}$, $B_i \in \mathcal{R}_{d(n+1)}$, $C_i = \mathcal{R}_{d(n+2)}$. Dann ist die linke Seite in (2.6.3)

$$\begin{aligned} &E[I(A_1)(\xi_1)I(B_1)(\eta)P(\zeta \in C_1) \cdots I(A_n)(\xi_n)I(B_n)(\eta)P(\zeta \in C_n)|\eta] \\ &\quad = \quad I(B_1)(\eta) \cdots I(B_n)(\eta)P(\xi_i \in A_i,\ 1 \leq i \leq n)P(\zeta \in C_1) \cdots P(\zeta \in C_n) \\ &\quad = \quad I(B_1)(\eta)P(\xi_1 \in A_1)P(\zeta \in C_1) \cdots I(B_n)(\eta)P(\xi_n \in A_n)P(\zeta \in C_n) \text{ f.s.,} \end{aligned}$$

während die rechte Seite in (2.6.3) f.s. gleich ist

$$\begin{aligned} &I(B_1)(\eta)P(\xi_1 \in A_1,\ \zeta \in C_1) \cdots I(B_n)(\eta)P(\xi_n \in A_n,\ \zeta \in C_n) \\ &\quad = \quad I(B_1)(\eta)P(\xi_1 \in A_1)P(\zeta \in C_1) \cdots I(B_n)(\eta)P(\xi_n \in A_n)P(\zeta \in C_n). \end{aligned}$$

Ähnlich wie im Beweis von Satz 2.4 ergibt sich nun die Gültigkeit von (2.6.3) für *beliebige* Abbildungen $f_1, \dots, f_n$, für die (2.6.1) gilt. Ist schließlich (2.6.2) erfüllt, so läßt sich (2.6.1) auf f_i^+ und f_i^- anwenden, wobei man noch beachte, daß sich aus $X_1, \dots, X_n \in L^n$ $X_1 \cdots X_n \in L^1$ ergibt. ■

Wir zeigen anhand eines Beispiels, wie sich auch in anderen Fällen bedingte EW $E[X|\mathcal{B}]$ berechnen lassen, falls $\mathcal{B}$ von gewissen ZV erzeugt wird.

2.6.1 Beispiel. Die ZV X, Y seien UIV. Sei F die gemeinsame VF von X und Y. Wir nehmen im folgenden an, daß F stetig und strikt positiv auf $\mathbb{R}$ ist. Zu berechnen sei $P(X \leq s|X \vee Y) = E[I\{X \leq s\}|X \vee Y]$, $s \in \mathbb{R}$. Wegen Satz 1.12 existiert eine Borel-meßbare Funktion $\phi_s : \mathbb{R} \longrightarrow \mathbb{R}_+$ derart, daß

$$E[I\{X \leq s\}|X \vee Y] = \phi_s(X \vee Y) \quad \text{f.s.} \tag{2.6.5}$$

Da die Familie der Mengen $\{X \vee Y \leq t\}$ $(t \in \mathbb{R})$ $\cap$-stabil ist und $\sigma\{X \vee Y\}$ erzeugt, ist (2.6.5) äquivalent zu

$$\int_{\{X\vee Y\leq t\}} I\{X \leq s\}\,dP = \int_{\{X\vee Y\leq t\}} \phi_s(X\vee Y)\,dP, \quad t \in \mathbb{R}. \tag{2.6.6}$$

Im folgenden sei $s \in \mathbb{R}$ fixiert. Um ϕ_s mit Hilfe von (2.6.6) zu bestimmen, nehmen wir zunächst *zusätzlich* an, daß F eine stetige, strikt positive Dichte f besitzt. Die ZV $X \vee Y$ hat die VF F^2 und somit die Dichte $g(t) := 2F(t)f(t)$, $t \in \mathbb{R}$. Die linke Seite in (2.6.6) ist für $t > s$ gleich $P(X \leq s,\ X \vee Y \leq t) = P(X \leq s,\ Y \leq t) = F(s)F(t)$, und für $t \leq s$ gleich $P(X \vee Y \leq t) = F^2(t)$, so daß ϕ_s folgende Bedingungen erfüllen muß:

$$F(s)F(t) = \int_{-\infty}^{t} \phi_s(u)g(u)\,du, \quad t > s \tag{2.6.7}$$

sowie

$$F^2(t) = \int_{-\infty}^{t} \phi_s(u)g(u)\,du, \quad t \leq s. \tag{2.6.8}$$

Wir nehmen *zusätzlich* an, daß ϕ_s an jeder Stelle $t \neq s$ stetig ist. Aus (2.6.7), (2.6.8) ergibt sich dann durch Ableiten nach t $F(s)f(t) = \phi_s(t)g(t)$, $t > s$, und $2F(t)f(t) = \phi_s(t)g(t)$, $t < s$, so daß $\phi_s(t) = F(s)/(2F(t))$, $t > s$, und $\phi_s(t) = 1$, $t < s$. Dies führt zu folgender *Vermutung*:

$$\begin{aligned} &P(X \leq s|X \vee Y) \\ &= I\{X \vee Y \leq s\} + \frac{F(s)}{2F(X\vee Y)} I\{X \vee Y > s\} \quad \text{f.s.} \end{aligned} \tag{2.6.9}$$

Wir zeigen nun, daß (2.6.9) gilt, falls F auf $\mathbb{R}$ *stetig* und *strikt positiv* ist. Für $t \leq s$ sind beide Seiten in (2.6.6) gleich $P(X \vee Y \leq t)$. Zum Nachweis von (2.6.9) reicht es also wegen (2.6.6) zu zeigen:

$$\begin{aligned} &F(s)F(t) \\ &= P(X \vee Y \leq s) + \frac{1}{2}F(s)E\left[\frac{1}{F(X \vee Y)} I\{s < X \vee Y \leq t\}\right], \quad t > s. \end{aligned}$$

Wegen $P(X \vee Y \leq s) = F^2(s)$ ist dies gleichbedeutend mit

$$E\left[\frac{1}{F(X\vee Y)} I\{s < X \vee Y \leq t\}\right] = 2(F(t) - F(s)), \quad t > s. \tag{2.6.10}$$

Zum Nachweis von (2.6.10) sei im folgenden $t > s$. Seien $Q, \widetilde{Q}$ die Verteilungen von X bzw. (X, Y), und sei $A(s,t) := \{(x,y) \in \mathbb{R}^2 :\ x \leq y,\ s < y \leq t\}$, $B(s,t) := \{(x,y) \in \mathbb{R}^2 :\ x > y,\ s < x \leq t\}$. Wegen des Satzes von

Fubini-Tonelli erhalten wir für die linke Seite in (2.6.10)

$$\begin{aligned}
&\int_{A(s,t)} \frac{1}{F(y)}\, d\widetilde{Q}(x,y) + \int_{B(s,t)} \frac{1}{F(x)}\, d\widetilde{Q}(x,y) \\
&= \int_{\mathbb{R}} \frac{1}{F(y)} I_{]s,t]}(y) \left(\int_{\mathbb{R}} I_{]-\infty,y]}(x)\, dQ(x) \right) dQ(y) \\
&\quad + \int_{\mathbb{R}} \frac{1}{F(x)} I_{]s,t]}(x) \left(\int_{\mathbb{R}} I_{]-\infty,x[}(y)\, dQ(y) \right) dQ(x).
\end{aligned}$$

Da $Q(]-\infty,y]) = F(y)$, $Q(]s,t]) = F(t) - F(s)$ und (aufgrund der Stetigkeit von F) $Q(]-\infty,x[) = P(X < x) = F(x)$, gilt also (2.6.10), falls F auf $\mathbb{R}$ *stetig* und *strikt positiv* ist. ■

Später benötigen wir noch folgenden

2.7 Satz. *$X_1,\dots,X_n,Y_1,\dots,Y_n$ seien* ZV *derart, daß die* ZVK

$$(X_1,\dots,X_n) \quad \textit{und} \quad (Y_1,\dots,Y_n)$$

dieselbe Verteilung haben. Sei $\psi: \mathbb{R}^n \longrightarrow \mathbb{R}$ Borel-meßbar derart, daß

$$\psi(X_1,\dots,X_n) \in L^1. \tag{2.7.1}$$

(a) *Für jedes $1 \le m \le n$ haben die bedingten* EW

$$E[\psi(X_1,\dots,X_n)|X_1,\dots,X_m] \quad \textit{und} \quad E[\psi(Y_1,\dots,Y_n|Y_1,\dots,Y_m]$$

dieselbe Verteilung.

(b) *Sei insbesondere $X_1,\dots,X_n$ eine* UIV*-Folge, und sei $1 \le m \le n$ fixiert. Für jede Permutation π der Zahlen $1,\dots,n$ gilt dann, daß der bedingte* EW $E[\psi(X_{\pi(1)},\dots,X_{\pi(n)})|X_{\pi(1)},\dots,X_{\pi(m)}]$ *dieselbe Verteilung wie* $E[\psi(X_1,\dots,X_n)|X_1,\dots,X_m]$ *hat.*

(c) *Sei $X_1,\dots,X_n$ eine* UIV*-Folge derart, daß $X_1 \in L^1$. Dann gilt für $S_n := X_1 + \dots + X_n$*

$$E[X_i|S_n] = E[X_1|S_n] \quad \textit{f.s.}, \quad 2 \le i \le n, \tag{2.7.2}$$

so daß

$$E[X_i|S_n] = \frac{1}{n} S_n \quad \textit{f.s.}, \quad 1 \le i \le n. \tag{2.7.3}$$

BEWEIS. (a) Wegen Satz 1.12 und (2.7.1) existiert eine Borel-meßbare Abbildung $\phi: \mathbb{R}^m \longrightarrow \mathbb{R}$ derart, daß $E[\psi(X_1,\dots,X_n)|X_1,\dots,X_m] = \phi(X_1,\dots,X_m) \in L^1$. Für jede Menge der Form $A = \{(X_1,\dots,X_m) \in C\}$ $(C \in \mathcal{R}_m)$ gilt folglich $E[I_A\psi(X_1,\dots,X_n)] = E[I_A\phi(X_1,\dots,X_m)]$, woraus sich für $B = \{(Y_1,\dots,Y_m) \in C\}$ $(C \in \mathcal{R}_m)$ $E[I_B\psi(Y_1,\dots,Y_n)] = E[I_B\phi(Y_1,\dots,Y_m)]$ und somit $E[\psi(Y_1,\dots,Y_n)|Y_1,\dots,Y_m] = \phi(Y_1,\dots,Y_m)$ f.s. ergibt. Da $\phi(X_1,\dots,X_m)$ und $\phi(Y_1,\dots,Y_m)$ dieselbe Verteilung haben, gilt (a) und somit auch (b), da die ZVK $(X_{\pi(1)},\dots,X_{\pi(n)})$, $(X_1,\dots,X_n)$ identisch verteilt sind. Beim Beweis von (2.7.2) benutzt man, daß die Verteilung des ZVK (X_i,S_n) nicht von $1 \le i \le n$ abhängt. Aus (2.7.2) folgt

$S_n = E[S_n|S_n] = E[X_1 + \cdots + X_n|S_n] = nE[X_i|S_n]$ f.s., so daß (2.7.3) gilt. ■

2.7.1 Beispiel. Sei $X_1, X_2, \ldots$ eine UIV-Folge von ZV, die lediglich *strikt positive ganzzahlige* Werte annehmen. Für $p_n := P(X_1 = n)$, $n = 1, 2, \ldots$, gilt also $p_1 + p_2 + \cdots = 1$. Sei $N \sim \mathrm{PO}(\lambda)$ derart, daß die ZV $N, X_1, X_2, \ldots$ unabhängig sind. N läßt sich als Anzahl der Leistungen interpretieren, die ein Versicherer (VS) aufgrund eines Portfolios von Policen innerhalb eines gewissen Zeitraumes (etwa eines Jahres) zu erbringen hat. Ist X_i die — in zeitlicher Reihenfolge — i-te Leistung des VS, so ist dessen Gesamtleistung im betrachteten Zeitintervall

$$S_N := X_1 + \cdots + X_N, \tag{2.7.4}$$

wobei

$$S_N = 0, \quad \text{falls} \quad N = 0. \tag{2.7.5}$$

Die ZV S_N heißt auch *kollektives Risikomodell.* Die direkte Berechung der Wahrscheinlichkeiten $P(S_N = k)$ für größere k ist ziemlich mühsam. Wir zeigen jetzt mit Hilfe von (2.7.3):

$$P(S_N = k) = \frac{\lambda}{k} \sum_{i=1}^{k} i p_i P(S_N = k - i), \quad k = 1, 2, \ldots, \tag{2.7.6}$$

wobei

$$P(S_N = 0) = P(N = 0) = e^{-\lambda}, \tag{2.7.7}$$

so daß sich die Wahrscheinlichkeiten $P(S_N = k)$ *rekursiv* berechnen lassen — beginnend mit dem durch (2.7.7) gegebenen Startwert. Wir erhalten für $k \geq 1$ wegen (2.7.5)

$$\begin{aligned}
P(S_N = k) &= \sum_{n=1}^{\infty} P(S_N = k|N = n) P(N = n) \\
&= \sum_{n=1}^{\infty} P(S_n = k) \frac{\lambda^n}{n!} e^{-\lambda} \\
&= \sum_{n=0}^{\infty} \frac{\lambda^{n+1}}{(n+1)!} e^{-\lambda} P(S_{n+1} = k) \\
&= \frac{\lambda}{k} \sum_{n=0}^{\infty} \frac{\lambda^n}{n!} e^{-\lambda} \frac{k}{n+1} P(S_{n+1} = k).
\end{aligned}$$

Da aufgrund von (2.7.3) $E[X_{n+1}|S_{n+1} = k] = k/(n+1)$, folgt

$$\begin{aligned} P(S_N = k) &= \frac{\lambda}{k} \sum_{n=0}^{\infty} P(N = n) E[X_{n+1}|S_{n+1} = k] P(S_{n+1} = k) \\ &= \frac{\lambda}{k} \sum_{n=0}^{\infty} P(N = n) \sum_{i=1}^{k} i P(X_{n+1} = i|S_{n+1} = k) P(S_{n+1} = k) \\ &= \frac{\lambda}{k} \sum_{n=0}^{\infty} P(N = n) \sum_{i=1}^{k} i P(X_{n+1} = i,\ S_n = k - i). \end{aligned}$$

Da X_{n+1} und S_n ebenso wie N und S_n unabhängig sind, erhalten wir

$$\begin{aligned} P(S_N = k) &= \frac{\lambda}{k} \sum_{i=1}^{k} i p_i \sum_{n=0}^{\infty} P(N = n,\ S_n = k - i) \\ &= \frac{\lambda}{k} \sum_{i=1}^{k} i p_i P(S_N = k - i). \end{aligned}$$

■

6.3 Existenz eines Poisson-Prozesses

In Beispiel 7.3.1[4] wurden bereits Poisson-Prozesse erwähnt. Hauptresultat dieses Abschnitts ist folgender *Existenzsatz für einen Poisson-Prozeß*, bei dessen Beweis Satz 2.2 wesentlich benutzt wird:

3.1 Satz. *Sei* $\xi(1), \xi(2), \ldots$ *eine* UIV*-Folge von ZV, die auf einem W.-Raum* $(\Omega, \mathcal{A}, P)$ *definiert sind derart, daß*

(3.1.1) $$\xi(1) \sim \mathrm{EXP}(\lambda) \quad (\lambda > 0).$$

Dann existiert auf $(\Omega, \mathcal{A}, P)$ *eine Familie* $(N(t))$ $(t \in \mathbb{R}_+)$ *von* ZV *mit folgenden Eigenschaften:*

(a) $N(0) \equiv 0$.

(b) *Für die Zuwächse* $N(t) - N(s)$, $0 \leq s < t$, *gilt*

(3.1.2) $$N(t) - N(s) \sim \mathrm{PO}(\lambda(t - s)).$$

(c) $(N(t))$ *hat unabhängige Zuwächse, d.h. für* $n \geq 2$ *und Indizes* $t_0 = 0 < t_1 < \cdots < t_n$ *sind die Zuwächse* $N(t_i) - N(t_{i-1})$, $1 \leq i \leq n$, *unabhängig.*

(d) *Die zu einem* $\omega \in \Omega$ *gehörende Trajektorie (Realisierung)* $N(\cdot)(\omega)$: $t \longmapsto N(t)(\omega)$, $t \in \mathbb{R}_+$, *hat folgende Eigenschaften:*

(i) $N(\cdot)(\omega)$ *ist stückweise konstant und wächst monoton in Sprüngen der Größe* 1, *wobei* $N(0)(\omega) = 0$.

(ii) *In jedem endlichen Intervall liegen nur endlich viele Sprünge von* $N(\cdot)(\omega)$.

(iii) $N(\cdot)(\omega)$ *ist rechtsstetig.*
(iv) *Es gilt*

$$\lim_{t\to\infty}\frac{1}{t}N(t)(\omega)=\lambda. \tag{3.1.3}$$

(e) *Bezeichnet* $T(n)$ $(n\geq 1)$ *den Zeitpunkt des* n*-ten Sprungs von* $(N(t))$ *und ist* $T(0):\equiv 0$, *so sind die Wartezeiten* $T(1)-T(0), T(2)-T(1),\ldots$ *unabhängig, und*

$$T(n)-T(n-1)\sim \mathrm{EXP}(\lambda),\quad n\geq 1. \tag{3.1.4}$$

3.2 Bemerkung. Eine Familie $(N(t))$ $(t\in\mathbb{R}_+)$ von ZV heißt ein *Poisson-Prozeß* mit *Parameter* (oder *Intensität*) $\lambda>0$, falls

$$N(0)=0\quad \text{f.s.} \tag{3.2.1}$$

sowie (b), (c) in Satz 3.1 gelten. Satz 3.1 besagt, daß sich auf einem geeigneten W.-Raum ein Poisson-Prozeß mit Parameter λ so konstruieren läßt, daß er *zusätzlich* die in Satz 3.1 genannten Trajektorien-Eigenschaften (i) – (iv) aufweist. Interpretiert man die Indizes $t\in\mathbb{R}_+$ eines Poisson-Prozesses als Zeitpunkte und hat die Glücksgöttin Tyche ein $\omega\in\Omega$ gewählt, so beschreibt die zugehörige *Trajektorie* (oder *Realisierung*) $N(\cdot)(\omega): t\longmapsto N(t)(\omega)$, $t\in\mathbb{R}_+$, den zeitlichen Ablauf des Prozesses, wobei $N(t)(\omega)$ der *Zustand* des Prozesses zum Zeitpunkt t ist. ∎

3.2.1 Beispiele. Poisson-Prozesse $(N(t))$ mit den Trajektorien-Eigenschaften (i) – (iv) aus Satz 3.1 werden benutzt, um gewisse Zählprozesse zu modellieren, die etwa bei der Emission von α-Teilchen eines radioaktiven Präparats, bei Verkehrszählungen oder der Annahme von Anrufen in einer großen Telefonzentrale auftreten. In derartigen Fällen wird dann die Anzahl der im Zeitintervall $[0,t]$ registrierten Ereignisse durch $N(t)$ modelliert.

Ein weiteres Beispiel betrifft die Anzahl der Schadensmeldungen, die bei einem Versicherer (VS) aufgrund eines Portfolios von Policen eingehen. Ist $X_i>0$ die in zeitlicher Reihenfolge i-te Leistung (ZV !), die der VS aufgrund seines Policen-Portfolios zu erbringen hat, und ist $N(t)$ die Anzahl der Schadensmeldungen im Zeitintervall $[0,t]$, so beträgt die Gesamtleistung des VS bis zum Zeitpunkt t

$$S(t):=X_1+\cdots+X_{N(t)},\quad t\geq 0 \tag{3.2.2}$$

(es sei $S(t)=0$, falls $N(t)=0$). Üblicherweise wird angenommen, daß (X_n) eine UIV-Folge von ZV bildet und (X_n) unabhängig vom Poisson-Prozeß $(N(t))$ ist. Nimmt der VS pro Zeiteinheit die Prämie $c>0$ ein, so beträgt der *Überschuß* des VS zur Zeit t $ct-S(t)$. Ist $u\geq 0$ das Anfangskapital des VS, so ist sein Kapital zur Zeit t also

$$U(t):=u+ct-S(t),\quad t\geq 0. \tag{3.2.3}$$

Sei $T:=\min\{t\geq 0:\ U(t)<0\}$ der „Ruinzeitpunkt" des VS. Das sog. *Ruinproblem* besteht dann u.a. darin, die *Ruinwahrscheinlichkeit* $\psi(u):=$

$P(T < \infty)$ in Abhängigkeit vom Anfangskapital $u \geq 0$ des VS zu bestimmen (es werde $T(\omega) = \infty$ gesetzt, falls $U(t)(\omega) \geq 0$, $t \geq 0$, gilt). Wir werden in §9.4 mit martingaltheoretischen Methoden ein analoges Problem im Fall diskreter Zeitpunkte $t = 0, 1, 2, \ldots$ behandeln. ■

BEWEIS VON SATZ 3.1. Wie in Beispiel 7.3.1[4] sei

$$T(n) := \xi(1) + \cdots + \xi(n), \quad n \geq 0 \tag{3.2.4}$$

und

$$N(t) := \max\{n \geq 0 : T(n) \leq t\}. \tag{3.2.5}$$

Dann gilt ersichtlich (e),

$$N(0) = 0 \quad \text{f.s.}, \tag{3.2.6}$$

$$\{N(t) = n\} = \{T(n) \leq t < T(n+1)\}, \quad n \geq 0 \tag{3.2.7}$$

sowie

$$\{T(n) \leq t\} = \{N(t) \geq n\}, \quad n \geq 0, \quad t \geq 0. \tag{3.2.8}$$

In Beispiel 7.3.1[4] wurde bereits gezeigt, daß (3.1.2) für $s = 0$ gilt, so daß

$$N(t) \sim \mathrm{PO}(\lambda t), \quad t > 0. \tag{3.2.9}$$

Zum Nachweis von (b), (c) reicht es zu zeigen, daß für beliebige Zeitpunkte $t_0 = 0 < t_1 < \cdots < t_n < t_n + t$ und ganze Zahlen $k_0 = 0 \leq k_1 \leq \cdots \leq k_n$ $(n \geq 1)$

$$\begin{aligned} &P\big(\{N(t_n+t) - N(t_n) \geq m\} \cap \{N(t_i) = k_i, 1 \leq i \leq n\}\big) \\ &\quad = \; P(T(m) \leq t)P(N(t_i) = k_i,\ 1 \leq i \leq n), \quad m \geq 1 \end{aligned} \tag{3.2.10}$$

(wegen $T(0) \equiv 0$ gilt dies auch für $m = 0$). Aus (3.2.10) folgt nämlich durch Differenzenbildung wegen (3.2.7) und (3.2.9)

$$\begin{aligned} &P(\{N(t_n+t) - N(t_n) = m\} \cap \{N(t_i) = k_i,\ 1 \leq i \leq n\}) \\ &\quad = \; P(N(t) = m)P(N(t_i) = k_i,\ 1 \leq i \leq n) \\ &\quad = \; \frac{(\lambda t)^m}{m!} e^{-\lambda t} P(N(t_i) = k_i,\ 1 \leq i \leq n), \quad m \geq 0. \end{aligned}$$

Mehrfache Anwendung dieser Beziehung führt wegen $t_0 = 0$ und (3.2.6) zu

$$\begin{aligned} &P\big(\{N(t_n+t) - N(t_n) = m\} \cap \{N(t_i) - N(t_{i-1}) = k_i - k_{i-1},\ 1 \leq i \leq n\}\big) \\ &\quad = \frac{(\lambda t)^m}{m!} e^{-\lambda t} \prod_{i=1}^{n} \frac{(\lambda(t_i - t_{i-1}))^{k_i - k_{i-1}}}{(k_i - k_{i-1})!} \exp(-\lambda(t_i - t_{i-1})), \end{aligned}$$

woraus sich durch Summation bez. $k_1 - k_0 \geq 0, \ldots, k_n - k_{n-1} \geq 0$ (b) und damit auch (c) ergibt. Zum Nachweis von (3.2.10) für feste Zahlen $n \geq 1$, $m \geq 1$ und $t > 0$ sei $1 \leq r \leq n$ die kleinste Zahl derart, daß $k_n = k_{n-1} = \cdots = k_r$. Wir benötigen im folgenden die Ereignisse $A_0 := \Omega$, $A_j :=$

$\{N(t_i) = k_i,\ 1 \le i \le j\}$, $1 \le j \le n$, sowie $B := \{T(k_n) \le t_r\} \cap A_{r-1}$. Aufgrund von (3.2.8) ist das Ereignis auf der linken Seite in (3.2.10) gleich

$$\{N(t_n + t) \ge m + k_n\} \cap A_n = \{T(m + k_n) \le t_n + t\} \cap A_n,$$

so daß (3.2.10) besagt:

$$\begin{aligned} & P(\{T(m+k_n) \le t_n + t\} \cap A_n) \\ = \;& P(\{T(m+k_n) - T(k_n) \le t_n + t - T(k_n)\} \cap A_n) \\ = \;& P(T(m) \le t) P(A_n). \end{aligned} \tag{3.2.11}$$

Aufgrund von (3.2.8) ergibt sich

$$\begin{aligned} A_n &= \{N(t_n) = \cdots = N(t_r) = k_n\} \cap A_{r-1} \\ &= \{T(k_n) \le t_r,\ T(k_n + 1) > t_n\} \cap A_{r-1}, \end{aligned}$$

so daß wegen $T(k_n + 1) = T(k_n) + \xi(k_n + 1)$

$$A_n = \{\xi(k_n + 1) > t_n - T(k_n)\} \cap B. \tag{3.2.12}$$

Die folgende einfache Aussage ermöglicht nun eine Anwendung von Satz 2.2:

$$\{\xi(i) : i \ge k_n + 1\} \text{ ist unabhängig von } \{T(k_n), I(B)\}. \tag{3.2.13}$$

Zur Berechnung von $P(A_n)$ mit Hilfe von Satz 2.2 sei $\phi(y, z) := E[I\{\xi(k_n + 1) > t_n - y\} \cdot z]$, $(y, z) \in \mathbb{R}^2$, so daß $\phi(y, z) = z \exp(-\lambda(t_n - y))$, $y \le t_n$. Wegen (3.2.12), (3.2.13) und Satz 2.2 folgt also

$$\begin{aligned} P(A_n) &= E[E[I\{\xi(k_n + 1) > t_n - T(k_n)\} I_B | T(k_n),\ I(B)]] \\ &= E[\phi(T(k_n),\ I(B))] \end{aligned}$$

und somit

$$P(A_n) = E[I(B) \exp(-\lambda(t_n - T(k_n)))]. \tag{3.2.14}$$

Zur Berechnung der Wahrscheinlichkeit auf der linken Seite in (3.2.11) unter Benutzung von (3.2.12) gehen wir ähnlich vor. Für $(y, z) \in \mathbb{R}^2$ sei

$$\begin{aligned} & \psi(y, z) \\ & := E\big[I(\{T(m + k_n) - T(k_n) \le t_n + t - y\} \cap \{\xi(k_n + 1) > t_n - y\}) \cdot z\big]. \end{aligned}$$

Da die ZVK $(T(m + k_n) - T(k_n),\ \xi(k_n + 1))$ und $(T(m),\ \xi(1))$ dieselbe Verteilung haben, ergibt sich für $(y, z) \in \mathbb{R}^2$

$$\psi(y, z) = z P(\{T(m) \le t_n + t - y\} \cap \{\xi(1) > t_n - y\}). \tag{3.2.15}$$

Wegen (3.2.12), (3.2.13) und Satz 2.2 erhält man ähnlich wie zuvor

$$P(\{T(m + k_n) \le t_n + t\} \cap A_n) = E[\psi(T(k_n),\ I(B))], \tag{3.2.16}$$

wobei noch benutzt wird, daß $\{T(m+k_n) - T(k_n),\ \xi(k_n+1)\}$ wegen (3.2.13) unabhängig von $\{T(k_n),\ I(B)\}$ ist. Zur Berechnung des EW auf der rechten

Seite in (3.2.16) mit Hilfe von (3.2.15) zeigen wir

$$\begin{aligned} &P(\{T(m) \le t_n + t - y\} \cap \{\xi(1) > t_n - y\}) \\ &\quad = \exp(-\lambda(t_n - y))P(T(m) \le t), \quad m \ge 1,\ 0 \le y \le t_n. \end{aligned} \tag{3.2.17}$$

Da (3.2.17) für $m = 1$ trivial ist, sei im folgenden $m \ge 2$. Die linke Seite in (3.2.17) ist gleich

$$E[P(\{T(m) - \xi(1) \le t_n + t - y - \xi(1)\} \cap \{\xi(1) > t_n - y\} | \xi(1))].$$

Die die ZV $T(m) - \xi(1)$ dieselbe Verteilung wie $T(m-1)$ hat und unabhängig von $\xi(1)$ ist, ergibt sich für die linke Seite in (3.2.17) wegen Satz 2.2 (man beachte, daß $\xi(1) \le T(m)$):

$$\int_{t_n - y}^{t_n + t - y} P(T(m-1) \le t_n + t - y - s)\lambda \exp(-\lambda s)\, ds$$

$$= \exp(-\lambda(t_n - y)) \int_0^t P(T(m-1) \le t - z)\lambda \exp(-\lambda z)\, dz, \quad 0 \le y \le t_n.$$

Da die VF von $T(m)$ die Faltung der VF von $T(m-1)$ und $\xi(m)$ ist, stimmt der zuletzt erhaltene Ausdruck mit der rechten Seite in (3.2.17) überein. Für den EW auf der rechten Seite in (3.2.16) erhalten wir somit wegen (3.2.15) und (3.2.17) (man beachte, daß $T(k_n) \le t_r \le t_n$ auf B gilt !)

$$E[\psi(T(k_n), I(B))] = E[I(B)\exp(-\lambda(t_n - T(k_n)))]P(T(m) \le t),$$

so daß (3.2.11) (und damit (3.2.10)!) eine Konsequenz aus (3.2.16) und (3.2.14) ist.

Aufgrund des Erneuerungssatzes (Satz 7.3[4]) und (3.2.6) existiert eine Menge $\Omega_0 \in \mathcal{A}$ mit $P(\Omega_0) = 0$ derart, daß für alle $\omega \notin \Omega_0$ die Trajektorie $N(\cdot)(\omega)$ die Eigenschaften (i) – (iv) hat. Wird $N(\cdot)(\omega)$ für $\omega \in \Omega_0$ neu definiert durch $N(t)(\omega) = n\lambda$, $t \in [n, n+1[$, $n \ge 0$, so gelten (i) – (iv) für *alle* $\omega \in \Omega$. ■

3.3 Satz. *Sei $(N(t))$ ein Poisson-Prozeß mit Parameter $\lambda > 0$. Sei $t \ge 0$ fixiert. Dann gilt für $h \to 0$ $(h > 0)$:*

$$P(N(t+h) = N(t) + 1) = \lambda h + o(h) \tag{3.3.1}$$

und

$$P(N(t+h) \ge N(t) + 2) = o(h), \tag{3.3.2}$$

so daß

$$P(N(t+h) = N(t)) = 1 - \lambda h + o(h). \tag{3.3.3}$$

BEWEIS. Wegen (3.1.2) erhält man für $h > 0$ $P(N(t+h) = N(t) + 1) = P(N(h) = 1) = \lambda h e^{-\lambda h} = \lambda h - (1 - e^{-\lambda h})\lambda h$. Daraus folgt (3.3.1) für

$h \to 0$ $(h > 0)$. Mit Hilfe von (3.3.1) erhält man für $h \to 0$ $(h > 0)$

$$\begin{aligned} P(N(t+h) &\geq N(t)+2) \\ &= P(N(t+h) \geq N(t)+1) - P(N(t+h) = N(t)+1) \\ &= 1 - e^{-\lambda h} - (\lambda h + o(h)) = o(h), \end{aligned}$$

d.h. (3.3.2). ■

3.4 Bemerkung. Der Poisson-Prozeß $(N(t))$ in Satz 3.3 habe zusätzlich die Trajektorien-Eigenschaften (i) - (iv) aus Satz 3.1. Dann besagt (3.3.1) für ein sehr kurzes Zeitintervall $[t, t+h]$ ($t \geq 0$ sei fest): Die Wahrscheinlichkeit dafür, daß die Trajektorie von $(N(t))$ im Zeitintervall $[t, t+h]$ *genau einen* Sprung ausführt, ist — bis auf einen Term, der für $h \to 0$ $(h > 0)$ verschwindend klein gegenüber h ist — proportional zu h. Ähnlich kann man (3.3.2) interpretieren. Es läßt sich zeigen, daß (3.3.1) und (3.3.2) in folgendem Sinne *charakteristisch* für einen Poisson-Prozeß sind: Sei $(N(t))$ $(t \in \mathbb{R}_+)$ eine Familie von ZV, die lediglich Werte aus $\mathbb{Z}_+ = \{0, 1, 2, \dots\}$ annehmen; $(N(t))$ habe unabhängige Zuwächse; es sei $N(0) = 0$ f.s. und es gelte $N(s) \leq N(t)$, falls $s \leq t$. Sind dann (3.3.1), (3.3.2) für ein $\lambda > 0$ (und jedes feste $t \geq 0$) erfüllt, so folgt

(3.4.1) $$N(t) - N(s) \sim \mathrm{PO}(\lambda(t-s)), \quad 0 \leq s < t.$$

■

Später benötigen wir eine merkwürdige Eigenschaft eines Poisson-Prozesses, die sich aus folgendem Resultat ergibt:

3.5 Satz. *Sei $(N(t))$ ein Poisson-Prozeß mit Parameter λ und sei (U_n) $(n \geq 1)$ eine* UIV*-Folge von $\mathbb{R}^d$-wertigen* ZVK *$(d \geq 1)$ derart, daß (U_n) unabhängig von $(N(t))$ ist. Die Mengen $A(i) \in \mathcal{R}_d$ $(1 \leq i \leq m)$ seien paarweise disjunkt derart, daß für die Wahrscheinlichkeiten $\pi_i := P(U_1 \in A(i))$ $\pi_1 + \dots + \pi_m = 1$ gilt. Für $t \geq 0$ setzen wir*

(3.5.1) $$N_{A(i)}(t) = \#\{1 \leq j \leq N(t) : U_j \in A(i)\}, \quad 1 \leq i \leq m.$$

Dann folgt

(3.5.2) $$N_{A(i)}(t) \sim \mathrm{PO}(\lambda \pi_i t), \quad 1 \leq i \leq m, \quad t \geq 0$$

(per Definition gelte $\xi = 0$ f.s. für eine ZV *$\xi \sim \mathrm{PO}(0)$) sowie*

(3.5.3) *Für festes $t \geq 0$ sind die* ZV *$N_{A(i)}(t)$, $1 \leq i \leq m$, unabhängig.*

BEWEIS. Sei $N_{in} := \#\{1 \leq j \leq n : U_j \in A(i)\}$, $1 \leq i \leq m$, $n \geq 0$. Für nichtnegative Zahlen $k_1, \dots, k_m$ mit $k_1 + \dots + k_m = n$ folgt dann wegen

(3.1.2)

$$
\begin{aligned}
P(N_{A(i)}(t) &= k_i,\ 1 \le i \le m) \\
&= P(\{N(t) = n\} \cap \{N_{A(i)}(t) = k_i,\ 1 \le i \le m\}) \\
&= P(\{N(t) = n\} \cap \{N_{in} = k_i,\ 1 \le i \le m\}) \\
&= P(N(t) = n) P(N_{in} = k_i,\ 1 \le i \le m) \\
&= \frac{(\lambda t)^n}{n!} \exp(-\lambda t) \binom{n}{k_1} \binom{n-k_1}{k_2} \cdots \binom{k_m}{k_m} \pi_1^{k_1} \cdots \pi_m^{k_m} \\
&= \frac{(\lambda t)^n}{n!} \exp(-\lambda t) \frac{n!}{k_1! \cdots k_m!} \pi_1^{k_1} \cdots \pi_m^{k_m} \\
&= \prod_{i=1}^{m} \frac{(\lambda t \pi_i)^{k_i}}{k_i!} \exp(-\lambda t \pi_i).
\end{aligned}
$$

Summation über $k_j = 0, 1, \ldots$ $(j \neq i)$ liefert (3.5.2) und somit auch (3.5.3). ■

Aufgaben

6.1. Sei $\Omega = \{\omega_1, \ldots, \omega_5\}$ und P die Gleichverteilung auf Ω. Die ZV X und Y seien definiert durch $X(\omega_i) = i$ $(1 \le i \le 5)$ und $Y(\omega_1) = Y(\omega_2) = 3$, $Y(\omega_3) = Y(\omega_4) = 7$, $Y(\omega_5) = -1$. Man berechne $E[X|Y]$.

6.2. Man zeige anhand eines einfachen Beispiels, daß auf einem W.-Raum $(\Omega, \mathcal{A}, P)$ integrierbare ZV ξ, η mit *gleicher* Verteilung existieren können derart, daß für eine gewisse nichttriviale σ-Algebra $\mathcal{B} \subset \mathcal{A}$ $E[\xi|\mathcal{B}] \neq E[\eta|\mathcal{B}]$ f.s. gilt.

6.3. Sei X~PO(λ). Jemand wirft eine Münze, bei der „Zahl" mit Wahrscheinlichkeit $p > 0$ fällt, X-mal. Sei Y die Anzahl der „Zahl"-Würfe. Man zeige, daß der Korrelationskoeffizient von X und Y gleich $\sqrt{p}$ ist.
Hinweis: Man verwende auf geeignete Weise den bedingten EW $E[\,\cdot\,|X]$.

6.4. Seien X, Y ZV derart, daß $E[X^2] < \infty$ und $E[Y^2] < \infty$. Man beweise folgende Aussagen, die aufgrund von Beispiel 3.19 [4] plausibel sind:
(a) Gilt $E[Y|X] = 0$ f.s., so sind X, Y unkorreliert.
(b) Gibt es eine monoton wachsende Funktion $h : \mathbb{R} \longrightarrow \mathbb{R}$ derart , daß $E[Y|X] = h(X)$ f.s., so sind X, Y positiv korreliert, d.h. es gilt $\mathrm{Cov}[X, Y] \ge 0$ (vgl. Aufgabe 4.23).

6.5. Sei $X \in L^2$ und $\mathcal{B} \subset \mathcal{A}$ eine beliebige σ-Algebra. Die *bedingte Varianz* von X – gegeben $\mathcal{B}$ – wird definiert durch

$$\mathrm{Var}[X|\mathcal{B}] = E[X^2|\mathcal{B}] - \big(E[X|\mathcal{B}]\big)^2.$$

Man zeige: $\mathrm{Var}[X] = E\big[\mathrm{Var}[X|\mathcal{B}]\big] + \mathrm{Var}\big[E[X|\mathcal{B}]\big]$.

6.6. Sei $(\Omega, \mathcal{A}, P)$ ein W.-Raum, ξ eine integrierbare ZV und $\mathcal{B} \subset \mathcal{A}$ eine beliebige σ-Algebra. Man zeige: Ist η $\mathcal{B}$-meßbar und integrierbar, so gilt

$$E\big[|\xi - E[\xi|\mathcal{B}]|\big] \le 2E\big[|\xi - \eta|\big].$$

6.7. Sei $(\Omega, \mathcal{A}, P)$ ein W.-Raum und seien $\mathcal{D} \subset \mathcal{C} \subset \mathcal{B} \subset \mathcal{A}$ σ-Algebren. Sei $\xi \ge 0$ $\mathcal{A}$-meßbar und integrierbar. Dann gilt i.a. *nicht*

$$E[\xi|\mathcal{C}] \le \max\Big\{E[\xi|\mathcal{D}], E[\xi|\mathcal{B}]\Big\} \quad \text{f.s.}$$

6.8. Sei $(\Omega, \mathcal{A}, P)$ ein W.-Raum und $\mathcal{B} \subset \mathcal{A}$, $\mathcal{C} \subset \mathcal{A}$ σ-Algebren. Weiter seien η, ξ integrierbare ZV derart, daß η $\mathcal{B}$-meßbar und ξ $\mathcal{C}$-meßbar ist. Man zeige: Gilt

$$E[\eta|\mathcal{C}] \ge \xi \text{ f.s.} \qquad \text{und} \qquad E[\xi|\mathcal{B}] \ge \eta \text{ f.s.},$$

so folgt $\eta = \xi$ f.s. (Es wird *nicht* angenommen, daß η und ξ identisch verteilt sind !)

6.9. Die ZV $X \sim \text{EXP}(\lambda)$ und $Y \sim \text{EXP}(\lambda)$ seien unabhängig. Man berechne $P(X \le a \cdot Y)$, $a > 0$.
Hinweis: Man benutze Satz 2.2.

6.10. Sei $(\Omega, \mathcal{A}, P)$ ein W.-Raum und $\mathcal{B} \subset \mathcal{A}$ eine σ-Algebra. Seien ξ, η ZV derart, daß η $\mathcal{B}$-meßbar und ξ unabhängig von $\mathcal{B}$ ist. Man zeige: Ist F die VF von ξ, so gilt $P(\xi \le \eta|\mathcal{B}) = F(\eta)$ f.s.
Hinweis: Ist $B \in \mathcal{B}$ derart, daß $P(B) > 0$, so sind ξ, η unabhängig bez. des W.-Maßes $P(\,\cdot\,|B)$. Man wende Satz 5.8[4] an.

6.11. Sei $Z_1, Z_2, \ldots$ eine UIV-Folge von ZV derart, daß $Z_1 \sim \text{EXP}(1)$. Sei $M_n := Z_1 \vee \cdots \vee Z_n$ $(n \ge 1)$. Man berechne $E[M_{n+1}|M_n]$, $n \ge 1$.

6.12. Sei ξ eine symmetrisch verteilte ZV (d.h. ξ und $-\xi$ haben dieselbe Verteilung). Man bestimme für gegebenes $a \in \mathbb{R}$ die bedingte Wahrscheinlichkeit $P(\xi \le a \mid |\xi|)$.
Hinweis: Man versuche zunächst, eine (von a abhängende!) Funktion ϕ, für die $P(\xi \le a \mid |\xi|) = \phi(|\xi|)$ f.s. gilt, zu erraten. Es reicht dann zu zeigen (warum?):

$$E\big[I\{\xi \le a\} \cdot I\{|\xi| \le t\}\big] = E\big[\phi(|\xi|) \cdot I\{|\xi| \le t\}\big], \quad t \in \mathbb{R}.$$

6.13. Sei $X \sim \text{EXP}(1)$. Man berechne
(i) $E[X|X \vee t]$, $t > 0$
und
(ii) $E[X|X \wedge t]$, $t > 0$.

6.14. Die ZV $X_1, \ldots, X_n$ seien unabhängig und jeweils gleichverteilt auf $[0, a]$ für ein $a > 0$.
Man zeige:

$$E\Big[X_1|X_1 \vee \cdots \vee X_n\Big] = \Big((n+1)/(2n)\Big)\Big(X_1 \vee \cdots \vee X_n\Big) \quad \text{f.s.}$$

6.15. Sei $\Omega = [0,1]$ und P die Gleichverteilung auf Ω. Die ZV $X : \Omega \longrightarrow \mathbb{R}$ sei definiert durch $X(\omega) = \omega(1-\omega)$, $\omega \in \Omega$. Man berechne für eine stetige ZV Y $E[Y|X]$.

6.16. Die ZV $N, X_1, X_2, \ldots$ seien unabhängig; $X_1, X_2, \ldots$ seien identisch verteilt und integrierbar. Die ZV N nehme lediglich Werte aus $\{1, 2, \ldots\}$ an. Es sei $S_n := X_1 + \cdots + X_n$ $(n \geq 1)$. Man zeige:
(a) S_N/N ist integrierbar.
(b) $E[X_1|S_N] = E[S_N/N|S_N] = S_N E[1/N|S_N]$ f.s.
Hinweis: Zum Nachweis von (a) betrachte man zunächst $X_1^+, X_2^+, \ldots$ und $X_1^-, X_2^-, \ldots$ Zum Nachweis von (b) beachte man, daß die k ZVK (X_i, S_k), $1 \leq i \leq k$, dieselbe Verteilung haben $(k \geq 1)$.

6.17. Sei $\lambda > 0$, $t > 0$ und $n \geq 1$. Man beweise die Beziehung

$$(*) \qquad \frac{\lambda^n}{(n-1)!} \int_t^\infty e^{-\lambda x} x^{n-1} dx = \sum_{k=0}^{n-1} \frac{(\lambda t)^k}{k!} e^{-\lambda t}$$

ohne Rechnung, indem man beide Seiten in $(*)$ – ausgehend von einem gewissen Poisson-Prozeß – stochastisch interpretiert.

KAPITEL 7

Subadditive Grenzwertsätze

In Kapitel 4 haben wir ein klassisches starkes Gesetz der großen Zahlen für UIV-Folgen von ZV erhalten. Im vorliegenden Kapitel wird gezeigt, daß analoge Konvergenzresultate allgemeiner für Familien von ZV gelten, die einer gewissen Subadditivitätsbedingung genügen und stationär sind. Diese Art von Subadditivität tritt in vielen „natürlichen“ Situationen auf. Wir behandeln dazu Beispiele u.a. aus der Perkolationstheorie (asymptotische Ausbreitungsgeschwindigkeit einer Flüssigkeit in einem zweidimensionalen Medium), Ergodentheorie (Ergodensatz von Birkhoff), Informationstheorie (Satz von Shannon-McMillan-Breiman) und Statistik (Konvergenz empirischer Verteilungen).

7.1 Fast-Subadditivität

1.1 Definition. Eine Folge $(a_n) \subset \mathbb{R} \cup \{-\infty\}$ $(n \geq 1)$ heißt *fast-subadditiv* bez. einer Folge $(c_n) \subset \mathbb{R} \cup \{-\infty\}$ $(n \geq 1)$, falls für jedes $k \geq 2$ und beliebige ganze Zahlen $m_i \geq 1$ $(1 \leq i \leq k)$ gilt:

(1.1.1) $$a_{m_1+\cdots+m_k} \leq a_{m_1} + \cdots + a_{m_k} + c_{m_1} + \cdots + c_{m_k}.$$

Ist insbesondere $(a_n) \subset \mathbb{R} \cup \{-\infty\}$ *subadditiv*, d.h. gilt

(1.1.2) $$a_{m+n} \leq a_m + a_n, \quad m, n \geq 1,$$

so gilt (1.1.1) mit $c_1 = c_2 = \cdots = 0$. ■

1.2 Lemma. *Ist (a_n) fast-subadditiv bez. (c_n) und gilt*

(1.2.1) $$\lim_{n\to\infty} \frac{1}{n} c_n = 0,$$

so existiert der Grenzwert

(1.2.2) $$\lim_{n\to\infty} \frac{1}{n} a_n =: a_\infty,$$

und es gilt $-\infty \leq a_\infty < \infty$. Ist insbesondere (a_n) subadditiv, so folgt

(1.2.3) $$a_\infty = \inf_{n\geq 1} \frac{1}{n} a_n.$$

BEWEIS. Wir setzen $a_0 = c_0 = 0$ und, für festes $m \geq 1$, $a = \max\{a_n : 0 \leq n < m\}$, $c = \max\{c_n : 0 \leq n < m\}$. Jedes $n \geq 1$ läßt sich dann in der Form $n = km + r$, $0 \leq r < m$, mit ganzzahligem $k = k(n) \geq 0$ schreiben. Wegen (1.1.1) folgt

$$\frac{1}{n}a_n \leq \frac{km}{n} \cdot \frac{a_m}{m} + \frac{km}{n} \cdot \frac{c_m}{m} + \frac{a+c}{n}, \quad n \geq 1,$$

so daß

$$a_\infty := \limsup_{n\to\infty} \frac{1}{n} a_n \leq \frac{1}{m} a_m + \frac{1}{m} c_m, \quad m \geq 1. \tag{1.2.4}$$

Somit ergibt sich $a_\infty < \infty$ und wegen (1.2.1)

$$\limsup_{n\to\infty} \frac{1}{n} a_n \leq \liminf_{n\to\infty} \frac{1}{n} a_n,$$

d.h. (1.2.2). Sei jetzt (a_n) insbesondere subadditiv. Klar ist:

$$\widetilde{a} := \inf_{n\geq 1} \frac{1}{n} a_n \leq a_\infty. \tag{1.2.5}$$

Fall 1: $\widetilde{a} > -\infty$. Zu jedem $\epsilon > 0$ existiert dann ein $m = m(\epsilon)$ derart, daß $a_m/m \leq \widetilde{a} + \epsilon$. Aus (1.2.4) folgt $a_\infty \leq \widetilde{a} + \epsilon$, $\epsilon > 0$, also wegen (1.2.5) $a_\infty = \widetilde{a}$.

Fall 2: $\widetilde{a} = -\infty$. Zu jedem $s \in \mathbb{R}$ existiert dann ein $m = m(s)$ derart, daß $a_m/m \leq s$. Aus (1.2.4) folgt $a_\infty \leq s$, also $a_\infty = -\infty = \widetilde{a}$. ■

Wir führen jetzt ein geeignetes stochastisches Analogon zur Fast-Subadditivität von Zahlenfolgen ein. Die Indexmenge ist

$$\mathcal{J} := \{[i,j[: \ 0 \leq i < j, \quad i,j \ \text{ ganzzahlig}\}. \tag{1.2.6}$$

$X_J, J \in \mathcal{J}$, seien ZV und U_J, $J \in \mathcal{J}$, f.s. endliche NZV, die auf einem gemeinsamen W.-Raum $(\Omega, \mathcal{A}, P)$ definiert sind.

1.3 Definition. $X = (X_J)$ heißt *fast-subadditiv* bez. $U = (U_J)$, falls für alle paarweise disjunkten Mengen $J_1, \ldots, J_k \in \mathcal{J} (k \geq 2)$ mit $J_1 \cup \cdots \cup J_k \in \mathcal{J}$ gilt:

$$X_{J_1 \cup \cdots \cup J_k} \leq \sum_{i=1}^{k} (X_{J_i} + U_{J_i}). \tag{1.3.1}$$

Gilt (1.3.1) für $U_J \equiv 0, J \in \mathcal{J}$, so heißt X *subadditiv*. Insbesondere heißt X *additiv*, falls

$$X_{J_1 \cup \cdots \cup J_k} = \sum_{i=1}^{k} X_{J_i} \tag{1.3.2}$$

für alle paarweisen disjunkten Mengen $J_1, \ldots, J_k \in \mathcal{J}$ mit $J_1 \cup \cdots \cup J_k \in \mathcal{J}$ gilt. ■

Man verifiziert leicht, daß folgende Bedingung *hinreichend* für die Fast-Subadditivität von (X_J) bez. (U_J) ist: Es ist $U_J \geq 0$, $J \in \mathcal{J}$, und für beliebige $J_1 = [i,j[\in \mathcal{J}$, $J_2 = [j,k[\in \mathcal{J}$ gilt:

$$X_{J_1 \cup J_2} \leq X_{J_1} + X_{J_2} + U_{J_2}. \tag{1.3.3}$$

Die folgenden Beispiele zeigen, daß Subadditivität in vielen „natürlichen" Situationen auftritt.

1.3.1 Beispiel. (Y_n), $n \geq 0$, sei eine beliebige Folge von ZV. Setzen wir

$$X_J := \sum_{j \in J} Y_j, \quad J \in \mathcal{J} \tag{1.3.4}$$

(die Summation erstreckt sich natürlich nur über alle *ganzzahligen* $j \in J$!), so ist $X = (X_J)$ additiv. ∎

1.3.2 Beispiel. Seien $Y_1, Y_2, \ldots$ ZVK mit Werten im *d-dimensionalen quadratischen Gitter*

$$\mathbb{Z}^d := \{(n_1, \ldots, n_d) : n_i \quad \text{ganzzahlig}, \quad 1 \leq i \leq d\}. \tag{1.3.5}$$

Es werde $S_n := Y_1 + \cdots + Y_n$, $\quad n \geq 1$, und

$$W_{[i,j[} := \# \left\{ \sum_{k=i+1}^{m+1} Y_k : m \in [i,j[\right\} = \#\{S_{i+1}, \ldots, S_j\}, \quad [i,j[\in \mathcal{J} \tag{1.3.6}$$

gesetzt. Dann ist also $W_{[i,j[}$ die Anzahl der *verschiedenen* Werte (*Zustände*), welche die Folge (S_n) zu den Zeitpunkten $i+1, \ldots, j$ annimmt. Es ist klar, daß $W = (W_J)$ subadditiv ist. I.a. ist W *nicht* additiv, da (S_n) zu bereits aufgetretenen Zuständen zurückkehren kann. ∎

1.3.3 Beispiel. Wir betrachten ein Modell der *Perkolationstheorie* für die Ausbreitung einer Flüssigkeit oder eines Gerüchts innerhalb eines zweidimensionalen Mediums. Sei $\mathbb{Z}^2$ (gegeben durch (1.3.5)) das zweidimensionale quadratische Gitter, das aus *Gitterpunkten* besteht. Gitterpunkte x, y heißen *benachbart*, falls ihr euklidischer Abstand $= 1$ ist; $e(x,y) = e(y,x) = \{x,y\}$ ist dann die (*ungerichtete*) *Kante* mit den *Endpunkten* x und y. Jeder Kante $e(x,y)$ wird eine ZV $\xi(x,y) = \xi(y,x) \geq 0$ (definiert auf einem W.-Raum $(\Omega, \mathcal{A}, P)$) zugeordnet, die man als die *Zeit* interpretieren kann, die von der Flüssigkeit oder dem Gerücht zum Durchlaufen der Strecke mit den Endpunkten x und y benötigt wird. Ein *Pfad* mit den *Endpunkten* x_0 und x_n ist eine Folge

$$\pi : \quad e(x_0, x_1), e(x_1, x_2), \ldots, e(x_{n-1}, x_n) \quad (n \geq 1) \tag{1.3.7}$$

von Kanten $e(x_i, x_{i+1})$, $0 \leq i \leq n-1$ (die Punkte x_i brauchen nicht alle verschieden zu sein). Die zum Durchlaufen des Pfades π in (1.3.7) *benötigte*

Zeit ist definiert durch

$$\tau(\pi) := \sum_{i=0}^{n-1} \xi(x_i, x_{i+1}). \tag{1.3.8}$$

Die *kürzeste* Zeit, die benötigt wird, um von $(i,0)$ nach $(j,0)$, $0 \le i < j$, zu gelangen, ist dann

$$X_{[i,j[} := \inf_{\pi} \tau(\pi), \tag{1.3.9}$$

wobei das Infimum über alle Pfade π mit den Endpunkten $(i,0)$ und $(j,0)$ gebildet wird. Nun gilt:

$$(X_J) \text{ ist subadditiv.} \tag{1.3.10}$$

In der Tat, seien $[i,j[$, $[j,k[\in \mathcal{J}$, $\omega \in \Omega$ und $\epsilon > 0$ vorgegeben. Wegen (1.3.9) existieren - abhängig von ω und ϵ - Pfade π_{ij} (Endpunkte $(i,0)$ und $(j,0)$) und π_{jk} (Endpunkte $(j,0)$, $(k,0)$) derart, daß

$$\tau(\pi_{ij})(\omega) < X_{[i,j[}(\omega) + \epsilon \quad \text{und} \quad \tau(\pi_{jk})(\omega) < X_{[j,k[}(\omega) + \epsilon$$

gilt. „Aneinanderfügen" von π_{ij} und π_{jk} liefert einen Pfad π_{ik} (Endpunkte $(i,0)$, $(k,0)$), für den gilt:

$$\begin{aligned} X_{[i,k[}(\omega) &\le \tau(\pi_{ik})(\omega) = \tau(\pi_{ij})(\omega) + \tau(\pi_{jk})(\omega) \\ &< X_{[i,j[}(\omega) + X_{[j,k[}(\omega) + 2\epsilon. \end{aligned}$$

Da $\epsilon > 0$ beliebig ist, folgt (1.3.10). ■

1.3.4 Beispiel. Im folgenden sei $(\Omega, \mathcal{A}, P)$ ein W.-Raum und $\alpha \subset \mathcal{A}$ eine höchstens abzählbare *meßbare Zerlegung* von Ω. Die zu α gehörige *Informationsfunktion* wird definiert durch

$$I(\alpha) := -\sum_{A\in\alpha} (\log P(A)) I_A. \tag{1.3.11}$$

($I(\alpha)$ ist also nicht mit einer Indikatorfunktion zu verwechseln, da α kein Ereignis ist!) Für den Logarithmus in (1.3.11) wählen wir - willkürlich - e als Basis; es werde $\log\ 0 := 0$ gesetzt. $I(\alpha)(\omega)$, $\omega \in \Omega$, läßt sich interpretieren als *Informationsgewinn*, wenn bekannt wird, zu welcher Menge $A \in \alpha$ der Versuchsausgang ω gehört.

$$H(\alpha) := E[I(\alpha)] = -\sum_{A\in\alpha} P(A) \log P(A) \tag{1.3.12}$$

heißt *Entropie* von α (mittlerer Informationsgewinn pro Zufallsexperiment). *Spezialfall*: Sei $\Omega = \{\omega_1, \dots, \omega_d\}$, $\mathcal{A} = \mathcal{P}(\Omega)$, $\alpha = \{\{\omega_i\} : 1 \le i \le d\}$, $p_i := P\{\omega_i\}$, $1 \le i \le d$. Dann folgt:

$$H(\alpha) = -\sum_{i=1}^{d} p_i \log p_i. \tag{1.3.13}$$

Man zeigt leicht:

$$H(\alpha) \text{ ist maximal} \iff P \text{ ist die Gleichverteilung.}$$

Ist also P die Gleichverteilung, so weist der noch nicht bekannte Ausgang ω des Zufallsexperiments die größte „Unbestimmtheit" auf.

Zum allgemeinen Fall zurückkehrend betrachten wir eine weitere höchstens abzählbare Zerlegung $\beta \subset \mathcal{A}$ von Ω und setzen ($\sigma(\beta)$ bezeichne die von β erzeugte σ-Algebra)

$$I(\alpha|\beta) := -\sum_{A\in\alpha} (\log P(A|\sigma(\beta)))I_A \tag{1.3.14}$$

und

$$H(\alpha|\beta) := E[I(\alpha|\beta)] \tag{1.3.15}$$

(*bedingte Entropie* von α - gegeben β); gilt $P(B) = 0$, so werde $\log P(A|B) = 0$ gesetzt.

Im folgenden sei $T : \Omega \longrightarrow \Omega$ eine *meßbare Transformation*, d.h. es gelte

$$T^{-1}A \in \mathcal{A}, \quad A \in \mathcal{A}. \tag{1.3.16}$$

Dann ist auch $T^n, n \geq 0$ (n-fache Hintereinanderausführung von T) meßbar, und

$$T^{-n}\alpha := \{T^{-n}A : A \in \alpha\}, \quad n \geq 0 \tag{1.3.17}$$

ist eine meßbare Zerlegung von Ω, wobei $T^0\omega := \omega$, $\omega \in \Omega$, gesetzt wird. Sind $\alpha_i \subset \mathcal{A}$, $1 \leq i \leq n$, höchstens abzählbare Zerlegungen von Ω, so bezeichne $\alpha_1 \vee \cdots \vee \alpha_n$ die von $\alpha_1, \ldots, \alpha_n$ *erzeugte Zerlegung*, die aus allen Mengen $A_1 \cap \cdots \cap A_n$ ($A_i \in \alpha_i$, $1 \leq i \leq n$) besteht. Wir setzen dann

$$\alpha([i,j[) := \alpha_{ij} := T^{-i}\alpha \vee \cdots \vee T^{-(j-1)}\alpha, \quad [i,j[\in \mathcal{J}, \tag{1.3.18}$$

$$X_J := I(\alpha(J)), \quad J \in \mathcal{J} \tag{1.3.19}$$

und

$$X_{J_2|J_1} := I(\alpha(J_2)|\alpha(J_1)), \quad J_1, J_2 \in \mathcal{J}. \tag{1.3.20}$$

$X_{[i,j[}$ läßt sich interpretieren als *Informationsgewinn*, wenn über den Versuchsausgang $\omega \in \Omega$ bekannt wird, zu welcher Menge aus α jeweils $T^i\omega, \ldots, T^{j-1}\omega$ gehören.

Wir werden zeigen, daß unter zusätzlichen Voraussetzungen (X_J) fastsubadditiv ist. Zunächst gilt:

$$I(\alpha \vee \beta) = I(\alpha) + I(\beta|\alpha), \tag{1.3.21}$$

denn die rechte Seite ist gleich

$$\begin{aligned} & -\sum_{A\in\alpha}(\log P(A))I_A - \sum_{B\in\beta}(\log P(B|\sigma(\alpha)))I_B \\ = & -\sum_{B\in\beta}\sum_{A\in\alpha}(\log P(A) + \log P(B|A))I_{A\cap B} \\ = & \; I(\alpha\vee\beta). \end{aligned}$$

Eine meßbare Transformation T heißt ***maßtreu***, falls

$$P(T^{-1}A) = P(A), \quad A\in\mathcal{A} \tag{1.3.22}$$

gilt. Mit T ist auch T^n, $n\geq 0$, maßtreu. Im folgenden sei T sogar ein *Automorphismus*, d.h. T ist eine ***eineindeutige*** Abbildung von Ω ***auf*** sich derart, daß T sowie die zu T inverse Transformation T^{-1} meßbar und maßtreu sind, so daß wegen $TA = (T^{-1})^{-1}A$ gilt:

$$P(T^{-1}A) = P(TA) = P(A), \quad A\in\mathcal{A}. \tag{1.3.23}$$

Ersichtlich ist dann auch T^n, $n = 0, \pm1, \pm2, \ldots$, ein Automorphismus. Weiter werde

$$\widetilde{\mathcal{J}} := \{[i,j[: -\infty < i < j < \infty, \quad i,j \text{ ganzzahlig}\} \tag{1.3.24}$$

gesetzt. Wir definieren dann - analog zu (1.3.17), (1.3.18), (1.3.19) und (1.3.20) - $T^n\alpha$ auch für $n\geq 0$, und $\alpha(J), X_J$ sowie $X_{J_2|J_1}$ für beliebige $J, J_1, J_2\in\widetilde{\mathcal{J}}$. Schließlich setzen wir noch für $k = 0, \pm1, \pm2, \ldots$

$$J + k := [i+k, j+k[, \quad \text{falls } J = [i,j[\in\widetilde{\mathcal{J}}. \tag{1.3.25}$$

Man verifiziert dann für $k = 0, \pm1, \pm2, \ldots$, daß gilt:

$$\alpha(J+k) = T^{-k}\alpha(J), \quad J\in\widetilde{\mathcal{J}}, \tag{1.3.26}$$

$$I_{T^kA}\circ T^k = I_A, \quad A\in\mathcal{A}, \tag{1.3.27}$$

$$X_{J+k} = X_J\circ T^k, \quad J\in\widetilde{\mathcal{J}} \tag{1.3.28}$$

und

$$X_{J_2+k|J_1+k} = X_{J_2|J_1}\circ T^k, \quad J_1, J_2\in\widetilde{\mathcal{J}}, \tag{1.3.29}$$

wobei

$$T^kA := \{T^k\omega : \omega\in A\}, \quad A\in\mathcal{A}.$$

Wegen (1.3.21) und (1.3.29) ergibt sich

$$X_{[0,n+k[} = X_{[0,n[} + X_{[0,k[|[-n,0[}\circ T^n, \quad n,k\geq 1,$$

so daß wegen (1.3.28) für $n,k\geq 1$ gilt:

$$X_{[0,n+k[} = X_{[0,n[} + X_{[n,n+k[} + (X_{[0,k[|[-n,0[} - X_{[0,k[})\circ T^n. \tag{1.3.30}$$

Setzen wir

$$M_k := \sup_{n\geq 1} X_{[0,k[|[-n,0[}, \quad k \geq 1 \tag{1.3.31}$$

und

$$U_{[n,n+k[} := (M_k - X_{[0,k[})^+ \circ T^n, \quad n \geq 0,\ k \geq 1, \tag{1.3.32}$$

so folgt aus (1.3.30)

$$X_{[0,n+k[} \leq X_{[0,n[} + X_{[n,n+k[} + U_{[n,n+k[}, \quad n \geq 1,\ k \geq 1. \tag{1.3.33}$$

Wegen (1.3.28) und (1.3.32) ist $X = (X_J)$ fast-subadditiv bez. $U = (U_J)$ entsprechend einer früheren Bemerkung (vgl. (1.3.3)), da wir später sehen werden, daß die Folge $(U_{[0,n[}), n \geq 1$, ohne zusätzliche Annahmen folgende schöne Eigenschaften hat:

$$E[U_{[0,n[}] \leq 1, \quad n \geq 1 \tag{1.3.34}$$

und

$$\lim_{n\to\infty} \frac{1}{n} U_{[0,n[} = 0 \quad \text{f.s.} \tag{1.3.35}$$

(vgl. Satz 5.5(a)).

Ist T maßtreu und gilt für beliebige *disjunkte* Mengen $J_1, J_2 \in \mathcal{J}$, daß $\alpha(J_1)$ und $\alpha(J_2)$ *unabhängig* sind, so folgt $X_{J_2|J_1} = X_{J_2}$ für *disjunkte* Mengen $J_1, J_2 \in \mathcal{J}$. In diesem Fall impliziert (1.3.21), daß (X_J) *additiv* ist.

Wir zeigen jetzt abschließend, daß - ausgehend von einer meßbaren Transformation T - die Folge $(H(\alpha_{0n})), n \geq 1$ (α_{0n} gegeben durch (1.3.18)) unter zusätzlichen Annahmen subadditiv ist. Zunächst folgt aus (1.3.21)

$$H(\alpha \vee \beta) = H(\alpha) + H(\beta|\alpha). \tag{1.3.36}$$

Weiter gilt

$$H(\alpha|\beta) \leq H(\alpha), \tag{1.3.37}$$

woraus sich wegen (1.3.36)

$$H(\alpha \vee \beta) \leq H(\alpha) + H(\beta), \tag{1.3.38}$$

also insbesondere

$$H(\alpha_{0,m+n}) \leq H(\alpha_{0,m}) + H(\alpha_{m,m+n}), \quad m, n \geq 1 \tag{1.3.39}$$

ergibt. Zum Nachweis von (1.3.37) betrachten wir die Funktion $\varphi(t) := -t \log t$, $t \in [0,1]$ ($\varphi(0) := 0$),die stetig und konkav ist, so daß für jedes $A \in \mathcal{A}$

$$\begin{aligned} \sum_{B\in\beta} \varphi(P(A|B))P(B) &\leq \varphi(\sum_{B\in\beta} P(A|B)P(B)) \\ &= -P(A)\log P(A). \end{aligned}$$

Wegen

$$H(\alpha|\beta) = \sum_{A\in\alpha}\sum_{B\in\beta} \varphi(P(A|B))P(B)$$

ergibt sich (1.3.37). Ist T sogar maßtreu, so folgt

$$H(\alpha_{m,m+n}) = H(T^{-m}\alpha_{0n}) = H(\alpha_{0n}),$$

also wegen (1.3.39)

$$H(\alpha_{0,m+n}) \leq H(\alpha_{0m}) + H(\alpha_{0n}), \quad m,n \geq 1. \tag{1.3.40}$$

Gelte jetzt zusätzlich $H(\alpha) < \infty$. Wegen (1.3.40) folgt dann $H(\alpha_{0n}) < \infty$, $n \geq 1$, so daß aufgrund von Lemma 1.2 der Grenzwert

$$\lim_{n\to\infty} \frac{1}{n} H(\alpha_{0n}) = \inf_{n\geq 1} \frac{1}{n} H(\alpha_{0n}) =: h(\alpha, T) \tag{1.3.41}$$

existiert und *endlich* ist. $h(\alpha, T)$ heißt auch *Entropie von T bez. α*. Mehrfache Anwendung von (1.3.36) ergibt

$$H(\alpha_{0n}) = H(\alpha) + \sum_{k=1}^{n-1} H(T^{-k}\alpha|\alpha_{0k}), \quad n \geq 1. \tag{1.3.42}$$

Gilt also $H(\alpha) < \infty$, so folgt

$$h(\alpha, T) = \lim_{n\to\infty} \frac{1}{n} \sum_{k=1}^{n} H(T^{-k}\alpha|\alpha_{0k}). \tag{1.3.43}$$

Zur Interpretation von $h(\alpha, T)$ - basierend auf (1.3.43) - betrachten wir ein Teilchen, das sich zur Zeit 0 an der Stelle $\omega \in \Omega$ befindet (vgl. Beispiel 4.6). Durch „ Umrühren" gelangt es zur Zeit n an die Stelle $T^n\omega$. Dann ist aufgrund von (1.3.43) $h(\alpha, T)$ ein Maß für die mittlere Unsicherheit pro Zeiteinheit über diejenige Menge aus α, in der sich das Teilchen eine Zeiteinheit später befindet - gegeben die Information über die Mengen aus α, in denen es sich bisher befand. ■

Ist (X_J) fast-subadditiv, so wird man im Hinblick auf Lemma 1.2 vermuten, daß die Folge $((1/n)X_{[0,n[})$ unter zusätzlichen Voraussetzungen gewisse Konvergenzeigenschaften aufweist. Zur Formulierung entsprechender Resultate benötigen wir geeignete Stationaritätsbegriffe, die im folgenden Abschnitt behandelt werden.

7.2 Stationarität

2.1 Definition. (a) $Y_0, Y_1, \ldots$ seien ZV, die auf einem gemeinsamen W.-Raum $(\Omega, \mathcal{A}, P)$ definiert sind. Die Folge $Y = (Y_n)$ heißt *stationär*, falls für jedes $n \geq 0$ gilt, daß die Verteilung des ZVK $(Y_k, \ldots, Y_{n+k})$ nicht von $k \geq 0$ abhängt.

(b) $X_J, U_J, J \in \mathcal{J}$, seien ZV, die auf einem gemeinsamen W.-Raum $(\Omega, \mathcal{A}, P)$ definiert sind. Sei $\mathcal{J} = \{J(0), J(1), \ldots\}$. $X = (X_J)$ heißt *stationär*, falls für jedes $n \geq 0$ gilt, daß die Verteilung des ZVK $(X_{J(0)+k}, \ldots, X_{J(n)+k})$ nicht von $k \geq 0$ abhängt, wobei $J(n) + k$ durch (1.3.25) gegeben wird. (Der Leser mache sich klar, daß diese Definition der Stationarität von X *nicht* abhängt von der gewählten Aufzählung $J(0), J(1), \ldots$ der Elemente aus $\mathcal{J}$.) X und $U = (U_J)$ heißen *vereint stationär*, falls für jedes $n \geq 0$ gilt, daß die Verteilung des ZVK $(X_{J(0)+k}, U_{J(0)+k}, \ldots, X_{J(n)+k}, U_{J(n)+k})$ nicht von $k \geq 0$ abhängt. ■

Die *Verteilung* Q_Y bzw. Q_X der Familie Y bzw. X in Definition 2.1 wird gegeben durch

$$Q_Y(B) := P((Y_0, Y_1, \ldots) \in B), \quad B \in \mathcal{R}_\infty \tag{2.1.1}$$

bzw.

$$Q_X(B) := P((X_{J(0)}, X_{J(1)}, \ldots) \in B), \quad B \in \mathcal{R}_\infty. \tag{2.1.2}$$

2.2 Satz. (a) *$Y = (Y_n)$ ist genau dann stationär, wenn die Verteilung $Q_{Y^{(k)}}$ der $\mathbb{R}^\infty$-wertigen* ZV *$Y^{(k)} := (Y_k, Y_{k+1}, \ldots)$ nicht von $k \geq 0$ abhängt.*

(b) *$X = (X_J)$, $J \in \mathcal{J} = \{J(0), J(1), \ldots\}$, ist genau dann stationär, wenn die Verteilung $Q_{X^{(k)}}$ von $X^{(k)} := (X_{J(0)+k}, X_{J(1)+k}, \ldots)$ nicht von $k \geq 0$ abhängt.*

Ein zu (b) analoges Resultat gilt für Familien X und U, die vereint stationär sind.

BEWEIS VON SATZ 2.2.(a). Sei Y stationär. Für $n \geq 0$ und $k \geq 0$ seien $B_k, \ldots, B_{n+k} \in \mathcal{R}$ beliebig und $B_i := \mathbb{R}$, $i > n+k$. Dann folgt $Q_{Y^{(k)}}(B_k \times B_{k+1} \times \cdots) = P(Y_k \in B_k, \ldots, Y_{n+k} \in B_{n+k}) = P(Y_0 \in B_k, \ldots, Y_n \in B_{n+k}) = Q_Y(B_k \times B_{k+1} \times \cdots)$. Somit stimmen die W.–Maße $Q_{Y^{(k)}}$ und Q_Y auf einer Familie von Mengen aus $\mathcal{R}_\infty$ überein, die $\cap$–stabil ist und $\mathcal{R}_\infty$ erzeugt. Wegen des Eindeutigkeitssatzes (Satz 4.5[1]) folgt also $Q_{Y^{(k)}} = Q_Y$, $k \geq 1$. Die Umkehrung ergibt sich ähnlich einfach. Analog beweist man (b). ■

2.3 Satz. *Seien Y_0 bzw. $X_{[0,n[}$, $n \geq 1$,* ZV, *die auf einem W.-Raum $(\Omega, \mathcal{A}, P)$ definiert sind. Die Abbildung $T : \Omega \longrightarrow \Omega$ sei maßtreu. Dann ist die Folge*

$$Y_n := Y_0 \circ T^n, \quad n \geq 0 \tag{2.3.1}$$

bzw. die Familie

$$X_{[i,j[} := X_{[0,j-i[} \circ T^i, \quad [i,j[\in \mathcal{J} \tag{2.3.2}$$

stationär.

BEWEIS. Für $B_{n+1} \in \mathcal{R}_{n+1}$ gilt

$$\begin{aligned} & P((Y_k, \ldots, Y_{n+k}) \in B_{n+1}) = P((Y_0, \ldots, Y_n) \circ T^k \in B_{n+1}) \\ = \; & P(T^{-k}\{(Y_0, \ldots, Y_n) \in B_{n+1}\}) = P((Y_0, \ldots, Y_n) \in B_{n+1}), \end{aligned}$$

d.h. $(Y_k, \ldots, Y_{n+k})$ und $(Y_0, \ldots, Y_n)$ haben dieselbe Verteilung. Ähnlich folgt, daß die durch (2.3.2) gegebene Familie stationär ist. ■

Das folgende Resultat zeigt, wie man - ausgehend von stationären Folgen (Familien) - weitere stationäre Folgen (Familien) konstruieren kann.

2.4 Satz. *Die Abbildungen* $\varphi : \mathbb{R}^\infty \longrightarrow \mathbb{R}$ *und* $\varphi_n : \mathbb{R}^\infty \longrightarrow \mathbb{R}\,(n \geq 1)$ *seien jeweils* $\mathcal{R}_\infty$*-meßbar.*

(a) *Ist die Folge* $Y = (Y_n)$, $n \geq 0$, *stationär, so sind auch die durch*

$$\widetilde{Y}_n := \varphi(Y_n, Y_{n+1}, \ldots), \quad n \geq 0 \tag{2.4.1}$$

gegebene Folge $\widetilde{Y} = (\widetilde{Y}_n)$ *und die durch*

$$X^{(1)}_{[k,n+k[} := \varphi_n(Y_k, Y_{k+1}, \ldots), \quad [k, n+k[\in \mathcal{J} \tag{2.4.2}$$

gegebene Familie $X^{(1)} = (X^{(1)}_J)$ *stationär.*

(b) *Ist die Familie* $X = (X_J)$, $J \in \mathcal{J} = \{J(0), J(1), \ldots\}$, *stationär, so ist auch die durch*

$$X^{(2)}_{[k,n+k[} := \varphi_n(X_{J(0)+k}, X_{J(1)+k}, \ldots), \quad [k, n+k[\in \mathcal{J} \tag{2.4.3}$$

gegebene Familie $X^{(2)} = (X^{(2)}_J)$ *stationär.*

BEWEIS. Sei (Y_n) stationär und sei $B_j \in \mathcal{R}$, $0 \leq j \leq n$. Sei $\sigma_k : \mathbb{R}^\infty \longrightarrow \mathbb{R}^\infty$ $(k \geq 0)$ definiert durch $\sigma_k(x_0, x_1, \ldots) = (x_k, x_{k+1}, \ldots)$. Dann ist σ_k $\mathcal{R}_\infty$-meßbar, und es folgt mit Satz 2.2 (a)

$$\begin{aligned}
P(\widetilde{Y}_{j+k} \in B_j,\ 0 \leq j \leq n) &= P(\varphi(Y_{j+k}, Y_{j+k+1}, \ldots) \in B_j,\ 0 \leq j \leq n) \\
&= Q_{Y^{(k)}}\Big(\bigcap_{j=0}^{n} \sigma_j^{-1}(\varphi^{-1}B_j)\Big) \\
&= Q_Y\Big(\bigcap_{j=0}^{n} \sigma_j^{-1}(\varphi^{-1}B_j)\Big) \\
&= P(\widetilde{Y}_j \in B_j,\ 0 \leq j \leq n).
\end{aligned}$$

Somit ist $\widetilde{Y}$ stationär. Ähnlich ergeben sich die Behauptungen für $X^{(1)}$ und $X^{(2)}$. ■

2.4.1 Beispiel. Sind die ZV $Y_0, Y_1, \ldots$ UIV, so ist (Y_n) stationär, denn für $n \geq 0$, $k \geq 0$ und $B_i \in \mathcal{R}$, $0 \leq i \leq n$, gilt

$$\begin{aligned}
P(Y_{i+k} \in B_i,\ 0 \leq i \leq n) &= P(Y_k \in B_0) \cdots P(Y_{n+k} \in B_n) \\
&= P(Y_0 \in B_0) \cdots P(Y_n \in B_n) = P(Y_i \in B_i,\ 0 \leq i \leq n).
\end{aligned}$$

Die Verteilungen der ZVK $(Y_k, \ldots, Y_{n+k})$ und $(Y_0, \ldots Y_n)$ stimmen also überein auf den Mengen $B_0 \times \cdots \times B_n$, deren Familie $\cap$-stabil ist und $\mathcal{R}_{n+1}$ erzeugt. Aufgrund des Eindeutigkeitssatzes (Satz 4.5[1]) ist somit (Y_n) stationär.

■

2.4.2 Beispiel. In Beispiel 1.3.1 sei (Y_n) stationär und X_J, $J \in \mathcal{J}$, wie in (1.3.4) definiert. Es ist plausibel, daß dann auch $X = (X_J)$ stationär ist. Zum Nachweis sei $\varphi_n : \mathbb{R}^\infty \longrightarrow \mathbb{R}\ (n \geq 1)$ definiert durch

$$\varphi_n(x_0, x_1, \dots) = \sum_{i \in [0,n[} x_i, \quad (x_0, x_1, \dots) \in \mathbb{R}^\infty,$$

so daß

$$X_{[k,n+k[} = \varphi_n(Y_k, Y_{k+1}, \dots), \quad [k, n+k[\in \mathcal{J}.$$

Da φ_n $\mathcal{R}_\infty$-meßbar ist, ergibt sich die Behauptung wegen Satz 2.4 (a). ■

2.4.3 Beispiel. In Beispiel 1.3.2 sei (Y_n), $n \geq 1$(!) stationär (analog wie in Definition 2.1 (a) definiert) und W_J durch (1.3.6) gegeben. Zum Nachweis der Stationarität von (W_J) setzen wir für $k \geq 1$

$$Y_i^{(k)} := Y_{k+i}, \quad i \geq 1$$

und

$$W_{[i,j[}^{(k)} := \# \left\{ \sum_{r=i+1}^{m+1} Y_r^{(k)} : m \in [i,j[\right\}, \quad [i,j[\in \mathcal{J} = \{J(0), J(1), \dots\}.$$

Für $0 \leq k \leq i$ ergibt sich dann

$$W_{[i,j[} = W_{[i,j[-k}^{(k)}, \quad [i,j[\in \mathcal{J},$$

so daß für $n \geq 0$, $k \geq 1$ und beliebige $B_j \in \mathcal{R}\ (0 \leq j \leq n)$

$$P(W_{J(j)+k} \in B_j,\ 0 \leq j \leq n) = P(W_{J(j)}^{(k)} \in B_j,\ 0 \leq j \leq n).$$

Ähnlich wie in Beispiel 2.4.2 folgt dann, daß die letzte Wahrscheinlichkeit gleich $P(W_{J(j)} \in B_j,\ 0 \leq j \leq n)$ ist. ■

2.4.4 Beispiel. In Beispiel 1.3.3 sei $e(n) = e(y_n, z_n)$, $n \geq 0$, eine Aufzählung der ungerichteten Kanten; deren Durchlaufzeiten $\xi(e(n)) = \xi(y_n, z_n)$, $n \geq 0$, seien *unabhängig* und *identisch verteilt*. Zeigen wir, daß dann die durch (1.3.9) gegebene Familie (X_J) stationär ist. In der Tat, für $k \geq 0$ werde $t(k) = (k, 0)$ und $e(n) + t(k) = e(y_n + t(k), z_n + t(k)), n \geq 0$ (Translation von $e(n)$ um $t(k)$) gesetzt. Sei $[i,j[\in \mathcal{J}$. Ist π ein Pfad mit den Endpunkten $(i, 0)$ und $(j, 0)$, so entsteht aus π durch Translation um $t(k)$ ein Pfad mit den Endpunkten $(i, 0) + t(k), (j, 0) + t(k)$, und man erhält so *alle* Pfade mit diesen Endpunkten.

Es ist nun nicht schwer zu sehen, daß es zu jedem $J \in \mathcal{J}$ eine $\mathcal{R}_\infty$-meßbare Abbildung $\psi_J : \mathbb{R}^\infty \longrightarrow \mathbb{R}$ gibt derart, daß

$$X_J = \psi_J(\xi(e(0)), \xi(e(1)), \dots), \quad J \in \mathcal{J} \tag{2.4.4}$$

und

$$\psi_{J+k}(x_{e(0)}, x_{e(1)}, \dots) = \psi_J(x_{e(0)-t(k)}, x_{e(1)-t(k)}, \dots), \quad J \in \mathcal{J} \tag{2.4.5}$$

für alle $k \geq 1$ und $(x_{e(0)}, x_{e(1)}, \dots) \in \mathbb{R}^\infty$ (als Indizes werden hier also die ungerichteten Kanten gewählt!) gilt. Die Stationarität von (X_J) ergibt sich nun ähnlich wie diejenige für die Familie $X^{(2)}$ in Satz 2.4 (b). ■

2.4.5 Beispiel. $X_J, J \in \mathcal{J}$, sei wie in Beispiel 1.3.4 durch (1.3.19) definiert. Ist T *maßtreu*, so folgt aus (1.3.28) und Satz 2.3, daß (X_J) stationär ist. ■

7.3 Subadditive Grenzwertsätze

Ist (V_J), $J \in \mathcal{J}$, eine Familie von ZV, so setzen wir

(3.0.1) $$\overline{V}_{[i,j[} = \frac{1}{j-i} V_{[i,j[}, \quad [i,j[\in \mathcal{J}.$$

Weiter sei

(3.0.2) $$L^p_+ := \{\xi \in L^p : \xi \geq 0\}, \quad 1 \leq p \leq \infty.$$

Das Hauptresultat dieses Abschnitts ist folgendes stochastische Analogon zu Lemma 1.2 (*fast-subadditiver Grenzwertsatz*):

3.1 Satz. $X = (X_J)$ *und* $U = (U_J)$, $J \in \mathcal{J}$, *seien vereint stationäre Familien von* ZV, *die auf einem gemeinsamen W.-Raum* $(\Omega, \mathcal{A}, P)$ *definiert sind.* X *sei fast-subadditiv bez.* U, *und es gelte*

(3.1.1) $$X^+_{[0,1[} \in L^1_+, \quad U \subset L^1_+.$$

(a) *Gilt*

(3.1.2) $$\lim_{n\to\infty} \overline{U}_{[0,n[} = 0 \quad f.s.,$$

so existiert der Grenzwert

(3.1.3) $$\lim_{n\to\infty} \overline{X}_{[0,n[} =: \xi_\infty \quad f.s.$$

derart, daß

(3.1.4) $$-\infty \leq \xi_\infty < \infty \quad f.s.$$

(b) *Gilt zusätzlich*

(3.1.5) $$X \subset L^1,$$

(3.1.6) $$\inf_{n\geq 1} E[\overline{X}_{[0,n[}] > -\infty$$

und

(3.1.7) $$\lim_{n\to\infty} E[\overline{U}_{[0,n[}] = 0,$$

so konvergiert die Folge $(\overline{X}_{[0,n[})$ *auch in* L^1, *und*

(3.1.8) $$\lim_{n\to\infty} E[\overline{X}_{[0,n[} | \mathcal{I}(X)] = \xi_\infty \ \text{in}\ L^1.$$

Gilt außerdem

(3.1.9) $$\lim_{n\to\infty} E[\overline{U}_{[0,n[} | \mathcal{I}(X)] = 0 \quad f.s.,$$

so existiert der Limes in (3.1.8) *auch f.s.*

3.2 Bemerkung. Beispiel 1.21[6] zeigt, daß aus (3.1.2) und (3.1.7) nicht ohne weiteres (3.1.9) folgt. ■

In (3.1.8) und (3.1.9) bezeichnet $\overline{\mathcal{I}}(X)$ die Familie der *X-fast-invarianten Mengen*, die analog zu den Y-fast-invarianten Mengen definiert sind (vgl. Definition 3.1[2]). Um dies näher zu erläutern, sei im folgenden

$$\mathcal{J} = \{J(0), J(1), \dots\}. \tag{3.2.1}$$

Wir setzen

$$X_J^{(k)} := X_{J+k}, \quad J \in \mathcal{J}, \quad k \geq 0 \tag{3.2.2}$$

und fassen $X^{(k)} = (X_J^{(k)})$ auf als Abbildung $X^{(k)} : \Omega \longrightarrow \mathbb{R}^\infty$, die definiert ist durch

$$X^{(k)}(\omega) := (X_{J(0)+k}(\omega), X_{J(1)+k}(\omega), \dots), \quad \omega \in \Omega. \tag{3.2.3}$$

Wegen Satz 1.7[2] ist dann $X^{(k)}$ $\mathcal{R}_\infty$-meßbar, so daß für jede $\mathcal{R}_\infty$-meßbare Abbildung $\varphi : \mathbb{R}^\infty \longrightarrow \mathbb{R}$ $\varphi(X^{(k)})$ eine ZV ist. Eine Menge $A \in \mathcal{A}$ heißt dann *X-fast-invariant*, falls ein $B_\infty \in \mathcal{R}_\infty$ existiert derart, daß analog zu (3.12.1)[2] gilt:

$$P(A \Delta \{X^{(k)} \in B_\infty\}) = 0, \quad k \geq 0. \tag{3.2.4}$$

Bezeichnet $\overline{\mathcal{I}}(X)$ die Familie der X-fast-invarianten Mengen, so zeigt man wie im Beweis von Satz 3.14[2], daß $\overline{\mathcal{I}}(X)$ eine σ-Algebra ist. Analog zu Definition 3.15[2] heißt eine ZV ξ *X-fast-invariant*, falls es eine $\mathcal{R}_\infty$-meßbare Abbildung $\varphi : \mathbb{R}^\infty \longrightarrow \mathbb{R}$ gibt derart, daß

$$\xi = \varphi \circ X^{(k)} \quad \text{f.s.}, \quad k \geq 0. \tag{3.2.5}$$

Man zeigt dann wie im Beweis von Satz 3.16[2]:

3.3 Satz. *Eine* ZV ξ *ist genau dann* $\overline{\mathcal{I}}(X)$*-meßbar, wenn* ξ *X-fast-invariant ist.* ■

Die Beziehung (3.1.8) zeigt, daß in Satz 3.1 der Grenzwert ξ_∞ als $\overline{\mathcal{I}}(X)$-meßbar angenommen werden darf. Unter zusätzlichen Voraussetzungen ist $\overline{\mathcal{I}}(X)$ sogar *ausgeartet* in dem Sinne, daß

$$P(A) \in \{0,1\}, \quad A \in \overline{\mathcal{I}}(X). \tag{3.3.1}$$

Dann folgt, daß ξ_∞ f.s. konstant ist.

Die Grundidee des Beweises von Satz 3.1 besteht darin zu zeigen, daß gilt:

$$\limsup_{n\to\infty} \overline{X}_{[0,n[} \leq \liminf_{n\to\infty} \overline{X}_{[0,n[} \quad \text{f.s.} \tag{3.3.2}$$

Dazu benötigen wir folgendes einfache

3.4 Lemma. *Sei $X = (X_J)$ fast-subadditiv bez. $U = (U_J)$ und gelte*

$$X_{[k,k+1[} + U_{[k,k+1[} \leq 0, \quad k \geq 0. \tag{3.4.1}$$

Die Abbildung $\varphi : \mathbb{R}^\infty \longrightarrow]-\infty, 0]$ sei $\mathcal{R}_\infty$-meßbar. Sei $\alpha > 0$ eine feste Zahl. Die Ereignisse $D_j(K)$ ($j \geq 0, K \geq 1$, ganzzahlig) seien definiert vermöge

$$D_j(K) := \left\{ \min_{1 \leq k \leq K} \left(\overline{X}_{[j,j+k[} + \overline{U}_{[j,j+k[} \right) > \varphi(X) + \alpha \right\}. \tag{3.4.2}$$

(a) *Für $K \geq 1$ und $n \geq 1$ gilt dann*

$$X_{[0,n[} \leq \alpha n + \varphi(X) \left(n - K - \sum_{j=0}^{n-1} I(D_j(K)) \right). \tag{3.4.3}$$

(b) *Sind X und U zusätzlich vereint stationär und gilt*

$$\varphi(X^{(k)}) = \varphi(X) \text{ f.s.}, \quad k \geq 1, \tag{3.4.4}$$

so ist die Folge $(I(D_j(K)))$, $j \geq 0$, für jedes $K \geq 1$ stationär.

Zum Nachweis von (3.3.2) liegt es nahe, für die ZV $\varphi(X)$ in Lemma 3.4 im Fall $X_J \leq 0$, $J \in \mathcal{J}$,

$$\varphi(X) := \max\{-a, \liminf_{n\to\infty} \overline{X}_{[0,n[}\} \quad (a > 0)$$

zu wählen, so daß dann insbesondere gilt:

$$-a \leq \varphi(X) \leq 0.$$

BEWEIS VON LEMMA 3.4 (a) $K \geq 1$, $n \geq 1$ und $\omega \in \Omega$ seien fixiert. Wir konstruieren nun rekursiv eine von ω abhängende Zerlegung von $[0, n[$, die aus Mengen aus $\mathcal{J}$ besteht, wie folgt: Sei $j \in [0, n[$ die kleinste ganze Zahl, die zu keiner der bisher konstruierten (zufälligen!) Mengen gehört (zu Beginn ist also $j = 0$!).

Fall 1. $\omega \in D_j(K)$. Wir wählen dann $[j, j+1[$ als nächste Menge.

Es bleibt der Fall $\omega \notin D_j(K)$ zu betrachten. Wegen (3.4.2) gilt dann

$$\min_{1 \leq k \leq K} \frac{1}{k} \left(X_{[j,j+k[}(\omega) + U_{[j,j+k[}(\omega) \right) \leq \varphi(X(\omega)) + \alpha.$$

Es existiert also ein $1 \leq k \leq K$ derart, daß

$$X_{[j,j+k[}(\omega) + U_{[j,j+k[}(\omega) \leq k(\varphi(X(\omega)) + \alpha). \tag{3.4.5}$$

(Falls es mehrere Zahlen $1 \leq k \leq K$ gibt, für die (3.4.5) gilt, wähle man *eine* von ihnen aus, etwa die kleinste!)

Fall 2. $j + k \leq n$. Wir wählen dann $[j, j+k[$ als nächste Menge (man beachte, daß $[j, j+k[\subset [0, n[$).

Fall 3. $j + k > n$. Wir wählen $[j, j+1[$ als nächste Menge.

Die kleinste Zahl $j \in [0, n[$, die zu keiner der bisher konstruierten Mengen gehört, ist um mindestens 1 größer geworden, so daß man nach spätestens n Schritten die gewünschte Zerlegung von $[0, n[$ erhält. Sei $n_i = n_i(\omega)$ die

Anzahl der Mengen in obiger Zerlegung, die sich gemäß Fall i ($i = 1, 2, 3$) ergeben. Die Längen der Intervalle, die entsprechend Fall 2 konstruiert werden, seien $k_1, \ldots, k_{n_2}$. Dann gilt

(3.4.6) $$n_1 + n_3 + k_1 + \cdots + k_{n_2} = n,$$

(3.4.7) $$n_1 \leq \sum_{j=0}^{n-1} I(D_j(K))(\omega)$$

und

(3.4.8) $$n_3 \leq K - 1.$$

Die Beziehung (3.4.6) ist klar, da die gemäß Fall 1 und Fall 3 konstruierten Mengen jeweils die Länge 1 haben. Immer dann, wenn Fall 1 vorliegt, gilt $I(D_j(K))(\omega) = 1$, so daß sich (3.4.7) ergibt. Da im Fall 3 $n < j + k \leq j + K$ gilt, kommen für j die $K - 1$ Werte $n - K + 1, \ldots, n - 1$ in Frage, woraus (3.4.8) folgt. Aus (3.4.6) - (3.4.8) folgt

(3.4.9) $$k_1 + \cdots + k_{n_2} \geq n - K - \sum_{j=0}^{n-1} I(D_j(K))(\omega).$$

Sind $J(i, 1), \ldots, J(i, n_i)$ die gemäß Fall i konstruierten Intervalle, so folgt wegen der Fast-Subadditivität von X bez. U sowie (3.4.1) und (3.4.5)

$$\begin{aligned} X_{[0,n[}(\omega) &\leq \sum_{i=1}^{3}\sum_{j=1}^{n_i}(X_{J(i,j)}(\omega) + U_{J(i,j)}(\omega)) \\ &\leq \sum_{j=1}^{n_2}(X_{J(2,j)}(\omega) + U_{J(2,j)}(\omega)) \\ &\leq (\varphi(X(\omega)) + \alpha)\sum_{j=1}^{n_2} k_j. \end{aligned}$$

Da $\varphi \leq 0$ ist, impliziert (3.4.9)

$$X_{[0,n[}(\omega) \leq \alpha n + \varphi(X(\omega))\left(n - K - \sum_{j=0}^{n-1} I(D_j(K))(\omega)\right),$$

d.h. (3.4.3).

(b) Ersetzt man in (3.4.2) $\varphi(X)$ durch $\varphi(X^{(j)})$, so bleibt $I(D_j(K))$ wegen (3.4.4) f.s. unverändert. Somit existiert zu jedem $K \geq 1$ eine $\mathcal{R}_\infty$-meßbare Abbildung $\varphi_K : \mathbb{R}^\infty \longrightarrow \mathbb{R}$ derart, daß

$$I(D_j(K)) = \varphi_K(X_{J(0)+j}, U_{J(0)+j}, X_{J(1)+j}, U_{J(1)+j}, \ldots) \quad \text{f.s.,} \quad j \geq 0.$$

Daraus folgt ersichtlich für jedes $K \geq 1$ die Stationarität der Folge $(I(D_j(K)))$, $j \geq 0$. ∎

BEWEIS VON SATZ 3.1 (a) Wir nehmen zunächst *zusätzlich* an, daß gilt:

(3.4.10) $$X_{[k,k+1[} + U_{[k,k+1[} \le 0, \quad k \ge 0.$$

Hieraus ergibt sich wegen der Fast-Subadditivität von X bez. U

(3.4.11) $$X_J \le 0, \quad J \in \mathcal{J}.$$

Setzen wir

(3.4.12) $$\xi_j := \liminf_{n\to\infty} \overline{X}_{[j,j+n[}, \quad j \ge 0,$$

so gilt

(3.4.13) $$\xi_j = \xi_0 \quad \text{f.s.}, \quad j \ge 1.$$

In der Tat, da X fast-subadditiv bez. U ist, folgt für $j \ge 1$ und $n \ge 1$

$$\overline{X}_{[0,j+n[} \le \frac{1}{j+n}(X_{[0,j[} + U_{[0,j[}) + \frac{n}{j+n}(\overline{X}_{[j,j+n[} + \overline{U}_{[j,j+n[}),$$

so daß

(3.4.14) $$\xi_0 \le \liminf_{n\to\infty} (\overline{X}_{[j,j+n[} + \overline{U}_{[j,j+n[}).$$

Da X und U vereint stationär sind, ist insbesondere U stationär, so daß wegen (3.1.2)

$$\lim_{n\to\infty} \overline{U}_{[j,j+n[} = \lim_{n\to\infty} \overline{U}_{[0,n[} = 0 \quad \text{f.s.}$$

Zusammen mit (3.4.14) und (3.4.11) impliziert dies

(3.4.15) $$\xi_0 \le \xi_j \le 0 \quad \text{f.s.}, \quad j \ge 1.$$

Da X stationär ist, folgt wegen (3.4.15) $E[\xi_0] = E[\xi_j]$ $(j \ge 1)$ und somit (3.4.13). Wir wenden jetzt Lemma 3.4 an auf

$$\varphi(X) := \max\{-a, \xi_0\},$$

so daß wegen (3.4.11)

(3.4.16) $$-a \le \varphi(X) \le 0.$$

Schreiben wir statt $D_j(K)$ jetzt $A_j(K,a)$, so folgt aus (3.4.3) nach Division durch n wegen (3.4.16)

(3.4.17) $$\limsup_{n\to\infty} \overline{X}_{[0,n[} \le \alpha + \max\{-a, \xi_0\} + aS(\alpha, a, K),$$

falls

(3.4.18) $$S(\alpha, a, K) := \limsup_{n\to\infty} \frac{1}{n} \sum_{j=0}^{n-1} I(A_j(K,a)).$$

Nehmen wir an, daß gilt:

(3.4.19) $$\lim_{K\to\infty} S(\alpha, a, K) = 0 \quad \text{f.s.}, \quad \alpha > 0,\ a > 0.$$

Aus (3.4.17) folgt dann, falls wir nacheinander $K \to \infty$, $\alpha \to 0$ und $a \to \infty$ streben lassen, daß $(\overline{X}_{[0,n[})$ f.s. konvergiert. Zum Nachweis von (3.4.19) seien $\alpha > 0$ und $a > 0$ fixiert. Da ersichtlich $S(\alpha, a, 1) \geq S(\alpha, a, 2) \geq \cdots$, existiert

$$\lim_{K \to \infty} S(\alpha, a, K) =: S(\alpha, a) \geq 0.$$

Somit ist (3.4.19) äquivalent zu

$$E[S(\alpha, a)] = 0, \quad \alpha > 0, \quad a > 0. \tag{3.4.20}$$

Zum Nachweis von (3.4.20) beachten wir zunächst, daß wegen

$$0 \leq S(\alpha, a, K) \leq 1 \tag{3.4.21}$$

für beliebige $\epsilon > 0$ und $K \geq 1$ gilt:

$$\begin{aligned} E[S(\alpha, a, K)] &= E[S(\alpha, a, K) I_{\{S(\alpha,a,K) \leq \epsilon\}}] \\ &\quad + E[S(\alpha, a, K) I_{\{S(\alpha,a,K) > \epsilon\}}] \\ &\leq \epsilon + P(S(\alpha, a, K) > \epsilon), \end{aligned}$$

so daß wegen (3.4.18)

$$E[S(\alpha, a, K)] \leq \epsilon + P\left(\sup_{k \geq 1} \frac{1}{k} \sum_{j=0}^{k-1} I(A_j(K, a)) > \epsilon\right). \tag{3.4.22}$$

Angenommen, wir können zeigen:

$$P\left(\sup_{k \geq 1} \frac{1}{k} \sum_{j=0}^{k-1} I(A_j(K, a)) > \epsilon\right) \leq \frac{1}{\epsilon} P(A_0(K, a)). \tag{3.4.23}$$

Da aufgrund der vereinten Stationarität von X und U sowie (3.4.13) für jedes $n \geq 1$

$$\lim_{K \to \infty} P(A_0(K, a)) \leq P\left(\inf_{k \geq n} (\overline{X}_{[0,k[} + \overline{U}_{[0,k[}) \geq \max\{-a, \xi_0\} + \alpha\right),$$

folgt wegen (3.1.2), daß die rechte Seite der letzten Ungleichung höchstens gleich

$$\begin{aligned} &P\left(\liminf_{k \to \infty} (\overline{X}_{[0,k[} + \overline{U}_{[0,k[}) \geq \max\{-a, \xi_0\} + \alpha\right) \\ &= P(\xi_0 \geq \max\{-a, \xi_0\} + \alpha) = 0 \end{aligned}$$

ist. Aus (3.4.23), (3.4.22) und (3.4.21) folgt somit für $K \to \infty$ (3.4.20) wegen des Satzes von der dominierten Konvergenz. Zum Nachweis von (3.4.23) sei $K \geq 1$ ebenfalls fixiert. Die *additive* Familie $Y = (Y_J)$ sei gegeben durch

$$Y_J := -\sum_{j \in J} I(A_j(K, a)), \quad J \in \mathcal{J}.$$

Wegen (3.4.13) und Lemma 3.4 (b) ist die Folge $(I(A_j(K, a)))$ stationär, also wegen Beispiel 2.4.2 auch Y. Wir wenden nun Lemma 3.4 (a) an auf Y

(statt X), $U_J \equiv 0$, $J \in \mathcal{J}$, und ersetzen in (3.4.2) K durch ein ganzzahliges $L \geq 1$, α durch $\beta > 0$, und φ durch die Abbildung, die $\equiv -\beta - \epsilon$ ist. Für die daraus resultierenden Ereignisse $\widetilde{D}_j(L)$ gilt wegen Lemma 3.4 (b), daß die Folge $(I(\widetilde{D}_j(L)))$ stationär ist. Wir erhalten also aus (3.4.3) durch Erwartungswertbildung

$$
\begin{aligned}
&-nP(A_0(K,a)) \leq \beta n - (\beta+\epsilon)(n - L - nP(\widetilde{D}_0(L))) \\
&= (\beta+\epsilon)L + n\left\{-\epsilon + (\beta+\epsilon)P\left(\max_{1\leq k\leq L} \frac{1}{k}\sum_{j=0}^{k-1} I(A_j(K,a)) < \epsilon\right)\right\}.
\end{aligned}
$$

Dividieren wir beide Seiten dieser Ungleichung durch n, so ergibt sich hieraus (3.4.23), falls wir nacheinander $n \to \infty$, $\beta \to 0$ und $L \to \infty$ streben lassen. Somit ist Teil (a) unter der Zusatzannahme (3.4.10) bewiesen (man beachte, daß wir bisher (3.1.1) nicht benutzt haben). Ist die Zusatzannahme (3.4.10) nicht erfüllt, so betrachten wir die Zerlegung

$$X_J = V_J - W_J, \quad J \in \mathcal{J}, \tag{3.4.24}$$

die gegeben wird durch

$$V_J := X_J - \sum_{j\in\mathcal{J}} (X^+_{[j,j+1[} + U_{[j,j+1[}), \quad J \in \mathcal{J} \tag{3.4.25}$$

und

$$W_J := -\sum_{j\in\mathcal{J}} (X^+_{[j,j+1[} + U_{[j,j+1[}), \quad J \in \mathcal{J}. \tag{3.4.26}$$

Man zeigt nun leicht: $V = (V_J)$ ist fast-subadditiv bez. U; V und U sind vereint stationär; $W = (W_J)$ ist additiv und stationär; es gilt $V_{[k,k+1[} + U_{[k,k+1[} \leq 0$, $k \geq 0$, und (da wegen (3.1.1) $U_J \geq 0$, $J \in \mathcal{J}$) $W_J \leq 0$, $J \in \mathcal{J}$. Nach dem bisher Bewiesenen existieren somit die Grenzwerte

$$\lim_{n\to\infty} \overline{V}_{[0,n[} =: \lambda_\infty \text{ f.s.}, \qquad \lim_{n\to\infty} \overline{W}_{[0,n[} =: \mu_\infty \text{ f.s.}, \tag{3.4.27}$$

und es gilt $-\infty \leq \lambda_\infty \leq 0$ f.s. (da $V_J \leq 0$, $J \in \mathcal{J}$) sowie $-\infty \leq \mu_\infty \leq 0$ f.s. Wegen des Fatou–Lemmas und (3.1.1) folgt

$$E[-\mu_\infty] \leq E[X^+_{[0,1[}] + E[U_{[0,1[}] < \infty,$$

so daß $-\infty < \mu_\infty \leq 0$ f.s., also $-\infty \leq \lambda_\infty - \mu_\infty < \infty$ f.s. gilt. Damit ist Teil (a) vollständig bewiesen.

(b) Wegen Satz 2.16[4] ist die durch (3.4.26) gegebene Folge $(\overline{W}_{[0,n[})$ aufgrund von (3.1.1) gleichmäßig integrierbar, so daß $(\overline{W}_{[0,n[})$ auch in L^1 konvergiert. Zum Nachweis der L^1–Konvergenz von $(\overline{X}_{[0,n[})$ reicht es somit zu zeigen, daß die durch (3.4.25) gegebene Folge $(\overline{V}_{[0,n[})$ in L^1 konvergiert. Sei $a_n := E[X_{[0,n[}]$ und $c_n := E[U_{[0,n[}]$, $n \geq 1$. Da X fast–subadditiv bez. U ist und X sowie U stationär sind, ist (a_n) fast–subadditiv bez. (c_n). Wegen

(3.1.7), Lemma 1.2 und (3.1.6) folgt:

$$\lim_{n\to\infty} E[\overline{X}_{[0,n[}] \quad \text{existiert und ist endlich.}$$

Da $(\overline{W}_{[0,n[})$ in L^1 konvergiert, existiert auch

$$\lim_{n\to\infty} E[\overline{V}_{[0,n[}] =: \gamma \in \mathbb{R}. \tag{3.4.28}$$

Aus (3.4.27) und (3.4.28) folgt mit Hilfe des Fatou–Lemmas (da $V_J \leq 0$, $J \in \mathcal{J}$) $E[\lambda_\infty] \geq \gamma$. Zum Nachweis von

$$E[\lambda_\infty] = \gamma \tag{3.4.29}$$

reicht es somit, $E[\lambda_\infty] \leq \gamma$ zu zeigen. Für festes $N \geq 1$ ist jedes $n \geq 1$ von der Form $n = kN + r$ für ganzzahlige $k = k(n) \geq 0$ und $0 \leq r = r(n) < N$. Setzen wir $V_\emptyset = U_\emptyset \equiv 0$, so folgt

$$V_{[0,n[} \leq \sum_{j=0}^{k-1} \left(V_{[jN,(j+1)N[} + U_{[jN,(j+1)N[}\right) + V_{[kN,n[} + U_{[kN,n[}.$$

Wegen des Borel-Cantelli-Lemmas gilt:

$$\lim_{n\to\infty} \frac{1}{n} V_{[kN,n[} = \lim_{n\to\infty} \frac{1}{n} U_{[kN,n[} = 0 \quad \text{f.s.} \tag{3.4.30}$$

(der Nachweis von (3.4.30) erfolgt weiter unten). Die gleiche Überlegung, die zuvor die L^1-Konvergenz von $(\overline{W}_{[0,n[})$ ergab, liefert nun wegen der obigen Ungleichung und (3.4.30)

$$E[\lambda_\infty] \leq E[\overline{V}_{[0,N[}] + E[\overline{U}_{[0,N[}], \quad N \geq 1,$$

woraus wegen (3.4.28) und (3.1.7) $E[\lambda_\infty] \leq \gamma$, also (3.4.29) folgt. Weiter gilt

$$\lim_{n\to\infty} E[(\overline{V}_{[0,n[} - \lambda_\infty)^+] = 0, \tag{3.4.31}$$

da die Folge der Integranden f.s. gegen Null konvergiert und wegen

$$(\overline{V}_{[0,n[} - \lambda_\infty)^+ \leq (-\lambda_\infty)^+ \in L^1, \ n \geq 1$$

gleichmäßig integrierbar ist. Aus (3.4.29) und (3.4.31) folgt aber die gewünschte L^1-Konvergenz der Folge $(\overline{V}_{[0,n[})$, da für $n \geq 1$ gilt:

$$E[|\overline{V}_{[0,n[} - \lambda_\infty|] = 2E[(\overline{V}_{[0,n[} - \lambda_\infty)^+] - E[(\overline{V}_{[0,n[} - \lambda_\infty].$$

Es bleibt somit (3.4.30) nachzuweisen. Wegen

$$|V_{[kN,n[}| \leq \max\{|V_{[n-i,n[}| : 1 \leq i \leq N-1\}, \quad n \geq 1$$

reicht es zum Nachweis von (3.4.30) für V zu zeigen:

$$\lim_{n\to\infty} \frac{1}{n} V_{[n-i,n[} = 0 \quad \text{f.s.,} \quad i \geq 1.$$

Letzteres ergibt sich aber mit Hilfe des Borel-Cantelli-Lemmas, da aufgrund der Stationarität von V und wegen $V_{[0,i[} \in L^1$ für alle $\epsilon > 0$ gilt:

$$\sum_{n=i+1}^{\infty} P(|V_{[n-i,n[}| > \epsilon n) = \sum_{n=i+1}^{\infty} P(|V_{[0,i[}| > \epsilon n) < \infty$$

(vgl. Satz 1.9[4]). Analog ergibt sich die Behauptung für U. Damit ist die L^1-Konvergenz von $(\overline{X}_{[0,n[})$ bewiesen.

Zum Nachweis von (3.1.8) zeigen wir zunächst, daß ξ_∞ eine $\overline{\mathcal{I}}(X)$-meßbare ZV ist (falls erforderlich, können wir ξ_∞ durch $\xi_\infty I\{|\xi_\infty| < \infty\}$ ersetzen). Wegen Satz 3.3 reicht es zu zeigen, daß ξ_∞ X-fast-invariant ist. Dazu setzen wir für $k \geq 0$

$$\widetilde{X}_\infty^{(k)} := \limsup_{n\to\infty} \overline{X^{(k)}}_{[0,n[}$$

und

$$X_\infty^{(k)} := \widetilde{X}_\infty^{(k)} I\{|\widetilde{X}_\infty^{(k)}| < \infty\},$$

wobei $X_J^{(k)}$ durch (3.2.2) definiert wird. Ähnlich wie (3.4.13) ergibt sich dann

(3.4.32) $$X_\infty^{(k)} = \xi_\infty \quad \text{f.s.}, \quad k \geq 0.$$

Sei $\mathcal{J} = \{J(0), J(1), \dots\}$, wobei wir annehmen, daß $J(2n) = [0,n[, n \geq 1$. Setzen wir

$$\widetilde{\eta}(x_0, x_1, \dots) := \limsup_{n\to\infty} x_{2n}/n, \quad (x_0, x_1, \dots) \in \mathbb{R}^\infty$$

und $\eta := \widetilde{\eta} I\{|\widetilde{\eta}| < \infty\}$, so ist η eine $\mathcal{R}_\infty$-meßbare ZV, und wegen (3.4.32) gilt $\xi_\infty = \eta \circ X^{(k)}$ f.s., $k \geq 0$, so daß ξ_∞ X-fast-invariant, also $\overline{\mathcal{I}}(X)$-meßbar ist. Da somit

$$E[|E[\overline{X}_{[0,n[}|\overline{\mathcal{I}}(X)] - \xi_\infty|] \leq E[|\overline{X}_{[0,n[} - \xi_\infty|],$$

ist (3.1.8) eine Konsequenz aus der L^1-Konvergenz von $(\overline{X}_{[0,n[})$ gegen ξ_∞. Schließlich gelte (3.1.9). Zeigen wir, daß dann gilt:

(3.4.33) $$\lim_{n\to\infty} E[\overline{X}_{[0,n[}|\overline{\mathcal{I}}(X)] = \xi_\infty \quad \text{f.s.}$$

Dazu setzen wir

$$\alpha_n := E[X_{[0,n[}|\overline{\mathcal{I}}(X)], \quad \gamma_n := E[U_{[0,n[}|\overline{\mathcal{I}}(X)], \quad n \geq 1,$$

und zeigen zunächst

(3.4.34) $$\alpha_n = E[X_{[k,n+k[}|\overline{\mathcal{I}}(X)] \quad \text{f.s.}, \quad k \geq 0,\ n \geq 1$$

und

(3.4.35) $$\gamma_n = E[U_{[k,n+k[}|\overline{\mathcal{I}}(X)] \quad \text{f.s.}, \quad k \geq 0,\ n \geq 1.$$

In der Tat, wegen (3.2.4) existiert zu jedem $A \in \overline{\mathcal{I}}(X)$ ein $B_\infty \in \mathcal{R}_\infty$ derart, daß gilt:

$$I_A = I(B_\infty) \circ X^{(k)} \quad \text{f.s.}, \quad k \geq 0.$$

Wegen der Stationarität von X ergibt sich daraus

$$\int_A X_{[k,n+k[}\, dP = \int_\Omega (I(B_\infty) \circ X^{(k)}) X^{(k)}_{[0,n[}\, dP = \int_A X_{[0,n[}\, dP,$$

also (3.4.34). Ähnlich folgt (3.4.35), da U stationär ist. Seien nun $m_1 \geq 1$, $\dots, m_k \geq 1$ ganze Zahlen und $J_i := [m_1 + \cdots + m_{i-1}, m_1 + \cdots + m_i[$, $1 \leq i \leq k$ $(m_0 = 0)$. Aufgrund der Fast-Subadditivität von X bez. U folgt dann wegen (3.4.34) und (3.4.35)

$$\begin{aligned} \alpha_{m_1+\cdots+m_k} &= E[X_{J_1\cup\cdots\cup J_k} | \overline{\mathcal{I}}(X)] \\ &\leq \sum_{i=1}^k E[X_{J_i} + U_{J_i} | \overline{\mathcal{I}}(X)] \\ &= \sum_{i=1}^k (\alpha_{m_i} + \gamma_{m_i}) \quad \text{f.s.}, \end{aligned}$$

so daß die Folge (α_n) f.s. fast-subadditiv bez. (γ_n) ist und wegen (3.1.9) gilt:

$$\lim_{n\to\infty} \frac{1}{n} \gamma_n = 0 \quad \text{f.s.}$$

Somit ergibt sich (3.4.33) aus Lemma 1.2 und (3.1.8), da jede Folge, die in L^1 konvergiert, eine f.s. gegen denselben Grenzwert konvergierende Teilfolge enthält (vgl. Satz 6.6[4]). Damit ist Satz 3.1 vollständig bewiesen. ■

3.5 Bemerkung. Mit Hilfe von Satz 3.1 lassen sich auch Konvergenzresultate für Familien $X = (X_J)$, $J \in \mathcal{J}$, erhalten, die eine andere Art von Fast-Subadditivität bez. einer Familie $U = (U_J)$, $J \in \mathcal{J}$, aufweisen. Gelte etwa

$$\text{(3.5.1)} \qquad X_{J_1\cup\cdots\cup J_k} \leq \sum_{i=1}^k X_{J_i} + U_{J_1\cup\cdots\cup J_k}$$

für alle paarweise disjunkten Mengen $J_1, \dots, J_k \in \mathcal{J}$ $(k \geq 2)$ mit $J_1 \cup \cdots \cup J_k \in \mathcal{J}$. Dann gilt offenbar (3.5.1) genau dann, wenn $(X_J - U_J)$ im früheren Sinne fast-subadditiv bez. U ist. ■

Eine einfache Konsequenz aus Satz 3.1 ist folgendes Resultat, das von Kingman (1968, 1973, 1976) stammt (*subadditiver Grenzwertsatz*):

3.6 Satz. *Sei $X = (X_J)$, $J \in \mathcal{J}$, subadditiv, stationär und gelte*

$$\text{(3.6.1)} \qquad X^+_{[0,1[} \in L^1_+.$$

(a) *Es gilt*

$$\text{(3.6.2)} \qquad \lim_{n\to\infty} \overline{X}_{[0,n[} =: \xi_\infty \quad \textit{f.s.}$$

derart, daß

$$\text{(3.6.3)} \qquad -\infty \leq \xi_\infty < \infty \quad \textit{f.s.}$$

(b) *Gilt zusätzlich*

(3.6.4) $$X \subset L^1$$

und

(3.6.5) $$\inf_{n\geq 1} E[\overline{X}_{[0,n[}] > -\infty,$$

so konvergiert die Folge $(\overline{X}_{[0,n[})$ *auch in* L^1, *und*

(3.6.6) $$\lim_{n\to\infty} E[\overline{X}_{[0,n[}|\mathcal{I}(X)] = \xi_\infty \quad \textit{f.s.} \quad \textit{und in } L^1.$$

■

Ohne zusätzliche Voraussetzungen kann man nicht erwarten, daß der Grenzwert ξ_∞ in Satz 3.6 f.s. konstant ist. Dies zeigt folgendes einfache Beispiel:

(3.6.7) $$X_{[i,j[}(\omega) := (j-i)X_0(\omega), \quad \omega \in \Omega, \quad [i,j[\in \mathcal{J},$$

wobei $X_0 \in L^1$.

Aus Satz 3.6 ergibt sich nun der folgende klassische *Ergodensatz von Birkhoff* (1931) (die f.s. Konvergenzaussage hierin heißt auch *punktweiser* oder *individueller Ergodensatz*):

3.7 Satz. (a) *Die Folge* $Y = (Y_n) \subset L^1 (n \geq 0)$ *sei stationär. Dann gilt*

(3.7.1) $$\lim_{n\to\infty} \frac{1}{n}\sum_{i=0}^{n-1} Y_i = E[Y_0|\mathcal{I}(Y)] \quad \textit{f.s. und in } L^1.$$

(b) *Sei* $Y_0 \in L^1$ *und* $T : \Omega \longrightarrow \Omega$ *maßtreu. Dann gilt*

(3.7.2) $$\lim_{n\to\infty} \frac{1}{n}\sum_{i=0}^{n-1} Y_0 \circ T^i = E[Y_0|\mathcal{I}(T)] \quad \textit{f.s. und in } L^1.$$

Insbesondere ergibt sich also für die Folge $Y_n := Y_0 \circ T^n$, $n \geq 0$,

(3.7.3) $$E[Y_0|\mathcal{I}(Y)] = E[Y_0|\mathcal{I}(T)] \quad \textit{f.s.}$$

Hierin sind $\mathcal{I}(Y)$ bzw. $\mathcal{I}(T)$ die σ-Algebren der Y- bzw. T-invarianten Mengen; vgl. Definition 3.1(a)[2] und Definition 3.3[2].

BEWEIS VON SATZ 3.7. (a) Wie in Beispiel 1.3.1 setzen wir

$$X_J = \sum_{j\in J} Y_j, \quad J \in \mathcal{J},$$

so daß $X = (X_J)$ additiv und (vgl. Beispiel 2.4.2) stationär ist. Da $E[\overline{X}_{[0,n[}] = E[Y_0]$, $n \geq 1$, existiert wegen Satz 3.6 (b) ein $\widetilde{X}_\infty \in L^1$ derart, daß

(3.7.4) $$\lim_{n\to\infty} \frac{1}{n}\sum_{i=0}^{n-1} Y_i = \widetilde{X}_\infty \quad \text{f.s. und in } L^1.$$

Setzen wir

$$\xi_\infty := \limsup_{n\to\infty} \frac{1}{n}\sum_{i=0}^{n-1} Y_i$$

und

(3.7.5) $$X_\infty := \xi_\infty I\{|\xi_\infty| < \infty\},$$

so folgt wegen (3.7.4)

(3.7.6) $$\widetilde{X}_\infty = X_\infty \quad \text{f.s.}$$

Da X_∞ $\mathcal{I}(Y)$-meßbar ist (vgl. Beispiel 3.11.1[2]), reicht es also wegen (3.7.6) zum Nachweis von (3.7.1) zu zeigen:

(3.7.7) $$\int_A \widetilde{X}_\infty dP = \int_A Y_0 dP, \quad A \in \mathcal{I}(Y).$$

Sei $A \in \mathcal{I}(Y)$. Dann existiert ein $B \in \mathcal{R}_\infty$ derart, daß $I_A = I_B(Y_n, Y_{n+1}, \ldots)$, $n \geq 0$. Aus Satz 2.4 (a), angewandt auf die Abbildung

$$\varphi(x_0, x_1, \ldots) := x_0 I_B(x_0, x_1, \ldots), \quad (x_0, x_1, \ldots) \in \mathbb{R}^\infty$$

folgt, daß die Folge $(Y_n I_B(Y_n, Y_{n+1}, \ldots)) = (Y_n I_A)$ stationär ist. Wegen (3.7.4) folgt also

$$\int_A \widetilde{X}_\infty dP = \lim_{n\to\infty} \frac{1}{n}\sum_{i=0}^{n-1}\int_A Y_i dP = \int_A Y_0 dP,$$

d.h. (3.7.7).

(b) Sei $Y_n := Y_0 \circ T^n$, $n \geq 0$. Die ZV X_∞ - gegeben durch (3.7.5) - ist dann (vgl. Beispiel 3.9[2]) $\mathcal{I}(T)$-meßbar. Der Nachweis von (3.7.2) verläuft jetzt analog wie derjenige von (3.7.1). In der Tat, wegen $A = T^{-i}A$, $i \geq 0$, $A \in \mathcal{I}(T)$, ergibt sich aufgrund der Maßtreue von T

$$\int_A Y_0 \circ T^i dP = \int_{T^{-i}A} Y_0 \circ T^i dP = \int_A Y_0 dP, \quad i \geq 0, \quad A \in \mathcal{I}(T).$$

■

7.4 Ergodizität

In den Sätzen 3.1, 3.6 und 3.7 treten Grenzwerte auf, die jeweils meßbar sind bez. einer gewissen σ - Algebra von invarianten Mengen. Es erhebt sich die Frage, wann eine derartige σ - Algebra *ausgeartet* ist, d.h. lediglich Mengen A mit $P(A) \in \{0,1\}$ enthält. In einem solchen Fall ist der entsprechende Grenzwert *konstant* (vgl. Satz 1.26[2]).

Im folgenden sei $T : \Omega \longrightarrow \Omega$ eine maßtreue Transformation, $Y = (Y_n)$ $(n \geq 0)$ eine stationäre Folge von ZV und $X = (X_J)$, $J \in \mathcal{J} =$

$\{J(0), J(1), ...\}$, eine stationäre Familie von ZV.

4.1 Definition. T heißt *ergodisch*, falls gilt:

$$P(A) \in \{0,1\}, \quad A \in \mathcal{I}(T). \tag{4.1.1}$$

Ähnlich heißen Y bzw. X *ergodisch*, falls

$$P(A) \in \{0,1\}, \quad A \in \mathcal{I}(Y) \tag{4.1.2}$$

bzw.

$$P(A) \in \{0,1\}, \quad A \in \overline{\mathcal{I}}(X). \tag{4.1.3}$$

■

Ist etwa T ergodisch, so gilt ersichtlich für alle $\xi \in L^1$ $E[\xi|\mathcal{I}(T)] = E[\xi]$.

Bezeichnet $\mathcal{F}(Y)$ die σ - Algebra der Y - *finalen* Ereignisse, so gilt wegen Satz 3.10[2]

$$\mathcal{I}(Y) \subset \mathcal{F}(Y). \tag{4.1.4}$$

Eine triviale Folgerung hieraus ist

4.2 Satz. *Ist $\mathcal{F}(Y)$ ausgeartet, so ist Y ergodisch.* ■

4.3 Korollar. *Sind $Y_0, Y_1, \ldots$ unabhängig, so ist (Y_n) ergodisch.*

BEWEIS. Dies folgt aus Satz 4.2 und dem $0-1-$Gesetz von Kolmogorov (Satz 2.1[3]). ■

Aus Satz 3.7(a) und Korollar 4.3 ergibt sich ein weiterer Beweis für das folgende *starke Gesetz der großen Zahlen* von Kolmogorov:

4.4 Satz. $(Y_n) \subset L^1$ *sei eine* UIV*-Folge. Dann gilt :*

$$\lim_{n\to\infty} \frac{1}{n} \sum_{i=0}^{n-1} Y_i = E[Y_0] \quad \textit{f.s. und in } L^1. \tag{4.4.1}$$

BEWEIS. In Beispiel 2.4.1 wurde gezeigt, daß (Y_n) stationär ist. Somit folgt (4.4.1) aus Satz 3.7(a) und Korollar 4.3. ■

Wir führen nun eine Eigenschaft ein, die stärker als die Ergodizität ist.

4.5 Definition. Eine maßtreue Transformation $T : \Omega \longrightarrow \Omega$ heißt *mischend*, falls gilt:

$$\lim_{n\to\infty} P(A \cap T^{-n}B) = P(A) \cdot P(B), \quad A, B \in \mathcal{A}. \tag{4.5.1}$$

Eine stationäre Folge $Y = (Y_n)$ $(n \geq 0)$ von ZV heißt *mischend*, falls gilt:

$$\begin{aligned} &\lim_{k\to\infty} P(Y \in A_\infty, Y^{(k)} \in B_\infty) \\ &= P(Y \in A_\infty) P(Y \in B_\infty), \quad A_\infty, B_\infty \in \mathcal{R}_\infty, \end{aligned} \tag{4.5.2}$$

wobei $Y_n^{(k)} := Y_{n+k}$, $n \geq 0$, $k \geq 0$.

Eine stationäre Familie $X = (X_J)$, $J \in \mathcal{J} = \{J(0), J(1), ...\}$, von ZV heißt *mischend*, falls analog zu (4.5.2) gilt:

$$\lim_{k\to\infty} P(X \in A_\infty, X^{(k)} \in B_\infty) = P(X \in A_\infty)P(X \in B_\infty), \quad A_\infty, B_\infty \in \mathcal{R}_\infty, \tag{4.5.3}$$

wobei $X_J^{(k)} := X_{J+k}$, $J \in \mathcal{J}$, $k \geq 0$, und $X^{(k)} = (X_{J(0)+k}, X_{J(1)+k}, ...)$ als Abbildung $X^{(k)} : \Omega \longrightarrow \mathbb{R}^\infty$ aufgefaßt wird. ■

Zur Motivation dieser Terminologie betrachten wir folgendes

4.6 Beispiel. Ein Glaszylinder werde zur Zeit $t = 0$ mit Wasser und Tinte gefüllt. Die Menge der möglichen Positionen der Flüssigkeitspartikel bilde eine Borel-Menge $\Omega \subset \mathbb{R}^3$ mit $P(\Omega) = 1$ (P sei ein W.-Maß auf den Borel-Teilmengen von Ω). Sei A ($\Omega\backslash A$) die Menge der Positionen der Tinten-(Wasser-)Partikel zur Zeit 0 ($A \subset \Omega$ sei Borelsch). Der Zylinderinhalt werde ständig umgerührt. Sei $T^n\omega$ ($n \geq 0$) die Position einer Partikel zur Zeit n, die sich zur Zeit 0 an der Stelle $\omega \in \Omega$ befindet. T sei maßtreu. $B \subset \Omega$ sei Borelsch mit $P(B) > 0$. Ersichtlich ist $P(A \cap T^{-n}B)/P(B)$ der *relative* Anteil der Positionen innerhalb von B, die zur Zeit $t = n$ von Tintenpartikeln eingenommen werden. Dann besagt (4.5.1), daß dieser Anteil nach langem Umrühren ungefähr gleich $P(A)$ ist, so daß also Tinte und Wasser asymptotisch (d. h. für $t \to \infty$) perfekt gemischt werden! ■

4.7 Satz. *Ist T mischend, so ist T ergodisch. Eine analoge Aussage gilt für Y und X.*

BEWEIS. Sei X mischend und $A \in \overline{\mathcal{I}}(X)$. Wegen (3.2.4) existiert ein $B_\infty \in \mathcal{R}_\infty$ derart, daß

$$P(A\Delta\{X^{(k)} \in B_\infty\}) = 0, \qquad k \geq 0. \tag{4.7.1}$$

Aus (4.7.1) folgt $P(A) = P(X \in B_\infty)$ sowie

$$P(X \in B_\infty) = P(X \in B_\infty, X^{(k)} \in B_\infty), \qquad k \geq 0,$$

da

$$\begin{aligned} 0 &\leq P(X \in B_\infty) - P(X \in B_\infty, X^{(k)} \in B_\infty) \\ &\leq P(\{X \in B_\infty\}\Delta\{X^{(k)} \in B_\infty\}) \\ &\leq P(\{X \in B_\infty\}\Delta A) + P(A\Delta\{X^{(k)} \in B_\infty\}) = 0. \end{aligned}$$

Somit erhält man für $k \to \infty$

$$P(A) = P(X \in B_\infty, X^{(k)} \in B_\infty) \to P^2(X \in B_\infty) = P^2(A),$$

so daß $P(A) \in \{0, 1\}$. Ähnlich beweist man die restlichen Aussagen. ■

Die Anwendung von Satz 4.7 wird erheblich erleichtert durch folgenden

4.8 Satz. (a) *T sei maßtreu. Sei $\mathcal{A}_0 \subset \mathcal{A}$ $\cap$-stabil und gelte $\sigma(\mathcal{A}_0) = \mathcal{A}$. Gilt dann für alle $A, B \in \mathcal{A}_0$*

$$\lim_{n\to\infty} P(A \cap T^{-n}B) = P(A)P(B), \tag{4.8.1}$$

so ist T mischend, also insbesondere ergodisch.

(b) *Sei $Y = (Y_n)$ stationär. Sei $\mathcal{R}_0 \subset \mathcal{R}_\infty$ $\cap$-stabil und sei $\sigma(\mathcal{R}_0) = \mathcal{R}_\infty$. Gilt dann für alle $A_\infty, B_\infty \in \mathcal{R}_0$*

$$\lim_{k\to\infty} P(Y \in A_\infty, Y^{(k)} \in B_\infty) = P(Y \in A_\infty)P(Y \in B_\infty), \tag{4.8.2}$$

so ist Y mischend, also insbesondere ergodisch.

Ein analoges Resultat gilt für stationäre Familien $X = (X_J)$.

BEWEIS. (a) Sei $B \in \mathcal{A}_0$ fixiert. Sei $\mathcal{M}$ die Familie aller $A \in \mathcal{A}$, für die (4.8.1) gilt. Dann folgt

$$\mathcal{A}_0 \subset \mathcal{M} \subset \mathcal{A}. \tag{4.8.3}$$

Zeigen wir, daß $\mathcal{M}$ ein Dynkin-System ist. Es ist klar, daß $\Omega \in \mathcal{M}$. Der Nachweis, daß sich aus $A_1, A_2 \in \mathcal{M}$ und $A_1 \subset A_2$ $A_2 \backslash A_1 \in \mathcal{M}$ ergibt, sei dem Leser überlassen. Schließlich seien $A_n \in \mathcal{M}$, $n \geq 1$, derart, daß $A_1 \subset A_2 \subset \cdots$. Setzen wir $A := A_1 \cup A_2 \cup \cdots$, so ist zu zeigen: $A \in \mathcal{M}$. Sei $\varepsilon > 0$ gegeben. Ersichtlich gilt:

$$|P(A\cap T^{-n}B) - P(A_k \cap T^{-n}B)| = P((A\backslash A_k)\cap T^{-n}B) \leq P(A\backslash A_k) < \varepsilon,\ k \geq k_0.$$

Für $k \geq k_0$ folgt dann

$$\begin{aligned}\limsup_{n\to\infty} P(A \cap T^{-n}B) &\leq \varepsilon + \limsup_{n\to\infty} P(A_k \cap T^{-n}B)\\ &= \varepsilon + P(A_k)P(B) \leq \varepsilon + P(A)P(B),\end{aligned}$$

so daß

$$\limsup_{n\to\infty} P(A \cap T^{-n}B) \leq P(A)P(B).$$

Ähnlich ergibt sich

$$\liminf_{n\to\infty} P(A \cap T^{-n}B) \geq P(A)P(B),$$

so daß $\mathcal{M}$ ein Dynkin-System ist. Wegen des Satzes von Dynkin (Satz 3.19[1]) folgt aus (4.8.3) $\sigma(\mathcal{A}_0) = \mathcal{A} \subset \mathcal{M} \subset \mathcal{A}$, also $\mathcal{M} = \mathcal{A}$, so daß (4.8.1) für alle $A \in \mathcal{A}$ und $B \in \mathcal{A}_0$ gilt. Analog betrachtet man jetzt für festes $A \in \mathcal{A}$ die Familie $\mathcal{N}$ aller $B \in \mathcal{A}$, für die (4.8.1) gilt. Wie zuvor ergibt sich, daß $\mathcal{N}$ ein Dynkin-System ist. Der Satz von Dynkin impliziert $\mathcal{N} = \mathcal{A}$, so daß (4.8.1) für *alle* $A, B \in \mathcal{A}$ gilt, T also mischend ist. Ähnlich beweist man (b). ■

4.9 Satz. (a) *Sei Y ergodisch und sei $\varphi : \mathbb{R}^\infty \longrightarrow \mathbb{R}$ $\mathcal{R}_\infty$-meßbar. Setzen wir*

$$(4.9.1) \qquad \widetilde{Y}_n := \varphi(Y_n, Y_{n+1}, ...), \quad n \geq 0,$$

so ist $\widetilde{Y} = (\widetilde{Y}_n)$ ergodisch.

(b) *Sei $T : \Omega \longrightarrow \Omega$ mischend. Gilt*

$$(4.9.2) \qquad X_{J+k} = X_J \circ T^k, \quad k \geq 0, \quad J \in \mathcal{J},$$

so ist X mischend, also ergodisch.

BEWEIS. (a) Wegen Satz 2.4(a) ist $\widetilde{Y}$ stationär. Sei $A \in \mathcal{I}(\widetilde{Y})$. Dann existiert ein $B_\infty \in \mathcal{R}_\infty$ derart, daß

$$(4.9.3) \qquad A = \{(\widetilde{Y}_k, \widetilde{Y}_{k+1}, ...) \in B_\infty\}, \quad k \geq 0.$$

Wegen Satz 1.10[2] wird durch

$$\psi(x_0, x_1, ...) := (\varphi(x_0, x_1, ...), \varphi(x_1, x_2, ...), ...), \quad (x_0, x_1, ...) \in \mathbb{R}^\infty$$

eine $\mathcal{R}_\infty$-meßbare Abbildung $\psi : \mathbb{R}^\infty \longrightarrow \mathbb{R}^\infty$ definiert, für die wegen (4.9.3) gilt:

$$A = \{(Y_k, Y_{k+1}, ...) \in \psi^{-1} B_\infty\}, \quad k \geq 0.$$

Somit folgt $A \in \mathcal{I}(Y)$, also $P(A) \in \{0, 1\}$.

(b) Gelte (4.9.2). Wegen Satz 2.3 folgt, daß X stationär ist, und es gilt für $A_\infty, B_\infty \in \mathcal{R}_\infty$ und $k \geq 0$

$$\begin{aligned} P(X \in A_\infty, X^{(k)} \in B_\infty) &= P(X \in A_\infty, X \circ T^k \in B_\infty) \\ &= P((X^{-1}A_\infty) \cap T^{-k}(X^{-1}B_\infty)). \end{aligned}$$

Daraus folgt ersichtlich, daß X mischend ist, falls T mischend ist. ∎

4.9.1 Beispiel. Für das in Beispiel 1.3.3 eingeführte Perkolationsmodell $X = (X_J)$ sei $e(0)$, $e(1)$,... eine Aufzählung der ungerichteten Kanten. Ist $e(x, y)$ eine derartige Kante mit den Endpunkten x und y, so bezeichne $e(x, y) + t(k) = e(x + t(k), y + t(k))$ die um $t(k) = (k, 0)$, $k = 0, \pm 1$, ... translatierte Kante. In Beispiel 2.4.4 hatte sich ergeben (vgl. (2.4.4) und (2.4.5)), daß es $\mathcal{R}_\infty$-meßbare Abbildungen

$$\psi_J : \mathbb{R}^\infty \longrightarrow \mathbb{R}, \quad J \in \mathcal{J}$$

gibt derart, daß für alle $(x_{e(0)}, x_{e(1)}, ...) \in \mathbb{R}^\infty$ und $J \in \mathcal{J}$

$$(4.9.4) \qquad \psi_{J+k}(x_{e(0)}, x_{e(1)}, ...) = \psi_J(x_{e(0)-t(k)}, x_{e(1)-t(k)}, ...), \quad k \geq 0$$

gilt sowie

$$(4.9.5) \qquad X_J = \psi_J(\xi(e(0)), \xi(e(1)), ...).$$

Wie in Beispiel 2.4.4 wird angenommen, daß die (nichtnegativen!) Durchlaufzeiten $\xi(e(n))$, $n \geq 0$, eine UIV-Folge bilden. Um Satz 4.9(b) anzuwenden, werden wir unser Perkolationsmodell etwas spezieller so konstruieren, daß die Durchlaufzeiten auf einem gewissen Grundraum Ω^* definiert sind, für den sich eine „Verschiebungstransformation" $T : \Omega^* \longrightarrow \Omega^*$ definieren läßt, die mischend ist. Dazu setzen wir

$$\Omega^* := \mathbb{R}_+^\infty = \{(x_{e(0)}, x_{e(1)}, ...) : x_{e(n)} \in \mathbb{R}_+, n \geq 0\}$$

(intuitiv ist $x_{e(n)}$ der Wert, den $\xi(e(n))$ annimmt) und wählen als σ-Algebra

$$\mathcal{R}^* := \{B_\infty \in \mathcal{R}_\infty : B_\infty \subset \Omega^*\}.$$

Auf $\mathcal{R}^*$ wählen wir als W.-Maß P^* die Verteilung von $(\xi(e(0)), \xi(e(1)), ...)$, so daß sich insbesondere für beliebige Borel-Mengen $A_{e(n)} \subset \mathbb{R}_+, n \geq 0$,

$$(4.9.6) \qquad P^*(A_{e(0)} \times A_{e(1)} \times \cdots) = P(\xi(e(n)) \in A_{e(n)}, n \geq 0)$$

ergibt. Die Durchlaufzeit $\xi^*(e(n))$, die zur Kante $e(n)$ gehört, wird auf Ω^* definiert durch

$$\xi^*(e(n))(x_{e(0)}, x_{e(1)}, ...) = x_{e(n)}, \quad n \geq 0,$$

so daß $(\xi^*(e(0)), \xi^*(e(1)), ...)$ dieselbe Verteilung hat wie $(\xi(e(0)), \xi(e(1)), ...)$. Das „neue" Perkolationsmodell $X^* = (X_J^*)$ wird dann (natürlich!) auf Ω^* definiert durch

$$(4.9.7) \qquad X_J^*(x_{e(0)}, x_{e(1)}, ...) = \psi_J(x_{e(0)}, x_{e(1)}, ...).$$

Folglich gilt

$$(4.9.8) \qquad X_J^* = \psi_J(\xi^*(e(0)), \xi^*(e(1)), ...), \quad J \in \mathcal{J},$$

und X^* hat dieselbe Verteilung wie X. Auf Ω^* läßt sich nun eine *Verschiebungstransformation* (*Shift*) $T : \Omega^* \longrightarrow \Omega^*$ durch

$$T(x_{e(0)}, x_{e(1)}, ...) = (x_{e(0)-t(1)}, x_{e(1)-t(1)}, ...)$$

definieren, so daß für $k = 0, \pm 1, ...$ gilt:

$$(4.9.9) \qquad T^k(x_{e(0)}, x_{e(1)}, ...) = (x_{e(0)-t(k)}, x_{e(1)-t(k)}, ...).$$

Wegen (4.9.7), (4.9.4) und (4.9.9) ergibt sich dann

$$(4.9.10) \qquad X_{J+k}^* = \psi_J \circ T^k = X_J^* \circ T^k, \quad k \geq 0, J \in \mathcal{J}.$$

Zeigen wir:

(4.9.11) $\qquad T$ ist mischend.

In der Tat, seinen $A_i \subset \mathbb{R}_+, 0 \leq i \leq m$, und $B_j \subset \mathbb{R}_+, 0 \leq j \leq n$, Borel-Mengen und sei

$$A_\infty := A_0 \times \cdots \times A_m \times \mathbb{R}_+ \times \mathbb{R}_+ \times \cdots \in \mathcal{R}^*$$

und

$$B_\infty := B_0 \times \cdots \times B_n \times \mathbb{R}_+ \times \mathbb{R}_+ \times \cdots \in \mathcal{R}^*.$$

Wegen (4.9.6) folgt

$$\begin{aligned} P^*(T^{-1}A_\infty) &= P^*(\xi^*(e(i) - t(1)) \in A_i, \quad 0 \leq i \leq m) \\ &= P^*(\xi^*(e(i)) \in A_i, 0 \leq i \leq m) = P^*(A_\infty), \end{aligned}$$

woraus sich die Maßtreue von T ergibt (wieso?). Weiter gilt für alle hinreichend großen k

$$\begin{aligned}
&P^*(A_\infty \cap T^{-k}B_\infty)\\
&\quad = P^*(\{\xi^*(e(i)) \in A_i,\ 0 \le i \le m\} \cap \{\xi^*(e(j) - t(k)) \in B_j,\ 0 \le j \le m\})\\
&\quad = P^*(\xi^*(e(i)) \in A_i,\ 0 \le i \le m) \cdot P^*(\xi^*(e(j) - t(k)) \in B_j,\ 0 \le j \le m),
\end{aligned}$$

da die beiden letzten Ereignisse für alle hinreichend großen k unabhängig sind. Wegen der Maßtreue von T folgt also für alle hinreichend großen k

$$P^*(A_\infty \cap T^{-k}B_\infty) = P^*(A_\infty)P^*(T^{-k}B_\infty) = P^*(A_\infty)P^*(B_\infty),$$

so daß T wegen Satz 4.8(a) mischend ist (man beachte, daß die Mengen A_∞ von obiger Form eine $\cap$-stabile Familie bilden, die $\mathcal{R}^*$ erzeugt). Wegen (4.9.10) und (4.9.11) folgt aus Satz 4.9(b), daß X^* mischend, also ergodisch ist. ■

7.5 Anwendungen

In diesem Abschnitt werden wir einige der bisher erhaltenen Grenzwertsätze auf die Beispiele 1.3.2, 1.3.3 und 1.3.4 anwenden.

Wir beginnen mit Beispiel 1.3.2. Sei $Y_1, Y_2, \ldots$ eine UIV-Folge von ZVK mit Werten im d-dimensionalen quadratischen Gitter $\mathbb{Z}^d (d \ge 1)$. Wir setzen $S_n := Y_1 + \cdots + Y_n, n \ge 0$. (S_n) ist dann eine *Irrfahrt* auf $\mathbb{Z}^d$, die im Punkt $0 \in \mathbb{Z}^d$ startet; Y_n ist die Größe des n-ten Sprungs. $W = (W_J)$ sei durch (1.3.6) definiert, so daß $W_{[0,n[}$ gleich der Anzahl der *verschiedenen* Zustände (Positionen) ist, in denen sich die Irrfahrt zu den Zeitpunkten $1, \ldots, n$ befindet.

5.1 Satz. *Unter den obigen Annahmen gilt:*

(5.1.1) $$\lim_{n\to\infty} \overline{W}_{[0,n[} = P(S_1 \ne 0, S_2 \ne 0, \ldots) \quad \textit{f.s. und in } L^1.$$

5.2 Bemerkung. Die rechte Seite in (5.1.1) ist die Wahrscheinlichkeit dafür, daß die Irrfahrt niemals zum Startzustand 0 zurückkehrt. Sei jetzt insbesondere (S_n) eine *einfache symmetrische Irrfahrt* auf $\mathbb{Z}^d$, d. h. es gelte $P(Y_1 = x) = 1/(2d)$ für alle zu 0 benachbarten Gitterpunkte x. Setzen wir

$$\gamma_d = P(S_1 \ne 0, S_2 \ne 0, \ldots),$$

so besagt ein berühmtes Resultat von G. Pólya (1921):

(5.2.1) $$\gamma_d = 0,\ d = 1, 2; \quad \gamma_d > 0,\ d \ge 3.$$

Für $d = 1$ folgt dies sofort aus dem Satz von Chung-Fuchs (vgl. Satz 7.9[4]). Weiter läßt sich zeigen: $\gamma_3 = 0,6594626\ldots$ (vgl. Spitzer (1964), S.103). ■

BEWEIS VON SATZ 5.1. Es wurde bereits gezeigt, daß W subadditiv und stationär ist (vgl. Beispiele 1.3.2 und 2.4.3). Wegen (1.3.6) gilt

$$1 \le W_{[i,j[} \le j - i, \quad [i, j[\in \mathcal{J},$$

so daß die Voraussetzungen von Satz 3.6(b) erfüllt sind. Es existiert also eine ZV $0 \leq \xi_\infty \leq 1$ derart, daß

(5.2.2) $$\lim_{n\to\infty} \overline{W}_{[0,n[} = \xi_\infty \quad \text{f.s. und in } L^1.$$

Nun ist ξ_∞ f.s. konstant. In der Tat, für die $\mathcal{R}_\infty$- meßbare Abbildung $f : \mathbb{R}^\infty \longrightarrow [0,1]$, die durch

$$f(x_0, x_1, ...) = \limsup_{n\to\infty} \frac{1}{n} \# \left\{ \sum_{i=0}^m x_i : 0 \leq m \leq n-1 \right\}$$

definiert wird, gilt

(5.2.3) $$f(Y_1, Y_2, ...) = \limsup_{n\to\infty} \overline{W}_{[0,n[}.$$

Für jede *endliche* Permutation π der Zahlen 0,1,... gilt ersichtlich

$$f(x_0, x_1, ...) = f(x_{\pi(0)}, x_{\pi(1)}, ...), \quad (x_0, x_1, ...) \in \mathbb{R}^\infty.$$

Wegen (5.2.3), Satz 3.6[2] und des 0-1-Gesetzes von Hewitt-Savage (Satz 2.2[3]) ist somit ξ_∞ f.s. konstant. Zur Beendigung des Beweises von (5.1.1) reicht es also wegen (5.2.2) zu zeigen:

(5.2.4) $$\lim_{n\to\infty} \frac{1}{n} E[W_{[0,n[}] = P(S_1 \neq 0, S_2 \neq 0, ...).$$

Setzen wir $\Delta_1 \equiv 1$ und für $n \geq 2$

$$\Delta_n = \begin{cases} 1, & \text{falls } S_n \notin \{S_1, ..., S_{n-1}\} \\ 0, & \text{sonst,} \end{cases}$$

so folgt

(5.2.5) $$W_{[0,n[} = \Delta_1 + \cdots + \Delta_n, \quad n \geq 1.$$

Da $Y_1, Y_2, ...$ eine UIV-Folge ist, gilt:

$$\begin{aligned} E[\Delta_n] &= P(S_n \notin \{S_1, ..., S_{n-1}\}) \\ &= P(S_n - S_i \neq 0,\ 1 \leq i \leq n-1) \\ &= P(S_i \neq 0,\ 1 \leq i \leq n-1), \quad n \geq 2. \end{aligned}$$

Wegen

$$\lim_{n\to\infty} E[\Delta_n] = P(S_1 \neq 0, S_2 \neq 0, ...)$$

ergibt sich (5.2.4) mit Hilfe von (5.2.5). (Hierbei wurde benutzt: Gilt für eine Folge $(a_n) \subset \mathbb{R}$ $a_n \to a \in \mathbb{R}\,(n \to \infty)$, so folgt $(a_1 + \cdots + a_n)/n \to a$.) ■

Für das Perkolationsmodell (Beispiel 1.3.3) gilt folgender

5.3 Satz. *Die Durchlaufzeiten seien* UIV *und integrierbar. Dann existiert eine Konstante* $0 \leq c < \infty$ *derart, daß*

(5.3.1) $$\lim_{n\to\infty} \overline{X}_{[0,n[} = c \quad \textit{f.s. und in } L^1.$$

5.4 Bemerkungen. (a) Befindet sich die Flüssigkeit zur Zeit 0 lediglich im Punkt $(0,0)$, so besagt (5.3.1), daß sie sich in Richtung der positiven x-Achse asymptotisch f.s. mit der Geschwindigkeit $1/c$ ausbreitet, falls $c > 0$. Analoge Resultate gelten auch für andere Richtungen.

(b) Die Konstante c in (5.3.1) hängt nur von der gemeinsamen Verteilung der Durchlaufzeiten ab. Man kann zeigen, daß $c > 0$ gilt, falls die Wahrscheinlichkeit $P(\xi((0,0),(1,0)) = 0)$ nicht zu groß ist (vgl. Smythe/Wierman (1978), S.111).

(c) Es scheint, daß sich für das Perkolationsmodell Konvergenzaussagen in der Art von Satz 5.3 bis jetzt nur mit Hilfe von subadditiven Grenzwertsätzen beweisen lassen. ■

BEWEIS VON SATZ 5.3. Wie in den Beispielen 1.3.3, 2.4.4 und 4.9.1 gezeigt, ist das in Beispiel 4.9.1 konstruierte Perkolationsmodell X^* subadditiv, stationär und ergodisch. Da für $n \geq 1$

$$E[X^*_{[0,n[}] \leq E[\xi^*((0,0),(1,0))] + \cdots + E[\xi^*((n-1,0),(n,0))] < \infty,$$

gilt somit (5.3.1) wegen Satz 3.6(b) für X^*, also auch für X, da X^* und X die gleiche Verteilung besitzen. ■

Für die durch (1.3.19) definierte Familie (X_J) in Beispiel 1.3.4 gilt folgendes Resultat, das auf Shannon (1948), McMillan (1953) und Breiman (1957, 1960) zurückgeht.

5.5 Satz. *Sei $(\Omega, \mathcal{A}, P)$ ein W.-Raum und $\alpha \subset \mathcal{A}$ eine höchstens abzählbare Zerlegung von Ω, deren Entropie $H(\alpha)$ endlich ist. Sei $T : \Omega \longrightarrow \Omega$ ein Automorphismus. Die Familien $X = (X_J)$ und $U = (U_J)$ seien wie in* (1.3.19) *bzw.* (1.3.32) *gegeben durch*

$$X_J = I(\alpha(J)), \quad J \in \mathcal{J} \tag{5.5.1}$$

bzw.

$$U_{[n,n+k[} = (M_k - X_{[0,k[})^+ \circ T^n, \quad n \geq 0,\ k \geq 1, \tag{5.5.2}$$

wobei M_k, $k \geq 1$, wie in (1.3.31) *definiert ist:*

$$M_k = \sup_{n \geq 1} X_{[0,k[\,|\,[-n,0[}. \tag{5.5.3}$$

Dann gilt:

(a) *X und U sind vereint stationär, X ist fast-subadditiv bez. U, und es gilt*

$$X \subset L^1_+, \tag{5.5.4}$$

$$E[U_{[0,n[}] \leq 1, \quad n \geq 1 \tag{5.5.5}$$

und

$$\lim_{n \to \infty} \overline{U}_{[0,n[} = 0 \quad f.s. \tag{5.5.6}$$

(b) *Es existiert eine ZV* $\widetilde{X}_\infty \in L^1$ *derart, daß*

$$\lim_{n\to\infty} \overline{X}_{[0,n[} = \widetilde{X}_\infty \quad \textit{f.s. und in } L^1. \tag{5.5.7}$$

5.6 Bemerkung. Der nachfolgende Beweis zeigt, daß Satz 5.5 eine unmittelbare Konsequenz aus Satz 3.1 ist. Unter Benutzung eines speziellen Martingalkonvergenzsatzes (vgl. Satz 6.6[8]) werden wir zusätzlich zeigen, daß für den Grenzwert $\widetilde{X}_\infty$ in (5.5.7) gilt:

$$\widetilde{X}_\infty = E[I(\alpha|\alpha_{-\infty,0}) \,|\, \mathcal{I}(T)] \quad \text{f.s.} \tag{5.6.1}$$

Hierin ist

$$\alpha_{-\infty,0} := \bigcup_{n=1}^{\infty} \sigma(\alpha_{-n,0}) \tag{5.6.2}$$

und

$$I(\alpha|\alpha_{-\infty,0}) := -\sum_{A\in\alpha} \log P(A|\sigma(\alpha_{-\infty,0}))I_A. \tag{5.6.3}$$

■

BEWEIS VON SATZ 5.5. Zum Nachweis von (5.5.5) und (5.5.6) zeigen wir zunächst, daß für $k \geq 1$ gilt:

$$P(A \cap \{M_k > t\}) \leq e^{-t}, \quad A \in \alpha_{0k},\ t \geq 0 \tag{5.6.4}$$

(α_{0k} gegeben durch (1.3.18)). Sei $A \in \alpha_{0k}$ fixiert. Nun ist auf A

$$X_{[0,k[\,|\,[-n,0[} = -\log P(A|\sigma(\alpha_{-n,0}))$$

(vgl. (1.3.20)), so daß (5.6.4) wegen (5.5.3) besagt:

$$P\left(A \cap \left\{\inf_{n\geq 1} \log P(A|\sigma(\alpha_{-n,0})) < -t\right\}\right) \leq e^{-t}, \quad t \geq 0. \tag{5.6.5}$$

Bei festem $t \geq 0$ sei ($\min \emptyset := \infty$ gesetzt)

$$\tau := \min\{n \geq 1 : \log P(A|\sigma(\alpha_{-n,0})) < -t\}.$$

Da τ eine Stoppzeit bez. der Filtrierung $(\sigma(\alpha_{-n,0}))$ ist, ist die linke Seite in (5.6.5) gleich

$$\begin{aligned} P(A \cap \{\tau < \infty\}) &= \sum_{n=1}^{\infty} \int_{\{\tau=n\}} I_A \, dP \\ &= \sum_{n=1}^{\infty} \int_{\{\tau=n\}} P(A|\sigma(\alpha_{-n,0}))\, dP \leq e^{-t}. \end{aligned}$$

Aus (5.6.4) folgt für $A \in \alpha_{0k}$ und $t \geq 0$ (man beachte, daß (5.6.4) auch für $t < 0$ gilt!)

$$\begin{aligned} P\left(A \cap \{M_k - X_{[0,k[} > t\}\right) &= P(A \cap \{M_k > t - \log P(A)\}) \\ &\leq P(A)e^{-t}, \end{aligned}$$

woraus sich durch Summation über alle $A \in \alpha_{0k}$

$$P(U_{[0,k[} > t) = P(M_k - X_{[0,k[} > t) \leq e^{-t}, \quad t \geq 0,\ k \geq 1 \tag{5.6.6}$$

ergibt. Hieraus erhält man (5.5.5) mit Hilfe partieller Integration. Außerdem folgt aus (5.6.6) für $\epsilon > 0$

$$\sum_{n=1}^{\infty} P(\overline{U}_{[0,n[} > \epsilon) \leq \sum_{n=1}^{\infty} e^{-\epsilon n} < \infty,$$

woraus sich (5.5.6) wegen des Borel-Cantelli-Lemmas ergibt. Da aufgrund von (1.3.40) $E[X_{[0,n[}] = H(\alpha_{0n}) \leq nH(\alpha) < \infty$, folgt (5.5.4) aus (1.3.28). Die restlichen Aussagen in (a) ergeben sich aus (1.3.28), (5.5.2) und (1.3.33). Aus (a) folgt, daß die Voraussetzungen von Satz 3.1(b) erfüllt sind, so daß $(\overline{X}_{[0,n[})$ f.s. und in L^1 konvergiert. ∎

BEWEIS VON (5.6.1). Aus (1.3.30) ergibt sich durch Aufsummieren wegen (1.3.28)

$$X_{[0,n[} = X_{[0,1[} + \sum_{i=1}^{n-1} X_{[0,1[\,|\,[-i,0[} \circ T^i, \quad n \geq 1. \tag{5.6.7}$$

Nun gilt:

$$\lim_{n\to\infty} X_{[0,1[\,|\,[-n,0[} = I(\alpha|\alpha_{-\infty,0}) \quad \text{in } L^1 \tag{5.6.8}$$

($I(\alpha|\alpha_{-\infty,0})$ gegeben durch (5.6.3)). Zum Nachweis von (5.6.8) beweisen wir zunächst folgende von Chung (1961) und Neveu (1961) stammenden Ungleichungen:

$$E[M_k] \leq H(\alpha_{0k}) + 1, \quad k \geq 1. \tag{5.6.9}$$

Da wegen (5.6.4)

$$P(A \cap \{M_k > t\}) \leq \min\left(P(A), e^{-t}\right), \quad A \in \alpha_{0k},\ k \geq 1,\ t \geq 0,$$

erhalten wir mit Hilfe partieller Integration

$$\begin{aligned} E[M_k] &= \sum_{\substack{A \in \alpha_{0k} \\ P(A)>0}} \int_0^{\infty} P(A \cap \{M_k > t\})\, dt \\ &\leq \sum_{\substack{A \in \alpha_{0k} \\ P(A)>0}} \left(\int_0^{-\log P(A)} P(A)\, dt + \int_{-\log P(A)}^{\infty} e^{-t}\, dt \right) \\ &= H(\alpha_{0k}) + 1. \end{aligned}$$

Nun gilt auf $A \in \alpha$

$$X_{[0,1[\,|\,[-n,0[} = -\log P(A|\sigma(\alpha_{-n,0})).$$

Wegen eines Martingalkonvergenzsatzes (vgl. Satz 6.6[8]) folgt

$$\lim_{n\to\infty} P(A|\sigma(\alpha_{-n,0})) = P(A|\sigma(\alpha_{-\infty,0})) \quad \text{f.s.},$$

so daß wegen $X_{[0,1[\,|\,[-n,0[} \leq M_1 \in L^1_+$ und des Satzes von der dominierten Konvergenz (5.6.8) folgt. Nun gilt wegen Satz 3.7(b)

$$\lim_{n\to\infty} \frac{1}{n} \sum_{i=0}^{n-1} I(\alpha|\alpha_{-\infty,0}) \circ T^i = E[I(\alpha|\alpha_{-\infty,0}) \,|\, \mathcal{I}(T)] \quad \text{in } L^1,$$

so daß es zum Nachweis von (5.6.1) reicht zu zeigen:

$$E\left[\left|\overline{X}_{[0,n[} - \frac{1}{n}\sum_{i=0}^{n-1} I(\alpha|\alpha_{-\infty,0}) \circ T^i\right|\right] \to 0, \quad n \to \infty.$$

Dies folgt jedoch sofort aus (5.6.7) und (5.6.8), da $T^n, n \geq 0$, maßtreu ist.■

5.7 Bemerkung. Ist der Automorphismus T in Satz 5.5 *ergodisch*, so folgt wegen (5.6.1), (5.5.7) und (1.3.41):

(5.7.1) $$\lim_{n\to\infty} \overline{X}_{[0,n[} = h(\alpha, T) \quad \text{f.s. und in } L^1.$$

Hierin bezeichnet $h(\alpha, T)$ die *Entropie von T bez.* α (vgl. (1.3.41) und (1.3.43)). Wegen (5.7.1) und (1.3.19) konvergiert die Folge $((1/n)I(\alpha_{0n}))$ insbesondere stochastisch gegen $h(\alpha, T)$. Zu jedem $\epsilon > 0$ existiert daher eine Zahl $n(\epsilon) \geq 1$ derart, daß für die Ereignisse

$$B_\epsilon(n) := \left\{\left|\frac{1}{n}I(\alpha_{0n}) - h(\alpha, T)\right| \geq \epsilon\right\}, \quad n \geq 1, \epsilon > 0$$

gilt

(5.7.2) $$P(B_\epsilon(n)) < \epsilon, \quad n \geq n(\epsilon).$$

Da die Informationsfunktion $I(\alpha_{0n})$ auf jeder Menge aus der Zerlegung $\alpha_{0n} = \alpha \vee T^{-1}\alpha \vee \cdots \vee T^{-(n-1)}\alpha$ konstant ist, ergibt sich aus (5.7.2): Für jedes $n \geq n(\epsilon)$ läßt sich α_{0n} in zwei disjunkte Familien $\beta_\epsilon(n)$ und $\gamma_\epsilon(n)$ zerlegen derart, daß

(5.7.3) $$P\left(\bigcup_{A \in \beta_\epsilon(n)} A\right) < \epsilon$$

und

(5.7.4) $$\exp(-(h(\alpha, T) + \epsilon)n) \leq P(A) \leq \exp(-(h(\alpha, T) - \epsilon)n), \quad A \in \gamma_\epsilon(n).$$

Ist $N_\epsilon(n)$ die Anzahl der Mengen in $\gamma_\epsilon(n)\,(n \geq n(\epsilon))$, so folgt aus (5.7.3) und (5.7.4)

$$(5.7.5) \qquad (1-\epsilon)\exp((h(\alpha,T)-\epsilon)n) < N_\epsilon(n) \leq \exp((h(\alpha,T)+\epsilon)n).$$

■

7.6 Konvergenz empirischer Verteilungen

In diesem Abschnitt betrachten wir eine Anwendung von Satz 3.6, die ein Problem aus der Statistik betrifft.

Beobachtet werden unabhängige identisch verteilte ZV $Y(0), Y(1), \ldots$ mit der Verteilung

$$Q(B) = P(Y(n) \in B), \quad B \in \mathcal{R},\ n \geq 0$$

und der VF

$$F(t) = Q(\,]-\infty, t]\,) = P(Y(n) \leq t), \quad t \in \mathbb{R},\ n \geq 0.$$

Ist F unbekannt, so läßt sich F mit Hilfe der *empirischen Verteilungsfunktion* F_n, die zu $Y(0), \ldots, Y(n-1)$ gehört, approximieren. Hierbei ist $F_n(t)$ (abhängig von $\omega \in \Omega$!) die relative Häufigkeit derjenigen Beobachtungen $Y(0), \ldots Y(n-1)$, die $\leq t$ sind:

$$(6.0.1) \qquad F_n(t) = \frac{1}{n}\sum_{i=0}^{n-1} I_{]-\infty,t]}(Y(i)), \quad t \in \mathbb{R},\ n \geq 1.$$

Zu jedem $a \in \mathbb{R}$ läßt sich auf $\mathcal{R}$ ein W.-Maß δ_a (*Dirac- Maß*) definieren durch $\delta_a(A) = 1$, falls $a \in A$, und $\delta_a(A) = 0$, falls $a \notin A$. Dann ist ersichtlich F_n die VF der auf $\mathcal{R}$ definierten *empirischen Verteilung* Q_n, die zu $Y(0), \ldots, Y(n-1)$ gehört und gegeben wird durch

$$(6.0.2) \qquad Q_n = \frac{1}{n}\sum_{i=0}^{n-1} \delta_{Y(i)}, \quad n \geq 1.$$

Das (von $\omega \in \Omega$ abhängende !) W.-Maß Q_n ist also eine konvexe Kombination der (von $\omega \in \Omega$ abhängenden !) Dirac-Maße $\delta_{Y(0)}, \ldots, \delta_{Y(n-1)}$. Aufgrund des starken Gesetzes ergibt sich für *festes* $t \in \mathbb{R}$

$$(6.0.3) \qquad \lim_{n\to\infty} F_n(t) = E\left[I_{]-\infty,t]}(Y(0))\right] = Q(\,]-\infty, t]\,) = F(t) \quad \text{f.s.}$$

Es zeigt sich, daß (6.0.3) sogar f.s. *gleichmäßig* bez. $t \in \mathbb{R}$ gilt (*Satz von Glivenko-Cantelli*):

$$(6.0.4) \qquad \lim_{n\to\infty} \sup_{t\in\mathbb{R}} |F_n(t) - F(t)| = 0 \quad \text{f.s.}$$

Wird die (überabzählbare !) Familie $S_0 \subset \mathcal{R}$ definiert durch $S_0 = \{\,]-\infty, t] : t \in \mathbb{R}\}$, so besagt also (6.0.4):

$$\lim_{n\to\infty} \sup_{A\in S_0} \left| \frac{1}{n} \sum_{i=0}^{n-1} I_A(Y(i)) - Q(A) \right| = 0 \quad \text{f.s.} \tag{6.0.5}$$

Setzt man $S := \{\,]-\infty, t] : t\,\text{rational}\}$, so ist $S \subset \mathcal{R}$ abzählbar, und aufgrund der Rechtsstetigkeit von F_n und F ist klar, daß das Supremum in (6.0.5) unverändert bleibt, falls man S_0 durch S ersetzt (insbesondere ergibt sich so, daß das Supremum in (6.0.5) eine ZV definiert). Aus (6.0.5) folgt

$$\lim_{n\to\infty} \sup_{A\in S} \left| \frac{1}{n} \sum_{i=0}^{n-1} I_A(Y(i)) - Q(A) \right| = 0 \quad \text{f.s.} \tag{6.0.6}$$

Das folgende Beispiel zeigt, daß (6.0.6) nicht für *beliebige* abzählbare Familien $S \subset \mathcal{R}$ zu gelten braucht.

6.1 Beispiel. $Y(0)$ habe eine *stetige* VF. Sei

$$S := \left\{ \bigcup_{i=1}^{n} \,]a_i, b_i] : \; a_i, b_i \; (1 \le i \le n) \text{ rational; } n \ge 1 \right\}. \tag{6.1.1}$$

Der Leser zeige (Aufgabe !), daß in diesem Fall das Supremum in (6.0.6) für *alle* $n \ge 1$ und $\omega \in \Omega$ gleich 1 ist. ■

Im folgenden bezeichne S eine *abzählbare* Familie von Borel-Mengen aus $\mathcal{R}$. Wir werden zeigen, daß (6.0.6) für alle S gilt, deren noch zu definierende „Komplexität“ bez. Q nicht zu groß ist.

Bei gegebenem S setzen wir für eine Abbildung $g : \mathcal{R} \longrightarrow \mathbb{R}$

$$\|\, g \,\| = \sup_{A\in S} |\, g(A) \,|. \tag{6.1.2}$$

Weiter sei

$$X_J := \sup_{A\in S} \left| \sum_{i\in J} I_A(Y(i)) - |J| Q(A) \right|, \quad J \in \mathcal{J}, \tag{6.1.3}$$

wobei $\big|\,[i,j[\,\big| := j - i, \quad [i,j[\, \in \mathcal{J}$. Dann folgt

$$\overline{X}_{[0,n[} = \|\, Q_n - Q \,\|, \quad n \ge 1, \tag{6.1.4}$$

und (6.0.6) ist gleichbedeutend mit

$$\lim_{n\to\infty} \|\, Q_n - Q \,\| = 0 \quad \text{f.s.} \tag{6.1.5}$$

Aus der Dreiecksungleichung sowie Satz 2.4 (a) folgt leicht, daß (X_J) subadditiv und stationär ist. Da ersichtlich $0 \le X_J \le |J|, \quad J \in \mathcal{J}$, gilt, sind die Voraussetzungen von Satz 3.6 (b) für *beliebiges* Q erfüllt. Wegen des 0-1-Gesetzes von Hewitt-Savage existiert also eine Konstante $0 \le c \le 1$ derart, daß

(6.1.6) $$\lim_{n\to\infty} \| Q_n - Q \| = c \quad \text{f.s. und in } L^1.$$

Wir führen nun ein geeignetes *Komplexitätsmaß* für S bez. Q ein. Für eine Menge $W = \{w_1, ..., w_n\} \subset \mathbb{R} \quad (n \geq 1)$ setzen wir

(6.1.7) $$D^S W := \# \{W \cap A : A \in S\},$$

so daß

(6.1.8) $$1 \leq D^S W \leq 2^n, \quad \text{falls} \quad \# W = n \geq 1.$$

6.2 Beispiele. Sei $\# W = n \geq 1$.

(a) Ist $S = \{\,]-\infty, t] : t \text{ rational}\}$, so folgt $D^S W = n + 1$.

(b) Für $S = \{\,]a, b] : a, b \text{ rational}\}$ ergibt sich $D^S W = 1 + n(n+1)/2$.

(c) Für die Familie S in (6.1.1) gilt $D^S W = 2^n$. ■

Setzen wir

(6.2.1) $$D_J^S = D^S\{Y(n) : n \in J\}, \quad J \in \mathcal{J},$$

so folgt:

(6.2.2) $$(\log D_J^S) \quad \text{ist subadditiv.}$$

(Die Basis des Logarithmus in (6.2.2) ist für das Folgende irrelevant.) Dies ergibt sich daraus, daß für beliebige endliche Mengen $\emptyset \neq W_i \subset \mathbb{R}$

(6.2.3) $$D^S(W_1 \cup W_2) \leq (D^S W_1) \cdot (D^S W_2)$$

gilt. In der Tat, die rechte Seite in (6.2.3) ist gleich der Anzahl aller geordneten Paare $(W_1 \cap A_1, W_2 \cap A_2), \quad A_1, A_2 \in S$, die mindestens so groß ist wie die Anzahl der geordneten Paare $(W_1 \cap A, W_2 \cap A), \quad A \in S$. Da verschiedene Paare $(W_1 \cap A, W_2 \cap A)$ zur gleichen Vereinigung $(W_1 \cap A) \cup (W_2 \cap A) = (W_1 \cup W_2) \cap A$ führen können, ergibt sich (6.2.3). Da $(Y(n))$ eine UIV-Folge ist, existiert wegen (6.2.2) und Lemma 1.2 der Grenzwert

(6.2.4) $$\lim_{n\to\infty} \frac{1}{n} E\left[\log D_{[0,n[}^S\right] =: V(Q, S),$$

wobei wegen (6.1.8) gilt:

(6.2.5) $$0 \leq V(Q, S) \leq \log 2.$$

Die Größe $V(Q, S)$ läßt sich als *Komplexitätsmaß* für S bez. Q auffassen. Es zeigt sich, daß es ***allein*** vom Wert von $V(Q, S)$ abhängt, ob (6.1.5) gilt. Wir werden folgendes Resultat beweisen:

6.3 Satz. $(Y(n))$ *sei eine* UIV-*Folge von* ZV. *Gilt für die Verteilung Q von* $Y(0)$

(6.3.1) $$V(Q, S) = 0,$$

so folgt

(6.3.2) $$\lim_{n\to\infty} \| Q_n - Q \| = 0 \quad \textit{f.s.}$$

6.4 Bemerkungen. (a) Ist $S \subset \mathcal{R}$ *überabzählbar*, so braucht X_J – gegeben durch (6.1.3) – keine ZV zu sein. Wegen der Meßbarkeitsprobleme, die in diesem Fall auftreten können, vgl. Dudley (1984) und Pollard (1984). Wir betrachten daher nur den Fall *abzählbarer* $S \subset \mathcal{R}$.

(b) Vapnik/Tschervonenkis (1971) haben gezeigt, daß (6.3.1) äquivalent ist zur stochastischen Konvergenz von $(\| Q_n - Q \|)$ gegen 0. Wegen (6.1.6) folgt daraus, daß (6.3.1) sogar *äquivalent* zu (6.3.2) ist (man beachte, daß jede stochastisch konvergente Folge eine Teilfolge enthält, die f.s. gegen den gleichen Grenzwert konvergiert). ∎

Für $S = \{]-\infty, t] : t \text{ rational}\}$ zeigt Beispiel 6.2(a), daß $V(Q, S) = 0$ für *jede* Verteilung Q auf $\mathcal{R}$ gilt. Aus Satz 6.3 ergibt sich daher der bereits erwähnte *Satz von Glivenko-Cantelli*:

6.5 Satz. *Für jede* UIV-*Folge* $(Y(n))$ *gilt:*

$$\lim_{n\to\infty} \sup_{t\in\mathbb{R}} |F_n(t) - F(t)| = 0 \quad f.s. \tag{6.5.1}$$

∎

BEWEIS VON SATZ 6.3. Im Hinblick auf (6.1.6) und (6.2.4) reicht es zum Nachweis von (6.3.2) zu zeigen (log bezeichne den natürlichen Logarithmus):

$$E[\| Q_n - Q \|] \le \sqrt{12\pi} \left(\frac{1}{n} E\left[\log D^S_{[0,n[}\right]\right)^{1/2}, \quad n \ge 1. \tag{6.5.2}$$

Wir nehmen an, daß auf dem zugrundeliegenden W.-Raum $(\Omega, \mathcal{A}, P)$ außer $Y(0), Y(1), \ldots$ noch folgende ZV definiert sind: Eine UIV-Folge $Z(0), Z(1), \ldots$ derart, daß $Z(0)$ ebenfalls die Verteilung Q hat; eine UIV-Folge $G_0, G_1, \ldots$ derart, daß $G_0 \sim \mathrm{N}(0,1)$, sowie eine Folge $R_0, R_1, \ldots$ von Rademacher-ZV, wobei zusätzlich gelte, daß *sämtliche* ZV $Y(0), Z(0), G_0, R_0, Y(1), Z(1), G_1, R_1, \ldots$ unabhängig sind. Analog zu (6.0.2) setzen wir

$$\widetilde{Q}_n = \frac{1}{n} \sum_{i=0}^{n-1} \delta_{Z(i)}, \quad n \ge 1. \tag{6.5.3}$$

Wenden wir Satz 4.7[4] an auf $\xi := (Y(0), \ldots, Y(n-1))$, $\eta := (Z(0), \ldots, Z(n-1))$ und werden φ_A und ψ_A auf $\mathbb{R}^n$ definiert durch

$$\varphi_A(x_0, \ldots, x_{n-1}) = \psi_A(x_0, \ldots, x_{n-1}) = \frac{1}{n} \sum_{i=0}^{n-1} \delta_{x_i}(A) - Q(A), \quad A \in S,$$

so folgt wegen $\varphi_A(\xi) = Q_n(A) - Q(A),\ \psi_A(\eta) = \widetilde{Q}_n(A) - Q(A)$:

$$\begin{aligned} E[\,\|\,Q_n - Q\,\|\,] &\le E\left[\,\|\,Q_n - \widetilde{Q}_n\,\|\,\right] = E\left[\,\left\|\,\frac{1}{n}\sum_{i=0}^{n-1} R_i(\delta_{Y(i)} - \delta_{Z(i)})\,\right\|\,\right] \\ &\le 2E\left[\,\left\|\,\frac{1}{n}\sum_{i=0}^{n-1} R_i\delta_{Y(i)}\,\right\|\,\right] \end{aligned}$$

(das Gleichheitszeichen resultiert aus der Betrachtung der 2^n Werte, die $(R_0, ..., R_{n-1})$ annimmt). Wegen $E[\,|\,G_i\,|\,] = (2/\pi)^{1/2}$ impliziert dies

$$(6.5.4)\qquad E[\,\|\,Q_n - Q\,\|\,] \le \sqrt{2\pi}E\left[\,\left\|\,\frac{1}{n}\sum_{i=0}^{n-1} R_iE[\,|\,G_i\,|\,]\,\delta_{Y(i)}\,\right\|\,\right],\qquad n \ge 1.$$

Sei $S = \{A_1, A_2, \dots\}$. Wenden wir Satz 8.7[4] an auf $H(t) = t,\quad t \ge 0,\quad \eta_i = G_{i-1}$ und $\epsilon_i = Y(i-1)$, so erhalten wir für $n \ge 1$ und $m \ge 1$ nach Multiplikation mit $1/n$

$$E\left[\max_{1\le j\le m}\left|\frac{1}{n}\sum_{i=0}^{n-1} R_iE\,[|G_i|]\,\delta_{Y(i)}(A_j)\right|\right] \le E\left[\max_{1\le j\le m}\left|\frac{1}{n}\sum_{i=0}^{n-1} G_i\delta_{Y(i)}(A_j)\right|\right].$$

Wegen des Satzes von der monotonen Konvergenz (für $m \to \infty$) ergibt sich hieraus aufgrund von (6.5.4)

$$(6.5.5)\qquad E[\,\|\,Q_n - Q\,\|\,] \le \sqrt{2\pi}\,E\left[\,\left\|\,\frac{1}{n}\sum_{i=0}^{n-1} G_i\delta_{Y(i)}\,\right\|\,\right],\qquad n \ge 1.$$

Wird κ_n $(n \ge 1)$ auf $\mathbb{R}^n$ definiert durch

$$(6.5.6)\qquad \kappa_n(y_0, ..., y_{n-1}) = E\left[\sup_{j\ge 1}\left|\frac{1}{n}\sum_{i=0}^{n-1} G_i\delta_{y_i}(A_j)\right|\right],$$

so gilt aufgrund von Satz 5.8[4]

$$(6.5.7)\qquad E\left[\,\left\|\,\frac{1}{n}\sum_{i=0}^{n-1} G_i\delta_{Y(i)}\,\right\|\,\right] = E\,[\kappa_n(Y(0), ..., Y(n-1))],\qquad n \ge 1.$$

Wir schätzen jetzt $\kappa_n(y_0, ..., y_{n-1})$ mit Hilfe von Satz 3.15(b)[4] nach oben ab. Offenbar gilt

$$\frac{1}{n}\sum_{i=0}^{n-1} G_i\delta_{y_i}(A_j) \sim \mathrm{N}(0, \sigma^2(n,j)) \quad \text{mit } \sigma^2(n,j) \le 1/n$$

(eine ZV, die $\equiv 0$ ist, gelte als N(0,0)-verteilt). Nun ist

$$\frac{1}{n}\sum_{i=0}^{n-1} G_i\delta_{y_i}(A_j) = \frac{1}{n}\sum_{i=0}^{n-1} G_i\delta_{y_i}(A_k),$$

falls $A_j \cap \{y_0, ..., y_{n-1}\} = A_k \cap \{y_0, ..., y_{n-1}\}$. Das Supremum in (6.5.6) wird also letztlich nur über $D^S\{y_0, ..., y_{n-1}\}$ ZV gebildet. Wegen Satz 3.15(b)[4] folgt somit

$$\kappa_n(y_0, ..., y_{n-1}) \leq \left(\frac{6}{n} \log D^S\{y_0, ..., y_{n-1}\}\right)^{1/2},$$

so daß wegen (6.5.7) und (6.2.1) gilt:

$$E\left[\left\|\frac{1}{n}\sum_{i=0}^{n-1} G_i \delta_{Y(i)}\right\|\right] \leq E\left[\left(\frac{6}{n}\log D^S_{[0,n[}\right)^{1/2}\right], \quad n \geq 1.$$

Aufgrund der Jensen-Ungleichung und (6.5.5) ergibt sich hieraus die gewünschte Ungleichung (6.5.2). ■

Aufgaben

7.1. Gegeben seien zwei Folgen $V_0, V_1, \ldots$ und $W_0, W_1, \ldots$ von ZV. Für $0 \leq i < j$ und $\omega \in \Omega$ sei $X_{ij}(\omega)$ die größte ganze Zahl $L(\omega) \geq 0$ derart, daß es Indizes $i \leq m(1) < m(2) < \cdots < m(L(\omega)) \leq j-1$ und $i \leq n(1) < n(2) < \cdots < n(L(\omega)) \leq j-1$ gibt mit $V_{m(k)}(\omega) = W_{n(k)}(\omega)$, $1 \leq k \leq L(\omega)$. Man zeige, daß die Familie $(-X_{ij})$ subadditiv ist.

7.2. Sei $(\Omega, \mathcal{A}, \mathcal{P})$ ein Wahrscheinlichkeitsraum, und sei $\mathcal{A}_0 \subset \mathcal{A}$ $\cap$-stabil derart, daß $\sigma(\mathcal{A}_0) = \mathcal{A}$. Sei $T : \Omega \longrightarrow \Omega$ eine Abbildung derart, daß für alle $A \in \mathcal{A}_0$ $T^{-1}A \in \mathcal{A}$ und $P(T^{-1}A) = P(A)$ gilt. Man zeige, daß dann T maßtreu ist.

7.3. Seien $\xi_0, \xi_1, \ldots$ und $\eta_0, \eta_1, \ldots$ zwei Folgen von ZV, die jeweils auf demselben Wahrscheinlichkeitsraum definiert sind. Die $\mathbb{R}^\infty$-wertigen ZV $(\xi_0, \xi_1, \ldots)$, $(\eta_0, \eta_1, \ldots)$ mögen dieselbe Verteilung besitzen. Man zeige : Existiert eine ZV ξ_∞ derart, daß $\xi_n \to \xi_\infty$ f.s., so existiert eine ZV η_∞ derart, daß η_∞ dieselbe Verteilung wie ξ_∞ hat und $\eta_n \to \eta_\infty$ f.s. gilt.
Hinweis : Man beachte, daß genau dann $\xi_n \to \xi_\infty$ f.s. gilt, wenn (ξ_n) f.s. eine Cauchy-Folge ist.

7.4. Für $n \geq 0$ sei $M(n) = (M_{ij}(n))$ eine *zufällige* $(N \times N)$-*Matrix* derart, daß $M_{ij}(n)$ jeweils eine *strikt positive* ZV ist mit $\log M_{ij}(n) \in L_1$ $(1 \leq i, j \leq N,\ n \geq 0)$. Die Matrizen-Folge $(M(n))$ sei (in einem naheliegenden Sinne!) stationär. Für $J = [m, n[\in \mathcal{J}$ (vgl. (1.2.6)) setzen wir

$$M(m,n) := M(J) := M(m)M(m+1)\cdots M(n-1)$$

(auf der rechten Seite bezeichnet $M(m)\cdots M(n-1)$ das übliche Matrizenprodukt) und

$$X_{mn} := X_J := -\log M_{11}(m,n) = -\log M_{11}(J).$$

(a) Man zeige, daß $X = (X_J)$ $(J \in \mathcal{J})$ subadditiv und stationär ist.
(b) Man zeige $X \subset L^1$ und $\inf_{n\geq 1} E\left[\overline{X}_{[0,n[}\right] > -\infty$.
(c) Man folgere mit Hilfe von Satz 3.6(b), daß eine ZV ξ_∞ existiert derart, daß für jedes $m \geq 0$ die Folge $\left((M_{11}(m, m+n))^{1/n}\right)$ f.s. gegen ξ_∞ konvergiert.
(d) Man folgere, daß für alle $1 \leq i, j \leq N$ die Folge $\left((M_{ij}(1,n))^{1/n}\right)$ und somit auch $\left((M_{ij}(0,n))^{1/n}\right)$ f.s. gegen ξ_∞ konvergiert.
Hinweis zu (d) : Man beachte, daß folgende Ungleichungen gelten :

$$M_{ij}(1,n) \geq M_{i1}(1,2)M_{11}(2,n-1)M_{1j}(n-1,n), \quad n \geq 3.$$
$$M_{11}(0,n+1) \geq M_{1i}(0,1)M_{ij}(1,n)M_{j1}(n,n+1), \quad n \geq 2.$$
$$M_{ij}(0,n+1) \geq M_{ii}(0,1)M_{ij}(1,n+1), \quad n \geq 1.$$

Man benutze, daß $(\log M_{ij}(n-1,n))/n \to 0$ f.s. $(n \to \infty)$ und beachte die Aufgaben 7.3 und 2.9.

7.5. Sei $(\Omega, \mathcal{A})$ ein meßbarer Raum; P, Q seien Wahrscheinlichkeitsmaße auf $\mathcal{A}$. Die Abbildung $T : \Omega \longrightarrow \Omega$ sei bezüglich P *und* Q jeweils maßtreu und zusätzlich ergodisch. Man zeige, daß dann *entweder* $P = Q$ gilt *oder* P und Q singulär sind.
Hinweis : Man benutze Satz 3.7(b) für $Y_0 = I_A$ $(A \in \mathcal{A})$.

7.6. Sei $\Omega = [0,1[$, $\mathcal{A} = \mathcal{R}([0,1[)$ und $P =$ Lebesgue-Maß. Für $\omega \in \Omega$ sei $\omega = 0,\omega_1\omega_2\ldots$ die *dyadische Entwicklung* von ω mit den *Ziffern* $\omega_n \in \{0,1\}, n \geq 1$, d.h. es gilt $\omega = \omega_1/2^1 + \omega_2/2^2 + \cdots$. (Ist $\omega \in \Omega$ von der Form $m/2^n$ für ein $0 < m < 2^n$ und ein $n \geq 1$, so werde als dyadische Entwicklung von ω diejenige gewählt, die abbricht (d.h. von einer bestimmten Stelle an lauter Nullen aufweist). Z.B. ist $3/4 = 0,11000\ldots$ und $3/4 = 0,10111\ldots$, so daß $0,11000\ldots$ als Entwicklung von $3/4$ gewählt wird.) Die ZV $\xi_n : \Omega \longrightarrow \{0,1\}$ $(n \geq 1)$ wird definiert durch $\xi_n(\omega) = \omega_n$, falls $\omega = 0,\omega_1\omega_2\ldots$ die dyadische Entwicklung von ω ist.
(a) Man zeige : (ξ_n) ist eine UIV-Folge derart, daß

$$P(\xi_1 = 0) = P(\xi_1 = 1) = 1/2.$$

(b) Ist $\omega = 0,\omega_1\omega_2\ldots$ $(\omega \in \Omega)$, so sei $r_n(\omega)$ die relative Häufigkeit der Ziffer 0 innerhalb der Ziffern $\omega_1, \ldots, \omega_n$. Man zeige : $r_n \to 1/2$ f.s. $(n \to \infty)$.

7.7. Sei $\Omega = [0,1[$, $\mathcal{A} = \mathcal{R}([0,1[)$ und $P =$ Lebesgue-Maß. $T : \Omega \longrightarrow \Omega$ sei definiert durch $T(\omega) = 2\omega$, falls $0 \leq \omega < 1/2$, und $T(\omega) = 2\omega - 1$, falls $1/2 \leq \omega < 1$. Man zeige :
(a) Hat $\omega \in \Omega$ die dyadische Entwicklung $\omega = 0,\omega_1\omega_2\ldots$, so gilt $T^n(\omega) = 0,\omega_{n+1}\omega_{n+2}\cdots$ $(n \geq 1)$.
(b) T ist maßtreu.

(c) T ist ergodisch.
Hinweis : Zum Nachweis von (b) wende man Aufgabe 7.2 an auf

$$\mathcal{A}_0 := \left\{ \left[\frac{k}{2^n}, \frac{k+1}{2^n} \right[: k = 0, 1, \ldots, 2^n - 1, \, n \geq 1 \right\}.$$

Zum Nachweis von (c) reicht es wegen Satz 4.8 zu zeigen : $P(A \cap T^{-m}B) \to P(A)P(B), \quad A, B \in \mathcal{A}_0$. Man drücke $A \in \mathcal{A}_0$ und $T^{-m}B$ ($B \in \mathcal{A}_0$) mit Hilfe der in Aufgabe 7.6 betrachteten ZV $\xi_1, \xi_2, \ldots$ aus.

7.8. Sei (S_n) eine einfache symmetrische Irrfahrt auf $\mathbb{Z}$ mit Start in 0. Für $m \geq 1$ sei N_m die Anzahl der Zeitpunkte n, für die $S_n = m$ *und* $S_1 \neq 0, \ldots, S_{n-1} \neq 0$ gilt. Man beweise, daß folgendes merkwürdige Resultat gilt : $E[N_m] = 1, \quad m \geq 1$.
Hinweis : Man drücke N_m mit Hilfe der Ereignisse $A_n := \{S_1 \neq 0, \ldots, S_{n-1} \neq 0, S_n = m\}$ aus und wende auf $P(A_n)$ eine Überlegung an, die ähnlich wie diejenige im Beweis von Satz 5.1 verläuft. Man benutze dann den Satz von Chung-Fuchs.

7.9. Man beweise die im Beweis von Satz 5.1 benutzte Konvergenzaussage für reelle Zahlenfolgen (a_n) $(n \geq 1)$: Aus $a_n \to a_\infty$ $(a_\infty \in \mathbb{R})$ folgt $(a_1 + \cdots + a_n)/n \to a_\infty$.

7.10. Sei $Y_1, Y_2, \ldots$ eine UIV-Folge von ZVK mit Werten im d-dimensionalen quadratischen Gitter $\mathbb{Z}^d$ $(d \geq 1)$. Für eine Menge $A \subset \mathbb{R}^d$ sei $x + A := \{x + y : y \in A\}$, $x \in \mathbb{R}^d$. Im folgenden sei $B \neq \emptyset$ eine *endliche* Teilmenge von $\mathbb{R}^d$. Für $[i, j[\in \mathcal{J}$ setzen wir

$$W_{[i,j[} := \# \left(\bigcup_{m=i+1}^{j} (S_m + B) \right) = \# \left(\bigcup_{m \in [i,j[} \left(\left(\sum_{k=i+1}^{m+1} Y_k \right) + B \right) \right)$$

(für $B = \{0\}$ stimmt dies mit der Definition in (1.3.6) überein!) und

$$C(B) := \sum_{y \in B} P(S_n + y \notin B, \quad n \geq 1).$$

(a) Man zeige, daß (W_J) $(J \in \mathcal{J})$ subadditiv und stationär ist.
(b) Mit Hilfe von Satz 3.6(b) folgere man (als Verallgemeinerung von Satz 5.1) :

$$\overline{W}_{[0,n[} \to C(B) \quad \text{f.s. und in } L^1.$$

Hinweis: Für $A_n := (S_1 + B) \cup \cdots \cup (S_n + B)$ gilt $W_{[0,n[} = \#A_n$. Zum Nachweis von $E[\overline{W}_{[0,n[}] \to C(B)$ überlege man sich zunächst, daß

$$\begin{aligned} E[W_{[0,n[}] &= \sum_{x \in \mathbf{R}^d} P(x \in A_n) \\ &= \sum_{m=1}^{n} \sum_{x \in \mathbf{R}^d} P(x - S_i \notin B,\ 1 \le i < m;\ x - S_m \in B). \end{aligned}$$

Man zeige dann, indem man benutzt, daß $(X_1, \ldots, X_m)$ dieselbe Verteilung hat wie $(X_m, X_{m-1}, \ldots, X_1)$:

$$\begin{aligned} &\sum_{x \in \mathbf{R}^d} P(x - S_i \notin B,\ 1 \le i < m;\ x - S_m \in B) \\ &\qquad = \sum_{y \in B} P(S_i + y \notin B,\ 1 \le i < m). \end{aligned}$$

KAPITEL 8

Martingale

Martingale und ihre Verallgemeinerungen (Submartingale, Supermartingale, lokale Martingale, ...) spielen in der neueren Wahrscheinlichkeitstheorie zumindest aus vier Gründen eine wesentliche Rolle:

- Viele - auf den ersten Blick sehr verschiedenartige - Folgen von Zufallsvariablen haben Martingaleigenschaften.
- Ist etwa (X_n) ein Martingal und τ eine beliebige Stoppzeit, so ist auch die gestoppte Folge $(X_{n\wedge\tau})$ ein Martingal, so daß insbesondere $E[X_{n\wedge\tau}] = E[X_0]$ für $n \geq 0$ gilt. Diese Konstanz der Erwartungswerte der gestoppten Folge erweist sich als *äquivalent* zur Martingaleigenschaft.
- Martingale (Submartingale, ...) konvergieren fast sicher unter relativ schwachen Voraussetzungen. Daraus ergeben sich nicht nur auf einheitliche Weise etwa klassische Konvergenzresultate für Summen von unabhängigen Zufallsvariablen, sondern auch Konvergenzaussagen, die i.a. nicht mehr fast sicher, sondern lediglich auf einer Menge Ω_0 mit $0 < P(\Omega_0) < 1$ gelten.
- Für gewisse Folgen von Zufallsvariablen erhält man Aussagen über deren Konvergenzgeschwindigkeit mit Hilfe von geeignet konstruierten Martingalen, für die sich die Wahrscheinlichkeiten großer Abweichungen vom jeweiligen Erwartungswert nach oben abschätzen lassen. Dieses Vorgehen wird manchmal auch „*Methode der beschränkten Differenzen* (*Zuwächse*)" genannt. Resultate hierzu sind in Abschnitt 8.5 enthalten, die dann in Abschnitt 9.2 auf stochastische Varianten kombinatorischer Optimierungsprobleme angewandt werden.

Weitere Anwendungen der Martingaltheorie findet man in Kapitel 9 sowie Kapitel 10, das sich mit dem Problem der Bewertung europäischer Optionen auf Finanzmärkten beschäftigt.

8.1 Martingale und Submartingale

1.1 Definition. Sei $(\Omega, \mathcal{A})$ ein meßbarer Raum und $I \subset \mathbb{Z}_+ = \{0, 1, 2, \dots\}$ eine Indexmenge derart, daß entweder $I = \mathbb{Z}_+$ oder $I = \{0, 1, \dots, N\}$ für ein $N \geq 1$ gilt. Eine Familie $(\mathcal{A}_n)$ $(n \in I)$ von σ–Algebren heißt eine *Filtrierung* (in $(\Omega, \mathcal{A})$), falls gilt:

$$\mathcal{A}_m \subset \mathcal{A}_n \subset \mathcal{A}, \quad m \le n,\ m, n \in I. \tag{1.1.1}$$

■

I.a. werden wir Filtrierungen betrachten, deren Indexmenge $\mathbb{Z}_+$ ist.

1.2 Beispiel. Sei $I \subset \mathbb{Z}_+$ eine Indexmenge wie in Definition 1.1 und $X = (X_n)$ $(n \in I)$ eine Folge von NZV, die auf einem meßbaren Raum $(\Omega, \mathcal{A})$ definiert sind. Durch

$$\mathcal{A}_n := \sigma\{X_m : 0 \le m \le n\}, \quad n \in I \tag{1.2.1}$$

wird die *von X erzeugte Filtrierung* $(\mathcal{A}_n)$ (auch: *natürliche Filtrierung von* X genannt) definiert. Hat $X = (X_n)$ als Indexmenge $I \setminus \{0\}$, so wird die *von X erzeugte Filtrierung* $(\mathcal{A}_n)$ $(n \in I(!))$ gegeben durch

$$\mathcal{A}_n := \sigma\{X_m : 1 \le m \le n\}, \quad n \in I, \tag{1.2.2}$$

so daß - entsprechend unserer Konvention $\sigma(\emptyset) := \{\emptyset, \Omega\}$ – $\mathcal{A}_0 = \{\emptyset, \Omega\}$. ■

1.3 Definition. Sei $(\mathcal{A}_n)(n \in I)$ eine Filtrierung und $X = (X_n)(n \in I)$ eine Folge von NZV. X heißt *adaptiert* an $(\mathcal{A}_n)$, falls gilt:

$$X_n \text{ ist } \mathcal{A}_n\text{-meßbar}, \quad n \in I. \tag{1.3.1}$$

Hat $X = (X_n)$ als Indexmenge $I \setminus \{0\}$, so heißt X *adaptiert*, falls (1.3.1) für alle $n \in I \setminus \{0\}$ gilt.

Eine Folge $H = (H_n)$ von NZV mit Indexmenge I oder $I \setminus \{0\}$ heißt *vorhersehbar* (bez. $(\mathcal{A}_n)$), falls gilt:

$$H_n \text{ ist } \mathcal{A}_{n-1}\text{-meßbar}, \quad n \ge 1,\ n \in I \tag{1.3.2}$$

und (falls 0 ein Index von H ist)

$$H_0 \text{ ist } \mathcal{A}_0\text{-meßbar}. \tag{1.3.3}$$

■

1.4 Bemerkungen. (a) Die Forderung (1.3.1) besagt:

$$\{X_n \in B\} \in \mathcal{A}_n, \quad B \in \mathcal{R},\ n \in I. \tag{1.4.1}$$

Äquivalent zu (1.4.1) ist

$$\{X_n \le a\} \in \mathcal{A}_n, \quad a \in \mathbb{R},\ n \in I. \tag{1.4.2}$$

(b) Die von einer Folge $X = (X_n)$ erzeugte Filtrierung ist offensichtlich die *kleinste* Filtrierung, an die X adaptiert ist.

(c) Jede vorhersehbare Folge ist adaptiert.

(d) Wird die Filtrierung $(\mathcal{A}_n)(n \in I)$ von $X = (X_n)$ $(n \in I$ bzw. $n \in I \setminus \{0\})$ erzeugt, so ist eine Folge $Y = (Y_n)$ $(n \in I$ bzw. $n \in I \setminus \{0\})$ wegen Satz

1.24 [2] genau dann adaptiert, wenn es zu jedem $n \in I$ eine $\mathcal{R}_{n+1}$-meßbare Funktion f_{n+1} gibt derart, daß

$$Y_n = f_{n+1}(X_0, \dots, X_n), \quad n \in I \tag{1.4.3}$$

bzw.

$$Y_n = f_n(X_1, \dots, X_n), \quad n \in I \setminus \{0\} \tag{1.4.4}$$

gilt. Eine analoge Bemerkung gilt für vorhersehbare Folgen. ■

Zur Motivation dieser Begriffsbildungen diene folgendes

1.5 Beispiel. Wir betrachten eine Serie von Glücksspielen. $X_1, X_2, \dots$ seien ZV, die auf einem W.-Raum $(\Omega, \mathcal{A}, P)$ definiert sind. Der Gewinn eines Spielers sei jeweils proportional zu seinem Einsatz. Ist W_n sein Einsatz im Spiel n $(n \geq 1)$, so beträgt sein *Gewinn* $W_n X_n$, die Auszahlung an ihn also $W_n + W_n X_n$. Sei $(\mathcal{A}_n)$ die von (X_n) erzeugte Filtrierung. Wäre der Spieler über das zu Beginn der Spielserie von der Glücksgöttin Tyche gewählte $\omega \in \Omega$ vollständig informiert, so würde er bereits *vor* Spiel n den Spielausgang $X_n(\omega)$ kennen und könnte seinen Einsatz $W_n = W_n(\omega)$ dementsprechend geschickt wählen. Ist der Spieler kein Hellseher, so wird seine Information, die er *vor* Spiel n über das von Tyche gewählte ω hat, lediglich durch seine Kenntnis der Spielausgänge $X_1(\omega), \dots, X_{n-1}(\omega)$ gegeben. Es sollte also $\mathcal{R}_n$-meßbare Funktionen $f_n : \mathbb{R}^n \longrightarrow \mathbb{R}$ $(n \geq 0$; f_0 sei konstant) geben derart, daß

$$W_n = f_{n-1}(X_1, \dots, X_{n-1}), \quad n \geq 1. \tag{1.5.1}$$

Folglich ist W_n $\mathcal{A}_{n-1}$-meßbar, so daß $(W_n)(n \geq 1)$ *vorhersehbar* ist. Der *Gesamtgewinn*, den der Spieler unmittelbar nach Spiel n erzielt hat, ist dann $W_1 X_1 + \dots + W_n X_n$, $n \geq 0$. Ist K_n sein Kapital nach Spiel n und K_0 sein Anfangskapital vor dem ersten Spiel, so folgt

$$K_n = K_0 + \sum_{i=1}^{n} W_i X_i, \quad n \geq 0. \tag{1.5.2}$$

Wir betrachten jetzt folgenden *Spezialfall*: X_n nimmt lediglich die Werte a_n, b_n an, und es gilt $0 < P(X_n = a_n) < 1$, $n \geq 1$. Die möglichen Abläufe der Spiele $1, \dots, n$ werden dann durch die 2^n Ereignisse

$$\begin{aligned}
A(n,1) &= \{\omega \in \Omega : X_1(\omega) = a_1, \dots, X_n(\omega) = a_n\} \\
A(n,2) &= \{\omega \in \Omega : X_1(\omega) = a_1, \dots, X_{n-1}(\omega) = a_{n-1}, X_n(\omega) = b_n\} \\
&\ \vdots \\
A(n,2^n) &= \{\omega \in \Omega : X_1(\omega) = b_1, \dots, X_n(\omega) = b_n\}
\end{aligned}$$

beschrieben. Für festes $n \geq 1$ bilden $A(n,1), \dots, A(n,2^n)$ eine *meßbare Zerlegung* $\mathcal{P}_n$ von Ω, und es gilt

$$\sigma(\mathcal{P}_n) = \mathcal{A}_n, \quad n \geq 1. \tag{1.5.3}$$

Beim Übergang von $\mathcal{P}_n$ zu $\mathcal{P}_{n+1}$ wird jedes Ereignis aus $\mathcal{P}_n$ in zwei Ereignisse aus $\mathcal{P}_{n+1}$ zerlegt: $A(n,i)$ ist disjunkte Vereinigung der zu $\mathcal{P}_{n+1}$ gehörenden Ereignisse $A(n,i) \cap \{X_{n+1} = a_{n+1}\}$ und $A(n,i) \cap \{X_{n+1} = b_{n+1}\}$. Dies bedeutet: $\mathcal{P}_{n+1}$ ist *feiner* als $\mathcal{P}_n$. (Allgemein heißt eine Zerlegung $\mathcal{P}^*$ von Ω *feiner* als eine Zerlegung $\mathcal{P}$ von Ω, falls jede Menge aus $\mathcal{P}$ Vereinigung von Mengen aus $\mathcal{P}^*$ ist.) Die *Information* über das von Tyche gewählte $\omega \in \Omega$ aufgrund des Spielverlaufs $X_1(\omega), \dots, X_n(\omega)$ wird gegeben durch die Kenntnis des Ereignisses $A(n,i) \in \mathcal{P}_n$, das eingetreten ist, für das also gilt: $\omega \in A(n,i)$. Kennen wir *zusätzlich* den Ausgang des $(n+1)$-ten Spiels X_{n+1}, d.h. den Wert $X_{n+1}(\omega)$, so läßt sich ω genauer eingrenzen: Wir kennen dann diejenige der beiden Mengen $A(n,i) \cap \{X_{n+1} = a_{n+1}\}, A(n,i) \cap \{X_{n+1} = b_{n+1}\}$, die ω enthält. In diesem Sinne repräsentiert also $\mathcal{A}_n$ die *Information* über das von Tyche gewählte ω aufgrund der Kenntnis des Spielablaufs $X_1, \dots, X_n$, und $\mathcal{A}_{n+1}$ enthält mehr Information über ω als $\mathcal{A}_n$. ■

1.6 Definition. $(X_n) \subset L^1 = L^1(\Omega, \mathcal{A}, P) (n \in I)$ sei adaptiert an eine Filtrierung $(\mathcal{A}_n)(n \in I)$. (X_n) heißt ein *Martingal* (genauer: ein $(\mathcal{A}_n)$-*Martingal*), falls

(M1) $$E[X_n|\mathcal{A}_{n-1}] = X_{n-1} \quad \text{f.s.}, \; n \geq 1, \; n \in I$$

oder (äquivalent)

(1.6.1) $$E[X_n - X_{n-1}|\mathcal{A}_{n-1}] = 0 \quad \text{f.s.}, \; n \geq 1, \; n \in I.$$

Gilt statt (M1)

(1.6.2) $$E[X_n|\mathcal{A}_{n-1}] \geq X_{n-1} \quad \text{f.s.}, \; n \geq 1, \; n \in I$$

oder (äquivalent)

(1.6.3) $$E[X_n - X_{n-1}|\mathcal{A}_{n-1}] \geq 0 \quad \text{f.s.}, \; n \geq 1, \; n \in I$$

bzw.

(1.6.4) $$E[X_n|\mathcal{A}_{n-1}] \leq X_{n-1} \quad \text{f.s.}, \; n \geq 1, \; n \in I$$

oder (äquivalent)

(1.6.5) $$E[X_n - X_{n-1}|\mathcal{A}_{n-1}] \leq 0 \quad \text{f.s.}, \; n \geq 1, \; n \in I,$$

so heißt (X_n) ein *Sub-* (bzw. *Super-*) *Martingal*. ■

Aus (M1) folgt

(1.6.6) $$E[X_n] = E[X_0], \quad n \geq 1, \; n \in I,$$

während sich aus (1.6.2) bzw.(1.6.4) $E[X_n] \geq E[X_0]$, $n \geq 1, n \in I$ bzw. $E[X_n] \leq E[X_0]$, $n \geq 1, n \in I$, ergibt. Ein Submartingal wächst also im Mittel, während ein Supermartingal im Mittel fällt. (Eselsbrücke: „b" weist nach oben, „p" nach unten!)

1.7 Bemerkungen. (a) Die „globale" Mittelwerteigenschaft (1.6.6) ist eine Konsequenz aus der feineren „*lokalen Mittelwerteigenschaft*" (M1), die intuitiv besagt: Bei *gegebenem* Verlauf $X_0 = x_0, \dots, X_{n-1} = x_{n-1}$ stimmt der Mittelwert der möglichen Weiterentwicklungen $X_n(\omega), \omega \in \{X_0 = x_0, \dots, X_{n-1} = x_{n-1}\}$, mit x_{n-1} überein.

(b) Es ist u.U. bequemer, (1.6.1) statt (M1) nachzuweisen, falls die ZV X_n mit Hilfe von Partialsummen definiert werden.

(c) (X_n) ist genau dann ein Submartingal, wenn $(-X_n)$ ein Supermartingal ist.

(d) Ein Martingal $(X_n) \subset L^p(1 \leq p < \infty)$ heißt auch *L^p-Martingal*; gilt $X_n \geq 0$ f.s., $n \in I$, so heißt (X_n) *positiv* (eine analoge Terminologie wird für beliebige Folgen von NZV verwendet). ■

1.8 Satz. $(X_n) \subset L^1 = L^1(\Omega, \mathcal{A}, P)$ *sei adaptiert an eine Filtrierung* $(\mathcal{A}_n)$ $(n \in I)$. *Dann ist* (M1) *äquivalent zu jeder der folgenden vier Eigenschaften:*

(M2) $$E[X_n|\mathcal{A}_m] = X_m \quad \text{f.s.}, \; n > m \geq 0, \; n \in I.$$

(M3) $$\int_A X_n\, dP = \int_A X_{n-1}\, dP, \quad A \in \mathcal{A}_{n-1}, \; n \geq 1, n \in I.$$

(M4) $$\int_A X_n\, dP = \int_A X_m\, dP, \quad A \in \mathcal{A}_m, \; n > m \geq 0, \; n \in I.$$

(M5) $$\int_\Omega X_n\, dP(\cdot|A) = \int_\Omega X_m\, dP(\cdot|A),$$
$$\text{falls} \quad P(A) > 0, \; A \in \mathcal{A}_m, \quad n > m \geq 0, \quad n \in I.$$

Analoges gilt für Sub- und Supermartingale.

BEWEIS. (M1) $\Longrightarrow$ (M2). Für $n > m \geq 0$ $(n \in I)$ gilt $E[X_n|\mathcal{A}_m] = E[E[X_n|\mathcal{A}_{n-1}]|\mathcal{A}_m] = E[X_{n-1}|\mathcal{A}_m] = \cdots = E[X_{m+1}|\mathcal{A}_m] = X_m$ f.s.

(M2) $\Longrightarrow$ (M1). Trivial.

(M2) $\Longrightarrow$ (M4). Dies folgt aus der Charakterisierung bedingter EW (Satz 1.5 [6]).

(M4) $\Longrightarrow$ (M3). Trivial.

(M3) $\Longrightarrow$ (M1). Dies folgt aus der RSE gewöhnlicher EW.

(M4) $\Longleftrightarrow$ (M5). Dies folgt aus Satz 1.21 [4] (man beachte, daß beide Seiten in (M4) Null sind, falls $P(A) = 0$. ■

Der Beweis des folgenden Satzes sei dem Leser überlassen. (Beim Nachweis von (d) benutzt man die Jensen-Ungleichung für bedingte EW.)

1.9 Satz. *Die Folgen* $(X_n) \subset L^1(\Omega, \mathcal{A}, P)$, $(Y_n) \subset L^1(\Omega, \mathcal{A}, P)$ $(n \in I)$ *seien an eine Filtrierung* $(\mathcal{A}_n)$ $(n \in I)$ *adaptiert.*

(a) *Sei* (X_n) *ein (Sub-, Super-) Martingal bez.* $(\mathcal{A}_n)$. *Ist* $\xi \in L^1(\Omega, \mathcal{A}, P)$ $\mathcal{A}_0$-*meßbar, so ist auch* $(X_n + \xi)$ *ein (Sub-, Super-) Martingal bez.* $(\mathcal{A}_n)$.

(b) *Sind* $(X_n), (Y_n)$ $(\mathcal{A}_n)$*-Martingale, so ist auch* $(aX_n + bY_n)$ *ein* $(\mathcal{A}_n)$*-Martingal,* $a, b \in \mathbb{R}$*. Sind* $(X_n), (Y_n)$ $(\mathcal{A}_n)$*-Sub- bzw. Supermartingale, so ist auch* $(aX_n + bY_n)$ *ein* $(\mathcal{A}_n)$*-Sub- bzw. Supermartingal, falls* $a \geq 0$, $b \geq 0$.

(c) *Sei* (X_n) *ein* $(\mathcal{A}_n)$*-Martingal und* $\mathcal{C}_n := \sigma\{X_0, \ldots, X_n\}$, $n \in I$*. Ist dann* $(\mathcal{B}_n)$ *eine Filtrierung derart, daß* $\mathcal{C}_n \subset \mathcal{B}_n \subset \mathcal{A}_n$, $n \in I$*, so ist* (X_n) *ein* $(\mathcal{B}_n)$*-Martingal. Analoges gilt für Sub- und Supermartingale.*

(d) *Die Funktion* $\phi : \mathbb{R} \longrightarrow \mathbb{R}$ *sei konvex und es gelte* $(\phi(X_n)) \subset L^1$*. Ist* (X_n) *ein* $(\mathcal{A}_n)$*-Martingal, so ist* $(\phi(X_n))$ *ein* $(\mathcal{A}_n)$*-Submartingal. Insbesondere ergibt sich für jedes* L^2*-Martingal* (X_n)*, daß* (X_n^2) *ein Submartingal ist. Ist* ϕ *zusätzlich monoton wachsend und ist* (X_n) *ein* $(\mathcal{A}_n)$*-Submartingal, so ist auch* $(\phi(X_n))$ *ein* $(\mathcal{A}_n)$*-Submartingal.* ■

1.10 Satz. $(\mathcal{A}_n)$ $(n \in I)$ *sei eine Filtrierung.*

(a) *Ist* (X_n) *ein* L^2*-Martingal bez.* $(\mathcal{A}_n)$*, so gilt*

$$E[(X_n - X_m)X_k] = 0, \quad n > m \geq k \geq 0,\ n \in I. \tag{1.10.1}$$

Die Zuwächse $X_0, X_1 - X_0, X_2 - X_1, \ldots$ *von* (X_n) *sind paarweise unkorreliert, so daß insbesondere gilt:*

$$\begin{aligned} &\operatorname{Var}[X_n] \\ &\quad = \operatorname{Var}[X_0] + \operatorname{Var}[X_1 - X_0] + \cdots + \operatorname{Var}[X_n - X_{n-1}], \quad n \in I. \end{aligned} \tag{1.10.2}$$

(b) *Existiert eine vorhersehbare Folge* (ξ_n) $(n \in I \setminus \{0\})$ *derart, daß für ein Martingal* (X_n)

$$X_n = \xi_n \quad \text{f.s.},\ n \geq 1,\ n \in I \tag{1.10.3}$$

gilt, so folgt $X_n = X_0$ *f.s.,* $n \geq 1$, $n \in I$.

(c) *Ist* (X_n) *ein* $(\mathcal{A}_n)$*-Submartingal und gilt für gewisse Indizes* $n > m \geq 0$*, daß* X_m *und* X_n *dieselbe Verteilung haben, so folgt* $X_m = X_n$ *f.s.*

BEWEIS. (a) Für beliebige Indizes $n > m \geq k \geq 0$ erhält man $E[(X_n - X_m)X_k] = E[E[(X_n - X_m)X_k|\mathcal{A}_m]] = E[X_k E[X_n - X_m|\mathcal{A}_m]] = 0$ wegen (M2), so daß (1.10.1) gilt. Für Indizes $n \geq 1$ folgt aus (1.10.1) $\operatorname{Cov}[X_0, X_n - X_{n-1}] = E[X_0(X_n - X_{n-1})] - E[X_0]E[X_n - X_{n-1}] = 0$ wegen (1.6.6), während sich für Indizes $n > m \geq 1$ wegen (1.6.6) und (1.10.1)

$$\operatorname{Cov}[(X_n - X_{n-1})(X_m - X_{m-1})] := E[(X_n - X_{n-1})(X_m - X_{m-1})] = 0$$

ergibt.

(b) Wegen (M1) gilt $E[X_n|\mathcal{A}_{n-1}] = X_{n-1}$ f.s., $n \geq 1, n \in I$. Andererseits folgt aus (1.10.3) $(\xi_n) \subset L^1$, so daß sich aufgrund der Vorhersehbarkeit von (ξ_n) wegen (1.10.3) $E[X_n|\mathcal{A}_{n-1}] = E[\xi_n|\mathcal{A}_{n-1}] = \xi_n = X_n$ f.s. ergibt. Dies impliziert $X_n = X_{n-1} = \cdots = X_0$ f.s., $n \geq 1$, $n \in I$.

(c) Dies folgt aus Satz 1.13 [6]. ■

Eine wichtige Konsequenz aus Satz 1.10 (b) ist die Eindeutigkeitsaussage im folgenden Resultat:

1.11 Satz. *Sei $(\mathcal{A}_n)\,(n \in I)$ eine Filtrierung und $(X_n) \subset L^1\,(n \in I)$ adaptiert an $(\mathcal{A}_n)$. Dann existiert ein Martingal (M_n) und eine vorhersehbare Folge $(A_n)\,(n \in I)$ derart, daß gilt:*

$$X_n = M_n + A_n, \quad n \in I, \quad \textit{und} \quad A_0 \equiv 0. \tag{1.11.1}$$

Die Zerlegung (1.11.1) ist in folgendem Sinne f.s. eindeutig bestimmt: Ist $(\widetilde{M}_n)$ ein Martingal und $(\widetilde{A}_n)\,(n \in I)$ vorhersehbar derart, daß

$$X_n = \widetilde{M}_n + \widetilde{A}_n \quad \textit{f.s.}, \; n \in I, \quad \textit{und} \quad \widetilde{A}_0 = 0 \quad \textit{f.s.}, \tag{1.11.2}$$

so folgt

$$M_n = \widetilde{M}_n \quad \textit{f.s.}, \quad A_n = \widetilde{A}_n \quad \textit{f.s.}, \; n \in I. \tag{1.11.3}$$

BEWEIS. Die *Eindeutigkeit* der Zerlegung (1.11.1) ergibt sich so: Aus (1.11.1) und (1.11.2) folgt $M_n - \widetilde{M}_n = \widetilde{A}_n - A_n$ f.s., $n \in I$. Setzen wir $\xi_n := \widetilde{A}_n - A_n$, $n \in I\backslash\{0\}$, so ist (ξ_n) vorhersehbar. Satz 1.10 (b) - angewandt auf das Martingal $(M_n - \widetilde{M}_n)$ - impliziert also $M_n - \widetilde{M}_n = M_0 - \widetilde{M}_0$ f.s., $n \geq 1$. Da wegen (1.11.1) und (1.11.2) $M_0 - \widetilde{M}_0 = 0$ f.s., folgt (1.11.3).

Zum Nachweis der *Existenz* der Zerlegung (1.11.1) schreiben wir X_n $(n \in I \setminus \{0\})$ als Summe seiner Zuwächse:

$$\begin{aligned} X_n &= X_0 + \sum_{i=1}^{n}(X_i - X_{i-1}) \\ &= X_0 + \sum_{i=1}^{n}(X_i - X_{i-1} - E[X_i - X_{i-1}|\mathcal{A}_{i-1}]) + \sum_{i=1}^{n} E[X_i - X_{i-1}|\mathcal{A}_{i-1}] \\ &= X_0 + \sum_{i=1}^{n}(X_i - E[X_i|\mathcal{A}_{i-1}]) + \sum_{i=1}^{n} E[X_i - X_{i-1}|\mathcal{A}_{i-1}] \quad \text{f.s.} \end{aligned}$$

Setzen wir also

$$M_n = X_0 + \sum_{i=1}^{n}(X_i - E[X_i|\mathcal{A}_{i-1}]), \quad n \in I \tag{1.11.4}$$

und

$$A_n = \sum_{i=1}^{n} E[X_i - X_{i-1}|\mathcal{A}_{i-1}], \quad n \in I, \tag{1.11.5}$$

so gilt (1.11.1). (M_n) ist ein Martingal wegen

$$\begin{aligned} &E[M_n - M_{n-1}|\mathcal{A}_{n-1}] = E[X_n - E[X_n|\mathcal{A}_{n-1}]|\mathcal{A}_{n-1}] \\ &= \; E[X_n|\mathcal{A}_{n-1}] - E[E[X_n|\mathcal{A}_{n-1}]|\mathcal{A}_{n-1}] = E[X_n|\mathcal{A}_{n-1}] - E[X_n|\mathcal{A}_{n-1}] \\ &= \; 0 \quad \text{f.s.}, \end{aligned}$$

während $(A_n)\,(n \in I)$ ersichtlich vorhersehbar ist. ■

Ist die Folge (X_n) in Satz 1.11 insbesondere ein Submartingal, so gilt

1.12 Satz. *Sei* $(\mathcal{A}_n)\,(n \in I)$ *eine Filtrierung.*

(a) *Ist* (X_n) *ein* $(\mathcal{A}_n)$*-Submartingal, so existiert ein Martingal* (M_n) *und eine vorhersehbare Folge* $(A_n)\,(n \in I)$ *derart, daß*

$$X_n = M_n + A_n, \quad n \in I, \quad \text{und} \quad A_0 \equiv 0. \tag{1.12.1}$$

Die Zerlegung (1.12.1) *ist f.s. eindeutig bestimmt. Die Folge* (A_n) *in* (1.12.1) *ist f.s. wachsend, d.h. es gilt*

$$P(A_n \geq A_{n-1}, \quad n \in I \setminus \{0\}) = 1. \tag{1.12.2}$$

(b) *Ist* $Y = (Y_n)$ *ein* L^2*-Martingal, so ist* $X_n := Y_n^2$, $n \in I$, *ein Submartingal. Für die f.s. wachsende Folge* (A_n) *in der Zerlegung* (1.12.1) *von* (X_n) *gilt für* $n \in I$

$$\begin{aligned} A_n &=: \langle Y, Y \rangle_n \\ &= \sum_{i=1}^{n} E[Y_i^2 - Y_{i-1}^2 | \mathcal{A}_{i-1}] = \sum_{i=1}^{n} E[(Y_i - Y_{i-1})^2 | \mathcal{A}_{i-1}] \quad f.s. \end{aligned} \tag{1.12.3}$$

Es besteht keine Gefahr, $< Y, Y >$ mit dem Skalarprodukt in L^2 zu verwechseln.

1.13 Bemerkungen. (a) Die Zerlegung (1.12.1) heißt *Doob-Zerlegung* des Submartingals (X_n). Sie besagt, daß ein Submartingal (X_n) eine Folge von ZV ist, die um einen f.s. wachsenden vorhersehbaren „*Trend-Prozeß*“ $(A_n) \subset L^1$ fluktuiert, wobei der *Fluktuationsanteil* von (X_n) durch das Martingal (M_n) repräsentiert wird.

(b) Die durch (1.12.3) gegebene Folge $\langle Y, Y \rangle = (\langle Y, Y \rangle_n)$ $(n \in I)$ heißt *quadratische Variation* des L^2-Martingals Y.

(c) Das nachfolgende Beispiel 1.14.1 zeigt, daß die f.s. Eindeutigkeit der Zerlegung (1.12.1) i.a. *nicht* gilt, falls man nicht verlangt, daß die Folge (A_n) vorhersehbar ist - auch wenn man daran festhält, daß (A_n) f.s. monoton wächst. ∎

BEWEIS VON SATZ 1.12. (a) Existenz und f.s. Eindeutigkeit der Zerlegung (1.12.1) folgen aus Satz 1.11, während sich aus (1.11.5) das f.s. Wachstum von (A_n) ergibt.

(b) Die erste Aussage folgt aus Satz 1.9 (d). Im Hinblick auf (1.11.5) bleibt also die Gleichheit der Partialsummen in (1.12.3) zu zeigen. Letztere folgt aus

$$\begin{aligned} &E[Y_n^2 - Y_{n-1}^2 | \mathcal{A}_{n-1}] - E[(Y_n - Y_{n-1})^2 | \mathcal{A}_{n-1}] \\ &= E[Y_n^2 - Y_{n-1}^2 - (Y_n^2 - 2Y_{n-1}Y_n + Y_{n-1}^2) | \mathcal{A}_{n-1}] \\ &= 2Y_{n-1} E[Y_n - Y_{n-1} | \mathcal{A}_{n-1}] = 0 \quad \text{f.s.}, \end{aligned}$$

wobei das letzte „ = “ daraus resultiert, daß (Y_n) ein Martingal ist. ∎

1.14 Beispiele

1.14.1 Beispiel. Die in der klassischen Wahrscheinlichkeitstheorie betrachteten Summen von ***unabhängigen*** integrierbaren ZV Y_n, $n \in I$, besitzen unter schwachen Zusatzannahmen Martingaleigenschaften. In der Tat, ist $\mathcal{A}_n := \sigma\{Y_0, \dots, Y_n\}$, $n \in I$, die von (Y_n) erzeugte Filtrierung, so folgt für die Partialsummen

$$S_n := Y_0 + \cdots + Y_n, \quad n \in I: \tag{1.14.1}$$

$$(S_n) \text{ ist ein } (\mathcal{A}_n)\text{-Martingal, falls } E[Y_n] = 0, \quad n \in I \setminus \{0\}; \tag{1.14.2}$$

$$(S_n) \text{ ist ein } (\mathcal{A}_n)\text{-Submartingal, falls } E[Y_n] \geq 0, \quad n \in I \setminus \{0\} \tag{1.14.3}$$

und

$$(S_n) \text{ ist ein } (\mathcal{A}_n)\text{-Supermartingal, falls } E[Y_n] \leq 0, \quad n \in I \setminus \{0\}. \tag{1.14.4}$$

Da Y_n unabhängig von $\mathcal{A}_{n-1}$ ist ($n \in I \setminus \{0\}$), erhält man nämlich für $n \in I \setminus \{0\}$

$$\begin{aligned} E[S_n|\mathcal{A}_{n-1}] &= E[S_{n-1} + Y_n|\mathcal{A}_{n-1}] \\ &= E[S_{n-1}|\mathcal{A}_{n-1}] + E[Y_n|\mathcal{A}_{n-1}] = S_{n-1} + E[Y_n] \quad \text{f.s.}, \end{aligned}$$

woraus sich sofort die Aussagen (1.14.2) - (1.14.4) ergeben.

Gelte insbesondere $(Y_n) \subset L^2$ und $E[Y_n] = 0$, $n \in I \backslash \{0\}$, so daß aufgrund von (1.14.2) $S = (S_n)$ ein Martingal, also (S_n^2) aufgrund von Satz 1.9 (d) ein Submartingal ist. Setzen wir $\sigma_n^2 = \mathrm{Var}[Y_n] = E[Y_n^2]$, so wird die *Doob-Zerlegung* von (S_n^2) gegeben durch

$$S_n^2 = \left(S_n^2 - \sum_{i=1}^{n} \sigma_i^2 \right) + \langle S, S \rangle_n, \quad n \in I, \tag{1.14.5}$$

wobei aufgrund von (1.12.3)

$$\langle S, S \rangle_n = \sum_{i=1}^{n} \sigma_i^2, \quad n \in I. \tag{1.14.6}$$

Setzen wir

$$\widetilde{M}_n = S_n^2 - \sum_{i=1}^{n} (S_i - S_{i-1})^2 = S_n^2 - \sum_{i=1}^{n} Y_i^2, \quad n \in I \tag{1.14.7}$$

und

$$\widetilde{A}_n = \sum_{i=1}^{n} Y_i^2, \quad n \in I, \tag{1.14.8}$$

so wird eine ***alternative Zerlegung*** von (S_n^2) gegeben durch

$$S_n^2 = \widetilde{M}_n + \widetilde{A}_n, \quad n \in I, \quad \widetilde{A}_0 \equiv 0. \tag{1.14.9}$$

Hierin ist $(\widetilde{M}_n)$ ein *Martingal* wegen

$$\begin{aligned} E[\widetilde{M}_n - \widetilde{M}_{n-1}|\mathcal{A}_{n-1}] &= E[S_n^2 - S_{n-1}^2 - Y_n^2|\mathcal{A}_{n-1}] \\ &= E[(S_{n-1}+Y_n)^2 - S_{n-1}^2 - Y_n^2|\mathcal{A}_{n-1}] = 2S_{n-1}E[Y_n] = 0 \quad \text{f.s.}, \end{aligned}$$

während die Folge $(\widetilde{A}_n)$ adaptiert und ***wachsend***, aber i.a. ***nicht*** vorhersehbar ist. ■

1.14.2 Beispiel. Die ZV $Y_1, Y_2, \dots$ seien UIV derart, daß

$$P(Y_1 = 1) = P(Y_1 = -1) = 1/2. \tag{1.14.10}$$

Dann wird durch

$$S_n := Y_1 + \cdots + Y_n, \quad n \geq 0 \tag{1.14.11}$$

eine *einfache symmetrische Irrfahrt* auf $\mathbb{Z} = \{0, +1, -1, +2, -2, \dots\}$ mit Start im Nullpunkt definiert. Die Filtrierung sei $\mathcal{A}_n := \sigma\{Y_1, \dots, Y_n\}$, $n \geq 0$. Wegen $E[Y_1] = 0$ ist (S_n) aufgrund von Beispiel 1.14.1 (vgl. (1.14.2)) ein $(\mathcal{A}_n)$-Martingal, so daß $(|S_n|)$ wegen Satz 1.9 (d) ein Submartingal ist. Sei

$$|S_n| = M_n + A_n, \quad n \geq 0 \tag{1.14.12}$$

die Doob-Zerlegung von $(|S_n|)$. Zur Bestimmung von M_n und A_n benutzen wir die *Vorzeichen-* (oder *Signum-*) *Funktion* $\text{sgn} : \mathbb{R} \longrightarrow \{-1, 0, 1\}$, die durch

$$\text{sgn}\, r = \begin{cases} 1, & r > 0 \\ 0, & r = 0 \\ -1, & r < 0 \end{cases} \tag{1.14.13}$$

definiert wird. Dann gilt

$$M_n = \sum_{k=1}^{n} (\text{sgn}\, S_{k-1}) Y_k, \quad n \geq 0 \tag{1.14.14}$$

und

$$A_n = \#\{k :\ 0 \leq k \leq n-1,\ S_k = 0\}, \quad n \geq 0. \tag{1.14.15}$$

Die Irrfahrt bleibe während des Zeitintervalls $[n, n+1[$ in der Position S_n. Dann ist A_n die Gesamtzeit innerhalb des Zeitintervalls $[0, n[$, während der sich die Irrfahrt im Nullpunkt befindet. Man könnte daher (A_n) als *Lokalzeit* der Irrfahrt im Nullpunkt bezeichnen. Zum Nachweis von (1.14.14) und (1.14.15) beachte man zunächst, daß aufgrund von (1.11.5) wegen $S_n = S_{n-1} + Y_n$

$$A_n - A_{n-1} = E[|S_{n-1} + Y_n| - |S_{n-1}|\,|\mathcal{A}_{n-1}], \quad n \geq 1.$$

Nun folgt aus $S_{n-1} \geq 1$ $S_{n-1} + Y_n \geq 0$, so daß wegen

$$\{S_{n-1} \geq 1\} \in \mathcal{A}_{n-1} \quad I\{S_{n-1} \geq 1\}(A_n - A_{n-1}) = I\{S_{n-1} \geq 1\}E[Y_n] = 0.$$

Ähnlich ergibt sich $I\{S_{n-1} \leq -1\}(A_n - A_{n-1}) = 0$ und $I\{S_{n-1} = 0\}(A_n - A_{n-1}) = I\{S_{n-1} = 0\}$ (letzteres wegen $|Y_n| = 1$). Somit gilt (1.14.15).

Andererseits erhält man aus (1.14.12) und (1.14.15), indem man die Fälle $S_{n-1} \geq 1$, $S_{n-1} \leq -1$ und $S_{n-1} = 0$ betrachtet,

$$\begin{aligned} M_n - M_{n-1} &= |S_{n-1} + Y_n| - |S_{n-1}| - (A_n - A_{n-1}) \\ &= |S_{n-1} + Y_n| - |S_{n-1}| - I\{S_{n-1} = 0\} = (\operatorname{sgn} S_{n-1})Y_n, \end{aligned}$$

also (1.14.14).

Aus (1.14.12) und (1.14.15) folgt, da $M_0 \equiv 0$ gilt und $\{S_n = 0\}$ nur für $n = 0, 2, 4, \ldots$ eintreten kann,

$$\begin{aligned} E[|S_n|] &= E[A_n] = \sum_{k=0}^{n-1} P(S_k = 0) \\ &= \sum_{0 \leq k \leq (n-1)/2} P(S_{2k} = 0) = \sum_{0 \leq k \leq (n-1)/2} \binom{2k}{k} \frac{1}{2^{2k}}, \end{aligned}$$

woraus sich mit Hilfe der Stirling-Formel

$$E[|S_n|] \sim \sum_{2 \leq k \leq (n-1)/2} \frac{1}{\sqrt{\pi k}} \quad (n \to \infty)$$

ergibt. Durch Vergleich mit einem Riemann-Integral der Funktion $f(x) := 1/\sqrt{x}$, $x \geq 1$, erhält man schließlich

$$E[|S_n|] \sim \sqrt{\frac{2n}{\pi}} \quad (n \to \infty). \tag{1.14.16}$$

Intuitiv rührt dieses langsame Wachstum von $E[|S_n|]$ daher, daß aufgrund des Satzes von Chung-Fuchs (Satz 7.9[4]) die Irrfahrt (S_n) f.s. unendlich oft zum Nullpunkt zurückkehrt. Mit Hilfe einer ähnlichen Überlegung ergibt sich folgende Verallgemeinerung von (1.14.16):

$$E[|S_n - m|] \sim \sqrt{\frac{2n}{\pi}} \quad (n \to \infty), \quad m \in \mathbb{Z}. \tag{1.14.17}$$

■

Satz 1.12 (b) läßt sich auf folgende Weise verallgemeinern:

1.15 Satz. *$Y = (Y_n)$ und $Z = (Z_n)(n \in I)$ seien L^2-Martingale bez. einer Filtrierung $(\mathcal{A}_n)(n \in I)$. Dann existiert ein Martingal (M_n) und eine vorhersehbare Folge $\langle Y, Z\rangle = (\langle Y, Z\rangle_n)(n \in I)$ derart, daß*

$$Y_n Z_n = M_n + \langle Y, Z\rangle_n, \quad n \in I, \quad \textit{und} \quad \langle Y, Z\rangle_0 \equiv 0, \tag{1.15.1}$$

wobei

$$\begin{aligned} \langle Y, Z\rangle_n &:= \sum_{i=1}^{n} E[Y_i Z_i - Y_{i-1} Z_{i-1} | \mathcal{A}_{i-1}] \\ &= \sum_{i=1}^{n} E[(Y_i - Y_{i-1})(Z_i - Z_{i-1}) | \mathcal{A}_{i-1}] \quad \textit{f.s.}, \; n \in I. \end{aligned} \tag{1.15.2}$$

Die Zerlegung (1.15.1) *ist f.s. eindeutig bestimmt.*

Es besteht keine Gefahr, $< Y, Z >$ mit dem Skalarprodukt in L^2 zu verwechseln.

1.16 Bemerkung. Die Folge $\langle Y, Z\rangle$ heißt *quadratische Kovariation* der L^2-Martingale Y und Z. ■

BEWEIS VON SATZ (1.15). Die f.s. *Eindeutigkeit* der Zerlegung (1.15.1) folgt aus Satz 1.10 (b).

Die *Existenz* der Folge $\langle Y, Z\rangle$ mit den genannten Eigenschaften ergibt sich so: Wegen

$$ab = \frac{1}{4}(a+b)^2 - \frac{1}{4}(a-b)^2, \quad a, b \in \mathbb{R} \tag{1.16.1}$$

folgt

$$Y_n Z_n = \frac{1}{4}(Y_n + Z_n)^2 - \frac{1}{4}(Y_n - Z_n)^2, \quad n \in I. \tag{1.16.2}$$

Ersichtlich bilden die Folgen $Y+Z := (Y_n+Z_n)$ und $Y-Z := (Y_n-Z_n)$ L^2-Martingale, so daß aufgrund von Satz 1.12 (b) $(Y_n+Z_n)^2 - \langle Y+Z, Y+Z\rangle_n$, $n \in I$, und $(Y_n - Z_n)^2 - \langle Y-Z, Y-Z\rangle_n$, $n \in I$, jeweils Martingale sind. Wegen (1.16.2) ist dann auch

$$Y_n Z_n - \frac{1}{4}(\langle Y+Z, Y+Z\rangle_n - \langle Y-Z, Y-Z\rangle_n), \quad n \in I$$

ein Martingal, so daß $\langle Y, Z\rangle$ f.s. bestimmt wird durch

$$\langle Y, Z\rangle_n = \frac{1}{4}\langle Y+Z, Y+Z\rangle_n - \frac{1}{4}\langle Y-Z, Y-Z\rangle_n \quad \text{f.s., } n \in I. \tag{1.16.3}$$

Mit Hilfe einer einfachen Rechnung ergibt sich schließlich (1.15.2) aus (1.16.3), (1.12.3) sowie (1.16.1). ■

Aufgrund von Satz 1.12 (a) läßt sich ein Submartingal *additiv* zerlegen in ein Martingal und eine vorhersehbare f.s. wachsende Folge. Das folgende Resultat zeigt, daß für strikt positive Submartingale auch eine entsprechende *multiplikative* Zerlegung existiert.

1.17 Satz. *Sei* (X_n) $(n \in I)$ *ein Sub- (Super-) Martingal derart, daß*

$$X_n > 0 \quad f.s., n \in I. \tag{1.17.1}$$

Dann existiert ein Martingal (M_n) *und eine f.s. wachsende (fallende) vorhersehbare Folge* (A_n) $(n \in I)$ *derart, daß gilt:*

$$M_n > 0 \quad f.s., n \in I, \tag{1.17.2}$$

$$A_n > 0 \quad f.s., n \in I, \quad und \quad A_0 \equiv 1 \tag{1.17.3}$$

sowie

$$X_n = M_n A_n \quad f.s., n \in I. \tag{1.17.4}$$

Die multiplikative Zerlegung (1.17.4) *ist f.s. eindeutig bestimmt.*

BEWEIS. Zum Nachweis der *Eindeutigkeit* sei $(\widetilde{M}_n)$ ein Martingal und $(\widetilde{A}_n)$ vorhersehbar derart, daß für $n \in I$ $\widetilde{M}_n > 0$ f.s., $\widetilde{A}_n > 0$ f.s sowie $X_n = \widetilde{M}_n\widetilde{A}_n$ f.s. und $\widetilde{A}_0 = 1$ f.s. gilt. Daraus folgt $M_nA_n = \widetilde{M}_n\widetilde{A}_n$ f.s., $n \in I$, woraus sich durch Anwendung von $E[\cdot|\mathcal{A}_{n-1}]$ wegen Satz 1.7 (a) [6] $A_nM_{n-1} = \widetilde{A}_n\widetilde{M}_{n-1}$ f.s. und somit $A_n/\widetilde{A}_n = A_{n-1}/\widetilde{A}_{n-1}$ f.s., $n \in I \setminus \{0\}$, ergibt. Wegen $A_0 = \widetilde{A}_0 = 1$ f.s. folgt hieraus $A_n = \widetilde{A}_n$ f.s., also wegen (1.17.3) $M_n = \widetilde{M}_n$ f.s., $n \in I$.

Zum Nachweis der *Existenz* einer multiplikativen Zerlegung (1.17.4) setzen wir für $n \in I$

$$M_n = X_0 \prod_{i=1}^{n} \frac{X_i}{E[X_i|\mathcal{A}_{i-1}]}, \quad A_n = \prod_{i=1}^{n} \frac{E[X_i|\mathcal{A}_{i-1}]}{X_{i-1}}. \tag{1.17.5}$$

(Wie üblich wird ein leeres Produkt gleich 1 gesetzt; man beachte, daß sich aus (1.17.1) wegen Satz 1.10 (a) [6] $E[X_n|\mathcal{A}_{n-1}] > 0$ f.s., $n \in I \setminus \{0\}$, ergibt.) Aufgrund von (1.17.1) gelten dann (1.17.2) - (1.17.4), und (A_n) ist vorhersehbar. Ist (X_n) ein Sub- (Super-) Martingal, so ist (A_n) f.s. wachsend (fallend). Schließlich erhält man mit Hilfe von Satz 1.7(a)[6] für $n \in I \setminus \{0\}$

$$E[M_n|\mathcal{A}_{n-1}] = M_{n-1}E\left[\frac{X_n}{E[X_n|\mathcal{A}_{n-1}]}|\mathcal{A}_{n-1}\right] = M_{n-1} \quad \text{f.s.},$$

so daß (M_n) aufgrund von Satz 1.2 [6] wegen $M_0 = X_0 \in L^1$ ein Martingal ist. ■

8.2 Beispiele

In diesem Abschnitt betrachten wir weitere Beispiele für Folgen von ZV mit Martingaleigenschaften. Wenn im folgenden nichts anderes gesagt wird, liegt eine gewisse Filtrierung $(\mathcal{A}_n)$ $(n \in I)$ zugrunde; „adaptiert" und Martingaleigenschaften beziehen sich dann auf $(\mathcal{A}_n)$.

2.1.1 Beispiel. $(X_n) \subset L^1$ $(n \in I)$ sei eine adaptierte f.s. wachsende Folge. Dann ist (X_n) ein Submartingal. In der Tat folgt für $n \in I \setminus \{0\}$

$$E[X_n \mid \mathcal{A}_{n-1}] \geq E[X_{n-1} \mid \mathcal{A}_{n-1}] = X_{n-1} \quad \text{f.s.}$$

■

2.1.2 Beispiel. Sei $\xi \in L^1$. Setzen wir

$$X_n = E[\xi \mid \mathcal{A}_n], \quad n \in I, \tag{2.1.1}$$

so ist (X_n) ein $(\mathcal{A}_n)$-Martingal, denn die Folge $(X_n) \subset L^1$ ist adaptiert, und es gilt f.s. für $n \in I \setminus \{0\}$

$$E[X_n \mid \mathcal{A}_{n-1}] = E[E[\xi \mid \mathcal{A}_n] \mid \mathcal{A}_{n-1}] = E[\xi \mid \mathcal{A}_{n-1}] = X_{n-1}.$$

Wegen Satz 1.15 [6] ist (X_n) gleichmäßig integrierbar. ■

2.1.3 Beispiel. Sind $H = (H_n)$ $(n \in I \setminus \{0\})$ und $X = (X_n)$ $(n \in I)$ Folgen von ZV, so setzen wir

$$(H \bullet X)_n = \sum_{i=1}^{n} H_i(X_i - X_{i-1}), \quad n \in I, \tag{2.1.2}$$

so daß $(H \bullet X)_0 \equiv 0$. Die Folge $H \bullet X = ((H \bullet X)_n)$ heißt *H-Transformierte* von X oder auch (diskretes) *stochastisches Integral* von H bez. X. Das folgende Resultat zeigt, daß sich unter ziemlich allgemeinen Voraussetzungen Martingaleigenschaften von X auf $H \bullet X$ übertragen. ∎

2.2 Satz. *Die Folge* $H = (H_n)$ $(n \in I \setminus \{0\})$ *sei vorhersehbar, und es gelte*

$$H \bullet X \subset L^1. \tag{2.2.1}$$

(a) *Ist X ein Martingal, so auch $H \bullet X$.*

(b) *Ist X ein Sub- bzw. Supermartingal und ist H positiv, so ist auch $H \bullet X$ ein Sub- bzw. Supermartingal.*

BEWEIS. Aufgrund von (2.1.2) ist $H \bullet X$ adaptiert. Für $n \in I \setminus \{0\}$ gilt f.s. wegen Satz 1.7(c)[6]

$$\begin{aligned} E[(H \bullet X)_n - (H \bullet X)_{n-1} \mid \mathcal{A}_{n-1}] &= E[H_n(X_n - X_{n-1}) \mid \mathcal{A}_{n-1}] \\ &= H_n E[X_n - X_{n-1}) \mid \mathcal{A}_{n-1}], \end{aligned}$$

da H_n $\mathcal{A}_{n-1}$–meßbar ist. Daraus ergeben sich sofort (a) und (b). ∎

2.3 Beispiel *(Fortsetzung von Beispiel* 2.1.3). Wir kehren zurück zu der in Beispiel 1.5 betrachteten Spielsituation. Ist W_n der Einsatz des Spielers im Spiel n, so beträgt sein Gewinn W_nX_n. Wird die Folge $Y = (Y_n)$ $(n \geq 0)$ definiert durch $Y_n = X_1 + \cdots + X_n$ und ist $W = (W_n)$ $(n \geq 1)$ die Folge der Einsätze, so ergibt sich für das Kapital K_n des Spielers nach Spiel n wegen (1.5.2) und (2.1.2).

$$K_n = K_0 + (W \bullet Y)_n, \quad n \geq 0, \tag{2.3.1}$$

und $(W \bullet Y)_n$ ist sein *Gesamtgewinn* nach Spiel n. Im folgenden gelte stets

$$W_n \geq 0, \quad n \geq 1 \tag{2.3.2}$$

und

$$W \bullet Y \subset L^1. \tag{2.3.3}$$

Wir betrachten zunächst folgenden

Spezialfall: Die ZV $X_1, X_2, \ldots$ sind *unabhängig* und *integrierbar*.

Entsprechend der in Beispiel 1.5 gegebenen Motivation sei W *vorhersehbar* bez. der Filtrierung $\mathcal{A}_n := \sigma\{X_1, \ldots, X_n\}$, $n \geq 0$. Gilt $E[X_n] = 0$, $n \geq 1$, so ist Y wegen (1.14.2) ein Martingal, also – aufgrund von (2.3.3) und Satz 2.2 (a) – auch $W \bullet Y$, so daß insbesondere wegen $(W \bullet Y)_0 \equiv 0$ $E[(W \bullet Y)_n] = 0$, $n \geq 1$. Wir betrachten dann die Folge (X_n) und damit Y als Modell für eine Folge *fairer* Spiele, bei denen der Spieler im Mittel weder gewinnt noch verliert. Gilt hingegen $E[X_n] \leq 0$, $n \geq 1$, so ist Y wegen (1.14.4) ein Supermartingal, also (aufgrund von (2.3.2), (2.3.3) und Satz 2.2 (b)) auch $W \bullet Y$, so daß $E[(W \bullet Y)_n] \leq 0$, $n \geq 1$. Y bildet dann eine Folge von Spielen, die für den Spieler ***ungünstig*** sind. (Dies schließt den Fall fairer Spiele mit ein!) Gilt also z.B. für $n \geq 1$ $P(W_n > 0) > 0$ und $E[X_n] < 0$, so folgt $E[W_n(Y_n - Y_{n-1}] = E[W_n X_n] = E[W_n]E[X_n] < 0$, da W_n und X_n wegen (1.5.1) unabhängig sind. Wegen (2.3.1) ergibt sich dann $E[K_n] < E[K_{n-1}]$.

Allgemein sei $(\mathcal{A}_n)$ $(n \geq 0)$ eine Filtrierung und $Y = (Y_n)$ ein Martingal (bzw. Supermartingal) bez. $(\mathcal{A}_n)$. Y ist dann ein Modell für eine Folge von Spielen, die für den Spieler ***fair*** (bzw. ***ungünstig***) sind. Die Folge $W = (W_n)$ $(n \geq 1)$ der Einsätze sei vorhersehbar und es gelte (2.3.2) und (2.3.3). Aufgrund von Satz 2.2 ist dann auch die Folge $W \bullet Y$ der *Gesamtgewinne* des Spielers ein Martingal (bzw. Supermartingal). ■

2.4 Bemerkung. Man kann sich fragen, wie fair „fair" in Beispiel 2.3 ist. Dazu betrachten wir unabhängige ZV $X_1, X_2, \ldots$ derart, daß

$$P(X_n = n^3 - n) = \frac{1}{n^2}, \quad P(X_n = -n) = 1 - \frac{1}{n^2}, \quad n \geq 1.$$

Dann folgt $E[X_n] = 0$, $n \geq 1$, so daß $Y_n := X_1 + \cdots + X_n, n \geq 0$, entsprechend der obigen Terminologie eine Folge fairer Spiele ist. Aufgrund des Borel-Cantelli-Lemmas folgt $P(X_n = n^3 - n \quad \text{u.o.}) = 0$, so daß zu fast allen $\omega \in \Omega$ eine Zahl $n_0(\omega)$ existiert derart, daß $X_n(\omega) = -n$, $n \geq n_0(\omega)$. Daraus ergibt sich leicht

$$\lim_{n\to\infty} \frac{1}{n} Y_n = -\infty \quad \text{f.s.} \tag{2.4.1}$$

Gilt etwa $W_n \equiv 1$, $n \geq 1$, so folgt $(W \bullet Y)_n = Y_n$, $n \geq 1$, also wegen (2.4.1)

$$\lim_{n\to\infty} \frac{1}{n} (W \bullet Y)_n = -\infty \quad \text{f.s.} \tag{2.4.2}$$

Für den Spieler tritt also f.s. die unangenehme Situation ein, daß er von einem gewissen Spiel an ständig verliert und sein Durchschnittsgewinn pro Spiel beliebig stark negativ wird. ■

2.5 Beispiele

2.5.1 Beispiel. $X_1, X_2, \ldots$ sei eine UIV–Folge von ZV derart, daß für ein $0 < p < 1$ gilt:

$$P(X_1 = 1) = p, \quad P(X_1 = -1) = 1 - p =: q. \tag{2.5.1}$$

$(\mathcal{A}_n)$ $(n \geq 0)$ sei die von (X_n) erzeugte Filtrierung. Wir setzen $S_n := X_1 + \cdots + X_n$ $(n \geq 0)$ und

$$c(\alpha) := E[\exp(\alpha X_1)] = pe^{\alpha} + qe^{-\alpha}, \quad \alpha \in \mathbb{R}. \tag{2.5.2}$$

Dann bilden die Folgen

(2.5.3) $$Y_n := \left(\frac{q}{p}\right)^{S_n}, \quad n \geq 0$$

sowie (für festes $\alpha \in \mathbb{R}$)

(2.5.4) $$Z_n := \frac{\exp(\alpha S_n)}{(c(\alpha))^n}, \quad n \geq 0$$

jeweils ein $(\mathcal{A}_n)$–Martingal. Dies ergibt sich aus

$$\begin{aligned} E[Y_n|\mathcal{A}_{n-1}] &= E[Y_{n-1}(q/p)^{X_n}|\mathcal{A}_{n-1}] = Y_{n-1}E[(q/p)^{X_n}] \\ &= Y_{n-1}((q/p)^1 \cdot p + (q/p)^{-1} \cdot q) = Y_{n-1} \quad \text{f.s., } n \geq 1 \end{aligned}$$

und

$$\begin{aligned} E[Z_n|\mathcal{A}_{n-1}] &= E[Z_{n-1}\exp(\alpha X_n)/c(\alpha)|\mathcal{A}_{n-1}] \\ &= Z_{n-1}E[\exp(\alpha X_n)/c(\alpha)] = Z_{n-1} \quad \text{f.s., } n \geq 1, \end{aligned}$$

wobei jeweils benutzt wurde, daß X_n unabhängig von $\mathcal{A}_{n-1}$ ist. ■

2.5.2 Beispiel. Wir bringen im folgenden (ausnahmsweise!) zwei Beispiele für Martingale mit $I = \mathbb{R}_+$ als Indexmenge. Sei (N_t) ein *Poisson–Prozeß* mit Parameter 1, der auf einem W.–Raum $(\Omega, \mathcal{A}, P)$ definiert ist (vgl. Satz 3.1 [6]), wobei wir N_t statt $N(t)$ schreiben. Es gelte $N_0 \equiv 0$. Sei $\mathcal{A}_t := \sigma\{N_s : 0 \leq s \leq t\}$, $t \in \mathbb{R}_+$, so daß $\mathcal{A}_0 = \{\emptyset, \Omega\}$. Dann ist $(\mathcal{A}_t)$ eine *Filtrierung* mit Indexmenge $I = \mathbb{R}_+$, d.h. es gilt

(2.5.5) $$\mathcal{A}_s \subset \mathcal{A}_t \subset \mathcal{A}, \quad t > s \geq 0, \ s, t \in \mathbb{R}_+.$$

Eine Familie (X_t) $(t \in \mathbb{R}_+)$ von NZV heißt *adaptiert* an $(\mathcal{A}_t)$, falls X_t $\mathcal{A}_t$–meßbar ist $(t \in \mathbb{R}_+)$. Unter einem *$(\mathcal{A}_t)$–Martingal* bzw. *$(\mathcal{A}_t)$–Submartingal* versteht man (natürlich!) eine an $(\mathcal{A}_t)$ adaptierte Familie $(X_t) \subset L^1$ derart, daß

(2.5.6) $$E[X_t|\mathcal{A}_s] = X_s \quad \text{f.s., } t > s \geq 0, \ s, t \in \mathbb{R}_+$$

bzw.

(2.5.7) $$E[X_t|\mathcal{A}_s] \geq X_s \quad \text{f.s., } t > s \geq 0, \ s, t \in \mathbb{R}_+.$$

Dann bilden die Familien

(2.5.8) $$U_t := N_t - t, \quad t \in \mathbb{R}_+$$

und

(2.5.9) $$V_t := (N_t - t)^2 - t, \quad t \in \mathbb{R}_+$$

jeweils ein $(\mathcal{A}_t)$–Martingal. Dies folgt aus

(2.5.10) $$N_t - N_s \text{ ist unabhängig von } \mathcal{A}_s, \quad t > s \geq 0$$

(wegen $\mathcal{A}_0 = \{\emptyset, \Omega\}$ ist dies trivial für $s = 0$). Zum Nachweis von (2.5.10) seien $t > s > 0$ und $n \geq 1$ fest. Dann gilt für Indizes $0 = s(0) < s(1) <$

$\cdots < s(n) = s$ aufgrund von Satz 1.8[3], daß $N_t - N_s$ unabhängig ist von $\sigma\{N_{s(1)} - N_{s(0)}, \ldots, N_{s(n)} - N_{s(n-1)}\} = \sigma\{N_{s(1)}, \ldots, N_{s(n)}\}$. Die Vereinigung $\mathcal{M}_0$ aller σ–Algebren von dieser Form (gebildet über alle $n \geq 1$ und alle Indizes $0 < s(1) < \cdots < s(n-1) < s$) ist $\cap$–stabil, und es gilt $\sigma(\mathcal{M}_0) = \mathcal{A}_s$. Sei $\mathcal{M} := \{B \in \mathcal{A}_s : B$ ist unabhängig von $N_t - N_s\}$. Man verifiziert leicht: $\mathcal{M}$ ist ein Dynkin–System derart, daß $\mathcal{M}_0 \subset \mathcal{M}$. Wegen des Satzes von Dynkin (Satz 3.19 [1]) folgt also $\sigma(\mathcal{M}_0) = \mathcal{A}_s \subset \mathcal{M}$, so daß $\mathcal{M} = \mathcal{A}_s$, also (2.5.10) gilt. Für $t > s \geq 0$ ergibt sich wegen (2.5.10)

$$\begin{aligned} E[V_t|\mathcal{A}_s] &= E[(N_s - s + N_t - N_s - (t-s))^2 - t|\mathcal{A}_s] \\ &= (N_s - s)^2 + 2(N_s - s)E[N_t - N_s - (t-s)] + \mathrm{Var}[N_t - N_s] - t \\ &= (N_s - s)^2 + t - s - t = V_s \quad \text{f.s.} \end{aligned}$$

Ähnlich sieht man, daß (U_t) ein Martingal ist. Ersichtlich sind (N_t) und (U_t^2) $(\mathcal{A}_t)$–Submartingale, für die jeweils eine (zur Doob–Zerlegung analoge) *Doob–Meyer–Zerlegung* existiert:

(2.5.11) $$N_t = U_t + t, \quad t \in \mathbb{R}_+,$$

(2.5.12) $$(N_t - t)^2 = V_t + t, \quad t \in \mathbb{R}_+.$$

Hierin ist $A_t \equiv t$, $t \in \mathbb{R}_+$, wachsend und „vorhersehbar". Die „richtige" Definition der Vorhersehbarkeit im Fall $I = \mathbb{R}_+$ ist komplizierter und wird hier nicht behandelt. ■

8.3 Stoppzeiten und Stoppsätze

Sei $(\mathcal{A}_n)$ $(n \in I)$ eine Filtrierung mit Indexmenge $I = \mathbb{Z}_+$ oder $I = \{0, 1, \ldots, N\}$ für ein $N \geq 1$.

3.1 Definition. Eine *Stoppzeit* (SZ) (genauer: $(\mathcal{A}_n)$-*Stoppzeit*) ist im Fall $I = \mathbb{Z}_+$ eine Abbildung $\tau : \Omega \longrightarrow \{0, 1, 2, \ldots, \infty\}$ und im Fall $I = \{0, 1, \ldots, N\}$ eine Abbildung $\tau : \Omega \longrightarrow \{0, 1, \ldots, N\}$ derart, daß

(3.1.1) $$\{\tau = n\} \in \mathcal{A}_n, \quad n \in I.$$

■

3.2 Bemerkung. Äquivalent zur Forderung (3.1.1) ist

(3.2.1) $$\{\tau \leq n\} \in \mathcal{A}_n, \quad n \in I.$$

In der Tat, gilt (3.1.1), so folgt für $n \in I$

$$\{\tau \leq n\} = \bigcup_{i=0}^{n} \{\tau = i\} \in \mathcal{A}_n,$$

während sich (3.1.1) aus (3.2.1) wegen

$$\{\tau = n\} = \{\tau \leq n\} \setminus \{\tau \leq n-1\} \in \mathcal{A}_n, \quad n \in I$$

ergibt. ■

3.3 Beispiele

Zur Motivation der Forderung (3.1.1) betrachten wir zunächst folgendes

3.3.1 Beispiel. Wir kehren zu den in Beispiel 2.3 betrachteten Glücksspielen zurück. $Y = (Y_n)$ sei ein Martingal als Modell für eine Folge fairer Spiele; die betrachtete Filtrierung $(\mathcal{A}_n)$ sei die von Y erzeugte. $W = (W_n)$ $(n \geq 1)$ sei die Folge der Einsätze des Spielers; wie früher sei W vorhersehbar, so daß

$$(3.3.1) \qquad W_n = f_n(Y_0, \dots, Y_{n-1}), \quad n \geq 1$$

($f_n : \mathbb{R}^n \longrightarrow \mathbb{R}_+$ sei $\mathcal{R}_n$-meßbar). Falls der Spieler unmittelbar nach Spiel n glaubt, genug gewonnen (oder verloren!) zu haben, hört er auf zu spielen, d.h. für seinen *Stoppzeitpunkt* $\tau = \tau(\omega)$ gilt $\tau(\omega) = n$. Ist der Spieler kein Hellseher, so hängt diese Entscheidung nur ab vom Verlauf $Y_0(\omega), \dots, Y_n(\omega)$. Wir nehmen daher an, daß Borel-Mengen $B_{n+1} \in \mathcal{R}_{n+1}$ existieren, für die gilt:

$$(3.3.2) \qquad \{\tau = n\} = \{(Y_0, \dots, Y_n) \in B_{n+1}\}, \quad n \geq 0.$$

In B_{n+1} ist also eine „Auflistung" derjenigen Spielverläufe $Y_0 = y_0, \dots, Y_n = y_n$ enthalten, die zur Entscheidung $\tau = n$ führen. Im vorliegenden Fall bedeutet $\tau = 0$, daß der Spieler gar nicht erst anfängt zu spielen! Aus (3.3.2) folgt (3.1.1). Werden die Einsätze W_n in (3.3.1) kombiniert mit einer SZ τ, so wird die Folge $\widetilde{W} = (\widetilde{W}_n)$ $(n \geq 1)$ der *modifizierten Einsätze* gegeben durch

$$(3.3.3) \qquad \widetilde{W}_n = W_n I_{\{n \leq \tau\}}, \quad n \geq 1.$$

Gilt insbesondere $\tau(\omega) = \infty$, so folgt $\widetilde{W}_n(\omega) = W_n(\omega)$, $n \geq 1$. Aus (2.3.1) ergibt sich für die modifizierten Kapitalbeträge $\widetilde{K}_n$ des Spielers

$$(3.3.4) \qquad \widetilde{K}_n = K_{n \wedge \tau}, \quad n \geq 0,$$

d.h. es gilt $\widetilde{K}_n(\omega) = K_n(\omega)$, falls $n \leq \tau(\omega)$, und $\widetilde{K}_n(\omega) = K_{\tau(\omega)}(\omega)$, $n > \tau(\omega)$, da nach dem Stoppzeitpunkt $\tau(\omega)$ die Kapitalbeträge wegen fehlender Einsätze unverändert bleiben. ■

Eine wichtige Klasse von SZ wird gegeben durch

3.3.2 Beispiel. $X = (X_n)$ $(n \in I)$ sei eine an $(\mathcal{A}_n)$ $(n \in I)$ adaptierte Folge von ZV. Für ein $B \in \mathcal{R}$ setzen wir

$$(3.3.5) \qquad \tau_B(\omega) = \min\{n \geq 0 : n \in I,\ X_n(\omega) \in B\}, \quad \omega \in \Omega.$$

Es gelte (wenn nichts anderes gesagt wird) stets folgende Konvention: Im Fall $I = \mathbb{Z}_+$ sei

$$(3.3.6) \qquad \tau_B(\omega) := \infty, \quad \text{falls} \quad X_n(\omega) \notin B, \quad n \geq 0, \omega \in \Omega.$$

Ist $I = \{0, 1, \dots, N\}$ für ein $N \geq 1$, so sei

$$(3.3.7) \qquad \tau_B(\omega) := N, \quad \text{falls} \quad X_n(\omega) \notin B, \quad n \in I, \omega \in \Omega.$$

τ_B heißt *erste Eintrittszeit* von X in B oder auch *Debut* von B für X. Dann gilt:

(3.3.8) $$\tau_B \text{ ist eine } (\mathcal{A}_n)\text{-SZ.}$$

In der Tat gilt für $n \in I = \mathbb{Z}_+$

$$\{\tau_B = n\} = \{X_0 \notin B\} \cap \cdots \cap \{X_{n-1} \notin B\} \cap \{X_n \in B\} \in \mathcal{A}_n.$$

Ähnlich ergibt sich (3.3.8) im Fall $I = \{0, 1, \ldots, N\}$. ∎

Die Konstruktion in (3.3.4) motiviert folgende

3.4 Definition. Sei $(\mathcal{A}_n)$ $(n \in I)$ eine Filtrierung und (Y_n) $(n \in I)$ eine an $(\mathcal{A}_n)$ adaptierte Folge von NZV. Ist τ eine $(\mathcal{A}_n)$-SZ, so bezeichne $Y^\tau = (Y_n^\tau)$ die *zur Zeit τ gestoppte Folge Y*, die — analog zu (3.3.4) — gegeben wird durch

(3.4.1) $$Y_n^\tau := Y_{n \wedge \tau}, \quad n \in I.$$

Ist etwa $I = \mathbb{Z}_+$ und $\tau \equiv \infty$, so folgt $Y_n^\tau \equiv Y_n$, $n \geq 0$. ∎

Es gilt nun der folgende äußerst wichtige *Stoppsatz*:

3.5 Satz. *Sei $(\mathcal{A}_n)$ $(n \in I)$ eine Filtrierung und τ eine $(\mathcal{A}_n)$-*SZ. *Dann gilt:*

(a) *Sei $Y = (Y_n)$ ein $(\mathcal{A}_n)$-Martingal. Dann ist auch Y^τ ein $(\mathcal{A}_n)$-Martingal, so daß*

(3.5.1) $$E[Y_{n \wedge \tau}] = E[Y_0], \quad n \in I.$$

Ist insbesondere τ beschränkt, so gilt

(3.5.2) $$E[Y_\tau] = E[Y_0].$$

(b) *Sei Y ein $(\mathcal{A}_n)$-Sub-(Super-)Martingal. Dann ist auch Y^τ ein $(\mathcal{A}_n)$-Sub-(Super-)Martingal, so daß*

(3.5.3) $$E[Y_{n \wedge \tau}] \geq E[Y_0], \quad n \in I$$

bzw.

(3.5.4) $$E[Y_{n \wedge \tau}] \leq E[Y_0], \quad n \in I.$$

Sind insbesondere σ, τ beschränkte SZ *derart, daß*

(3.5.5) $$\sigma(\omega) \leq \tau(\omega), \quad \omega \in \Omega,$$

so folgt

(3.5.6) $$E[Y_\tau] \geq E[Y_\sigma]$$

bzw.

(3.5.7) $$E[Y_\tau] \leq E[Y_\sigma].$$

3.6 Bemerkungen. (a) Eine $(\mathcal{A}_n)$ - SZ τ heißt *beschränkt*, falls es eine Konstante K gibt derart, daß $\tau(\omega) \leq K$ für *alle* $\omega \in \Omega$ gilt. Im Fall $I = \{0, 1, \dots, N\}$ ist *per Definition jede* SZ beschränkt.

(b) Sei $Y = (Y_n) \subset L^1$ eine an $(\mathcal{A}_n)$ adaptierte Folge. Dann ist die Gültigkeit von (3.5.2) für jede *beschränkte*(!) $(\mathcal{A}_n)$ - SZ τ auch *hinreichend* dafür, daß Y ein $(\mathcal{A}_n)$ - Martingal ist (vgl. den nachfolgenden Satz 3.7). Ähnlich ist die Gültigkeit von (3.5.6) für je zwei beschränkte $(\mathcal{A}_n)$ - SZ $\sigma \leq \tau$ *hinreichend* dafür, daß Y ein $(\mathcal{A}_n)$ - Submartingal ist. ■

BEWEIS VON SATZ 3.5. Wir zeigen, daß die in (a), (b) auftretenden gestoppten Folgen H–Transformierte (vgl. Beispiel 2.1.3) für eine *positive vorhersehbare* Folge H sind. Sei τ eine $(\mathcal{A}_n)$ - SZ und $W_n \equiv 1$, $n \geq 1$. Entsprechend (3.3.3) definieren wir eine Folge $H^{(\tau)} = (H_n^{(\tau)})$ $(n \in I)$ durch

$$H_n^{(\tau)} = I_{\{n \leq \tau\}}, \quad n \in I \setminus \{0\}. \tag{3.6.1}$$

Wegen (3.6.1) ergibt sich $H_n^{(\tau)} = 0$ für $n > \tau$, so daß für $n \in I$

$$\begin{aligned}(H^{(\tau)} \bullet Y)_n &= \sum_{i=1}^{n} H_i^{(\tau)} (Y_i - Y_{i-1}) = \sum_{i=1}^{n\wedge\tau} (Y_i - Y_{i-1}) \\ &= Y_{n\wedge\tau} - Y_0,\end{aligned}$$

also

$$Y_n^\tau = Y_0 + (H^{(\tau)} \bullet Y)_n, \quad n \in I \tag{3.6.2}$$

gilt. Da $\{n \leq \tau\} = \Omega \setminus \{\tau \leq n-1\} \in \mathcal{A}_{n-1}, n \in I \setminus \{0\}$, ist $H^{(\tau)}$ vorhersehbar, so daß sich (a) und der erste Teil von (b) aus Satz 2.2 und Satz 1.9(a) ergeben. Zum Nachweis der zweiten Aussage in (b) sei etwa Y ein Submartingal; $\sigma \leq \tau$ seien SZ derart, daß für eine ganze Zahl K $\sigma(\omega) \leq \tau(\omega) \leq K$, $\omega \in \Omega$, gilt (im Fall $I = \{0, 1, \dots, N\}$ wählen wir $K = N$). Da $\{\sigma = n\} = \{\sigma = n\} \cap \{\tau \geq n\}$, $n \in I$, folgt

$$E[Y_\sigma] = \sum_{n=0}^{K} E\left[Y_n I_{\{\sigma=n\}\cap\{\tau\geq n\}}\right] = \sum_{n=0}^{K} E\left[Y_n^\tau I_{\{\sigma=n\}}\right].$$

Da Y^τ ein Submartingal ist, ergibt sich wegen $\{\sigma = n\} \in \mathcal{A}_n$

$$E\left[Y_\sigma\right] \leq \sum_{n=0}^{K} E\left[Y_K^\tau I_{\{\sigma=n\}}\right] = \sum_{n=0}^{K} E\left[Y_\tau I_{\{\sigma=n\}}\right] = E\left[Y_\tau\right].$$

Ist Y ein Supermartingal, so wende man (3.5.6) auf das Submartingal $(-Y_n)$ an. ■

3.7 Satz. *Sei* $(\mathcal{A}_n)$ $(n \in I)$ *eine Filtrierung und* $Y = (Y_n) \subset L^1$ $(n \in I)$ *an* $(\mathcal{A}_n)$ *adaptiert.*

(a) *Gilt für jede beschränkte (!) $(\mathcal{A}_n)$-SZ τ*

(3.7.1) $$E[Y_\tau] = E[Y_0],$$

so ist Y ein $(\mathcal{A}_n)$-Martingal.

(b) *Gilt für beliebige beschränkte(!) $(\mathcal{A}_n)$-SZ σ, τ derart, daß $\sigma(\omega) \leq \tau(\omega)$, $\omega \in \Omega$,*

(3.7.2) $$E[Y_\tau] \geq E[Y_\sigma]$$

bzw.

(3.7.3) $$E[Y_\tau] \leq E[Y_\sigma],$$

so ist Y ein $(\mathcal{A}_n)$-Sub- bzw. $(\mathcal{A}_n)$-Supermartingal.

BEWEIS. (b) Sei $A \in \mathcal{A}_{n-1}$ für ein $n \in I \setminus \{0\}$. Durch $\sigma := (n-1)I_A + nI_{\Omega \setminus A}$ wird ersichtlich eine beschränkte SZ definiert. Da für die SZ $\tau \equiv n$ $\sigma \leq \tau$ gilt, folgt aus (3.7.2)

$$E[Y_n] \geq E[Y_{n-1}I_A] + E[Y_n I_{\Omega \setminus A}],$$

d.h.

$$\int_A Y_n \, dP \geq \int_A Y_{n-1} \, dP.$$

Wegen Satz 1.8 ist somit (Y_n) ein Submartingal. Analog beweist man die restliche Aussage in (b) und erhält damit auch (a). ■

3.8 Satz. *Sei $X = (X_n)$ $(n \geq 0)$ ein positives Supermartingal und τ das Debut von $\{0\}$ für X, d.h. $\tau = min\{n \geq 0 : X_n = 0\}$. Dann gilt*

(3.8.1) $$X_n = 0 \quad \textit{für alle } n \geq \tau \quad \textit{f.s. auf } \{\tau < \infty\}.$$

BEWEIS. Da $\{\tau = n\} \in \mathcal{A}_n$, $n \geq 0$, folgt

$$0 \leq E\left[X_m I_{\{\tau=n\}}\right] \leq E\left[X_n I_{\{\tau=n\}}\right] = 0, \quad m \geq n \geq 0,$$

woraus sich $X_m I_{\{\tau=n\}} = 0$ f.s., $m \geq n \geq 0$, ergibt. Somit gilt $X_m = 0$ f.s. für alle $m \geq \tau$ auf $\{\tau = n\}$, $n \geq 0$. Dies impliziert (3.8.1). ■

Das folgende Resultat faßt einige einfache Eigenschaften von SZ zusammen, die später benötigt werden.

3.9 Satz. *Sei $(\mathcal{A}_n)$ $(n \in I)$. Dann gilt für beliebige $(\mathcal{A}_n)$-SZ σ, τ:*

(a) *$\sigma \wedge \tau$, $\sigma \vee \tau$ sind $(\mathcal{A}_n)$-SZ.*

(b) *Im Fall $I = \mathbb{Z}_+$ ist auch $\sigma + \tau$ eine $(\mathcal{A}_n)$-SZ.*

BEWEIS. (a) Für $n \in I$ gilt

$$\{\sigma \wedge \tau = n\} = \{\sigma = n, \tau \geq n\} \cup \{\tau = n, \sigma \geq n\} \in \mathcal{A}_n$$

und

$$\{\sigma \vee \tau = n\} = \{\sigma = n, \tau \leq n\} \cup \{\tau = n, \sigma \leq n\} \in \mathcal{A}_n.$$

(b) $$\{\sigma + \tau = n\} = \bigcup_{m=0}^{n} \{\sigma = m, \tau = n - m\} \in \mathcal{A}_n, \quad n \geq 0.$$ ■

Sei $Y = (Y_n)$ ein Martingal mit Indexmenge $I = \mathbb{Z}_+$. Satz 3.5(a) besagt: Ist τ eine *beschränkte* SZ, so gilt

$$E[Y_\tau] = E[Y_0]. \tag{3.9.1}$$

Es erhebt sich die Frage, inwieweit (3.9.1) gültig bleibt für SZ τ, für die lediglich

$$\tau < \infty \quad \text{f.s.} \tag{3.9.2}$$

angenommen wird. Dann ist Y_τ auf der Menge $\{\tau < \infty\}$ und damit f.s. definiert (man beachte, daß „∞" kein Index ist). Anhand von Beispielen zeigt sich: Existiert der EW von Y_τ, so braucht (3.9.1) dennoch nicht zu gelten. Das folgende Resultat liefert Bedingungen, die *hinreichend* für die Gültigkeit von (3.9.1) sind.

Gelte (3.9.2). Auf der Menge $\{\tau = \infty\}$, für die $P(\{\tau = \infty\}) = 0$ gilt, ist Y_τ zunächst nicht definiert. Es erweist sich als zweckmäßig, unter Y_τ folgende Abbildung zu verstehen:

$$Y_\tau(\omega) := Y_{\tau(\omega)}(\omega) := \begin{cases} Y_n(\omega), & \text{falls} \quad \tau(\omega) = n \in \mathbb{Z}_+ \\ 0, & \text{falls} \quad \tau(\omega) = \infty. \end{cases} \tag{3.9.3}$$

Dann ist Y_τ eine ZV, da für $B \in \mathcal{R}$

$$\{Y_\tau \in B\} = \bigcup_{n=0}^{\infty} (\{Y_n \in B\} \cap \{\tau = n\}) \in \mathcal{A}, \quad \text{falls} \quad 0 \notin B$$

und

$$\{Y_\tau \in B\} = \left(\bigcup_{n=0}^{\infty} (\{Y_n \in B\} \cap \{\tau = n\})\right) \cup \{\tau = \infty\} \in \mathcal{A}, \quad \text{falls} \quad 0 \in B.$$

3.10 Satz. *Sei (Y_n) $(n \geq 0)$ ein $(\mathcal{A}_n)$-Martingal und sei τ eine $(\mathcal{A}_n)$-SZ derart, daß*

$$\tau < \infty \quad \textit{f.s.} \tag{3.10.1}$$

und

$$E[|Y_\tau|] < \infty. \tag{3.10.2}$$

Gilt für eine gewisse Folge von Indizes $1 \leq n(1) < n(2) < \cdots$

$$\lim_{i\to\infty} \int_{\{\tau > n(i)\}} Y_{n(i)}\, dP = 0, \tag{3.10.3}$$

so folgt

$$E[Y_\tau] = E[Y_0]. \tag{3.10.4}$$

BEWEIS. Wegen Satz 3.5(a) ist Y^τ ein Martingal, so daß für $i \geq 1$

$$E[Y_0] = E\left[Y_{n(i)\wedge\tau}\right] = E\left[Y_\tau I_{\{\tau \leq n(i)\}}\right] + E\left[Y_{n(i)} I_{\{\tau > n(i)\}}\right]$$

gilt. Wegen (3.10.3) reicht es also zum Nachweis von (3.10.4) zu zeigen:

(3.10.5) $$\lim_{i\to\infty} E\left[Y_\tau I_{\{\tau\le n(i)\}}\right] = E\left[Y_\tau\right].$$

Wegen (3.10.1) gilt für $i \to \infty$ $I_{\{\tau\le n(i)\}} \to I_{\{\tau<\infty\}} = 1$ f.s., so daß (3.10.5) eine Folgerung aus (3.10.2) und dem Satz von der dominierten Konvergenz ist. ∎

Als Konsequenz aus Satz 3.10 ergibt sich

3.11 Satz. *Sei $Y = (Y_n)$ $(n \ge 0)$ ein $(\mathcal{A}_n)$-Martingal und τ eine $(\mathcal{A}_n)$*-SZ.

(a) *Gilt*

(3.11.1) $$\tau < \infty \quad f.s.$$

und existiert ein $\xi \in L^1$ derart, daß

(3.11.2) $$|Y_{n\wedge\tau}| \le \xi \quad f.s.,\ n \ge 0,$$

so folgt

(3.11.3) $$E\left[|Y_\tau|\right] < \infty$$

und

(3.11.4) $$E\left[Y_\tau\right] = E\left[Y_0\right].$$

(b) *Gilt statt* (3.11.1) *sogar*

(3.11.5) $$E\left[\tau\right] < \infty$$

und existiert eine Konstante K derart, daß

(3.11.6) $$E\left[|Y_{n\wedge\tau} - Y_{(n-1)\wedge\tau}||\mathcal{A}_{n-1}\right] \le K \quad f.s.,\ n \ge 1,$$

so folgt (3.11.3) *und* (3.11.4).

BEWEIS. (a) Wegen $|Y_{n\wedge\tau}| \to |Y_\tau|$ f.s. $(n \to \infty)$ ergibt sich (3.11.3) mit Hilfe des Satzes von der dominierten Konvergenz. Andererseits erhält man wegen (3.11.2) die Abschätzung

$$\int_{\{\tau>n\}} |Y_n|\,dP = \int_{\{\tau>n\}} |Y_{n\wedge\tau}|\,dP \le \int_{\{\tau>n\}} \xi\,dP, \quad n \ge 1,$$

aus der sich wegen (3.11.1) und der Integrierbarkeit von ξ die Gültigkeit von (3.10.3) für die Folge $n(i) = i$ $(n \ge 1)$ ergibt. Somit ist (3.11.4) eine Konsequenz aus Satz 3.10.

(b) Wegen (a) reicht es zu zeigen, daß (3.11.2) für ein gewisses $\xi \in L^1$ gilt. Ersichtlich ist

$$\begin{aligned} |Y_{n\wedge\tau}| &\le |Y_0| + \sum_{i=1}^{n\wedge\tau} |Y_i - Y_{i-1}| = |Y_0| + \sum_{i=1}^{n\wedge\tau} \left|Y_{i\wedge\tau} - Y_{(i-1)\wedge\tau}\right| \\ &\le |Y_0| + \sum_{i=1}^{\infty} \left|Y_{i\wedge\tau} - Y_{(i-1)\wedge\tau}\right| I_{\{\tau\ge i\}} =: \xi, \quad n \ge 0. \end{aligned}$$

Die Integrierbarkeit von ξ ergibt sich so: Wegen des Satzes von der monotonen Konvergenz gilt

$$E[\xi] = E\left[|Y_0|\right] + \sum_{i=1}^{\infty} E\left[E\left[\left|Y_{i\wedge\tau} - Y_{(i-1)\wedge\tau}\right| I_{\{\tau\geq i\}} \mid \mathcal{A}_{i-1}\right]\right].$$

Aufgrund von (3.11.6) ergibt sich hieraus wegen $\{\tau \geq i\} \in \mathcal{A}_{i-1}$ $(i \geq 1)$

$$\begin{aligned} E[\xi] &\leq E\left[|Y_0|\right] + K\sum_{i=1}^{\infty} P(\tau \geq i) \\ &= E\left[|Y_0|\right] + KE[\tau] < \infty, \end{aligned}$$

wobei zuletzt noch Satz 1.9[4] und (3.11.5) benutzt wurde. ∎

Eine hinreichende Bedingung für die Integrierbarkeit einer SZ liefert

3.12 Lemma. *Sei τ eine $(\mathcal{A}_n)$-SZ $(n \geq 0)$. Es existiere eine ganze Zahl $N \geq 1$ und eine Zahl $0 < c < 1$ derart, daß*

(3.12.1) $$P(\tau \leq n + N|\mathcal{A}_n) \geq c \quad \textit{f.s.},\ n \geq 0.$$

Dann folgt $E[\tau] < \infty$.

BEWEIS. Es reicht

(3.12.2) $$P(\tau > kN) \leq (1-c)^k, \quad k = 1, 2, \ldots$$

zu zeigen, da dann wegen Satz 1.9[4] τ/N und damit τ integrierbar ist. Der Beweis von (3.12.2) geschieht durch Induktion nach $k \geq 1$. Die Gültigkeit von (3.12.2) für $k = 1$ ergibt sich sofort aus (3.12.1) (für $n = 0$). Gilt (3.12.2) für ein $k \geq 1$, so folgt wegen (3.12.1) (für $n = kN$)

$$\begin{aligned} P(\tau > (k+1)N) &= E\left[P(\tau > (k+1)N,\ \tau > kN|\mathcal{A}_{kN})\right] \\ &= E\left[I_{\{\tau > kN\}} P(\tau > kN + N|\mathcal{A}_{kN})\right] \\ &\leq (1-c)P(\tau > kN) \leq (1-c)^{k+1}. \end{aligned}$$

∎

In einigen der folgenden Anwendungen von Satz 3.11 betrachten wir eine UIV-Folge von ZV $X_1, X_2, \ldots$ derart, daß für ein $0 < p < 1$

(3.12.3) $$P(X_1 = 1) = p, \quad P(X_1 = -1) = 1 - p =: q.$$

$(\mathcal{A}_n)$ $(n \geq 0)$ sei die von (X_n) erzeugte Filtrierung. Wir setzen

(3.12.4) $$S_n = X_1 + \cdots + X_n, \quad n \geq 0.$$

(S_n) ist dann eine *einfache Irrfahrt mit Parameter p* auf $\mathbb{Z}$, und im Spezialfall $p = 1/2$ eine *einfache symmetrische Irrfahrt* (jeweils mit Start im Nullpunkt). S_n läßt sich auch als *Gesamtgewinn* auffassen, den ein Spieler bei den Spielen $1, \ldots, n$ erzielt, falls er bei jedem Spiel eine Geldeinheit einsetzt. Im Fall $p = 1/2$ ist (S_n) ein *Martingal* und im Fall $0 < p < 1/2$ wegen (1.14.4) ein *Supermartingal.*

3.13 Beispiele

3.13.1 Beispiel. Sei $S = (S_n)$ eine einfache symmetrische Irrfahrt. Sei τ das Debut von $\{1\}$ für S, d.h. $\tau := \min\{n \geq 0 : S_n = 1\}$. Wegen des Satzes von Chung-Fuchs (Satz 7.9[4]) gilt

$$\tau < \infty \quad \text{f.s.} \tag{3.13.1}$$

und damit

$$E[S_\tau] = 1 \neq E[S_0] = 0. \tag{3.13.2}$$

Wenden wir Satz 3.11(b) auf das Martingal $Y = S$ an, so folgt

$$E[\tau] = \infty, \tag{3.13.3}$$

da sonst aufgrund von $|S_{n\wedge\tau} - S_{(n-1)\wedge\tau}| \leq 1$ f.s. , $n \geq 1$, die Voraussetzungen von Satz 3.11(b) erfüllt wären und sich ein Widerspruch zu (3.13.2) ergäbe. Setzt also ein Spieler bei jedem Spiel eine Geldeinheit, so kann er wegen (3.13.1) f.s. irgendwann den Gesamtgewinn 1 erzielen, aber wegen (3.13.3) muß er „sehr lange" spielen!

Zur Bestimmung der Verteilung von τ betrachten wir wie in Beispiel 2.5.1 das Martingal

$$Z_n := \frac{\exp(\alpha S_n)}{(c(\alpha))^n}, \quad n \geq 0 \tag{3.13.4}$$

mit

$$c(\alpha) := \frac{1}{2}(e^\alpha + e^{-\alpha}) \quad (\alpha \geq 0 \text{ sei fest}). \tag{3.13.5}$$

(Die Funktion $c(\cdot)$ heißt auch *hyperbolischer Kosinus.*) Wegen der Jensen-Ungleichung folgt $c(\alpha) = E[\exp(\alpha X_1)] \geq \exp(\alpha E[X_1]) = 1$, so daß wegen $\alpha \geq 0$

$$0 \leq Z_{n\wedge\tau} \leq \exp(\alpha S_{n\wedge\tau}) \leq \exp(\alpha), \quad n \geq 0.$$

Aufgrund von (3.13.1) sind also die Voraussetzungen von Satz 3.11(a) erfüllt, und es ergibt sich somit $E[Z_\tau] = E[Z_0] = 1$. Auf $\{\tau < \infty\}$ gilt aber $Z_\tau = \exp(\alpha S_\tau)/(c(\alpha))^\tau = \exp(\alpha)/(c(\alpha))^\tau$, so daß

$$E\left[\left(\frac{1}{c(\alpha)}\right)^\tau\right] = e^{-\alpha}, \quad \alpha \geq 0. \tag{3.13.6}$$

Zu jedem $0 < t \leq 1$ existiert *genau ein* $\alpha \geq 0$ derart, daß $1/c(\alpha) = t$. Aus (3.13.6) erhält man mittels einfacher Rechnung

$$E[t^\tau] = \frac{1}{t}\left(1 - \sqrt{1-t^2}\right), \quad 0 < t \leq 1. \tag{3.13.7}$$

Wegen $\tau \geq 1$ ergibt sich mit Hilfe von (3.13.1)

$$E[t^\tau] = \sum_{n=1}^{\infty} t^n P(\tau = n), \quad |t| \leq 1. \tag{3.13.8}$$

Auf die rechte Seite in (3.13.7) läßt sich der *binomische Satz* anwenden, aufgrund dessen für $\beta > 0$

$$(3.13.9) \qquad (1+x)^\beta = \sum_{n=0}^{\infty} \binom{\beta}{n} x^n, \quad |x| \leq 1.$$

Hierin ist $\binom{\beta}{n}$ ein *verallgemeinerter Binomialkoeffizient*:

$$(3.13.10) \qquad \binom{\beta}{n} := \frac{\beta(\beta-1)(\beta-2)\cdots(\beta-(n-1))}{n!}, \quad n \geq 0,$$

wobei

$$(3.13.11) \qquad \binom{\beta}{0} := 1$$

(vgl. etwa Hewitt/Stromberg (1965), S.90). Aus (3.13.7) - (3.13.9) folgt

$$\sum_{n=1}^{\infty} t^n P(\tau = n) = \sum_{n=1}^{\infty} \binom{1/2}{n} (-1)^{n+1} t^{2n-1}, \quad 0 \leq t \leq 1$$

(für $t = 0$ sind beide Seiten Null), woraus sich durch Koeffizientenvergleich

$$(3.13.12) \qquad P(\tau = 2n) = 0, \quad n \geq 0$$

und

$$(3.13.13) \qquad P(\tau = 2n-1) = (-1)^{n+1} \binom{1/2}{n}, \quad n \geq 1$$

ergibt. Mit Hilfe von (3.13.12), (3.13.13) und (3.13.10) erhält man insbesondere

$$P(\tau \geq 2n+1) = \sum_{k=n+1}^{\infty} (-1)^{k+1} \binom{1/2}{k} = \sum_{k=n+1}^{\infty} \frac{(2k-2)!}{k!(k-1)!} \cdot \frac{1}{2^{2k-1}},$$

so daß aufgrund der Stirling-Formel

$$(3.13.14) \quad P(\tau \geq 2n+1) \sim \frac{1}{2\sqrt{\pi}} \sum_{k=n+1}^{\infty} k^{-3/2} \sim \frac{1}{2\sqrt{\pi}} \int_n^{\infty} x^{-3/2}\, dx = \frac{1}{\sqrt{\pi n}}.$$

Daraus ergeben sich z.B. folgende Näherungswerte:

$$P(\tau \geq 17) \approx 1/5, \quad P(\tau \geq 65) \approx 1/10, \quad P(\tau \geq 257) \approx 1/20.$$

Wegen Satz 1.9[4] erhält man (3.13.3) auch direkt mit Hilfe von (3.13.14). ■

3.13.2 Beispiel. Sei (S_n) (definiert in (3.12.4)) eine einfache Irrfahrt mit Parameter $0 < p < 1$; $c \geq 0$ und $a \geq 0$ seien ganze Zahlen derart, daß $c + a > 0$. Wir betrachten die SZ

$$(3.13.15) \qquad \tau_c := \min\{n \geq 0 : S_n = c\}, \quad \tau_{-a} := \min\{n \geq 0 : S_n = -a\}$$

und setzen

$$(3.13.16) \qquad e_c(a) = P(\tau_c < \tau_{-a}).$$

Hierin ist $e_c(a)$ die Wahrscheinlichkeit, daß ein Spieler mit Anfangskapital a sein Ziel erreicht, beim Einsatz von jeweils einer Geldeinheit c Geldeinheiten hinzuzugewinnen, *bevor* er sein gesamtes Anfangskapital verspielt hat. Zur Berechnung von $e_c(a)$ beachte man zunächst

$$P(\tau_c < \tau_{-a}) + P(\tau_{-a} < \tau_c) = 1, \tag{3.13.17}$$

d.h. es gilt $P(\tau_c = \infty, \tau_{-a} = \infty) = 0$. Im Fall $p \neq 1/2$ ergibt sich dies mit Hilfe des starken Gesetzes der großen Zahlen (Satz 4.4[7]), während (3.13.17) im Fall $p = 1/2$ aus dem Satz von Chung-Fuchs (Satz 7.9[4]) folgt. Sei zunächst $p \neq 1/2$. Dann ist $Y_n := (q/p)^{S_n} (n \geq 0)$ ein Martingal (vgl. Beispiel 2.5.1) derart, daß

$$(q/p)^c \wedge (q/p)^{-a} \leq Y_n^{\tau_c \wedge \tau_{-a}} \leq (q/p)^c \vee (q/p)^{-a}, \quad n \geq 0.$$

Da $\tau_c \wedge \tau_{-a}$ wegen Satz 3.9(a) eine SZ ist, ergibt sich für das Martingal $Y^{\tau_c \wedge \tau_{-a}}$ aufgrund von Satz 3.11(a) und (3.13.17)

$$E[Y_0] = 1 = E[Y_{\tau_c \wedge \tau_{-a}}] = (q/p)^c e_c(a) + (q/p)^{-a} (1 - e_c(a)),$$

so daß

$$e_c(a) = \frac{1 - (q/p)^a}{1 - (q/p)^{c+a}}, \quad \text{falls} \quad p \neq \frac{1}{2}. \tag{3.13.18}$$

Beim Spiel „*Rot und Schwarz*“ ist $p = 18/38$, also $q/p = 10/9$, so daß z.B.

$$e_{10}(90) = 0{,}34866114, \quad e_{10}(990) = 0{,}34867844, \quad e_{100}(900) = 0{,}00002656.$$

Im Fall $p = 1/2$ ist (S_n) ein Martingal derart, daß

$$-a \leq S_n^{\tau_c \wedge \tau_{-a}} \leq c, \quad n \geq 0. \tag{3.13.19}$$

Wegen Satz 3.11(a) und (3.13.17) folgt also

$$E[S_0] = 0 = E[S_{\tau_c \wedge \tau_{-a}}] = c e_c(a) - a(1 - e_c(a)),$$

so daß

$$e_c(a) = \frac{a}{c + a}, \quad \text{falls} \quad p = \frac{1}{2}. \tag{3.13.20}$$

Man erhält z.B.

$$e_{10}(90) = 0{,}9, \quad e_{10}(990) = 0{,}99, \quad e_{100}(900) = 0{,}9.$$

■

3.13.3 Beispiel (*Fortsetzung von Beispiel* 3.13.2). Im vorigen Beispiel ist $\tau := \tau_c \wedge \tau_{-a}$ die *Spieldauer*. Zur Berechnung von $E[\tau]$ betrachten wir zunächst den Fall $p \neq 1/2$ und benutzen, daß aufgrund von (1.14.2) $(S_n - (p-q)n)$ und somit auch $(S_{n\wedge\tau} - (p-q)(n \wedge \tau))$ ein Martingal ist. Wegen (3.13.19) folgt also

$$|p - q| E[n \wedge \tau] = |E[S_{n\wedge\tau}]| \leq E\left[|S_{n\wedge\tau}|\right] \leq c \vee a, \quad n \geq 0,$$

so daß sich mit Hilfe des Satzes von der monotonen Konvergenz $E[\tau] \leq (c \vee a)/|p-q| < \infty$, also insbesondere $\tau < \infty$ f.s. ergibt. Wegen (3.13.19) erhält man für $n \geq 1$

$$\begin{aligned} &\left|S_{n\wedge\tau} - (p-q)(n\wedge\tau) - \left(S_{(n-1)\wedge\tau} - (p-q)\left((n-1)\wedge\tau\right)\right)\right| \\ \leq\ & |S_{n\wedge\tau}| + \left|S_{(n-1)\wedge\tau}\right| + |p-q| \leq 2(c\vee a) + |p-q| \quad \text{f.s.,} \end{aligned}$$

so daß aufgrund von Satz 3.11(b) und (3.13.17)

$$\begin{aligned} 0 &= E\left[S_\tau - (p-q)\tau\right] \\ &= E[S_\tau] - (p-q)E[\tau] \\ &= ce_c(a) - a\left(1 - e_c(a)\right) - (p-q)E[\tau]. \end{aligned}$$

Mit Hilfe von (3.13.18) ergibt sich hieraus

$$E[\tau] = \frac{a}{q-p} - \frac{c+a}{q-p} \cdot \frac{1-(q/p)^a}{1-(q/p)^{c+a}}, \quad \text{falls} \quad p \neq \frac{1}{2}. \tag{3.13.21}$$

Für das Spiel „Rot und Schwarz" erhält man z.B.

$E[\tau_{10} \wedge \tau_{-90}] = 1048$, $E[\tau_{10} \wedge \tau_{-990}] = 12185$, $E[\tau_{100} \wedge \tau_{-900}] = 17100$.

Im Fall $p = 1/2$ ist $(S_n^2 - n)$ ein Martingal wegen (1.14.5). Ähnlich wie im Fall $p \neq 1/2$ erhält man $E[\tau] \leq c^2 \vee a^2$ sowie

$$\left|S^2_{n\wedge\tau} - n\wedge\tau - \left(S^2_{(n-1)\wedge\tau} - (n-1)\wedge\tau\right)\right| \leq 2(c^2 \vee a^2) + 1 \quad \text{f.s. } (n \geq 1),$$

so daß aufgrund von Satz 3.11(b) und (3.13.17)

$$\begin{aligned} 0 &= E[S_\tau^2 - \tau] \\ &= E[S_\tau^2] - E[\tau] \\ &= c^2 e_c(a) + a^2\left(1 - e_c(a)\right) - E[\tau]. \end{aligned}$$

Wegen (3.13.20) impliziert dies

$$E[\tau] = ca, \quad \text{falls} \quad p = \frac{1}{2}. \tag{3.13.22}$$

Man erhält z.B.

$E[\tau_{10} \wedge \tau_{-90}] = 900$, $E[\tau_{10} \wedge \tau_{-990}] = 9900$, $E[\tau_{100} \wedge \tau_{-900}] = 90000$.

■

3.13.4 Beispiel. Sei $(\xi_n) \subset L^1 (n \geq 0)$ eine *positive* Folge von unabhängigen ZV derart, daß $E[\xi_n] \leq 1$, $n \geq 1$. Dann ist die Folge $X_n := \xi_0 \cdots \xi_n$, $n \geq 0$, ein Supermartingal bez. der Filtrierung $\mathcal{A}_n := \sigma\{\xi_0, \ldots, \xi_n\}$, $n \geq 0$, da $0 \leq E[X_n] = E[\xi_0] \cdots E[\xi_n] \leq 1$ $(n \geq 0)$ und $E[X_n|\mathcal{A}_{n-1}] = X_{n-1}E[\xi_n|\mathcal{A}_{n-1}] = X_{n-1}E[\xi_n] \leq X_{n-1}$ f.s. Gilt insbesondere $E[\xi_n] = 1$, $n \geq 1$, so ist (X_n) ein Martingal. Ist (ξ_n) eine UIV-Folge derart, daß $E[\xi_1] \leq 1$, so ergibt sich (vgl. Beispiel 6.13.6) $X_n \to 0$ f.s. $(n \to \infty)$, falls $P(\xi_0 \neq 1) > 0$. ■

3.13.5 Beispiel. Wir betrachten ein stochastisches Modell für Organismen (oder Partikel), die jeweils — unabhängig voneinander — mit Wahrscheinlichkeit p_k k Nachkommen haben ($k \geq 0$), so daß $p_0 + p_1 + \cdots = 1$. Sei $N(i,j), i,j = 1,2,\ldots$, eine UIV-Familie von ZV derart, daß $P(N(i,j) = k) = p_k$, $k \geq 0$, $i,j \geq 1$. Zu Beginn beträgt die Anzahl der Organismen $Z_0 \equiv 1$ (0-te Generation). Die Zahl der Nachkommen dieses Organismus, die insgesamt die 1.Generation bilden, ist $Z_1 := N(1,1)$. Der i-te Organismus aus der 1.Generation habe $N(2,i)$ Nachkommen, so daß die 2.Generation aus

$$Z_2 := N(2,1) + \cdots + N(2, N(1,1)) = N(2,1) + \cdots + N(2, Z_1)$$

Organismen besteht. Allgemein besteht die n-te Generation aus

$$Z_n := N(n,1) + N(n,2) + \cdots + N(n, Z_{n-1}), \quad n \geq 1 \tag{3.13.23}$$

Organismen (es sei $Z_n := 0$ auf $\{Z_{n-1} = 0\}$). Die Folge (Z_n) $(n \geq 0)$ bildet einen *Verzweigungsprozeß*. Für den EW $\mu := E[N(1,1)]$ gelte im folgenden $0 < \mu < \infty$. Dann bildet die durch

$$X_n := \frac{1}{\mu^n} Z_n, \quad n \geq 0 \tag{3.13.24}$$

definierte Folge ein Martingal bez. der Filtrierung $\mathcal{A}_n := \sigma\{Z_0, \ldots, Z_n\}, n \geq 0$. In der Tat, da die Folge $\{N(n,i) : i \geq 1\}$ unabhängig von $\mathcal{A}_{n-1}$ ist, erhält man wegen Satz 7.8 [4] $E[Z_n] = \mu E[Z_{n-1}]$, $n \geq 1$, so daß $E[X_n] = 1$, $n \geq 0$. Auf einer Menge $\{Z_0 = 1, Z_1 = k_1, \ldots, Z_{n-1} = k_{n-1}\}$ mit positiver Wahrscheinlichkeit gilt wegen (3.13.23)

$$\begin{aligned} &E[Z_n|\mathcal{A}_{n-1}] \\ &= E[N(n,1) + \cdots + N(n, k_{n-1}) | Z_0 = 1, Z_1 = k_1, \ldots, Z_{n-1} = k_{n-1}] \\ &= E[N(n,1) + \cdots + N(n, k_{n-1})] = \mu k_{n-1} = \mu Z_{n-1} \quad \text{f.s.}, \end{aligned}$$

so daß $E[X_n|\mathcal{A}_{n-1}] = X_{n-1}$ f.s., $n \geq 1$. ■

Wir hatten gesehen: Ist (X_n) ein $(\mathcal{A}_n)$-Martingal $(n \geq 0)$, so ist für jede SZ τ $(X_{n \wedge \tau})$ wieder ein $(\mathcal{A}_n)$-Martingal; sind $\sigma \leq \tau$ *beschränkte* SZ, so folgt $E[X_\sigma] = E[X_\tau]$. Einem Spieler kann es evtl. günstiger erscheinen, nicht bei jedem der Spiele $1, 2, \ldots$ zu setzen, sondern — abhängig vom Spielverlauf — lediglich bei zufällig gewählten Spielen $1 \leq \tau(1) < \tau(2) < \cdots$, wobei $\tau(1), \tau(2), \ldots$ SZ sind. Setzt er beim Spiel $\tau = \tau(\omega) \geq 1$, so ist die Information, die ihm zur Verfügung steht, gegeben durch die σ-Algebra $\mathcal{A}_\tau$ derjenigen *Ereignisse, die bis zum Zeitpunkt τ eintreten können.* Man wird vermuten, daß dann unter gewissen Zusatzvoraussetzungen $(X_{\tau(n)})$ wieder ein Martingal bez. einer geeigneten Filtrierung ist.

Die σ-Algebren $\mathcal{A}_\tau$ (τ eine SZ) werden durch folgende Definition gegeben:

3.14 Definition. Ist $(\mathcal{A}_n)$ $(n \geq 0)$ eine Filtrierung, so setzen wir

$$\mathcal{A}_\infty := \sigma(\mathcal{A}_0 \cup \mathcal{A}_1 \cup \cdots), \tag{3.14.1}$$

d.h. $\mathcal{A}_\infty$ ist die kleinste σ-Algebra, die alle σ-Algebren $\mathcal{A}_n$ $(n \geq 0)$ umfaßt. (Das nachfolgende Beispiel 3.15 zeigt, daß i.a. $\mathcal{A}_0 \cup \mathcal{A}_1 \cup \cdots$ *keine* σ-Algebra ist.) Sei jetzt τ eine *beliebige* SZ. Die σ-Algebra $\mathcal{A}_\tau$ besteht dann aus allen Ereignissen $A \in \mathcal{A}_\infty$ derart, daß

(3.14.2) $$A \cap \{\tau = n\} \in \mathcal{A}_n, \quad n \in \mathbb{Z}_+$$

oder (äquivalent!)

(3.14.3) $$A \cap \{\tau \leq n\} \in \mathcal{A}_n, \quad n \in \mathbb{Z}_+.$$

■

3.15 Beispiel. Sei $(\mathcal{A}_n)(n \geq 0)$ eine Filtrierung. Dann ist $\mathcal{A}_0 \cup \mathcal{A}_1 \cup \cdots$ zwar stets eine Algebra, aber i.a. keine σ- Algebra, wie folgendes Beispiel zeigt: Sei $\Omega = [0,1[$ und $\mathcal{A} = \mathcal{R}([0,1[)$. Wir betrachten die Zerlegungen $\mathcal{P}_n = \{[0, \frac{1}{2^n}[, [\frac{1}{2^n}, \frac{1}{2^{n-1}}[, \ldots, [\frac{1}{2^1}, 1[\}$ $(n \geq 0)$ von Ω. Dann ist $\mathcal{A}_n := \sigma(\mathcal{P}_n)\,(n \geq 0)$ eine Filtrierung derart, daß $\{0\} \notin \mathcal{A}_0 \cup \mathcal{A}_1 \cup \cdots$. Wäre $\bigcup_{n=0}^{\infty} \mathcal{A}_n$ eine σ-Algebra, so folgte $[0,1[\cap [0, \frac{1}{2^1}[\cap [0, \frac{1}{2^2}[\cap \cdots = \{0\} \in \bigcup_{n=0}^{\infty} \mathcal{A}_n$. ■

3.16 Satz. (a) *Sei τ eine* SZ. *Dann ist $\mathcal{A}_\tau$ eine σ-Algebra.*

(b) *Für die* SZ $\tau \equiv m$ $(m \in \mathbb{Z}_+)$ *folgt $\mathcal{A}_\tau = \mathcal{A}_m$, und für $\tau \equiv \infty$ ergibt sich $\mathcal{A}_\tau = \mathcal{A}_\infty$.*

(c) *Für jede* SZ τ *gilt, daß τ $\mathcal{A}_\tau$-meßbar ist.*

(d) *Sei σ eine* SZ *und sei $\tau : \Omega \longrightarrow \mathbb{Z}_+ \cup \{\infty\}$ $\mathcal{A}_\sigma$-meßbar. Dann ist τ eine* SZ , *falls $\sigma \leq \tau$, d.h. $\sigma(\omega) \leq \tau(\omega)$, $\omega \in \Omega$.*

(e) *Die folgenden Beziehungen verallgemeinern* (3.14.2) *und* (3.14.3): *Es gilt*

(3.16.1) $$A \cap \{\sigma = \tau\} \in \mathcal{A}_\tau, \quad A \in \mathcal{A}_\sigma$$

und

(3.16.2) $$A \cap \{\sigma \leq \tau\} \in \mathcal{A}_\tau, \quad A \in \mathcal{A}_\sigma$$

für beliebige SZ σ, τ.

(f) *Sind σ, τ* SZ *derart, daß $\sigma \leq \tau$, so folgt $\mathcal{A}_\sigma \subset \mathcal{A}_\tau$.*

(g) *Für beliebige* SZ σ, τ *gilt*

(3.16.3) $$\mathcal{A}_\sigma \cap \mathcal{A}_\tau = \mathcal{A}_{\sigma \wedge \tau}.$$

(h) *Sind σ, τ* SZ, *so gehören die Ereignisse*

$$\{\sigma < \tau\}, \{\sigma \leq \tau\}, \{\sigma = \tau\}, \{\sigma \geq \tau\}, \{\sigma > \tau\}$$

jeweils zu $\mathcal{A}_\sigma \cap \mathcal{A}_\tau = \mathcal{A}_{\sigma \wedge \tau}$.

BEWEIS. Die Nachweise von (a) - (c) seien dem Leser überlassen.

(d) Nach Voraussetzung gilt $\{\tau = n\} \in \mathcal{A}_\sigma$, $n \in \mathbb{Z}_+$. Aus $\sigma \leq \tau$ und (3.14.3) folgt dann $\{\tau = n\} = \{\tau = n\} \cap \{\sigma \leq n\} \in \mathcal{A}_n$, $n \in \mathbb{Z}_+$, d.h. τ ist eine SZ.

(e) Sei $A \in \mathcal{A}_\sigma$. Für $n \in \mathbb{Z}_+$ ergibt sich dann wegen (3.14.2)

$$(A \cap \{\sigma = \tau\}) \cap \{\tau = n\} = (A \cap \{\sigma = n\}) \cap \{\tau = n\} \in \mathcal{A}_n.$$

Ähnlich erhält man (3.16.2) mit Hilfe von (3.14.3).

(f) Sei $A \in \mathcal{A}_\sigma$. Dann folgt wegen (e) $A = A \cap \{\sigma \leq \tau\} \in \mathcal{A}_\tau$.

(g) $\mathcal{A}_{\sigma\wedge\tau} \subset \mathcal{A}_\sigma \cap \mathcal{A}_\tau$ folgt aus (f). Sei $A \in \mathcal{A}_\sigma \cap \mathcal{A}_\tau$. Dann erhält man für $n \in \mathbb{Z}_+$ wegen (3.14.3) $A \cap \{\sigma\wedge\tau \leq n\} = (A \cap \{\sigma \leq n\}) \cup (A \cap \{\tau \leq n\}) \in \mathcal{A}_n$, so daß $A \in \mathcal{A}_{\sigma\wedge\tau}$.

(h) Wegen (3.16.1) und (3.16.2) gilt $\{\sigma = \tau\} \in \mathcal{A}_\tau$, $\{\sigma \leq \tau\} \in \mathcal{A}_\tau$, so daß $\{\sigma < \tau\} \in \mathcal{A}_\tau$, $\{\sigma > \tau\} \in \mathcal{A}_\tau$ sowie $\{\sigma \geq \tau\} \in \mathcal{A}_\tau$. Aus Symmetriegründen gehören diese Mengen auch zu $\mathcal{A}_\sigma$. ■

Sei (X_n) ein $(\mathcal{A}_n)$-Martingal $(n \geq 0)$ und τ eine beliebige SZ. Aufgrund des Stoppsatzes 3.5(a) ist auch $(X_{n\wedge\tau})$ ein $(\mathcal{A}_n)$-Martingal, so daß

$$E[X_{n\wedge\tau}|\mathcal{A}_m] = X_{m\wedge\tau} \quad \text{f.s.}, \; n > m \geq 0. \tag{3.16.4}$$

Nun ist $X_{m\wedge\tau}$ $\mathcal{A}_{m\wedge\tau}$-meßbar, da für $B \in \mathcal{R}$

$$\{X_{m\wedge\tau} \in B\} \cap \{m \wedge \tau = n\} = \{X_n \in B\} \cap \{m \wedge \tau = n\} \in \mathcal{A}_n, \quad n \in \mathbb{Z}_+.$$

Aus (3.16.4) und Satz 3.16(f) ergibt sich somit

$$E[X_{n\wedge\tau}|\mathcal{A}_{m\wedge\tau}] = X_{m\wedge\tau} \quad \text{f.s.}, \; n > m \geq 0. \tag{3.16.5}$$

Analoges gilt für Sub- und Supermartingale. Eine einfache Verallgemeinerung von (3.16.5) liefert

3.17 Lemma. *Sei (X_n) ein Martingal und τ eine beschränkte* SZ. *Dann ist X_τ integrierbar, $\mathcal{A}_\tau$-meßbar, und für eine* SZ *$\sigma \leq \tau$ gilt*

$$E[X_\tau|\mathcal{A}_\sigma] = X_\sigma \quad f.s. \tag{3.17.1}$$

Analoges gilt für Sub- und Supermartingale.

BEWEIS. Sei N ganzzahlig derart, daß $\tau \leq N$. X_τ ist integrierbar wegen $|X_\tau| \leq |X_0| + \cdots + |X_N| \in L^1$. Die $\mathcal{A}_\tau$-Meßbarkeit von X_τ folgt aus $\{X_\tau \in B\} \cap \{\tau = n\} = \{X_n \in B\} \cap \{\tau = n\} \in \mathcal{A}_n$, $n \in \mathbb{Z}_+$, $B \in \mathcal{R}$. Es bleibt zu zeigen:

$$\int_A X_\sigma \, dP = \int_A X_\tau \, dP, \quad A \in \mathcal{A}_\sigma, \tag{3.17.2}$$

falls $\sigma \leq \tau$. Sei $A \in \mathcal{A}_\sigma$. Da $(X_{n\wedge\tau})$ ein $(\mathcal{A}_n)$-Martingal ist, ergibt sich für $A_n := A \cap \{\sigma = n\}$ wegen $A_n = A_n \cap \{\tau \geq n\} \in \mathcal{A}_n$

$$\begin{aligned}
\int_A X_\sigma \, dP &= \sum_{n=0}^{N} \int_{A_n \cap \{\tau \geq n\}} X_{n\wedge\tau} \, dP = \sum_{n=0}^{N} \int_{A_n} X_{N\wedge\tau} \, dP \\
&= \sum_{n=0}^{N} \int_{A_n} X_\tau \, dP = \int_A X_\tau \, dP.
\end{aligned}$$

■

Wir werden zeigen, daß (3.17.1) unter gewissen Zusatzannahmen sogar für *beliebige* SZ $\sigma \le \tau$ gilt. Dabei treten zwei Probleme auf: X_τ ist geeignet auf der Menge $\{\tau = \infty\}$ zu definieren, und es muß $X_\tau \in L^1$ gelten. Wir betrachten zunächst $(\mathcal{A}_n)$-Martingale $(X_n)(n \ge 0)$ derart, daß für ein $Y \in L^1$

(3.17.3) $$X_n = E[Y|\mathcal{A}_n], \quad n \in \mathbb{Z}_+.$$

Wegen $E[Y|\mathcal{A}_n] = E\left[E[Y|\mathcal{A}_\infty]|\mathcal{A}_n\right]$, $n \in \mathbb{Z}_+$, dürfen wir *zusätzlich* annehmen, daß Y $\mathcal{A}_\infty$-meßbar ist. Für $X_\infty := Y$ gilt somit

(3.17.4) $$X_n = E[X_\infty|\mathcal{A}_n], \quad n \in \mathbb{Z}_+ \cup \{\infty\}.$$

3.18 Bemerkung. Gilt (3.17.4) für ein $X_\infty \in L^1$, so folgt mit Hilfe von Satz 1.15[6], daß (X_n) gleichmäßig integrierbar ist. Wir werden in §8.6 zeigen (vgl. Satz 6.6(b)), daß auch die *Umkehrung* gilt: Ist (X_n) gleichmäßig integrierbar, so existiert eine $\mathcal{A}_\infty$-meßbare ZV $X_\infty \in L^1$ derart, daß (3.17.4) gilt, wobei

(3.18.1) $$\lim_{n\to\infty} X_n = X_\infty \quad \text{f.s. und in } L^1.$$

■

Es gilt nun folgender *Stoppsatz für Martingale*:

3.19 Satz. *Sei (X_n) ein $(\mathcal{A}_n)$-Martingal derart, daß für eine gewisse $\mathcal{A}_\infty$-meßbare* ZV $X_\infty \in L^1$

(3.19.1) $$X_n = E[X_\infty|\mathcal{A}_n] \quad f.s., \; n \in \mathbb{Z}_+ \cup \{\infty\}.$$

Für eine beliebige SZ τ *setzen wir*

(3.19.2) $$X_\tau := X_\infty \quad auf \quad \{\tau = \infty\}$$

Dann gilt:

(a) *Für eine beliebige* SZ τ *ist X_τ $\mathcal{A}_\tau$-meßbar und integrierbar.*
(b) *Für beliebige* SZ τ *gilt*

(3.19.3) $$X_\tau = E[X_\infty|\mathcal{A}_\tau] \quad f.s.$$

(c) *Für beliebige* SZ $\sigma \le \tau$ *gilt*

(3.19.4) $$E[X_\tau|\mathcal{A}_\sigma] = X_\sigma \quad f.s.$$

BEWEIS. (a) Die $\mathcal{A}_\tau$-Meßbarkeit von X_τ ist klar. Zum Nachweis von $X_\tau \in L^1$ beachte man, daß wegen (3.19.2) $|X_\tau| \leq |X_\tau| I_{\{\tau<\infty\}} + |X_\infty|$. Aufgrund von (3.19.1) ergibt sich

$$\begin{aligned} E\left[|X_\tau| I_{\{\tau<\infty\}}\right] &= \sum_{n=0}^{\infty} \int_{\{\tau=n\}} |X_n|\, dP \\ &\leq \sum_{n=0}^{\infty} \int_{\{\tau=n\}} E\left[|X_\infty| | \mathcal{A}_n\right] dP \\ &= \sum_{n=0}^{\infty} \int_{\{\tau=n\}} |X_\infty|\, dP \\ &\leq E[|X_\infty|], \end{aligned}$$

so daß $X_\tau \in L^1$.

(b) Es reicht zu zeigen:

$$\int_A X_\tau\, dP = \int_A X_\infty\, dP, \quad A \in \mathcal{A}_\tau. \tag{3.19.5}$$

Sei $A \in \mathcal{A}_\tau$. Da $A \cap \{\tau = n\} \in \mathcal{A}_n$ und wegen (a) $X_\tau \in L^1$ gilt, folgt wegen (3.17.4)

$$\begin{aligned} \int_A X_\tau\, dP &= \int_{A\cap\{\tau=\infty\}} X_\infty\, dP + \sum_{n=0}^{\infty} \int_{A\cap\{\tau=n\}} X_n\, dP \\ &= \int_{A\cap\{\tau=\infty\}} X_\infty\, dP + \sum_{n=0}^{\infty} \int_{A\cap\{\tau=n\}} X_\infty\, dP \\ &= \int_A X_\infty\, dP. \end{aligned}$$

(c) Dies ergibt sich aus (b), da aufgrund von Satz 3.16(f) $\mathcal{A}_\sigma \subset \mathcal{A}_\tau$. ■

Wir beweisen jetzt folgenden *Stoppsatz für Supermartingale*:

3.20 Satz. *Sei (X_n) ein $(\mathcal{A}_n)$-Supermartingal derart, daß für eine gewisse $\mathcal{A}_\infty$-meßbare* ZV $X_\infty \in L^1$

$$E[X_\infty | \mathcal{A}_n] \leq X_n \quad f.s.,\ n \in \mathbb{Z}_+ \cup \{\infty\}. \tag{3.20.1}$$

Für eine beliebige SZ τ *setzen wir*

$$X_\tau = X_\infty \quad auf \quad \{\tau = \infty\}. \tag{3.20.2}$$

Dann gilt:

(a) *Für eine beliebige* SZ τ *ist X_τ $\mathcal{A}_\tau$-meßbar und integrierbar.*

(b) *Für eine beliebige SZ* $\sigma \leq \tau$ *gilt*

$$E[X_\tau | \mathcal{A}_\sigma] \leq X_\sigma \quad f.s. \tag{3.20.3}$$

3.21 Bemerkung. Es zeigt sich in §8.6 (vgl. Satz 6.8), daß genau dann eine ZV $X_\infty \in L^1$ existiert, für die (3.20.1) gilt, *falls* (X_n^-) *gleichmäßig integrierbar ist.* In diesem Fall existiert eine $\mathcal{A}_\infty$-meßbare ZV $X_\infty \in L^1$ derart, daß $X_n \to X_\infty$ f.s. $(n \to \infty)$, und für *dieses* X_∞ gilt dann (3.20.1). ■

BEWEIS VON SATZ 3.20. Wir nehmen zunächst an, daß *zusätzlich* gilt:

$$X_n \geq 0 \quad \text{f.s.}, \; n \in \mathbb{Z}_+. \tag{3.21.1}$$

In diesem Fall gilt (3.20.1) für $X_\infty \equiv 0$, und wir setzen

$$X_\tau := 0 \quad \text{auf} \quad \{\tau = \infty\}. \tag{3.21.2}$$

Da X^τ wegen Satz 3.5(b) ein Supermartingal ist, ergibt sich wegen (3.21.2) aufgrund des Fatou-Lemmas

$$\begin{aligned} 0 \leq E[X_\tau] &= E[X_\tau I_{\{\tau<\infty\}}] = E\left[\lim_{n\to\infty} X_{n\wedge\tau} I_{\{\tau<\infty\}}\right] \\ &\leq \liminf_{n\to\infty} E[X_{n\wedge\tau}] \leq E[X_0], \end{aligned}$$

so daß $X_\tau \in L^1$. Zum Nachweis von (b) reicht es zu zeigen:

$$\int_A X_\tau \, dP \leq \int_A X_\sigma \, dP, \quad A \in \mathcal{A}_\sigma. \tag{3.21.3}$$

Sei also $A \in \mathcal{A}_\sigma$. Wegen Satz 3.16(c), (g) folgt $A \cap \{\sigma \leq n\} \in \mathcal{A}_n \cap \mathcal{A}_\sigma = \mathcal{A}_{n\wedge\sigma}$. Da $n \wedge \sigma \leq n \wedge \tau$ beschränkte SZ sind, erhält man aufgrund von Lemma 3.17 für $A_n := A \cap \{\sigma \leq n\}$

$$\begin{aligned} \int_{A_n} X_\sigma \, dP &= \int_{A_n} X_{n\wedge\sigma} \, dP \\ &\geq \int_{A_n} X_{n\wedge\tau} \, dP \geq \int_{A\cap\{\tau\leq n\}} X_{n\wedge\tau} \, dP \\ &= \int_{A\cap\{\tau\leq n\}} X_\tau \, dP. \end{aligned}$$

Da X_σ, X_τ integrierbar sind, ergibt sich hieraus für $n \to \infty$ mit Hilfe des Satzes von der dominierten Konvergenz

$$\int_{A\cap\{\sigma<\infty\}} X_\sigma \, dP \geq \int_{A\cap\{\tau<\infty\}} X_\tau \, dP,$$

so daß (3.21.3) wegen (3.21.2) gilt. Somit ist alles bewiesen, falls *zusätzlich* (3.21.1) gilt.

Im allgemeinen Fall sei $Y_\infty := X_\infty$ und $Y_n := E[Y_\infty | \mathcal{A}_n]$, $n \in \mathbb{Z}_+$. Schließlich setzen wir $Z_n := X_n - Y_n = X_n - E[X_\infty | \mathcal{A}_n], n \in \mathbb{Z}_+$. Wegen

(3.20.1) ist (Z_n) ein ***positives*** Supermartingal. Für eine beliebige SZ τ setzen wir $Z_\tau = 0$ auf $\{\tau = \infty\}$, so daß auf $\{\tau = \infty\}$ $X_\tau = Z_\tau + Y_\tau = Y_\infty = X_\infty$, wie es sein sollte. Wendet man auf (Y_n) Satz 3.19(c) an, so ergibt sich aufgrund von (a) - angewandt auf (Z_n) -

$$\begin{aligned} X_\sigma &= Z_\sigma + Y_\sigma \geq E[Z_\tau|\mathcal{A}_\sigma] + E[Y_\tau|\mathcal{A}_\sigma] \\ &= E[X_\tau - Y_\tau|\mathcal{A}_\sigma] + E[Y_\tau|\mathcal{A}_\sigma] = E[X_\tau|\mathcal{A}_\sigma]. \end{aligned}$$

■

8.4 Diskrete stochastische Integrale und lokale Martingale

Ist $X = (X_n)$ $(n \geq 0)$ ein Martingal und $H = (H_n)$ $(n \geq 1)$ eine vorhersehbare Folge von ZV derart, daß

(4.0.1) $$H_n(X_n - X_{n-1}) \in L^1, \quad n \geq 1,$$

so ist wegen Satz 2.2 das (diskrete) stochastische Integral $H \bullet X = ((H \bullet X)_n)$ wieder ein Martingal. Wird (4.0.1) nicht vorausgesetzt, so ist i.a. $H \bullet X$ zwar kein Martingal, aber immerhin noch ein ***lokales Martingal***. Bei der Definition lokaler Martingale tritt erstmals der Begriff der ***Lokalisierung*** auf, der später etwa bei der Herleitung von Konvergenzresultaten eine wesentliche Rolle spielen wird.

4.1 Definition. Eine adaptierte Folge $Y = (Y_n)$ $(n \geq 0)$ von ZV heißt ein ***lokales Martingal*** bzw. ein ***lokales Submartingal***, falls eine Folge $\tau(1), \tau(2), \ldots$ von SZ existiert derart, daß gilt:

(LF 1) $$\tau(1) \leq \tau(2) \leq \cdots \quad \text{f.s.}$$

(LF 2) $$\lim_{m\to\infty} \tau(m) = \infty \quad \text{f.s.}$$

sowie

(4.1.1) $$Y^{\tau(m)} = (Y_{n\wedge\tau(m)}) \quad \text{ist ein Martingal für jedes } m \geq 1$$

bzw.

(4.1.2) $$Y^{\tau(m)} = (Y_{n\wedge\tau(m)}) \quad \text{ist ein Submartingal für jedes } m \geq 1.$$

Eine Folge $(\tau(m))$ von SZ, für die (LF 1) und (LF 2) sowie (4.1.1) bzw. (4.1.2) gelten, heißt eine ***lokalisierende Folge*** für Y. ■

Man beachte, daß sich aus (4.1.1) und (4.1.2) jeweils $Y_0 \in L^1$ ergibt.

4.2 Bemerkungen. (a) Jedes (Sub-) Martingal ist ein lokales (Sub-) Martingal; man kann als lokalisierende Folge etwa $\tau(m) \equiv m$, $m \geq 1$, wählen (dies folgt aus Satz 3.5).

(b) Ist (Y_n) ein lokales (Sub-) Martingal, so ist für eine beliebige SZ τ auch $Y^\tau = (Y_{n\wedge\tau})$ ein lokales (Sub-) Martingal.

(c) Sind $(\sigma(m)), (\tau(m))$ lokalisierende Folgen, so auch $(\sigma(m) \wedge \tau(m))$. Daraus folgt insbesondere: Sind (Y_n) und $(-Y_n)$ lokale Submartingale, so ist (Y_n) ein lokales Martingal.

(d) Der nachfolgende Satz zeigt, daß es lokale (Sub-) Martingale gibt, die keine (Sub-) Martingale sind. ■

4.3 Satz. (a) *Sei $H = (H_n)$ $(n \geq 1)$ eine vorhersehbare Folge von ZV. Ist $X = (X_n)$ ein Martingal, so ist $H \bullet X = ((H \bullet X)_n)$ ein lokales Martingal. Ist X ein Submartingal und gilt $H_n \geq 0$, $n \geq 1$, so ist $H \bullet X$ ein lokales Submartingal.*

(b) *Ist umgekehrt $Y = (Y_n)$ ein lokales (Sub-) Martingal derart, daß $Y_0 = 0$ f.s. , so existiert ein (Sub-) Martingal $X = (X_n)$ sowie eine vorhersehbare Folge $H = (H_n)$ $(n \geq 1)$ von ZV derart, daß $H_n \geq 0$, $n \geq 1$, und*

$$Y_n = (H \bullet X)_n \quad \text{f.s.}, n \geq 0. \tag{4.3.1}$$

BEWEIS. (a) Sei

$$\tau(m) := \min\{n \geq 0 : |H_{n+1}| > m\}, \quad m \geq 1. \tag{4.3.2}$$

Da H vorhersehbar ist, so ist $\tau(m)$ eine SZ wegen $\{\tau(m) = n\} = \{|H_1| \leq m\} \cap \cdots \cap \{|H_n| \leq m\} \cap \{|H_{n+1}| > m\} \in \mathcal{A}_n$, $n \geq 0$, und ersichtlich gelten (LF 1) und (LF 2). Zum Nachweis von (4.1.1) bzw. (4.1.2) beachte man, daß für $n \geq 1$

$$(H \bullet X)_{n\wedge\tau(m)} = \sum_{k=1}^{n\wedge\tau(m)} H_k(X_k - X_{k-1}) = \sum_{k=1}^{n} H_k I_{\{\tau(m)\geq k\}}(X_k - X_{k-1}).$$

Die Folge $(H_n I_{\{\tau(m)\geq n\}})$ ist vorhersehbar, und es ergibt sich wegen (4.3.2) $|H_n I_{\{\tau(m)\geq n\}}| \leq m$ für alle $n \geq 1$, $m \geq 1$. Somit gilt (a) aufgrund von Satz 2.2.

(b) Wir beweisen die Behauptung für lokale Submartingale (die Betrachtung lokaler Martingale verläuft analog). Sei also Y ein lokales Submartingal derart, daß $Y_0 = 0$ f.s. Sei $(\tau(m))$ eine lokalisierende Folge für Y, so daß insbesondere

$$E[|Y_{n\wedge\tau(m)}|] < \infty, \quad m, n \geq 1. \tag{4.3.3}$$

Daraus ergibt sich

$$E\left[|Y_n| \middle| \mathcal{A}_{n-1}\right] < \infty \quad \text{f.s.}, \quad n \geq 1. \tag{4.3.4}$$

In der Tat, wegen $\{\tau(m) \geq n\} \in \mathcal{A}_{n-1}$ impliziert (4.3.3)

$$\begin{aligned} &E\left[|Y_{n\wedge\tau(m)}| I_{\{\tau(m)\geq n\}}\right] \\ &\quad = E\left[|Y_n| I_{\{\tau(m)\geq n\}}\right] \\ &\quad = E\left[I_{\{\tau(m)\geq n\}} E\left[|Y_n| \middle| \mathcal{A}_{n-1}\right]\right] < \infty, \end{aligned}$$

so daß $I_{\{\tau(m)\geq n\}} E\left[|Y_n| \middle| \mathcal{A}_{n-1}\right] < \infty$ f.s. , m, $n \geq 1$. Wegen (LF 2) ergibt sich daraus (4.3.4) für $m \to \infty$. Aus (4.3.4) folgt $E\left[|Y_n - Y_{n-1}| \middle| \mathcal{A}_{n-1}\right] \leq E\left[|Y_n| + |Y_{n-1}| \middle| \mathcal{A}_{n-1}\right] = E\left[|Y_n| \middle| \mathcal{A}_{n-1}\right] + |Y_{n-1}| < \infty$ f.s., so daß der bedingte EW $E[Y_n - Y_{n-1} | \mathcal{A}_{n-1}]$ für $n \geq 1$ existiert. Zeigen wir mit Hilfe von

Satz 1.8(b)[6]:

$$(4.3.5) \qquad E[Y_n - Y_{n-1}|\mathcal{A}_{n-1}] \geq 0 \quad \text{f.s.}, \quad n \geq 1.$$

Sei $n \geq 1$ fixiert. Setzen wir $\xi = Y_n - Y_{n-1}$, so erfüllt ξ wegen $E[|\xi||\mathcal{A}_{n-1}] < \infty$ f.s. aufgrund von Satz 1.8(a)[6] die Voraussetzungen im ersten Teil von Satz 1.8(b)[6]. Zeigen wir, daß die Annahme im dritten Teil von Satz 1.6(b)[6] für $\mathcal{B} = \mathcal{A}_{n-1}$, ξ und $\eta \equiv 0$ erfüllt ist, d. h. für alle $A \in \mathcal{A}_{n-1}$ gilt:

$$(4.3.6) \qquad I_A(Y_n - Y_{n-1}) \in L^1 \Longrightarrow E[I_A(Y_n - Y_{n-1})] \geq 0.$$

Sei also $A \in \mathcal{A}_{n-1}$ derart, daß $I_A(Y_n - Y_{n-1}) \in L^1$. Da $(Y_{n\wedge\tau(m)})$ ein Submartingal ist, ergibt sich wegen $A \cap \{\tau(m) \geq n\} \in \mathcal{A}_{n-1}$

$$\begin{aligned} &E\left[I(A \cap \{\tau(m) \geq n\})\left(Y_{n\wedge\tau(m)} - Y_{(n-1)\wedge\tau(m)}\right)\right] \\ &= E[I(A \cap \{\tau(m) \geq n\})(Y_n - Y_{n-1})] \geq 0, \quad m \geq 1. \end{aligned}$$

Da

$$I(A \cap \{\tau(m) \geq n\})|Y_n - Y_{n-1}| \leq I_A|Y_n - Y_{n-1}| \in L^1, \quad m \geq 1,$$

ergibt sich aufgrund des Satzes von der dominierten Konvergenz wegen (LF 1) und (LF 2)

$$\lim_{m\to\infty} E[I(A \cap \{\tau(m) \geq n\})(Y_n - Y_{n-1})] = E[I_A(Y_n - Y_{n-1})] \geq 0.$$

Somit gilt (4.3.6), und Satz 1.8(b)[6] impliziert

$$(4.3.7) \qquad E\left[Y_n - Y_{n-1}|\mathcal{A}_{n-1}\right] \geq 0, \quad \text{f.s.}, n \geq 1.$$

Wie bereits gezeigt, gilt $E\left[|Y_n - Y_{n-1}||\mathcal{A}_{n-1}\right] < \infty$ f.s. , $n \geq 1$. Setzen wir $H_n = E\left[|Y_n - Y_{n-1}||\mathcal{A}_{n-1}\right] I\left\{0 \leq E\left[|Y_n - Y_{n-1}||\mathcal{A}_{n-1}\right] < \infty\right\}$, $n \geq 1$, so ist H vorhersehbar derart, daß $0 \leq H_n < \infty$ und $H_n = E\left[|Y_n - Y_{n-1}||\mathcal{A}_{n-1}\right]$ f.s. für $n \geq 1$ gilt. Für $a \in \mathbb{R}$ setzen wir

$$(4.3.8) \qquad a^{\ominus} = \begin{cases} 1/a & , \quad \text{falls } a \neq 0 \\ 0 & , \quad \text{falls } a = 0, \end{cases}$$

so daß

$$(4.3.9) \qquad 0 \leq a^{\ominus}a \leq 1, \quad a \in \mathbb{R}.$$

Für die Folge

$$X_n := \sum_{i=1}^{n} H_i^{\ominus}(Y_i - Y_{i-1}), \quad n \geq 0$$

gilt dann:

(4.3.10) $\qquad (X_n)$ ist ein Submartingal.

In der Tat, da $(H_n^{\ominus})$ vorhersehbar ist, erhält man wegen Satz 1.7(a)[6] und (4.3.9)

$$E[|X_n - X_{n-1}|] = E\left[H_n^{\ominus}|Y_n - Y_{n-1}|\right] = E\left[H_n^{\ominus}H_n\right] \leq 1,$$

so daß $E[|X_n|] \leq n$, $n \geq 0$. Weiter ergibt sich aufgrund von Satz 1.7(b)[6] wegen (4.3.7)

$$E\left[X_n - X_{n-1}|\mathcal{A}_{n-1}\right] = H_n^{\ominus} E\left[Y_n - Y_{n-1}|\mathcal{A}_{n-1}\right] \geq 0 \quad \text{f.s.}$$

(man beachte, daß $H_n^{\ominus} \geq 0$), so daß (4.3.10) gilt. Es bleibt $Y_n = (H \bullet X)_n$ f.s. , $n \geq 1$, zu zeigen. Dies ergibt sich so: Da $H_n(X_n - X_{n-1}) = H_n H_n^{\ominus}(Y_n - Y_{n-1}) = Y_n - Y_{n-1}$ auf $\{H_n > 0\}$ gilt, bleibt nachzuweisen, daß $Y_n - Y_{n-1} = 0$ f.s. auf $\{H_n = 0\}$ gilt. Letzteres folgt aus

$$\begin{aligned} &E\left[I_{\{H_n=0\}}|Y_n - Y_{n-1}|\right] \\ &\quad = E\left[I_{\{H_n=0\}}E\left[|Y_n - Y_{n-1}||\mathcal{A}_{n-1}\right]\right] \\ &\quad = E\left[I_{\{H_n=0\}}H_n\right] = 0. \end{aligned}$$

■

Der Beweis von Satz 4.3 zeigt noch:

4.4 Satz. *Sei* $Y = (Y_n)$ $(n \geq 0)$ *eine adaptierte Folge von ZV derart, daß* $Y_0 = 0$ *f.s.* Y *ist genau dann ein lokales Martingal (Submartingal), falls*

(4.4.1) $$E\left[|Y_n||\mathcal{A}_{n-1}\right] < \infty \quad \textit{f.s.}, \quad n \geq 1$$

sowie

(4.4.2) $$E\left[Y_n - Y_{n-1}|\mathcal{A}_{n-1}\right] = 0 \quad \textit{f.s.}, \quad n \geq 1$$

bzw.

(4.4.3) $$E\left[Y_n - Y_{n-1}|\mathcal{A}_{n-1}\right] \geq 0 \quad \textit{f.s.}, \quad n \geq 1.$$

■

(Man beachte, daß die bedingten EW in (4.4.2) bzw. (4.4.3) wegen (4.4.1) existieren.)

4.5 Korollar. (a) *Sei* $Y = (Y_n)$ *ein lokales Martingal. Gilt zusätzlich* $Y_n \geq 0$ *f.s.* , $n \geq 1$, *oder allgemeiner*

(4.5.1) $$Y_n^- \in L^1, \quad n \geq 1,$$

so ist Y *sogar ein Martingal.*

(b) *Sei* $Y = (Y_n)$ *ein lokales Submartingal. Aus*

(4.5.2) $$Y_n^+ \in L^1, \quad n \geq 1$$

folgt, daß Y *sogar ein Submartingal ist.*

BEWEIS. (a) folgt aus (b), denn ist (Y_n) ein lokales Martingal, so ist $(-Y_n)$ ein lokales Submartingal. Gilt (4.5.1), so folgt $(-Y_n)^+ = Y_n^- \in L^1, n \geq 1$, so daß wegen (b) $Y \subset L^1$. Zum Beweis von (b) sei Y ein lokales Submartingal, das (4.5.2) erfüllt. Wegen Satz 4.3(b) existiert ein Submartingal $X = (X_n)$ und eine vorhersehbare Folge $H = (H_n)$ $(n \geq 1)$ von ZV derart, daß

(4.5.3) $$H_n \geq 0, \quad n \geq 1$$

und

(4.5.4) $$Y_n = Y_0 + (H \bullet X)_n \quad \text{f.s.}, \quad n \geq 0.$$

Ersichtlich ist Y ein Submartingal, falls

(4.5.5) $$H_n(X_n - X_{n-1}) \in L^1, \quad n \geq 1.$$

Zum Nachweis von (4.5.5) beachte man zunächst, daß $a \leq a^+$, $a \in \mathbb{R}$. Wegen (4.5.4) folgt also

(4.5.6) $$H_n(X_n - X_{n-1}) \leq -Y_0 + Y_n^+ - \sum_{i=1}^{n-1} H_i(X_i - X_{i-1}) \quad \text{f.s.}, \quad n \geq 1,$$

wobei wegen (4.5.2) $-Y_0+Y_n^+ \in L^1, n \geq 1$. Somit ergibt sich (4.5.5) aufgrund von (4.5.6) und (4.5.3) durch wiederholte Anwendung des nachfolgenden Resultats. ■

4.6 Lemma. *Seien* ξ_0, ξ_1, U ZV *derart, daß* $\xi_0, \xi_1, U^+ \in L^1(\Omega, \mathcal{A}, P)$. *Sei* $\mathcal{B}_0 \subset \mathcal{A}$ *eine* σ*-Algebra derart, daß* ξ_0 $\mathcal{B}_0$*-meßbar ist. Weiter sei* h_1 *eine* $\mathcal{B}_0$*-meßbare* ZV *derart, daß* $h_1 \geq 0$ *f.s. Gilt dann*

(4.6.1) $$E[\xi_1|\mathcal{B}_0] \geq \xi_0 \quad \textit{f.s.}$$

und

(4.6.2) $$h_1(\xi_1 - \xi_0) \leq U \quad \textit{f.s.},$$

so folgt

(4.6.3) $$h_1(\xi_1 - \xi_0) \in L^1.$$

BEWEIS. Zum Nachweis von (4.6.3) reicht es zu zeigen:

(4.6.4) $$E[|h_1(\xi_1 - \xi_0)|] \leq 2E\left[U^+\right].$$

Da wegen (4.6.2) $(h_1(\xi_1 - \xi_0))^+ \leq U^+$ f.s., folgt (4.6.4) aus

(4.6.5) $$E[(h_1(\xi_1 - \xi_0))^-] \leq E\left[U^+\right].$$

Da h_1 $\mathcal{B}_0$-meßbar ist und $h_1 \geq 0$ f.s. , erhält man aus (4.6.1) für $m \geq 1$

$$E\left[h_1 I_{\{h_1 \leq m\}}(\xi_1 - \xi_0)\right] = E\left[h_1 I_{\{h_1 \leq m\}} E\left[\xi_1 - \xi_0 | \mathcal{B}_0\right]\right] \geq 0,$$

so daß wegen (4.6.2) für $m \geq 1$

$$E\left[h_1 I_{\{h_1 \leq m\}}(\xi_1 - \xi_0)^-\right] \leq E\left[h_1 I_{\{h_1 \leq m\}}(\xi_1 - \xi_0)^+\right] \leq E\left[U^+\right]$$

gilt. Hieraus ergibt sich (4.6.5) für $m \to \infty$ mit Hilfe des Satzes von der monotonen Konvergenz. ■

4.7 Beispiel. Die ZV $\xi_1, \xi_2, \ldots$ seien unabhängig und *symmetrisch verteilt* (vgl. Definition 8.1[4]) derart, daß

(4.7.1) $$P(\xi_n > 0) = P(\xi_n < 0) = 1/2, \quad n \geq 1.$$

Die Filtrierung sei $\mathcal{A}_n := \sigma\{\xi_1, \ldots, \xi_n, |\xi_{n+1}|\}, n \geq 0$. Dann bildet die Folge $Y_n := \xi_1 + \cdots + \xi_n, n \geq 0$, ein lokales Martingal (man beachte, daß

$\xi_1, \xi_2, \ldots$ nicht als integrierbar vorausgesetzt werden). Zum Nachweis sei $R_n := I_{\{\xi_n > 0\}} - I_{\{\xi_n < 0\}}, n \geq 1$, so daß (R_n) eine UIV-Folge von *Rademacher*-ZV bildet. Die Folge $X_n := R_1 + \cdots + R_n, n \geq 0$, ist ein $(\mathcal{A}_n)$-Martingal. In der Tat, $E[X_n|\mathcal{A}_{n-1}] = X_{n-1} + E[R_n|\xi_1, \ldots, \xi_{n-1}, |\xi_n|]$, so daß wegen Satz 2.4(b)[6] $E[X_n|\mathcal{A}_n] = X_{n-1} + E\left[R_n \big| |\xi_n|\right]$. Da ξ_n symmetrisch verteilt ist, impliziert (4.7.1) daß R_n und $|\xi_n|$ *unabhängig* sind (vgl. Beispiel 1.14.3[3]), so daß $E\left[R_n \big| |\xi_n|\right] = E[R_n] = 0$. Da $|\xi_n| R_n = \xi_n, n \geq 1$, folgt

$$Y_n = |\xi_1| R_1 + \cdots + |\xi_n| R_n = |\xi_1|(X_1 - X_0) + \cdots + |\xi_n|(X_n - X_{n-1}), n \geq 0.$$

Aufgrund der Vorhersehbarkeit von $(|\xi_n|)$ ist also (Y_n) wegen Satz 4.3 ein lokales Martingal. ■

Ist $Y = (Y_n)$ ein Submartingal, so impliziert Satz 1.12(a), daß es ein Martingal (M_n) und eine f.s. wachsende *vorhersehbare* Folge (A_n) gibt derart, daß gilt:

$$(4.7.2) \qquad Y_n = M_n + A_n \quad \text{f.s.}\ , n \geq 0, \ \text{und} \quad A_0 \equiv 0$$

(*Doob-Zerlegung* des Submartingals Y). Mit Hilfe von Satz 4.3 ergibt sich nun auf einfache Weise, daß eine zu (4.7.2) analoge (f.s. eindeutig bestimmte) Zerlegung eines *lokalen* Submartingals Y existiert, wobei jetzt allerdings (M_n) i. a. lediglich ein *lokales* Martingal ist, während die Folge (A_n) auch in diesem allgemeineren Fall *vorhersehbar* und f.s. wachsend ist.

4.8 Satz. *Ist $Y = (Y_n)$ ein lokales Submartingal, so existiert ein lokales Martingal $M = (M_n)$ sowie eine f.s. wachsende vorhersehbare Folge (A_n) derart, daß*

$$(4.8.1) \qquad Y_n = M_n + A_n \quad \textit{f.s.}, \quad n \geq 0, \ \textit{und} \quad A_0 \equiv 0.$$

Die Zerlegung (4.8.1) *ist f.s. eindeutig bestimmt. Genauer gilt: Ist $\widetilde{M} = (\widetilde{M}_n)$ ein lokales Martingal und $\widetilde{A} = (\widetilde{A}_n)$ eine vorhersehbare Folge derart, daß*

$$(4.8.2) \qquad Y_n = \widetilde{M}_n + \widetilde{A}_n \quad \textit{f.s.}, \quad n \geq 0, \ \textit{und} \quad \widetilde{A}_0 = 0 \quad \textit{f.s.},$$

so folgt

$$(4.8.3) \qquad M_n = \widetilde{M}_n \quad \textit{f.s.} \quad \textit{und} \quad A_n = \widetilde{A}_n \quad \textit{f.s.}, \ n \geq 0.$$

Eine Zerlegung eines lokalen Submartingals Y der Form (4.8.1) heiße im folgenden *Doob-Zerlegung*. Zum Beweis von Satz 4.8 benötigen wir folgende einfache Verallgemeinerung von Satz 1.10(b):

4.9 Satz. *Sei $X = (X_n)$ ein lokales Martingal. Existiert eine vorhersehbare Folge (ξ_n) $(n \geq 1)$ derart, daß*

$$(4.9.1) \qquad X_n = \xi_n \quad \textit{f.s.}, \quad n \geq 1,$$

so folgt

$$(4.9.2) \qquad X_n = X_0 \quad \textit{f.s.}, \quad n \geq 1.$$

BEWEIS. Sein $(\tau(m))$ eine lokalisierende Folge für X, so daß $(X_{n\wedge\tau(m)})$ für jedes $m \geq 1$ ein Martingal ist. Wegen (4.9.1) gilt für $m, n \geq 1$ $X_{n\wedge\tau(m)} = \xi_{n\wedge\tau(m)}$ f.s. (es sei $\xi_0 := X_0$), wobei die ZV $\xi_{n\wedge\tau(m)}$ wegen$\{\tau(m) \geq n\} \in \mathcal{A}_{n-1}$ $\mathcal{A}_{n-1}$-meßbar ist $(n \geq 1)$. Wegen Satz 1.10(b) folgt also $X_{n\wedge\tau(m)} = X_0$ f.s., $m, n \geq 1$, woraus sich für $m \to \infty$ wegen (LF 2) (4.9.2) ergibt. ∎

BEWEIS VON SATZ 4.8. Sind $M, \widetilde{M}$ lokale Martingale und $A, \widetilde{A}$ vorhersehbare Folgen derart, daß (4.8.1) und (4.8.2) gelten, so folgt

(4.9.3) $\quad M_n - \widetilde{M}_n = \widetilde{A}_n - A_n \quad \text{f.s.}, \quad n \geq 0, \text{ und } \quad M_0 - \widetilde{M}_0 = 0 \quad \text{f.s.}$

Nun ist $(M_n - \widetilde{M}_n)$ ein lokales Martingal, denn sind $(\sigma(m))$, $(\widetilde{\sigma}(m))$ lokalisierend für M bzw. $\widetilde{M}$, so ist $(\sigma(m) \wedge \widetilde{\sigma}(m))$ lokalisierend für M *und* $\widetilde{M}$ (vgl. Bemerkung 4.2(c)). Satz 4.9 impliziert also (4.8.3) wegen (4.9.3).

Die *Existenz* einer Zerlegung (4.8.1) für ein lokales Submartingal $Y = (Y_n)$ ergibt sich so: Wegen Satz 4.3(b) existiert ein Submartingal $Z = (Z_n)$ und eine vorhersehbare Folge (H_n) derart, daß

(4.9.4) $\quad H_n \geq 0, \quad n \geq 1$

und

(4.9.5) $\quad Y_n = Y_0 + (H \bullet Z)_n \quad \text{f.s.}, \quad n \geq 0,$

wobei $Y_0 \in L^1$ $\mathcal{A}_0$-meßbar ist. Sei

(4.9.6) $\quad Z_n = N_n + B_n \quad \text{f.s.}, n \geq 0, \quad B_0 \equiv 0$

die Doob-Zerlegung des Submartingals Z, worin $N = (N_n)$ ein Martingal und $B = (B_n)$ eine f.s. wachsende vorhersehbare Folge ist. Setzen wir für $n \geq 0$ $M_n = Y_0 + (H \bullet N)_n$, $A_n = (H \bullet B)_n$, so folgt aus (4.9.5) und (4.9.6) $Y_n = M_n + A_n$, $n \geq 0$. Dies ist die gesuchte Zerlegung von Y, da wegen Satz 4.3(a) (M_n) ein lokales Martingal ist, während (A_n) vorhersehbar ist und aufgrund von (4.9.4) f.s. wächst, da $B_n - B_{n-1} \geq 0$ f.s., $n \geq 1$. ∎

Wir zeigen jetzt, wie sich die quadratische Variation, die wir bisher für L^2-Martingale definiert hatten (vgl. Satz 1.12(b)), allgemeiner für eine gewisse Klasse von lokalen Martingalen einführen läßt. Das folgende Beispiel zeigt: *Ist Y_n ein lokales Martingal, so ist i. a. (Y_n^2) kein lokales Submartingal.*

4.10 Beispiel. Sei $\xi \in L^1 \setminus L^2$ eine ZV derart, daß $E[\xi] = 0$. Sei $\mathcal{A}_0 := \{\emptyset, \Omega\}$, $\mathcal{A}_n := \sigma\{\xi\}$, $n \geq 1$, $Y_0 = 0$ und $Y_n := \xi$, $n \geq 1$. Dann ist (Y_n) ein Martingal. (Y_n^2) ist wegen Satz 4.4 kein lokales Submartingal, da $E\left[Y_1^2 | \mathcal{A}_0\right] = E\left[\xi^2\right] = \infty$ f.s. ∎

4.11 Definition. Bei *gegebener* Filtrierung sei $L^2_{\text{lok}} = L^2_{\text{lok}}(\Omega, \mathcal{A}, P)$ die Familie aller *adaptierten* Folgen (Y_n) $(n \geq 0)$ von ZV, die *lokal zu L^2 gehören*, d. h. es existiert eine Folge $(\tau(m))$ von SZ derart, daß (LF 1), (LF 2) und

(4.11.1) $\quad E\left[Y^2_{n\wedge\tau(m)}\right] < \infty, \quad n \geq 0, \quad m \geq 1$

gelten. Eine derartige Folge $(\tau(m))$ heißt *lokalisierend* für $(Y_n) \in L^2_{\text{lok}}$. ■

Man beachte, daß sich aus (4.11.1) $Y_0 \in L^2$ ergibt.

4.12 Bemerkungen. (a) Ist $(\tau(m))$ lokalisierend für $(Y_n) \in L^2_{\text{lok}}$ und ist $(\sigma(m))$ eine Folge von SZ, die (LF 1), (LF 2) erfüllt, so ist $(\sigma(m) \wedge \tau(m))$ ebenfalls lokalisierend für (Y_n), da für $n \geq 0, m \geq 1$

$$\begin{aligned} E\left[Y^2_{n\wedge\sigma(m)\wedge\tau(m)}\right] &= E\left[Y^2_{n\wedge\tau(m)} I_{\{\sigma(m)>n\}}\right] + E\left[Y^2_{\sigma(m)\wedge\tau(m)} I_{\{\sigma(m)\leq n\}}\right] \\ &\leq E\left[Y^2_{n\wedge\tau(m)}\right] + \sum_{k=0}^{n} E\left[Y^2_{k\wedge\tau(m)}\right] < \infty. \end{aligned}$$

(b) Aus (a) folgt: Ist $(Y_n) \in L^2_{\text{lok}}$ ein lokales Martingal, so ist (Y_n^2) ein lokales Submartingal. ■

4.13 Satz. *Zu jedem lokalen Martingal $Y = (Y_n) \in L^2_{\text{lok}}$ existiert eine f.s. wachsende vorhersehbare Folge $\langle Y, Y\rangle = (\langle Y, Y\rangle_n)$ derart, daß $\langle Y, Y\rangle_0 \equiv 0$ und $\left(Y_n^2 - \langle Y, Y\rangle_n\right)$ ein lokales Martingal ist. Durch diese Eigenschaften ist $\langle Y, Y\rangle$ f.s. eindeutig bestimmt.*

Die Folge $\langle Y, Y\rangle$ heißt *quadratische Variation* von Y. (Es besteht keine Gefahr, $< Y, Y >$ mit dem Skalarprodukt in L^2 zu verwechseln.)

4.14 Bemerkung. Für die Herleitung von Konvergenzsätzen für lokale Submartingale erweist sich später die Doob-Zerlegung als nützlich, da sich mit ihrer Hilfe Konvergenzprobleme für lokale Submartingale auf solche für lokale Martingale zurückführen lassen (vgl. §8.6). Insbesondere läßt sich für lokale Martingale $Y = (Y_n) \in L^2_{\text{lok}}$ — unter einer Zusatzannahme — mit Hilfe der quadratischen Variation $\langle Y, Y\rangle$ die Menge

$$A := \left\{\omega \in \Omega : \lim_{n\to\infty} Y_n(\omega) \text{ existiert und ist endlich }\right\}$$

charakterisieren. Im Gegensatz zu klassischen Konvergenzresultaten gilt i. a. $0 < P(A) < 1$. ■

BEWEIS VON SATZ 4.13. Aufgrund von Bemerkung 4.12(b) ist (Y_n^2) ein lokales Submartingal, so daß die Behauptung aus Satz 4.8 folgt. ■

4.15 Korollar. *Sei $Y = (Y_n) \in L^2_{\text{lok}}$ ein lokales Martingal. Dann gilt für eine beliebige* SZ *τ: Der gestoppte Prozeß $Y^\tau = (Y_{n\wedge\tau})$ ist ein lokales Martingal derart, daß $Y^\tau \in L^2_{\text{lok}}$ und*

(4.15.1) $$\langle Y^\tau, Y^\tau\rangle_n = \langle Y, Y\rangle_{n\wedge\tau} \quad \text{f.s.}, \quad n \geq 0,$$

d.h.

(4.15.2) $$\langle Y^\tau, Y^\tau\rangle = \langle Y, Y\rangle^\tau \quad \text{f.s.}$$

BEWEIS. Die ersten beiden Aussagen sind klar (man vergleiche hierzu die Überlegung in Bemerkung 4.12(a)). Zum Nachweis von (4.15.1) beachte man, daß wegen Satz 4.13 $(Y_n^2 - \langle Y, Y\rangle_n)$ und damit auch $(Y^2_{n\wedge\tau} - \langle Y, Y\rangle_{n\wedge\tau})$ lokale Martingale sind. Da $Y^\tau \in L^2_{\text{lok}}$ ein lokales Martingal ist, impliziert

Satz 4.13, daß auch $\left((Y_n^\tau)^2 - \langle Y^\tau, Y^\tau\rangle_n\right)$ ein lokales Martingal ist. Somit resultiert (4.15.1) aus der Eindeutigkeitsaussage in Satz 4.13. ■

Das folgende Resultat ist eine Konsequenz aus Korollar 4.15 und läßt sich ähnlich wie Satz 1.15 beweisen.

4.16 Satz. *$Y = (Y_n) \in L^2_{\text{lok}}$ und $Z = (Z_n) \in L^2_{\text{lok}}$ seien lokale Martingale.*

(a) *Es existiert eine vorhersehbare Folge $\langle Y, Z\rangle = (\langle Y, Z\rangle_n)$ derart, daß $(Y_n Z_n - \langle Y, Z\rangle_n)$ ein lokales Martingal ist und $\langle Y, Z\rangle_0 \equiv 0$ gilt. Durch diese Eigenschaften ist $\langle Y, Z\rangle$ f.s. eindeutig bestimmt. Setzt man $Y+Z := (Y_n+Z_n)$ und $Y-Z := (Y_n - Z_n)$, so sind $Y+Z$ und $Y-Z$ lokale Martingale in L^2_{lok}, und es gilt für $n \geq 0$*

(4.16.1) $$\langle Y, Z\rangle_n = \frac{1}{4}\left(\langle Y+Z, Y+Z\rangle_n - \langle Y-Z, Y-Z\rangle_n\right) \quad \textit{f.s.}$$

(b) *Für eine beliebige SZ τ gilt*

(4.16.2) $$\langle Y^\tau, Z^\tau\rangle_n = \langle Y, Z\rangle_n^\tau \quad \textit{f.s.}, \quad n \geq 0.$$

■

$\langle Y, Z\rangle$ heißt *quadratische Kovariation* von Y und Z. (Es besteht keine Gefahr, $\langle Y, Z\rangle$ mit dem Skalarprodukt in L^2 zu verwechseln.)

Es folgt jetzt noch ein einfaches Beispiel für einen *Martingaldarstellungssatz*, der besagt, daß (unter gewissen Voraussetzungen !) ein $(\mathcal{A}_n)$-Martingal $X = (X_n)$ $(0 \leq n \leq N)$ existiert, das eine „Basis“ für die Menge aller $(\mathcal{A}_n)$-Martingale bildet. Dies bedeutet, daß es zu jedem $(\mathcal{A}_n)$-Martingal (M_n) eine vorhersehbare Folge $H = (H_n)$ von ZV gibt derart, daß $M_n = M_0 + (H \bullet X)_n$, $0 \leq n \leq N$. Im folgenden wählen wir als Grundraum $\Omega = \{\omega = (\omega_1, \ldots, \omega_N) : \omega_i \in \{0,1\}, 1 \leq i \leq N\}$ $(N \geq 1)$; die σ-Algebra sei $\mathcal{A} = \mathcal{P}(\Omega)$. Für festes $0 < p < 1$ definieren wir ein W.-Maß $P = P_p$ auf $\mathcal{A}$ durch

(4.16.3) $$P(\{\omega\}) = p^{\omega_1 + \cdots + \omega_N}(1-p)^{N-(\omega_1+\cdots+\omega_N)}, \quad \omega \in \Omega,$$

so daß

(4.16.4) $$P(\{\omega\}) > 0, \quad \omega \in \Omega.$$

Die ZV $\xi_1, \ldots, \xi_N$ seien auf Ω gegeben durch

(4.16.5) $$\xi_n(\omega) = \omega_n, \quad \omega \in \Omega, \ 1 \leq n \leq N.$$

(ξ_n) ist eine UIV-Folge derart, daß $\xi_n \sim$ BER(p) (vgl. Beispiel 1.14.1[3]). Bez. der Filtrierung $\mathcal{A}_n := \sigma\{\xi_1, \ldots, \xi_n\}$, $0 \leq n \leq N$, bildet dann die Folge $X_n := (\xi_1 - p) + \cdots + (\xi_n - p)$, $0 \leq n \leq N$, ein Martingal mit der genannten Basiseigenschaft. Genauer gilt folgender elementare *Martingaldarstellungssatz*:

4.17 Satz. *Zu jedem $(\mathcal{A}_n)$-Martingal (M_n) existiert eine vorhersehbare Folge $H = (H_n)$, $(1 \leq n \leq N)$ von ZV derart, daß*

(4.17.1) $$M_n = M_0 + (H \bullet X)_n, \quad 0 \leq n \leq N.$$

Die Folge (H_n) *in* (4.17.1) *ist eindeutig bestimmt: Ist* $\widetilde{H} = (\widetilde{H}_n)(1 \le n \le N)$ *vorhersehbar derart, daß*

$$M_n = M_0 + (\widetilde{H} \bullet X)_n, \quad 0 \le n \le N, \tag{4.17.2}$$

so folgt $H_n(\omega) = \widetilde{H}_n(\omega), \quad \omega \in \Omega, 1 \le n \le N.$

4.18 Bemerkung. Martingaldarstellungssätze spielen etwa in der Theorie der stochastischen Finanzmärkte eine wichtige Rolle. Wir werden Satz 4.17 in §10.1 bei der Bestimmung des „fairen" (marktgerechten) Preises einer europäischen Option benutzen. ■

BEWEIS VON SATZ 4.17. *Eindeutigkeit.* Gilt (4.17.1) auch für eine vorhersehbare Folge $\widetilde{H} = (\widetilde{H}_n)$ von ZV, so folgt $(H_n(\omega) - \widetilde{H}_n(\omega))(\xi_n - p) = 0$, $\omega \in \Omega, 1 \le n \le N$, so daß wegen $0 < p < 1$ $H_n(\omega) = \widetilde{H}_n(\omega)$, $\omega \in \Omega, 1 \le n \le N$.

Existenz. Sei (M_n) ein beliebiges $(\mathcal{A}_n)$-Martingal. Da M_n $\mathcal{A}_n$-meßbar ist, existiert wegen Satz 1.24[2] eine Funktion $f_n : \mathbb{R}^n \longrightarrow \mathbb{R}$ derart, daß

$$M_n = f_n(\xi_1, \dots, \xi_n), \quad 0 \le n \le N \tag{4.18.1}$$

(man beachte, daß M_0 $\mathcal{A}_0$-meßbar, also konstant ist). $\mathcal{A}_{n-1}$ wird erzeugt von den 2^{n-1} Ereignissen $\{\xi_1 = \omega_1, \dots, \xi_{n-1} = \omega_{n-1}\}(\omega_i \in \{0,1\}, 1 \le i \le n-1)$, die eine Zerlegung von Ω bilden. Auf $\{\xi_1 = \omega_1, \dots, \xi_{n-1} = \omega_{n-1}\}$ gilt

$$\begin{aligned} 0 &= E\left[M_n - M_{n-1} \middle| \mathcal{A}_{n-1}\right] \\ &= E\left[f_n(\xi_1, \dots, \xi_n) - f_{n-1}(\xi_1, \dots, \xi_{n-1}) \middle| \xi_1 = \omega_1, \dots, \xi_{n-1} = \omega_{n-1}\right] \\ &= E\left[f_n(\omega_1, \dots, \omega_{n-1}, \xi_n) - f_{n-1}(\omega_1, \dots, \omega_{n-1})\right] \\ &= p f_n(\omega_1, \dots, \omega_{n-1}, 1) + (1-p) f_n(\omega_1, \dots, \omega_{n-1}, 0) \\ &\quad - f_{n-1}(\omega_1, \dots, \omega_{n-1}), \end{aligned}$$

so daß für $1 \le n \le N$

$$\begin{aligned} &\frac{f_n(\xi_1, \dots, \xi_{n-1}, 1) - f_{n-1}(\xi_1, \dots, \xi_{n-1})}{1-p} \\ &= -\frac{f_n(\xi_1, \dots, \xi_{n-1}, 0) - f_{n-1}(\xi_1, \dots, \xi_{n-1})}{p} =: H_n. \end{aligned} \tag{4.18.2}$$

Dann ist $H = (H_n)$ vorhersehbar. Zum Nachweis von (4.17.1) reicht es wegen $(H \bullet X)_n - (H \bullet X)_{n-1} = H_n(X_n - X_{n-1}) = H_n(\xi_n - p)$ und (4.18.1) zu zeigen:

$$H_n(\xi_n - p) = f_n(\xi_1, \dots, \xi_n) - f_{n-1}(\xi_1, \dots, \xi_{n-1}), \quad 1 \le n \le N. \tag{4.18.3}$$

Dies ist aber eine unmittelbare Konsequenz aus (4.18.2), wonach beide Seiten in (4.18.3) jeweils auf den Mengen $\{\xi_n = 0\}$ und $\{\xi_n = 1\}$ übereinstimmen. ■

8.5 Ungleichungen

Ist (X_n) $(n \geq 0)$ eine Folge von ZV, so setzen wir im folgenden

$$M_n = \max_{0 \leq k \leq n} X_k, \quad n \geq 0 \tag{5.0.1}$$

und

$$\Delta X_n = X_n - X_{n-1}, \quad n \geq 1, \quad \Delta X_0 = X_0. \tag{5.0.2}$$

(Es besteht keine Gefahr, die in (5.0.1) definierte Folge (M_n) mit dem in einer Doob-Zerlegung auftretenden Martingal (M_n) zu verwechseln.)

In einigen der folgenden Beweise werden geeignet konstruierte SZ benutzt.

Die nachfolgenden Ungleichungen (5.1.5) und (5.1.6) heißen auch *Chow-Ungleichungen.*

5.1 Satz. *Sei $X = (X_n) \subset L^1$ $(n \geq 0)$ adaptiert und sei*

$$\tau(c) := \min\{n \geq 0 : X_n \geq c\}, \quad c \geq 0. \tag{5.1.1}$$

(a) *Für $c > 0$ und $n \geq 0$ gilt*

$$cP(M_n \geq c) + E\left[X_n I_{\{M_n < c\}}\right] \leq E\left[X_{n \wedge \tau(c)}\right] \tag{5.1.2}$$

und somit

$$cP(M_n \geq c) \leq E\left[X_{\tau(c)} I_{\{\tau(c) \leq n\}}\right]. \tag{5.1.3}$$

(b) *Ist X insbesondere ein positives Submartingal, so gelten für beliebige reelle Zahlen $a_n > 0$ $(n \geq 0)$ derart, daß*

$$a_0 \geq a_1 \geq a_2 \geq \cdots, \tag{5.1.4}$$

die Ungleichungen

$$\begin{aligned} &cP\left(\max_{0 \leq k \leq n} a_k X_k \geq c\right) + E\left[a_n X_n I\left\{\max_{0 \leq k \leq n} a_k X_k < c\right\}\right] \\ &\leq \sum_{k=0}^{n} a_k E[\Delta X_k], \quad c > 0, n \geq 0 \end{aligned} \tag{5.1.5}$$

sowie

$$cP\left(\sup_{k \geq 0} a_k X_k \geq c\right) \leq \sum_{k=0}^{\infty} a_k E[\Delta X_k], \quad c > 0. \tag{5.1.6}$$

BEWEIS. (a) Sei $c > 0$. Die linke Seite in (5.1.2) ist gleich

$$cP\left(\{X_{\tau(c)} \geq c\} \cap \{\tau(c) \leq n\}\right) + E\left[X_n I_{\{\tau(c) > n\}}\right].$$

Wegen der Markov-Ungleichung ist dies nicht größer als

$$E\left[X_{\tau(c)} I_{\{\tau(c) \leq n\}}\right] + E\left[X_{n \wedge \tau(c)} I_{\{\tau(c) > n\}}\right] = E\left[X_{n \wedge \tau(c)}\right],$$

so daß (5.1.2) gilt. Wegen $\{M_n < c\} = \{\tau(c) > n\}$ ist $E\left[X_n I_{\{M_n<c\}}\right] = E\left[X_{n\wedge\tau(c)} I_{\{\tau(c)>n\}}\right]$, so daß (5.1.3) aus (5.1.2) folgt.

(b) Die durch

$$Y_n := a_n X_n - \sum_{k=1}^{n} \left(a_k E\left[\Delta X_k \middle| \mathcal{A}_{n-1}\right] + (a_k - a_{k-1}) X_{k-1}\right), \quad n \geq 0$$

definierte Folge ist ein *Martingal* wegen

$$E\left[\Delta Y_n \middle| \mathcal{A}_{n-1}\right] = a_n E\left[\Delta X_n - E\left[\Delta X_n \middle| \mathcal{A}_{n-1}\right] \middle| \mathcal{A}_{n-1}\right] = 0, \quad n \geq 1.$$

Sei σ eine beliebige SZ. Da die SZ $n \wedge \sigma$ beschränkt ist, ergibt sich aufgrund von Satz 3.5(a) $E\left[Y_{n\wedge\sigma}\right] = E\left[Y_0\right] = a_0 E\left[X_0\right]$ und damit für $n \geq 0$

$$E\left[a_{n\wedge\sigma} X_{n\wedge\sigma}\right] = a_0 E\left[X_0\right] + E\left[\sum_{k=1}^{n\wedge\sigma} \left(a_k E\left[\Delta X_k \middle| \mathcal{A}_{n-1}\right] + (a_k - a_{k-1}) X_{k-1}\right)\right].$$

Ist also X ein positives Submartingal, so erhält man wegen (5.1.4) für $c > 0$, $n \geq 0$ und *beliebige* SZ σ

$$E\left[a_{n\wedge\sigma} X_{n\wedge\sigma}\right] \leq a_0 E\left[X_0\right] + \sum_{k=1}^{n} a_k E\left[\Delta X_k\right] = \sum_{k=0}^{n} a_k E\left[\Delta X_k\right]. \tag{5.1.7}$$

Aus (5.1.2) — angewandt auf die Folge $(a_n X_n)$ — und (5.1.7) (für $\sigma = \tau(c)$, definiert mit Hilfe von $(a_n X_n)$!) folgt (5.1.5). Zum Nachweis von (5.1.6) beachte man zunächst, daß sich aufgrund von (5.1.5) wegen $E\left[\Delta X_k\right] \geq 0 (n \geq 0)$

$$cP\left(\max_{0\leq k\leq n} a_k X_k > c\right) \leq \sum_{k=0}^{\infty} a_k E\left[\Delta X_k\right], \quad c > 0, n \geq 0$$

und somit (für $n \to \infty$)

$$cP\left(\sup_{k\geq 0} a_k X_k > c\right) \leq \sum_{k=0}^{\infty} a_k E\left[\Delta X_k\right], \quad c > 0$$

ergibt. Wendet man dies auf $c_n := c - 1/n$, $n > 1/c$, bei festem $c > 0$ an, so resultiert hieraus (5.1.6) für $n \to \infty$. ∎

Aus Satz 5.1 erhält man die folgenden *Doob-Ungleichungen* für (Sub-)Martingale:

5.2 Satz. (a) *Ist* (X_n) $(n \geq 0)$ *ein Submartingal, so gilt für* $c > 0$, $n \geq 0$

$$cP\left(\max_{0\leq k\leq n} X_k \geq c\right) \leq E\left[X_n I\left\{\max_{0\leq k\leq n} X_k \geq c\right\}\right] \leq E\left[X_n^+\right], \tag{5.2.1}$$

$$(5.2.2)\quad \begin{aligned} &cP\left(\min_{0\le k\le n} X_k \le -c\right) \\ &\le E\left[X_n I\left\{\min_{0\le k\le n} X_k > -c\right\}\right] - E[X_0] \le E\left[X_n^+\right] - E[X_0] \end{aligned}$$

sowie

$$(5.2.3)\qquad cP\left(\max_{0\le k\le n} |X_k| \ge c\right) \le 2E\left[X_n^+\right] - E[X_0].$$

(b) *Ist* (X_n) *für ein* $1 \le p < \infty$ *ein* L^p*-Martingal oder ein ein positives* L^p*-Submartingal, so folgt*

$$(5.2.4)\qquad c^pP\left(\max_{0\le k\le n} |X_k| \ge c\right) \le E[|X_n|^p], \quad c > 0, n \ge 0$$

und

$$(5.2.5)\qquad c^pP\left(\sup_{k\ge 0} |X_k| \ge c\right) \le \sup_{k\ge 0} E[|X_k|^p], \quad c > 0.$$

5.3 Bemerkung. Es ist klar, daß Satz 5.2 entsprechend auch für (Sub-) Martingale (X_k) mit *endlich vielen Indizes* $0 \le k \le n$ gilt, da etwa für (5.2.1) $X_{n+1}, X_{n+2}, \ldots$ keine Rolle spielen. Ein $(\mathcal{A}_k)$-(Sub-) Martingal (X_k) $(0 \le k \le n)$ läßt sich formal „fortsetzen" durch $X_{n+m} := X_n$, $\mathcal{A}_{m+n} := \mathcal{A}_n$ $(m \ge 1)$, und man erhält hierdurch wieder ein (Sub-) Martingal. ■

BEWEIS VON SATZ 5.2. (a) (5.2.1) folgt aus (5.1.3), denn wegen $n \wedge \tau(c) \le n$ ergibt sich aufgrund von Lemma 3.17

$$(5.3.1)\qquad X_{n\wedge\tau(c)} \le E\left[X_n \middle| \mathcal{A}_{n\wedge\tau(c)}\right] \quad \text{f.s.,} \quad c > 0, n \ge 0.$$

Da wegen Satz 3.16(c), (g) $\{\tau(c) \le n\} \in \mathcal{A}_n \cap \mathcal{A}_{\tau(c)} = \mathcal{A}_{n\wedge\tau(c)}$, impliziert (5.3.1) $E\left[X_{n\wedge\tau(c)} I_{\{\tau(c)\le n\}}\right] \le E\left[X_n I_{\{\tau(c)\le n\}}\right]$. Wegen $\{M_n < c\} = \{\tau(c) > n\}$ folgt somit (5.2.1) aus (5.1.3). Zum Nachweis von (5.2.2) betrachte man für $c > 0$ die SZ $\sigma(c) := \min\{n \ge 0 : X_n \le -c\}$, für die wegen Satz 3.5(b) gilt:

$$\begin{aligned} E[X_0] &\le E\left[X_{n\wedge\sigma(c)}\right] \\ &= E\left[X_{\sigma(c)} I_{\{\sigma(c)\le n\}}\right] + E\left[X_n I_{\{\sigma(c)>n\}}\right] \\ &\le -cP(\sigma(c) \le n) + E\left[X_n I_{\{\sigma(c)>n\}}\right]. \end{aligned}$$

Dies impliziert (5.2.2), und man erhält (5.2.3) durch Addition von (5.2.1) und (5.2.2).

(b) In beiden Fällen ist $(|X_n|^p)$ ein Submartingal (im Fall eines *positiven* L^p-Submartingals ergibt sich dies daraus, daß die Funktion $x \longmapsto |x|^p$ auf $\mathbb{R}^+$ wachsend und konvex ist). Da die linke Seite in (5.2.4) gleich $c^pP(\max_{0\le k\le n} |X_k|^p \ge c^p)$ ist, folgt (5.2.4) aus (5.2.1). Aus (5.2.4) erhält man

$$c^pP\left(\sup_{k\ge 0} |X_k| > c\right) \le \sup_{k\ge 0} E[|X_k|^p], \quad c > 0,$$

woraus sich (5.2.5) ergibt (man vgl. die Überlegung am Ende des Beweises von Satz 5.1). ■

Eine Konsequenz aus Satz 5.1(b) ist die nachfolgende *Hajek - Rényi - Ungleichung* (5.4.1) für L^2-Martingale, die als Spezialfälle die *Kolmogorov-Ungleichungen* (5.4.2) sowie (5.4.3) enthält.

5.4 Satz. (a) *Sei (X_m) $(m \geq 0)$ ein L^2-Martingal. Dann gilt für beliebige reelle Zahlen $a_0 \geq a_1 \geq \cdots \geq a_n > 0\,(n \geq 0)$*

$$c^2 P\left(\max_{0\leq k\leq n} a_k|X_k| \geq c\right) \leq a_0^2 E\left[X_0^2\right] + \sum_{k=1}^{n} a_k^2 \mathrm{Var}\left[\Delta X_k\right], \quad c > 0, \tag{5.4.1}$$

so daß insbesondere

$$c^2 P\left(\max_{0\leq k\leq n} |X_k| \geq c\right) \leq E\left[X_0^2\right] + \sum_{k=1}^{n} \mathrm{Var}\left[\Delta X_k\right], \quad c > 0. \tag{5.4.2}$$

(b) *Ist $(\xi_n) \subset L^2$ $(n \geq 0)$ eine Folge von unabhängigen* ZV *derart, daß $E[\xi_n] = 0$, $n \geq 0$, so gilt für $S_n := \xi_0 + \cdots + \xi_n$ $(n \geq 0)$:*

$$c^2 P\left(\max_{0\leq k\leq n} |S_k| \geq c\right) \leq \sum_{k=0}^{n} E\left[\xi_k^2\right], \quad c > 0,\ n \geq 0. \tag{5.4.3}$$

BEWEIS. (a) (X_m^2) ist ein positives Submartingal. Da die linke Seite in (5.4.1) gleich $c^2 P\left(\max_{0\leq k\leq n} a_k^2 X_k^2 \geq c^2\right)$ ist, liefert hierfür (5.1.5) als obere Schranke

$$a_0^2 E\left[X_0^2\right] + \sum_{k=1}^{n} a_k^2 E\left[X_k^2 - X_{k-1}^2\right].$$

Da (X_m) ein L^2-Martingal ist, folgt $E\left[X_k^2 - X_{k-1}^2\right] = E\left[(X_k - X_{k-1})^2\right] = \mathrm{Var}\left[\Delta X_k\right]$. Dies beweist (5.4.1) und (5.4.2).

(b) Die Folge (S_n) ist ein L^2-Martingal, so daß (5.4.3) eine unmittelbare Konsequenz aus (5.4.2) ist. ■

5.5 Satz. *Sei (X_n) ein Martingal oder ein positives Submartingal. Dann gilt für $1 < p < \infty$ und $q := p/(p-1)$*

$$E\left[\sup_{k\geq 0} |X_k|^p\right] \leq q^p \cdot \sup_{k\geq 0} E\left[|X_k|^p\right], \tag{5.5.1}$$

so daß insbesondere

$$E\left[\sup_{k\geq 0} X_k^2\right] \leq 4 \sup_{k\geq 0} E\left[X_k^2\right]. \tag{5.5.2}$$

Man beachte, daß die Zahl q in Satz 5.5 der Gleichung

$$\frac{1}{p} + \frac{1}{q} = 1 \tag{5.5.3}$$

genügt.

BEWEIS VON SATZ 5.5. Es reicht, (5.5.1) für ein positives Submartingal (X_n) zu beweisen. Ist nämlich (X_n) ein Martingal, so ist $(|X_n|)$ ein positives Submartingal. Im folgenden sei also (X_n) ein *positives* Submartingal, für das zu zeigen ist:

$$E\left[\sup_{k\geq 0} X_k^p\right] \leq q^p \cdot \sup_{k\geq 0} E\left[X_k^p\right]. \tag{5.5.4}$$

Wir nehmen *zusätzlich*

$$X_n \in L^p, \quad n \geq 0 \tag{5.5.5}$$

an, da andernfalls die rechte Seite in (5.5.4) unendlich ist. Für M_n (gegeben durch (5.0.1)) gilt wegen (5.5.5)

$$E\left[M_n^p\right] < \infty, \quad n \geq 0. \tag{5.5.6}$$

Wegen des Satzes von der monotonen Konvergenz ergibt sich (5.5.4) aus

$$E\left[M_n^p\right] \leq q^p E\left[X_n^p\right], \quad n \geq 0. \tag{5.5.7}$$

Für den Rest des Beweises sei ein $n \geq 0$ fixiert. Zum Nachweis von (5.5.7) reicht es

$$E\left[M_n^p\right] \leq qE\left[X_n M_n^{p-1}\right] \tag{5.5.8}$$

zu zeigen, denn aus (5.5.8) ergibt sich mit Hilfe der Hölder-Ungleichung

$$E\left[M_n^p\right] \leq q\left(E\left[X_n^p\right]\right)^{1/p}\left(E[M_n^{(p-1)q}]\right)^{1/q} = q\left(E\left[X_n^p\right]\right)^{1/p}\left(E\left[M_n^p\right]\right)^{1/q},$$

woraus man nach Division durch $\left(E\left[M_n^p\right]\right)^{1/q}$ wegen (5.5.6) und (5.5.3) $\left(E\left[M_n^p\right]\right)^{1/p} \leq q\left(E\left[X_n^p\right]\right)^{1/p}$ und damit (5.5.7) erhält (wir durften zusätzlich $E\left[M_n^p\right] > 0$ annehmen, da sonst (5.5.7) trivial ist). Zum Nachweis von (5.5.8) benutzen wir die Ungleichung (5.2.1):

$$tP(M_n \geq t) \leq E\left[I_{\{M_n \geq t\}} X_n\right], \quad t \geq 0. \tag{5.5.9}$$

Wendet man partielle Integration, (5.5.9) und den Satz von Fubini-Tonelli an, so erhält man

$$\begin{aligned}
E\left[M_n^p\right] &= \int_0^\infty pt^{p-2} tP(M_n \geq t)\, dt \\
&\leq \int_0^\infty pt^{p-2} E\left[I_{\{M_n \geq t\}} X_n\right] dt \\
&= E\left[X_n \int_0^\infty pt^{p-2} I_{\{M_n \geq t\}}\, dt\right] \\
&= E\left[X_n \int_0^{M_n} pt^{p-2}\, dt\right] \\
&= qE\left[X_n M_n^{p-1}\right]
\end{aligned}$$

und damit (5.5.8). ∎

Wir beweisen jetzt einige Ungleichungen für Martingale, deren Zuwächse gewisse Beschränktheitseigenschaften besitzen. Daraus ergeben sich auch für Folgen von ZV, die *keine* Martingale sind, Abschätzungen für Wahrscheinlichkeiten großer Abweichungen vom jeweiligen Erwartungswert. Hierbei konstruiert man zunächst geeignete Martingale, auf die sich dann die gewonnenen Martingalungleichungen anwenden lassen. Dieses Vorgehen heißt auch *Methode der beschränkten Differenzen* (*Zuwächse*). Abschnitt 9.2 enthält Anwendungen derartiger Ungleichungen auf stochastische Varianten kombinatorischer Optimierungsprobleme.

5.6 Satz. *Sei* (X_n) $(0 \leq n \leq N)$ *ein* $(\mathcal{A}_n)$*-Martingal derart, daß* $X_0 = 0$ *f.s. Für jedes* $1 \leq n \leq N$ *gebe es eine Konstante* $b_n \geq 0$ *und eine* $\mathcal{A}_{n-1}$*-meßbare* ZV α_n *derart, daß*

(5.6.1) $$\alpha_n \leq \Delta X_n \leq \alpha_n + b_n \quad \textit{f.s.}, \ 1 \leq n \leq N.$$

Dann folgt $(\exp(-\infty) = 0$ *gesetzt*)

(5.6.2) $$P\left(\max_{0\leq n\leq N} X_n \geq t\right) \leq \exp\left(-2t^2 \Big/ \sum_{n=1}^{N} b_n^2\right), \quad t > 0$$

und

(5.6.3) $$P\left(\max_{0\leq n\leq N} |X_n| \geq t\right) \leq 2\exp\left(-2t^2 \Big/ \sum_{n=1}^{N} b_n^2\right), \quad t > 0.$$

5.7 Bemerkung. Man kann (5.6.1) ersetzen durch

(5.7.1) $$\alpha_n \leq X_n \leq \alpha_n + b_n \quad \text{f.s.}, \quad 1 \leq n \leq N,$$

denn aus (5.7.1) folgt $\alpha_n - X_{n-1} \leq \Delta X_n \leq \alpha_n - X_{n-1} + b_n$ f.s., wobei $\alpha_n - X_{n-1}$ $\mathcal{A}_{n-1}$-meßbar ist. Gilt umgekehrt (5.6.1), so folgt $\alpha_n + X_{n-1} \leq X_n \leq \alpha_n + X_{n-1} + b_n$ f.s., wobei $\alpha_n + X_{n-1}$ $\mathcal{A}_{n-1}$-meßbar ist. ∎

Die nachfolgenden Ungleichungen (5.8.2) und (5.8.3) heißen auch *Azuma-Ungleichungen* (vgl. Azuma (1967)).

5.8 Korollar. *Für das Martingal* (X_n) *in Satz* 5.6 *gelte speziell*

(5.8.1) $$|\Delta X_n| \leq c_n \quad \textit{f.s.}, \quad 1 \leq n \leq N$$

für Konstanten $c_1, \ldots, c_N$. *Dann folgt*

(5.8.2) $$P\left(\max_{0\leq n\leq N} X_n \geq t\right) \leq \exp\left(-t^2 \Big/ \left(2\sum_{n=1}^{N} c_n^2\right)\right), \quad t > 0$$

sowie

(5.8.3) $$P\left(\max_{0\leq n\leq N} |X_n| \geq t\right) \leq 2\exp\left(-t^2 \Big/ \left(2\sum_{n=1}^{N} c_n^2\right)\right), \quad t > 0.$$

∎

Zum Beweis von Satz 5.6 benötigen wir folgendes

5.9 Lemma. *Seien $a \le 0 \le b$ Konstanten und ξ eine ZV derart, daß $a \le \xi \le b$ f.s. und $E[\xi] = 0$ gilt. Dann folgt*

$$E[\exp(s\xi)] \le \exp\left(s^2(b-a)^2/8\right), \quad s \in \mathbb{R}. \tag{5.9.1}$$

BEWEIS. Ist $a = 0$ oder $b = 0$, so gilt $\xi = 0$ f.s. wegen $E[\xi] = 0$, so daß die linke Seite in (5.9.1) gleich 1 ist. Wir betrachten im folgenden den Fall $a < 0 < b$. Setzen wir für festes $s \in \mathbb{R}$ $f(x) = \exp(sx)$, $x \in \mathbb{R}$, so ist f konvex. Für $x \in [a, b]$ folgt somit

$$f(x) = f\left(\frac{b-x}{b-a}a + \frac{x-a}{b-a}b\right) \le \frac{b-x}{b-a}f(a) + \frac{x-a}{b-a}f(b),$$

so daß wegen $E[\xi] = 0$ gilt:

$$E[\exp(s\xi)] = E[f(\xi)] \le \frac{b}{b-a}\exp(as) - \frac{a}{b-a}\exp(bs).$$

Zum Nachweis von (5.9.1) reicht es also zu zeigen:

$$\frac{b}{b-a}\exp(as) - \frac{a}{b-a}\exp(bs) \le \exp\left(s^2(b-a)^2/8\right), \quad s \in \mathbb{R}. \tag{5.9.2}$$

Setzen wir $t = -a/(b-a) \in]0, 1[$, so ist (5.9.2) äquivalent zu (s durch $s/(b-a)$ ersetzt)

$$(1-t)\exp(-ts) + t\exp((1-t)s) \le \exp\left(s^2/8\right), \quad s \in \mathbb{R},\ 0 < t < 1,$$

d. h. bei festem $0 < t < 1$ zu

$$g(s) := -ts + \log(1 - t + te^s) \le s^2/8, \quad s \in \mathbb{R}. \tag{5.9.3}$$

Man rechnet leicht nach, daß gilt: $g(0) = g'(0) = 0$ sowie (wegen $r(1-r) \le 1/4$, $r \in \mathbb{R}$)

$$g''(s) = \frac{1-t}{1-t+te^s} \cdot \frac{te^s}{1-t+te^s} \le \frac{1}{4}, \quad s \in \mathbb{R}.$$

Aufgrund der Taylor-Formel existiert zu jedem $s \in \mathbb{R}$ eine Zahl $0 < \theta(s) < 1$ derart, daß

$$g(s) = g(0) + g'(0)s + g''(\theta(s)s)\, s^2/2 \le s^2/8, \quad s \in \mathbb{R}.$$

Folglich gilt (5.9.3). ■

BEWEIS VON SATZ 5.6. Gilt $b_1 = \cdots = b_N = 0$, so folgt aus (5.6.1) für $1 \le n \le N$ $X_n = X_0 + \alpha_1 + \cdots + \alpha_n$ f.s., wobei $X_0 + \alpha_1 + \cdots + \alpha_n$ $\mathcal{A}_{n-1}$-meßbar ist. Mit Hilfe von Satz 1.10(b) ergibt sich dann $X_n = X_0 = 0$ f.s., $1 \le n \le N$, so daß (5.6.2) und (5.6.3) gelten. Für den restlichen Beweis sei also $b_1^2 + \cdots + b_N^2 > 0$. Zunächst zeigen wir

$$E\left[\exp(s\Delta X_n) \,|\, \mathcal{A}_{n-1}\right] \le \exp\left(s^2 b_n^2/8\right), \quad s \in \mathbb{R},\ 1 \le n \le N. \tag{5.9.4}$$

Seien $\epsilon > 0$ und $A \in \mathcal{A}_{n-1}$ mit $P(A) > 0$ gegeben. Dann folgt $B(m) := A \cap \{m\epsilon < \alpha_n \leq (m+1)\epsilon\} \in \mathcal{A}_{n-1}, m \in \mathbb{Z}$. Gilt $P(B(m)) > 0$, so ergibt sich aufgrund der Martingaleigenschaft (M5) (vgl. Satz 1.8) von (X_n)

$$\int \Delta X_n \, dP\left(\cdot \,\middle|\, B(m)\right) = 0,$$

also wegen Lemma 5.9 und (5.6.1)

$$\int \exp(s\Delta X_n)\; dP\left(\cdot \,\middle|\, B(m)\right) \leq \exp\left(s^2(b_n+\epsilon)^2/8\right), \quad s \in \mathbb{R}.$$

Für *alle* $m \in \mathbb{Z}$ gilt folglich wegen Satz 1.21[4]

$$\int_{B(m)} \exp(s\Delta X_n)\; dP \leq P(B(m)) \exp\left(s^2(b_n+\epsilon)^2/8\right),$$

so daß man hieraus durch Summation über $m \in \mathbb{Z}$

$$\int_A \exp(s\Delta X_n)\; dP \leq P(A) \exp\left(s^2(b_n+\epsilon)^2/8\right), \quad \epsilon > 0,\; s \in \mathbb{R},$$

also (5.9.4) erhält. Da $f(x) := \exp(sx)$, $x \in \mathbb{R}$, konvex ist, ist die wegen (5.9.4) integrierbare Folge $\exp(sX_n)$ $(0 \leq n \leq N)$ für festes $s \in \mathbb{R}$ ein Submartingal. Wegen Satz 5.2(a) und (5.9.4) gilt somit für $s > 0$ und $t > 0$

$$\begin{aligned} P\left(\max_{0\leq n\leq N} X_n \geq t\right) &= P\left(\max_{0\leq n\leq N} \exp(sX_n) \geq \exp(st)\right) \\ &\leq \exp(-st)E\left[\exp(sX_N)\right] \\ &= \exp(-st)E\left[E\left[\exp(sX_N)\,\middle|\,\mathcal{A}_{N-1}\right]\right] \\ &= \exp(-st)E\left[\exp(sX_{N-1})\,E\left[\exp(s\Delta X_N)\,\middle|\,\mathcal{A}_{N-1}\right]\right] \\ &\leq \exp(-st)E\left[\exp(sX_{N-1})\right]\exp\left(s^2 b_N^2/8\right). \end{aligned}$$

Wiederholte Anwendung von (5.9.4) führt schließlich zur Abschätzung (man beachte, daß $X_0 = 0$ f.s.)

$$P\left(\max_{0\leq n\leq N} X_n \geq t\right) \leq \exp(-st)\exp\left((s^2/8)\sum_{n=1}^{N} b_n^2\right), \quad s > 0,\; t > 0.$$

Für $s := 4t/(b_1^2 + \cdots + b_N^2)$ ergibt sich hieraus (5.6.2). Wegen

$$\left\{\max_{0\leq n\leq N} |X_n| \geq t\right\} = \left\{\max_{0\leq n\leq N} X_n \geq t\right\} \cup \left\{\max_{0\leq n\leq N} (-X_n) \geq t\right\}, \quad t > 0$$

resultiert (5.6.3) aus (5.6.2) — angewandt auf (X_n) und $(-X_n)$. ■

5.10 Korollar. *Die ZV $\xi_1, \ldots, \xi_N$ seien unabhängig und es gelte $E[\xi_1] = \cdots = E[\xi_N] = 0$. Es gebe Konstanten $a_n \leq 0 \leq b_n$ $(1 \leq n \leq N)$ derart, daß*

(5.10.1) $\qquad a_n \leq \xi_n \leq b_n \quad$ *f.s.*, $1 \leq n \leq N$.

Dann folgt

$$(5.10.2)\qquad P\left(\max_{1\le n\le N}\sum_{i=1}^{n}\xi_i \ge t\right) \le \exp\left(-2t^2\Big/\sum_{n=1}^{N}(b_n-a_n)^2\right),\quad t>0$$

und

$$(5.10.3)\qquad \begin{aligned} &P\left(\max_{1\le n\le N}\left|\sum_{i=1}^{n}\xi_i\right| \ge t\right)\\ &\le 2\exp\left(-2t^2\Big/\sum_{n=1}^{N}(b_n-a_n)^2\right),\quad t>0.\end{aligned}$$

BEWEIS. Dies folgt aus Satz 5.6, da die ZV $X_n := \xi_1+\cdots+\xi_n\ (0\le n\le N)$ ein Martingal bilden derart, daß $X_0 = 0$ f.s. und $\Delta X_n = \xi_n\ (1\le n\le N)$, so daß wegen (5.10.1) $a_n \le \Delta X_n \le b_n$ f.s. $(1\le n\le N)$ gilt. ■

5.11 Beispiel. Ist $X \sim \mathrm{BIN}(n,p)\ (0\le p\le 1)$, so ergibt sich aus (5.10.3) die folgende *Chernoff-Ungleichung* (vgl. Chernoff (1952)):

$$(5.11.1)\qquad P(|X-np|\ge t) \le 2\exp(-2t^2/n),\quad t>0,$$

wobei man benutzt, daß X dieselbe Verteilung hat wie eine Summe von unabhängigen ZV $\xi_m \sim \mathrm{BER}(p)\ (1\le m\le n)$. ■

In §9.2 benötigen wir folgendes

5.12 Korollar. *Die* ZVK $Y_1,\dots,Y_N$ *seien unabhängig;* Y_n *nehme seine Werte in einer gewissen Borel-Menge* $B_n \in \mathcal{R}_d\ (1\le n\le N)$ *an. Die Abbildung* $f : B_1\times\cdots\times B_N \longrightarrow \mathbb{R}$ *sei Borel-meßbar. Es gebe Konstanten* $b_1,\dots,b_N$ *derart, daß für beliebige Vektoren* $x = (x_1,\dots,x_N)$, $y = (y_1,\dots,y_N)$ *aus* $B_1\times\cdots\times B_N$ *mit* $x_n, y_n \in B_n\ (1\le n\le N)$ *gilt:*

$$(5.12.1)\qquad |f(x)-f(y)| \le b_n,\quad \textit{falls}\quad x_i = y_i \quad \textit{für alle}\ i\ne n\ (1\le n\le N).$$

Dann folgt für $t>0$

$$(5.12.2)\qquad \begin{aligned} &P\left(|f(Y_1,\dots,Y_n) - E[f(Y_1,\dots,Y_n)]|\ge t\right)\\ &\le 2\exp\left(-2t^2\Big/\sum_{n=1}^{N}b_n^2\right).\end{aligned}$$

5.13 Bemerkung. Man sieht leicht, daß aus (5.12.1) folgt: $|f(x)-f(y)| \le b_1+\cdots+b_N,\ x,y\in B_1\times\cdots\times B_N$. Dies impliziert (warum ?), daß f *beschränkt* ist. ■

BEWEIS VON KOROLLAR 5.12. Sei $\mathcal{A}_n := \sigma\{Y_1,\dots,Y_n\},\ 0\le n\le N$. Setzen wir

$$X_n := E\left[f(Y_1,\dots,Y_n)\middle|\mathcal{A}_n\right] - E\left[f(Y_1,\dots,Y_n)\right],\quad 0\le n\le N,$$

so ist (X_n) ein $(\mathcal{A}_n)$-Martingal. Es gilt $X_0 = 0$ f.s., $X_N = f(Y_1, \dots, Y_N) - E[f(Y_1, \dots, Y_N)]$ f.s., und (5.12.2) besagt

$$P(|X_N| \geq t) \leq 2\exp\left(-2t^2 \Big/ \sum_{n=1}^{N} b_n^2\right), \quad t > 0. \tag{5.13.1}$$

Zeigen wir, daß (X_n) die Bedingung (5.7.1) in Bemerkung 5.7 erfüllt. Wir setzen für $1 \leq n \leq N$

$$\begin{aligned} &\phi_n(y_1, \dots, y_n) \\ &\quad = E[f(y_1, \dots, y_n, Y_{n+1}, \dots, Y_N)], \quad y_i \in B_i,\ 1 \leq i \leq n \end{aligned} \tag{5.13.2}$$

und $\phi_0 \equiv E[f(Y_1, \dots, Y_N)]$. Wegen Satz 5.8[4] sind dann $\phi_1, \dots, \phi_N$ Borel-meßbar, und wegen Satz 2.2[6] gilt

$$X_n = \phi_n(Y_1, \dots, Y_n) - \phi_0 \quad \text{f.s., } 0 \leq n \leq N. \tag{5.13.3}$$

Wegen (5.12.1) und (5.13.2) folgt für $y_i \in B_i$, $1 \leq i \leq n-1$, und $u, v \in B_n$ $(1 \leq n \leq N)$

$$|\phi_n(y_1, \dots, y_{n-1}, u) - \phi_n(y_1, \dots, y_{n-1}, v)| \leq b_n. \tag{5.13.4}$$

Für $1 \leq n \leq N$ und $y_i \in B_i$ $(1 \leq i \leq n-1)$ setzen wir

$$\begin{aligned} \alpha_n(y_1, \dots, y_{n-1}) &= \inf_{u \in B_n} (\phi_n(y_1, \dots, y_{n-1}, u) - \phi_0), \\ \gamma_n(y_1, \dots, y_{n-1}) &= \sup_{v \in B_n} (\phi_n(y_1, \dots, y_{n-1}, v) - \phi_0). \end{aligned}$$

Wegen (5.13.4) folgt $\gamma_n - \alpha_n \leq b_n$, $1 \leq n \leq N$ (warum ?), während wegen (5.13.3) gilt:

$$\alpha_n(Y_1, \dots, Y_{n-1}) \leq X_n \leq \alpha_n(Y_1, \dots, Y_{n-1}) + b_n \quad \text{f.s., } 1 \leq n \leq N.$$

Somit ist (5.7.1) erfüllt, und (5.13.1) ist eine Konsequenz aus Satz 5.6. ∎

8.6 Der Martingalkonvergenzsatz

Eine wachsende Folge reeller Zahlen besitzt einen endlichen Grenzwert, wenn sie nach oben beschränkt ist. Motiviert durch die Existenz einer Doob-Zerlegung läßt sich ein Submartingal als stochastisches Analogon einer wachsenden Zahlenfolge auffassen (man vgl. insbesondere Bemerkung 1.13(a)). Dies führt zur Vermutung, daß ein Submartingal $X = (X_n)$ f.s. konvergiert (mit endlichem Grenzwert), wenn X auf geeignete Weise nach oben beschränkt ist. Der *Martingalkonvergenzsatz* (Satz 6.2) besagt, daß

$$\sup_{n \geq 0} E[X_n^+] < \infty \tag{6.0.1}$$

die „richtige" Bedingung ist, wobei (6.0.1) wegen $E[X_n^+] \le E[\,|X_n|\,]$ und $E[\,|X_n|\,] = E[X_n^+ + X_n^-] = 2E[X_n^+] - E[X_n] \le 2E[X_n^+] - E[X_0]$ äquivalent ist zu

$$\sup_{n\ge 0} E[\,|X_n|\,] < \infty. \tag{6.0.2}$$

Aber selbst wenn (6.0.2) nicht erfüllt ist, kann für die Menge

$$\Omega(X) := \{\omega \in \Omega : \lim_{n\to\infty} X_n(\omega) \quad \text{existiert und ist endlich}\} \tag{6.0.3}$$

$P(\Omega(X)) = 1$ gelten. Dies zeigt folgendes einfache

6.1 Beispiel. Sei $a_0 = 1$ und $a_n = 2 \cdot 3^{n-1}$, $n \ge 1$, so daß

$$a_0 + \cdots + a_{n-1} = \frac{1}{2} a_n, \quad n \ge 1. \tag{6.1.1}$$

Die ZV $Y_0, Y_1, \dots$ seien unabhängig, und es gelte

$$P(Y_n = a_n) = P(Y_n = -a_n) = (n+2)^{-2},$$
$$P(Y_n = 0) = 1 - 2(n+2)^{-2}, \quad n \ge 0.$$

Dann folgt $E[Y_n] = 0\,(n \ge 0)$, und die ZV $X_n := Y_0 + \cdots + Y_n\,(n \ge 0)$ bilden ein Martingal (vgl. Beispiel 1.14.1). Wegen $P(Y_n \ne 0) = 2(n+2)^{-2}$ erhält man mit Hilfe des Borel-Cantelli-Lemmas, daß f.s. $Y_n = 0$ für alle hinreichend großen n und somit $P(\Omega(X)) = 1$ gilt. Da für $a, b \in \mathbb{R}$ $|a+b| \ge |a| - |b|$, folgt wegen (6.1.1)

$$\begin{aligned} E[|X_n|] &\ge E[|X_n| I\{|Y_n| = a_n\}] \ge E[(|Y_n| - |X_{n-1}|) I\{|Y_n| = a_n\}] \\ &\ge (a_n - (a_0 + \cdots + a_{n-1})) P(|Y_n| = a_n) = 2 \cdot 3^{n-1}(n+2)^{-2} \to \infty \end{aligned}$$

für $n \to \infty$, so daß (6.0.2) nicht erfüllt ist. ■

Der bereits erwähnte *Martingalkonvergenzsatz* besagt:

6.2 Satz. *Sei $X = (X_n)\ (n \ge 0)$ ein Submartingal, für das*

$$\sup_{n\ge 0} E[X_n^+] < \infty \tag{6.2.1}$$

oder (äquivalent)

$$\sup_{n\ge 0} E[|X_n|] < \infty \tag{6.2.2}$$

gilt. Dann existiert eine $\mathcal{A}_\infty$-meßbare ZV $X_\infty \in L^1$ *derart, daß*

$$\lim_{n\to\infty} X_n = X_\infty \quad \textit{f.s.} \tag{6.2.3}$$

6.3 Bemerkung. Konvergiert (X_n) f.s gegen eine ZV X_∞, so folgt aus (6.2.2) mit Hilfe des Fatou-Lemmas

$$E[|X_\infty|] = E[\lim_{n\to\infty} |X_n|] \le \liminf_{n\to\infty} E[|X_n|] \le \sup_{n\ge 0} E[|X_n|] < \infty,$$

so daß $X_\infty \in L^1$. ■

Das folgende Beispiel zeigt, daß es Martingale (X_n) gibt, die (6.2.1) erfüllen, aber nicht in L^1 konvergieren.

6.4 Beispiel. Sei $\Omega = [0,1[$ und P das Lebesgue-Maß auf Ω. Wir betrachten Zerlegungen $\mathcal{P}_n = \{[i/2^n,(i+1)/2^n[, \quad 0 \le i \le 2^n - 1\}$ von Ω und wählen als Filtrierung $\mathcal{A}_n := \sigma(\mathcal{P}_n), \quad n \ge 0$. Sei $X_n = 2^n$ auf $[0,1/2^n[$ und $X_n = 0$ auf $[1/2^n,1[\quad (n \ge 0)$. Dann ist (X_n) ein Martingal, da auf $[0,1/2^{n-1}[\quad E[X_n|\mathcal{A}_{n-1}] = E[X_n|\,[0,1/2^{n-1}[] = 2^{n-1} = X_{n-1}$ f.s., während auf $[1/2^{n-1},1[\quad E[X_n|\mathcal{A}_{n-1}] = 0 = X_{n-1}$ f.s. Da $E[X_n] = 1, \quad n \ge 0$, ist (6.2.1) erfüllt. Ersichtlich gilt $X_n \to 0 \quad (n \to \infty)$ f.s., aber nicht in L^1. ■

Wir skizzieren zunächst die *Beweisidee* zu Satz 6.2. Zum Nachweis von (6.2.3) reicht es zu zeigen:

$$P\left(\liminf_{n\to\infty} X_n < \limsup_{n\to\infty} X_n\right) = 0. \tag{6.4.1}$$

Ersichtlich gilt ($\mathbb{Q}$ bezeichnet die Menge der rationalen Zahlen)

$$\left\{\liminf_{n\to\infty} X_n < \limsup_{n\to\infty} X_n\right\} = \bigcup_{\substack{a<b\\ a,b\in\mathbb{Q}}} \left\{\liminf_{n\to\infty} X_n < a < b < \limsup_{n\to\infty} X_n\right\}$$

(man beachte, daß die Vereinigung über abzählbar viele Mengen gebildet wird). Wegen der σ-Subadditivität eines W.-Maßes folgt hieraus

$$P\left(\liminf_{n\to\infty} X_n < \limsup_{n\to\infty} X_n\right) \le \sum_{\substack{a<b\\ a,b\in\mathbb{Q}}} P\left(\liminf_{n\to\infty} X_n < a < b < \limsup_{n\to\infty} X_n\right),$$

so daß (6.4.1) äquivalent ist zu

$$P\left(\liminf_{n\to\infty} X_n < a < b < \limsup_{n\to\infty} X_n\right) = 0, \quad a < b, \quad a,b \in \mathbb{R}. \tag{6.4.2}$$

Gilt aber für ein $\omega \in \Omega$ und Zahlen $a < b$

$$\liminf_{n\to\infty} X_n(\omega) < a < b < \limsup_{n\to\infty} X_n(\omega),$$

so gibt es unendlich viele Indizes m bzw. n derart, daß $X_m(\omega) > b$ bzw. $a > X_n(\omega)$. Dies bedeutet insbesondere: *Das Intervall* $[a,b]$ *wird durch* $(X_n(\omega))$ *unendlich oft absteigend überquert.* Um dies zu präzisieren, betrachten wir für Zahlen $a < b$ die *Anzahl* $A_N[a,b] \quad (N \ge 1)$ *der absteigenden Überquerungen* von $[a,b]$ durch die Folge $X_0,\dots,X_N$:

$$\begin{aligned} &A_N\,[a,b](\omega) := \\ &\quad \max\{k \ge 0 : \text{es gibt Indizes } 0 \le m_1 < n_1 < \cdots < m_k < n_k \le N \text{ derart,} \\ &\quad \text{daß } X_{m_i}(\omega) > b > a > X_{n_i}(\omega), \quad 1 \le i \le k\}, \quad \omega \in \Omega, \end{aligned}$$

so daß $A_1[a,b] \le A_2[a,b] \le \cdots$. Dann ist $A_\infty[a,b] := \lim\limits_{N\to\infty} A_N[a,b]$ die Anzahl der (absteigenden) Überquerungen von $[a,b]$ durch die gesamte Folge

(X_n), und (6.4.2) ist äquivalent zu

(6.4.3) $$P(A_\infty[a,b] = \infty) = 0, \quad a < b, \quad a, b \in \mathbb{R}.$$

Hinreichend für (6.4.3) ist:

(6.4.4) $$E[A_\infty[a,b]] < \infty, \quad a < b, \quad a, b \in \mathbb{R}.$$

Der Beweis von Satz 6.2 besteht jetzt im Nachweis, daß (6.4.4) eine Konsequenz aus (6.2.1) ist. Dazu werden folgende *Überquerungsungleichungen* benötigt:

6.5 Satz. *Sei X_n $(n \geq 0)$ ein Submartigal.*

(a) *Für beliebige Zahlen $a < b$ gilt*

(6.5.1) $$(b-a)E[A_N[a,b]] \leq E[(X_N - b)^+], \quad N \geq 1.$$

(b) *Für beliebige Zahlen $a < b$ gilt*

(6.5.2) $$(b-a)E[A_\infty[a,b]] \leq |b| + \sup_{n \geq 0} E[X_n^+].$$

BEWEIS. Aufgrund des Satzes von der monotonen Konvergenz folgt (b) aus (a), da $(r+s)^+ \leq r^+ + s^+, \quad r, s \in \mathbb{R}$.

Zum Nachweis von (a) seien $a < b$ fest vorgegebene Zahlen und $\mathcal{A}_n := \sigma\{X_0, ..., X_n\}, \quad n \geq 0$. Wir betrachten Spiele $1, 2, ..., N$. Der *Einsatz* bei Spiel n sei W_n mit Werten in $\{0,1\}$ $(n \geq 1)$, und $W_n(X_n - X_{n-1})$ sei der Gewinn. Sei $k \geq 0$ *minimal* derart, daß $X_k > b$ und $X_{k+1} \geq a, ..., X_{n-1} \geq a$, $X_n < a$. Nach Spiel n ist damit die erste Überquerung beendet. Der Einsatz bei den Spielen $1, ..., k$ betrage jeweils Null und bei den Spielen $k+1, ..., n$ jeweils eine Geldeinheit. Anschließend wartet der Spieler, bis die Folge (X_n) erneut einen Wert $> b$ annimmt usw. Formal: Sei $W_1 := I\{X_0 > b\}$ und für $n \geq 2$ $\quad W_n := I\{W_{n-1} = 1, X_{n-1} \geq a\} + I\{W_{n-1} = 0, X_{n-1} > b\}$. Hierin bezieht sich der erste Summand auf den Einsatz im Verlauf einer bereits begonnenen Überquerung, während sich der zweite Summand auf den Beginn einer weiteren Überquerung bezieht. Dann ist (W_n) vorhersehbar, und $(W \bullet X)_n$ ist der Gesamtgewinn bei den Spielen $1, ..., n$. Nun gilt

(6.5.3) $$(W \bullet X)_N \leq (a-b)A_N[a,b] + (X_N - b)^+, \quad N \geq 1.$$

In der Tat, jede abgeschlossene Überquerung $X_k > b$, $X_{k+1} \geq a, ..., X_{n-1} \geq a$, $\quad X_n < a$ $(n \leq N)$ erbringt den Gewinn

$$(X_{k+1} - X_k) + \cdots + (X_n - X_{n-1}) = X_n - X_k < a - b.$$

Wird nach der letzten beendeten Überquerung keine weitere Überquerung begonnen, so sind die folgenden Einsätze - und damit die Gewinne - jeweils Null. Wird hingegen nach der letzten beendeten Überquerung erstmals bei Spiel $N-k$ eine weitere Überquerung begonnen und gilt $X_{N-k} > b, \quad X_{N-k+1} \geq a, ..., X_N \geq a$, so ist der Gesamtgewinn bei den Spielen $N-k+1, ..., N$ gleich $X_N - X_{N-k} < X_N - b \leq (X_N - b)^+$, woraus sich (6.5.3) ergibt. Da wegen Satz

2.2(b) $W \bullet X$ ein Submartingal ist, folgt $E[(W \bullet X)_N] \geq E[(W \bullet X)_0] = 0$, so daß (6.5.1) aus (6.5.3) folgt. ∎

BEWEIS VON SATZ 6.2. Aus (6.2.1) folgt wegen (6.5.2) $E[A_\infty[a,b]] < \infty$, $a < b$, $a, b \in \mathbb{R}$, so daß (6.4.4) gilt. Der Grenzwert darf als $\mathcal{A}_\infty$−meßbar angenommen werden, da jedes X_n $\mathcal{A}_\infty$-meßbar ist. ∎

Wegen der folgenden Konsequenz aus Satz 6.2 vgl. man Bemerkung 3.18.

6.6 Satz. *Sei $X = (X_n)$ $(n \geq 0)$ ein $(\mathcal{A}_n)$-Martingal.*

(a) *Existiert eine* ZV $X_\infty \in L^1$ *derart, daß*

$$X_n = E[X_\infty \mid \mathcal{A}_n] \quad \text{f.s.}, \quad n \geq 0, \tag{6.6.1}$$

so ist X gleichmäßig integrierbar, und es gilt

$$\lim_{n\to\infty} X_n = E[X_\infty \mid \mathcal{A}_\infty] \quad \text{f.s. und in } L^1. \tag{6.6.2}$$

(b) *Ist X gleichmäßig integrierbar, so folgt*

$$\sup_{n\geq 0} E[|X_n|] < \infty. \tag{6.6.3}$$

Es existiert eine $\mathcal{A}_\infty$-meßbare ZV $X_\infty \in L^1$ *derart, daß*

$$\lim_{n\to\infty} X_n = X_\infty \quad \text{f.s. und in } L^1$$

und

$$X_n = E[X_\infty \mid \mathcal{A}_n] \quad \text{f.s.}, \quad n \geq 0. \tag{6.6.4}$$

(c) *Gilt für ein* $1 < p < \infty$

$$\sup_{n\geq 0} E[|X_n|^p] < \infty, \tag{6.6.5}$$

so ist X gleichmäßig integrierbar, und für die $\mathcal{A}_\infty$-meßbare ZV X_∞ *in* (b) *folgt*

$$\lim_{n\to\infty} X_n = X_\infty \quad \text{f.s. und in } L^p. \tag{6.6.6}$$

6.7 Bemerkung. Aufgrund von Beispiel 6.4 gilt (c) i.a. *nicht* für $p = 1$. ∎

BEWEIS VON SATZ 6.6. (a) Die gleichmäßige Integrierbarkeit von X folgt wegen (6.6.1) aus Satz 1.15[6]. Wegen (6.6.1) ergibt sich

$$E[|X_n|] \leq E[E[|X_\infty| | \mathcal{A}_n]] = E[|X_\infty|] < \infty, \quad n \geq 0,$$

so daß die Bedingung (6.2.2) erfüllt ist. Wegen Satz 6.2 existiert also eine $\mathcal{A}_\infty$-meßbare ZV $\widetilde{X}_\infty \in L^1$ derart, daß aufgrund der gleichmäßigen Integrierbarkeit von X

$$\lim_{n\to\infty} X_n = \widetilde{X}_\infty \quad \text{f.s. und in } L^1. \tag{6.7.1}$$

Es bleibt zu zeigen:

$$\widetilde{X}_\infty = E[X_\infty \mid \mathcal{A}_\infty] \quad \text{f.s.} \tag{6.7.2}$$

Sei $A \in \mathcal{A}_m$. Aus (6.6.1) folgt $E[X_n I_A] = E[X_\infty I_A]$, $n \geq m$, und somit wegen (6.7.1) $E[\widetilde{X}_\infty I_A] = E[X_\infty I_A]$. Für alle $A \in \mathcal{A}_0 \cup \mathcal{A}_1 \cup \cdots$ gilt also

$$E[\widetilde{X}_\infty I_A] = E[X_\infty I_A]. \tag{6.7.3}$$

Die Familie aller $A \in \mathcal{A}_\infty$, für die (6.7.3) gilt, ist ein Dynkin-System. Nach dem Satz von Dynkin gilt somit (6.7.3) für alle $A \in \mathcal{A}_\infty$, woraus sich (6.7.2) ergibt.

(b) (6.6.3) ist *notwendig* für die gleichmäßige Integrierbarkeit von X, und wegen Satz 6.2 existiert eine $\mathcal{A}_\infty$-meßbare ZV $X_\infty \in L^1$ derart, daß (X_n) f.s. und in L^1 gegen X_∞ konvergiert. Zum Nachweis von (6.6.4) reicht es zu zeigen:

$$E[X_m I_A] = E[X_\infty I_A], \quad A \in \mathcal{A}_m,\ m \geq 0. \tag{6.7.4}$$

Gilt aber $A \in \mathcal{A}_m$, so folgt $E[X_n I_A] = E[X_m I_A]$, $\quad n \geq m$. Wegen $E[X_n I_A] \to E[X_\infty I_A]$ $(n \to \infty)$ ergibt sich (6.7.4).

(c) Wegen (6.6.5) ist X gleichmäßig integrierbar, so daß wegen Satz 6.2 eine $\mathcal{A}_\infty$-meßbare ZV X_∞ existiert derart, daß $X_n \to X_\infty$ f.s. $(n \to \infty)$. Aus (6.6.5) folgt wegen Satz 5.5

$$\sup_{k\geq 0} |X_k|^p \in L^1. \tag{6.7.5}$$

Da $f(x) := |x|^p$, $x \in \mathbb{R}$, konvex ist, folgt $|a+b|^p \leq 2^{p-1}(a^p + b^p)$, $a, b \in \mathbb{R}_+$. Dies impliziert

$$|X_n - X_\infty|^p \leq 2^{p-1}\left(\sup_{k\geq 0}|X_k|^p + |X_\infty|^p\right) \leq 2^p \sup_{k\geq 0}|X_k|^p \quad \text{f.s.},$$

so daß sich (6.6.6) aus (6.7.5) mit Hilfe des Satzes von der dominierten Konvergenz ergibt. ■

Wegen des folgenden Resultats vgl. man Bemerkung 3.21.

6.8 Satz. *Sei* $X = (X_n)$ $(n \geq 0)$ *ein* $(\mathcal{A}_n)$*-Supermartingal. Genau dann existiert eine* ZV $Y_\infty \in L^1$ *derart, daß*

$$X_n \geq E[Y_\infty|\mathcal{A}_n] \quad \textit{f.s.}, \quad n \geq 0, \tag{6.8.1}$$

wenn (X_n^-) *gleichmäßig integrierbar ist. In diesem Fall gilt*

$$\sup_{n\geq 0} E[X_n^-] < \infty \tag{6.8.2}$$

sowie (äquivalent)

$$\sup_{n\geq 0} E[|X_n|] < \infty, \tag{6.8.3}$$

und es existiert eine $\mathcal{A}_\infty$*-meßbare* ZV $X_\infty \in L^1$ *derart, daß*

$$\lim_{n\to\infty} X_n = X_\infty \quad \textit{f.s.}, \tag{6.8.4}$$

$$X_n \geq E[X_\infty|\mathcal{A}_n] \geq E[Y_\infty|\mathcal{A}_n] \quad \textit{f.s.}, \quad n \geq 0 \tag{6.8.5}$$

und

$$X_\infty = E[X_\infty|\mathcal{A}_\infty] \geq E[Y_\infty|\mathcal{A}_\infty] \quad f.s. \tag{6.8.6}$$

6.9 Bemerkung. Man beachte, daß (X_n^-) gleichmäßig integrierbar ist, falls (X_n) *positiv* oder gleichmäßig integrierbar ist. ■

BEWEIS VON SATZ 6.8. Gilt (6.8.1) für ein $Y_\infty \in L^1$, so ist (X_n^-) gleichmäßig integrierbar. In der Tat, die Funktion $f(x) := x^-,\quad x \in \mathbb{R}$, ist fallend und konvex, so daß sich aus (6.8.1) wegen der Jensen-Ungleichung $X_n^- \leq (E[Y_\infty|\mathcal{A}_n])^- \leq E[Y_\infty^-|\mathcal{A}_n]$ f.s. $(n \geq 0)$ ergibt. Aufgrund von Satz 1.15[6] ist die Folge $(E[Y_\infty^-|\mathcal{A}_n])$ und damit auch (X_n^-) gleichmäßig integrierbar. Sei umgekehrt (X_n^-) gleichmäßig integrierbar. Dann folgt (6.8.2). Wenden wir Satz 6.2 auf das Submartingal $(-X_n)$ an, so ist (6.2.1) und damit auch (6.8.3) aufgrund von (6.8.2) und der Beziehung $(-r)^+ = r^-$ $(r \in \mathbb{R})$ erfüllt. Somit existiert eine $\mathcal{A}_\infty$-meßbare ZV $X_\infty \in L^1$, für die (6.8.4) sowie

$$\lim_{n\to\infty} X_n^- = X_\infty^- \quad \text{in } L^1 \tag{6.9.1}$$

gilt. Sei $A \in \mathcal{A}_n$. Dann folgt für $m \geq n$

$$\int_A X_n\,dP \geq \int_A X_m\,dP = \int_A X_m^+\,dP - \int_A X_m^-\,dP.$$

Mit Hilfe des Fatou-Lemmas und (6.9.1) erhält man also

$$\int_A X_n\,dP \geq \liminf_{m\to\infty} \int_A X_m^+\,dP - \int_A X_\infty^-\,dP \geq \int_A X_\infty\,dP$$

und damit

$$X_n \geq E[X_\infty|\mathcal{A}_n] \quad \text{f.s., } n \geq 0. \tag{6.9.2}$$

Gilt (6.8.1) für ein $Y_\infty \in L^1$, so ergibt sich (6.8.6) aus (6.8.4) und Satz 6.6. Andererseits folgt aus (6.8.6) $E[X_\infty|\mathcal{A}_n] \geq E[Y_\infty|\mathcal{A}_n]$ f.s. $(n \geq 0)$, so daß wegen (6.9.2) auch (6.8.5) zutrifft. ■

6.10 Bemerkung. Mit Hilfe von Satz 6.2 läßt sich das starke Gesetz der großen Zahlen (vgl. Satz 7.1[4] oder Satz 4.4[7]) nicht *direkt* beweisen. Ist nämlich $(Y_n) \subset L^1$ $(n \geq 0)$ eine UIV-Folge und setzt man $X_n = (Y_0 + \cdots + Y_n)/(n+1)$, $\mathcal{A}_n = \sigma\{Y_0,\dots,Y_n\}$, $n \geq 0$, so ist (X_n) kein $(\mathcal{A}_n)$-Submartingal, falls $P(Y_0 \neq E[Y_0]) > 0$. Mit Hilfe einer einfachen Rechnung erhält man nämlich $E[X_n - X_{n-1}|\mathcal{A}_{n-1}] = -(X_{n-1} - E[X_{n-1}])\,/(n+1)$, wobei $P(X_{n-1} - E[X_{n-1}] > 0) > 0$ und $P(X_{n-1} - E[X_{n-1}] < 0) > 0$, falls $P(Y_0 \neq E[Y_0]) > 0$ (warum?). Wir werden etwas später sehen, daß sich das starke Gesetz auf gewissen Umwegen aus Satz 6.2 ergibt. Ein *direkter* Beweis ist jedoch möglich, wenn man Martingale mit der Indexmenge $\{0, -1, -2, \dots\}$ (sog. *Rückwärtsmartingale* oder *inverse Martingale*) einführt und deren Indexmenge rückwärts durchläuft. ■

6.11 Definition. Sei $(\Omega, \mathcal{A}, P)$ ein W.-Raum und $\mathcal{A} \supset \mathcal{A}_0 \supset \mathcal{A}_{-1} \supset \mathcal{A}_{-2} \supset \cdots$ eine Folge von σ-Algebren. Eine Folge $X_0, X_{-1}, X_{-2}, \ldots$ von integrierbaren ZV heißt ein $(\mathcal{A}_n)$-*Rückwärtsmartingal* (RM), falls folgende Bedingungen erfüllt sind: (X_n) ist *adaptiert* an $(\mathcal{A}_n)$ (d.h. X_n ist $\mathcal{A}_n$-meßbar, $n \leq 0$), und es gilt:

(RM) $$E[X_n|\mathcal{A}_m] = X_m \quad \text{f.s.}, \quad m < n \leq 0.$$

■

Ist $\mathcal{A} \supset \mathcal{A}_0 \supset \mathcal{A}_{-1} \supset \mathcal{A}_{-2} \supset \cdots$ eine Folge von σ-Algebren, so setzen wir

(6.11.1) $$\mathcal{A}_{-\infty} = \mathcal{A}_0 \cap \mathcal{A}_{-1} \cap \mathcal{A}_{-2} \cap \cdots,$$

d.h. $\mathcal{A}_{-\infty}$ ist die größte σ-Algebra, die in allen σ-Algebren $\mathcal{A}_n$ $(n \leq 0)$ enthalten ist.

Es ergibt sich nun auf einfache Weise der folgende *Konvergenzsatz für Rückwärtsmartingale*:

6.12 Satz. *Sei* $(X_n) \subset L^1$ $(n \leq 0)$ *adaptiert an* $(\mathcal{A}_n)$.

(a) (X_n) *ist genau dann ein* $(\mathcal{A}_n)$-RM, *falls*

(6.12.1) $$E[X_0|\mathcal{A}_n] = X_n \quad \textit{f.s.}, \quad n \leq 0.$$

(b) *Jedes* $(\mathcal{A}_n)$-RM *ist gleichmäßig integrierbar, und es gilt*

(6.12.2) $$\lim_{n \to -\infty} X_n = E[X_0|\mathcal{A}_{-\infty}] \quad \textit{f.s. und in } L^1.$$

BEWEIS. (a) folgt unmittelbar aus (RM).

(b) Aus (6.12.1) ergibt sich mit Hilfe von Satz 1.15[6], daß (X_n) gleichmäßig integrierbar ist. Zum Nachweis von (6.12.2) zeigen wir zunächst, daß (X_n) f.s. konvergiert. Bezeichnet jetzt $A_N[a,b]$ die Anzahl der (absteigenden) Überquerungen von $[a,b]$ durch die Folge $X_{-N}, X_{-N+1}, \ldots, X_0$ $(N \geq 1)$, so folgt aus (6.5.1) für beliebige Zahlen $a < b$

(6.12.3) $$(b-a)E[A_N[a,b]] \leq E[(X_0 - b)^+], \quad N \geq 1.$$

Die Anzahl der Überquerungen von $[a,b]$ durch die gesamte Folge (X_n) ist dann $A_\infty[a,b] := \lim_{N \to \infty} A_N[a,b]$, und mit Hilfe des Satzes von der monotonen Konvergenz folgt aus (6.12.3) für beliebige Zahlen $a < b$

(6.12.4) $$(b-a)E[A_\infty[a,b]] \leq E[(X_0 - b)^+] < \infty.$$

Eine Überlegung, die genau so wie diejenige im Beweis von Satz 6.2 verläuft, zeigt, daß aufgrund von (6.12.4) eine ZV $X_{-\infty} \in L^1$ existiert derart, daß

(6.12.5) $$\lim_{n \to -\infty} X_n = X_{-\infty} \quad \text{f.s. und in } L^1.$$

Es bleibt nachzuweisen:

(6.12.6) $$X_{-\infty} = E[X_0|\mathcal{A}_{-\infty}] \quad \text{f.s.}$$

Setzen wir $\widetilde{X}_{-\infty} = \liminf_{n\to-\infty} X_n$, so gilt wegen (6.12.5) $\widetilde{X}_{-\infty} = X_{-\infty}$ f.s. Wegen $\widetilde{X}_{-\infty} = \sup_{n\leq N}(\inf_{k\leq n} X_k)$ $(N \leq 0)$ ist $\widetilde{X}_{-\infty}$ $\mathcal{A}_N$-meßbar für jedes $N \leq 0$ und somit $\mathcal{A}_{-\infty}$-meßbar. Im folgenden sei also die ZV $X_{-\infty}$ in (6.12.5) $\mathcal{A}_{-\infty}$-meßbar. Sei $A \in \mathcal{A}_{-\infty}$. Für jedes $n \leq 0$ folgt dann aufgrund von (6.12.1) $E[X_n I_A] = E[X_0 I_A]$ wegen $A \in \mathcal{A}_n$. Da (X_n) in L^1 gegen $X_{-\infty}$ konvergiert, ergibt sich hieraus $E[X_{-\infty} I_A] = E[X_0 I_A]$, $A \in \mathcal{A}_{-\infty}$, d.h. (6.12.6). ■

6.13 Anwendungen

6.13.1 Beispiel (*0-1-Gesetz von Kolmogorov*). Sei $X = (X_n)$ $(n \geq 0)$ eine Folge von ZVK und $\mathcal{F}(X)$ die σ-Algebra der *X-finalen Ereignisse* (vgl. Definition 3.1[2]). Das *0-1-Gesetz von Kolmogorov* (vgl. Satz 2.1[3]) besagt dann: *Sind die ZVK $X_0, X_1, \ldots$ unabhängig voneinander, so ist $\mathcal{F}(X)$ ausgeartet, d.h. es gilt:*

(6.13.1) $$P(A) \in \{0,1\}, \quad A \in \mathcal{F}(X).$$

Diese Aussage ist eine einfache Konsequenz aus Satz 6.6(a). Dazu sei $\mathcal{A}_n := \sigma\{X_0, \ldots, X_n\}$ und $\mathcal{F}_n := \sigma\{X_n, X_{n+1}, \ldots\}$, $n \geq 0$, so daß

(6.13.2) $$\mathcal{F}(X) = \mathcal{F}_0 \cap \mathcal{F}_1 \cap \mathcal{F}_2 \cap \cdots .$$

Sei $A \in \mathcal{F}(X)$. Dann ist A unabhängig von $\mathcal{A}_n$, da wegen (6.13.2) $A \in \mathcal{F}_{n+1}$ $(n \geq 0)$. Man erhält somit $P(A) = E[I_A] = E[I_A|\mathcal{A}_n]$ f.s. $(n \geq 0)$. Wegen Satz 6.6(a) ergibt sich also $P(A) = E[I_A|\mathcal{A}_\infty]$ f.s. Da $\mathcal{A}_\infty = \mathcal{F}_0$, erhält man wegen $A \in \mathcal{F}_0$ $P(A) = I_A$ f.s. und somit (6.13.1). ■

6.13.2 Beispiel (*Starkes Gesetz der großen Zahlen*). Sei $Y = (Y_m) \subset L^1$ $(m \geq 0)$ eine UIV-Folge von ZV und $S_m := Y_0 + \cdots + Y_m$, $X_{-m} := S_m/(m+1)$, $m \geq 0$. Zu zeigen ist also

(6.13.3) $$\lim_{n\to-\infty} X_n = E[Y_0] \quad \text{f.s. und in } L^1.$$

Sei $\mathcal{A}_{-m} := \sigma\{S_m, S_{m+1}, \ldots\} = \sigma\{S_m, Y_{m+1}, Y_{m+2}, \ldots\}$, $m \geq 0$. (X_n) $(n \leq 0)$ ist ein $(\mathcal{A}_n)$-RM. In der Tat, wegen Satz 2.4(a)[6] und Satz 2.7(c)[6] gilt für $m \geq 0$

$$E[Y_k|\mathcal{A}_{-m}] = E[Y_k|S_m] = E[Y_0|S_m] \quad \text{f.s.,} \quad 0 \leq k \leq m,$$

woraus sich durch Aufsummieren $S_m = (m+1)E[Y_0|\mathcal{A}_{-m}]$ f.s., d.h. $X_{-m} = E[Y_0|\mathcal{A}_{-m}]$ f.s., $m \geq 0$, ergibt. Wegen Satz 6.12 folgt also

(6.13.4) $$\lim_{n\to-\infty} X_n = E[Y_0|\mathcal{A}_{-\infty}] \quad \text{f.s. und in } L^1.$$

Für $\widetilde{X}_{-\infty} := \liminf_{n\to-\infty} X_n$ folgt wegen (6.13.4)

(6.13.5) $$\widetilde{X}_{-\infty} = E[Y_0|\mathcal{A}_{-\infty}] \quad \text{f.s.}$$

Da für $k \geq 0$

$$\widetilde{X}_{-\infty} = \liminf_{m\to\infty} (Y_k + \cdots + Y_m)/(m+1),$$

ist $\widetilde{X}_{-\infty}$ $\sigma\{Y_k, Y_{k+1}, ...\}$-meßbar ($k \geq 0$), also $\mathcal{F}(Y)$-meßbar. Wegen des 0-1-Gesetzes von Kolmogorov, Satz 1.26[2] und (6.13.5) ergibt sich also $\widetilde{X}_{-\infty} = E[\widetilde{X}_{-\infty}] = E[Y_0]$ f.s. und damit (6.13.3). ■

6.13.3 Beispiel (0-1-*Gesetz von Hewitt-Savage*). Sei $X = (X_n)$ ($n \geq 0$) eine Folge von d-dimensionalen ZVK und $\mathcal{S}(X)$ die σ-Algebra der *X-symmetrischen Ereignisse* (vgl. Definition 3.2[2]). Bezeichnet $\mathcal{F}(X)$ wie in Beispiel 6.13.1 die σ-Algebra der X-finalen Ereignisse, so gilt stets (vgl. Satz 3.7[2])

$$\mathcal{F}(X) \subset \mathcal{S}(X). \tag{6.13.6}$$

Um zu zeigen, daß $\mathcal{S}(X)$ ausgeartet ist, benötigt man stärkere Voraussetzungen als im 0-1-Gesetz von Kolmogorov. Das 0-1-*Gesetz von Hewitt-Savage* (vgl. Satz 2.2[3]) besagt: *Sind die* ZVK $X_0, X_1, ...$ *voneinander unabhängig und identisch verteilt, so ist* $\mathcal{S}(X)$ *ausgeartet, d.h. es gilt*:

$$P(A) \in \{0,1\}, \quad A \in \mathcal{S}(X). \tag{6.13.7}$$

Dies ergibt sich aus folgendem Resultat, das ebenfalls von Hewitt und Savage stammt:

6.13.4 Satz. *Sei* $Y = (Y_n)$ ($n \geq 0$) *eine austauschbare Folge von d-dimensionalen* ZVK. *Dann existiert zu jedem* $A \in \mathcal{S}(Y)$ *ein* $B \in \mathcal{F}(Y)$ *derart, daß*

$$P(A \triangle B) = 0. \tag{6.13.8}$$

Hierin heißt (Y_n) *austauschbar*, falls für jede *endliche* Permutation π von $\mathbb{Z}_+$ die $\mathbb{R}^\infty$-wertige ZV $(Y_{\pi(0)}, Y_{\pi(1)}, ...)$ dieselbe Verteilung wie $(Y_0, Y_1, ...)$ hat. (Eine *endliche Permutation* von $\mathbb{Z}_+$ ist eine eineindeutige Abbildung π von $\mathbb{Z}_+$ *auf* sich derart, daß $\pi(n) = n$ für alle hinreichend großen n gilt.) Sind die ZVK $X_0, X_1, ...$ voneinander unabhängig und identisch verteilt, so ist X austauschbar. Aus Satz 6.13.4 ergibt sich also (6.13.7) mit Hilfe des 0-1-Gesetzes von Kolmogorov.

BEWEIS VON SATZ 6.13.4. Im folgenden sei $A \in \mathcal{S}(Y)$ fixiert. Zum Nachweis, daß (6.13.8) für ein gewisses $B \in \mathcal{F}(Y)$ gilt, reicht es zu zeigen:

$$I_A = E[I_A|\mathcal{F}(Y)] \quad \text{f.s.}, \tag{6.13.9}$$

da dann für $B := \{E[I_A|\mathcal{F}(Y)] = 1\}$ $B \in \mathcal{F}(Y)$ und $I_B = I_A$ f.s., d.h. (6.13.8) gilt. Zum Nachweis von (6.13.9) sei $\mathcal{A}_n = \sigma\{Y_0, ..., Y_n\}$ und $\mathcal{F}_n := \sigma\{Y_n, Y_{n+1}, ...\}$, $n \geq 0$. Wegen Satz 6.6 (a) und Satz 6.12 (b) existieren dann folgende Grenzwerte in L^1:

$$\lim_{n\to\infty} E[I_A|\mathcal{A}_n] = I_A, \quad \lim_{n\to\infty} E[I_A|\mathcal{F}_n] = E[I_A|\mathcal{F}(Y)]$$

(man beachte, daß $\mathcal{S}(Y) \subset \mathcal{A}_\infty$ und somit $A \in \mathcal{A}_\infty$ gilt). Zu gegebenem $\epsilon > 0$ existiert also ein $n = n(\epsilon)$ derart, daß

$$||I_A - E[I_A|\mathcal{A}_n]||_1 < \epsilon, \quad ||E[I_A|\mathcal{F}_n] - E[I_A|\mathcal{F}(Y)]||_1 < \epsilon \tag{6.13.10}$$

($||\cdot||_1$ bezeichnet die L^1-Norm). Da Y austauschbar ist, folgt wegen $A \in \mathcal{S}(Y)$ aufgrund von Satz 3.6[2] und Satz 2.7(a)[6], daß $I_A - E[I_A|\mathcal{A}_n]$ und $I_A - E[I_A|Y_n, ..., Y_{2n}]$ dieselbe Verteilung haben. (Man sieht leicht, daß Satz 2.7(a)[6] analog gilt für $\mathbb{R}^\infty$-wertige ZV $(X_1, X_2, ...)$, $(Y_1, Y_2, ...)$ mit derselben Verteilung.) Daraus ergibt sich wegen (6.13.10)

$$||I_A - E[I_A|Y_n, ..., Y_{2n}]||_1 < \epsilon. \tag{6.13.11}$$

Da für beliebige ZV $\xi, \eta \in L^1$ und beliebige σ-Algebren $\mathcal{B} \subset \mathcal{A}$ $||E[\xi|\mathcal{B}] - E[\eta|\mathcal{B}]||_1 \leq ||\xi - \eta||_1$ gilt, folgt aus (6.13.11) für $\mathcal{B} = \mathcal{F}_n$ aufgrund der $\mathcal{F}_n$-Meßbarkeit von $E[I_A|Y_n, ..., Y_{2n}]$

$$||E[I_A|\mathcal{F}_n] - E[I_A|Y_n, ..., Y_{2n}]||_1 < \epsilon. \tag{6.13.12}$$

Aus (6.13.11), (6.13.12) und (6.13.10) erhält man $||I_A - E[I_A|\mathcal{F}(Y)]||_1 < 3\epsilon$ und somit $||I_A - E[I_A|\mathcal{F}(Y)]||_1 = 0$, d.h. (6.13.9). ■

Das folgende Beispiel zeigt: Ist $X = (X_n)$ $(n \geq 0)$ eine Folge von unabhängigen ZV, die nicht identisch verteilt sind, so ist i.a. $\mathcal{S}(X)$ *nicht* ausgeartet.

6.13.5 Beispiel. Die ZV $X_0, X_1, ...$ seien unabhängig, und es gelte $X_n \sim \mathrm{PO}(1/2^n)$, $n \geq 0$. Dann ist $S := X_0 + X_1 + \cdots \sim \mathrm{PO}(2)$. In der Tat, sei $S_n := X_0 + \cdots + X_n$, $n \geq 0$. Dann gilt für $k \geq 0$ wegen $S_n \sim \mathrm{PO}(2 - 1/2^n)$

$$\begin{aligned} P(S \leq k) &= \lim_{n\to\infty} P(S_n \leq k) \\ &= \lim_{n\to\infty} \sum_{i=0}^{k} \frac{(2-1/2^n)^i}{i!} \exp(-(2-1/2^n)) \\ &= \sum_{i=0}^{k} \frac{2^i}{i!} \exp(-2), \end{aligned}$$

so daß $S \sim \mathrm{PO}(2)$. Die ZV $\widetilde{S} := \liminf_{n\to\infty} S_n$ ist $\mathcal{S}(X)$-meßbar (vgl. Beispiel 3.11.2[2]) und es gilt $\widetilde{S} = S$ f.s. Für $k \geq 0$ ergibt sich also $P(\widetilde{S} = k) = P(S = k) \in]0, 1[$, so daß $\mathcal{S}(X)$ nicht ausgeartet ist. ■

6.13.6 Beispiel. Sei $\xi = (\xi_n)(n \geq 0)$ eine *positive* UIV-Folge von ZV derart, daß $E[\xi_0] \leq 1$. Setzen wir $X_n = \xi_0 \cdots \xi_n$ und $\mathcal{A}_n = \sigma\{\xi_0, ..., \xi_n\}$ $(n \geq 0)$, so ist $X = (X_n)$ ein *positives* $(\mathcal{A}_n)$-Supermartingal (vgl. Beispiel 3.13.4). Wegen Satz 6.8 existiert also eine $\mathcal{A}_\infty$-meßbare ZV $X_\infty \in L^1$ derart, daß

$$\lim_{n\to\infty} X_n = X_\infty \quad \text{f.s..} \tag{6.13.13}$$

Aus

$$P(\xi_0 \neq 1) > 0 \tag{6.13.14}$$

folgt dann

$$X_\infty = 0 \quad \text{f.s.} \tag{6.13.15}$$

Im Fall $E[\xi_0] < 1$ erhält man (6.13.15) mit Hilfe des Fatou-Lemmas: $E[X_\infty] \leq \liminf_{n\to\infty} E[\xi_0 \cdots \xi_n] = \lim_{n\to\infty}(E[\xi_0])^{n+1} = 0$. Gilt $p := P(\xi_0 = 0) > 0$, so ergibt sich (6.13.15) aus

$$\begin{aligned} P(X_\infty = 0) &\geq P(\xi_n = 0 \quad \text{für ein} \quad n \geq 0) \geq 1 - P(\xi_n > 0, \quad n \geq 0) \\ &= 1 - \lim_{n\to\infty} P(\xi_k > 0,\, 0 \leq k \leq n) = 1 - \lim_{n\to\infty}(1-p)^{n+1} = 1. \end{aligned}$$

Gelte schließlich (6.13.14),

$$E[\xi_0] = 1 \tag{6.13.16}$$

sowie

$$\xi_0 > 0 \quad \text{f.s.} \tag{6.13.17}$$

Setzen wir $\widetilde{X}_\infty = \liminf_{n\to\infty} X_n$, so folgt aus (6.13.13) $X_\infty = \widetilde{X}_\infty$ f.s. Da für jede endliche Permutation π von $\mathbb{Z}_+$ $\widetilde{X}_\infty = \liminf_{n\to\infty} X_{\pi(n)}$, ist $\widetilde{X}_\infty$ wegen Satz 3.6[2] $\mathcal{S}(\xi)$-meßbar, so daß aufgrund des 0-1-Gesetzes von Hewitt-Savage und Satz 1.26[2] eine Zahl $0 \leq c < \infty$ existiert derart, daß $\widetilde{X}_\infty = c$ f.s. und damit

$$X_\infty = c \quad \text{f.s.} \tag{6.13.18}$$

Es bleibt $c = 0$ zu zeigen. Die Funktion $f(x) := \log x, \quad x > 0$, ist strikt konkav, und aus (6.13.14) und (6.13.16) folgt $P(\xi_0 < 1) > 0, \quad P(\xi_0 > 1) > 0$. Aufgrund der Jensen-Ungleichung ergibt sich also (man beachte (6.13.17)!) $E[\log \xi_0] < \log E[\xi_0] = 0$. Mit Hilfe des starken Gesetzes erhält man

$$\lim_{n\to\infty} \frac{1}{n+1} \log X_n = \lim_{n\to\infty} \frac{1}{n+1} \sum_{k=0}^{n} \log \xi_k = E[\log \xi_0] \quad \text{f.s.},$$

so daß $\log X_n \to -\infty$ f.s. $(n \to \infty)$. Aufgrund von (6.13.13) und (6.13.18) muß also $c = 0$ sein. ■

8.7 Folgerungen aus dem Martingalkonvergenzsatz

Auch wenn die Momentenbedingung (6.0.2) nicht erfüllt ist, lassen sich mit Hilfe des Martingalkonvergenzsatzes in Verbindung mit einem Lokalisierungsargument Konvergenzsätze für (Sub-) Martingale erhalten. I.a. gilt dann jedoch für die Konvergenzmenge $\Omega(X)$ in (6.0.3) $0 < P(\Omega(X)) < 1$. Wir werden u.a. zeigen, wie sich aus den so gewonnenen Resultaten einige der klassischen Konvergenzsätze für Summen von unabhängigen ZV (starkes Gesetz der großen Zahlen (vierter Beweis!), Drei-Reihen-Satz ...) auf einheitliche Weise ergeben.

Ist (ξ_n) eine Folge von NZV, so setzen wir

$$\{|\lim \xi_n| < \infty\} := \{\omega \in \Omega : \lim_{n\to\infty} \xi_n(\omega) \quad \text{existiert und ist endlich}\}. \tag{7.0.1}$$

Sind A, B Ereignisse, so sagen wir, daß A *f.s. auf B gilt*, falls

(7.0.2) $$P(B \setminus A) = 0.$$

Für ein Ereignis B bedeutet also insbesondere

(7.0.3) $$|\lim \xi_n| < \infty \quad \text{f.s. auf } B,$$

daß $P(B \setminus \{|\lim \xi_n| < \infty\}) = 0$.

Wir betrachten zunächst eine gewisse Klasse von positiven Folgen (X_n) von ZV, die eine abgeschwächte Supermartingalbedingung erfüllen.

7.1 Definition. Die Folgen $X = (X_n) \subset L^1$, $V = (V_n) \subset L^1$ und $W = (W_n) \subset L^1$ seien adaptiert und es gelte f.s. $X_n \geq 0$, $V_n \geq 0$, $W_n \geq 0$, $n \geq 0$. X heißt ein *Fast-Supermartingal*, falls gilt:

(7.1.1) $$E[X_{n+1}|\mathcal{A}_n] \leq X_n + V_n - W_n \quad \text{f.s.,} \quad n \geq 0.$$

■

7.2 Satz. *Sei X ein Fast-Supermartingal. Setzen wir $A = \{\sum_{k=1}^{\infty} V_k < \infty\}$, so folgt*

(7.2.1) $$\sum_{k=1}^{\infty} W_k < \infty \quad \textit{f.s. auf} \quad A$$

und

(7.2.2) $$|\lim X_n| < \infty \quad \textit{f.s. auf} \quad A.$$

BEWEIS. Sei

(7.2.3) $$Y_n := X_n - \sum_{k=0}^{n-1} (V_k - W_k), \quad n \geq 0$$

und $\tau(m) := \min\{n \geq 0 : \sum_{k=0}^{n} V_k > m\}$, $m \geq 1$, so daß jeweils $\tau(m)$ eine SZ ist derart, daß

(7.2.4) $$A = \bigcup_{m=1}^{\infty} \{\tau(m) = \infty\}.$$

Aus $X_n \geq 0$ f.s. und $W_n \geq 0$ f.s. $(n \geq 0)$ folgt $Y_n \geq -\sum_{k=0}^{n-1} V_k$ f.s. $(n \geq 0)$, so daß $Y_{n \wedge \tau(m)} \geq -m$ f.s. und damit

(7.2.5) $$\sup_{n \geq 0} E[(-Y_{n \wedge \tau(m)})^+] \leq m, \quad m \geq 1$$

gilt. Zeigen wir, daß $(Y_{n\wedge\tau(m)})$ bei festem m ein Supermartingal ist. In der Tat, für $n \geq 0$ gilt f.s. (man beachte, daß $I_{\{\tau(m)\leq n\}}Y_{\tau(m)}$ $\mathcal{A}_n$-meßbar ist)

$$\begin{aligned} E[Y_{(n+1)\wedge\tau(m)}|\mathcal{A}_n] &= E[I_{\{\tau(m)\geq n+1\}}Y_{n+1}|\mathcal{A}_n] + E[I_{\{\tau(m)\leq n\}}Y_{\tau(m)}|\mathcal{A}_n] \\ &= I_{\{\tau(m)\geq n+1\}}E[Y_{n+1}|\mathcal{A}_n] + I_{\{\tau(m)\leq n\}}Y_{\tau(m)} \\ &= I_{\{\tau(m)\geq n+1\}}\left[E[X_{n+1}|\mathcal{A}_n] - \sum_{k=0}^{n}(V_k - W_k)\right] \\ &\quad + I_{\{\tau(m)\leq n\}}Y_{\tau(m)}. \end{aligned}$$

Mit Hilfe von (7.1.1) ergibt sich somit f.s.

$$\begin{aligned} E[Y_{(n+1)\wedge\tau(m)}|\mathcal{A}_n] &\leq I_{\{\tau(m)\geq n+1\}}\left[X_n + V_n - W_n - \sum_{k=0}^{n}(V_k - W_k)\right] \\ &\quad + I_{\{\tau(m)\leq n\}}Y_{\tau(m)} \\ &= I_{\{\tau(m)\geq n+1\}}Y_n + I_{\{\tau(m)\leq n\}}Y_{\tau(m)} \\ &= Y_{n\wedge\tau(m)}. \end{aligned}$$

Somit ist $(Y_{n\wedge\tau(m)})$ bei festem m ein Supermartingal. Wegen (7.2.5) folgt aufgrund des Martingalkonvergenzsatzes $|\lim Y_{n\wedge\tau(m)}| < \infty$ f.s., $m \geq 1$, so daß $|\lim Y_n| < \infty$ f.s. auf $\{\tau(m) = \infty\}$, $m \geq 1$. Wegen (7.2.4) ergibt sich hieraus

(7.2.6) $$|\lim Y_n| < \infty \quad \text{f.s. auf } A.$$

Da $X_n \geq 0$ f.s. $(n \geq 0)$, folgt wegen (7.2.3)

$$\sum_{k=0}^{n-1} W_k \leq Y_n + \sum_{k=0}^{n-1} V_k, \quad \text{f.s.,} \quad n \geq 0.$$

In Verbindung mit (7.2.6) impliziert dies (7.2.1) und somit (wegen (7.2.6) und (7.2.3)) auch (7.2.2). ■

7.3 Korollar. *Sei* $(Y_n) \subset L^2 (n \geq 0)$ *adaptiert und gelte*

(7.3.1) $$E[Y_{n+1}|\mathcal{A}_n] = 0, \quad \textit{f.s.,} \quad n \geq 0.$$

Setzen wir

$$A := \left\{\sum_{k=0}^{\infty} \frac{1}{(k+2)^2} E[Y_{k+1}^2|\mathcal{A}_n] < \infty\right\},$$

so folgt

(7.3.2) $$\lim_{n\to\infty} \frac{1}{n+1}\sum_{k=0}^{n} Y_k = 0 \quad \textit{f.s. auf } A.$$

BEWEIS. Wir wenden Satz 7.2 an auf

$$X_n := \left(\frac{1}{n+1}\sum_{k=0}^{n} Y_k\right)^2,$$

$$V_n := \frac{1}{(n+2)^2} E[Y_{n+1}^2|\mathcal{A}_n],$$

$$W_n := \left(1 - \left(\frac{n+1}{n+2}\right)^2\right) X_n.$$

Mit Hilfe von (7.3.1) ergibt sich leicht $E[X_{n+1} - X_n|\mathcal{A}_n] \leq V_n - W_n, \quad n \geq 0$, so daß (X_n) ein Fast-Supermartingal im Sinne von Definition 7.1 ist. Wegen Satz 7.2 gilt somit

$$\sum_{k=0}^{\infty} \frac{(k+2)^2 - (k+1)^2}{(k+2)^2} X_k < \infty \quad \text{f.s. auf } A \tag{7.3.3}$$

und

$$|\lim X_n| < \infty \quad \text{f.s. auf } A. \tag{7.3.4}$$

Es bleibt zu zeigen, daß der Grenzwert in (7.3.4) gleich 0 ist. Wegen

$$\sum_{k=0}^{\infty} \frac{(k+2)^2 - (k+1)^2}{(k+2)^2} = \sum_{k=0}^{\infty} \frac{2k+3}{(k+2)^2} \geq \frac{1}{2}\sum_{k=0}^{\infty} \frac{1}{k+1} = \infty$$

kann (7.3.3) in Verbindung mit (7.3.4) nur gelten, falls $X_n \to 0 \quad (n \to \infty)$ f.s. auf A gilt, woraus sich (7.3.2) ergibt. ∎

Teil (a) des folgenden Satzes - eine triviale Konsequenz aus Korollar 7.3 - ist ein klassisches *starkes Gesetz der großen Zahlen*, das von Kolmogorov stammt. Dort wird angenommen, daß die als unabhängig vorausgesetzten ZV, die *nicht* identisch verteilt zu sein brauchen, in L^2 liegen. Mit Hilfe von (a) ergibt sich ein vierter (!) Beweis des starken Gesetzes für UIV-Folgen von *integrierbaren* ZV (Teil (b)), das sich somit - auf Umwegen - aus dem Martingalkonvergenzsatz erhalten läßt (ein früherer Beweis benutzte den Konvergenzsatz für Rückwärtsmartingale).

7.4 Satz. (a) *Die ZV $Y_n \in L^2$ $(n \geq 0)$ seien unabhängig, und es gelte* $E[Y_n] = 0$, $n \geq 0$. *Aus*

$$\sum_{k=1}^{\infty} \frac{1}{k^2} E[Y_k^2] < \infty \tag{7.4.1}$$

folgt dann

$$\lim_{n\to\infty} \frac{1}{n}\sum_{k=0}^{n-1} Y_k = 0 \quad \textit{f.s.} \tag{7.4.2}$$

(b) *Ist* $(X_n) \subset L^1$ $(n \geq 0)$ *eine* UIV-*Folge derart, daß* $E[X_0] = 0$, *so folgt*

(7.4.3) $$\lim_{n\to\infty} \frac{1}{n} \sum_{k=0}^{n-1} X_k = 0 \quad f.s.$$

BEWEIS. (a) folgt aus Korollar 7.3, falls $\mathcal{A}_n := \sigma\{Y_0, ..., Y_n\}$, $n \geq 0$, als Filtrierung gewählt wird.

(b) Damit sich (a) anwenden läßt, „schneiden" wir die ZV X_n auf geeignete Weise „ab": Sei $\widetilde{X}_n := X_n I\{|X_n| \leq n\}$, $n \geq 0$. Wegen $P(X_n \neq \widetilde{X}_n) = P(|X_n| > n) = P(|X_0| > n)$ folgt wegen Satz 1.9[4]

$$\sum_{n=0}^{\infty} P(X_n \neq \widetilde{X}_n) = \sum_{n=0}^{\infty} P(|X_0| > n) \leq 1 + E[|X_0|] < \infty.$$

Wegen des Borel-Cantelli-Lemmas gilt also $P(X_n \neq \widetilde{X}_n \text{ u.o.}) = 0$, so daß (7.4.3) äquivalent ist zu

(7.4.4) $$\lim_{n\to\infty} \frac{1}{n} \sum_{k=0}^{n-1} \widetilde{X}_k = 0 \quad \text{f.s.}$$

Da $E[\widetilde{X}_n] = E[X_0 I\{|X_0| \leq n\}]$, folgt wegen des Satzes von der dominierten Konvergenz $E[\widetilde{X}_n] \to E[X_0] = 0$ $(n \to \infty)$, so daß $E[\widetilde{X}_0 + \cdots + \widetilde{X}_{n-1}]/n \to 0$ $(n \to \infty)$. Setzen wir also $Y_n = \widetilde{X}_n - E[\widetilde{X}_n]$, $n \geq 0$, so ist (7.4.4) gleichbedeutend mit $(Y_0 + \cdots + Y_{n-1})/n \to 0$ f.s. $(n \to \infty)$. Wegen (a) ergibt sich dies aus

(7.4.5) $$\sum_{k=1}^{\infty} \frac{1}{k^2} E[Y_k^2] < \infty.$$

Da $(a+b)^2 \leq 2(a^2+b^2)$, $a, b \in \mathbb{R}$, folgt mit Hilfe der Jensen- Ungleichung $E[Y_n^2] \leq 2E[\widetilde{X}_n^2] + 2(E[\widetilde{X}_n])^2 \leq 4E[\widetilde{X}_n^2]$, so daß (7.4.5) eine Konsequenz aus

(7.4.6) $$\sum_{k=1}^{\infty} \frac{1}{k^2} E[\widetilde{X}_k^2] < \infty$$

ist. Die Gültigkeit von (7.4.6) ergibt sich so:

$$\begin{aligned}
\sum_{k=1}^{\infty} \frac{1}{k^2} E[\widetilde{X}_k^2] &= \sum_{k=1}^{\infty} \frac{1}{k^2} E[X_0^2 I\{|X_0| \leq k\}] \\
&= \sum_{k=1}^{\infty} \frac{1}{k^2} \sum_{j=1}^{k} E[X_0^2 I\{j-1 < |X_0| \leq j\}] \\
&= \sum_{j=1}^{\infty} E[X_0^2 I\{j-1 < |X_0| \leq j\}] \sum_{k=j}^{\infty} \frac{1}{k^2}.
\end{aligned}$$

Durch Vergleich mit einem Riemann-Integral erhält man

$$\sum_{k=j}^{\infty} \frac{1}{k^2} = \frac{1}{j^2} + \sum_{k=j+1}^{\infty} \frac{1}{k^2} \leq \frac{1}{j^2} + \int_j^{\infty} \frac{1}{x^2}\, dx = \frac{1}{j^2} + \frac{1}{j} \leq \frac{2}{j}, \quad j \geq 1,$$

so daß

$$\begin{aligned}\sum_{k=1}^{\infty} \frac{1}{k^2} E[\widetilde{X}_k^2] &\leq 2 \sum_{j=1}^{\infty} \frac{1}{j} E[X_0^2 I\{j-1 < |X_0| \leq j\}] \\ &\leq 2 \sum_{j=1}^{\infty} E[|X_0| I\{j-1 < |X_0| \leq j\}] \\ &= 2E[|X_0|] < \infty.\end{aligned}$$

Somit gilt (7.4.6). ■

Das Lokalisierungsargument im Beweis von Satz 7.2 läßt sich etwa auch benutzen, um für Submartingale (X_n) mit der Doob-Zerlegung

$$X_n = M_n + A_n, \quad n \geq 0 \quad (A_0 \equiv 0) \tag{7.4.7}$$

eine Beziehung zwischen den Konvergenzmengen $\{|\lim X_n| < \infty\}$ und $\{|\lim A_n| < \infty\}$ herzustellen. Im folgenden wird die NZV A_∞ definiert durch $A_\infty(\omega) = \lim\limits_{n\to\infty} A_n(\omega)$, falls $(A_n(\omega))$ monoton wächst, und durch $A_\infty(\omega) := (\limsup_{n\to\infty} A_n(\omega))^+$ sonst. Dann folgt $A_\infty \geq 0$ und

$$A_\infty = \lim_{n\to\infty} A_n \quad \text{f.s.} \tag{7.4.8}$$

Für Mengen $B \subset \Omega, C \subset \Omega$ bezeichne $B \triangle C := (B \setminus C) \cup (C \setminus B)$ die *symmetrische Differenz* von B, C, so daß $B \triangle C = B^c \triangle C^c$ gilt und sich aus $P(B \triangle C) = 0 \quad P(B) = P(C)$ ergibt.

Das folgende merkwürdige Resultat impliziert: Eine typische Trajektorie $(Y_n(\omega))$ ($\omega \in \Omega$ ist *fest*!) eines Submartingals (Y_n) ist — unter der Annahme, daß (7.5.3) für ein $\xi \in L^1$ gilt — *entweder* nach oben unbeschränkt *oder* konvergent (mit *endlichem* Grenzwert!).

7.5 Satz. *Sei (Y_n) ein lokales Submartingal und*

$$Y_n = M_n + A_n, \quad n \geq 0 \tag{7.5.1}$$

seine Doob-Zerlegung.

(a) *Ist $Y_n \geq 0$ f.s. $(n \geq 0)$, so gilt*

$$|\lim Y_n| < \infty \quad \textit{f.s. auf } \{A_\infty < \infty\}. \tag{7.5.2}$$

(b) *Existiert eine* ZV $\xi \in L^1$ *derart, daß*

$$Y_n - Y_{n-1} \leq \xi \quad \textit{f.s.}, \quad n \geq 1, \tag{7.5.3}$$

so ist (Y_n) *ein Submartingal, und es gilt*

$$P\left(\left\{\sup_{n\geq 0} Y_n < \infty\right\} \triangle \{|\lim Y_n| < \infty\}\right) = 0 \tag{7.5.4}$$

sowie

$$A_\infty < \infty \quad \textit{f.s. auf} \quad \{|\lim Y_n| < \infty\}. \tag{7.5.5}$$

(c) *Ist* $Y_n \geq 0$ *f.s.* $(n \geq 0)$ *und gilt* (7.5.3) *für ein* $\xi \in L^1$, *so ist* (Y_n) *ein Submartingal, und es gilt*

$$P(\{A_\infty < \infty\} \triangle \{|\lim Y_n| < \infty\}) = 0 \tag{7.5.6}$$

sowie

$$P\left(\{A_\infty < \infty\} \triangle \left\{\sup_{n\geq 0} Y_n < \infty\right\}\right) = 0. \tag{7.5.7}$$

7.6 Bemerkungen. (i) Der nachfolgende Beweis von Satz 7.5 zeigt, daß man in (a) und (c) die Voraussetzung

$$Y_n \geq 0 \quad \text{f.s.,} \quad n \geq 0 \tag{7.6.1}$$

ersetzen kann durch die schwächere Annahme

$$E\left[\sup_{n\geq 0} Y_n^-\right] < \infty. \tag{7.6.2}$$

(ii) (c) zeigt, daß es Submartingale (Y_n) gibt derart, daß

$$0 < P(|\lim Y_n| < \infty) < 1. \tag{7.6.3}$$

(iii) Die Bedingung (7.5.3) stellt sicher, daß die Folge (Y_n) beim erstmaligen Überschreiten eines Niveaus $m \geq 1$ keinen zu großen Sprung ausführt. Der Beweis von (b) zeigt, daß sich (7.5.3) etwas abschwächen läßt, falls zusätzlich

$$Y_0 \equiv 0 \tag{7.6.4}$$

gilt. Werden nämlich die SZ $\sigma(m)$ $(m \geq 1)$ definiert durch

$$\sigma(m) = \min\{n \geq 1 : Y_n > m\}, \tag{7.6.5}$$

so reicht es statt (7.5.3) zu verlangen:

$$E[(Y_{\sigma(m)} - Y_{\sigma(m)-1})^+ I_{\{\sigma(m)<\infty\}}] < \infty, \quad m \geq 1. \tag{7.6.6}$$

■

BEWEIS VON SATZ 7.5. (a) Sei

$$\tau(m) := \min\{n \geq 0 : A_{n+1} > m\}, \quad m \geq 1. \tag{7.6.7}$$

Wegen $\{\tau(m) = n\} = \{A_i \leq m,\ 0 \leq i \leq n\} \cap \{A_{n+1} > m\} \in \mathcal{A}_n$ ist $\tau(m)$ eine SZ, und es gilt

$$\{A_\infty < \infty\} = \bigcup_{m=1}^{\infty} \{\tau(m) = \infty\} \tag{7.6.8}$$

sowie

$$A_{n\wedge\tau(m)} \leq m, \quad n \geq 0, \quad m \geq 1. \tag{7.6.9}$$

Aus (7.5.1) folgt

$$Y_{n\wedge\tau(m)} = M_{n\wedge\tau(m)} + A_{n\wedge\tau(m)}, \quad n \geq 0, \quad m \geq 1. \tag{7.6.10}$$

Wegen (7.6.1) folgt aus (7.6.10) und (7.6.9)

$$E[(-M_{n\wedge\tau(m)})^+] = E[(M_{n\wedge\tau(m)})^-] \leq m,$$

so daß das lokale Martingal $(M_{n\wedge\tau(m)})$ wegen Korollar 4.5 sogar ein *Martingal* ist. Aufgrund von (7.6.10) und (7.6.9) folgt somit $E[Y_{n\wedge\tau(m)}] \leq E[M_0] + m$, so daß das lokale Submartingal $(Y_{n\wedge\tau(m)})$ wegen Korollar 4.5 sogar ein *Submartingal* ist. (Der Leser überzeuge sich davon, daß dies auch gilt, falls man statt (7.6.1) lediglich (7.6.2) verlangt!) Wegen des Martingalkonvergenzsatzes folgt somit $|\lim Y_{n\wedge\tau(m)}| < \infty$ f.s., $m \geq 1$, so daß $|\lim Y_n| < \infty$ f.s. auf $\{\tau(m) = \infty\} (m \geq 1)$ gilt. Wegen (7.6.8) folgt somit (7.5.2).

(b) Aus (7.5.3) folgt $Y_n \leq n\xi + Y_0$ f.s., $n \geq 1$. Da $n\xi + Y_0 \in L^1$, $n \geq 1$, ist (Y_n) wegen Korollar 4.5 ein *Submartingal*, also auch $(Y_{n\wedge\sigma(m)})$, $m \geq 1$. Wir nehmen zunächst an, daß *zusätzlich* (7.6.4) gilt. Wegen (7.5.3) und (7.6.4) ergibt sich (man beachte, daß $\sigma(m) \geq 1$)

$$\begin{aligned} Y_{n\wedge\sigma(m)} &= Y_{n\wedge(\sigma(m)-1)} + (Y_{n\wedge\sigma(m)} - Y_{n\wedge(\sigma(m)-1)}) \\ &\leq m + (Y_{n\wedge\sigma(m)} - Y_{n\wedge(\sigma(m)-1)})^+ I_{\{\sigma(m)<\infty\}} \\ &\leq m + (Y_{\sigma(m)} - Y_{\sigma(m)-1})^+ I_{\{\sigma(m)<\infty\}} \\ &\leq m + \xi^+ \quad \text{f.s.} \end{aligned}$$

Aufgrund des Martingalkonvergenzsatzes erhält man somit $|\lim Y_{n\wedge\sigma(m)}| < \infty$ f.s., $m \geq 1$, so daß $|\lim Y_n| < \infty$ f.s. auf $\{\sigma(m) = \infty\}$, $m \geq 1$. Wegen

$$\bigcup_{m=1}^{\infty} \{\sigma(m) = \infty\} = \left\{\sup_{n\geq 1} Y_n < \infty\right\} \tag{7.6.11}$$

und $\{|\lim Y_n| < \infty\} \subset \{\sup_{n\geq 0} Y_n < \infty\}$ impliziert dies (7.5.4). Die Aussage (7.5.5) besagt $P(|\lim Y_n| < \infty,\ A_\infty = \infty) = 0$. Wegen (7.5.4) ist dies äquivalent zu $P\left(\sup_{n\geq 0} Y_n < \infty,\ A_\infty = \infty\right) = 0$, d.h. wegen (7.6.11) zu $P(A_{\sigma(m)} = \infty, \sigma(m) = \infty) = 0$, $m \geq 1$, wobei $A_{\sigma(m)} = A_\infty$ auf $\{\sigma(m) = \infty\}$ gesetzt wird. Hierfür ist hinreichend:

$$E[A_{\sigma(m)}] < \infty, \quad m \geq 1. \tag{7.6.12}$$

Aus Korollar 4.5 folgt, da $M_{n\wedge\sigma(m)} \leq Y_{n\wedge\sigma(m)} \leq m+\xi^+$ f.s., daß $(M_{n\wedge\sigma(m)})$ ein Martingal ist. Man erhält daher aus (7.5.1) aufgrund der obigen Abschätzung von $Y_{n\wedge\sigma(m)}$ $E[A_{n\wedge\sigma(m)}] \leq -E[M_0] + m + E[\xi^+] < \infty$, woraus sich mit Hilfe des Satzes von der monotonen Konvergenz für $n \to \infty$ (7.6.12) ergibt. Ist (7.6.4) nicht erfüllt, so lassen sich (7.5.4) und (7.5.5) auf das Submartingal $\widetilde{Y} = (\widetilde{Y}_n)$ mit $\widetilde{Y}_n := Y_n - Y_0$ $(n \geq 0)$ anwenden, wobei die Doob-Zerlegung von $\widetilde{Y}$ gegeben wird durch $\widetilde{Y}_n = (M_n - Y_0) + A_n$, $n \geq 0$.

Schließlich ist (c) eine unmittelbare Konsequenz aus (a) und (b). ■

Aus Satz 7.5 erhält man insbesondere

7.7 Satz. *Sei (Y_n) ein lokales Martingal derart, daß für eine* ZV $\xi \in L^1$

(7.7.1) $$|Y_n - Y_{n-1}| \leq \xi \quad f.s., \quad n \geq 1.$$

Dann ist (Y_n) ein Martingal, und es gilt für die Ereignisse

$$B := \{|\lim Y_n| < \infty\},$$

$$C := \left\{\liminf_{n\to\infty} Y_n = -\infty\right\} = \left\{\inf_{n\geq 0} Y_n = -\infty\right\}$$

und

$$D := \left\{\limsup_{n\to\infty} Y_n = \infty\right\} = \left\{\sup_{n\geq 0} Y_n = \infty\right\}$$

(7.7.2) $$P(B \cup (C \cap D)) = 1.$$

BEWEIS. Mit Hilfe von Satz 7.5 (b), angewandt auf (Y_n) und $(-Y_n)$, ergibt sich $P(D^c \Delta B) = P(C^c \Delta B) = 0$, so daß $P(D \Delta B^c) = P(C \Delta B^c) = 0$ und somit $P((D \cap C)\Delta B^c) = 0$, also (7.7.2) gilt. ■

7.8 Satz. *Sei $Y = (Y_n) \in L^2_{\text{lok}}$ ein lokales Martingal.*

(a) *Es gilt*

(7.8.1) $$|\lim Y_n| < \infty \quad f.s. \text{ auf } \quad \{\langle Y, Y\rangle_\infty < \infty\}.$$

(b) *Zusätzlich existiere eine* ZV $\xi \in L^2$ *derart, daß*

(7.8.2) $$|Y_n - Y_{n-1}| \leq \xi \quad f.s., \quad n \geq 1.$$

Dann ist Y ein L^2-Martingal, und es gilt

(7.8.3) $$P(\{|\lim Y_n| < \infty\} \,\Delta\, \{\langle Y, Y\rangle_\infty < \infty\}) = 0.$$

BEWEIS. Der Beweis, der ähnlich verläuft wie derjenige von Satz 7.5(a), (b), wird lediglich skizziert. Anstelle von (7.5.1) tritt die Doob-Zerlegung des lokalen Submartingals (Y_n^2) : $Y_n^2 = M_n + \langle Y, Y\rangle_n$, $n \geq 0$. Sei $\tau(m) := \min\{n \geq 0 : \langle Y, Y\rangle_{n+1} > m\}$, $m \geq 1$. Ähnlich wie früher erhält man $E[Y^2_{n\wedge\tau(m)}] \leq E[M_0] + m$, $n \geq 0$, $m \geq 1$, woraus sich mit Hilfe des Martingalkonvergenzsatzes - angewandt auf das Martingal (!) $(Y_{n\wedge\tau(m)})$ - (7.8.1) ergibt. Zum Nachweis von (b) beachte man zunächst, daß Y aufgrund von (7.8.2) und Korollar 4.5 ein L^2-Martingal ist. Wegen (a) reicht es zu zeigen:

(7.8.4) $$P(\langle Y,Y\rangle_\infty = \infty, \quad |\lim Y_n| < \infty) = 0.$$

Im Fall $Y_0 \equiv 0$ betrachte man die SZ $\sigma(m) := \min\{n \geq 1 : |Y_n| > m\}$, $m \geq 1$. Hinreichend für (7.8.4) ist dann $E[\langle Y,Y\rangle_{\sigma(m)}] < \infty$, $m \geq 1$, wobei letzteres aus der Ungleichung $E[\langle Y,Y\rangle_{n\wedge\sigma(m)}] \leq E[(m+\xi)^2] < \infty$, $n \geq 1$, $m \geq 1$, folgt. Ist $Y_0 \in L^2$ beliebig, so wende man (b) an auf $\widetilde{Y} = (\widetilde{Y}_n)$ mit $\widetilde{Y}_n := Y_n - Y_0$ $(n \geq 0)$. $\widetilde{Y}$ ist ein L^2-Martingal. Die Doob-Zerlegung von $(\widetilde{Y}_n^2)$ wird gegeben durch $\widetilde{Y}_n^2 = (Y_n^2 - \langle Y,Y\rangle_n - 2Y_0Y_n + Y_0^2) + \langle Y,Y\rangle_n$ $(n \geq 0)$, so daß $\langle\widetilde{Y},\widetilde{Y}\rangle_n = \langle Y,Y\rangle_n$ f.s., $n \geq 0$ (man beachte, daß (Y_0Y_n) ein Martingal ist). Folglich gilt (7.8.3) für $\widetilde{Y}$, also auch für Y. ∎

Wir zeigen jetzt, daß sich Satz 7.4(a) auch auf einfache Weise mit Hilfe von Satz 7.8(a) erhalten läßt. Dazu benötigen wir folgendes Resultat über reelle Zahlenfolgen (Teil (a) heißt auch *Cauchy-Toeplitz-Lemma* und Teil (b) *Kronecker-Lemma*):

7.9 Lemma. *Seien $a_0, a_1, \ldots$ und $c_0 = 0 < c_1 \leq c_2 \leq \cdots$ reelle Zahlen derart, daß*

(7.9.1) $$\lim_{n\to\infty} c_n = \infty.$$

(a) *Gilt*

(7.9.2) $$\lim_{n\to\infty} a_n = a_\infty \in \mathbb{R},$$

so ergibt sich für die Folge

$$u_n := \frac{1}{c_n}\sum_{k=1}^{n}(c_k - c_{k-1})a_k, \quad n \geq 1$$

(7.9.3) $$\lim_{n\to\infty} u_n = a_\infty.$$

(b) *Gilt für die Folge*

$$v_n := \sum_{k=1}^{n}\frac{a_k - a_{k-1}}{c_k}, \quad n \geq 0$$

(7.9.4) $$\lim_{n\to\infty} v_n = v_\infty \in \mathbb{R},$$

so folgt

(7.9.5) $$\lim_{n\to\infty}\frac{a_n}{c_n} = 0.$$

Für eine Folge $(d_n) \subset \mathbb{R}$ $(n \geq 0)$ sei

(7.9.6) $$\Delta d_n := d_n - d_{n-1}, \quad n \geq 1.$$

BEWEIS VON LEMMA 7.9. (a) Sei $\epsilon > 0$. Da wegen (7.9.2) $a_n \leq a_\infty + \epsilon$, $n > n_0 = n_0(\epsilon)$, folgt für $n > n_0$ aufgrund von (7.9.1)

$$\begin{aligned} u_n &= \frac{1}{c_n}\sum_{k=1}^{n_0}(c_k - c_{k-1})a_k + \frac{1}{c_n}\sum_{k=n_0+1}^{n}(c_k - c_{k-1})a_k \\ &\leq o(1) + \frac{c_n - c_{n_0}}{c_n}(a_\infty + \epsilon), \end{aligned}$$

so daß sich wegen (7.9.1) $\limsup_{n\to\infty} u_n \leq a_\infty$ ergibt. Wendet man dieses Ergebnis auf $(-a_n)$ an, so erhält man $\liminf_{n\to\infty} u_n \geq a_\infty$ und damit (7.9.3).

(b) Da $\Delta v_n = (\Delta a_n)/c_n$, folgt für $n \geq 1$ wegen $v_0 = 0$

$$\begin{aligned} \frac{a_n}{c_n} &= \frac{1}{c_n}\left(a_0 + \sum_{k=1}^{n}\Delta a_k\right) = o(1) + \frac{1}{c_n}\sum_{k=1}^{n} c_k \,\Delta\, v_k \\ &= o(1) + \frac{1}{c_n}\left(\sum_{k=1}^{n} c_k v_k - \sum_{k=1}^{n-1} c_{k+1} v_k\right) \\ &= o(1) + v_n - \frac{1}{c_n}\sum_{k=1}^{n}(c_k - c_{k-1})v_{k-1}, \end{aligned}$$

woraus sich wegen (a) und (7.9.4) $a_n/c_n \to v_\infty - v_\infty = 0$ $(n \to \infty)$ ergibt. ∎

BEWEIS VON SATZ 7.4 (a). Die Folge $S = (S_n)$ $(n \geq 0)$ sei definiert durch $S_n = \sum_{k=1}^n Y_k/k$. Dann ist S ein L^2-Martingal mit quadratischer Variation $\langle S, S\rangle_n = \sum_{k=1}^n E[Y_k^2]/k^2$ $(n \geq 0)$. Gilt also (7.4.1), so folgt $\langle S, S\rangle_\infty < \infty$ f.s. und damit wegen Satz 7.8(a) $|\lim S_n| < \infty$ f.s. Die gewünschte Aussage (7.4.2) ergibt sich nun aus Lemma 7.9 (b) für $c_n := n$ $(n \geq 0)$. ∎

Mit Hilfe von Satz 7.7 erhält man das folgende *bedingte Borel- Cantelli-Lemma*, das auf P. Lévy zurückgeht:

7.10 Korollar. *Sei $(\mathcal{A}_n)$ eine Filtrierung und $A_n \in \mathcal{A}_n$, $n \geq 1$. Dann folgt für die Ereignisse $B := \{A_n \text{ u.o.}\}$ und $C := \{\sum_{n=1}^\infty P(A_n|\mathcal{A}_{n-1}) = \infty\}$*

$$P(B \,\Delta\, C) = 0. \tag{7.10.1}$$

BEWEIS. Sei $Y_n := \sum_{k=1}^n (I(A_k) - P(A_k|\mathcal{A}_{k-1}))$, $n \geq 0$. Dann ist (Y_n) ein Martingal derart, daß $|Y_n - Y_{n-1}| \leq 1$ f.s., $n \geq 1$. Da $Y_n \leq \sum_{k=1}^n I(A_k)$ f.s., $n \geq 0$, folgt wegen $B^c = \{\sum_{k=1}^\infty I(A_k) < \infty\}$ $P(B^c \setminus \{\sup_{n\geq 0} Y_n < \infty\}) = 0$, so daß sich wegen Satz 7.7 $P(B^c \setminus \{|\lim Y_n| < \infty\}) = 0$, also $P(B^c \setminus C^c) = 0$ ergibt. Wendet man Satz 7.7 auf $(-Y_n)$ an, so erhält man analog $P(C^c \setminus B^c) = 0$, so daß $P(B^c \,\Delta\, C^c) = 0$ und damit (7.10.1) gilt. ∎

7.11 Bemerkung. Aus Korollar 7.10 ergibt sich auf einfache Weise das *alternative Borel-Cantelli-Lemma* (vgl. Satz 1.15[3]). In der Tat, seien $A_1, A_2, \ldots$

unabhängige Ereignisse und $\mathcal{A}_n := \sigma\{A_1, ..., A_n\}$, $n \geq 0$. Dann folgt

$$\sum_{n=1}^{\infty} P(A_n|\mathcal{A}_{n-1}) = \sum_{n=1}^{\infty} P(A_n) \quad \text{f.s.},$$

so daß wegen (7.10.1)

$$P(A_n \text{ u.o.}) = 1 \Longleftrightarrow \sum_{n=1}^{\infty} P(A_n) = \infty.$$

■

Mit Hilfe von Satz 7.8(a) erhält man folgende *bedingte Version des Drei-Reihen-Satzes*:

7.12 Satz. *$(X_n)\,(n \geq 1)$ sei eine an eine Filtrierung $(\mathcal{A}_n)\,(n \geq 0)$ adaptierte Folge von ZV. Sei $c > 0$ eine Konstante. Dann gilt für $S_n := X_1 + \cdots + X_n \quad (n \geq 0)$*

(7.12.1) $$|\lim S_n| < \infty \quad \textit{f.s. auf } A,$$

wobei $A \in \mathcal{A}$ aus allen $\omega \in \Omega$ besteht, für die jede der drei folgenden Aussagen gilt:

(BI) $$\sum_{k=1}^{\infty} E[X_k I\{|X_k| \leq c\}|\mathcal{A}_{k-1}] < \infty$$

ist konvergent mit endlichem Grenzwert,

(BII) $$\sum_{k=1}^{\infty} \mathrm{Var}[X_k I\{|X_k| \leq c\}|\mathcal{A}_{k-1}] < \infty$$

sowie

(BIII) $$\sum_{k=1}^{\infty} P(|X_k| \geq c|\mathcal{A}_{k-1}) < \infty.$$

7.13 Bemerkungen. (a) Die Summanden in (BII) sind bedingte Varianzen. Für ein $\xi \in L^2$ und eine σ-Algebra $\mathcal{B} \subset \mathcal{A}$ wird die *bedingte Varianz* von ξ-gegeben $\mathcal{B}$ -definiert durch

(7.13.1) $$\begin{aligned}\mathrm{Var}[\xi|\mathcal{B}] &= E[(\xi - E[\xi|\mathcal{B}])^2|\mathcal{B}] \\ &= E[\xi^2|\mathcal{B}] - (E[\xi|\mathcal{B}])^2.\end{aligned}$$

(b) Im Gegensatz zum nachfolgenden Drei-Reihen-Satz von Kolmogorov (Satz 7.14) liefert die obige bedingte Version i.a. nur eine *hinreichende* Bedingung für die Konvergenz der Folge (S_n). Für entsprechende Gegenbeispiele vgl. man etwa Hall/Heyde (1980), S. 34. ■

BEWEIS VON SATZ 7.12. Setzen wir $A_n = \{|X_n| \leq c\}$ $(n \geq 1)$ und

$$\widetilde{S}_n = \sum_{k=1}^{n} X_k I(A_k), \quad Y_n = \widetilde{S}_n - \sum_{k=1}^{n} E[X_k I(A_k)|\mathcal{A}_{k-1}], \quad n \geq 1,$$

so ist $Y = (Y_n)$ ein L^2-Martingal derart, daß wegen (7.13.1) $E[(Y_n - Y_{n-1})^2|\mathcal{A}_{n-1}] = \mathrm{Var}[X_n I(A_n)|\mathcal{A}_{n-1}]$, $n \geq 1$. Wegen Satz 1.12(b) und (BII) ergibt sich also

$$\sum_{k=1}^{\infty} E[(Y_n - Y_{n-1})^2|\mathcal{A}_{n-1}] = \langle Y, Y\rangle_\infty < \infty \quad \text{f.s. auf } A.$$

Im Hinblick auf Satz 7.8(a) impliziert dies $|\lim Y_n| < \infty$ f.s. auf A, so daß wegen (BI)

(7.13.2) $$|\lim \widetilde{S}_n| < \infty \quad \text{f.s. auf } A.$$

Für die Ereignisse $B := \{A_n^c \text{ u.o.}\}$ und $C := \{\sum_{k=1}^{\infty} P(A_k^c|\mathcal{A}_{k-1}) = \infty\}$ ergibt sich mit Hilfe des bedingten Borel-Cantelli-Lemmas $P(B \bigtriangleup C) = 0$ und damit $P(B^c \bigtriangleup C^c) = 0$, so daß $P((B^c \cap A) \bigtriangleup (C^c \cap A)) = 0$. Da wegen (BIII) $P(A) = P(C^c \cap A)$, folgt also $P(A) = P(B^c \cap A)$ und damit $P(A \setminus B^c) = 0$, d.h.

(7.13.3) $$\sum_{k=1}^{\infty} I(A_k^c) < \infty \quad \text{f.s. auf } A.$$

Aus (7.13.2) und (7.13.3) ergibt sich (7.12.1). ∎

Mit Hilfe von Satz 7.12 und Satz 7.8(b) gelangt man zum folgenden *Drei-Reihen-Satz von Kolmogorov*:

7.14 Satz. *Die ZV $X_1, X_2, \ldots$ seien unabhängig (es wird nicht $(X_n) \subset L^1$ verlangt). Sei $S_n := X_1 + \cdots + X_n$, $n \geq 0$.*

(a) *Existiert ein $c > 0$ derart, daß gilt:*

(I) $$\sum_{k=1}^{\infty} E[X_k I\{|X_k| \leq c\}]$$

ist konvergent mit endlichem Grenzwert,

(II) $$\sum_{k=1}^{\infty} \mathrm{Var}[X_k I\{|X_k| \leq c\}] < \infty$$

sowie

(III) $$\sum_{k=1}^{\infty} P(|X_k| \geq c) < \infty,$$

so folgt

(7.14.1) $$|\lim S_n| < \infty \quad \textit{f.s.}.$$

(b) *Aus* (7.14.1) *folgt, daß* (I)-(III) *für jedes* $c > 0$ *gelten.*

7.15 Bemerkung. Aufgrund des 0-1-Gesetzes von Kolmogorov gilt *entweder* $P(|\lim S_n| < \infty) = 0$ *oder* $P(|\lim S_n| < \infty) = 1$. ∎

BEWEIS VON SATZ 7.14. Aufgrund von Satz 7.12 gilt (a). (b) Ist η eine ZV, so setzen wir vorübergehend

$$\eta^c = \eta I\{|\eta| \leq c\}, \quad c > 0. \tag{7.15.1}$$

Wir dürfen annehmen, daß der zugrundeliegende W.-Raum groß genug ist, so daß darauf weitere ZV $\widetilde{X}_1, \widetilde{X}_2, \ldots$ definiert sind derart, daß die gesamte Folge $X_1, \widetilde{X}_1, X_2, \widetilde{X}_2, \ldots$ unabhängig ist und für jedes $n \geq 1$ gilt, daß X_n und $\widetilde{X}_n$ dieselbe Verteilung haben. Sei $\mathcal{A}_n := \sigma\{X_1, \widetilde{X}_1, \ldots, X_n, \widetilde{X}_n\}$, $n \geq 0$. Bei festem $c > 0$ sei $\xi_n := X_n^c - E[X_n^c]$, $\widetilde{\xi}_n := X_n^c - \widetilde{X}_n^c$, $n \geq 1$, und $Y_n := \xi_1 + \cdots + \xi_n$, $\widetilde{Y}_n := \widetilde{\xi}_1 + \cdots + \widetilde{\xi}_n$, $n \geq 0$. Dann sind $Y = (Y_n)$ und $\widetilde{Y} = (\widetilde{Y}_n)$ L^2-Martingale derart, daß $|Y_n - Y_{n-1}| = |\xi_n| \leq 2c$, $|\widetilde{Y}_n - \widetilde{Y}_{n-1}| = |\widetilde{\xi}_n| \leq 2c$, so daß wegen Satz 7.8 (b)

$$P(\{|\lim Y_n| < \infty\} \,\Delta\, \{\langle Y, Y\rangle_\infty < \infty\}) = 0 \tag{7.15.2}$$

und

$$P(\{|\lim \widetilde{Y}_n| < \infty\} \,\Delta\, \{\langle \widetilde{Y}, \widetilde{Y}\rangle_\infty < \infty\}) = 0. \tag{7.15.3}$$

Wegen $\langle Y, Y\rangle_n - \langle Y, Y\rangle_{n-1} = E[\xi_n^2 | \mathcal{A}_{n-1}] = E[\xi_n^2] = \mathrm{Var}[X_n^c]$ gilt

$$\langle Y, Y\rangle_\infty = \sum_{k=1}^{\infty} \mathrm{Var}[X_k^c] \quad \text{f.s.} \tag{7.15.4}$$

Ähnlich erhält man

$$\langle \widetilde{Y}, \widetilde{Y}\rangle_\infty = 2\sum_{k=1}^{\infty} \mathrm{Var}[X_k^c] \quad \text{f.s.} \tag{7.15.5}$$

Gelte (7.14.1) und sei $c > 0$. Dann folgt $X_n \to 0$ f.s. $(n \to \infty)$, so daß

$$P(|X_n| \geq c \quad \text{u.o.}) = 0. \tag{7.15.6}$$

Aufgrund des alternativen Borel-Cantelli-Lemmas gilt also (III). Andererseits ergibt sich aus (7.14.1) und (7.15.6):

$$\sum_{k=1}^{\infty} X_k^c \quad \text{ist f.s. konvergent mit endlichem Grenzwert.} \tag{7.15.7}$$

Da die $\mathbb{R}^\infty$-wertigen Folgen $(X_1^c, X_2^c, \ldots)$, $(\widetilde{X}_1^c, \widetilde{X}_2^c, \ldots)$ die gleiche Verteilung haben, gilt (7.15.7) auch für die Folge $(\widetilde{X}_n^c)$, woraus sich $|\lim \widetilde{Y}_n| < \infty$ f.s. ergibt. Somit ist (II) wegen (7.15.3) und (7.15.5) erfüllt. (II) impliziert wegen (7.15.4) und (7.15.2) $|\lim Y_n| < \infty$ f.s., so daß sich (I) aufgrund von (7.15.7) ergibt. ∎

Aus dem Drei-Reihen-Satz 7.14 ergibt sich folgender *Zwei-Reihen-Satz*:

7.16 Satz. *Die ZV $X_n \in L^2 (n \geq 1)$ seien unabhängig. Sei $S_n := X_1 + \cdots + X_n \, (n \geq 0)$.*

(a) *Gilt*

$$\text{(i)} \qquad \sum_{k=1}^{\infty} E[X_k] \quad \textit{ist konvergent mit endlichem Grenzwert}$$

und

$$\text{(ii)} \qquad \sum_{k=1}^{\infty} \operatorname{Var}[X_k] < \infty,$$

so folgt

$$|\lim S_n| < \infty \quad \textit{f.s.} \tag{7.16.1}$$

(b) *Gilt für eine Konstante $c > 0$*

$$|X_n| \leq c \quad \textit{f.s.}, \quad n \geq 1, \tag{7.16.2}$$

so folgt aus (7.16.1) *die Gültigkeit von* (i) *und* (ii).

BEWEIS. (a) Sei $\xi_n := X_n - E[X_n] \, (n \geq 1)$, $\quad Y_n := \xi_1 + \cdots + \xi_n \, (n \geq 0)$. Dann ist (Y_n) ein L^2-Martingal derart, daß für $n \geq 1$

$$(E[Y_n])^2 \leq E[Y_n^2] = \operatorname{Var}[Y_n] \leq \sum_{k=1}^{\infty} \operatorname{Var}[X_k] < \infty,$$

falls (ii) gilt, woraus sich (7.16.1) aufgrund des Martingalkonvergenzsatzes mit Hilfe von (i) ergibt.

(b) Aus (7.16.2) folgt $E[X_n] = E[X_n I\{|X_n| \leq c\}]$ und $\operatorname{Var}[X_n] = \operatorname{Var}[X_n I\{|X_n| \leq c\}]$. Wegen des Drei-Reihen-Satzes impliziert dann (7.16.1) (i) und (ii). ■

Wir beweisen nun ein *starkes Gesetz der großen Zahlen für lokale Martingale* in L^2_{lok}, wobei die Normierungsfaktoren mit Hilfe der quadratischen Variation definiert werden.

7.17 Satz. *Sei $Y = (Y_n) \in L^2_{\text{lok}}$ ein lokales Martingal. Ist $f : \mathbb{R}_+ \longrightarrow \mathbb{R}_+$ monoton wachsend derart, daß*

$$\int_0^{\infty} \frac{1}{(1 + f(t))^2} \, dt < \infty, \tag{7.17.1}$$

so folgt

$$\lim_{n \to \infty} \frac{Y_n}{f(\langle Y, Y \rangle_n)} = 0 \quad \textit{f.s. auf} \quad \{\langle Y, Y \rangle_\infty = \infty\}. \tag{7.17.2}$$

Insbesondere gilt also für jedes $\delta > 0$:

$$\lim_{n \to \infty} \frac{Y_n}{(\langle Y, Y \rangle_n)^{1/2+\delta}} = 0 \quad \textit{f.s. auf} \quad \{\langle Y, Y \rangle_\infty = \infty\} \tag{7.17.3}$$

sowie

$$\lim_{n\to\infty} \frac{Y_n}{(\langle Y,Y\rangle_n)^{1/2}(\log\langle Y,Y\rangle_n)^{1/2+\delta}} = 0 \tag{7.17.4}$$
$$\textit{f.s. auf} \quad \{\langle Y,Y\rangle_\infty = \infty\}.$$

BEWEIS. (7.17.3) und (7.17.4) sind unmittelbare Konsequenzen aus (7.17.2) wegen

$$\int_1^\infty \frac{1}{t^{1+2\delta}}\,dt < \infty \quad \text{und} \quad \int_2^\infty \frac{1}{t(\log t)^{1+2\delta}}\,dt < \infty, \quad \delta > 0.$$

Es bleibt (7.17.2) zu beweisen. Sei $\xi_n := (1 + f(\langle Y,Y\rangle_n))^{-1}$ und $Z_n := \xi_1(Y_1 - Y_0) + \cdots + \xi_n(Y_n - Y_{n-1})$, $n \geq 0$. Die Folge (ξ_n) ist vorhersehbar derart, daß

$$0 \leq \xi_n \leq 1, \quad n \geq 1. \tag{7.17.5}$$

$Z = (Z_n)$ ist ein lokales Martingal in L^2_{lok}. Dies ergibt sich daraus, daß für beliebige SZ τ

$$Z_{n\wedge\tau} = \sum_{i=1}^{n\wedge\tau} \xi_i(Y_i - Y_{i-1}) = \sum_{i=1}^{n\wedge\tau} \xi_i(Y_{i\wedge\tau} - Y_{(i-1)\wedge\tau}) = \sum_{i=1}^{n} \xi_i(Y_i^\tau - Y_{i-1}^\tau).$$

Ist also $(\tau(m))$ eine lokalisierende Folge für Y derart, daß $(Y_{n\wedge\tau(m)})$ ein L^2-Martingal ist, so ist $(Z_{n\wedge\tau(m)})$ wegen (7.17.5) ein L^2-Martingal. Aufgrund von Korollar 4.15 folgt (unter Benutzung der in (7.9.6) eingeführten Bezeichung) $\langle Z,Z\rangle_{n\wedge\tau(m)} = \langle Z^{\tau(m)}, Z^{\tau(m)}\rangle_n = \sum_{i=1}^n \xi_i^2 \,\Delta\, \langle Y,Y\rangle_{i\wedge\tau(m)}$, woraus sich für $m \to \infty$ wegen (LF 2)

$$\langle Z,Z\rangle_n = \sum_{i=1}^n \xi_i^2 \,\Delta\, \langle Y,Y\rangle_i \quad \text{f.s.}, \quad n \geq 0 \tag{7.17.6}$$

ergibt. Aufgrund von (7.17.6) erhält man

$$\langle Z,Z\rangle_n \leq \int_0^{\langle Y,Y\rangle_n} \frac{1}{(1+f(t))^2}dt \leq \int_0^\infty \frac{1}{(1+f(t))^2}dt \quad \text{f.s.}, \quad n \geq 0.$$

Wegen (7.17.1) gilt also $\langle Z,Z\rangle_\infty < \infty$ f.s., so daß aufgrund von Satz 7.8(a)

$$|\lim Z_n| < \infty \quad \text{f.s.} \tag{7.17.7}$$

Da wegen (7.17.1) $f(t) \to \infty$ $(t \to \infty)$, ist (ξ_n^{-1}) eine f.s. wachsende Folge derart, daß $\xi_n^{-1} \to \infty (n \to \infty)$ auf $\{\langle Y,Y\rangle_\infty = \infty\}$. Aufgrund des Kronecker-Lemmas 7.9 (b) ist somit (7.17.2) eine Konsequenz aus (7.17.7). ■

7.18 Beispiel. Wir wenden den Drei-Reihen-Satz 7.14 sowie Satz 7.17 auf ein Schätzproblem für Zeitreihen an. $(\xi_n) \subset L^2$ $(n \geq 1)$ sei eine Folge unabhängiger ZV derart, daß $E[\xi_n] = 0$, $\text{Var}[\xi_n] =: \sigma_n^2 > 0$, $n \geq 1$. Die Folge $X = (X_n)$ $(n \geq 0)$ sei rekursiv definiert durch

$$X_n = \theta X_{n-1} + \xi_n, \quad n \geq 1, \tag{7.18.1}$$

wobei $X_0 \in L^2$ unabhängig von (ξ_n) ist. Wir fassen X_n als Beobachtung zur Zeit n auf; $\xi_1, \xi_2, \ldots$ seien „Störgrößen" und $\theta \in \mathbb{R}$ sei ein unbekannter Parameter, der aufgrund der Beobachtungen $X_0, \ldots, X_n$ zu schätzen ist. Als Schätzer $\widehat{\theta}_n$ für θ – basierend auf $X_0, \ldots, X_n$ – werde der folgende *Kleinst-Quadrate-Schätzer* gewählt:

$$\widehat{\theta}_n := \frac{\sum_{k=1}^n X_{k-1}X_k/\sigma_k^2}{\sum_{k=1}^n X_{k-1}^2/\sigma_k^2}, \quad n \geq 1 \tag{7.18.2}$$

(wir setzen $\widehat{\theta}_n = 0$, falls $X_0 = \cdots = X_{n-1} = 0$). Wir leiten nun Bedingungen her, die *hinreichend* dafür sind, daß

$$\lim_{n\to\infty} \widehat{\theta}_n = \theta, \quad \text{f.s.} \tag{7.18.3}$$

gilt, die Folge $(\widehat{\theta}_n)$ also ***stark konsistent*** ist. Setzen wir

$$M_n = \sum_{k=1}^n X_{k-1}\xi_k/\sigma_k^2, \quad n \geq 0 \tag{7.18.4}$$

und

$$A_n = \sum_{k=1}^n X_{k-1}^2/\sigma_k^2, \quad n \geq 0, \tag{7.18.5}$$

so folgt aus (7.18.2), falls wir X_k durch $\theta X_{k-1} + \xi_k$ ersetzen,

$$\widehat{\theta}_n = \theta + \frac{M_n}{A_n}, \quad n \geq 1 \tag{7.18.6}$$

(die rechte Seite in (7.18.6) wurde gleich 0 gesetzt, falls $A_n = 0$). Wiederholte Anwendung von (7.18.1) ergibt

$$X_n = \theta^n X_0 + \sum_{j=1}^n \theta^{n-j}\xi_j, \quad n \geq 0, \tag{7.18.7}$$

so daß $(X_n) \subset L^2$ und X_n unabhängig von $\xi_{n+1}, \xi_{n+2}, \ldots$ ist. Als Filtrierung wählen wir $\mathcal{A}_n := \sigma\{X_0, \xi_1, \ldots, \xi_n\}$, $n \geq 0$. Dann ist (M_n) wegen Satz 2.4(b)[6] und Satz 1.20(e)[4] ein L^2-Martingal derart, daß $\Delta\langle M, M\rangle_n = E[(X_{n-1}\xi_n/\sigma_n^2)^2|\mathcal{A}_{n-1}] = X_{n-1}^2/\sigma_n^2$ f.s. Dies impliziert $\langle M, M\rangle_n = A_n$ f.s. $(n \geq 0)$ sowie

$$\langle M, M\rangle_\infty = \sum_{k=1}^\infty \frac{X_{k-1}^2}{\sigma_k^2} \quad \text{f.s.} \tag{7.18.8}$$

Im Hinblick auf (7.18.6) gibt also (7.18.3), falls $M_n/\langle M, M\rangle_n \to 0$ f.s. $(n \to \infty)$. Wegen Satz 7.17 und (7.18.8) ist hierfür *hinreichend*:

$$\sum_{k=1}^\infty \frac{X_{k-1}^2}{\sigma_k^2} = \infty \quad \text{f.s.} \tag{7.18.9}$$

Mit Hilfe von (7.18.1) und der Ungleichung $(a+b)^2 \leq 2(a^2+b^2)$, $a, b \in \mathbb{R}$, erhält man leicht eine untere Schranke für die Reihe in (7.18.9):

$$\sum_{k=1}^{\infty} \frac{\xi_k^2}{\sigma_k^2} \leq 2\left[\sup_{m\geq 1} \frac{\sigma_{m+1}^2}{\sigma_m^2} + \theta^2\right] \sum_{k=1}^{\infty} \frac{X_{k-1}^2}{\sigma_k^2}. \tag{7.18.10}$$

In der Tat, die linke Seite in (7.18.10) ist gleich

$$\begin{aligned}\sum_{k=1}^{\infty} \frac{(X_k - \theta X_{k-1})^2}{\sigma_k^2} &\leq 2\left[\sum_{k=1}^{\infty} \frac{X_k^2}{\sigma_k^2} + \theta^2 \sum_{k=1}^{\infty} \frac{X_{k-1}^2}{\sigma_k^2}\right] \\ &\leq 2\left[\sup_{m\geq 1} \frac{\sigma_{m+1}^2}{\sigma_m^2} \sum_{k=1}^{\infty} \frac{X_k^2}{\sigma_{k+1}^2} + \theta^2 \sum_{k=1}^{\infty} \frac{X_{k-1}^2}{\sigma_k^2}\right],\end{aligned}$$

woraus sich (7.18.10) ergibt. Gilt also

$$\sup_{k\geq 1} \frac{\sigma_{k+1}^2}{\sigma_k^2} < \infty \tag{7.18.11}$$

sowie

$$\sum_{k=1}^{\infty} \frac{\xi_k^2}{\sigma_k^2} = \infty \quad \text{f.s.}, \tag{7.18.12}$$

so folgt (7.18.9) und damit (7.18.3). Aufgrund des Drei-Reihen-Satzes und Bemerkung 7.15 ist für (7.18.12) die Gültigkeit von

$$\sum_{k=1}^{\infty} E\left[\frac{\xi_k^2}{\sigma_k^2} \wedge c\right] = \infty$$

für ein $c > 0$ hinreichend, da dann aus Satz 7.14 (für $X_n := (\xi_n^2/\sigma_n^2) \wedge c$, $n \geq 1$) folgt:

$$\sum_{k=1}^{\infty} \left(\frac{\xi_k^2}{\sigma_k^2} \wedge c\right) = \infty \quad \text{f.s.}$$

■

8.8 Das Gesetz vom iterierten Logarithmus

Es erhebt sich die Frage, ob (7.17.4) gültig bleibt, falls man den Logarithmus in (7.17.4) durch langsamer wachsende Funktionen ersetzt. Dazu betrachten wir eine UIV–Folge $(X_n) \subset L^2$ $(n \geq 1)$ derart, daß $E[X_1] = 0$ und $\sigma^2 := \mathrm{Var}[X_1] > 0$. Dann ist $Y_n := X_1 + \cdots + X_n$, $n \geq 0$, ein L^2 - Martingal bez. der von (X_n) erzeugten Filtrierung derart, daß $\langle Y, Y\rangle_n = \sigma^2 n$, $n \geq 0$. Wegen des zentralen Grenzwertsatzes ist die Folge $(Y_n/(\langle Y, Y\rangle_n)^{1/2})$ asymptotisch N(0,1)-verteilt, so daß (7.17.4) nicht gilt, falls man den logarithmischen Term in (7.17.4) wegläßt. Im vorliegenden Fall wird das genaue Wachstum der Folge (Y_n) durch das folgende *Gesetz vom iterierten Logarithmus* gegeben („log" bezeichnet den natürlichen Logarithmus):

8.1 Satz. *Sei* $(X_n) \subset L^2$ $(n \geq 1)$ *eine* UIV-*Folge derart, daß* $E[X_1] = 0$ *und* $\sigma^2 := \mathrm{Var}[X_1] > 0$. *Dann gilt für die Folge* $Y_n := X_1 + \cdots + X_n$ $(n \geq 1)$:

$$\limsup_{n\to\infty} \frac{Y_n}{\sqrt{2n\sigma^2 \log(\log n)}} = 1 \quad f.s. \tag{8.1.1}$$

und

$$\liminf_{n\to\infty} \frac{Y_n}{\sqrt{2n\sigma^2 \log(\log n)}} = -1 \quad f.s. \tag{8.1.2}$$

Die Beziehung (8.1.2) ergibt sich durch Anwendung von (8.1.1) auf die Folge $(-Y_n)$, und es reicht offensichtlich, (8.1.1) im Fall $\sigma^2 = 1$ zu beweisen. Im folgenden setzen wir $f(t) = \sqrt{2t\log(\log t)}$, $t \geq 3$. Dann ist (8.1.1) im Fall $\sigma^2 = 1$ gleichbedeutend damit, daß

$$P(Y_n \geq (1+\epsilon)f(n) \quad \text{u.o.}) = 0, \quad \epsilon > 0 \tag{8.1.3}$$

sowie

$$P(Y_n \geq (1-\epsilon)f(n) \quad \text{u.o.}) = 1, \quad \epsilon > 0 \tag{8.1.4}$$

gilt. Aus (8.1.3) folgt nämlich $\limsup_{n\to\infty} Y_n/f(n) \leq 1+\varepsilon$ f.s., $\varepsilon > 0$,so daß $\limsup_{n\to\infty} Y_n/f(n) \leq 1$ f.s. Ähnlich ergibt sich $\limsup_{n\to\infty} Y_n/f(n) \geq 1$ f.s. mit Hilfe von (8.1.4). Es ist technisch ziemlich aufwendig, (8.1.1) in voller Allgemeinheit zu beweisen. Wir führen daher im folgenden den Beweis von (8.1.1) lediglich für den Spezialfall

$$X_1 \sim \mathrm{N}(0,1). \tag{8.1.5}$$

Im folgenden gelte also (8.1.5).

Schritt 1. Zunächst zeigen wir mit Hilfe des Borel-Cantelli-Lemmas

$$\limsup_{n\to\infty} Y_n/f(n) \leq 1 \quad \text{f.s.} \tag{8.1.6}$$

Die benötigten oberen Schranken für die Wahrscheinlichkeiten $P(Y_n \geq (1+\varepsilon)f(n))$ ergeben sich so: Da (Y_n) ein Martingal ist, so ist für jedes $\lambda > 0$ $(\exp(\lambda Y_n))$ ein Submartingal. Aufgrund der Submartingalungleichung (Satz 5.2 (a)) ergibt sich somit für $\lambda, t > 0$ und $k \geq 1$

$$\begin{aligned} P\left(\max_{0\leq i\leq k} Y_i \geq t\right) &= P\left(\max_{0\leq i\leq k} \exp(\lambda Y_i) \geq \exp(\lambda t)\right) \\ &\leq \exp(-\lambda t)\, E[\exp(\lambda Y_k)]. \end{aligned}$$

Wegen (8.1.5) ist $Y_k \sim \mathrm{N}(0,k)$, so daß $E[\exp(\lambda Y_k)] = \exp(\lambda^2 k/2)$, woraus sich für $\lambda = t/k$

$$P\left(\max_{0\leq i\leq k} Y_i \geq t\right) \leq \exp\left(-\frac{t^2}{2k}\right), \quad t > 0, \quad k \geq 1 \tag{8.1.7}$$

ergibt. Für $\epsilon > 0$ und $k \geq 2$ derart, daß $(1+\epsilon)^{k-1} \geq 3$, erhält man mit Hilfe von (8.1.7)

$$\begin{aligned} &P\left(\max_{0\leq i\leq(1+\epsilon)^k} Y_i \geq (1+\epsilon)f((1+\epsilon)^{k-1})\right) \\ &\leq \exp(-(1+\epsilon)\log((k-1)\log(1+\epsilon))) \\ &= \frac{1}{(k-1)^{1+\epsilon}(\log(1+\epsilon))^{1+\epsilon}}, \end{aligned}$$

so daß aufgrund des Borel-Cantelli-Lemmas

$$P\left(\max_{0\leq i\leq(1+\epsilon)^k} Y_i \geq (1+\epsilon)f((1+\epsilon)^{k-1}) \quad \text{u.o.}\right) = 0, \quad \epsilon > 0. \tag{8.1.8}$$

Wegen (8.1.8) tritt also für fast alle $\omega \in \Omega$ das Ereignis in (8.1.8) nicht ein, so daß zu jedem derartigen ω ein $k_0 = k_0(\omega,\epsilon)$ existiert derart, daß für $(1+\epsilon)^{k-1} \leq n \leq (1+\epsilon)^k$ und $k \geq k_0(\omega,\epsilon)$

$$Y_n(\omega) \leq \max_{0\leq i\leq(1+\epsilon)^k} Y_i(\omega) < (1+\epsilon)f((1+\epsilon)^{k-1}) \leq (1+\epsilon)f(n)$$

und somit $\limsup_{n\to\infty} Y_n(\omega)/f(n) \leq 1+\epsilon$ gilt. Daraus folgt (8.1.6).

Schritt 2. Wir zeigen jetzt mit Hilfe des alternativen Borel-Cantelli-Lemmas

$$\limsup_{n\to\infty} Y_n/f(n) \geq 1 \quad \text{f.s.} \tag{8.1.9}$$

Aus typographischen Gründen schreiben wir im folgenden $Y(n)$ statt Y_n. Für festes $0 < \epsilon < 1$ und festes $m \geq 2$ sind die Ereignisse

$$A_k(m) := \left\{Y(m^{k+1}) - Y(m^k) > (1-\epsilon)f(m^{k+1}-m^k)\right\}, \quad k \geq 2$$

unabhängig. Da $(Y(m^{k+1}) - Y(m^k))/(m^{k+1}-m^k)^{1/2} \sim \mathrm{N}(0,1)$, folgt für $k, m \geq 2$

$$P(A_k(m)) = 1 - \Phi\left((1-\epsilon)\sqrt{2\log(\log(m^{k+1}-m^k))}\right). \tag{8.1.10}$$

Zum Nachweis von (8.1.9) reicht es zu zeigen:

$$\sum_{k=2}^{\infty} P(A_k(m)) = \infty, \quad m \geq 2. \tag{8.1.11}$$

In der Tat, aus (8.1.11) folgt mit Hilfe des alternativen Borel-Cantelli-Lemmas

$$P(A_k(m) \text{ u.o.}) = 1, \quad m \geq 2. \tag{8.1.12}$$

Wenden wir (8.1.6) auf die Folge $(-Y(n))$ an, so erhalten wir $P(Y(m^k) < -2f(m^k) \text{ u.o.}) = 0$, $m \geq 2$, so daß aufgrund von (8.1.12)

$$P(Y(m^{k+1}) > (1-\epsilon)f(m^{k+1}-m^k) - 2f(m^k) \quad \text{u.o.}) = 1, \quad m \geq 2.$$

Somit gilt f.s.

$$\begin{aligned}\limsup_{n\to\infty}\frac{Y(n)}{f(n)} &\geq \limsup_{k\to\infty}\frac{Y(m^{k+1})}{f(m^{k+1})}\\ &\geq \lim_{k\to\infty}\frac{(1-\epsilon)f(m^{k+1}-m^k)-2f(m^k)}{f(m^{k+1})} \qquad (8.1.13)\\ &= (1-\epsilon)\sqrt{1-\frac{1}{m}}-\frac{2}{\sqrt{m}},\quad m\geq 2,\end{aligned}$$

wobei benutzt wurde:

$$\lim_{k\to\infty}\frac{\log(\log(m^{k+1}-m^k))}{\log(\log(m^{k+1}))}=1,\quad \lim_{k\to\infty}\frac{\log(\log(m^k))}{\log(\log(m^{k+1}))}=1.$$

Aus (8.1.13) folgt (8.1.9), falls man zuerst $m\to\infty$ und dann $\epsilon\to 0$ gehen läßt. Zum Nachweis von (8.1.11) benötigen wir die Ungleichung

$$1-\Phi(t)=\int_t^\infty \phi(s)\,ds \geq \frac{t\phi(t)}{1+t^2},\quad t>0 \qquad (8.1.14)$$

($\phi(t) := (2\pi)^{-1/2}\exp(-t^2/2)$, $t\in\mathbb{R}$, ist die Dichte von $\mathrm{N}(0,1)$), die sich so ergibt: Wegen $(\phi(t)/t)' = -(1+t^{-2})\phi(t)$, $t>0$, erhält man für $t>0$

$$\frac{\phi(t)}{t}=\int_t^\infty\left(1+\frac{1}{s^2}\right)\phi(s)ds\leq\left(1+\frac{1}{t^2}\right)\int_t^\infty\phi(s)ds=\left(1+\frac{1}{t^2}\right)(1-\Phi(t))$$

und damit (8.1.14). Zum Nachweis von (8.1.11) setzen wir für festes $m\geq 2$ $a(k)=\sqrt{2\log(\log(m^{k+1}-m^k))}$, $k\geq 2$, woraus wegen $\log m\leq m$

$$a(k)\leq 2\sqrt{\log(k+1)},\quad k\geq m\geq 2 \qquad (8.1.15)$$

resultiert. Aufgrund von (8.1.10) und (8.1.14) erhält man für $k\geq m\geq 2$

$$\begin{aligned}P(A_k(m)) &= 1-\Phi((1-\epsilon)a(k))\\ &\geq \frac{(1-\epsilon)a(k)}{\sqrt{2\pi}(1+((1-\epsilon)a(k))^2)}\exp\left(-\frac{1}{2}(1-\epsilon)^2(a(k))^2\right)\\ &\geq \frac{(1-\epsilon)a(k)}{\sqrt{2\pi}(1+((1-\epsilon)a(k))^2)((k+1)\log m)^{1-\epsilon}}.\end{aligned}$$

Da die Funktion $t\longmapsto t/(1+t^2)$ für $t\geq 1$ monoton fällt, folgt wegen (8.1.15), falls $(1-\epsilon)a(k)\geq 1$ für alle $k\geq k_0=k_0(m,\epsilon)\geq m\geq 2$ gilt,

$$P(A_k(m))\geq\frac{2(1-\epsilon)\sqrt{\log(k+1)}}{\sqrt{2\pi}(1+4(1-\epsilon)^2\log(k+1))((k+1)\log m)^{1-\epsilon}},\quad k\geq k_0.$$

Hieraus erhält man (8.1.11) wegen

$$\sum_{k=2}^\infty\frac{1}{k^{1-\epsilon}(\log k)^{1/2}}=\infty,\quad \epsilon>0.$$

Folglich gilt (8.1.9) und somit aufgrund von (8.1.6) auch (8.1.1). ∎

Aufgaben

8.1. Auf einem W.-Raum $(\Omega, \mathcal{A}, P)$ sei eine UIV-Folge $X_1, \dots, X_n$ von ZV definiert derart, daß $X_1 \sim \mathrm{PO}(\lambda)$. Für eine Konstante $\mu > 0$ und nichtnegative ganze Zahlen $k_1, \dots, k_n$ werde

$$\phi(k_1, \dots, k_n) = (\mu/\lambda)^{k_1+\dots+k_n} \exp(-n(\mu - \lambda))$$

gesetzt. Sei $S(k) := X_1 + \dots + X_k \quad (0 \le k \le n)$. Man zeige :
(a) $E[\phi(X_1, \dots, X_n)] = 1$.
(b) Das (auf $\mathcal{A}$ definierte) W.-Maß $\widetilde{P}$ werde durch seine Radon-Nikodým-Ableitung $d\widetilde{P}/dP = \phi(X_1, \dots, X_n)$ gegeben. Die ZV $X_1, \dots, X_n$ bilden dann bez. $\widetilde{P}$ (!) eine UIV-Folge derart, daß $X_1 \sim \mathrm{PO}(\mu)$.
(c) Die ZV $(\mu/\lambda)^{S(k)} \exp(-k(\mu - \lambda)) \quad (0 \le k \le n)$ bilden bez. P ein Martingal (die Filtrierung werde von $X_1, \dots, X_n$ erzeugt).

8.2. Ähnlich wie in Aufgabe 8.1 formuliere und beweise man analoge Resultate für folgende Verteilungen :
(a) $\mathrm{BIN}(m,p)$ und $\mathrm{BIN}(m,\pi)$ $(0 < p < 1,\ 0 < \pi < 1)$.
(b) $\mathrm{EXP}(\lambda)$ und $\mathrm{EXP}(\mu)$.
(c) $\mathrm{N}(0,1)$ und $\mathrm{N}(\mu,1)$.

8.3. Sei $(N(t))$ ein auf einem W.-Raum $(\Omega, \mathcal{A}, P)$ definierter Poisson-Prozeß mit Parameter λ. Für reelle Zahlen $\mu > 0$ und $T > 0$ werde

$$\phi(m) = (\mu/\lambda)^m \exp(-(\mu - \lambda)T), \quad m = 0, 1, \dots$$

gesetzt. Man zeige :
(a) $E[\phi(N(T))] = 1$.
(b) Das (auf $\mathcal{A}$ definierte) W.-Maß $\widetilde{P}$ werde durch seine Radon-Nikodým-Ableitung $d\widetilde{P}/dP = \phi(N(T))$ definiert. Man zeige, daß dann $(N(t))$ $(0 \le t \le T)$ bez. $\widetilde{P}$ ein Poisson-Prozeß mit Parameter μ ist.
(c) Bez. P bildet die Familie

$$(\mu/\lambda)^{N(t)} \exp(-(\mu - \lambda)t), \quad 0 \le t \le T$$

ein Martingal.
(Die Ergebnisse in den Aufgaben 8.1 - 8.3 sind formal analog zum *Satz von Girsanov* aus der Theorie der stochastischen Integration.)

8.4. Sei $X_1, X_2, \dots$ eine UIV-Folge von ZV derart, daß $P(X_1 = 1) = p$ und $P(X_1 = -1) = 1 - p$. Sei $S_n := X_1 + \dots + X_n$ und $\mathcal{A}_n = \sigma\{X_1, \dots, X_n\}$, $n \ge 0$. Für welche Zahlen $0 < p < 1$ ist die Folge $(S_n^2 + nS_n + (n-1)(n-2)/4)$

ein $(\mathcal{A}_n)$-Martingal ?

8.5. Sei (S_n) eine einfache symmetrische Irrfahrt auf $\mathbb{Z}$ mit Start in 0. Man zeige, daß die Folgen

$$(S_n^3 - 3nS_n) \quad \text{und} \quad (S_n^4 - 6nS_n^2 + 3n^2 + 2n)$$

Martingale bilden.

8.6. Seien $X_0, X_1, \ldots$ beschränkte ZV. Es werde $Y_0 \equiv 1$ und $Y_n = (1 + X_1 - X_0)(1 + X_2 - X_1)\cdots(1 + X_n - X_{n-1})$, $n \geq 1$, gesetzt und die Filtrierung $\mathcal{A}_n := \sigma\{X_0, \ldots, X_n\}$ $(n \geq 0)$ betrachtet.
(a) Man zeige : Ist (X_n) ein $(\mathcal{A}_n)$-Martingal, so auch (Y_n).
(b) Sei (X_n) ein $(\mathcal{A}_n)$-Submartingal. Welche Annahme über die Zuwächse von (X_n) ist hinreichend dafür, daß (Y_n) ebenfalls ein $(\mathcal{A}_n)$-Submartingal ist ?

8.7. (X_n) und (Y_n) $(n \geq 0)$ seien L^2-Martingale bez. derselben Filtrierung $(\mathcal{A}_n)$ derart, daß $E[Y_0^2] > 0$. Man zeige, daß dann für $n \geq 0$ gilt :

$$(*) \qquad E[X_{n+1}^2] - \frac{(E[X_{n+1}Y_{n+1}])^2}{E[Y_{n+1}^2]} \geq E[X_n^2] - \frac{(E[X_nY_n])^2}{E[Y_n^2]}.$$

(Aus Dekking(1996).)
Hinweis : Man zeige zunächst, daß die linke Seite in $(*)$ gleich dem Minimum der Funktion $g(t) = E\left[(X_{n+1} - tY_{n+1})^2\right]$ $(t \in \mathbb{R})$ ist und beachte, daß die ZV $(X_n - tY_n)^2$ $(n \geq 0)$ für festes $t \in \mathbb{R}$ ein Submartingal bilden.

8.8. Sei (X_n) $(n \geq 0)$ ein Martingal. Es existiere eine Konstante $0 < c < \infty$ derart, daß $E\left[(X_n - X_{n-1})^2\right] \leq c$, $n \geq 1$. Man zeige, daß dann $X_n/n \to 0$ (stochastisch).

8.9. $\xi_0, \xi_1, \ldots$ seien unabhängige integrierbare ZV derart, daß $E[\xi_n] \geq 0$, $n \geq 1$. Es werde $\mathcal{A}_n = \sigma\{\xi_0, \ldots, \xi_n\}$ und $S_n = \xi_0 + \cdots + \xi_n$ $(n \geq 0)$ gesetzt. Man bestimme die Doob-Zerlegung des $(\mathcal{A}_n)$-Submartingals (S_n).

8.10. Sei $X_0, X_1, \ldots$ eine UIV-Folge von beschränkten nichtnegativen ZV derart, daß $E[X_0] \geq 1$. Für $n \geq 0$ werde $Y_n = X_0X_1\cdots X_n$ gesetzt und die Filtrierung $\mathcal{A}_n := \sigma\{X_0, \ldots, X_n\}$ $(n \geq 0)$ betrachtet. Man bestimme die Doob-Zerlegung des $(\mathcal{A}_n)$-Submartingals (Y_n).

8.11. In Beispiel 1.14.2 wurde folgendes einfache Resultat über reelle Zahlenfolgen benutzt : Seien $a_n > 0$, $b_n > 0$ $(n \geq 0)$ Zahlenfolgen derart, daß $a_n \sim b_n$ $(n \to \infty)$ und $b_0 + b_1 + \cdots = \infty$. Dann folgt $a_0 + \cdots + a_n \sim$

$b_0 + \cdots + b_n \quad (n \to \infty)$. Man beweise dieses Resultat !

8.12. Sind σ, τ $(\mathcal{A}_n)$-Stoppzeiten derart, daß $\sigma(\omega) \geq 1$, $\tau(\omega) \geq 1$, $\omega \in \Omega$, so ist auch $\sigma \cdot \tau$ eine $(\mathcal{A}_n)$-Stoppzeit.

8.13. (X_n) und (Y_n) $\quad (n \geq 0)$ seien $(\mathcal{A}_n)$-Submartingale; τ sei eine beliebige $(\mathcal{A}_n)$-Stoppzeit derart, daß $Y_\tau \leq X_\tau$ f.s. auf $\{\tau < \infty\}$. Man zeige, daß dann die Folge $Z_n := X_n I_{\{\tau \leq n\}} + Y_n I_{\{\tau > n\}}$, $n \geq 0$, ein $(\mathcal{A}_n)$-Submartingal ist.

8.14. Man zeige, daß zu jeder $(\mathcal{A}_n)$-Stoppzeit τ ZV $X_0, X_1, \ldots$ und eine Borel-Menge $B \in \mathcal{R}$ existieren derart, daß (X_n) adaptiert an $(\mathcal{A}_n)$ ist und $\tau(\omega) = \min\{n \geq 0 : X_n(\omega) \in B\}$, $\omega \in \Omega$, gilt.

8.15. Ein Kaninchen bewegt sich folgendermaßen auf den Gitterpunkten (i, j), $i \geq 0$, $j \geq 0$ $(i, j$ ganzzahlig) des 1.Quadranten in $\mathbb{R}^2$: Befindet es sich im Punkt (i, j), so springt es jeweils mit der Wahrscheinlichkeit 1/2 zum Punkt $(i + 1, j)$ bzw. $(i, j + 1)$, wobei die aufeinanderfolgenden Sprünge unabhängig voneinander gewählt werden. Sei $Z_n = (X_n, Y_n)$ $(n \geq 0)$ der Gitterpunkt, in welchem es sich nach n Sprüngen befindet, wobei $Z_0 = (0, 0)$. Sei Γ ein aus lauter *verschiedenen* Gitterpunkten $(i_0, j_0), (i_1, j_1), \ldots, (i_k, j_k)$ $(k \geq 2)$ bestehender Streckenzug im 1.Quadranten, wobei $i_0 = 0$, $j_0 > 0$, $i_k > 0$, $j_k = 0$, $i_m > 0$, $j_m > 0$ $(1 \leq m \leq k - 1)$ gelte und je zwei aufeinanderfolgende Gitterpunkte den euklidischen Abstand 1 haben. Sei $\mathcal{A}_n := \sigma\{Z_0, \ldots, Z_n\}$ $(n \geq 0)$ und $\tau = \min\{n \geq 0 : Z_n \in \Gamma\}$. Man zeige :
(a) $(X_n - n/2)$ und $(Y_n - n/2)$ sind $(\mathcal{A}_n)$-Martingale.
(b) $E[X_\tau] = E[Y_\tau] = \frac{1}{2}E[\tau]$.
Hinweis : Zum Nachweis des (merkwürdigen!) Resultats in (b) betrachte man geeignete gestoppte Martingale.

8.16. Sei $X_1, X_2, \ldots$ eine UIV-Folge von ZV derart, daß $X_1 \sim \mathrm{N}(0, 1)$. Sei $S_n := X_1 + \cdots + X_n$, $\mathcal{A}_n := \sigma\{X_1, \ldots, X_n\}$ und $M_n := \exp(S_n - n/2)$, $n \geq 0$. Man zeige :
(a) (M_n) ist ein $(\mathcal{A}_n)$-Martingal.
(b) Sei $0 < \alpha < 1$ und $\tau := \min\{n \geq 1 : M_n \leq \alpha\}$. Dann gilt $\tau < \infty$ f.s., so daß $E[M_\tau] \leq \alpha < E[M_0]$.
Hinweis zu (b) : Man zeige zunächst, daß $P(\tau = \infty) = \lim_{n\to\infty} P(\tau > n) \leq P(\liminf_{n\to\infty} S_n/n \geq 1/2)$.

8.17. In Beispiel 3.13.1 wurde folgendes Resultat benutzt : Seien $a_n > 0$, $b_n > 0$ $(n \geq 0)$ reelle Zahlenfolgen derart, daß $a_n \sim b_n$ $(n \to \infty)$ und $a_0 + a_1 + \cdots < \infty$. Dann folgt $b_0 + b_1 + \cdots < \infty$ und $a_n + a_{n+1} + \cdots \sim$

$b_n + b_{n+1} + \cdots$ $(n \to \infty)$. Man beweise dies !

8.18. Sei (S_n) eine einfache symmetrische Irrfahrt auf $\mathbb{Z}$ mit Start in 0, und seien $X \leq -1$ und $Y \geq 0$ ganzzahlige ZV derart, daß der ZVK (X, Y) unabhängig von (S_n) ist. Sei

$$\tau = \min\{n \geq 0 : S_n \in \{X, Y\}\}.$$

Man zeige :
(a) $\tau < \infty$ f.s. und $E[\tau] = E[|X|Y]$.
(b) Für $p_m := P(S_\tau = m)$ gilt

$$p_m = \begin{cases} E\left[\dfrac{|X|}{|X| + Y} I_{\{Y=m\}}\right] & , \quad m \geq 0 \\ E\left[\dfrac{Y}{|X| + Y} I_{\{X=m\}}\right] & , \quad m \leq -1. \end{cases}$$

(c) Aus $E[|X|] \wedge E[Y] < \infty$ folgt $E[S_\tau^+] = E[S_\tau^-] = E[|X|Y/(|X| + Y)] < \infty$, so daß dann $E[S_\tau] = 0$ und somit

$$(*) \qquad \sum_{m \in \mathbb{Z}} |m| p_m < \infty \quad \text{und} \quad \sum_{m \in \mathbb{Z}} m p_m = 0.$$

(Hiervon gilt auch die Umkehrung : Ist (p_m) eine Verteilung auf $\mathbb{Z}$, für die $(*)$ gilt, so lassen sich X, Y so wählen, daß S_τ die Verteilung (p_m) hat.)
Hinweis zu (a), (b) : Ausgehend von den Beispielen 3.13.2 und 3.13.3 betrachte man zunächst den Fall, daß X, Y konstant sind.

8.19. Im Zusammenhang mit der am Ende des Beweises von Satz 5.1 skizzierten Überlegung zeige man : Ist ξ eine ZV und K eine Konstante derart, daß $cP(\xi > c) \leq K$, $c > 0$, so folgt $cP(\xi \geq c) \leq K$, $c > 0$.

8.20. Mit L_+ wird vorübergehend die durch $L_+(t) = \log(t \vee 1)$ („log" = natürlicher Logarithmus) auf $\mathbb{R}_+$ definierte Funktion bezeichnet, so daß $L_+(t) = (\log t)^+$, $t > 0$. Sei (X_n) $(n \geq 0)$ ein Martingal derart, daß für eine gewisse Konstante $0 < K < \infty$ $E[|X_n| L_+(|X_n|)] \leq K$, $n \geq 0$. Ziel ist zu zeigen, daß dann $M_\infty := |X_0| \vee |X_1| \vee \cdots \in L^1$.
(a) Man konstruiere (auf einem geeigneten W.-Raum) eine ZV ξ derart, daß $E[|\xi| L_+(|\xi|)] < \infty$ und $E[|\xi|^{1+\delta}] = \infty$ für *alle* $\delta > 0$ gilt. (Dies zeigt, daß die obige Momenten-Annahme über (X_n) schwächer ist als die Annahme, daß $(X_n) \subset L^{1+\delta}$ für ein $\delta > 0$ gilt.)
(b) Mit Hilfe klassischer Analysis zeige man $\log t \leq t/e$, $t > 0$, und folgere, daß $sL_+(t) \leq sL_+(s) + t/e$, $s \geq 0$, $t \geq 0$.
(c) Sei $M_n := |X_0| \vee \cdots \vee |X_n|$ $(n \geq 0)$. Man zeige mit Hilfe des Ergebnisses

in (b)

$$\int_1^\infty P(M_n \geq c)\, dc \leq E[|X_n|L_+(|X_n|)] + E[M_n]/e, \quad n \geq 0,$$

indem man Ungleichung (5.2.1) auf das Submartingal $(|X_n|)$ anwendet, beide Seiten (als Funktion von c) nach Division durch c über $[1,\infty[$ integriert und den Satz von Fubini-Tonelli anwendet.
(d) Aus dem Ergebnis in (c) folgere man mit Hilfe partieller Integration

$$(1-e^{-1})E[M_n] \leq 1 + E[|X_n|L_+(|X_n|)], \quad n \geq 0,$$

so daß aufgrund der ursprünglichen Annahmen $M_\infty \in L^1$.
(e) Sei $Y_1, Y_2, \ldots$ eine UIV-Folge von ZV derart, daß $E[|Y_1|L_+(|Y_1|)] < \infty$. Sei $S_n := Y_1 + \cdots + Y_n$ $(n \geq 1)$. Man zeige mit Hilfe des Ergebnisses in (d) für die ZV $Z_n := S_n/n$ $(n \geq 1)$

$$(1-e^{-1})E[|Z_1| \vee \cdots \vee |Z_n|] \leq 1 + E[|Y_1|L_+(|Y_1|)], \quad n \geq 1,$$

so daß sich $|Z_1| \vee |Z_2| \vee \cdots \in L^1$ ergibt.
Hinweis zu (e) : Für die σ-Algebren $\mathcal{A}_n := \sigma\{S_n, S_{n+1}, \ldots\} = \sigma\{S_n, Y_{n+1}, Y_{n+2}, \ldots\}$ gilt wegen Satz 2.4(a)[6] und Satz 2.7(c)[6] $E[Y_1|\mathcal{A}_m] = E[Y_1|S_m] = Z_m$, $m \geq 1$. Für festes $n \geq 1$ wende man auf die Folge $Z_n, Z_{n-1}, \ldots, Z_1, Z_1, \ldots$,die bez. der Filtrierung $\mathcal{A}_n, \mathcal{A}_{n-1}, \ldots, \mathcal{A}_1, \mathcal{A}_1, \ldots$ ein Martingal bildet, die Ungleichung in (d) an.

8.21. (Diese Aufgabe ergänzt Aufgabe 8.20.) Sei $\Omega = \{1, 2, \ldots\}$, $\mathcal{A} = \mathcal{P}(\Omega)$ und P ein W.-Maß auf $\mathcal{A}$ derart, daß $P(\{n\}) = 1/(n(n+1))$, $n \geq 1$. Sei $\mathcal{A}_n := \sigma\{\{1\}, \ldots, \{n\}, [n+1, \infty[\}$ und $X_n := (n+1)I([n+1,\infty[)$, $n \geq 0$. Man zeige : (X_n) ist ein $(\mathcal{A}_n)$-Martingal derart, daß $E[X_n] = 1$ $(n \geq 0)$ und $E[X_0 \vee X_1 \vee \cdots] = \infty$.

8.22. Sei $Y_0, Y_1, \ldots$ eine UIV-Folge von ZV derart, daß $Y_0 \sim \mathrm{N}(0,1)$. Sei $H_1, H_2, \ldots$ eine Folge von beschränkten ZV, die vorhersehbar bez. der Filtrierung $\mathcal{A}_n := \sigma\{Y_0, \ldots, Y_n\}$ $(n \geq 0)$ ist. Sei $X_n := Y_0 + \cdots + Y_n$, $n \geq 0$, $X = (X_n)$ und $H^2 := (H_n^2)$. Man zeige, daß dann die Folge

$$Z_n := \exp\left((H \bullet X)_n - \frac{1}{2}(H^2 \bullet \langle X, X\rangle)_n\right), \quad n \geq 0$$

ein $(\mathcal{A}_n)$-Martingal ist.
Hinweis : Man beachte Satz 1.24[2], Satz 2.2[6] und Beispiel 5.12.1[4].

8.23. Sei (X_n) $(n \geq 0)$ ein $(\mathcal{A}_n)$-Supermartingal derart, daß $X_n \geq 0$ $(n \geq 0)$. Sei $X_\infty \in L^1$ eine (aufgrund des Martingalkonvergenzsatzes existierende!) ZV derart, daß $X_n \to X_\infty$ f.s. Sei τ eine $(\mathcal{A}_n)$-SZ.
(a) Man zeige, daß $X_{n\vee\tau} \in L^1$, $n \geq 0$. (Es sei $X_{n\vee\tau} := X_\infty$ auf $\{\tau = \infty\}$.)

(b) Man zeige, daß die ZV $Y_n := E[X_{n\vee\tau}|\mathcal{A}_n]$ $(n \geq 0)$ ein $(\mathcal{A}_n)$-Supermartingal bilden.

8.24. Sei (X_n) ein Martingal derart, daß für eine gewisse Konstante K $E[X_n^2] \leq K$, $n \geq 0$, und $\mathrm{Var}[X_n] \to 0$. Man zeige, daß dann eine ZV $X_\infty \in L^2$ existiert derart, daß gilt :
(i) $X_n \to X_\infty$ f.s. und in L^2.
(ii) X_∞ ist f.s. konstant.

8.25. Sei $(X_n) \subset L^1$ $(n \geq 0)$ adaptiert an eine Filtrierung $(\mathcal{A}_n)$ und gelte $E[X_{n+1}|\mathcal{A}_n] = (X_n + X_{n-1})/2$ f.s., $n \geq 1$. Es existiere eine Konstante K derart, daß $E[|X_n|] \leq K < \infty$, $n \geq 0$. Man zeige :
(a) Die durch $Y_n := X_n + X_{n-1}/2$ $(n \geq 1)$, $Y_0 := E[X_1|\mathcal{A}_0] + X_0/2$ definierte Folge (Y_n) ist ein $(\mathcal{A}_n)$-Martingal.
(b) Es existiert eine ZV $Y_\infty \in L^1$ derart, daß $Y_n \to Y_\infty$ f.s.
(c) Seien (a_n) $(n \geq 0)$ und (b_n) $(n \geq 1)$ reelle Zahlenfolgen derart, daß $b_n = a_n + a_{n-1}/2$ $(n \geq 1)$ und $b_n \to b_\infty \in \mathbb{R}$ $(n \to \infty)$. Dann folgt $a_n \to 2b_\infty/3$.
Man folgere aus (a) - (c) :
(d) Es existiert eine ZV $X_\infty \in L^1$ derart, daß $X_n \to X_\infty$ f.s.
Hinweis zu (c) : Man drücke a_n aus mit Hilfe von $b_n, b_{n-1}, \ldots, b_1, a_0$ und schätze $|a_n - 2b_\infty/3|$ nach oben ab.

8.26. Es gibt Martingale, die stochastisch konvergieren und zugleich f.s. nicht konvergieren. Dies zeigt folgendes Beispiel : Seien $\xi_0, \xi_1, \ldots$ unabhängige ZV derart, daß für $n \geq 0$ $P(\xi_n = 1) = P(\xi_n = -1) = 1/(2(n+1))$, $P(\xi_n = 0) = 1 - 1/(n+1)$. Sei $\mathcal{A}_n := \sigma\{\xi_0, \ldots, \xi_n\}$ $(n \geq 0)$, $X_0 := \xi_0$ und $X_n := \xi_n I\{X_{n-1} = 0\} + (n+1)X_{n-1}|\xi_n| I\{X_{n-1} \neq 0\}$, $n \geq 1$. Man zeige :
(a) (X_n) ist ein $(\mathcal{A}_n)$-Martingal, das nur ganze Zahlen als Werte annimmt.
(b) $\{X_n = 0\} = \{\xi_n = 0\}$, $n \geq 0$.
(c) (X_n) konvergiert stochastisch gegen 0.
(d) $\limsup_{n\to\infty} |X_n| > \liminf_{n\to\infty} |X_n|$ f.s.
Hinweis : Zum Nachweis von (c) beachte man, daß sich aufgrund von (a) und (b) $P(|X_n| > \delta) = 1 - P(\xi_n = 0)$, $n \geq 0$, $0 < \delta < 1$, ergibt. Zum Nachweis von (d) wende man das alternative Borel-Cantelli-Lemma auf (ξ_n) an und benutze (b) und (a).

8.27. (a) Man zeige : Ein Martingal, das in L^1 konvergiert, konvergiert f.s.
(b) Sei $Y_1, Y_2, \ldots$ eine UIV-Folge von ZV derart, daß $P(Y_1 = 1) = P(Y_1 = -1) = 1/2$. Sei $\mathcal{A}_n := \sigma\{Y_1, \ldots, Y_n\}$ $(n \geq 0)$, und seien $A_n \in \mathcal{A}_n$ $(n \geq 0)$ Ereignisse derart, daß $P(A_n) \to 0$ $(n \to \infty)$ und $\limsup_{n\to\infty} I(A_n) = 1$ f.s.

Sei $X_0 \equiv 0$ und $X_{n+1} = (1 + Y_{n+1})X_n + Y_{n+1}I(A_n)$, $n \geq 0$. Man zeige :
(i) (X_n) ist ein $(\mathcal{A}_n)$-Martingal.
(ii) Es gilt $P(X_{n+1} \neq 0) \leq (1/2)P(X_n \neq 0) + P(A_n)$, $n \geq 0$.
(iii) Es gilt $P(X_n \neq 0) \to 0$ und somit $X_n \to 0$ (stochastisch).
(iv) $\liminf_{n\to\infty} X_n < \limsup_{n\to\infty} X_n$ f.s.
Hinweis zu (iv) : Man überlege sich zunächst, daß die Folge $(I(A_n))$ f.s. auf $\{\liminf_{n\to\infty} X_n = \limsup_{n\to\infty} X_n\}$ konvergiert.

8.28. Sei $X_0, X_1, \ldots$ eine UIV-Folge von ZV derart, daß $E[X_0] = 0$ und $E[X_0^2] = 1$. Seien $c_0, c_1, \ldots$ reelle Zahlen derart, daß $c_0^2 + c_1^2 + \cdots < \infty$. Schließlich werde $S_{nm} := c_0X_n + c_1X_{n+1} + \cdots + c_mX_{n+m}$ $(n \geq 0,\ m \geq 0)$ gesetzt. Man zeige :
(a) Es gibt ZV $Y_n \in L^2$ $(n \geq 0)$ derart, daß für $n \geq 0$

$$S_{nm} \to Y_n \quad \text{f.s. und in } L^2 \quad (m \to \infty).$$

(b) $(Y_0 + \cdots + Y_{n-1})/n \to 0$ f.s. und in L^1.
Hinweis zu (a) : Man wende auf (S_{nm}) Satz 6.6 an.
Zu (b) : Man beachte, daß (Y_n) stationär ist und benutze, daß für $n > m \geq 1$

$$\sum_{i=0}^{n} Y_i = \sum_{i=0}^{m} (c_0 + \cdots + c_i)X_i + Z_{nm},$$

wobei Z_{nm} nur von $X_{m+1}, X_{m+2}, \ldots$ abhängt. Schließlich wende man ein 0-1-Gesetz an.

8.29. Sei $A \in \mathcal{A}$ derart, daß $0 < P(A) < 1$. In Verbindung mit Bemerkung 7.6(ii) konstruiere man ein möglichst einfaches positives Submartingal (Y_n) derart, daß $\{|\lim Y_n| < \infty\} = A$ ist.

KAPITEL 9

Weitere Anwendungen der Martingaltheorie

Zunächst wird gezeigt, daß der Jackknife-Schätzer einer Varianz im Mittel die besagte Varianz stets überschätzt. Ein von Efron/Stein (1981) stammender Beweis dieses Resultats läßt sich erheblich vereinfachen, wenn man Martingalargumente benutzt (vgl. Rhee/Talagrand (1986)). Anschließend werden stochastische Varianten einiger kombinatorischer Optimierungsprobleme (u.a. des Rundreise-Problems) betrachtet, für deren Behandlung sich die Azuma-Ungleichung und verwandte Ungleichungen als sehr geeignet erweisen.

Beim Problem des optimalen Stoppens einer Folge von ZV zeigt sich, daß sich eine optimale Stoppzeit mit Hilfe eines geeigneten Supermartingals konstruieren läßt. Sind im Stopp-Problem die ZV insbesondere unabhängig, so zeigen die *Hellseher-* (oder *Propheten-*) *Ungleichungen*, daß ein Hellseher, der zu Beginn bereits die Realisierung der gesamten Folge kennt, im Mittel höchstens doppelt soviel erzielen kann wie jemand ohne hellseherische Fähigkeiten.

Danach wird ein Ruinproblem für kollektive Risikomodelle betrachtet. Aufgrund eines Portfolios von Policen hat ein Versicherer bei auftretenden Schäden Zahlungen an die Versicherten zu leisten. Mit Hilfe martingaltheoretischer Argumente ergibt sich dann ein Ausdruck für die Wahrscheinlichkeit, daß der Versicherer irgendwann „ruiniert" ist, d.h. seine bis dahin erbrachte Gesamtleistung die Summe aus Anfangskapital und Gesamtprämie übersteigt.

9.1 Der Jackknife-Schätzer einer Varianz

Sei $S : \mathbb{R}^{d-1} \longrightarrow \mathbb{R}$ $(d \geq 2)$ Borel-meßbar und *symmetrisch*, d.h. jede Permutation der $d-1$ Argumente läßt den Funktionswert von S unverändert. Die ZV $X_1, \ldots, X_d$ seien UIV, und es gelte $E[S^2(X_1, \ldots, X_{d-1})] < \infty$. Sei $S_i := S(X_1, \ldots, X_{i-1}, X_{i+1}, \ldots, X_d)$, $1 \leq i \leq d$, und $S_. := (S_1 + \cdots + S_d)/d$. Der *Jackknife-Schätzer* der Varianz von S_d ist dann

$$(1.0.1) \qquad \widehat{V}[S_d] := \sum_{i=1}^{d} (S_i - S_.)^2 = \frac{1}{d^2} \sum_{i=1}^{d} \left(\sum_{j=1}^{d} (S_i - S_j) \right)^2 .$$

Wir werden folgendes Resultat beweisen:

1.1 Satz. *Im Mittel überschätzt der Jackknife-Schätzer die Varianz von S_d, d.h. es gilt:*

$$\mathrm{Var}[S_d] \le E[\widehat{V}[S_d]]. \tag{1.1.1}$$

1.2 Bemerkung. Verwendet man bei gewissen Konvergenzbetrachtungen das Borel-Cantelli-Lemma in Verbindung mit der Tschebyschev-Ungleichung, so kann es schwierig sein, brauchbare Abschätzungen für die Varianzen zu finden. Ist man speziell am asymptotischen Verhalten von ZV der Form $S(X_1, \dots, X_{d-1})$ für $d \to \infty$ interessiert (S sei wie oben symmetrisch), so kann (1.1.1) nützlich sein, da evtl. für $|S_i - S_j|$ brauchbare obere Schranken existieren. Man vgl. etwa Karp/Steele (1985) wegen einer typischen Anwendung dieser Idee. ■

1.3 Beispiel. Sei $S(x_1, \dots, x_{d-1}) = x_1 + \dots + x_{d-1}$, $(x_1, \dots, x_{d-1}) \in \mathbb{R}^{d-1}$. Die ZV $X_1, \dots, X_d$ seien UIV und es gelte $E[X_1^2] < \infty$. Sei $\sigma^2 := \mathrm{Var}[X_1]$. Man verifiziert dann leicht

$$\mathrm{Var}[S_d] = (d-1)\sigma^2 = E[\widehat{V}[S_d]], \tag{1.3.1}$$

d.h. beide Seiten in (1.1.1) stimmen überein! Zum Nachweis von (1.3.1) benutzt man:

$$E[(S_1 - S_j)^2] = E[(S_1 - S_2)^2] = E[(X_1 - X_2)^2] = 2\sigma^2, \quad 2 \le j \le d,$$

während für $2 \le j < k \le d$

$$E[(S_1 - S_j)(S_1 - S_k)] = E[(X_1 - X_2)(X_1 - X_3)] = \sigma^2.$$

■

BEWEIS VON SATZ 1.1. Sei $\mathcal{A}_i := \sigma\{X_1, \dots, X_i\}$, $0 \le i \le d$. Setzen wir $Y_i := E[S_d|\mathcal{A}_i], 0 \le i \le d-1$, so ist (Y_i) ein Martingal mit den Zuwächsen $\Delta Y_i = Y_i - Y_{i-1}$, $1 \le i \le d-1$. Da S_d $\mathcal{A}_{d-1}$-meßbar ist, folgt

$$\sum_{i=1}^{d-1} \Delta Y_i = S_d - E[S_d]. \tag{1.3.2}$$

Wegen Satz 1.10(a)[8] sind die Zuwächse $\Delta Y_1, \dots, \Delta Y_{d-1}$ paarweise unkorreliert, so daß wegen (1.3.2)

$$\mathrm{Var}[S_d] = \sum_{i=1}^{d-1} \mathrm{Var}[\Delta Y_i] = \sum_{i=1}^{d-1} E[(\Delta Y_i)^2]. \tag{1.3.3}$$

Da S symmetrisch ist und (X_i) eine UIV-Folge bildet, hängt die Verteilung der ZV $((S_i - S_1) + \dots + (S_i - S_d))^2$ nicht von $1 \le i \le d$ ab. Wegen (1.0.1) ergibt sich also

$$E[\widehat{V}[S_d]] = \frac{1}{d} E\left[\left(\sum_{j=2}^{d} (S_1 - S_j)\right)^2\right]. \tag{1.3.4}$$

Nun gilt

$$E[(S_1 - S_j)^2] = E[(S_1 - S_2)^2], \quad 2 \le j \le d,$$

und für $2 \le j < k \le d$

$$E[(S_1 - S_j)(S_1 - S_k)] = E[(S_1 - S_2)(S_1 - S_3)] = \frac{1}{2}E[(S_1 - S_2)^2],$$

wobei sich das letzte Gleichheitszeichen wegen $E[(S_1-S_2)(S_1-S_3)] = E[(S_2-S_1)(S_2 - S_3)]$ ergibt. Wegen (1.3.4) folgt also

$$E[\widehat{V}[S_d]] = \frac{d-1}{2}E[(S_1 - S_2)^2]. \tag{1.3.5}$$

Wegen (1.3.3) und (1.3.5) reicht es zum Nachweis von (1.1.1) zu zeigen:

$$E[(S_1 - S_2)^2] \ge 2E[(\Delta Y_i)^2], \quad 1 \le i \le d-1. \tag{1.3.6}$$

Für den restlichen Beweis sei $1 \le i \le d-1$ fixiert. Setzen wir $\mathcal{B}_j := \sigma\{X_3, \ldots, X_j\}$, $2 \le j \le d$ (lt. Konvention ist $\sigma\{\emptyset\} = \{\emptyset, \Omega\}$) sowie

$$U_j := E[S_j|\mathcal{A}_{i+1}] - E[S_j|\mathcal{B}_{i+1}], \quad j = 1, 2\,,$$

so folgt wegen der Jensen-Ungleichung und $E[S_1|\mathcal{B}_{i+1}] = E[S_2|\mathcal{B}_{i+1}]$

$$E[(S_1 - S_2)^2] = E[E[(S_1 - S_2)^2|\mathcal{A}_{i+1}]] \ge E[(U_1 - U_2)^2].$$

Zum Nachweis von (1.3.6) reicht es also zu zeigen:

$$E[U_1^2] = E[U_2^2] = E[(\Delta Y_i)^2] \tag{1.3.7}$$

und

$$E[U_1 U_2] = 0. \tag{1.3.8}$$

Nun folgt aus Satz 2.4[6]

$$U_1 = E[S(X_2, \ldots, X_d)|X_2, \ldots, X_{i+1}] - E[S(X_2, \ldots, X_d)|X_3, \ldots, X_{i+1}],$$

so daß wegen Satz 2.7[6] U_1 die gleiche Verteilung hat wie

$$\Delta Y_i = E[S(X_1, \ldots, X_{d-1})|X_1, \ldots, X_i] - E[S(X_1, \ldots, X_{d-1})|X_1, \ldots, X_{i-1}].$$

Ähnlich sieht man, daß U_2 die gleiche Verteilung wie ΔY_i hat, so daß sich (1.3.7) ergibt. Andererseits resultiert (1.3.8) aus

$$E[U_1 U_2|\mathcal{B}_{i+1}] = 0. \tag{1.3.9}$$

Wegen $\mathcal{B}_{i+1} \subset \mathcal{A}_{i+1}$ ist (1.3.9) äquivalent zu

$$E[E[S_1|\mathcal{A}_{i+1}]E[S_2|\mathcal{A}_{i+1}]|\mathcal{B}_{i+1}] = E[S_1|\mathcal{B}_{i+1}]E[S_2|\mathcal{B}_{i+1}]. \tag{1.3.10}$$

Die linke Seite in (1.3.10) ist wegen Satz 2.4[6] gleich

$$E[E[S_1|X_2, \ldots, X_{i+1}]E[S_2|X_1, X_3, \ldots, X_{i+1}]|X_3, \ldots, X_{i+1}],$$

so daß sich wegen Satz 2.6[6] (1.3.10) ergibt. ∎

Aus Satz 1.1 resultiert folgende Ungleichung, die von Hoeffding (1948) stammt:

1.4 Korollar. *Unter den Voraussetzungen von Satz* 1.1 *gilt:*

$$d\,\mathrm{Var}[S_.] \le (d-1)\mathrm{Var}[S_d]. \tag{1.4.1}$$

BEWEIS. Sei $\mu := E[S_d] = E[S_.]$. Aus (1.0.1) folgt durch einfache Umformung

$$\widehat{V}[S_d] = \sum_{i=1}^{d}(S_i-\mu)^2 - d(S_.-\mu)^2,$$

so daß sich wegen Satz 1.1

$$E[\widehat{V}[S_d]] = d\mathrm{Var}[S_d] - d\mathrm{Var}[S_.] \ge \mathrm{Var}[S_d],$$

also (1.4.1) ergibt. ■

9.2 Stochastische kombinatorische Optimierungsprobleme

Wir betrachten zunächst folgendes *Verpackungsproblem*. Gegeben sei ein Vektor $y = (y_1, \dots, y_n)$ mit $y_i \in [0,1]$, $1 \le i \le n$, wobei y_i jeweils die Länge eines (eindimensionalen!) Gegenstandes sei. Sei $G_n(y)$ die Mindestanzahl von „Gefäßen" (Strecken) der Länge 1, die erforderlich sind, um n Gegenstände der Längen $y_1, \dots, y_n$ zu „verpacken". So gilt etwa $1 \le G_n(y) \le n$, $G_1(0) = 1$, $G_{n-1}(y_1, \dots, y_{n-1}) = G_n(y_1, \dots, y_{n-1}, 0)$, $G_3(0.7,\ 0.05,\ 0.25) = 1$ und $G_3(0.6,\ 0.6,\ 0.5) = 3$. Wir betrachten jetzt eine stochastische Variante dieser Situation. Seien $Y_1, Y_2, \dots$ ZV mit Werten in [0,1], und sei $X_n := G_n(Y_1, \dots, Y_n)$, $n \ge 1$. Offenbar gilt $X_1 \equiv 1$ und $1 \le X_n \le n$, $n \ge 1$.

2.1 Lemma. *Sind* $Y_1, Y_2, \dots$ *unabhängig, so gilt:*

$$P(|X_n - E[X_n]| \ge t) \le 2\exp(-2t^2/n), \quad t > 0, \quad n \ge 1. \tag{2.1.1}$$

BEWEIS. Man verifiziert leicht, daß $|G_n(x) - G_n(y)| \le 1$ gilt, falls sich x und y in höchstens einer Komponente unterscheiden. Somit ergibt sich (2.1.1) aus Korollar 5.12[8]. ■

Wir nehmen jetzt an, daß $Y_1, Y_2, \dots$ eine UIV-Folge bilden. Setzen wir

$$X_{[i,j[} := G_{j-i}(Y_{i+1}, \dots, Y_j), \quad [i,j[\in \mathcal{J},$$

so ist (X_J) ersichtlich subadditiv und wegen Satz 2.4(a)[7] stationär. Setzen wir $a_n = E[X_{[0,n[}] = E[X_n]$, $n \ge 1$, so ist (a_n) subadditiv, so daß aufgrund von Lemma 1.2 [7] der Grenzwert

$$\lim_{n\to\infty} \frac{1}{n} E[X_n] = a_\infty \quad (0 \le a_\infty \le 1) \tag{2.1.2}$$

existiert. Wegen Satz 3.6 [7] gilt daher

$$\lim_{n\to\infty} \frac{1}{n} X_n = a_\infty \quad \textit{f.s. und in } L^1. \tag{2.1.3}$$

(Der Grenzwert ist konstant wegen des 0-1-Gesetzes von Hewitt-Savage!) Mit Hilfe von Lemma 2.1 läßt sich die Konvergenzaussage (2.1.3) wesentlich verschärfen. Für $\varepsilon > 0$ sei

$$c(n) := \frac{1}{\varepsilon}\left|\frac{1}{n}E[X_n] - a_\infty\right|, \quad n \geq 1,$$

so daß wegen (2.1.2) $c(n) \to 0$ für $n \to \infty$. Gilt $c(n) < 1$ für $n \geq n(\varepsilon) \geq 2$, so folgt wegen Lemma 2.1 und der Dreiecksungleichung

$$P\left(\left|\frac{1}{n}X_n - a_\infty\right| > \varepsilon\right) \leq 2\exp(-2(1-c(n))^2\varepsilon^2 n), \; n \geq n(\varepsilon). \tag{2.1.4}$$

Aus (2.1.4) ergibt sich (2.1.3) mit Hilfe des Borel-Cantelli-Lemmas und des Satzes von der dominierten Konvergenz. ■

Wir betrachten nun das *Rundreise-Problem.* Ein Handlungsreisender (travelling salesman) möchte auf einer Rundreise gewisse Orte jeweils genau einmal besuchen derart, daß nach seiner Rückkehr zum Ausgangspunkt die zurückgelegte Gesamtstrecke möglichst kurz ist. Genauer sei $M = \{x_1, ..., x_n\} \subset \mathbb{R}^2$ $(n \geq 2)$ eine Menge von Orten. $L(M) = L(x_1, \ldots, x_n)$ bezeichne die (euklidische) Länge eines kürzesten geschlossenen Streckenzuges durch die Punkte $x_1, \ldots, x_n$, d.h. $L(x_1, \ldots, x_n)$ ist das über alle Permutationen σ der Zahlen $1, \ldots, n$ erstreckte Minimum der Größen

$$\|x_{\sigma(n)} - x_{\sigma(1)}\| + \sum_{i=1}^{n-1} \|x_{\sigma(i)} - x_{\sigma(i+1)}\| \tag{2.1.5}$$

($\|z\|$ bezeichne die euklidische Länge von $z \in \mathbb{R}^2$). Wir setzen $L(M) = 0$, falls $\#M \leq 1$. Dieses *Rundreise- (Travelling-Salesman-) Problem* ist - ebenso wie das Verpackungsproblem-NP-*vollständig,* d.h. es gehört zu einer Gruppe von „schweren" kombinatorischen Optimierungsproblemen, für deren Lösung man voraussichtlich niemals „effiziente" Algorithmen finden wird. Ein direktes Vorgehen bei der Bestimmung des Minimums der Größen in (2.1.5) erfordert im wesentlichen die Berücksichtigung von $n!/2$ Permutationen. Da aufgrund der Stirling-Formel $n! \sim \sqrt{2\pi n}(n/e)^n$ $(n \to \infty)$, wächst der von n abhängende Rechenaufwand *nicht-polynomial* mit n, d.h. schneller als jedes Polynom in n.

Im folgenden betrachten wir eine stochastische Variante des Rundreise-Problems, bei der die Ortspositionen vom Zufall abhängen. Genauer sei $U_1, U_2, \ldots$ eine Folge von unabhängigen ZVK, die gleichverteilt auf dem Einheitsquadrat $[0,1]^2 = [0,1] \times [0,1]$ sind. Wir setzen $T_n = L(U_1, \ldots, U_n)$, $n \geq 2$, $\mathcal{A}_n = \sigma\{U_1, \ldots, U_n\}$, $n \geq 0$, und bei festem $n \geq 3$

$$\Delta_k = E[T_n|\mathcal{A}_k] - E[T_n|\mathcal{A}_{k-1}], \quad 1 \leq k \leq n. \tag{2.1.6}$$

2.2 Lemma. (a) *Es gilt*

$$|\Delta_n| \leq 4\sqrt{2} \;\; f.s., \quad n \geq 3, \tag{2.2.1}$$

und es existiert eine weder von $n \geq 3$ noch von $1 \leq k \leq n-1$ abhängende Konstante K derart, daß

(2.2.2) $$|\Delta_k| \leq K(n-k)^{-1/2} \quad \text{f.s.}, \quad 1 \leq k \leq n-1, \quad n \geq 3.$$

(b) *Setzt man $c_1 = 64 + 4K^2$, so ergibt sich für $n \geq 3$*

(2.2.3) $$P(|T_n - E[T_n]| \geq t) \leq 2\exp(-t^2/(c_1 \log n)), \quad t > 0.$$

BEWEIS. (a) Wir setzen $T_n(k) = L(U_1, \dots, U_{k-1}, U_{k+1}, \dots, U_n)$, $1 \leq k \leq n$, $n \geq 3$, und bei festem $n \geq 3$

(2.2.4) $$d_k = T_n - T_n(k), \quad 1 \leq k \leq n.$$

Ersichtlich gilt

(2.2.5) $$d_k \geq 0, \quad 1 \leq k \leq n.$$

Wegen Satz 2.4 [6] ist $E[T_n(k)|\mathcal{A}_k] = E[T_n(k)|\mathcal{A}_{k-1}]$, $1 \leq k \leq n$, so daß sich aus (2.1.6) und (2.2.4) $\Delta_k = E[d_k|\mathcal{A}_k] - E[d_k|\mathcal{A}_{k-1}]$, also wegen (2.2.5)

(2.2.6) $$|\Delta_k| \leq E[d_k|\mathcal{A}_k] + E[d_k|\mathcal{A}_{k-1}], \quad 1 \leq k \leq n, \quad n \geq 3$$

ergibt. Sei $1 \leq k \leq n-1$ $(n \geq 3)$. Ist Σ ein kürzester geschlossener Streckenzug durch die Punkte $U_1, \dots, U_{k-1}, U_{k+1}, \dots, U_n$, und ist U_j ein Punkt aus $\{U_{k+1}, \dots, U_n\}$, dessen Abstand von U_k minimal ist, so erhalten wir einen geschlossenen Streckenzug durch $U_1, \dots, U_n$, indem wir zu Σ zweimal die Strecke mit den Endpunkten U_j und U_k hinzunehmen. Setzen wir bei festem $n \geq 3$

(2.2.7) $$\alpha_k = \min\{\|U_k - U_j\| : k+1 \leq j \leq n\}, \quad 1 \leq k \leq n-1,$$

so folgt demnach $T_n \leq T_n(k) + 2\alpha_k$, also

(2.2.8) $$d_k \leq 2\alpha_k \leq 2\sqrt{2}, \quad 1 \leq k \leq n-1.$$

Da α_k nur von $U_k, \dots, U_n$ abhängt, folgt aus (2.2.6) und (2.2.8) wegen Satz 2.4 [6]

(2.2.9) $$|\Delta_k| \leq 2\, E[\alpha_k|U_k] + 2\, E[\alpha_k], \quad 1 \leq k \leq n-1.$$

Setzen wir

(2.2.10) $$\varphi_k(x) = E\left[\min_{k+1 \leq j \leq n} \|x - U_j\|\right], \quad x \in [0,1]^2,$$

so ergibt sich aus (2.2.9) wegen Satz 2.2[6]

$$|\Delta_k| \leq 2\, \varphi_k(U_k) + 2\, E[E[\alpha_k|U_k]],$$

also

(2.2.11) $$|\Delta_k| \leq 2\, \varphi_k(U_k) + 2\, E[\varphi_k(U_k)], \quad 1 \leq k \leq n-1.$$

Aus (2.2.10) erhalten wir mit Hilfe partieller Integration

$$\begin{aligned}\varphi_k(x) &= \int_0^{\sqrt{2}} P\left(\min_{k+1\le j\le n} \|x-U_j\| > t\right) dt \\ &= \int_0^{\sqrt{2}} (P(\|x-U_1\| > t))^{n-k}\, dt,\end{aligned}$$

also

(2.2.12) $$\varphi_k(x) = \int_0^{\sqrt{2}} (\psi_x(t))^{n-k}\, dt, \quad x \in [0,1]^2, \quad 0 \le k \le n-1,$$

falls

(2.2.13) $$\psi_x(t) := P(\|x-U_1\| > t), \quad t \ge 0, \quad x \in [0,1]^2$$

(man beachte, daß $\psi_x(t) = 0,\ t > \sqrt{2}$). Eine einfache geometrische Überlegung zeigt

$$\psi_x(t) = 1 - P(\|x-U_1\| \le t) \le 1 - \pi t^2/4, \quad 0 \le t \le 1, \quad x \in [0,1]^2,$$

woraus sich für $1 \le t \le \sqrt{2}$ und $c := \pi/8$

$$\psi_x(t) \le 1 - \pi/4 \le 1 - ct^2, \quad x \in [0,1]^2$$

ergibt, so daß

$$\psi_x(t) \le 1 - ct^2, \quad 0 \le t \le \sqrt{2}, \quad x \in [0,1]^2.$$

Wegen $1 + a \le \exp(a)$, $a \in \mathbb{R}$, folgt somit aus (2.2.12)

$$\varphi_k(x) \le \int_0^{\sqrt{2}} (1-ct^2)^{n-k}\, dt \le \int_0^{\infty} \exp(-c(n-k)t^2)\, dt.$$

Die Substitution $s = c(n-k)t^2$ führt zu

$$\varphi_k(x) \le \widetilde{K}(n-k)^{-1/2}, \quad x \in [0,1]^2, \quad 1 \le k \le n-1$$

für

$$\widetilde{K} := \frac{1}{2\sqrt{c}} \int_0^{\infty} \frac{1}{\sqrt{s}} \exp(-s)\, ds,$$

woraus sich (2.2.2) für $K := 4\widetilde{K}$ wegen (2.2.11) ergibt. Die obige Überlegung, die zu (2.2.8) führte, zeigt $d_n \le 2\sqrt{2}$, so daß (2.2.1) eine Konsequenz aus (2.2.6) ist.

(b) Die Summe der quadrierten oberen Schranken in (2.2.1) und (2.2.2) ist gleich

$$32 + K^2 \sum_{k=1}^{n-1} \frac{1}{k} \le 32 + K^2(1 + \log n) \le \frac{c_1}{2} \log n, \quad n \ge 3$$

für $c_1 := 64 + 4K^2$. Wenden wir die Azuma-Ungleichung (5.8.3) [8] auf das Martingal $E[T_n|\mathcal{A}_k] - E[T_n]$, $0 \le k \le n$, an, so ergibt sich (2.2.3). ■

Wir zeigen jetzt:

2.3 Satz. (a) *Es existiert eine reelle Zahl* $a_\infty > 0$ *derart, daß*

$$\lim_{n\to\infty} \frac{1}{\sqrt{n}} E[T_n] = a_\infty. \tag{2.3.1}$$

(b) *Für festes* $\varepsilon > 0$ *sei*

$$c(n) := \frac{1}{\varepsilon} \left| \frac{1}{\sqrt{n}} E[T_n] - a_\infty \right|, \quad n \ge 3.$$

Gilt $c(n) < 1$, $n \ge n(\varepsilon) \ge 3$, *so folgt* ($c_1$ *ist die in* (2.2.3) *auftretende Konstante*)

$$P\left(\left| \frac{1}{\sqrt{n}} T_n - a_\infty \right| > \varepsilon \right) \le 2 \exp\left(-\frac{(1 - c(n))^2 \varepsilon^2 n}{c_1 \log n} \right), \quad n \ge n(\varepsilon). \tag{2.3.2}$$

(c) *Es gilt*

$$\lim_{n\to\infty} \frac{1}{\sqrt{n}} T_n = a_\infty \quad \text{f.s. und in } L^1. \tag{2.3.3}$$

Zum Beweis, der eine Idee von S. Lalley benutzt (vgl. Steele (1990)), benötigen wir einige Hilfsresultate.

2.4 Lemma. $n \ge 2$ *Punkte in* $[0,1]^2$ *liegen stets auf einem geschlossenen Streckenzug der Länge* $\le 14\sqrt{n}$, *so daß insbesondere gilt:*

$$T_n \le 14\sqrt{n}, \quad n \ge 2. \tag{2.4.1}$$

BEWEIS. Der Beweis geschieht durch Induktion nach $n \ge 2$. Die Behauptung gilt ersichtlich für $n = 2$. Wir nehmen an, sie gelte für ein $n \ge 2$. Gegeben seien Punkte $x_1, \dots, x_{n+1}$ in $[0,1]^2$. Wird $[0,1]^2$ in m^2 Quadrate der Seitenlänge $1/m$ zerlegt, wobei $m^2 < n + 1 \le (m+1)^2$, so liegen offenbar in einem gewissen Teilquadrat mindestens zwei Punkte, etwa x_i und x_j. Nach Induktionsannahme liegen die n Punkte $x_1, \dots, x_{i-1}, x_{i+1}, \dots, x_{n+1}$ auf einem geschlossenen Streckenzug Σ der Länge $\le 14\sqrt{n}$. Nehmen wir zweimal die Strecke mit den Endpunkten x_i und x_j zu Σ hinzu, so erhalten wir einen durch $x_1, \dots, x_{n+1}$ laufenden geschlossenen Streckenzug der Länge $\le 14\sqrt{n} + 2\sqrt{2}/m \le 14\sqrt{n} + 2\sqrt{2}/(\sqrt{n+1} - 1) \le 14\sqrt{n+1}$. ■

Sei jetzt $(N(t))$ ein Poisson-Prozeß mit Parameter 1 (vgl. Satz 3.1 [6]) derart, daß (U_n) unabhängig von $(N(t))$ ist. Für festes $m \ge 1$ betrachten wir eine Zerlegung $Q(1), \dots, Q(m^2)$ von $[0,1]^2$ in m^2 Quadrate der Form

$I_r \times I_s$, $1 \leq r$, $s \leq m$, wobei $I_r := [(r-1)/m,\ r/m[$, $1 \leq r \leq m-1$, und $I_m := [(m-1)/m,\ 1]$. Setzen wir $D_i(m,t) = \{U_1, \dots, U_{N(t)}\} \cap Q(i)$, so folgt aus (3.5.2) [6]:

2.5 Lemma. *Für festes $t > 0$ hat $T_{N(t)} = L(U_1, \dots, U_{N(t)})$ dieselbe Verteilung wie die ZV $mL(D_i(m, m^2t))$, $1 \leq i \leq m^2$.*

BEWEIS. In den Bezeichnungen von Satz 3.5[6] gilt $N_{Q(i)}(t) = \#D_i(m,t)$ und wegen (3.5.2) [6]

$$N_{Q(i)}(m^2t) \sim \mathrm{PO}(m^2t/m^2) = \mathrm{PO}(t).$$

Weiter beachte man: $L(ax_1, ..., ax_n) = aL(x_1, ..., x_n)$ und $L(x_1 + y, \dots, x_n + y) = L(x_1, \dots, x_n)$, $a > 0$, $y, x_1, \dots, x_n \in \mathbb{R}^2$. Sind also ZV $\xi_1, \dots, \xi_n$ unabhängig und gleichverteilt auf einem gewissen Quadrat $Q(i)$, so hat $mL(\xi_1, ..., \xi_n) = L(m\xi_1, ..., m\xi_n)$ dieselbe Verteilung wie $T_n = (U_1, \dots, U_n)$. ∎

Der Nachweis von (2.3.1) beruht auf einer zwischen den ZV $T_{N(t)}$ und $L(D_i(m,t))$, $1 \leq i \leq m^2$, bestehenden Beziehung, zu deren Herleitung wir eine gewisse „Fast-Additivitätseigenschaft“ der Funktion $L(\cdot)$ benötigen.

2.6 Lemma. *Für jede Menge $M = \{x_1, \dots, x_n\} \subset [0,1]^2$ gilt:*

$$(2.6.1) \qquad -8m + \sum_{i=1}^{m^2} L(M \cap Q(i)) \leq L(M) \leq 14m + \sum_{i=1}^{m^2} L(M \cap Q(i)).$$

BEWEIS. Es reicht, den Fall $n \geq 2$ zu betrachten. Ist $M \cap Q(i) \neq \emptyset$, so sei ein Punkt $\widetilde{x}_i \in M \cap Q(i)$ beliebig gewählt. Wegen Lemma 2.4 liegen diese höchstens m^2 Punkte $\widetilde{x}_i$ auf einem geschlossenen Streckenzug Σ der Länge $\leq 14m$. Fügen wir zu Σ jeweils die geschlossenen Streckenzüge mit den Längen $L(M \cap Q(i))$ hinzu, so erhalten wir einen geschlossenen Streckenzug durch $x_1, \dots, x_n$. Folglich gilt die rechte Ungleichung in (2.6.1). Es reicht, die linke Ungleichung für die nicht paarweise disjunkten Quadrate $\overline{Q}(1), \dots, \overline{Q}(m^2)$ der Form $[(r-1)/m, r/m] \times [(s-1)/m, s/m]$, $1 \leq r$, $s \leq m$, anstelle der $Q(1), \dots, Q(m^2)$ zu beweisen. Sei Σ^* *irgendein* geschlossener Streckenzug der Länge L^* durch die Punkte aus M, dessen Strecken die Endpunkte $x_{\sigma(i)}$, $x_{\sigma(i+1)}$ $(1 \leq i \leq n-1)$ bzw. $x_{\sigma(n)}$, $x_{\sigma(1)}$ haben (vgl. (2.1.5)). Wir nehmen zunächst an, daß folgender *Spezialfall* vorliegt: Kein Punkt aus M liegt auf dem Rand eines der Quadrate $\overline{Q}(i)$, und für jedes $1 \leq i \leq m^2$ gilt, daß Σ^* eine *gerade* Anzahl (evtl. $= 0$) von Randpunkten von $\overline{Q}(i)$ enthält und jeder Randpunkt von $\overline{Q}(i)$ auf höchstens einer Strecke von Σ^* liegt. Sei $\overline{Q}(i)$ ein Quadrat, dessen Randpunkte (in zyklischer Reihenfolge) $y_1, \dots, y_{2k}$ $(k \geq 1)$ auf Σ^* liegen. Dann besteht $\overline{Q}(i) \cap \Sigma^*$ aus gewissen Streckenzügen Σ_j^* der Länge $L_j (1 \leq j \leq k)$, deren Endpunkte jeweils zur Menge $\{y_1, \dots, y_{2k}\}$ gehören. Wir konstruieren nun einen ungerichteten Graphen Γ_i mit den Knoten $y_1, \dots, y_{2k}$. Die Kanten von Γ_i sind $\Sigma_1^*, \dots, \Sigma_k^*$, zu denen wir noch die $2k$ Strecken mit den Endpunkten y_i, y_{i+1} $(1 \leq i \leq 2k-1)$ bzw. y_{2k}, y_1 hinzunehmen, wobei die k Strecken mit den Endpunkten y_{2i-1}, y_{2i} $(1 \leq k \leq n)$ jeweils verdoppelt werden. Dann ist Γ_i zusammenhängend, und jeder Knoten von Γ_i ist Endpunkt von vier Kanten. Nach einem graphentheoretischen Satz (vgl. Bollobás (1979), S.14) lassen sich die $4k$ Kanten von Γ_i auf einem geschlossenen Weg (Euler-Tour) je einmal durchlaufen. Somit gilt

$$L(M \cap Q(i)) \leq \frac{8}{m} + L_1 + \cdots + L_k.$$

Addition dieser m^2 Ungleichungen liefert die linke Ungleichung in (2.6.1) (für $\overline{Q}(i)$ statt $Q(i)$ $(1 \leq i \leq m^2)$ und L^* statt $L(M)$). Liegt der obige Spezialfall nicht vor, so beachten wir zunächst, daß jeder Punkt x_i in genau einem Quadrat $Q(j(i))$ mit $1 \leq j(i) \leq m^2$ liegt. Ersichtlich gilt dann für jedes $0 < \varepsilon < \sqrt{2}/m$ und jedes $1 \leq i \leq n$, daß wir x_i durch einen Punkt $z_i \in Q(j(i))$ mit $\|x_i - z_i\| \leq \varepsilon$ ersetzen können derart, daß $z_1, \ldots, z_n$ die im obigen Spezialfall genannten Eigenschaften besitzen. Hierbei geht ein kürzester geschlossener Streckenzug der Länge $L(M)$ durch $x_1, \ldots, x_n$ über in einen geschlossenen Streckenzug der Länge $L^*(\varepsilon)$ durch $z_1, \ldots, z_n$. Offensichtlich gilt $L^*(\varepsilon) \to L(M)$ für $\varepsilon \to 0$, so daß auch die letzte Ungleichung in (2.6.1) allgemein bewiesen ist. ■

Aus Lemma 2.5 und (2.6.1) folgt für $M := \{U_j : 1 \leq j \leq N(m^2t)\}$ durch Erwartungswertbildung

$$-\frac{8}{\sqrt{t}} + \frac{1}{\sqrt{t}}E[T_{N(t)}] \leq \frac{1}{m\sqrt{t}}E[T_{N(m^2t)}] \leq \frac{14}{\sqrt{t}} + \frac{1}{\sqrt{t}}E[T_{N(t)}],$$

also

$$\left|\frac{1}{\sqrt{t}}E[T_{N(t)}] - \frac{1}{m\sqrt{t}}E[T_{N(m^2t)}]\right| \leq \frac{14}{\sqrt{t}}, \quad t > 0, \quad m \geq 1, \tag{2.6.2}$$

wobei wegen (2.4.1) und der Jensen-Ungleichung

$$E[T_{N(t)}] \leq 14\sqrt{t}, \quad t > 0 \tag{2.6.3}$$

gilt.

Schließlich benötigen wir noch

2.7 Lemma. *Es gilt*

$$\lim_{t\to\infty} E[T_{N(t)}] = \infty. \tag{2.7.1}$$

BEWEIS. Für festes $a > 0$ und $n \geq 2$ sei $A_{ij}(n) := \{\|U_i - U_j\| < a/\sqrt{n}\}$, $1 \leq i < j \leq n$, und

$$Z_n := \sum_{1\leq i<j\leq n} I(A_{ij}(n)).$$

Dann gilt $T_n \geq (n - Z_n)a/\sqrt{n}$, also

$$E[T_n] \geq (n - E[Z_n])a/\sqrt{n}, \quad n \geq 2. \tag{2.7.2}$$

Ersichtlich gilt

$$E[Z_n] \le n^2 P(A_{12}(n)), \quad n \ge 2. \tag{2.7.3}$$

Setzen wir $p_n(x) = P(\|U_2 - x\| < a/\sqrt{n})$, $x \in [0,1]^2$, so folgt aufgrund von Satz 2.2[6]

$$P(A_{12}(n)) = E[p_n(U_1)] = \int\limits_{[0,1]^2} p_n(x)\,dx.$$

Da $p_n(x) \le \pi a^2/n$, $x \in [0,1]^2$, folgt $P(A_{12}(n)) \le \pi a^2/n$, also wegen (2.7.3) $E[Z_n] \le \pi a^2 n$, $n \ge 2$. Für $a = 1/3$ impliziert (2.7.2) $E[T_n] \ge \sqrt{n}/5$, $n \ge 2$, so daß

$$E[T_{N(t)}] \ge \frac{1}{5} \sum_{n=2}^{\infty} \frac{\sqrt{n}\, t^n}{n!} e^{-t}, \quad t > 0.$$

Für eine beliebige ganze Zahl $K \ge 2$ ergibt sich hieraus

$$E[T_{N(t)}] \ge \frac{1}{5} \sum_{n=K}^{\infty} \frac{\sqrt{n}\, t^n}{n!} e^{-t} \ge \frac{1}{5}\sqrt{K}\left(1 - \sum_{n=0}^{K-1} \frac{t^n}{n!} e^{-t}\right), \quad t > 0,$$

und somit

$$\liminf_{t\to\infty} E[T_{N(t)}] \ge \sqrt{K}/5.$$

Folglich gilt (2.7.1). ■

BEWEIS VON SATZ 2.3. Zunächst zeigen wir, daß für eine gewisse Zahl $0 < a_\infty < \infty$ gilt:

$$\lim_{t\to\infty} \frac{1}{\sqrt{t}} E[T_{N(t)}] = a_\infty. \tag{2.7.4}$$

Sei $t > 0$ fixiert und $s \ge t$. Sei $m \ge 1$ derart, daß $m^2 t \le s < (m+1)^2 t$. Wegen der Monotonie eines Poisson-Prozesses folgt hieraus

$$\frac{1}{m\sqrt{t}} E[T_{N(m^2 t)}] \le \frac{\sqrt{s}}{m\sqrt{t}} \cdot \frac{1}{\sqrt{s}} E[T_{N(s)}] \le \frac{m+1}{m} \frac{1}{\sqrt{s}} E[T_{N(s)}],$$

so daß wegen (2.6.2) und (2.6.3)

$$\frac{1}{\sqrt{t}} E[T_{N(t)}] - \frac{14}{\sqrt{t}} \le \liminf_{s\to\infty} \frac{1}{\sqrt{s}} E[T_{N(s)}] \le 14, \quad t > 0.$$

Ähnlich folgt

$$\limsup_{s\to\infty} \frac{1}{\sqrt{s}} E[T_{N(s)}] \le \frac{1}{\sqrt{t}} E[T_{N(t)}] + \frac{14}{\sqrt{t}}, \quad t > 0.$$

Dies impliziert ersichtlich (2.7.4) mit $a_\infty \le 14$, während sich aus (2.7.1) $a_\infty > 0$ ergibt. Da wegen Satz 3.1 [6] $(N(t)/t)$ für $t \to \infty$ f.s., also auch stochastisch gegen 1 konvergiert, ist (2.3.1) eine Konsequenz aus (2.7.4). In der Tat, bezeichnet $[a]$ ($a \in \mathbb{R}$) die größte ganze Zahl, die $\le a$ ist, so ergibt sich für $\varepsilon > 0$ und $A_\varepsilon(n) := \{|N(n)/n - 1| \leq \varepsilon\}$ wegen Lemma 2.4 und der Hölder-Ungleichung

$$\begin{aligned}
\frac{1}{\sqrt{n}} E[T_{N(n)}] &= \frac{1}{\sqrt{n}} E[T_{N(n)} I(A_\varepsilon(n))] + \frac{1}{\sqrt{n}} E[T_{N(n)} I(A_\varepsilon^c(n))] \\
&\leq \frac{1}{\sqrt{n}} E[T_{[(1+\varepsilon)n]}] + \frac{14}{\sqrt{n}} E[\sqrt{N(n)} I(A_\varepsilon^c(n))] \\
&\leq \frac{1}{\sqrt{n}} E[T_{[(1+\varepsilon)n]}] + 14 \left(P\left(A_\varepsilon^c(n)\right)\right)^{1/2},
\end{aligned}$$

so daß aufgrund von (2.7.4)

$$\liminf_{n\to\infty} \frac{1}{\sqrt{n}} E[T_{[(1+\varepsilon)n]}] \geq a_\infty, \quad \varepsilon > 0,$$

also

$$\liminf_{n\to\infty} \frac{1}{\sqrt{n}} E[T_n] \geq a_\infty$$

gilt. Ähnlich erhält man

$$\limsup_{n\to\infty} \frac{1}{\sqrt{n}} E[T_n] \leq a_\infty$$

und somit (2.3.1). Ersichtlich ist (2.3.2) eine Konsequenz aus (2.2.3) und (2.3.1), während (2.3.3) aufgrund des Borel-Cantelli-Lemmas und des Satzes von der dominierten Konvergenz aus (2.3.2) und (2.4.1) resultiert. ■

2.8 Bemerkungen. (a) Ähnlich lassen sich auch stochastische Varianten anderer kombinatorischer Optimierungsprobleme (etwa Matching-Probleme, Konstruktion von Steiner-Bäumen) behandeln; man vgl. etwa Steele (1981a), Rhee (1993).

(b) Man kann Resultate wie Satz 2.3 benutzen, um Lösungen für stochastische Varianten kombinatorischer Optimierungsprobleme mit Hilfe *probabilistischer Algorithmen* zu gewinnen, die (i) in polynomialer Zeit berechenbar sind und (ii) in einem geeigneten (probabilistischen) Sinn asymptotisch optimal sind. Der Leser sei verwiesen auf Karp (1977), Karp/Steele (1985), Steele (1981b, 1990). ■

9.3 Optimales Stoppen einer Folge von Zufallsvariablen

Im folgenden sei (Z_n), $n \geq 0$, eine Folge von ZV, die auf einem gemeinsamen W.-Raum $(\Omega, \mathcal{A}, P)$ definiert sind. (Z_n) sei adaptiert an eine gegebene Filtrierung $(\mathcal{A}_n)$ und erfülle die beiden folgenden *Standardvorausssetzungen*:

(3.0.1) $$(Z_n) \subset L^1.$$

(3.0.2) $$E\left[\sup_{n\geq 0} Z_n^+\right] < \infty.$$

Ist τ eine Stoppzeit (SZ) bez. $(\mathcal{A}_n)$ mit $\tau < \infty$ f.s., so existiert wegen (3.0.2) der EW $E[Z_\tau]$, da

$$Z_\tau \le \sup_{n\ge 0} Z_n^+ \quad \text{f.s.}$$

$E[Z_\tau]$ läßt sich interpretieren als ***mittlere Auszahlung*** oder evtl. auch als *mittlerer Gewinn*, falls (Z_n) zur Zeit τ gestoppt wird. Wir werden im folgenden lediglich SZ betrachten, die zur Familie $\mathcal{T}$ aller $(\mathcal{A}_n)$-SZ τ, für die $\tau < \infty$ f.s. und $E[Z_\tau^-] < \infty$ gilt, gehören. Weiter setzen wir $\mathcal{T}_n = \{\tau \in \mathcal{T} : \tau \ge n\}$, $n \ge 0$, so daß

(3.0.3) $$E[|Z_\tau|] < \infty, \quad \tau \in \mathcal{T}$$

und $\mathcal{T}_0 = \mathcal{T}$. Eine SZ $\tau_0 \in \mathcal{T}$ heißt *optimal*, falls gilt:

(3.0.4) $$E[Z_{\tau_0}] = \sup_{\tau\in\mathcal{T}} E[Z_\tau].$$

Wir werden zeigen, daß unter ziemlich allgemeinen Voraussetzungen optimale SZ existieren.

3.1 Beispiel. Wir betrachten folgendes *Angebotsproblem*: Y_n $(n \ge 1)$ sei die Höhe des n-ten Angebots (etwa der Tageslohn bei einer bestimmten Gelegenheitsarbeit). Sei $0 < c < \infty$ eine Konstante - interpretierbar als Kosten pro Beobachtung. Wir setzen

$$M_n = \max_{1\le i\le n} Y_i, \quad n \ge 1,$$

(3.1.1) $$Z_n = M_{n+1} - c(n+1), \quad n \ge 0$$

und

(3.1.2) $$\widetilde{Z}_n = Y_{n+1} - c(n+1), \quad n \ge 0.$$

Die Zugrundelegung von (Z_n) bedeutet, daß man jeweils unter den bisher vorliegenden Angeboten das beste wählen kann, während sich $(\widetilde{Z}_n)$ auf den Fall bezieht, daß unter den bisherigen Angeboten nur das jeweils letzte wählbar ist. Längeres Abwarten verspricht zwar höhere Angebote, verursacht aber auch höhere Kosten. Wir werden unter gewissen Annahmen über (Y_n) eine SZ konstruieren, die optimal für (Z_n) *und* $(\widetilde{Z}_n)$ ist. ■

Zur Motivation für das Vorgehen im allgemeinen Fall betrachten wir folgenden

Spezialfall: $Z_n \equiv z_n \in \mathbb{R}$, $\mathcal{A}_n := \{\emptyset, \Omega\}$, $n \ge 0$. Ersichtlich ist jedes $\tau \in \mathcal{T}$ konstant, und es folgt

$$\sup_{\tau\in\mathcal{T}} E[Z_\tau] = \sup_{n\ge 0} z_n.$$

Es gilt dann folgendes triviale

3.2 Lemma. *Wir setzen*

(3.2.1) $$x_n = \sup_{k \geq n} z_k, \qquad n \geq 0.$$

Die Menge

(3.2.2) $$T_0 := \{n \geq 0 : x_n = z_n\}$$

sei nicht leer. Schließlich bezeichne

(3.2.3) $$n_0 := \min\{n : n \in T_0\}$$

das Debut von T_0. *Dann folgt:*

(3.2.4) $$x_n = \max\{z_n, x_{n+1}\}, \qquad n \geq 0,$$

(3.2.5) $$z_n \leq x_n, \qquad n \geq 0$$

und

(3.2.6) $$x_0 = x_{n_0} = z_{n_0} = \sup_{n \geq 0} z_n,$$

so daß also das Debut von T_0 *optimal ist.*

BEWEIS. (3.2.4) und (3.2.5) sind klar wegen (3.2.1). Aus (3.2.5) folgt $x_n > z_n$, $0 \leq n < n_0$, so daß sich (3.2.6) ergibt. ■

Es zeigt sich, daß im allgemeinen Fall eine brauchbare Analogie zu (3.2.1) gegeben wird durch

(3.2.7) $$X_n := \operatorname*{ess\,sup}_{\tau \in \mathcal{T}_n} E[Z_\tau \mid \mathcal{A}_n], \quad n \geq 0,$$

so daß X_n wegen Satz 1.24 [4] eine $\mathcal{A}_n$-meßbare NVZ ist. (Das *Supremum* der bedingten EW in (3.2.7) ist nicht notwendig meßbar!)

Aus dem folgenden Resultat ergibt sich insbesondere, daß im allgemeinen Fall ein Analogon zu (3.2.4) gilt.

3.3 Satz. (Z_n) *genüge* (3.0.1) *und* (3.0.2); (X_n) *sei durch* (3.2.7) *definiert. Dann ist* (X_n) *adaptiert und* $(X_n) \subset L^1$. *Weiter gilt:*

(3.3.1) $$X_n = \max\{Z_n, E[X_{n+1} \mid \mathcal{A}_n]\} \quad \text{f.s.}, \qquad n \geq 0$$

und

(3.3.2) $$E[X_n] = \sup_{\tau \in \mathcal{T}_n} E[Z_\tau], \qquad n \geq 0.$$

Das folgende Resultat zeigt, daß (X_n) ein nichtnegatives Supermartingal mit einer gewissen Minimalitätseigenschaft bildet, falls (Z_n) nichtnegativ ist.

3.4 Korollar. *Sei* $Z_n \geq 0$ *f.s.,* $n \geq 0$. *Dann ist* (X_n) *ein nichtnegatives Supermartingal derart, daß* $X_n \geq Z_n$ *f.s.,* $n \geq 0$. *Ist* $(\widetilde{X}_n)$ *ein nichtnegatives Supermartingal derart, daß*

(3.4.1) $$\widetilde{X}_n \geq Z_n \quad \text{f.s.}, \qquad n \geq 0,$$

so folgt

$$\widetilde{X}_n \geq X_n \quad \text{f.s.}, \qquad n \geq 0. \tag{3.4.2}$$

BEWEIS VON KOROLLAR 3.4. Aus (3.3.1) ergibt sich sofort, daß (X_n) ein Supermartingal ist derart, daß $X_n \geq Z_n$ f.s., $n \geq 0$. Gilt also $Z_n \geq 0$ f.s., so folgt $X_n \geq 0$ f.s. Sei $(\widetilde{X}_n)$ ein nichtnegatives Supermartingal, für das (3.4.1) gilt. Zum Nachweis von (3.4.2) reicht es wegen (3.2.7) und Satz 1.24 [4] zu zeigen:

$$\widetilde{X}_n \geq E[Z_\tau | \mathcal{A}_n] \quad \text{f.s.}, \quad \tau \in \mathcal{T}_n, \quad n \geq 0. \tag{3.4.3}$$

Nun folgt aus (3.4.1)

$$\widetilde{X}_\tau \geq Z_\tau \quad \text{f.s.}, \quad \tau \in \mathcal{T}. \tag{3.4.4}$$

Da $(\widetilde{X}_{\tau\wedge n})$ ein Supermartingal ist, ergibt sich mit Hilfe des Fatou–Lemmas $E[\widetilde{X}_\tau] \leq E[\widetilde{X}_0] < \infty$, $\tau \in \mathcal{T}$. Wegen (3.4.4) reicht es also zum Nachweis von (3.4.3) zu zeigen: $\widetilde{X}_n \geq E[\widetilde{X}_\tau | \mathcal{A}_n]$ f.s., $\tau \in \mathcal{T}_n$. Dies folgt aber aus Satz 3.20 [8]. ∎

BEWEIS VON SATZ 3.3. Da $\tau \equiv n \in \mathcal{T}_n$, $n \geq 0$, folgt aus (3.2.7)

$$Z_n \leq X_n \quad \text{f.s.}, \quad n \geq 0. \tag{3.4.5}$$

Wegen

$$Z_\tau \leq \sup_{k \geq n} Z_k^+ \quad \text{f.s.}, \quad \tau \in \mathcal{T}_n,$$

erhalten wir aufgrund von (3.0.3), (3.0.2) und Satz 1.24 [4]

$$X_n \leq E\left[\sup_{k\geq n} Z_k^+ \middle| \mathcal{A}_n\right] \in L^1,$$

so daß X_n wegen (3.4.5) integrierbar ist.

Zum Nachweis von (3.3.1) zeigen wir, daß es zu beliebigen $\rho, \sigma \in \mathcal{T}_{n+1}$ ein $\tau \in \mathcal{T}_{n+1}$ gibt mit

$$E[Z_\rho | \mathcal{A}_{n+1}] \vee E[Z_\sigma | \mathcal{A}_{n+1}] = E[Z_\tau | \mathcal{A}_{n+1}] \quad \text{f.s.} \tag{3.4.6}$$

In der Tat, sei $A := \{E[Z_\rho|\mathcal{A}_{n+1}] < E[Z_\sigma|\mathcal{A}_{n+1}]\}$ und $\tau := \sigma I_A + \rho I_{\Omega\setminus A}$. Wegen $A \in \mathcal{A}_{n+1}$ folgt leicht, daß $\tau \in \mathcal{T}_{n+1}$ und (3.4.6) gilt. Wegen Satz 1.24 [4] existiert also eine Folge $(\tau_k) \subset \mathcal{T}_{n+1}$ derart, daß

$$E[Z_{\tau_1} | \mathcal{A}_{n+1}] \leq E[Z_{\tau_2} | \mathcal{A}_{n+1}] \leq \cdots \quad \text{f.s.} \tag{3.4.7}$$

und

$$\lim_{k\to\infty} E[Z_{\tau_k} | \mathcal{A}_{n+1}] = X_{n+1} \quad \text{f.s.} \tag{3.4.8}$$

Nach dem Satz von der dominierten Konvergenz für bedingte EW folgt daraus wegen $X_{n+1} \in L^1$

$$\lim_{k\to\infty} E[Z_{\tau_k} | \mathcal{A}_n] = E[X_{n+1} | \mathcal{A}_n] \quad \text{f.s.} \tag{3.4.9}$$

Da $E[Z_{\tau_k}|\mathcal{A}_n] \leq X_n$ f.s., $k \geq 1$, ergibt sich wegen (3.4.9) und (3.4.5) $Z_n \vee E[X_{n+1}|\mathcal{A}_n] \leq X_n$ f.s. Somit folgt (3.3.1) aus $Z_n \vee E[X_{n+1}|\mathcal{A}_n] \geq X_n$ f.s., also wegen Satz 1.24 [4] aus

$$Z_n \vee E\left[X_{n+1}|\mathcal{A}_n\right] \geq E\left[Z_\tau|\mathcal{A}_n\right] \quad \text{f.s.}, \quad \tau \in \mathcal{T}_n, \quad n \geq 0. \tag{3.4.10}$$

Sei $\tau \in \mathcal{T}_n$. Nun ist $Z_\tau = Z_n I_{\{\tau=n\}} + Z_{\tau\vee(n+1)} I_{\{\tau\geq n+1\}}$. Da $\tau\vee(n+1) \in \mathcal{T}_{n+1}$ und $\{\tau \geq n+1\} \in \mathcal{A}_n$ gilt, ist die rechte Seite in (3.4.10) gleich

$$\begin{aligned}
&Z_n I_{\{\tau=n\}} + E\left[Z_{\tau\vee(n+1)}\middle|\mathcal{A}_n\right] I_{\{\tau\geq n+1\}} \\
&= Z_n I_{\{\tau=n\}} + E\left[E\left[Z_{\tau\vee(n+1)}\middle|\mathcal{A}_{n+1}\right]\middle|\mathcal{A}_n\right] I_{\{\tau\geq n+1\}} \\
&\leq Z_n I_{\{\tau=n\}} + E\left[X_{n+1}|\mathcal{A}_n\right] I_{\{\tau\geq n+1\}} \\
&\leq Z_n \vee E\left[X_{n+1}|\mathcal{A}_n\right],
\end{aligned}$$

so daß (3.4.10), also (3.3.1) gilt.

Es bleibt (3.3.2) nachzuweisen. Für $\tau \in \mathcal{T}_n$ gilt wegen (3.2.7) $E[Z_\tau] = E[E[Z_\tau|\mathcal{A}_n]] \leq E[X_n]$. Es reicht somit zu zeigen:

$$E\left[X_n\right] \leq \sup_{\tau\in\mathcal{T}_n} E\left[Z_\tau\right], \quad n \geq 0. \tag{3.4.11}$$

Sei $(\tau_k) \subset \mathcal{T}_n$ derart, daß (3.4.7) und (3.4.8) jeweils für n statt $n+1$ gelten. Zusammen mit dem Satz von der monotonen Konvergenz impliziert dies (3.4.11). ∎

Im Hinblick auf Lemma 3.2 liegt es jetzt nahe, im allgemeinen Fall folgendes Analogon zum Debut von T_0 - gegeben durch (3.2.2) - zu betrachten:

$$\tau_0 := \min\left\{n \geq 0 : X_n = Z_n\right\}. \tag{3.4.12}$$

Da (X_n) und (Z_n) adaptiert sind, ist τ_0 eine SZ. Die folgende einfache Überlegung zeigt, daß τ_0 schöne Eigenschaften haben sollte. Für ein $n \geq 0$ sei $P(\tau_0 = n) > 0$. Auf $\{\tau_0 = n\}$ gilt dann $X_n = Z_n$, also wegen (3.3.1) $Z_{\tau_0} \geq E[X_{n+1}|\mathcal{A}_n]$. Für beliebiges $\sigma \in \mathcal{T}_{n+1}$ folgt somit wegen (3.2.7)

$$I_{\{\tau_0=n\}} Z_{\tau_0} \geq I_{\{\tau_0=n\}} E\left[E\left[Z_\sigma|\mathcal{A}_{n+1}\right]|\mathcal{A}_n\right] = I_{\{\tau_0=n\}} E\left[Z_\sigma|\mathcal{A}_n\right],$$

also $E[Z_{\tau_0}|\tau_0 = n] \geq E[Z_\sigma|\tau_0 = n]$, d.h. es ist – gegeben $\tau_0 = n$ – nicht vorteilhaft, frühestens zum Zeitpunkt $n+1$ zu stoppen.

Es gilt nun folgendes Resultat, das von Snell (1952) stammt:

3.5 Satz. *Es seien die Standardvoraussetzungen* (3.0.1) *und* (3.0.2) *erfüllt. Gilt dann*

$$\tau_0 < \infty \quad \textit{f.s.}, \tag{3.5.1}$$

so ist τ_0 optimal, d.h.

$$E\left[Z_{\tau_0}\right] = \sup_{\tau\in\mathcal{T}} E\left[Z_\tau\right]. \tag{3.5.2}$$

3.6 Bemerkungen. (a) Die Annahme (3.5.1) entspricht der Annahme $\mathcal{T}_0 \neq \emptyset$ in Lemma 3.2.

(b) Man kann zeigen: Existiert eine SZ $\tau_1 \in \mathcal{T}$, die optimal ist, so folgt $\tau_0 \leq \tau_1$ f.s., d. h. in diesem Fall gilt (3.5.1), und τ_0 ist die ***kleinste*** optimale SZ. ■

BEWEIS VON SATZ 3.5. Die Optimalität von τ_0 ergibt sich aus folgendem Analogon zu (3.2.6):

$$E[Z_{\tau_0}] = E[X_0]. \tag{3.6.1}$$

In der Tat, aus (3.3.2) und (3.6.1) folgen wegen $\mathcal{T}_0 = \mathcal{T}$

$$\sup_{\tau \in \mathcal{T}} E[Z_\tau] = E[X_0] = E[Z_{\tau_0}], \tag{3.6.2}$$

d.h. die Optimalität von τ_0. Wegen (3.3.2) gilt $E[Z_{\tau_0}] \leq E[X_0]$, so daß (3.6.1) äquivalent ist zu $E[Z_{\tau_0}] \geq E[X_0]$, d.h. wegen $Z_{\tau_0} = X_{\tau_0}$ f.s. zu

$$E[X_{\tau_0}] \geq E[X_0]. \tag{3.6.3}$$

Zum Nachweis von (3.6.3) benötigen wir folgendes Analogon zu (3.2.6):

$$(X_{\tau_0 \wedge n}) \text{ ist ein Martingal.} \tag{3.6.4}$$

Wegen Satz 3.3 gilt $E[|X_{\tau_0 \wedge n}|] \leq E[|X_0|] + \cdots + E[|X_n|] < \infty$, während (3.3.1) impliziert:

$$X_n I_{\{\tau_0 > n\}} = E[X_{n+1} | \mathcal{A}_n] I_{\{\tau_0 > n\}} = E\left[X_{n+1} I_{\{\tau_0 > n\}} \middle| \mathcal{A}_n\right],$$

d.h.

$$X_{\tau_0 \wedge n} I_{\{\tau_0 > n\}} = E\left[X_{\tau_0 \wedge (n+1)} I_{\{\tau_0 > n\}} \middle| \mathcal{A}_n\right] = E\left[X_{\tau_0 \wedge (n+1)} \middle| \mathcal{A}_n\right] I_{\{\tau_0 > n\}}.$$

Andererseits gilt, da $X_{\tau_0 \wedge n}$ $\mathcal{A}_n$-meßbar ist,

$$X_{\tau_0 \wedge n} I_{\{\tau_0 \leq n\}} = E\left[X_{\tau_0 \wedge n} I_{\{\tau_0 \leq n\}} \middle| \mathcal{A}_n\right] = E\left[X_{\tau_0 \wedge (n+1)} I_{\{\tau_0 \leq n\}} \middle| \mathcal{A}_n\right],$$

d.h.

$$X_{\tau_0 \wedge n} I_{\{\tau_0 \leq n\}} = E\left[X_{\tau_0 \wedge (n+1)} \middle| \mathcal{A}_n\right] I_{\{\tau_0 \leq n\}}.$$

Durch Addition ergibt sich (3.6.4), also speziell

$$E[X_{\tau_0 \wedge n}] = E[X_0], \quad n \geq 0. \tag{3.6.5}$$

Wäre die Folge $(-X_n)$ nichtnegativ, so ergäbe sich (3.6.3) sofort aus (3.6.5) mit Hilfe des Fatou-Lemmas, da wegen $\tau_0 < \infty$ f.s. die Folge $(X_{\tau_0 \wedge n})$ f.s. gegen X_{τ_0} konvergiert. Im allgemeinen Fall kann man so argumentieren: Wegen (3.0.2) bildet die Folge

$$W_n := E\left[\sup_{k \geq 0} Z_k^+ \middle| \mathcal{A}_n\right], \quad n \geq 0 \tag{3.6.6}$$

ein gleichmäßig integrierbares Martingal. Nun gilt:

$$X_n \leq W_n \quad \text{f.s.}, \quad n \geq 0. \tag{3.6.7}$$

In der Tat, aus

$$Z_\tau \leq \sup_{k\geq 0} Z_k^+ \quad \text{f.s.} \quad \tau \in \mathcal{T}$$

folgt wegen (3.0.3)

$$E[Z_\tau | \mathcal{A}_n] \leq E\left[\sup_{k\geq 0} Z_k^+ \middle| \mathcal{A}_n\right] \quad \text{f.s.,} \quad n \geq 0, \quad \tau \in \mathcal{T},$$

so daß sich aus (3.2.7) und Satz 1.24 [4] gerade (3.6.7) ergibt. Wir können nun das Fatou-Lemma auf die wegen (3.6.7) *nichtnegative* Folge $(W_n - X_n)$ anwenden. Da die Folge $(W_{\tau_0\wedge n} - X_{\tau_0\wedge n})$ f.s. gegen $W_{\tau_0} - X_{\tau_0}$ konvergiert, ergibt sich aufgrund von (3.6.5)

$$E[W_{\tau_0} - X_{\tau_0}] \leq \liminf_{n\to\infty} (E[W_{\tau_0\wedge n}] - E[X_0]).$$

Das Martingal $(W_{\tau_0\wedge n})$ ist wegen Satz 3.19 [8] und Satz 6.6 [8] gleichmäßig integrierbar. Wegen des Martingalkonvergenzsatzes ist somit W_{τ_0} integrierbar, und wir erhalten wegen Satz 1.20[4] $E[W_{\tau_0}] - E[X_{\tau_0}] \leq E[W_{\tau_0}] - E[X_0]$, d.h. (3.6.3). ∎

Der folgende Satz liefert eine einfache hinreichende Bedingung dafür, daß die durch (3.4.12) definierte SZ optimal ist:

3.7 Satz. (Z_n) *erfülle die Standardvoraussetzungen* (3.0.1) *sowie* (3.0.2), *und es gelte*

(3.7.1) $$\lim_{n\to\infty} Z_n = -\infty \quad \textit{f.s.}$$

Dann folgt $\tau_0 < \infty$ *f.s., so daß* τ_0 *optimal ist.*

BEWEIS. Im Beweis von Satz 3.5 wurde gezeigt, daß $(X_{\tau_0\wedge n})$ ein Martingal ist (dabei wurde *nicht* benutzt, daß $\tau_0 < \infty$ f.s.). (W_n) sei das durch (3.6.6) definierte Martingal. Aus (3.6.7) folgt dann

$$E[X^+_{\tau_0\wedge n}] \leq E[W_{\tau_0\wedge n}] = E[W_0] < \infty, \quad n \geq 0,$$

so daß wegen des Martingalkonvergenzsatzes $(X_{\tau_0\wedge n})$ f.s. gegen eine ZV $X_\infty \in L^1$ konvergiert. Folglich gilt:

(3.7.2) $$\lim_{n\to\infty} X_n = X_\infty \quad \text{f.s. auf } \{\tau_0 = \infty\}.$$

Aus $P(\tau_0 = \infty) > 0$ ergibt sich wegen (3.7.2) und $X_\infty \in L^1$

(3.7.3) $$P\left(\lim_{n\to\infty} X_n \text{ existiert und ist endlich}\right) > 0.$$

Zur Beendigung des Beweises reicht es somit zu zeigen:

(3.7.4) $$\limsup_{n\to\infty} X_n \leq \limsup_{n\to\infty} Z_n \quad \text{f.s.,}$$

da sich aus (3.7.4) und (3.7.1) ein Widerspruch zu (3.7.3) ergibt. Ähnlich wie (3.6.7) erhalten wir

$$X_n \leq E\left[\sup_{k\geq m} Z_k \middle| \mathcal{A}_n\right] \quad \text{f.s.,} \quad n \geq m \geq 0.$$

Setzen wir $\mathcal{A}_\infty = \sigma(\mathcal{A}_0 \cup \mathcal{A}_1 \cup \cdots)$, so folgt wegen Satz 6.6 [8]

$$\limsup_{n\to\infty} X_n \le E\left[\sup_{k\ge m} Z_k \,\middle|\, \mathcal{A}_\infty\right] \quad \text{f.s.,} \quad m \ge 0.$$

Da jedes Z_n $\mathcal{A}_\infty$–meßbar ist, ergibt sich hieraus

$$\limsup_{n\to\infty} X_n \le \sup_{k\ge m} Z_k \quad \text{f.s.,} \quad m \ge 0,$$

also

$$\limsup_{n\to\infty} X_n \le \lim_{m\to\infty}\left(\sup_{k\ge m} Z_k\right) = \limsup_{n\to\infty} Z_n \quad \text{f.s.,}$$

d.h. (3.7.4). ■

3.8 Beispiel. Wir behandeln jetzt das Angebotsproblem (vgl. Beispiel 3.1) unter folgenden Annahmen: Die ZV $Y_1, Y_2, \ldots$ bilden eine UIV-Folge, und es gilt

$$E\left[Y_1^2\right] < \infty. \tag{3.8.1}$$

Wir weisen zunächst nach, daß die Voraussetzungen von Satz 3.7 für die durch (3.1.1) bzw. (3.1.2) gegebenen Folgen (Z_n) und $(\widetilde{Z}_n)$ erfüllt sind, so daß für (Z_n) und $(\widetilde{Z}_n)$ jeweils eine optimale SZ *existiert*. Anschließend geben wir die explizite *Konstruktion* einer SZ an, die sowohl für (Z_n) als auch für $(\widetilde{Z}_n)$ optimal ist. Sei $\mathcal{A}_n := \sigma\{Y_1, \ldots, Y_{n+1}\}, n \ge 0$, so daß (Z_n) und $(\widetilde{Z}_n)$ an $(\mathcal{A}_n)$ adaptiert sind.

Wegen (3.8.1) folgt $(Z_n) \subset L^1$ und $(\widetilde{Z}_n) \subset L^1$. Zeigen wir, daß (3.0.2) gilt (wegen $\widetilde{Z}_n \le Z_n$, $n \ge 0$, gilt dann (3.0.2) auch für $(\widetilde{Z}_n)$). Sei $M_n = Y_\sigma$ für eine ZV $1 \le \sigma \le n$. Dann ergibt sich für $n \ge 1$

$$(M_n - cn)^+ = (Y_\sigma - cn)^+ \le \left(Y_\sigma^+ - c\sigma\right)^+ \le \sum_{k=1}^{\infty}\left(Y_k^+ - ck\right)^+,$$

so daß wegen des Satzes von der monotonen Konvergenz folgt:

$$E\left[\sup_{n\ge 0} Z_n^+\right] \le \sum_{k=1}^{\infty} E\left[\left(Y_k^+ - ck\right)^+\right] = E\left[\sum_{k=1}^{\infty}\left(Y_1^+ - ck\right)^+\right].$$

Die Betrachtung einer einfachen Riemann-Summe zeigt

$$\sum_{k=1}^{\infty}(a - ck)^+ = \sum_{1\le k\le a/c}(a - ck) \le \frac{a^2}{2c}, \quad a \ge 0,$$

so daß sich wegen (3.8.1)

$$E\left[\sup_{n\ge 0} Z_n^+\right] \le \frac{1}{2c} E\left[\left(Y_1^+\right)^2\right] \le \frac{1}{2c} E\left[Y_1^2\right] < \infty$$

ergibt. Schließlich gilt

(3.8.2) $$\lim_{n\to\infty} Z_n = -\infty \quad \text{f.s.},$$

so daß (3.7.1) wegen $\widetilde{Z}_n \le Z_n$, $n \ge 0$, auch für $(\widetilde{Z}_n)$ erfüllt ist. In der Tat, setzen wir

$$\xi := \sup_{k\ge 1}\left(M_k - \frac{c}{2}k\right)^+,$$

so zeigt die obige Überlegung $\xi \in L^1$, also insbesondere $\xi < \infty$ f.s. Wegen $Z_n = (M_{n+1} - c(n+1)/2) - c(n+1)/2 \le \xi - c(n+1)/2$, $n \ge 0$, gilt somit (3.8.2), so daß wegen Satz 3.7 für (Z_n) und $(\widetilde{Z}_n)$ jeweils optimale SZ existieren.

Die *Konstruktion* einer SZ, die optimal für (Z_n) ist, wird durch eine heuristische Überlegung nahegelegt. Wegen $(u \vee v) - w = (u - w) \vee (v - w)$, $u, v, w \in \mathbb{R}$, folgt $Z_{n+1} - Z_n = (Y_{n+2} - M_{n+1})^+ - c$, also

(3.8.3) $$E[Z_{n+1} \mid \mathcal{A}_n] - Z_n = E\left[(Y_{n+2} - M_{n+1})^+ \middle| \mathcal{A}_n\right] - c, \quad n \ge 0.$$

Setzen wir

(3.8.4) $$\phi(t) := E\left[(Y_1 - t)^+\right], \quad t \in \mathbb{R},$$

so folgt wegen Satz 2.2 [6]

$$E\left[(Y_{n+2} - M_{n+1})^+ \middle| \mathcal{A}_n\right] = \phi(M_{n+1}) \quad \text{f.s.}, \quad n \ge 0.$$

Aus (3.8.3) ergibt sich somit

(3.8.5) $$E[Z_{n+1} \mid \mathcal{A}_n] - Z_n = \phi(M_{n+1}) - c \quad \text{f.s.}, \quad n \ge 0.$$

Nehmen wir an, daß eine Zahl $a \in \mathbb{R}$ existiert, für die gilt:

(3.8.6) $$\phi(a) = c$$

und

(3.8.7) ϕ ist strikt fallend an der Stelle a,

so daß a durch (3.8.6) eindeutig bestimmt ist. Im Hinblick auf (3.8.5) wird man vermuten, daß man auf folgende Weise eine optimale SZ τ_0 erhält: Es gilt $\tau_0 > n \iff E[Z_{n+1}|\mathcal{A}_n] - Z_n > 0$, so daß wegen (3.8.5) – (3.8.7) $\tau_0 > n \iff M_{n+1} < a$, $n \ge 0$. Dies legt folgende Definition nahe:

(3.8.8) $$\tau_0 := \min\{n \ge 0 : M_{n+1} \ge a\} = \min\{n \ge 0 : Y_{n+1} \ge a\},$$

d. h. es wird gestoppt, falls ein Angebot erstmals eine gewisse Mindesthöhe ($= a$) erreicht. Bevor wir zeigen, daß τ_0 in der Tat optimal für (Z_n) *und* $(\widetilde{Z}_n)$ ist, verifizieren wir zunächst (3.8.6) und (3.8.7). Aus (3.8.4) folgt wegen des Satzes von der dominierten Konvergenz, daß ϕ stetig ist. Aufgrund des Satzes von der dominierten bzw. monotonen Konvergenz ergibt sich

$$\lim_{t\to\infty} \phi(t) = 0, \quad \lim_{t\to-\infty} \phi(t) = \infty,$$

so daß wegen $c > 0$ eine Zahl $a \in \mathbb{R}$ mit $\phi(a) = c$ *existiert.* Ist F die VF von Y_1, so impliziert $\phi(a) > 0$ wegen (3.8.4) $P(Y_1 > a) = 1 - F(a) > 0$, so daß wegen der Rechtsstetigkeit von F Zahlen $b > 0$ und $\delta > 0$ existieren derart, daß

(3.8.9) $$1 - F(t) \geq b \quad \text{für } t \leq a + \delta$$

gilt. Mit Hilfe partieller Integration erhalten wir

$$\phi(s) = \int_0^\infty P\left((Y_1 - s)^+ > t\right) dt = \int_s^\infty (1 - F(t))\, dt, \quad s \in \mathbb{R},$$

so daß sich wegen (3.8.9)

$$\phi(a - s) - \phi(a) \geq bs, \quad s > 0$$

und

$$\phi(a) - \phi(a + s) \geq bs, \quad 0 < s \leq \delta,$$

also (3.8.7) und damit die Eindeutigkeit von a ergibt. Die Optimalität von τ_0 für (Z_n) resultiert aus folgenden Beziehungen:

(3.8.10) $$\tau_0 \in \mathcal{T},$$

(3.8.11) $$E\left[Z_{\tau_0}\right] = a$$

und

(3.8.12) $$E\left[Z_\tau\right] \leq a \quad \tau \in \mathcal{T}.$$

Setzen wir $p = P(Y_1 \geq a)$ und $q := 1 - p$, so folgt $p > 0$ und $P(\tau_0 = n) = q^n p$, $n \geq 0$, so daß sich (3.8.10) sowie

(3.8.13) $$E\left[\tau_0\right] = \frac{q}{p}$$

ergibt. Weiter folgt wegen (3.8.8)

$$E\left[Z_{\tau_0}\right] = \sum_{n=0}^\infty E\left[Z_n I\{\tau_0 = n\}\right] = \sum_{n=0}^\infty E\left[(M_{n+1} - c(n+1))\, I\{\tau_0 = n\}\right]$$
$$= \sum_{n=0}^\infty E\left[Y_{n+1} I\{\tau_0 = n\}\right] - cE\left[\tau_0 + 1\right].$$

Wegen

$$E\left[Y_{n+1} I\{\tau_0 = n\}\right] = E\left[Y_{n+1} I\{Y_1 < a, \ldots, Y_n < a, Y_{n+1} \geq a\}\right]$$
$$= q^n E\left[Y_1 I\{Y_1 \geq a\}\right]$$

und

$$E\left[Y_1 I\{Y_1 \geq a\}\right] = E\left[(Y_1 - a)\, I\{Y_1 \geq a\}\right] + ap$$
$$= E\left[(Y_1 - a)^+\right] + ap = \phi(a) + ap = c + ap$$

folgt aufgrund von (3.8.13)

$$E\left[Z_{\tau_0}\right] = \frac{1}{p}(c + ap) - c\left(\frac{q}{p} + 1\right) = a,$$

also (3.8.11). Zum Nachweis von (3.8.12) sei $\tau \in \mathcal{T}$, so daß $E[Z_\tau^-] < \infty$. Dann ergibt sich für

$$G(n,y) := \sum_{i=1}^{n+1}\left((Y_i - y)^+ - c\right), \quad n \geq 0, \quad y \in \mathbb{R},$$

$$Z_n = y + \max_{1 \leq i \leq n+1}(Y_i - y) - c(n+1) \leq y + G(n,y), \quad n \geq 0,$$

also

$$Z_\tau \leq y + G(\tau, y), \quad y \in \mathbb{R}. \tag{3.8.14}$$

Nun ist $\tau + 1$ eine $(\mathcal{A}_n)$–SZ, und aus (3.8.14) folgt

$$E\left[(G(\tau,y))^-\right] \leq E\left[(Z_\tau - y)^-\right] \leq E\left[Z_\tau^-\right] + y^+ < \infty.$$

Für $y > a$ ergibt sich daher wegen $E[(Y_1 - y)^+ - c] = \phi(y) - c < 0$ aufgrund einer Wald-Gleichung (Satz 7.4[4]) $E[G(\tau,y)] = E[\tau+1](\phi(y)-c) < 0$, $y > a$, also wegen (3.8.14) $E[Z_\tau] < y$, $y > a$. Somit gilt (3.8.12). Die SZ τ_0 ist auch optimal für $(\widetilde{Z}_n)$. Setzen wir nämlich

$$\widetilde{\mathcal{T}} = \left\{\tau : \tau \text{ ist SZ mit } \tau < \infty \text{ f.s. und } E\left[\widetilde{Z}_\tau^-\right] < \infty\right\},$$

so folgt $\widetilde{\mathcal{T}} \subset \mathcal{T}$ wegen $Z_n^- \leq \widetilde{Z}_n^-$, $n \geq 0$. Da $Z_{\tau_0} = \widetilde{Z}_{\tau_0}$ auf $\{\tau_0 < \infty\}$ gilt, ergibt sich $\tau_0 \in \widetilde{\mathcal{T}}$. Die Optimalität von τ_0 für $(\widetilde{Z}_n)$ resultiert somit aus

$$\sup_{\tau \in \widetilde{\mathcal{T}}} E\left[\widetilde{Z}_\tau\right] \leq \sup_{\tau \in \mathcal{T}} E\left[Z_\tau\right] = E\left[Z_{\tau_0}\right] = E\left[\widetilde{Z}_{\tau_0}\right].$$

■

Beim Problem des optimalen Stoppens einer Folge (Z_n) wurde angenommen, daß beim Stoppen zum Zeitpunkt n nur die Information benutzt wird, die zum Zeitpunkt n zur Verfügung steht. Man kann sich fragen, um wieviel besser sich ein *Hellseher* (oder *Prophet*) steht, der zur Zeit 0 bereits die Realisierung der *gesamten* Folge (Z_n) kennt. Im folgenden gelte stets $(Z_n) \subset L^1$, so daß $-\infty < E[\sup_{n \geq 0} Z_n] \leq \infty$ die mittlere Auszahlung für einen Hellseher ist. Wir nehmen im folgenden an, daß $Z_0, Z_1, \ldots$ unabhängig sind und wählen als Filtrierung $\mathcal{A}_n := \sigma\{Z_0, \ldots, Z_n\}$, $n \geq 0$.

Wir betrachten zunächst nur endlich viele ZV $Z_0, \ldots, Z_N$ $(N \geq 1)$. Die mittlere Auszahlung für einen Hellseher ist dann $E[Z_0 \vee \cdots \vee Z_N]$. Bezeichnet $\mathcal{T}(N)$ die Menge der SZ mit Werten in $\{0, \ldots, N\}$, so ist die maximale mittlere Auszahlung, die man ohne hellseherische Fähigkeiten erzielen kann,

$$W_N := \sup\left\{E\left[Z_\tau\right] : \tau \in \mathcal{T}(N)\right\}. \tag{3.8.15}$$

Satz 3.5 impliziert, daß das Supremum in (3.8.15) für eine gewisse SZ aus $\mathcal{T}(N)$ angenommen wird. „Verlängert" man nämlich die endliche Folge Z_0, $\ldots$, Z_N durch die ZV $Z_n := Z_N$, $n \geq N+1$, so folgt für die ZV X_n in (3.2.7) $X_n = Z_N$, $n \geq N$, und für die in (3.4.12) definierte SZ τ_0 gilt demnach $\tau_0 \leq N$.

3.9 Lemma. *Sind $Z_0, \ldots, Z_N$ unabhängig und integrierbar, so folgt*

$$E\left[\left(\max_{0\leq n\leq N} Z_n\right)^+\right] \leq 2W_N^+ + E\left[Z_N^-\right]. \tag{3.9.1}$$

BEWEIS. Die SZ $\sigma_N, \sigma_{N-1}, \ldots, \sigma_0$ werden durch *Rückwärtsinduktion* wie folgt definiert: Es sei $\sigma_N \equiv N$, und für $0 \leq n \leq N-1$ setzen wir

$$\sigma_n := nI\left\{Z_n \geq E\left[Z_{\sigma_{n+1}}\right]\right\} + \sigma_{n+1}I\left\{Z_n < E\left[Z_{\sigma_{n+1}}\right]\right\}. \tag{3.9.2}$$

Eine einfache Überlegung zeigt: $\sigma_n \in \mathcal{T}(N)$, $0 \leq n \leq N$, sowie

$$\sigma_n \text{ hängt nur ab von } Z_n, Z_{n+1}, \ldots, Z_{N-1}, \quad 0 \leq n \leq N-1. \tag{3.9.3}$$

Es gilt nun

$$E\left[\left(Z_n - E\left[Z_{\sigma_{n+1}}\right]\right)^+\right] = E\left[Z_{\sigma_n}\right] - E\left[Z_{\sigma_{n+1}}\right], \quad 0 \leq n \leq N-1, \tag{3.9.4}$$

so daß insbesondere folgt:

$$E\left[Z_{\sigma_0}\right] \geq E\left[Z_{\sigma_1}\right] \geq \cdots \geq E[Z_{\sigma_N}] = E[Z_N]. \tag{3.9.5}$$

Zum Nachweis von (3.9.4) beachte man, daß wegen (3.9.2)

$$\begin{aligned}
&E[(Z_n - E[Z_{\sigma_{n+1}}])^+] \\
&= E[(Z_{\sigma_n} - E[Z_{\sigma_{n+1}}])I\{Z_n \geq E[Z_{\sigma_{n+1}}]\}] \\
&= E[Z_{\sigma_n} - E[Z_{\sigma_{n+1}}]] - E[(Z_{\sigma_n} - E[Z_{\sigma_{n+1}}])I\{Z_n < E[Z_{\sigma_{n+1}}]\}] \\
&= E[Z_{\sigma_n}] - E[Z_{\sigma_{n+1}}] - E[(Z_{\sigma_{n+1}} - E[Z_{\sigma_{n+1}}])I\{Z_n < E[Z_{\sigma_{n+1}}]\}],
\end{aligned}$$

woraus sich wegen (3.9.3) und der Unabhängigkeit der ZV $Z_0, \ldots, Z_N$ gerade (3.9.4) ergibt. Durch Aufsummieren der Größen in (3.9.4) erhält man wegen $E[Z_{\sigma_N}] = E[Z_N] = E[Z_N^+] - E[Z_N^-]$

$$E[Z_N^+] + \sum_{n=0}^{N-1} E[(Z_n - E[Z_{\sigma_{n+1}}])^+] = E[Z_{\sigma_0}] + E[Z_N^-]. \tag{3.9.6}$$

Da für $a, b \in \mathbb{R}$ $(a \vee b)^+ \leq a^+ + b^+$ und $(a+b)^+ \leq a^+ + b^+$ gilt, folgt aufgrund von (3.9.5)

$$\begin{aligned}
\left(\max_{0\leq n\leq N} Z_n\right)^+ &\leq Z_N^+ + \left(\max_{0\leq n\leq N-1} Z_n\right)^+ \\
&\leq Z_N^+ + \left(\max_{0\leq n\leq N-1} (Z_n - E[Z_{\sigma_1}])\right)^+ + (E[Z_{\sigma_1}])^+ \\
&\leq Z_N^+ + \max_{0\leq n\leq N-1} (Z_n - E[Z_{\sigma_{n+1}}])^+ + W_N^+ \\
&\leq Z_N^+ + \sum_{n=0}^{N-1} (Z_n - E[Z_{\sigma_{n+1}}])^+ + W_N^+.
\end{aligned}$$

Wegen $E[Z_{\sigma_0}] \leq W_N \leq W_N^+$ und (3.9.6) ergibt sich hieraus (3.9.1). ■

Wenn wir im folgenden eine *endliche* Folge $Z_0, \ldots, Z_N$ $(N \geq 1)$ betrachten, nehmen wir zusätzlich an, daß Z_N *nichtnegativ* ist. Der Spezialfall $Z_N \equiv 0$ bedeutet, daß man die Möglichkeit hat, sich für *keines* der Angebote $Z_0(\omega), \ldots, Z_N(\omega)$ zu entscheiden (ist $\tau \in \mathcal{T}(N)$ die gewählte SZ, so gilt in diesem Fall $\tau(\omega) = N$, also $Z_\tau(\omega) = 0$). Im Fall einer *unendlichen* Folge $(Z_n) \subset L^1$ legen wir die Familie $\mathcal{T}(\infty)$ aller SZ τ zugrunde, für die der EW von $Z_\tau I_{\{\tau<\infty\}}$ existiert, wobei

$$Z_\sigma := 0 \quad \text{auf} \quad \{\sigma = \infty\}, \quad \sigma \in \mathcal{T}(\infty) \tag{3.9.7}$$

gesetzt wird (im Gegensatz zu den früher betrachteten SZ $\tau \in \mathcal{T}$ wird für die SZ $\tau \in \mathcal{T}(\infty)$ *nicht* verlangt, daß $\tau < \infty$ f.s. gilt). Hierbei bedeutet (3.9.7), daß es auch im Fall einer unendlichen Folge (Z_n) zulässig ist, sich für *keines* der Angebote $Z_0(\omega), Z_1(\omega), \ldots$ zu entscheiden, d.h. für die gewählte SZ $\sigma \in \mathcal{T}(\infty)$ gilt $\sigma(\omega) = \infty$. Die maximale mittlere Auszahlung, die man ohne hellseherische Fähigkeiten erzielen kann, ist dann

$$W_\infty := \sup\{E[Z_\tau] : \tau \in \mathcal{T}(\infty)\} = \sup\{E[Z_\tau I_{\{\tau<\infty\}}] : \tau \in \mathcal{T}(\infty)\}. \tag{3.9.8}$$

Die folgenden *Hellseher-* (oder *Propheten-*) *Ungleichungen* zeigen, daß der Vorteil eines Hellsehers überraschenderweise weitaus geringer ist, als man zunächst vermuten würde.

3.10 Satz. *Die* ZV $Z_0, Z_1, \ldots$ *seien unabhängig und integrierbar.*

(a) *Gilt* $Z_N \geq 0$ *für ein* $N \geq 1$, *so folgt*

$$E\left[\max_{0\leq n\leq N} Z_n\right] \leq E\left[\max_{0\leq n\leq N} Z_n^+\right] \leq 2W_N. \tag{3.10.1}$$

(b) *Für die Folge* $Z_0, Z_1, \ldots$ *gilt*

$$E\left[\sup_{n\geq 0} Z_n\right] \leq E\left[\sup_{n\geq 0} Z_n^+\right] \leq 2W_\infty. \tag{3.10.2}$$

3.11 Bemerkung. Das folgende einfache Beispiel zeigt, daß man in (3.10.1) den Faktor 2 nicht verkleinern kann. Sei $N \geq 1$ und sei $0 < p < 1$ eine Konstante. Gelte $Z_n \equiv 0, 0 \leq n \leq N-2, Z_{N-1} \equiv p$ sowie $P(Z_N = 1) = p, P(Z_N = 0) = 1-p$. Dann ergibt sich $E[Z_0 \vee \cdots \vee Z_N] = 2p - p^2$ und $W_N = p$. ■

BEWEIS VON SATZ 3.10. (a) Wenden wir (3.9.1) auf $Z_0^+, \ldots, Z_N^+$ an, so folgt, falls wir

$$W_N^* := \sup\{E[Z_\tau^+] : \tau \in \mathcal{T}(N)\}$$

setzen (man beachte: $\sigma\{Z_0^+, \ldots, Z_n^+\} \subset \mathcal{A}_n,\ 0 \leq n \leq N$),

$$E\left[\max_{0 \leq n \leq N} Z_n^+\right] \leq 2W_N^*. \tag{3.11.1}$$

Es ist plausibel, daß

$$W_N^* = W_N \tag{3.11.2}$$

gilt, da man wegen $Z_N \geq 0$ kein negatives Angebot zu akzeptieren braucht. Zum Nachweis von $W_N^* \leq W_N$ ($W_N^* \geq W_N$ ist trivial!) sei $\tau \in \mathcal{T}(N)$. Setzen wir $\sigma := \tau I\{Z_\tau \geq 0\} + NI\{Z_\tau < 0\}$, so folgt $\sigma \in \mathcal{T}(N)$. Wegen $Z_N \geq 0$ ergibt sich $E[Z_\tau^+] \leq E[Z_\sigma]$ und somit $W_N^* \leq W_N$. Aus (3.11.1) und (3.11.2) folgt (3.10.1).

(b) Wegen des Satzes von der monotonen Konvergenz reicht es zum Nachweis von (3.10.2) zu zeigen:

$$E\left[\max_{0 \leq n \leq N-1} Z_n^+\right] \leq 2W_\infty, \quad N \geq 1. \tag{3.11.3}$$

Setzen wir für $N \geq 1$

$$\mathcal{T}_N(\infty) = \{\tau \in \mathcal{T}(\infty) : \tau \text{ nimmt Werte aus } \{0, \ldots, N-1, \infty\} \text{ an}\},$$

so gilt ersichtlich

$$\sup\{E[Z_\tau] : \tau \in \mathcal{T}_N(\infty)\} \leq W_\infty, \quad N \geq 1. \tag{3.11.4}$$

Sei $N \geq 1$ fest. Wir wenden nun (a) an auf die Folge $\widetilde{Z}_0, \ldots, \widetilde{Z}_N$, die gegeben wird durch $\widetilde{Z}_n = Z_n,\ 0 \leq n \leq N-1$, und $\widetilde{Z}_N \equiv 0$. Trivial ist dann

$$E\left[\max_{0 \leq n \leq N-1} Z_n^+\right] = E\left[\max_{0 \leq n \leq N} \widetilde{Z}_n^+\right]. \tag{3.11.5}$$

Weiter gilt wegen (3.9.7)

$$\sup\{E[Z_\tau] : \tau \in \mathcal{T}_N(\infty)\} = \sup\{E[\widetilde{Z}_\tau] : \tau \in \mathcal{T}(N)\}. \tag{3.11.6}$$

In der Tat, aus $\tau \in \mathcal{T}_N(\infty)$ folgt $\tau \wedge N \in \mathcal{T}(N)$ und $E[Z_\tau] = E[\widetilde{Z}_{\tau \wedge N}]$. Setzen wir andererseits für ein $\tau \in \mathcal{T}(N)$ $\sigma := \tau I\{\tau \leq N-1\} + \infty I\{\tau = N\}$, so ergibt sich $\sigma \in \mathcal{T}_N(\infty)$ und $E[\widetilde{Z}_\tau] = E[Z_\sigma]$, so daß (3.11.6) gilt. Wegen (a) folgt

$$E\left[\max_{0\le n\le N} \widetilde{Z}_n^+\right] \le 2\sup\{E[\widetilde{Z}_\tau] : \tau \in \mathcal{T}(N)\},$$

woraus sich wegen (3.11.5), (3.11.6) und (3.11.4) gerade (3.11.3) ergibt. ■

3.12 Bemerkung. Der Beweis von Satz 3.10 (b) zeigt, daß anstelle von (3.10.2) sogar

(3.12.1) $$E\left[\sup_{n\ge0} Z_n\right] \le E\left[\sup_{n\ge0} Z_n^+\right] \le 2\sup_\tau E[Z_\tau]$$

gilt, wobei in (3.12.1) das letzte Supremum über diejenigen SZ $\tau \in \mathcal{T}(\infty)$ erstreckt wird, deren angenommene Werte in einer gewissen Menge $\{0,\ldots,$ $N, \infty\}$ $(N \ge 1)$ enthalten sind. ■

9.4 Ein Ruinproblem für kollektive Risikomodelle

$W(n) \ge 0$ $(n \ge 1)$ sei die Gesamtleistung, die ein Versicherer (VS) im Zeitraum $]n-1, n]$ aufgrund eines gewissen Portfolios von Policen erbringt. Wir nehmen im folgenden an, daß $(W(n))$ eine UIV–Folge bildet. Für $\mu_1 := E[W(1)]$ gelte $0 < \mu_1 < \infty$. Der VS nehme pro Zeiteinheit die Prämie $c = (1+\theta)\mu_1$ ein, so daß zur *Nettoprämie* μ_1 ein *Risikozuschlag* $\theta\mu_1 > 0$ hinzukommt ($0 < \theta < \infty$ sei eine Konstante). Die Gesamtleistung des VS bis zum Zeitpunkt n ist dann $S(n) := W(1) + \cdots + W(n), n \ge 0$. Ist $u \ge 0$ das Anfangskapital des VS und setzen wir

(4.0.1) $$U(n) = u + cn - S(n), \quad n \ge 0,$$

so ist demnach $U(n) - u$ der *Überschuß*, den der VS bis zum Zeitpunkt n erzielt. Wir nehmen im folgenden an, daß es eine Zahl $\delta > 0$ gibt derart, daß

(4.0.2) $$P(W(1) \ge c + \delta) =: p > 0$$

(andernfalls würde $W(1) \le c$ f.s. gelten, und es läge kein echtes Versicherungsproblem vor). Aus (4.0.2) folgt $p < 1$, da sich sonst $\mu_1 \ge c + \delta > \mu_1$ ergeben würde. $T := \min\{n \ge 1 : U(n) < 0\}$ wird (vielleicht etwas zu dramatisch!) als *Ruinzeitpunkt* bezeichnet, und das Ruinproblem besteht darin, die von u abhängende *Ruinwahrscheinlichkeit* $\psi(u) := P(T < \infty)$ zu berechnen. Es gilt

(4.0.3) $$\psi(u) > 0, \quad u \ge 0,$$

denn für $A_k := \{W(i) \ge c + \delta,\ 1 \le i \le k\}$ ergibt sich im Fall $k > u/\delta$ wegen (4.0.2) $\psi(u) \ge P(A_k) = p^k > 0$. Für die momentenerzeugende Funktion $M_{W(1)}(t) = E[\exp(tW(1))]$, $t \in \mathbb{R}$, von $W(1)$ gelte

(4.0.4) $$\{M_{W(1)}(t) : t \ge 0\} \supset [1, \infty[.$$

Da $M_{W(1)}(t) \leq 1,\ t \leq 0$, existiert also wegen (4.0.4) eine Zahl $t_0 > 0$ derart, daß

$$M_{W(1)}(t) < \infty, \quad t \leq t_0. \tag{4.0.5}$$

Das folgende Beispiel zeigt, daß (4.0.4) nicht automatisch erfüllt ist, falls (4.0.5) für ein $t_0 > 0$ gilt.

4.1 Beispiel. $W(1) \geq 0$ habe eine Dichte der Form $f(x) = Ke^{-ax}/(1 + x^2)$, $x \geq 0$ ($a > 0$ sei eine Konstante und $K = K(a) > 0$ ein Normierungsfaktor). Für $t \leq a$ folgt dann

$$M_{W(1)}(t) = \int_0^\infty e^{tx} f(x)\, dx \leq K \int_0^\infty \frac{1}{1+x^2}\, dx = \frac{K\pi}{2},$$

während sich mit Hilfe einer einfachen Abschätzung $M_{W(1)}(t) = \infty,\ t > a$, ergibt, so daß $\{M_{W(1)}(t) : t \geq 0\} = [1, K\pi/2] \cup \{\infty\}$. ■

4.2 Lemma. *Unter den obigen Annahmen existiert genau eine strikt positive reelle Zahl $R = R(\theta)$ (abhängig von θ, aber nicht von $u \geq 0$) derart, daß für $t = R$ gilt:*

$$M_{W(1)}(t) = e^{ct} \tag{4.2.1}$$

oder äquivalent

$$E[e^{-tU(n)}] = E[e^{-tU(0)}] = e^{-tu}, \quad n \geq 1. \tag{4.2.2}$$

Die Zahl $R = R(\theta)$ heißt *Ruinkoeffizient.*

BEWEIS. Da $E[\exp(-tU(n))] = \exp(-t(u + cn))E[\exp(tS(n))], n \geq 0$, gilt (4.2.2) für ein $t > 0$ genau dann, wenn $E[\exp(tS(n))] = (M_{W(1)}(t))^n = \exp(tcn), n \geq 0$, für ein $t > 0$ gilt. Somit sind (4.2.1) und (4.2.2) äquivalent. Für $t > 0$ gilt wegen (4.0.2) $M_{W(1)}(t) \geq E[\exp(tW(1))I\{W(1) \geq c + \delta\}] > p\exp((c + \delta/2)t) =: g(t)$. Setzen wir $h(t) = \exp(ct), t \in \mathbb{R}$, so sind g, h stetig, strikt wachsend und strikt konvex, so daß wegen $g(0) < h(0)$ eine reelle Zahl $t_1 > 0$ existiert mit $g(t_1) = h(t_1)$. Aufgrund von (4.0.4) existiert wegen $M_{W(1)}(t) > g(t), t > 0$, eine Zahl $0 < t_2 < t_1$ derart, daß $M_{W(1)}(t_2) = h(t_1)$ und $M_{W(1)}(t_2) > h(t_2)$. Wegen (4.0.4) existiert ein $t_3 > t_2$ derart, daß $M_{W(1)}(t_3) = h(t_1) + 1$. Ersichtlich ist $M_{W(1)}$ auf $[0, t_3]$ strikt wachsend, stetig und strikt konvex. Da $M'_{W(1)}(0) = \mu_1 < c = h'(0)$ und $M_{W(1)}(0) = h(0) = 1$, existiert genau eine Zahl $R = R(\theta) > 0$ derart, daß für $t = R$ (4.2.1) gilt, wobei

$$R = R(\theta) < t_2 < t_1. \tag{4.2.3}$$

■

Die Bedeutung des Ruinkoeffizienten resultiert aus

4.3 Satz. *Die obigen Annahmen seien erfüllt. Dann folgt:*

(a) *Die Folge* $(\exp(-RU(n)))$ *ist ein Martingal bez. der Filtrierung*

$\mathcal{A}_n := \sigma\{W_1, \dots, W_n\}$, $n \geq 0$.

(b) *Für die Ruinwahrscheinlichkeit* $\psi(u) = P(T < \infty)$ *gilt*

$$\psi(u) = \frac{e^{-Ru}}{E[e^{-RU(T)}|T < \infty]}, \quad u \geq 0. \tag{4.3.1}$$

BEWEIS. (a) Die ZV $\exp(-RU(n)) = \exp(-R(u+cn))\exp(RS(n))$ ist $\mathcal{A}_n$-meßbar und integrierbar, da wegen (4.2.1) $E[\exp(RS(n))] = (M_{W(1)}(R))^n = \exp(cRn)$. Für $0 \leq m < n$ ist $S(n) - S(m)$ unabhängig von $\mathcal{A}_m$, so daß

$$\begin{aligned} &E[\exp(-RU(n))|\mathcal{A}_m] \\ &\quad = \exp(-RU(m))E[\exp(-R(U(n) - U(m)))] \\ &\quad = \exp(-RU(m))\exp(-Rc(n-m))E[\exp(RS(n-m))] \\ &\quad = \exp(-RU(m)). \end{aligned}$$

(b) Da der Ruinzeitpunkt T eine SZ ist, folgt aufgrund von (a), daß auch $(\exp(-RU(n \wedge T)))$ ein Martingal ist, so daß

$$e^{-Ru} = E[\exp(-RU(n \wedge T))], \quad n \geq 0. \tag{4.3.2}$$

Der EW in (4.3.2) ist gleich

$$E[\exp(-RU(T))I\{T \leq n\}] + E[\exp(-RU(n))I\{T > n\}], \quad n \geq 1.$$

Aufgrund des Satzes von der monotonen Konvergenz ergibt sich

$$\lim_{n\to\infty} E[\exp(-RU(T))I\{T \leq n\}] = E[\exp(-RU(T))I\{T < \infty\}]. \tag{4.3.3}$$

Weiter gilt wegen des starken Gesetzes $U(n)/n \to c - \mu_1 = \theta\mu_1$ f.s. $(n \to \infty)$, so daß insbesondere $U(n) \to \infty$ f.s. $(n \to \infty)$. Da $U(n) \geq 0$ auf $\{T > n\}$, gilt $0 \leq \exp(-RU(n))I\{T > n\} \leq 1$, $n \geq 0$. Aufgrund des Satzes von der dominierten Konvergenz folgt demnach

$$\lim_{n\to\infty} E[\exp(-RU(n))I\{T > n\}] = 0,$$

so daß sich wegen (4.3.2) und (4.3.3)

$$\begin{aligned} e^{-Ru} &= E[\exp(-RU(T))I\{T < \infty\}] \\ &= E[\exp(-RU(T))|T < \infty]\psi(u) \end{aligned}$$

ergibt (man beachte, daß wegen (4.0.3) $\psi(u) > 0, u \geq 0$). ■

Eine unmittelbare Konsequenz aus (4.3.1) ist

4.4 Korollar. *Unter den obigen Annahmen gilt*

$$\psi(u) \leq e^{-Ru}, \quad u \geq 0. \tag{4.4.1}$$

Existiert eine reelle Zahl $a > 0$ *derart, daß* $W(1) \leq a$ *f.s., so folgt*

$$\psi(u) \geq e^{-R(u+a)}, \quad u \geq 0. \tag{4.4.2}$$

■

Die Ungleichung (4.4.1) heißt auch *Lundberg-Ungleichung*.

I.a. läßt sich die strikt positive Lösung von (4.2.1) lediglich näherungsweise - etwa mit Hilfe des Newton-Verfahrens - bestimmen.

4.5 Beispiel. Sei $W(1) \sim \mathrm{EXP}(\alpha)$. Zur Berechnung von $\psi(u)$ zeigen wir zunächst:

$$(4.5.1) \qquad P(U(T) < -y | T < \infty) = \exp(-\alpha y), \quad y \geq 0,$$

d.h. - gegeben $T < \infty$ - gilt $-U(T) \sim \mathrm{EXP}(\alpha)$. Da die linke Seite in (4.5.1) gleich

$$\frac{1}{\psi(u)} \sum_{n=1}^{\infty} P(U(n) < -y | T = n) P(T = n)$$

ist, reicht es zum Nachweis von (4.5.1) zu zeigen:

$$(4.5.2) \qquad P(U(n) < -y | T = n) = \exp(-\alpha y), \quad y \geq 0, \quad n \geq 1$$

(es ist leicht zu sehen, daß $P(T = n) > 0, n \geq 1$). Setzen wir für $y \geq 0$ und $n \geq 1$

$$B_n(y) = \{S(i) \leq u + ci, 1 \leq i \leq n-1\} \cap \{W(n) > u + cn + y - S(n-1)\},$$

so ergibt sich mit Hilfe einer einfachen Umformung

$$(4.5.3) \qquad P(U(n) < -y | T = n) = \frac{P(B_n(y))}{P(B_n(0))}, \quad y \geq 0, \quad n \geq 1.$$

Wegen $S(0) \equiv 0$ gilt $P(B_1(y)) = \exp(-\alpha(u + c + y)), y \geq 0$, woraus sich (4.5.2) für $n = 1$ ergibt. Im Fall $n \geq 2$ gehen wir aus von

$$(4.5.4) \qquad P(B_n(y)) = E[P(B_n(y) | W(1), \dots, W(n-1))], \quad y \geq 0.$$

Wegen Satz 1.12[6] existiert bei festem $y \geq 0$ eine Borel-meßbare Funktion $\varphi : \mathbb{R}^{n-1} \longrightarrow [0, \infty[$ derart, daß

$$P(B_n(y) | W(1), \dots, W(n-1)) = \varphi(W(1), \dots, W(n-1)) \quad \text{f.s.}$$

Setzen wir $D_{n-1} = \{(w_1, \dots, w_{n-1}) \in \mathbb{R}^{n-1} : w_1 + \cdots + w_i \leq u + ci, 1 \leq i \leq n-1\}$, so gilt $\varphi(w_1, \dots, w_{n-1}) = P(W(n) > u + cn + y - (w_1, \dots, w_{n-1})) = \exp(-\alpha(u + cn + y)) \exp(\alpha(w_1 + \cdots + w_{n-1}))$ für $(w_1, \dots, w_{n-1}) \in D_{n-1}$, und $\varphi(w_1, \dots, w_{n-1}) = 0$ für $(w_1, \dots, w_{n-1}) \notin D_{n-1}$. Wegen (4.5.4) und Satz 2.2[6] folgt also

$$\begin{aligned} P(B_n(y)) &= \exp(-\alpha(u + cn + y)) \\ &\quad \times E[\exp(\alpha S(n-1)) I\{(W(1), \dots, W(n-1)) \in D_{n-1}\}], \end{aligned}$$

woraus sich (4.5.2) mit Hilfe von (4.5.3) ergibt. Aufgrund von (4.5.1) und Lemma 4.2 erhalten wir

$$E[e^{-RU(T)} | T < \infty] = \int_0^\infty e^{Ru} \alpha e^{-\alpha u} \, du = \frac{\alpha}{\alpha - R} = M_{W(1)}(R) = e^{cR},$$

so daß wegen (4.3.1)

$$\psi(u) = \exp(-(u+c)R), \quad u \geq 0. \tag{4.5.5}$$

(Man beachte, daß (4.0.4) wegen $M_{W(1)}(t) = \alpha/(\alpha - t)$, $t < \infty$, erfüllt ist!)

Zur näherungsweisen Berechnung von R betrachten wir im folgenden den Fall $\alpha = 1$ und $\theta = 0,2$, so daß $\mu_1 = 1$ und $c = 1,2$. Wegen Lemma 4.2 ist R die einzige strikt positive Nullstelle der Funktion $\Delta(t) := 1/(1-t) - \exp(1,2t), 0 \leq t < 1$. Für $t_0 = 0,32$ gilt $\Delta(t_0) > 0$, so daß $R < t_0$. Das *Newton-Verfahren* liefert als verbesserten Näherungswert für R $t_1 = t_0 - \Delta(t_0)/\Delta'(t_0)$, d.h.

$$t_1 = t_0 - \frac{1}{1,2}\left[1 - \frac{1,2t_0 - 0,2}{1 - 1,2(1-t_0)^2 \exp(1,2t_0)}\right]. \tag{4.5.6}$$

Mit Hilfe eines Taschenrechners erhält man $t_1 = 0,313906045$. Durch wiederholte Anwendung der Rekursion (4.5.6) ergeben sich die verbesserten Näherungswerte $t_2 = 0,313698566$ und $t_3 = 0,313698331$. Durch Einsetzen in $\Delta(\cdot)$ gelangt man zur Abschätzung $0,313698331 < R < 0,313698332$, woraus etwa für $\psi(0)$ wegen (4.5.5) die Abschätzung $0,686301668 < \psi(0) < 0,686301669$ resultiert. ■

Aufgaben

9.1. Sei (X_n) eine UIV-Folge von ZV und $(N(t))$ ein Poisson-Prozeß mit Parameter $\lambda > 0$, der die in Satz 3.1[6] genannten Eigenschaften hat. Die Familie $(N(t))$ sei unabhängig von (X_n). Es werde

$$S(t) = X_1 + \cdots + X_{N(t)}, \; t \geq 0 \quad (S(0) \equiv 0)$$

gesetzt. (Gilt $X_1 \geq 0$ f.s., so läßt sich $(S(t))$ als ein *kollektives Risikomodell* interpretieren; vgl. Beispiel 2.7.6[5] und die Bemerkungen zu (3.2.2)[6].) Man zeige:

(a) Der stochastische Prozeß $(S(t))$ hat *unabhängige Zuwächse*, d.h. für jedes $n \geq 2$ und Indizes $t_0 = 0 < t_1 < \cdots < t_n$ sind die *Zuwächse* $S(t_1) - S(t_0), S(t_2) - S(t_1), \ldots, S(t_n) - S(t_{n-1})$ unabhängig.

(b) $(S(t))$ hat *stationäre Zuwächse*, d.h. die Verteilung des Zuwachses $S(u) - S(t)$ $(0 \leq t < u)$ hängt nur von $u - t$ ab.

Hinweis: Man betrachte die Werte der Zuwächse $N(t_1), N(t_2) - N(t_1), \ldots, N(t_n) - N(t_{n-1})$ des Poisson-Prozesses.

9.2. (Fortsetzung von Aufgabe 9.1) Die in Aufgabe 9.1 formulierten Annahmen über (X_n) und $(N(t))$ seien erfüllt. Zusätzlich sei $X_1 \geq 0$ f.s., und für die MEF M_{X_1} von X_1 gelte

$$\{M_{X_1}(t) : t \geq 0\} \supset [1, \infty[.$$

Es sei $W(1) := S(1)$, $W(n) := S(n) - S(n-1)$, $n \geq 2$, $c := (1+\theta)E[W(1)]$ $(\theta > 0$ sei eine Konstante) und $U(n) := u + cn - (W(1) + \cdots + W(n))$, $n \geq 0$

(vgl. (4.0.1); die Zahl $u \geq 0$ läßt sich wie in §9.4 als Anfangskapital eines Versicherers interpretieren).
(a) Man zeige, daß $p := P(W(1) \geq c + 1) > 0$ ist (vgl. (4.0.2)).
(b) Man drücke die MEF $M_{W(1)}$ von $W(1)$ mit Hilfe von M_{X_1} aus.
(c) Es gilt (vgl. (4.0.4))

$$\{M_{W(1)}(t) : t \geq 0\} \supset [1, \infty[.$$

(d) Man zeige, daß der aufgrund von (a)-(c) und Lemma 4.2 existierende Ruinkoeffizient $R = R(\theta)$ die eindeutig bestimmte strikt positive reelle Zahl ist derart, daß für $t = R$

$$\lambda(M_{X_1}(t) - 1) = ct, \quad \text{d.h.} \quad M_{X_1}(t) = 1 + (1 + \theta)E[X_1]t$$

gilt.
(e) Es gilt

$$R = R(\theta) < 2\theta E[X_1]/E[X_1^2].$$

(Bei Anwendung des Newton-Verfahrens zur näherungsweisen Bestimmung von $R(\theta)$ läßt sich also $2\theta E[X_1]/E[X_1^2]$ als Startwert wählen!)
Hinweis: Zur Lösung von (b) beachte man Aufgabe 4.52. Um die Ungleichung in (e) zu erhalten, wähle man — ausgehend von Satz 5.12[4] — eine geeignete Funktion $\widetilde{M}$ derart, daß $\widetilde{M}(0) = 1$ sowie $\widetilde{M}(t) < M(t)$, $t > 0$, gilt und betrachte die Nullstellen der Funktion

$$\widetilde{M}(t) - 1 - (1 + \theta)E[X_1]t \quad (t \geq 0).$$

9.3. Es seien die Annahmen in Aufgabe 9.2 erfüllt.
(a) X_1 habe eine Dichte f, die gegeben wird durch $f(t) = (1/2)\exp(-2t) + (9/4)\exp(-3t)$, $t \geq 0$. Man bestimme den Ruinkoeffizienten $R(6/5)$. (Antwort: 4/3.)
(b) X_1 habe folgende Verteilung:

$$P(X_1 = 1) = 3/24, \quad P(X_1 = 2) = 15/24, \quad P(X_1 = 3) = 6/24.$$

Es sei $R(\theta) = \log 4$ („log"= natürlicher Logarithmus). Man bestimme θ. (Antwort: $12/(\log 4) - 1 = 7,65617\ldots$)
(c) Sei $X_1 \sim \Gamma(1, 1/6)$. Man bestimme mit Hilfe eines Taschenrechners möglichst genaue Schranken für $R(1/2)$. (Als Startwert für das Newton-Verfahren verwende man die in Aufgabe 9.2(e) auftretende obere Schranke.) (Antwort: $0,519120027 < R(1/2) < 0,519120028$.)

9.4. Es seien die Annahmen in Aufgabe 9.2 erfüllt. Aufgrund eines Portfolios von Policen erbringt ein Versicherer (VS) im Zeitraum $]n-1, n]$ die Leistung $W(n) = S(n) - S(n-1)$, $n \geq 1$ (es ist $S(0) \equiv 0$). Um sich gegen die Forderungen der Versicherten (VN) teilweise abzusichern, schließt der VS bei einem Rückversicherer (RVS) eine *proportionale Rückversicherung* mit Rate $0 < \alpha < 1$ (α ist eine Konstante) ab. Danach übernimmt der RVS von jeder Leistung x, die für den VS in einem bestimmten Schadensfall fällig wird, den Anteil αx, während der VS als (Rest-) Leistung lediglich $(1-\alpha)x$ zu erbringen hat. Der VS nimmt von den VN pro Zeit insgesamt die Prämie $c = (1+\theta)E[W(1)] = (1+\theta)\lambda E[X_1]$ ein, während er an den RVS pro Zeit die Prämie $\tilde{c} = (1+\tilde{\theta})E[\alpha W(1)] = (1+\tilde{\theta})\alpha\lambda E[X_1]$ zu zahlen hat (man beachte, daß $E[\alpha W(1)]$ die Nettoprämie pro Zeit und $\tilde{\theta}E[\alpha W(1)]$ der Risikozuschlag pro Zeit ist, die vom VS an den RVS zu zahlen sind). Der infolge der Rückversicherung modifizierte Ruinkoeffizient $\tilde{R}$ bestimmt sich jetzt als strikt positive Lösung der Gleichung

$$(*) \qquad \lambda(M_{(1-\alpha)X_1}(t) - 1) = (c - \tilde{c})t \quad (t \geq 0).$$

Im folgenden sei $\lambda = \theta = 1$, $\tilde{\theta} = 1{,}4$, und es gelte $X_1 \sim \mathrm{UNI}(0,1)$.

(a) Man zeige, daß $(*)$ eine strikt positive Lösung hat, wenn $0 < \alpha < 5/7$, während im Fall $5/7 \leq \alpha < 1$ die einzige nichtnegative Lösung von $(*)$ $t = 0$ ist.

(b) Sei $U(n) - u = (c - \tilde{c})n - (1-\alpha)S(n)$ $(n \geq 0)$ der Überschuß des VS zum Zeitpunkt n und $\psi(u)$ die entsprechende Ruinwahrscheinlichkeit (vgl. §9.4). Man zeige, daß im Fall $5/7 \leq \alpha < 1$ $\psi(u) = 1$ $(u \geq 0)$ gilt.

Hinweis: Im Fall $\alpha = 5/7$ wende man das Gesetz vom iterierten Logarithmus an und benutze (2.7.18)[5].

KAPITEL 10

Martingale und stochastische Finanzmärkte

In diesem Kapitel beschäftigen wir uns im Rahmen einer einfachen Modellierung u.a. mit folgender Fragestellung: Welchen „fairen“(d.h. marktgerechten) Preis sollte man heute für eine europäische Option bezahlen? Es stellt sich heraus, daß sich derartige Probleme mit Hilfe martingaltheoretischer Begriffe und Resultate behandeln lassen. Im letzten Abschnitt wird gezeigt, wie man durch einen geeigneten Grenzübergang - verbunden mit einer Verfeinerung der Zeitskala - zur Black-Scholes-Formel für den fairen Preis einer europäischen Call-Option gelangt.

10.1 Der „faire“ Preis einer europäischen Option

Ausgangspunkt ist die Frage: Welchen „fairen“(„marktgerechten“) Preis sollte man heute (d.h. zum Zeitpunkt 0) für eine *europäische Call-Option* zahlen, deren Käufer berechtigt, aber nicht verpflichtet ist, zu einem vereinbarten Zeitpunkt T eine bestimmte „Aktie“ zu einem ebenfalls vorher vereinbarten Preis $K > 0$ (*Ausübungspreis*) zu kaufen? Bezeichnet S_T - aufgefaßt als Zufallsvariable, die auf einem gewissen W.-Raum $(\Omega, \mathcal{A}, P)$ definiert ist - den Aktienkurs zur Zeit T, so kann man als Käufer der Option zum Zeitpunkt T den Gewinn $f_T := (S_T - K)^+$ erzielen. Ist r der Zinssatz, so beträgt der heutige (abdiskontierte!) Wert des Gewinns also $(1+r)^{-T} f_T$. Bezeichnet $\Pi(f_T)$ den heutigen fairen Preis dieser Option, so wäre - ausgehend von der klassischen Risikotheorie -

$$(1.0.1) \qquad \Pi(f_T) = E[(1+r)^{-T} f_T]$$

eine naheliegende Vermutung. Hier - wie auch im folgenden - werden stillschweigend gewisse idealisierende Annahmen gemacht: Es treten keine Steuern, Transaktionskosten (d.h. Gebühren beim Kauf oder Verkauf von Wertpapieren) oder andere „Reibungsverluste“auf; es werden keine Dividenden gezahlt; Wertpapiere sind beliebig teilbar und können in beliebigen Mengen beliebig oft gehandelt werden.

Auf die obige Frage gaben nun Black/Scholes (1973)(man vgl. auch Cox/ Ross/Rubinstein(1979)) eine überraschende Antwort, die besagt, daß unter bestimmten Modellannahmen (1.0.1) nur gilt, falls das W.-Maß P durch ein gewisses W.-Maß P^* ersetzt wird, wobei kein „Risiko“ auftritt, ein Risikozuschlag also nicht erforderlich ist. Die Martingaltheorie kommt nun dadurch ins Spiel, daß die abdiskontierten Aktienkurse bez. P^* ein Martingal bilden. Ziel dieses Kapitels ist u.a., die in Black/Scholes (1973) gegebene Antwort anhand eines einfachen Modells zu entwickeln. Hierin treten zwei Arten von Wertpapieren - ein „Bond“ (festverzinslich) und eine „Aktie“ (risikobehaftet) - auf; die endlich-vielen Handelszeitpunkte sind $n = 0, 1, \ldots, T$, und es gilt $|\Omega| < \infty$. Zur Illustration diene das folgende konkrete Beispiel, in welchem der „Bond“ eine inländische Währung (DM) und die „Aktie“ eine ausländische Währung (US-Dollar) ist.

1.1 Beispiel. Sei $T = 1; S_n (n = 0, 1)$ bezeichne den Preis (in DM) von 100 US-Dollar zur Zeit n, wobei $S_0 = 160$ gelte. Es sei $P(S_1 = 177) = p, P(S_1 = 126) = 1 - p$ für ein $0 < p < 1$. Der DM-Zinssatz sei 5%, d.h. $r = 0,05$. Wir betrachten eine europäische Call-Option f_1 mit Ausübungspreis $K = 160$, so daß $P(f_1 = 17) = p$ und $P(f_1 = 0) = 1 - p$ gilt. Der Preis in (1.0.1) ist dann

$$E\left[\frac{f_1}{1+r}\right] = \frac{17p}{1,05}. \tag{1.1.1}$$

Zur Bestimmung des *Black-Scholes-Preises* der Option wird zunächst $p = p^*$ so bestimmt, daß (E_* bezeichne den bez. p^* berechneten EW)

$$E_*\left[\frac{S_1}{1+r}\right] = \frac{177p^* + 126(1-p^*)}{1,05} = S_0,$$

also $p^* = 14/17$ gilt. Aus (1.1.1) ergibt sich dann für den vorübergehend mit Π^* (statt Π) bezeichneten Black-Scholes-Preis der Option f_1

$$\Pi^* := E_*\left[\frac{f_1}{1+r}\right] = \frac{17p^*}{1,05} = \frac{40}{3}. \tag{1.1.2}$$

Die ökonomische Bedeutung von Π^* ist folgende. Zur Zeit $n = 0$ verkaufe ein Investor die Option zum Preis von $\Pi = 40/3$. Gleichzeitig kaufe er 100/3 US-Dollar zum Kurs von 1,60 und leihe sich 40 DM. Sein DM-Guthaben zur Zeit 0 ist dann $40/3 - 160/3 + 40 = \Pi - \Pi^* (= 0)$. Der Investor ist damit insbesondere die Verpflichtung eingegangen, zur Zeit $n = 1$ die Forderungen des Optionskäufers zu bezahlen. Ist zur Zeit $n = 1$ der Dollarkurs 1,77, so wird die Option ausgeübt. Gleichzeitig verkaufe der Investor seine 100/3 Dollar zum Kurs von 1,77 und zahle das geliehene Geld zurück. Sein DM-Guthaben ist dann $-17 + 1,77 \cdot 100/3 - 40 \cdot 1,05 = 0$. Gilt jedoch $S_1 = 126$, so wird die Option nicht ausgeübt. Der Investor verkaufe seine 100/3 Dollar zum Kurs von 1,26 und zahle das geliehene Geld zurück. Sein DM-Guthaben ist dann $1,26 \cdot 100/3 - 40 \cdot 1,05 = 0$. Man beachte, daß der Investor danach keine weiteren Zahlungsverpflichtungen hat. Dieses Beispiel zeigt, daß $\Pi^* = 40/3$ der „richtige“Preis ist. Hätte die obige Option z.B. einen Marktpreis $\Pi > 40/3$, so könnte der Investor ohne Kapitaleinsatz zur Zeit $n = 1$ einen risikolosen Gewinn in Höhe von $(\Pi - 40/3)(1 + r)$ erzielen. Auf einem „funktionierenden“ Markt sollte es indessen keine derartige *Arbitrage-Möglichkeit* geben. ■

Anhand eines einfachen Marktmodells soll nun u.a. erläutert werden, wie sich der „faire“ Preis einer beliebigen Option auf systematische Weise erhalten läßt, falls es keine Arbitrage-Möglichkeit gibt. Die endlich-vielen Zeitpunkte seien $0, 1, \ldots, T \quad (T \geq 1)$. Sei $(\Omega, \mathcal{A}, P)$ ein W.-Raum derart, daß $\Omega = \{\omega_1, \ldots, \omega_d\}, \mathcal{A} := \mathcal{P}(\Omega)$ und

(1.1.3) $$P\{\omega\} > 0, \quad \omega \in \Omega$$

gilt. Weiter sei $\mathcal{A}_0 := \{\emptyset, \Omega\} \subset \mathcal{A}_1 \subset \cdots \subset \mathcal{A}_T = \mathcal{A}$ eine Filtrierung (wir setzen $\mathcal{A}_{-1} := \mathcal{A}_0$). Wir betrachten einen „Bond“ (risikoloses Wertpapier) und eine „Aktie“ (risikobehaftetes Wertpapier), deren Werte (Kurse) zur Zeit n ***strikt positive*** ZV B_n bzw. S_n sind. Die ZV $B_0, \ldots, B_T$ seien jeweils konstant derart, daß $B_0 \equiv 1$. Die Folge $S := (S_n)$ sei adaptiert, so daß auch S_0 konstant ist. Man kann S_n/B_n auffassen als den auf den Zeitpunkt 0 abdiskontierten Kurswert S_n. Wir nehmen im folgenden an, daß jeweils *genau* zum Zeitpunkt n die „neuen“ Kurse B_n und S_n bekannt werden. Eine Doppelfolge $\pi = (\beta, \gamma)$ heißt eine *Portfoliostrategie*, falls $\beta = (\beta_n)$ und $\gamma = (\gamma_n)$ $(0 \leq n \leq T)$ vorhersehbare Folgen von ZV sind. Man kann sich vorstellen, daß ein Portfolio zur Zeit 0 β_0 Bonds und γ_0 Aktien enthält, während es jeweils unmittelbar nach Bekanntwerden der neuen Kurse B_n und S_n umgeschichtet wird und im Zeitintervall $]n-1, n]$ aus β_n Bonds und γ_n Aktien besteht; hierbei stehe dann lediglich die in $\mathcal{A}_{n-1}$ enthaltene Information zur Verfügung. Der *Portfoliowert* im Zeitintervall $]n-1, n]$ ist dann $\beta_n B_{n-1} + \gamma_n S_{n-1}$ $(1 \leq n \leq T)$, während er zum Zeitpunkt n

(1.1.4) $$X_n^\pi := \beta_n B_n + \gamma_n S_n, \quad 0 \leq n \leq T$$

beträgt. Der durch die Kursänderungen bedingte Wertzuwachs ist also $\beta_n \Delta B_n + \gamma_n \Delta S_n$. (Ist $Z_0, Z_1, \ldots$ eine Folge von ZV, so setzen wir $\Delta Z_n = Z_n - Z_{n-1}$, $n \geq 1$.) Die unmittelbar nach dem Zeitpunkt n erfolgende Umschichtung führt zu einem Portfolio $(\beta_{n+1}, \gamma_{n+1})$, so daß der durch die Umschichtung bedingte Wertzuwachs

(1.1.5) $$(\Delta\beta_{n+1})B_n + (\Delta\gamma_{n+1})S_n, \quad 0 \leq n \leq N-1$$

beträgt. Eine Portfoliostrategie $\pi = (\beta, \gamma)$ heißt *selbstfinanzierend*, falls die Zuwächse in (1.1.5) sämtlich gleich Null sind. Mit SF bezeichnen wir die Menge aller derartigen Strategien. Wegen (1.1.4) folgt also

(1.1.6) $$X_n^\pi = X_0^\pi + \sum_{k=1}^{n} (\beta_k \Delta B_k + \gamma_k \Delta S_k), \quad 0 \leq n \leq T, \quad \pi \in \mathrm{SF},$$

d.h. gilt $\pi \in \mathrm{SF}$, so sind die Wertänderungen des Portfolios allein durch die Kursänderungen bedingt.

Es wurde bereits angedeutet, daß bei der Berechnung des fairen Preises einer Option W.-Maße P^*, bez. der die abdiskontierten Aktienkurse ein Martingal bilden, eine wichtige Rolle spielen. Dies führt zu folgender

1.2 Definition. Ein W.-Maß P^* auf $\mathcal{A}$ heißt ein *äquivalentes Martingalmaß* für die Folge (S_n/B_n), falls gilt:

(a) P^* und P sind *äquivalent* (Bezeichnung: $P^* \sim P$), d.h. P^* und P haben dieselben Null-Mengen: $P^*(A) = 0 \Longleftrightarrow P(A) = 0, \quad A \in \mathcal{A}$;

(b) (S_n/B_n) ist ein P^*-*Martingal*, d.h. ein Martingal bez. P^*. ■

Wegen (1.1.3) gilt ersichtlich

(1.2.1) $$P^* \sim P \Longleftrightarrow P^*\{\omega\} > 0, \quad \omega \in \Omega.$$

$\mathcal{M}^*$ bezeichne die Menge aller äquivalenten Martingalmaße für (S_n/B_n). Im folgenden setzen wir

(1.2.2) $$m_n := \frac{S_n}{B_n}, \quad 0 \le n \le T.$$

Es zeigt sich, daß zusammen mit (m_n) auch gewisse andere Folgen P^*-Martingale sind. Ist π eine Portfoliostrategie, so setzen wir

(1.2.3) $$M_n^\pi := \frac{X_n^\pi}{B_n}, \quad 0 \le n \le T.$$

Die *zeitabhängigen deterministischen* (*stochastischen*) *Zinssätze* seien definiert vermöge

(1.2.4) $$r_n := \frac{B_n - B_{n-1}}{B_{n-1}}, \quad 1 \le n \le T$$

bzw.

(1.2.5) $$\rho_n = \frac{S_n - S_{n-1}}{S_{n-1}}, \quad 1 \le n \le T,$$

so daß

(1.2.6) $$B_n = (1 + r_n)B_{n-1}, \quad 1 \le n \le T$$

und

(1.2.7) $$S_n = (1 + \rho_n)S_{n-1}, \quad 1 \le n \le T.$$

Schließlich setzen wir

(1.2.8) $$R_n := \sum_{k=1}^{n}(\rho_k - r_k), \quad 0 \le n \le T.$$

Für alle $\pi = (\beta, \gamma) \in \mathrm{SF}$ gilt nun

(1.2.9) $$\Delta X_n^\pi = r_n X_{n-1}^\pi + \gamma_n B_n \Delta m_n, \quad 1 \le n \le T$$

und

(1.2.10) $$\Delta M_n^\pi = \gamma_n \Delta m_n, \quad 1 \le n \le T.$$

Zum Nachweis von (1.2.9) beachte man, daß für $\pi \in \mathrm{SF}$ wegen (1.1.6), (1.2.4) und (1.2.5)

$$\begin{aligned}\Delta X_n^\pi &= \beta_n(B_n - B_{n-1}) + \gamma_n(S_n - S_{n-1})\\ &= r_n\beta_n B_{n-1} + \gamma_n S_{n-1}(1+\rho_n - (1+r_n)) + r_n\gamma_n S_{n-1}\\ &= r_n(\beta_n B_{n-1} + \gamma_n S_{n-1}) + \gamma_n S_{n-1}\left(\frac{S_n}{S_{n-1}} - \frac{B_n}{B_{n-1}}\right)\\ &= r_n X_{n-1}^\pi + \gamma_n B_n \Delta m_n.\end{aligned}$$

Wegen (1.2.9) folgt

$$\begin{aligned}\Delta M_n^\pi &= \frac{1}{B_n}(X_n^\pi - (1+r_n)X_{n-1}^\pi) = \frac{1}{B_n}(\Delta X_n^\pi - r_n X_{n-1}^\pi)\\ &= \gamma_n \Delta m_n.\end{aligned}$$

Schließlich ist leicht zu sehen, daß

$$\Delta R_n = \frac{B_n}{S_{n-1}}\Delta m_n, \quad 1 \le n \le T \tag{1.2.11}$$

gilt. Eine einfache Konsequenz aus (1.2.10) und (1.2.11) ist

1.3 Satz. *Sei $P^* \sim P$. Dann sind folgende Aussagen äquivalent:*

(a) $P^* \in \mathcal{M}^*$;

(b) *Für jedes $\pi \in \mathrm{SF}$ ist (M_n^π) ein P^*-Martingal;*

(c) *(R_n) ist ein P^*-Martingal.*

BEWEIS.(a) $\iff$ (b). Sei $\pi = (\beta, \gamma) \in \mathrm{SF}$. Bezeichnet E_* den bez. P^* gebildeten EW, so gilt wegen (1.2.10), da (γ_n) vorhersehbar ist,

$$E_*[\Delta M_n^\pi | \mathcal{A}_{n-1}] = \gamma_n E_*[\Delta m_n | \mathcal{A}_{n-1}] = 0, \quad 1 \le n \le T.$$

Dies zeigt (a) $\Longrightarrow$ (b). Zum Nachweis von (b) $\Longrightarrow$ (a) betrachte man die Portfoliostrategie $\widetilde{\pi} = (\widetilde{\beta}, \widetilde{\gamma}) \in \mathrm{SF}$, gegeben durch $\widetilde{\beta}_0 \equiv \cdots \equiv \widetilde{\beta}_T \equiv 1$, $\widetilde{\gamma}_0 \equiv \cdots \equiv \widetilde{\gamma}_T \equiv 1$. Ähnlich ergibt sich (a) $\iff$ (c) wegen (1.2.11), da B_n/S_{n-1} strikt positiv ist. ■

Wir werden für das folgende Beispiel (*Binomialmodell von Cox/Rox/Rubinstein* oder kurz CRR-*Modell*) zeigen, wie sich unter zusätzlichen Annahmen der faire Preis einer beliebigen europäischen Option berechnen läßt, falls es keine Arbitrage-Möglichkeit gibt.

1.4 Beispiel. Sei $\Omega = \{0,1\}^T = \{\omega = (\omega_1, \ldots, \omega_T) : \omega_i \in \{0,1\}, \quad 1 \le i \le T\}$ (es ist also $d = 2^T$) und $\mathcal{A} := \mathcal{P}(\Omega)$. Dann gibt es (vgl. Beispiel 1.14.1 [3]) eine Familie von W.-Maßen $P_p (0 < p < 1)$ auf $\mathcal{A}$ und ZV $\xi_1, \ldots, \xi_T$ derart, daß für jedes $0 < p < 1$ gilt:

$$P_p\{\omega\} > 0, \quad \omega \in \Omega, \tag{1.4.1}$$

$$\xi_1, \ldots, \xi_T \quad \text{sind UIV bez. } P_p \tag{1.4.2}$$

und

$$P_p(\xi_n = 1) = p, \quad P_p(\xi_n = 0) = 1 - p, \quad 1 \le n \le T. \tag{1.4.3}$$

Die Filtrierung $(\mathcal{A}_n)$ sei gegeben durch $\mathcal{A}_n = \sigma\{\xi_1, \dots, \xi_n\}$, $0 \le n \le T$, so daß $\mathcal{A}_0 = \{\emptyset, \Omega\}$ und $\mathcal{A}_T = \mathcal{A} = \mathcal{P}(\Omega)$. Im folgenden seien a, b, r feste reelle Zahlen derart, daß

$$-1 < a < r < b. \tag{1.4.4}$$

Wir setzen dann

$$r_n := r, \quad \rho_n := a + (b - a)\xi_n, \quad 1 \le n \le T, \tag{1.4.5}$$

so daß

$$B_n = (1 + r)^n, \quad 0 \le n \le T \tag{1.4.6}$$

und

$$S_n = S_0 \prod_{k=1}^{n} (1 + \rho_k), \quad 0 \le n \le T. \tag{1.4.7}$$

Aufgrund von (1.4.7) ist klar, daß die Ungleichung $a < r < b$ (vgl. (1.4.4)) gelten sollte, denn im Fall $a < b \le r$ ($r \le a < b$) würde niemand Aktien (Bonds) kaufen.

Gilt speziell

$$(1 + a)(1 + b) = 1, \tag{1.4.8}$$

so folgt aus (1.4.7)

$$S_n = S_0 \prod_{k=1}^{n} (1 + b)^{2\xi_k - 1}, \quad 0 \le n \le T. \tag{1.4.9}$$

In diesem Fall bildet (S_n) eine sog. *geometrische Irrfahrt*, bei der eine Aufwärts-(Abwärts-) Bewegung des Aktienkurses durch eine nachfolgende Abwärts- (Aufwärts-) Bewegung rückgängig gemacht wird. ∎

Sei $f : \mathbb{R}^{T+1} \longrightarrow [0, \infty[$. Unter einer *f-Option* verstehen wir eine *europäische Option*, die zur Zeit T (nicht vorher!) für den Optionskäufer den Gewinn $f = f(S_0, S_1, \dots, S_T)$ erbringt. Ein wichtiger Spezialfall ist

$$f = f_{\text{ECO}} := (S_T - K)^+ \tag{1.4.10}$$

(*europäische Call-Option* mit *Ausübungspreis* (auch *Basispreis* genannt) $K > 0$).

Der Verkäufer einer f-Option kann versuchen, sich gegenüber den Forderungen des Käufers der Option durch eine geeignete Portfoliostrategie abzusichern (vgl. Beispiel 1.1). Dies führt zu folgender

1.5 Definition. Eine Strategie $\pi \in \mathrm{SF}$ heißt eine (x, f)-*Hedge-Strategie* für den Verkäufer einer f-Option ($x > 0$; to hedge (hier): sich absichern), falls gilt:

$$X_0^\pi = x, \quad X_n^\pi \geq 0, \quad 1 \leq n \leq T-1 \tag{1.5.1}$$

und

$$X_T^\pi \geq f. \tag{1.5.2}$$

■

Die Eigenschaft (1.5.2) besagt, daß die Forderungen des Käufers durch den Verkauf des Portfolios zur Zeit T finanziert werden können und evtl. sogar noch ein Überschuß verbleibt. Die Menge aller (x, f)-Hedge-Strategien sei mit $H(x, f)$ bezeichnet. Interessant ist natürlich, eine möglichst kleine Anfangsinvestition x zu finden, für die (1.5.1) und (1.5.2) gelten.

1.6 Definition. Die Zahl

$$\Pi(f) := \inf\{x > 0 : H(x, f) \neq \emptyset\} \tag{1.6.1}$$

heißt *fairer („marktgerechter“) Preis* der f-Option. ■

Das Ziel ist nun, einen expliziten Ausdruck für $\Pi(f)$ zu erhalten und zu zeigen, daß

$$H(\Pi(f), f) \neq \emptyset \tag{1.6.2}$$

gilt. Mit Hilfe von (1.6.2) und einem Arbitrage-Argument läßt sich dann - ähnlich wie in Beispiel 1.1 - die Terminologie in Definition 1.6 rechtfertigen.

Wegen Satz 1.3 und Beispiel 1.14.1 [8] folgt:

$$\begin{aligned} P_p \in \mathcal{M}^* &\iff (R_n) \text{ ist ein } P_p\text{-Martingal} \\ &\iff E_{P_p}[\rho_1 - r] = 0. \end{aligned}$$

Letzteres gilt wegen (1.4.3) und (1.4.5) genau dann, wenn

$$p = p^* := \frac{r-a}{b-a}, \tag{1.6.3}$$

wobei wegen (1.4.4) $0 < p^* < 1$ gilt. Im folgenden schreiben wir P^* statt P_{p^*} sowie E_* statt E_{P^*}.

Mit Hilfe von P^* läßt sich folgende *untere Schranke* für $\Pi(f)$ erhalten:

$$\Pi(f) \geq E_*[(1+r)^{-T} f]. \tag{1.6.4}$$

In der Tat, wegen Satz 1.3(b) und (1.4.6) folgt

$$X_0^\pi = E_*[(1+r)^{-T} X_T^\pi], \quad \pi \in \mathrm{SF}, \tag{1.6.5}$$

woraus sich

$$x \geq E_*[(1+r)^{-T} f], \quad \pi \in H(x, f),$$

also (1.6.4) ergibt.

Sei $\pi \in H(x, f)$ *minimal*, d.h. es gelte $X_T^\pi = f$. Aus (1.6.5) folgt dann $x = E_*[(1+r)^{-T} f]$, also

$$\Pi(f) = E_*[(1+r)^{-T} f].$$

Wir erhalten somit den gewünschten expliziten Ausdruck für $\Pi(f)$, falls wir zeigen können:

1.7 Lemma. *Sei $x > 0$. Gilt*

$$x = E_*[(1+r)^{-T} f], \tag{1.7.1}$$

so existiert ein minimales $\pi \in H(x, f)$.

Mit Hilfe der obigen Überlegung folgt daraus

1.8 Korollar. *Der faire Preis einer f-Option wird gegeben durch*

$$\Pi(f) = E_*[(1+r)^{-T} f(S_0, S_1, \ldots, S_T)]. \tag{1.8.1}$$

Insbesondere gilt also für den fairen Preis einer europäischen Call-Option mit Ausübungspreis $K > 0$:

$$\Pi(f_{\text{ECO}}) = E_*[(1+r)^{-T}(S_T - K)^+]. \tag{1.8.2}$$

■

BEWEIS VON LEMMA 1.7. Sei

$$x := E_*[(1+r)^{-T} f]. \tag{1.8.3}$$

Das P^*-Martingal (Y_n) sei gegeben durch

$$Y_n := E_*[(1+r)^{-T} f | \mathcal{A}_n], \quad 0 \le n \le T. \tag{1.8.4}$$

Es reicht nun, eine Strategie $\pi \in \text{SF}$ zu konstruieren, für die

$$X_0^\pi = x \tag{1.8.5}$$

und

$$M_n^\pi = Y_n, \quad 1 \le n \le T \tag{1.8.6}$$

gilt. In der Tat, (1.8.6) impliziert $X_n^\pi = (1+r)^n Y_n \ge 0, 1 \le n \le T$, sowie $X_T^\pi = (1+r)^T Y_T = f$. Somit folgt $\pi \in H(x, f)$, und π ist minimal.

Um das gewünschte $\pi \in \text{SF}$, für das (1.8.5) und (1.8.6) gelten, zu finden, wenden wir den Martingaldarstellungssatz (Satz 4.17[8]) auf (Y_n) und (R_n) an. Es existieren demnach ZV η_k, $1 \le k \le T$, derart, daß η_k $\mathcal{A}_{k-1}$-meßbar ist und

$$Y_n = x + \sum_{k=1}^{n} \eta_k \Delta R_k, \quad 0 \le n \le T \tag{1.8.7}$$

gilt. (Da $\mathcal{A}_0$ trivial ist, folgt wegen (1.8.3) $Y_0 = x$.) Der Vergleich von (1.2.10) und (1.2.11) legt nahe,

$$\gamma_0 := 0, \; \gamma_n := \frac{B_n}{S_{n-1}}\eta_n, \quad 1 \le n \le T \tag{1.8.8}$$

zu setzen (man beachte, daß $\gamma = (\gamma_n)$ vorhersehbar ist). Schließlich werde $\beta = (\beta_n)$ definiert vermöge

$$\beta_0 := Y_0 = x, \quad \beta_n := Y_n - \frac{S_n}{S_{n-1}}\eta_n, \quad 1 \le n \le T. \tag{1.8.9}$$

Wegen $\eta_n \Delta R_n = S_n \eta_n / S_{n-1} - (1+r)\eta_n$ ist (β_n) vorhersehbar. Man rechnet leicht nach, daß $\pi := (\beta, \gamma) \in \mathrm{SF}$ und $M_0^\pi = X_0^\pi = x = Y_0$ gilt. Da wegen (1.2.10), (1.2.11) und (1.8.8)

$$\Delta M_n^\pi = \gamma_n \frac{S_{n-1}}{B_n}\Delta R_n = \eta_n \Delta R_n = \Delta Y_n, \quad 1 \le n \le T,$$

gilt auch (1.8.6). ■

Ähnlich wie in Beispiel 1.1 läßt sich - unter Benutzung eines Arbitrage-Arguments - mit Hilfe von (1.6.2) zeigen, daß in der Tat $\Pi(f)$ der „marktgerechte“ Preis einer f–Option ist.

Sieht man sich den Beweis von Korollar 1.8, das einen geschlossenen Ausdruck für den fairen Preis einer f-Option liefert, genauer an, so zeigt sich, daß letztlich die folgenden beiden Eigenschaften des in Beispiel 1.4 betrachteten spezielleren Marktmodells benutzt wurden:

(I) $\mathcal{M}^* \neq \emptyset$;

(II) Zu jeder f-Option existiert ein $\pi \in \mathrm{SF}$ derart, daß

$$X_T^\pi = f.$$

Wir beschäftigen uns nun mit der Frage, unter welchen Voraussetzungen das zuvor betrachtete allgemeinere Marktmodell die Eigenschaften (I) bzw. (II) hat.

Es zeigt sich, daß (I) eng zusammenhängt mit der Frage: Erfüllt der betrachtete Markt eine *No-Arbitrage-Bedingung*? Eine solche Bedingung besagt, daß es nicht möglich ist, ohne Kapitaleinsatz einen nichtnegativen Gewinn zu erzielen, der mit positiver Wahrscheinlichkeit > 0 ist. Wir betrachten zunächst drei naheliegende Möglichkeiten, die Idee der No-Arbitrage zu formalisieren. Die erste Möglichkeit geht aus von folgender

1.9 Definition. $\pi \in \mathrm{SF}$ heißt eine *Arbitrage-Strategie*, falls gilt:

$$X_0^\pi = 0, \quad X_n^\pi \ge 0, \quad 1 \le n \le T \tag{1.9.1}$$

und

$$P(X_T^\pi > 0) > 0. \tag{1.9.2}$$

■

Die Menge aller Arbitrage-Strategien sei mit $\mathrm{SF}_{\mathrm{Arb}}$ bezeichnet. Die erste Formalisierung der No-Arbitrage-Bedingung ist dann

(NO-ARB 1) Es gilt $\mathrm{SF}_{\mathrm{Arb}} = \emptyset$.

Zwei weitere Formalisierungen sind ($m_n := S_n/B_n$ ist wie in (1.2.2) definiert):

(NO-ARB 2) Gilt für eine $\mathcal{A}_{n-1}$-meßbare ZV $\eta_n \quad (1 \le n \le T)$

$$G_n := \eta_n \Delta m_n \ge 0, \tag{1.9.3}$$

so folgt $G_n = 0$;

(NO-ARB 3) Für jedes $1 \le n \le T$ sei η_n eine $\mathcal{A}_{n-1}$ - meßbare ZV. Gilt dann

$$G := \sum_{n=1}^{T} \eta_n \Delta m_n \ge 0, \tag{1.9.4}$$

so folgt $G = 0$.

Man beachte, daß in (1.9.3) G_n der Wertzuwachs eines Portfolios im Zeitintervall $]n-1, n]$ ist, das unmittelbar nach dem Zeitpunkt $n-1$ η_n Aktien, aber keine Bonds enthält, wobei die Kurse jeweils auf den Zeitpunkt 0 abdiskontiert werden.

Bezeichnet L_0^+ die Menge aller nichtnegativen ZV und setzen wir

$$K := \left\{ \sum_{n=1}^{T} \eta_n \Delta m_n : \eta_n \text{ eine } \mathcal{A}_{n-1} - \text{meßbare ZV}, \quad 1 \le n \le T \right\}, \tag{1.9.5}$$

$$K - L_0^+ := \{\kappa - \lambda : \kappa \in K,\ \lambda \in L_0^+\}, \tag{1.9.6}$$

so ist (NO-ARB 3) äquivalent zu

$$(K - L_0^+) \cap L_0^+ = \{0\} \tag{1.9.7}$$

(auf der rechten Seite bezeichnet 0 die ZV, die $\equiv 0$ ist). Identifizieren wir (falls erforderlich) eine ZV ξ mit dem Vektor $(\xi(\omega_1), \dots, \xi(\omega_d)) \in \mathbb{R}^d$ und bezeichnet $\overline{A}$ die abgeschlossene Hülle einer Menge $A \subset \mathbb{R}^d$ bez. der euklidischen Norm, so können wir folgende „geometrische" Formulierung einer No-Arbitrage-Bedingung betrachten:

(NO-ARB 4) $\quad \overline{K - L_0^+} \cap L_0^+ = \{0\}$.

Gilt (NO-ARB 4), so folgt für jede Menge $\emptyset \ne A \subset \Omega$, daß die abgeschlossenen konvexen Mengen $\overline{K - L_0^+}$ und $\{I_A\}$ disjunkt sind; nach dem *Trennungssatz* für konvexe Teilmengen des $\mathbb{R}^d$ (Rockafellar (1970)) werden sie durch eine geeignete lineare Abbildung $\varphi : \mathbb{R}^d \longrightarrow \mathbb{R}$ *strikt* getrennt. Diese Idee läßt sich in einem wesentlich allgemeineren Zusammenhang betrachten und führt - in Verbindung mit tieferliegenden funktionalanalytischen Hilfsmitteln - zu interessanten Ergebnissen. Man vgl. dazu Yan (1980), Ansel/Stricker (1990), Schachermayer (1992) und Kabanov/Kramkov (1994). Es gilt nun:

1.10 Satz. *Die obige Bedingung*

(I) $\mathcal{M}^* \ne \emptyset$

ist äquivalent zu jeder der vier Bedingungen (NO-ARB 1), (NO-ARB 2), (NO-ARB 3) *und* (NO-ARB 4).

BEWEIS. (I) $\Longrightarrow$ (NO-ARB 4). Es ist klar, daß für jedes $\kappa \in K$ $E_*[\kappa] = 0$ gilt. Zu jedem $\zeta \in \overline{K - L_0^+}$ existieren Folgen $(\kappa_n) \subset K$, $(\lambda_n) \subset L_0^+$ derart, daß $\lim_{n\to\infty}(\kappa_n - \lambda_n) = \zeta$. Wegen $|\Omega| < \infty$ impliziert der Satz von der dominierten Konvergenz $E_*[\zeta] = \lim_{n\to\infty} E_*[\kappa_n - \lambda_n] \leq 0$. Gilt zusätzlich $\zeta \in L_0^+$, so folgt $E_*[\zeta] = 0$, also $\zeta = 0$.

(NO-ARB 4) $\Longrightarrow$ (NO-ARB 3) $\Longrightarrow$ (NO-ARB 2). Trivial.

(NO-ARB 2) $\Longrightarrow$ (NO-ARB 3). Sei G wie in (1.9.4) und gelte $G \geq 0$. Wir zeigen durch Rückwärtsinduktion nach $M := \min\{n : 1 \leq n \leq T,\ \eta_n \not\equiv 0\}$, daß dann $G = 0$ folgt. Im Falle $M = T$ ergibt sich dies aus (NO-ARB 2). Die gewünschte Implikation gelte für alle G derart, daß $2 \leq m \leq M \leq T$. Sei jetzt G wie in (1.9.4) derart, daß $M = m - 1$ und $G \geq 0$ gilt. Auf der Menge $A := \{G_1 := \eta_{m-1}\Delta m_{m-1} \leq 0\}$ $(\in \mathcal{A}_{m-1}!)$ gilt dann

$$G_2 := \sum_{n=m}^{T} \eta_n \Delta m_n \geq 0,$$

so daß aufgrund der Induktionsannahme $G_2 I_A = 0$. Da $G = G_1 + G_2 \geq 0$, folgt $G_1 I_A \geq 0$, also (da $G_1 \leq 0$ auf A gilt) $G_1 \geq 0$, so daß wegen (NO-ARB 2) $G_1 = 0$, also $G_2 = G \geq 0$. Erneute Anwendung der Induktionsannahme impliziert $G = 0$.

(NO-ARB 3) $\Longrightarrow$ (NO-ARB 1). Es existiere ein $\pi = (\beta, \gamma) \in \mathrm{SF}_{\mathrm{Arb}}$. Dann folgt insbesondere $X_0^\pi = 0$, $X_T^\pi \geq 0$ und $P(X_T^\pi > 0) > 0$. Wegen (1.2.10) gilt $M_T^\pi = M_0^\pi + \sum_{n=1}^T \gamma_n \Delta m_n$. Setzen wir $\eta_n := B_T \gamma_n$, $1 \leq n \leq T$, so ist η_n $\mathcal{A}_{n-1}$-meßbar, $1 \leq n \leq T$, und es folgt

$$G := \sum_{n=1}^{T} \eta_n \Delta m_n \geq 0 \quad \text{und} \quad P(G > 0) > 0.$$

Somit gilt nicht (NO-ARB 3).

(NO-ARB 1) $\Longrightarrow$ (I). Gelte $\mathrm{SF}_{\mathrm{Arb}} = \emptyset$. Um den Trennungssatz anzuwenden, definieren wir folgende konvexe Mengen von ZV:

$$K_1 := \{\xi : \text{Für ein } \pi \in \mathrm{SF} \text{ gilt } X_0^\pi = 0 \text{ und } X_T^\pi = \xi\},$$
$$K_2 := \{\xi : \xi \geq 0 \text{ und } E[\xi] \geq 1\}$$

(man beachte, daß K_1 sogar ein Vektorraum ist). Es gilt

$$K_1 \cap K_2 = \emptyset. \tag{1.10.1}$$

Andernfalls existiert ein $\pi = (\beta, \gamma) \in \mathrm{SF}$ derart, daß $X_0^\pi = 0$, $X_T^\pi \geq 0$ und $P(X_T^\pi > 0) > 0$. Wegen (NO-ARB 1) existiert ein *maximales* $1 \leq m \leq T$ derart, daß $P(X_m^\pi < 0) > 0$. Sei $\tilde{\omega} \in \Omega$ derart, daß $X_m^\pi(\tilde{\omega}) =: a < 0$. Setzen wir $A := \{X_m^\pi = a\}$, so gilt $A \in \mathcal{A}_m$ und

$$X_n^\pi(\omega) \geq 0, \quad \omega \in A, \quad m < n \leq T. \tag{1.10.2}$$

Wir definieren nun eine Strategie $\widetilde{\pi} = (\widetilde{\beta}, \widetilde{\gamma})$ wie folgt:

$$\widetilde{\beta}_n = \widetilde{\gamma}_n = 0, \quad 0 \leq n \leq m,$$

$$\widetilde{\beta}_n = \left(\beta_n - \frac{a}{B_m}\right) I_A, \quad \widetilde{\gamma}_n = \gamma_n I_A, \quad m < n \leq T.$$

Dem Leser sei der Nachweis überlassen, daß $\widetilde{\pi} \in \mathrm{SF}_{\mathrm{Arb}}$ gilt, so daß sich ein Widerspruch ergibt und somit (1.10.1) gilt. Da K_1 ein Vektorraum ist, existiert wegen (1.10.1) ein Vektor $y^* = (y_1^*, \dots, y_d^*) \in \mathbb{R}^d$ derart, daß wegen der Konvexität von K_2

$$K_1 = \{\xi : \langle \xi, y^* \rangle = 0\}, \quad K_2 \subset \{\xi : \langle \xi, y^* \rangle > 0\} \tag{1.10.3}$$

($\langle x, y \rangle$ bezeichnet das *Skalarprodukt* von $x, y \in \mathbb{R}^d$). Setzen wir $p_i := P\{\omega_i\}$, $1 \leq i \leq d$, so gehören die Vektoren $(p_1^{-1}, 0, \dots, 0)$, $(0, p_2^{-1}, 0, \dots, 0), \dots,$ $(0, \dots, 0, p_d^{-1})$ zu K_2, so daß sich wegen (1.10.3) $y_i^* > 0, 1 \leq i \leq d$, ergibt. Wir dürfen (und werden) zusätzlich annehmen, daß $y_1^* + \cdots + y_d^* = 1$ gilt, so daß durch $P^*\{\omega_i\} := y_i^*, 1 \leq i \leq d$, ein W.-Maß $P^* \sim P$ definiert wird. Wir werden zeigen, daß $P^* \in \mathcal{M}^*$ gilt. Dazu reicht es wegen Satz 3.7[8] für jede Stoppzeit τ

$$E_*\left[\frac{S_\tau}{B_\tau} - \frac{S_0}{B_0}\right] = 0 \tag{1.10.4}$$

zu zeigen. Wegen (1.10.3) gilt $E_*[\xi] = 0$, $\xi \in K_1$, so daß aufgrund der Definition von K_1 folgt:

$$E_*[X_T^\pi] = 0 \quad \text{für jedes } \pi \in \mathrm{SF} \text{ derart, daß } X_0^\pi = 0. \tag{1.10.5}$$

Sei τ eine beliebige Stoppzeit. Zum Nachweis von (1.10.4) konstruieren wir mit Hilfe von τ eine Strategie $\widehat{\pi} = (\widehat{\beta}, \widehat{\gamma})$ vermöge

$$\widehat{\beta}_n = \frac{S_\tau}{B_\tau} I_{\{n>\tau\}} - \frac{S_0}{B_0}, \quad \widehat{\gamma}_n = I_{\{n \leq \tau\}}, \quad 0 \leq n \leq T. \tag{1.10.6}$$

Man prüft leicht nach, daß $\widehat{\pi} \in \mathrm{SF}$, $X_0^{\widehat{\pi}} = 0$ und

$$E_*[X_T^{\widehat{\pi}}] = B_T E_*\left[\frac{S_\tau}{B_\tau} - \frac{S_0}{B_0}\right] \tag{1.10.7}$$

gilt. Aus (1.10.7) und (1.10.5) folgt dann (1.10.4). ∎

Wir behandeln jetzt die Frage, unter welchen Voraussetzungen das zuvor betrachtete allgemeinere Marktmodell die Eigenschaft (II) hat (wie früher gelte $\mathcal{A}_T = \mathcal{A} = \mathcal{P}(\Omega)$).

1.11 Definition. Das zuvor betrachtete Marktmodell heiße *vollständig*, falls es zu jeder ZV f_T ein $\pi \in \mathrm{SF}$ gibt derart, daß $X_T^\pi = f_T$. ∎

Wendet man dies auf f_T^+ und f_T^- an, so ergibt sich, daß (II) *äquivalent* zur Vollständigkeit ist. Insbesondere ist also das in Beispiel 1.4 betrachtete CRR-Modell vollständig. Dies ergab sich unter Verwendung des Martingal-Darstellungssatzes (Satz 4.17 [8]).

1.12 Satz. *Sei $\mathcal{M}^* \neq \emptyset$ und $P^* \in \mathcal{M}^*$. Dann sind folgende Aussagen äquivalent:*

(a) *Das Marktmodell ist vollständig* ($\iff$ (II));

(b) $|\mathcal{M}^*| = 1$;

(c) *Jedes P^*-Martingal (M_n) läßt sich in der Form*

$$M_n = M_0 + \sum_{k=1}^{n} \gamma_k \Delta m_k, \quad 0 \le n \le T \tag{1.12.1}$$

darstellen, wobei γ_k $\mathcal{A}_{k-1}$-meßbar ist, $1 \le k \le T$;

(d) *Jedes P^*-Martingal (M_n) läßt sich in der Form*

$$M_n = M_0 + \sum_{k=1}^{n} \gamma_k \Delta R_k, \quad 0 \le n \le T \tag{1.12.2}$$

(R_n gegeben durch (1.2.8)) *darstellen, wobei γ_k $\mathcal{A}_{k-1}$-meßbar ist,* $1 \le k \le T$.

BEWEIS. (a) $\Longrightarrow$ (b). Sei $P^{**} \in \mathcal{M}^*$ derart, daß $P^* \neq P^{**}$. Sei $A \in \mathcal{A}$ derart, daß $P^*(A) \neq P^{**}(A)$. Wegen (a) existiert ein $\pi \in$ SF derart, daß $X_T^\pi = I_A$. Bezeichnet E_{**} den EW bez. P^{**}, so folgt wegen Satz 1.3 (b) $E_*[X_T^\pi/B_T] = E_*[X_0^\pi]$ und $E_{**}[X_T^\pi/B_T] = E_{**}[X_0^\pi]$ (man beachte $B_0 = 1$). Da X_0^π konstant ist, ergibt sich $P^*(A) = P^{**}(A)$, also ein Widerspruch.

(b) $\Longrightarrow$ (a). Sei

$$K_3 := \{\xi : \exists\ \pi \in \text{SF derart, daß } X_0^\pi = 0 \text{ und } X_T^\pi = \xi\},$$
$$K_4 := \{\xi : E_*[\xi] = 0\}.$$

Klar ist: $K_3 \subset K_4$. Es reicht jetzt zu zeigen: (b) $\Longrightarrow K_3 = K_4 \Longrightarrow$ (a).

(b) $\Longrightarrow K_3 = K_4$. Wir setzen $P^*\{\omega_i\} =: y_i^*, 1 \le i \le d$, und $y^* := (y_1^*, \dots, y_d^*) \in \mathbb{R}^d$. Gilt $K_3 \neq K_4$, so existiert ein Vektor $\widetilde{x} \in K_4 \backslash K_3$, der orthogonal zu K_3 ist:

$$\langle x, \widetilde{x} \rangle = 0, \quad x \in K_3 \tag{1.12.3}$$

(wegen $0 \in K_3$ gilt $\widetilde{x} \neq 0$). Da $P^* \sim P$, existiert ein $\varepsilon > 0$ derart, daß $\widetilde{y}_i := P^*\{\omega_i\} - \varepsilon \widetilde{x}_i = y_i^* - \varepsilon \widetilde{x}_i > 0, 1 \le i \le d$. Für $\widetilde{y} := (\widetilde{y}_1, \dots, \widetilde{y}_d)$ gilt dann wegen (1.12.3) und Satz 1.3 (b)

$$\langle \widetilde{y}, x \rangle = \langle y^*, x \rangle = 0, \quad x \in K_3. \tag{1.12.4}$$

Setzen wir $\delta := (\widetilde{y}_1 + \cdots + \widetilde{y}_d)^{-1}$, so wird durch $\widetilde{P}\{\omega_i\} := \delta \widetilde{y}_i, 1 \le i \le d$, ein W.-Maß $\widetilde{P} \sim P$ definiert. Wir werden zeigen, daß $\widetilde{P} \in \mathcal{M}^*$ gilt. Dazu reicht es wegen Satz 3.7[8] für jede Stoppzeit τ ($\widetilde{E}$ bezeichne den EW bez. $\widetilde{P}$)

$$\widetilde{E}\left[\frac{S_\tau}{B_\tau} - \frac{S_0}{B_0}\right] = 0 \tag{1.12.5}$$

zu zeigen. Aus (1.12.4) folgt $\widetilde{E}[\xi] = 0$, $\xi \in K_3$, so daß

$$\widetilde{E}[X_T^\pi] = 0 \quad \text{für jedes } \pi \in \text{SF derart, daß } X_0^\pi = 0. \tag{1.12.6}$$

Nun läßt sich (1.12.5) mit Hilfe von (1.12.6) ebenso verifizieren, wie sich zuvor (1.10.4) mit Hilfe von (1.10.5) ergab. Gilt (b), so folgt $\widetilde{P} = P^*$, d.h. $\delta\widetilde{y}_i = \delta(y_i^* - \varepsilon\widetilde{x}_i) = y_i^*$, $1 \le i \le d$, woraus sich $(1-\delta)y_i^* = -\delta\varepsilon\widetilde{x}_i$, $1 \le i \le d$, ergibt. Da $\widetilde{x} \in K_4$, folgt $\langle \widetilde{x}, y^* \rangle = 0$, also $\widetilde{x} = 0$, so daß sich ein Widerspruch ergibt.

$K_3 = K_4 \Longrightarrow$ (a). Sei f_T eine beliebige ZV. Setzen wir $\xi := f_T - E_*[f_T]$, so folgt $\xi \in K_4$, also $\xi \in K_3$. Es existiert somit ein $\pi = (\beta, \gamma) \in$ SF derart, daß $X_0^\pi = 0$ und $X_T^\pi = f_T - E_*[f_T]$. Die Strategie $\widetilde{\pi} = (\widetilde{\beta}, \widetilde{\gamma})$ sei gegeben durch

$$\widetilde{\beta}_n = \beta_n + E_*\left[\frac{f_T}{B_T}\right], \quad \widetilde{\gamma}_n = \gamma_n, \quad 0 \le n \le T.$$

Da $\pi \in$ SF, folgt $\widetilde{\pi} \in$ SF. Aber $X_T^{\widetilde{\pi}} = \widetilde{\beta}_T B_T + \widetilde{\gamma}_T S_T = X_T^\pi + E_*[f_T] = f_T$. Somit gilt (a).

(a) $\Longrightarrow$ (c). Sei (M_n) ein beliebiges P^*-Martingal und $f_T := M_T B_T$. Wegen (a) existiert ein $\pi = (\beta, \gamma) \in$ SF mit $X_T^\pi = f_T$. Wegen Satz 1.3 (b) ist (X_n^π / B_n) ein P^*-Martingal. Daraus folgt

$$\frac{X_n^\pi}{B_n} = M_n, \quad 0 \le n \le T, \tag{1.12.7}$$

da $M_n = E_*[M_T \mid \mathcal{A}_n] = E_*[f_T/B_T \mid \mathcal{A}_n] = E_*[X_T^\pi/B_T \mid \mathcal{A}_n] = X_n^\pi/B_n, 0 \le n \le T$. Wegen (1.12.7) und (1.2.10) ergibt sich

$$\Delta M_n = \Delta M_n^\pi = \gamma_n \Delta m_n.$$

(c) $\Longrightarrow$ (d). Dies folgt sofort aus (1.2.11), da B_n/S_{n-1} strikt positiv und $\mathcal{A}_{n-1}$-meßbar ist.

(d) $\Longrightarrow$ (a). Sei f_T eine beliebige ZV. Dann bilden die ZV

$$M_n := E_*\left[\frac{f_T}{B_T}\middle|\mathcal{A}_n\right], \quad 0 \le n \le T$$

ein P^*- Martingal, so daß es wegen (d) $\mathcal{A}_{k-1}$-meßbare ZV $\eta_k (1 \le k \le T)$ gibt derart, daß

$$M_n = M_0 + \sum_{k=1}^n \gamma_k \Delta R_k, \quad 0 \le n \le T.$$

Existiert ein $\widetilde{\pi} = (\widetilde{\beta}, \widetilde{\gamma}) \in$ SF derart, daß

$$M_n^{\widetilde{\pi}} := \frac{X_n^{\widetilde{\pi}}}{B_n} = M_n, \quad 0 \le n \le T, \tag{1.12.8}$$

so ergibt sich $X_T^{\widetilde{\pi}} = M_T B_T = f_T$. Das gewünschte $\widetilde{\pi} = (\widetilde{\beta}, \widetilde{\gamma})$ wird nun analog zu (1.8.8) und (1.8.9) (dort tritt (Y_n) an die Stelle von (M_n)!) durch

$$\widetilde{\gamma}_0 = 0, \quad \widetilde{\gamma}_n = \frac{B_n}{S_{n-1}}\gamma_n, \quad 1 \le n \le T,$$
$$\widetilde{\beta}_n = M_n - \frac{S_n}{B_n}\widetilde{\gamma}_n, \quad 0 \le n \le T$$

gegeben. Damit ist Satz 1.12 bewiesen. ∎

1.13 Bemerkung. Der Beweis von Lemma 1.7 zeigt, wie man auf systematische Weise zu einer minimalen Hedge-Strategie gelangt, falls für das Marktmodell $|\mathcal{M}^*| = 1$ gilt. Es sei dies anhand von Beispiel 1.1 erläutert. Dort ist $T = 1$, $r = 0{,}05$, $B_0 = 1$, $S_0 = 160$, wobei $1 + \rho_1$ die Werte $\frac{177}{160}$ und $\frac{126}{160}$ annimmt. Dann ist $p^* = \frac{14}{17}$, und der Black-Scholes-Preis der Option $f = f_1 = (S_1 - 160)^+$ ist $\Pi(f) = E_*[(1+r)^{-T} f] = \frac{40}{3}$. Man verifiziert leicht, daß das durch (1.8.4) gegebene P^*-Martingal (Y_n) bez. des P^*-Martingals (R_n) folgende Darstellung besitzt:

$$Y_0 = \Pi(f) = \frac{40}{3}, \quad Y_1 = Y_0 + \eta_1 \Delta R_1 = \frac{40}{3} + \frac{3200}{63}(\rho_1 - r).$$

Wegen (1.8.8) und (1.8.9) wird eine minimale Hedge-Strategie für f gegeben durch

$$\gamma_1 = \frac{B_1}{S_0}\eta_1 = \frac{1{,}05 \cdot 3200}{160 \cdot 63} = \frac{1}{3} \quad \text{(Einheit : 100 US-Dollar!)},$$
$$\beta_1 = Y_1 - \frac{S_1}{S_0}\eta_1 = \Pi(f) + \eta_1(1 + \rho_1 - (1+r)) - (1+\rho_1)\eta_1$$
$$= \Pi(f) - (1+r)\eta_1 = -40,$$

wobei das Portfolio zur Zeit 0 den Wert $\Pi(f) = 40/3$ hat. Der Investor leiht sich also unmittelbar nach dem Zeitpunkt 0 40 DM und kauft 100/3 US-Dollar. ∎

1.14 Bemerkung. Setzen wir $W_n = S_n/B_n, 0 \le n \le T$, so ergibt sich aus Satz 1.10 für das zu Beginn dieses Kapitels betrachtete Marktmodell die Äquivalenz der folgenden beiden Aussagen:

(i) (W_n) besitzt ein äquivalentes Martingalmaß.

(ii) Gilt für eine $\mathcal{A}_{n-1}$-meßbare ZV $h_n (1 \le n \le T)$ $h_n(W_n - W_{n-1}) \ge 0$, so folgt $h_n(W_n - W_{n-1}) = 0$.

Es zeigt sich, daß die Äquivalenz von (i) und der No-Arbitrage-Bedingung (ii) ganz allgemein gilt. Sei $(\Omega, \mathcal{A}, P)$ ein beliebiger W.-Raum, $\mathcal{A}_0 \subset \mathcal{A}_1 \subset \cdots \subset \mathcal{A}_T \subset \mathcal{A}$ $(T \ge 1)$ eine Filtrierung und $W = (W_n)$ $(0 \le n \le T)$ eine *beliebige* adaptierte Folge von ZV (es wird *nicht* $(W_n) \subset L^1$ verlangt). Ein W.-Maß Q auf $\mathcal{A}$ heißt ein *äquivalentes Martingalmaß* für W, falls Q und P *äquivalent* sind (Bezeichnung: $Q \sim P$), d.h.

$$Q(A) = 0 \iff P(A) = 0, \quad A \in \mathcal{A} \tag{1.14.1}$$

gilt und W ein Martingal bez. Q (kurz: ein *Q-Martingal*) ist. Dann läßt sich zeigen:

1.15 Satz. *Die folgenden Aussagen sind äquivalent:*

(AM) *Es existiert ein äquivalentes Martingalmaß für $W = (W_n)$.*

(NA) *Gilt für eine $\mathcal{A}_{n-1}$-meßbare* ZV h_n $(1 \leq n \leq T) h_n(W_n - W_{n-1}) \geq 0$ *f.s., so folgt $h_n(W_n - W_{n-1}) = 0$ f.s.*

Der Beweis der Implikation (AM) $\Longrightarrow$ (NA) ist einfach. Sei also Q ein äquivalentes Martingalmaß für W und gelte für eine $\mathcal{A}_{n-1}$-meßbare ZV h_n $(1 \leq n \leq T)$

$$h_n(W_n - W_{n-1}) \geq 0 \quad P - \text{f.s.} \tag{1.15.1}$$

Wegen $Q \sim P$ folgt aus (1.15.1) $h_n(W_n - W_{n-1}) \geq 0 \quad Q$-f.s., also insbesondere

$$h_n I\{| h_n |\leq m\}(W_n - W_{n-1}) \geq 0 \quad Q - \text{f.s.}, \quad m \geq 1. \tag{1.15.2}$$

Da W ein Q-Martingal ist, ergibt sich (E_Q bezeichne den EW bez. Q)

$$\begin{aligned} &E_Q[h_n I\{| h_n |\leq m\}(W_n - W_{n-1})] \\ &= E_Q[h_n I\{| h_n |\leq m\} E_Q[W_n - W_{n-1} \mid \mathcal{A}_{n-1}]] = 0, \end{aligned}$$

so daß wegen (1.15.2) $h_n I\{| h_n |\leq m\}(W_n - W_{n-1}) = 0$ Q-f.s., $m \geq 1$, also $h_n(W_n - W_{n-1}) = 0$ Q-f.s. gilt. Wegen $Q \sim P$ folgt hieraus $h_n(W_n - W_{n-1}) = 0$ P-f.s. Der Beweis der Implikation (NA) $\Longrightarrow$ (AM) ist kompliziert und soll hier nicht behandelt werden. ■

1.16 Beispiel. $X_0, \ldots, X_T$ $(T \geq 1)$ sei eine UIV-Folge von ZV. Wir nehmen an, daß Zahlen $0 < a < \infty$ und $0 < b < \infty$ existieren derart, daß

$$P(X_0 = a) > 0, \quad P(X_0 = -b) > 0 \tag{1.16.1}$$

sowie

$$P(-b \leq X_0 \leq a) = 1 \tag{1.16.2}$$

gilt. Im folgenden seien $c_0, \ldots, c_T$ strikt positive Konstanten, und für $0 \leq n \leq T$ sei $S_n := X_0 + \cdots + X_n$, $W_n := c_n^{-1} S_n$ und $\mathcal{A}_n := \sigma\{X_0, \ldots, X_n\}$. Dann gilt: *Die Folge $W = (W_n)$ besitzt genau dann ein äquivalentes Martingalmaß bez. der Filtrierung $(\mathcal{A}_n)$, falls*

$$1 - \frac{1}{n} \min\left(\frac{a}{b}, \frac{b}{a}\right) < \frac{c_n}{c_{n-1}} < 1 + \frac{1}{n}, \quad 1 \leq n \leq T. \tag{1.16.3}$$

Zum Beweis beachte man zunächst, daß gilt:

$$c_n(W_n - W_{n-1}) = X_n + \left(1 - \frac{c_n}{c_{n-1}}\right) S_{n-1}, \quad 1 \leq n \leq T. \tag{1.16.4}$$

Für $1 \leq n \leq T$ sei $A_n := \{S_{n-1} = an\}, B_n := \{S_{n-1} = -bn\}, C_n := \{X_n = a\}$ und $D_n := \{X_n = -b\}$. Dann folgt $A_n, B_n \in \mathcal{A}_{n-1}$, und wegen (1.16.1) ergibt sich $P(A_n \cap C_n) = P(A_n)P(C_n) > 0$ sowie $P(B_n \cap C_n) > 0$ und

$P(B_n \cap D_n) > 0$. Gilt für ein $1 \leq m \leq T$ $c_m/c_{m-1} \geq 1 + 1/m$, so folgt für $h_m := c_m I(B_m)$ wegen (1.16.4) und (1.16.2)

$$\text{(1.16.5)} \qquad h_m(W_m - W_{m-1}) \geq 0 \quad \text{f.s.}$$

Da $h_m(W_m - W_{m-1}) \geq a + b$ f.s. auf $B_m \cap C_m$, ist (NA) nicht erfüllt. Andererseits sei für ein $1 \leq m \leq T$ $c_m/c_{m-1} \leq 1 - \min(a/b, b/a)/m$. Ist $a/b \leq b/a$, so folgt für $h_m := -c_m I(B_m)$ wegen (1.16.4) und (1.16.2), daß (1.16.5) und $h_m(W_m - W_{m-1}) \geq a + b$ f.s. auf $B_m \cap D_m$ gilt, während im Fall $b/a \leq a/b$ für $h_m := c_m I(A_m)$ (1.16.5) und $h_m(W_m - W_{m-1}) \geq a + b$ f.s. auf $A_m \cap C_m$ gilt. Dies zeigt, daß (1.16.3) *notwendig* für die Gültigkeit von (NA) ist. Gelte nun (1.16.3). Zum Nachweis von (NA) sei für ein $1 \leq m \leq T$ h_m $\mathcal{A}_{m-1}$-meßbar und gelte (1.16.5), so daß wegen (1.16.4)

$$\text{(1.16.6)} \qquad h_m \left[X_m + \left(1 - \frac{c_m}{c_{m-1}}\right) S_{m-1} \right] \geq 0 \quad \text{f.s.}$$

Da D_m unabhängig von $\mathcal{A}_{m-1}$ ist, folgt wegen (1.16.1) und (1.16.6)

$$\begin{aligned} P(h_m > 0) &= P(h_m > 0 \mid D_m) \\ &= P(h_m > 0, X_m + (1 - \frac{c_m}{c_{m-1}})S_{m-1} \geq 0 \mid D_m). \end{aligned}$$

Nun gilt aber

$$\text{(1.16.7)} \qquad X_m + \left(1 - \frac{c_m}{c_{m-1}}\right) S_{m-1} < 0 \quad \text{f.s. auf } D_m,$$

so daß sich $P(h_m > 0) = 0$, also $h_m \leq 0$ f.s. ergibt. Zum Nachweis von (1.16.7) beachte man zunächst, daß wegen (1.16.3) eine Zahl δ existiert, für die

$$0 < \delta < \frac{1}{m} \min\left(\frac{a}{b}, \frac{b}{a}\right) \quad \text{und} \quad 1 - \frac{c_m}{c_{m-1}} \leq \frac{1}{m} \min\left(\frac{a}{b}, \frac{b}{a}\right) - \delta$$

gilt, so daß

$$X_m + \left(1 - \frac{c_m}{c_{m-1}}\right) S_{m-1} \leq -\delta a m < 0 \quad \text{f.s. auf } D_m \cap \{S_{m-1} \geq 0\}.$$

Ähnlich folgt

$$X_m + \left(1 - \frac{c_m}{c_{m-1}}\right) S_{m-1} < 0 \quad \text{f.s. auf } D_m \cap \{S_{m-1} \leq 0\},$$

so daß sich (1.16.7) ergibt. Analog erhält man, daß $P(h_m < 0) = 0$, also $h_m \geq 0$ f.s. gilt. Aus (1.16.3) und (1.16.6) folgt also $h_m = 0$ f.s., so daß (NA) erfüllt ist. ■

10.2 Durch Grenzübergang zur Black-Scholes-Formel

In diesem Abschnitt wird gezeigt, wie sich die bekannte Black-Scholes-Formel für eine europäische Call-Option durch einen geeigneten Grenzübergang aus dem CRR-Modell (Beispiel 1.4) erhalten läßt.

Die Handelszeitpunkte im CRR-Modell sind $0, 1, \ldots, T$ $(T \geq 1)$. Im folgenden gehen wir von einer Gesamtlaufzeit $T > 0$ (nicht notwendig ganzzahlig) aus. Das Zeitintervall $[0, T]$ werde nun in k gleichlange Perioden unterteilt, so daß die $k+1$ Handelszeitpunkte $0, T/k, 2T/k, \ldots, T$ sind. Ist r der auf eine feste Zeiteinheit (etwa ein Jahr) bezogene Zinssatz, so ist der Aufzinsfaktor für die Laufzeit T bei *stetiger* Verzinsung $(1+r)^T$. Bezeichnet $r(k)$ den Zinssatz für jede der k Teilperioden, so folgt also

$$(2.0.1) \qquad 1 + r(k) = (1+r)^{T/k}, \quad k \geq 1.$$

Schreiben wir $B_n(k)$ (konsequenter wäre $B_{nT/k}(k)$!) für den Wert eines Bonds zum Zeitpunkt nT/k, so gilt analog zu (1.4.6) wegen (2.0.1)

$$(2.0.2) \qquad B_n(k) = (1+r)^{nT/k}, \quad 0 \leq n \leq k.$$

Die Zahlen a, b, die in den stochastischen Zinssatz ρ_n (vgl. (1.4.5)) eingehen, hängen jetzt ebenfalls von k ab, so daß $a = a(k)$, $b = b(k)$ und (vgl. (1.4.4))

$$(2.0.3) \qquad -1 < a(k) < r(k) < b(k), \quad k \geq 1.$$

Im folgenden seien $\xi_1, \xi_2, \ldots$ ZV und P_p $(0 < p < 1)$ W.-Maße derart, daß (ξ_n) eine UIV-Folge bez. P_p bildet und gilt: $P_p(\xi_n = 1) = p$, $P_p(\xi_n = 0) = 1 - p$ $(0 < p < 1)$. Der auf die n-te Periode bezogene *stochastische Zinssatz* $\rho_n(k)(1 \leq n \leq k)$ werde analog zu (1.4.5) definiert durch

$$(2.0.4) \qquad \rho_n(k) = a(k) + (b(k) - a(k))\xi_n, \quad 1 \leq n \leq k.$$

Für den Aktienkurs zum Zeitpunkt nT/k schreiben wir $S_n(k)$ (konsequenter wäre $S_{nT/k}(k)$), so daß analog zu (1.4.7)

$$(2.0.5) \qquad S_n(k) = S_0(1 + \rho_1(k)) \cdots (1 + \rho_n(k)), \quad 1 \leq n \leq k.$$

($S_0 > 0$ sei konstant und hänge nicht von k ab.) Im folgenden seien die Zahlen $a(k)$, $b(k)$ so gewählt, daß der Aktienkurs eine *geometrische Irrfahrt* bildet, also gilt (vgl. (1.4.8)):

$$(2.0.6) \qquad (1 + a(k))(1 + b(k)) = 1, \quad k \geq 1.$$

Eine Aufwärts-(Abwärts-)Bewegung des Aktienkurses wird also durch eine nachfolgende Abwärts-(Aufwärts-)Bewegung rückgängig gemacht.

Der Aktienkurs werde im folgenden so modelliert, daß seine zufälligen Änderungen in sehr kurzen Zeitintervallen sehr klein sind. Insbesondere soll also gelten:

$$(2.0.7) \qquad \lim_{k \to \infty} b(k) = 0,$$

woraus sich wegen (2.0.6) $a(k) \to 0$ $(k \to \infty)$ ergibt. Zur weiteren Festlegung der Zahlen $b(k)$ betrachten wir im Fall von k Perioden das zum Parameterwert

$$p_*(k) := \frac{r(k) - a(k)}{b(k) - a(k)}, \quad k \geq 1 \tag{2.0.8}$$

gehörige äquivalente Martingalmaß (Bezeichnung: $P_*^{(k)}$; vgl. (1.6.3)). Bez. $P_*^{(k)}$ gebildete Erwartungswerte bzw. Varianzen werden der Einfachheit halber mit E_* bzw. Var_* bezeichnet. Somit gilt für $1 \leq n \leq k$

$$E_*[1 + \rho_n(k)] = (1 + b(k))p_*(k) + (1 + a(k))(1 - p_*(k)) = 1 + r(k). \tag{2.0.9}$$

(Hierbei wird nicht (2.0.6) benutzt!) Wegen (2.0.1) sind die logarithmierten deterministischen Aufzinsfaktoren bei festem k proportional zur Länge des betrachteten Zeitintervalls. Aufgrund der obigen Annahmen sind die stochastischen Aufzinsfaktoren (bei festem k), die zu verschiedenen Perioden gehören, unabhängig und identisch verteilt. Durch den Vergleich der logarithmierten deterministischen bzw. stochastischen Aufzinsfaktoren wird - im Hinblick auf die Additivitätseigenschaft der Varianz bei Summen von unabhängigen ZV aus L^2 - folgende Annahme motiviert: Es gilt für eine Konstante $\sigma > 0$

$$\lim_{k\to\infty} \text{Var}_*[\log((1 + \rho_1(k)) \cdots (1 + \rho_k(k)))] = \sigma^2 T,$$

d.h.

$$\lim_{k\to\infty} k\text{Var}_*[\log(1 + \rho_1(k))] = \sigma^2 T. \tag{2.0.10}$$

Der Parameter σ heißt auch *Volatilität* des Aktienkurses. Eine einfache Rechnung ergibt

$$\text{Var}_*[\log(1 + \rho_1(k))] = p_*(k)(1 - p_*(k)) \left(\log \frac{1 + b(k)}{1 + a(k)}\right)^2,$$

so daß die Forderung (2.0.10) wegen (2.0.6) lautet:

$$\lim_{k\to\infty} 4kp_*(k)(1 - p_*(k))(\log(1 + b(k)))^2 = \sigma^2 T. \tag{2.0.11}$$

Wir werden zeigen, daß sich (2.0.11) für die Wahl

$$1 + b(k) := \exp\left(\sigma\sqrt{T/k}\right), \quad k \geq 1 \tag{2.0.12}$$

ergibt, so daß dann (2.0.7) und aufgrund von (2.0.6)

$$1 + a(k) = \exp\left(-\sigma\sqrt{T/k}\right), \quad k \geq 1 \tag{2.0.13}$$

gilt.

Ist $K > 0$ der Ausübungspreis einer europäischen Call-Option, so wird die Option nur dann ausgeübt, falls bei gegebener Periodenzahl k die Anzahl

$$\nu(k) := \#\{1 \leq n \leq k : \xi_n = 1\} \tag{2.0.14}$$

der Aufwärtsbewegungen des Aktienkurses nicht zu klein ist (man beachte, daß $0 \leq \nu(k) \leq k,\ k \geq 1$). Mit Hilfe einer einfachen Überlegung folgt aus (2.0.5), daß für den Aktienkurs $S_k(k)$ zur Zeit T gilt:

$$S_k(k) \geq K \iff \nu(k) \geq d(k), \tag{2.0.15}$$

wobei

$$d(k) := \text{positiver Teil von } \left(\log \frac{K}{S_0(1+a(k))^k}\right) \Big/ \left(\log \frac{1+b(k)}{1+a(k)}\right) \tag{2.0.16}$$

(hierbei wird nicht (2.0.6) benutzt).

2.1 Lemma. *Es gelte* (2.0.1), (2.0.12) *und* (2.0.13). *Dann folgt für* $k \to \infty$

$$p_*(k) = \frac{1}{2} + \frac{\log((1+r)^T) - \sigma^2 T/2}{2\sigma\sqrt{kT}} + \mathrm{O}\left(\frac{1}{k}\right), \tag{2.1.1}$$

$$kp_*(k)(1-p_*(k)) = \frac{k}{4}\left(1 + \mathrm{O}\left(\frac{1}{k}\right)\right) \tag{2.1.2}$$

und

$$d(k) = \frac{k}{2} - \frac{\log(S_0/K)}{2\sigma\sqrt{T}}\sqrt{k} + \mathrm{O}(1). \tag{2.1.3}$$

Insbesondere gilt

$$\lim_{k\to\infty} \frac{d(k) - kp_*(k)}{\sqrt{kp_*(k)(1-p_*(k))}} = \frac{\sigma^2 T/2 - \log(S_0(1+r)^T/K)}{\sigma\sqrt{T}}. \tag{2.1.4}$$

BEWEIS. Zum Nachweis von (2.1.1) setzen wir vorübergehend $x = x(k) = T/k,\ k \geq 1$, so daß $x(k) > 0,\ k \geq 1$ und $x(k) \to 0\ (k \to \infty)$. Wegen (2.0.8), (2.0.12) und (2.0.13) ergibt sich

$$p_*(k) = \frac{(1+r)^x - \exp(-\sigma\sqrt{x})}{\exp(\sigma\sqrt{x}) - \exp(-\sigma\sqrt{x})}. \tag{2.1.5}$$

Wendet man die Taylorsche Formel mit Restglied auf die Exponentialfunktion an, so erhält man

$$(1+r)^t = \exp(t\log(1+r)) = 1 + t\log(1+r) + \mathrm{O}(t^2) \quad (t \to 0),$$
$$\exp(-\sigma\sqrt{t}) = 1 - \sigma\sqrt{t} + \sigma^2 t/2 + \mathrm{O}(t^{3/2}) \quad (t \to 0,\ t > 0)$$

und

$$\exp(\sigma\sqrt{t}) = 1 + \sigma\sqrt{t} + \sigma^2 t/2 + \mathrm{O}(t^{3/2}) \quad (t \to 0, t > 0).$$

Setzt man dies in (2.1.5) ein und beachtet u.a., daß man $\mathrm{O}(x^2)$ und $\mathrm{O}(x^{3/2})$ durch $\mathrm{O}(x^{3/2})$ bzw. $\mathrm{O}(x)$ ersetzen kann, so ergibt sich (2.1.1) und somit auch (2.1.2), während (2.1.3) eine einfache Konsequenz aus (2.0.6) und (2.0.12) ist. Schließlich folgt (2.1.4) aus (2.1.1) - (2.1.3). ∎

2.2 Korollar. *Unter den Voraussetzungen von Lemma 2.1 gilt*

(2.2.1) $$\lim_{k\to\infty} \mathrm{Var}_*[\log((1+\rho_1(k))\cdots(1+\rho_k(k)))] = \sigma^2 T$$

und

(2.2.2) $$\lim_{k\to\infty} E_*[\log((1+\rho_1(k))\cdots(1+\rho_k(k)))] = \mu T,$$

falls

(2.2.3) $$\mu = \log(1+r) - \sigma^2/2$$

gesetzt wird.

BEWEIS. Aus (2.1.2) und (2.0.12) ergibt sich

$$4kp_*(k)(1-p_*(k))(\log(1+b(k)))^2 = (1+\mathrm{O}(1/k))\sigma^2 T,$$

so daß (2.0.11) und damit (2.2.1) gilt. Andererseits erhalten wir wegen (2.0.12), (2.0.13) und (2.1.1)

$$E_*[\log((1+\rho_1(k))\cdots(1+\rho_k(k)))] = kE_*[\log(1+\rho_1(k))] = \mu T + \mathrm{O}(1/\sqrt{k}),$$

also (2.2.2). ■

Im folgenden bezeichne $C_k(S_0, K, T, r)$ den fairen Preis einer europäischen Call-Option mit Ausübungspreis $K > 0$, falls das gesamte Laufzeitintervall $[0, T]$ in k gleichlange Zeitintervalle unterteilt wird und r der auf eine feste Zeiteinheit (etwa 1 Jahr) bezogene Zinssatz ist. Wegen Korollar 1.8 gilt dann

(2.2.4) $$C_k(S_0, K, T, r) = E_*[(1+r)^{-T}(S_k(k) - K)^+].$$

In (2.2.4) wird der EW E_* bez. des von k abhängenden äquivalenten Martingalmaßes $P_*^{(k)}$ gebildet, und $S_k(k)$ bezeichnet - entsprechend unserer Konvention - den Aktienkurs zum Zeitpunkt T (*nicht* k!). Da $\nu(k)$ - gegeben durch (2.0.14) - unter $P_*^{(k)}$ eine Binomialverteilung mit den Parametern k und $p_*(k)$ besitzt, ergibt sich aufgrund von (2.0.15), (2.0.5) und (2.0.1)

$$\begin{aligned}
&E_*[(1+r)^{-T}(S_k(k) - K)^+]\\
&= (1+r)^{-T} \sum_{j\geq d(k)} \binom{k}{j} p_*^j(k)(1-p_*(k))^{k-j}(S_0(1+b(k))^j(1+a(k))^{k-j} - K)\\
&= S_0 \sum_{j\geq d(k)} \binom{k}{j} \left(\frac{(1+b(k))p_*(k)}{1+r(k)}\right)^j \left(\frac{(1+a(k))(1-p_*(k))}{1+r(k)}\right)^{k-j}\\
&\quad - K(1+r)^{-T} \sum_{j\geq d(k)} \binom{k}{j} p_*^j(k)(1-p_*(k))^{k-j}.
\end{aligned}$$

Setzen wir

(2.2.5) $$\widetilde{p}_*(k) = \frac{(1+b(k))p_*(k)}{1+r(k)}, \quad k \geq 1,$$

so folgt also wegen (2.0.9) und (2.2.4)

$$
\begin{aligned}
C_k(S_0, K, T, r) = S_0 \sum_{j \geq d(k)} \binom{k}{j} \widetilde{p}_*^j(k)(1 - \widetilde{p}_*(k))^{k-j} \\
- K(1+r)^{-T} \sum_{j \geq d(k)} \binom{k}{j} p_*^j(k)(1 - p_*(k))^{k-j}.
\end{aligned} \tag{2.2.6}
$$

Wir zeigen nun, daß gilt:

$$
\lim_{k \to \infty} \sum_{j \geq d(k)} \binom{k}{j} \widetilde{p}_*^j(k)(1 - \widetilde{p}_*(k))^{k-j} = \Phi(\Delta_1) \tag{2.2.7}
$$

und

$$
\lim_{k \to \infty} \sum_{j \geq d(k)} \binom{k}{j} p_*^j(k)(1 - p_*(k))^{k-j} = \Phi(\Delta_2), \tag{2.2.8}
$$

worin Φ die VF der N(0, 1)-Verteilung bezeichnet, und

$$
\Delta_1 = \frac{\log(S_0(1+r)^T/K) + \sigma^2 T/2}{\sigma\sqrt{T}} \tag{2.2.9}
$$

sowie

$$
\Delta_2 = \Delta_1 - \sigma\sqrt{T} = \frac{\log(S_0(1+r)^T/K) - \sigma^2 T/2}{\sigma\sqrt{T}} \tag{2.2.10}
$$

gesetzt wird. Für die durch (2.2.5) gegebenen Wahrscheinlichkeiten $\widetilde{p}_*(k)$ erhält man analog zu (2.1.1) und (2.1.4)

$$
\widetilde{p}_*(k) = \frac{1}{2} + \frac{\log((1+r)^T) + \sigma^2 T/2}{2\sigma\sqrt{kT}} + \mathrm{O}\left(\frac{1}{k}\right) \tag{2.2.11}
$$

und

$$
\lim_{k \to \infty} \frac{d(k) - k\widetilde{p}_*(k)}{\sqrt{k\widetilde{p}_*(k)(1 - \widetilde{p}_*(k))}} = -\Delta_1, \tag{2.2.12}
$$

während (2.1.4) besagt:

$$
\lim_{k \to \infty} \frac{d(k) - kp_*(k)}{\sqrt{kp_*(k)(1 - p_*(k))}} = -\Delta_2. \tag{2.2.13}
$$

Zum Nachweis von (2.2.8) gehen wir aus von einem W.-Raum $(\Omega, \mathcal{A}, P)$, auf dem für jedes $k \geq 1$ eine UIV-Folge $\eta_{k1}, \ldots, \eta_{kk}$ definiert ist derart, daß $P(\eta_{k1} = 1) = p_*(k)$ und $P(\eta_{k1} = 0) = 1 - p_*(k)$. Setzen wir $\sum_k = \eta_{k1} + \cdots + \eta_{kk}$, $k \geq 1$, so gilt $\sum_k \sim \mathrm{BIN}(k, p_*(k))$, und (2.2.8) ist wegen $1 - \Phi(\Delta_2) = \Phi(-\Delta_2)$ gleichbedeutend mit

$$
\lim_{k \to \infty} P\left(\sum\nolimits_k < d(k)\right) = \Phi(-\Delta_2),
$$

d.h., falls wir

$$\sum_k^* = \frac{\sum_k - E[\sum_k]}{\sqrt{\mathrm{Var}[\sum_k]}} = \frac{\sum_k - kp_*(k)}{\sqrt{kp_*(k)(1-p_*(k))}}$$

setzen, mit

$$\lim_{k\to\infty} P\left(\sum_k^* < \frac{d(k) - kp_*(k)}{\sqrt{kp_*(k)(1-p_*(k))}}\right) = \Phi(-\Delta_2). \tag{2.2.14}$$

Im Hinblick auf (2.2.13) ergibt sich (2.2.14) aus

$$\sum_k^* \text{ ist asymptotisch } \mathrm{N}(0,1)\text{-verteilt.} \tag{2.2.15}$$

Zum Nachweis von (2.2.15) zeigen wir, daß die zentrierten ZV $\eta_{ki} - p_*(k)$, $1 \leq i \leq k$, eine Ljapunov-Bedingung erfüllen. Es ist

$$\begin{aligned}\sum_{i=1}^{k} \frac{E[|\ \eta_{ki} - p_*(k)\ |^3]}{[kp_*(k)(1-p_*(k))]^{3/2}} &= \frac{kE[|\ \eta_{k1} - p_*(k)\ |^3]}{[kp_*(k)(1-p_*(k))]^{3/2}} \\ &= \frac{k[(1-p_*(k))^3 p_*(k) + p_*^3(k)(1-p_*(k))]}{[kp_*(k)(1-p_*(k))]^{3/2}} \\ &= \frac{(1-p_*(k))^2 + p_*^2(k)}{[kp_*(k)(1-p_*(k))]^{1/2}},\end{aligned}$$

wobei der letzte Ausdruck wegen (2.1.1) für $k \to \infty$ gegen 0 konvergiert. Wegen Satz 2.6[5] gilt also (2.2.15). Ganz analog erhält man (2.2.7), indem man in der obigen Überlegung jeweils $p_*(k)$ durch $\widetilde{p}_*(k)$ ersetzt und (2.2.12) sowie (2.2.11) benutzt.

Aus den obigen Resultaten ergibt sich

2.3 Satz. *Für $k \geq 1$ gelte*

$$1 + r(k) = (1+r)^{T/k}, \tag{2.3.1}$$

$$1 + b(k) = \exp(\sigma\sqrt{T/k}) \tag{2.3.2}$$

und

$$1 + a(k) = \exp(-\sigma\sqrt{T/k}). \tag{2.3.3}$$

Dann folgt

$$\lim_{k\to\infty} C_k(S_0, K, T, r) = S_0\Phi(\Delta_1) - K(1+r)^{-T}\Phi(\Delta_2), \tag{2.3.4}$$

wobei Δ_1, Δ_2 durch (2.2.9) *bzw.* (2.2.10) *gegeben werden.* ∎

2.4 Bemerkung. Der Grenzwert in (2.3.4) ist die bekannte *Black-Scholes-Formel* für den fairen Preis einer europäischen Call-Option. Wegen der theoretischen und praktischen Bedeutung dieser Bewertungsformel vgl. man etwa Cox/Rubinstein (1985), Duffie (1988) und Hull (1993). Der Ausdruck in (2.3.4) ergab sich durch einen geeigneten Grenzübergang aus dem CRR-Modell. Im Gegensatz dazu wird in Black/Scholes (1973) eine sog. stochastische Differentialgleichung für den Preisprozeß (S_t) $(0 \leq t \leq T)$ der Aktie hergeleitet, aufgrund derer insbesondere folgt:

(2.4.1) $$\log(S_t) \text{ ist normalverteilt}, \quad 0 < t \leq T.$$

Mit Hilfe eines geeigneten Arbitrage-Arguments ergibt sich dann der Ausdruck in (2.3.4) ■

Die folgende Konsequenz aus (2.2.15) ist ein Analogon zu (2.4.1):

2.5 Satz. *Es seien die Voraussetzungen von Satz* 2.3 *erfüllt. Dann gilt für die auf die Gesamtperiode* $[0,T]$ *bezogenen logarithmierten stochastischen Aufzinsfaktoren* $\log(S_k(k)/S_0)$ $(k \geq 1)$ *der folgende Grenzwertsatz:*

(2.5.1) $$\lim_{k\to\infty} P_*^{(k)}\left(\frac{\log(S_k(k)/S_0) - \mu T}{\sigma\sqrt{T}} \leq t\right) = \Phi(t), \quad t \in \mathbb{R},$$

wobei μ *durch* (2.2.3) *gegeben wird.*

BEWEIS. Die in (2.0.4) auftretenden ZV $\xi_1, \xi_2, \ldots$ bilden bez. $P_*^{(k)}$ eine UIV-Folge derart, daß $P_*^{(k)}(\xi_1 = 1) = p_*(k)$ und $P_*^{(k)}(\xi_1 = 0) = 1 - p_*(k)$. Setzen wir $Z_k = \xi_1 + \cdots + \xi_k$, $k \geq 1$, so besagt also (2.2.15):

(2.5.2) $$\lim_{k\to\infty} P_*^{(k)}\left(\frac{Z_k - E_*[Z_k]}{\sqrt{\mathrm{Var}_*[Z_k]}} \leq t\right) = \Phi(t), \quad t \in \mathbb{R}.$$

Nun gilt wegen (2.0.5) für $0 \leq i \leq k$

$$\begin{aligned} P_*^{(k)}\Big(\log\left(\frac{S_k(k)}{S_0}\right) &= \log((1+b(k))^i(1+a(k))^{k-i})\Big) \\ &= \binom{k}{i} p_*^i(k)(1-p_*(k))^{k-i} = P_*^{(k)}(Z_k = i). \end{aligned}$$

Setzen wir $u(k) = k\log(1+a(k))$, $v(k) = 2\log(1+b(k))$ und

$$\widetilde{Z}_k = [\log(S_k(k)/S_0) - u(k)]/v(k),$$

so folgt wegen (2.0.6) für $k \geq 1$

(2.5.3) $$\frac{\log(S_k(k)/S_0) - E_*[\log(S_k(k)/S_0)]}{\sqrt{\mathrm{Var}_*[\log(S_k(k)/S_0)]}} = \frac{\widetilde{Z}_k - E_*[\widetilde{Z}_k]}{\sqrt{\mathrm{Var}_*[\widetilde{Z}_k]}}$$

und

(2.5.4) $$P_*^{(k)}(\widetilde{Z}_k = i) = P_*^{(k)}(Z_k = i), \quad 0 \leq i \leq k.$$

Aufgrund von (2.5.2) und (2.5.4) sind also die ZV auf der linken Seite in (2.5.3) asymptotisch N(0, 1)-verteilt, woraus sich (2.5.1) wegen Korollar 2.2 ergibt. ■

Aufgaben

10.1. Im Rahmen des CRR-Modells betrachte man eine europäische Call-Option $f_{\mathrm{ECO}} = (S_T - K)^+$ mit Ausübungspreis $K > 0$ sowie eine *europäische Put-Option* $f_{\mathrm{EPO}} = (K - S_T)^+$ mit Ausübungspreis K.
(a) Man interpretiere f_{EPO}.
(b) Man zeige, daß die folgende *Put-Call-Parität* gilt :

$$\Pi(f_{\mathrm{ECO}}) = \Pi(f_{\mathrm{EPO}}) + S_0 - K(1+r)^{-T}.$$

10.2. Im Rahmen des CRR-Modells sei $f_{\mathrm{ECO}} = (S_T - K)^+$ eine europäische Call-Option mit Ausübungspreis $K > 0$. Zusätzlich gelte $r \geq 0$. Man zeige, daß der faire Preis $\Pi(f_{\mathrm{ECO}})$ monoton mit T wächst. (Die restlichen Parameter des CRR-Modells mögen unverändert bleiben!)
Hinweis : Man benutze Korollar 1.8. Im Fall $a \geq 0$ ist $S_T \leq S_{T+1}$. Im Fall $-1 < a < 0$ gilt für die Zahl $c := (1 + r - p^*(1+b))/(1+a)$ $0 \leq c \leq 1 + r - p^*$. Auf der Menge $\{K < S_T \leq K/(1+a)\}$ schätze man cK nach unten durch $c(1+a)S_T$ ab.

10.3. Im Rahmen des CRR-Modells werde der faire Preis $\Pi(f_{\mathrm{ECO}})$ einer europäischen Call-Option $f_{\mathrm{ECO}} = (S_T - K)^+$ als Funktion $h(K)$ des Ausübungspreises $K > 0$ betrachtet.
(a) Man zeige, daß h konvex auf $]0, \infty[$ ist.
(b) Man zeige, daß $h(K_1) - h(K_2) \leq K_2 - K_1$, falls $0 < K_1 < K_2$.

10.4. Man betrachte europäische Call-Optionen $f_1 = (S_1 - 47,7)^+$ und $f_2 = (S_1 - 40)^+$ mit den Ausübungspreisen 47,7 bzw. 40 und dem Ausübungszeitpunkt $T = 1$ Jahr. Der Zinssatz für ein Jahr sei $r = 0,1$ (d.h. 10%). Der Preis von f_1 sei 5,2, und derjenige von f_2 sei 12,4.
(a) Man zeige *direkt* (d.h. unter Benutzung von Korollar 1.8), daß es nicht möglich ist, die Parameter $S_0 > 0$ und $-1 < a < 0,1 < b$ eines CRR-Modells so zu wählen, daß in diesem Modell $\Pi(f_1) = 5,2$ *und* $\Pi(f_2) = 12,4$ gilt. (Wie bereits erwähnt, sei $T = 1$ und $r = 0,1$.)
(b) Man finde eine Arbitrage-Möglichkeit.
Hinweis zu (b) : Man kaufe f_1, verkaufe f_2 und lege den Differenzbetrag für ein Jahr an. (Man vgl. hierzu auch Beispiel 1.1.)

10.5. Man betrachte ein CRR-Modell mit den Parametern $S_0 = 100$, $r = 0,04$, $a = -0,1$, $b = 0,1$ und $T = 2$. Sei $f_{\mathrm{ECO}} = (S_2 - 95)^+$ eine europäische Call-Option mit Ausübungspreis 95.
(a) Man bestimme den fairen Preis $\Pi(f_{\mathrm{ECO}})$. (Antwort : $14,42/(1,04)^2 = 13,3321\ldots$)
(b) Sei $f_{\mathrm{EPO}} = (95 - S_2)^+$ eine europäische Put-Option mit Ausübungspreis 95. Man bestimme den fairen Preis $\Pi(f_{\mathrm{EPO}})$ sowohl direkt als auch mit Hilfe

der Put-Call-Parität (vgl. Aufgabe 10.1) unter Benutzung des Ergebnisses in (a).
(c) Man bestimme eine selbstfinanzierende Portfoliostrategie $\pi = (\beta, \gamma)$ derart, daß für den Portfoliowert $X_n^\pi = \beta_n B_n + \gamma_n S_n \quad (0 \le n \le 2)$ gilt : $X_0^\pi = \Pi(f_{\mathrm{ECO}})$ und $X_2^\pi = f_{\mathrm{ECO}}$.
Hinweis : Man vgl. Bemerkung 1.13.

10.6. Im Rahmen eines CRR-Modells betrachten wir im folgenden eine spezielle *europäische Barriere-Option.* Sei $0 < H < S_0$ eine vorgegebene Kursschranke („Barriere") und $K > 0$ ein Ausübungspreis. Unter einer europäischen *Down-and-out Call-Option* versteht man eine europäische Option, deren Auszahlung f zur Zeit T $(S_T - K)^+$ beträgt, *falls* $S_1 \wedge \cdots \wedge S_T > H$, während im Fall $S_1 \wedge \cdots \wedge S_T \le H$ $f = 0$ ist. Im folgenden gelte $S_0 = 400$, $r = 0$, $a = -0,2$, $b = 0,25$, $T = 3$, $H = K = 320$.
(a) Man bestimme den fairen Preis $\Pi(f)$ der zugehörigen europäischen Down-and-out Call-Option f. (Antwort: 80.)
(b) Sei $\pi = (\beta, \gamma)$ eine selbstfinanzierende Portfoliostrategie derart, daß für den Portfoliowert $X_n^\pi = \beta_n B_n + \gamma_n S_n \quad (0 \le n \le 3)$ $X_0^\pi = \Pi(f) = 80$ und $X_3^\pi = f$ gilt. Man bestimme γ_1 und β_1. (Antwort: $\gamma_1 = 1$, $\beta_1 = -320$.)

10.7. Im Rahmen eines CRR-Modells besitzt eine *europäische Look-back Call-Option* zum Ausübungszeitpunkt T die Auszahlung $f = (S_T - (S_0 \wedge \cdots \wedge S_T))^+$. Sei $S_0 = 400$, $r = 0,1$, $a = -0,2$, $b = 0,25$ und $T = 3$.
(a) Man berechne den fairen Preis $\Pi(f)$.
(Antwort: $174/(1,1)^3 = 130,7287\ldots$)
(b) Sei $\pi = (\beta, \gamma)$ eine selbstfinanzierende Portfoliostrategie derart, daß $X_0^\pi = \Pi(f)$ und $X_3^\pi = f$ gilt. Man bestimme γ_1 und β_1. (Antwort : $\gamma_1 = 53,85/(81 \cdot (1,1)^2) = 0,5494\ldots$, $\beta_1 = -9600/(81 \cdot (1,1)^3) = -89,0447\ldots$)

10.8. (Zu dieser Aufgabe vgl. Satz 1.12.) Sei $\Omega = \{\omega_1, \omega_2, \omega_3\}$, $\mathcal{A} = \mathcal{A}_1 = \mathcal{P}(\Omega)$ und $\mathcal{A}_0 = \{\emptyset, \Omega\}$. Ein W.-Maß P auf $\mathcal{A}$ wird gegeben durch $P\{\omega_i\} =: p_i \quad (1 \le i \le 3)$, wobei nur W.-Maße P mit $p_i > 0$ $(1 \le i \le 3)$ betrachtet werden. Es sei $T = 1$, $B_1 = (1 + r_1)B_0$ mit $B_0 \equiv 1$ (vgl. (1.2.6)) und $S_1 = (1 + \rho_1)S_0$ mit konstantem $S_0 > 0$ (vgl. (1.2.7)). Sei $\rho_1(\omega_i) =: c_i$ derart, daß $-1 < c_1 < c_2 < c_3$; für den Zinssatz $r := r_1$ gelte $c_1 < r < c_3$.
(a) Man zeige, daß $|\mathcal{M}^*| \ge 2$. (Das betrachtete Marktmodell ist somit aufgrund von Satz 1.12 *nicht* vollständig.)
(b) Man zeige direkt (d.h. ohne Satz 1.12 zu benutzen), daß es *nicht* zu jeder ZV f_1 eine Anfangsinvestition u und eine Portfoliostrategie $\pi \in \mathrm{SF}$ geben kann derart, daß $X_0^\pi = u$ und $X_1^\pi = f_1$.

10.9. Im Rahmen des CRR-Modells sei $f = \phi(S_T) \geq 0$ eine europäische Option mit Ausübungszeitpunkt T. Es gebe reelle Zahlen $\alpha \leq \beta$ derart, daß $\alpha(t-s) \leq \phi(t) - \phi(s) \leq \beta(t-s)$, $\quad -\infty < s < t < \infty$. Sei $\pi = (\beta, \gamma)$ die mit Hilfe von (1.8.7) - (1.8.9) berechnete selbstfinanzierende Portfoliostrategie derart, daß $X_0^\pi = \Pi(f)$ und $X_T^\pi = f$. Man zeige, daß dann $\alpha \leq \gamma_n \leq \beta \quad (1 \leq n \leq T)$ gilt. (Im Fall einer europäischen Call-Option $f = (S_T - K)^+$ ergibt sich also $0 \leq \gamma_n \leq 1$, $1 \leq n \leq T$.)
Hinweis : Man betrachte $Y_n - Y_{n-1}$ auf der Menge $\{\rho_1 = \widetilde{r}_1, \ldots, \rho_n = \widetilde{r}_n\}$ mit $\widetilde{r}_i \in \{a, b\}$, $1 \leq i \leq n$, und beachte, daß $\mathcal{A}_n = \sigma\{\rho_1, \ldots, \rho_n\} \quad (0 \leq n \leq T)$.

10.10. (Diese Aufgabe knüpft an Beispiel 1.16 an.) Anstelle von (1.16.1) und (1.16.2) gelte für *alle* Zahlen $a > 0$ und $b > 0$ $P(X_0 > a) > 0$ sowie $P(X_0 < -b) > 0$. Man zeige : Für *jede* Wahl der strikt positiven Konstanten $c_0, \ldots, c_T$ erfüllt $W = (W_n)$ $(0 \leq n \leq T)$ die Bedingung (NA).
Hinweis : Für ein $1 \leq m \leq T$ sei h_m $\mathcal{A}_{m-1}$-meßbar und gelte (1.16.6). Sei $a_m := 1 - c_m/c_{m-1}$. Dann folgt $X_m + a_m S_{m-1} \geq 0$ f.s. auf $\{h_m > 0\}$ und $X_m + a_m S_{m-1} \leq 0$ f.s. auf $\{h_m < 0\}$. Man überlege sich, daß im Fall $a_m \neq 0$

$$\begin{aligned} P(h_m > 0) &= P(h_m > 0,\ -a_m S_{m-1} > 0 | X_m \leq 0) \\ &\quad + P(h_m > 0,\ -a_m S_{m-1} \leq 0) \\ &= P(h_m > 0,\ -a_m S_{m-1} \leq 0) \\ &= \sum_{i=0}^{\infty} P\left(h_m > 0,\ -(i+1) < -a_m S_{m-1} \leq -i \middle| X_m \leq -(i+1)\right). \end{aligned}$$

Literaturhinweise

Kapitel 1

Lesern, die Interesse an elementarer Wahrscheinlichkeitstheorie haben, sei vor allem der „Klassiker" Feller (1968) empfohlen; weitere Bücher hierzu sind u.a. Blom/Holst/Sandell (1994), Chung (1978) und Stirzaker (1994). Krengel (1991) sowie Krickeberg/Ziezold (1994) geben zusätzlich eine gut lesbare Einführung in die mathematische Statistik. Die Kolmogorov-Axiome treten bereits in Kolmogorov (1933) auf; man vgl. hierzu auch Fine (1973). Der Fortsetzungssatz von Carathéodory wird in den Büchern Billingsley (1995), Dudley (1989), Dunford/Schwartz (1957) und Stroock (1994) bewiesen, die außerdem eine Einführung in die Anfangsgründe der Maßtheorie enthalten. Im mathematisch reichhaltigen Buch Dudley (1989) findet man zusätzlich detaillierte historische Anmerkungen. Als Bücher über Maßtheorie seien u.a. Bauer (1992), Cohn (1980) und Halmos (1968) empfohlen. In Bhaskara Rao/Bhaskara Rao (1983) wird die Theorie „additiver Maße" behandelt, während in Denneberg (1994) „Maße" betrachtet werden, die lediglich submodular oder allgemeiner subadditiv sind.

Kapitel 2

Die im Text angegebene Formulierung des Existenzsatzes von Kolmogorov ist ein Spezialfall eines allgemeineren Existenzsatzes, der bereits in Kolmogorov (1933) enthalten ist; Beweise hierzu findet man in Bauer (1992), Billingsley (1995), Dudley (1989) und Gänssler/Stute (1977). Dem in Beispiel 3.11.4 auftretenden Travelling- Salesman-Problem (auch Rundreise-Problem genannt) ist das Buch Lawler/Lenstra/Rinnooy Kan/Shmoys (1985) gewidmet.

Kapitel 3

Die in Beispiel 1.14.2 auftretende „Verdünnungsoperation" läßt sich allgemeiner für sog. Punktprozesse betrachten; man vgl. dazu Daley/Vere-Jones (1988) und Resnick (1992). Knopp (1947) enthält neben (1.16.4) – (1.16.7) viele weitere Resultate über das Konvergenzverhalten unendlicher

Reihen. Allgemeinere Resultate über das fast sichere asymptotische Verhalten der Maxima von UIV-Folgen von Zufallsvariablen findet man in Embrechts/Klüppelberg/Mikosch (1997) . Wegen des Existenzsatzes von Kolmogorov vgl. man die Anmerkungen zu Kapitel 2. Statistische Anwendungen von Ordnungsstatistiken werden in Krengel (1991) beschrieben. Das Null-Eins-Gesetz von Kolmogorov findet sich bereits in Kolmogorov (1933), während das Null-Eins-Gesetz von Hewitt-Savage aus Hewitt/Savage (1955) stammt.

Kapitel 4

Das Buch Stroock (1994) gibt eine sehr elegante Einführung in die Theorie des „abstrakten“ Lebesgue-Integrals (gebildet bez. beliebiger Maße). Lesern, die Interesse an Maßtheorie haben, seien außerdem Bauer (1992), Billingsley (1995), Cohn (1980), Dudley (1989), Dunford/Schwartz (1957) und (als „Klassiker“) Halmos (1968) empfohlen. Bereits der für elementare Zufallsvariable gebildete Erwartungswert hat überraschend tiefliegende Anwendungen in der Kombinatorik (insbesondere der Graphentheorie); man vgl. hierzu Alon/Spencer (1992), Graham/Rothschild/Spencer (1980) sowie Spencer (1987). Konvexe Funktionen und Mengen werden behandelt in Dudley (1989), Marti (1977) und Rockafellar (1970). Empfehlenswerte Bücher über Ungleichungen sind Beckenbach/Bellman (1965) sowie Hardy/Littlewood/Pólya (1973). Satz 3.15 stammt aus Giné (1996). Einen Beweis der in Bemerkung 3.16 auftretenden Jensen-Ungleichung findet man in Dudley (1989). In Feller (1971) wird eine von Carleman stammende Bedingung angegeben, die notwendig und hinreichend dafür ist, daß eine Verteilung eindeutig durch die Folge ihrer Momente bestimmt wird. Satz 4.7 wird (implizit) in Giné (1996) benutzt. Einen Beweis von Satz 5.6 findet man in Stroock (1994). Wegen des in Beispiel 5.7.1 auftretenden Satzes von Arrow vgl. man Bowers/Gerber/Hickman/Jones/Nesbitt (1986). In Krengel (1991) sowie Krickeberg/Ziezold (1994) findet man statistische Anwendungen der Chi-Quadrat-Verteilung. Für einen Beweis von Satz 5.12(c) vgl. man Billingsley (1995). Eine Einführung in die Erneuerungstheorie, zu der Satz 7.3 gehört, ist in Resnick (1992) enthalten. Leser, die sich für Punktprozesse (zu denen die in Beispiel 7.3.1 genannten Poisson-Prozesse gehören) interessieren, seien auf Daley/Vere-Jones (1988) und Resnick (1992) verwiesen. Weitere Details zum Wartezeit-Paradox findet man in Feller (1971). Beim Beweis des Satzes von Chung-Fuchs wurde Chow/Robbins/Siegmund (1971) benutzt. Das Kontraktionsprinzip (Satz 8.4) stammt aus Ledoux/Talagrand (1991).

Kapitel 5

Eine sehr gut lesbare Einführung in die allgemeine Theorie der schwachen Konvergenz ist Billingsley (1968). Satz 1.10 wird in Billingsley (1995) bewiesen. Alternative Beweise des Arcus-Sinus-Gesetzes findet man in Feller (1968), Schirjajev (Shiryayev) (1984) und Spitzer (1964). Der hier gegebene Beweis des ZGS wurde angeregt durch Billingsley (1995). Weitere Beweise findet man in Billingsley (1968) und (für UIV-Folgen) in Krengel (1991). Ein starkes Hilfsmittel zum Beweis von Resultaten über schwache Konvergenz stellen charakteristische Funktionen dar, die im vorliegenden Buch nicht behandelt werden; wegen entsprechender Beweise des zentralen Grenzwertsatzes vgl. man Bauer (1991), Billingsley (1995), Feller (1971), Gänssler/Stute (1977) sowie Schirjajev (Shiryayev) (1984). Das Bildsammel-Problem (Beispiel 2.7.4) wurde Billingsley (1995) entnommen. In Krengel (1991) und Krickeberg/Ziezold (1994) wird gezeigt, wie man in vielen Situationen „geeignete“ Schätzwerte konstruieren kann. Kollektive Risikomodelle für kurze und lange Zeiträume werden in Bowers/Gerber/Hickman/Jones/Nesbitt (1986), Gerber (1979) und Heilmann (1988) behandelt.

Kapitel 6

Beispiel 1.21 wurde Romano/Siegel (1986) entnommen. Das Rekursionsverfahren zur Berechnung der Verteilung des kollektiven Risikomodells in Beispiel 2.7.1 findet sich in Bowers/Gerber/Hickman/Jones/Nesbitt (1986). Der Beweis des Existenzsatzes für einen Poisson-Prozeß (Satz 3.1) wurde angeregt durch Stroock (1993). Die in Satz 3.1 auftretenden Poisson-Prozesse sind spezielle Punktprozesse; letztere werden behandelt in Daley/Vere-Jones (1988) und Resnick (1992). Näheres zum Ruinproblem in Beispiel 3.2.1 findet man u.a. in Bowers/Gerber/Hickman/Jones/Nesbitt (1986), Embrechts/Klüppelberg/Mikosch (1997), Gerber (1979), Grandell (1991), Heilmann (1988), Schmidt (1996) und Straub (1988).

Kapitel 7

Eine sehr gut lesbare Einführung in die Perkolationstheorie ist Grimmett (1989). Resultate über die *Existenz* von Pfaden mit kürzester Durchlaufzeit und deren Eigenschaften findet man u.a. in Smythe/Wierman (1978) und Zhang/Zhang (1984). Dem Leser, der sich für Informations- und Ergodentheorie interessiert, seien die Bücher Billingsley (1965), Krengel (1985), Petersen (1983) und Welsh (1989) empfohlen. Satz 3.1, der aus Schürger (1991) stammt, verallgemeinert Resultate aus Derriennic (1983), Kingman (1968), Kingman (1973), Kingman (1976), und Moulin-Ollagnier (1983). Weitere Anwendungen dieses Satzes findet man u.a. in Derriennic (1980), Derriennic (1983), Evstignejev/Schürger (1994) und Kingman (1968), Kingman (1973),

Kingman (1976). Spitzer (1964) ist ein klassisches Buch über Irrfahrten, das die in Bemerkung 5.2 genannten (und viele weitere!) Resultate über Irrfahrten enthält; man vgl. auch Resnick (1992). §7.6 wurde angeregt durch Steele (1978) und Giné (1996). Lesern, die sich näher mit empirischen Verteilungen und Prozessen beschäftigen möchten, seien Dudley (1984), Gänssler (1983), Gänssler/Stute (1977), Gänssler/Stute (1987), Ledoux/Talagrand (1991), Pollard (1984) sowie Shorack/Wellner (1986) empfohlen.

Kapitel 8

Empfehlenswerte Bücher über Martingaltheorie (diskrete Zeit) sind u.a. Dellacherie/Meyer (1980), Doob (1953)(als „Klassiker"), Hall/Heyde (1980), Meyer (1966), Neveu (1975), Rogers/Williams (1994) sowie Williams (1991). Wegen Verallgemeinerungen des Martingalbegriffs vgl. man u.a. Krengel/ Sucheston (1978) und Robbins/Siegmund (1971). Martingaltheorie in stetiger Zeit wird behandelt in Dellacherie/Meyer (1980), Doob (1953), Karatzas/Shreve (1988), Revuz/Yor (1991) sowie Rogers/Williams (1994). Eine Darstellung der in der Einleitung genannten „Methode der beschränkten Differenzen" findet man u.a. in Ledoux/Talagrand (1991), McDiarmid (1989), Milman/Schechtman (1986), Rhee/Talagrand (1986),Rhee/Talagrand (1987) und Talagrand (1996). Li (1980) enthält eine interessante Anwendung der in Beispiel 2.1.3 eingeführten H-Transformierten auf den Zeitpunkt des erstmaligen Auftretens gewisser „Muster". H-Transformierte lassen sich — wie im Text erwähnt — als diskrete stochastische Integrale auffassen. Sehr gute Darstellungen der Theorie der stochastischen Integration in stetiger Zeit sind u.a. Chung/Williams (1990), Karatzas/Shreve (1988), Revuz/Yor (1991), Rogers/Williams (1987) sowie von Weizsäcker/Winkler (1990). Lemma 3.12 stammt aus Williams (1991). Die in den Beispielen 3.13.2 und 3.13.3 mit martingaltheoretischen Methoden gewonnenen Resultate werden in Feller (1968) auf elementare Weise hergeleitet. Empfehlenswerte Bücher über die Theorie der in Beispiel 3.13.5 auftretenden Verzweigungsprozesse sind Athreya/Ney (1972), Harris (1963), Iosifescu/Tautu (1973) sowie Jagers (1975). Die Darstellung von §8.4 wurde insbesondere angeregt durch Dothan (1990), Meyer (1972) und Schirjajev (Shiryayev) (1984). Korollar 4.5 geht auf eine private Mitteilung von A.N. Schirjajev zurück. (Die Aussage von Korollar 4.5(a) ist insofern bemerkenswert, als es im Fall *stetiger* Zeit positive stetige lokale Martingale gibt, die keine Martingale sind; ein Beispiel findet man in Revuz/Yor (1991), S. 418.) Lemma 4.6 stammt aus Schürger (1996). Beispiel 4.7 wurde Meyer (1972) entnommen. Der Beweis des Martingaldarstellungssatzes (Satz 4.17) folgt Williams (1991). Weitere Ungleichungen für Martingale findet man u.a. in Meyer (1972) und Schirjajev (Shiryayev) (1984). Lemma 5.9 ist in Pollard (1984) enthalten. Die Ungleichungen in Korollar 5.10, die auf Hoeffding (1963) zurückgehen, heißen manchmal auch *Hoeffding-Ungleichungen.* Der martingaltheoretische Beweis von Satz 6.13.4

stammt aus Meyer (1966). Fast-Supermartingale wurden (in etwas allgemeinerer Form) in Robbins/Siegmund (1971) eingeführt. Satz 7.4 ist bereits in Kolmogorov (1933) enthalten; vgl. auch Stout (1974). In Knopp (1947) findet man neben dem Cauchy-Toeplitz- und dem Kronecker-Lemma eine Vielzahl von weiteren Konvergenzresultaten aus der klassischen Analysis. Die Formulierung von Satz 7.17 wurde angeregt durch Neveu (1975). Beispiel 7.18 stammt aus Schirjajev (Shiryayev) (1984). Weitere Anwendungen der Martingaltheorie auf Schätzprobleme für Zeitreihen findet man in Lai/Wei (1982), Lai/Wei (1983). Beweise des Gesetzes vom iterierten Logarithmus (Satz 8.1) werden u.a. in Dudley (1989), Gänssler/Stute (1977) und Stout (1974) gegeben.

Kapitel 9

McDiarmid (1989) gibt einen Überblick über die Anwendung der Methode der beschränkten Differenzen auf stochastische Varianten kombinatorischer Optimierungsprobleme; man vgl. auch Rhee (1993). Verschiedene Aspekte des Rundreiseproblems werden u.a. behandelt in Karp (1977) und Lawler/Lenstra/Rinnooy Kan/Shmoys (1985). Eine gut lesbare Einführung in die Theorie der NP-Vollständigkeit geben Garey/Johnson (1979). Die Darstellung von §9.3 basiert auf Neveu (1975); weitere Probleme des optimalen Stoppens werden in Chow/Robbins/Siegmund (1971) behandelt. Hellseher-Ungleichungen wurden erstmals in Krengel/Sucheston (1978) hergeleitet. Kollektive Risikomodelle werden untersucht in Bowers/Gerber/Hickman/Jones/ Nesbitt (1986), Embrechts/Klüppelberg/Mikosch (1997) , Gerber (1979), Grandell (1991), Heilmann (1988), Schmidt (1996) sowie Straub (1988).

Kapitel 10

Modelle für die Optionsbewertung in diskreter Zeit werden u.a. behandelt in Cox/Ross/Rubinstein (1979), Cox/Rubinstein (1985), Dothan (1990), Duffie (1988), Föllmer (1991), Pliska (1997), Sandmann (1994), Schirjajev (Shiryayev)/Kabanov/Kramkov/Melnikov (1994) und Taqqu/Willinger (1987). Die Darstellung in §10.1 basiert u.a. auf Cox/Rubinstein (1985), Föllmer (1991) und Schirjajev (Shiryayev)/Kabanov/Kramkov/Melnikov (1994). Modelle in stetiger Zeit werden u.a. in Black/Scholes (1973), Dothan (1990), Duffie (1988), Föllmer (1991), Föllmer/Schweizer (1989), Harrison/Kreps (1979), Harrison/Pliska (1981) sowie Müller (1985) behandelt; man vgl. auch Karatzas/Shreve (1988). Unvollständige Marktmodelle werden z.B. in Föllmer/Sondermann (1986) untersucht. In Sondermann (1991) wird u.a. gezeigt, wie sich mit Hilfe von Arbitrage-Argumenten Prämien für Rückversicherungskontrakte berechnen lassen. Beweise für Satz 1.15 findet man in Dalang/Morton/Willinger (1990), Kabanov/Kramkov (1994), Rogers (1994) und Schachermayer (1992); der (wesentlich kompliziertere!) Fall abzählbar vieler Zeitpunkte wird in Schachermayer (1994) untersucht. Satz 1.15 wird verallgemeinert in Schürger (1996), woraus auch Beispiel 1.16 stammt. Die Idee, die Black-Scholes-Formel für eine europäische Call-Option durch einen geeigneten Grenzübergang aus dem CRR-Modell herzuleiten, stammt aus Cox/Ross/Rubinstein (1979); in Duffie (1988) werden weitere Möglichkeiten für die Wahl der Parameter im CRR-Modell (abhängig von der Verfeinerung der Zeitskala beim genannten Grenzübergang) angegeben und motiviert.

Literaturverzeichnis

Alon, N. und Spencer, J.H. (1992), *The Probabilistic Method.* Wiley, New York.

Ansel, J.P. und Stricker, C. (1990), Quelques remarques sur un théorème de Yan, in: *Séminaire de Probabilités XXIV.* Lecture Notes in Math. **1426**. Springer-Verlag, Berlin/Heidelberg/New York, pp. 266–274.

Athreya, K.B. und Ney, P.E. (1972), *Branching Processes.* Springer-Verlag, Berlin/Heidelberg/New York.

Azuma, K. (1967), Weighted sums of certain dependent random variables. Tôhoku Mathematical Journal **19** 359–367.

Bauer, H. (1991), *Wahrscheinlichkeitstheorie*, 4. Aufl. De Gruyter, Berlin/New York.

Bauer, H. (1992), *Maß- und Integrationstheorie*, 2. Aufl. De Gruyter, Berlin/New York.

Beckenbach, E.F. und Bellman, R. (1965), *Inequalities.* Springer-Verlag, Berlin/Heidelberg/New York.

Bhaskara Rao, K.P.S. und Bhaskara Rao, M. (1983), *Theory of Charges.* Academic Press, New York/London.

Billingsley, P. (1965), *Ergodic Theory and Information.* Wiley, New York.

Billingsley, P. (1968), *Convergence of Probability Measures.* Wiley, New York.

Billingsley, P. (1995), *Probability and Measure*, 3rd edn. Wiley, New York.

Birkhoff, G.D. (1931), Proof of the ergodic theorem. Proc. Nat. Acad. Sci. U.S.A. **17**, 656–660.

Black, F. und Scholes, M. (1973), The pricing of options and corporate liabilities. J. Political Economy **81**, 637–654.

Blom, G., Holst, L. und Sandell, D. (1994), *Problems and snapshots from the World of Probability.* Springer-Verlag, Berlin/Heidelberg/New York.

Bollobás, B. (1979), *Graph Theory.* Springer-Verlag, Berlin/Heidelberg/New York.

Bowers, N.L., Gerber, H.U., Hickman, J.C., Jones, D.A. und Nesbitt, C.J. (1986), *Actuarial Mathematics.* The Society of Actuaries, Itasca.

Breiman, L. (1957), The individual ergodic theorem of information theory. Ann. Math. Statist. **28**, 809–811.

Breiman, L. (1960), The individual ergodic theorem of information theory. Ann. Math. Statist. **31**, 809–810.

Chernoff, H. (1952), A measure of asymptotic efficiency for tests of a hypothesis based on the sum of observations. Ann. Math. Statist. **23**, 493–507.

Chow, Y.S., Robbins, H. und Siegmund, D. (1971), *Great Expectations: The Theory of Optimal Stopping.* Houghton Mifflin Company, Boston/ New York.

Chung, K.L. (1961), A note on the ergodic theorem of information. Ann. Math. Statist. **32**, 612–614.

Chung, K.L. (1978), *Elementare Wahrscheinlichkeitstheorie und stochastische Prozesse.* Springer-Verlag, Berlin/Heidelberg/New York.

Chung, K.L. und Williams, R. (1990), *Introduction to Stochastic Integration*, 2nd ed. Birkhäuser, Boston/Basel/Berlin.

Cohn, D.L. (1980), *Measure Theory.* Birkhäuser, Basel.

Cox, J.C., Ross, R.A. und Rubinstein, M. (1979), Option pricing: A simplified approach. J. Financial Economics **7**, 229–263.

Cox, J.C. und Rubinstein, M. (1985), *Option Markets.* Prentice-Hall, Englewood Cliffs.

Dalang, R.C., Morton, A. und Willinger, W. (1990), Equivalent martingale measures and no-arbitrage in stochastic securities market models. Stoch. and Stoch. Rep. **29**, 185–201.

Daley, D.J. und Vere-Jones, D. (1988), *An Introduction to the Theory of Point Processes.* Springer-Verlag, Berlin/Heidelberg/New York.

Dekking, F.M. (1996), An inequality for pairs of martingales and its application to fractal image coding. J. Appl. Probab. **33**, 968–973.

Dellacherie, C. und Meyer, P.A. (1980), *Probabilités et potentiel. Théorie des martingales.* Hermann, Paris.

Denneberg, D. (1994), *Non-Additive Measure and Integral.* Kluwer, Dordrecht.

Derriennic, Y. (1980), Quelques applications du théorème ergodique sous-additif. Astérisque **74**, 183–201.

Derriennic, Y. (1983), Un théorème ergodique presque sous-additif. Ann. Probab. **11**, 669–677.

Doob, J.L. (1953), *Stochastic Processes.* Wiley, New York.

Dothan, M.U. (1990) *Prices in Financial Markets.* Oxford University Press, New York/Oxford.

Dudley, R.M. (1984), A course on empirical processes, in: *Ecole d'Eté de Probabilités de Saint-Flour XII-1982.* Lecture Notes in Math. **1097**. Springer-Verlag, Berlin/Heidelberg/New York, pp. 1–142.

Dudley, R.M. (1989), *Real Analysis and Probability.* Wadsworth and Brooks/Cole, Pacific Grove.

Duffie, D. (1988), *Security Markets. Stochastic Models.* Academic Press, Boston.

Dunford, N. und Schwartz, J.T. (1957), *Linear Operators. Part I: General Theory.* Interscience Publishers, New York.

Efron, B. und Stein, C. (1981), The jackknife estimate of variance. Ann. Statist. **9**, 586–596.

Embrechts, P., Klüppelberg, C. und Mikosch, T. (1997), *Modelling Extremal Events.* Springer-Verlag, Berlin/Heidelberg/New York.

Etemadi, N. (1981), An elementary proof of the strong law of large numbers. Z. Wahrsch. verw. Geb. **55**, 119–122.

Evstignejev, I.V. und Schürger, K. (1994), A limit theorem for random matrices with a multiparameter and its application to a stochastic model of a large economy. Stoch. Proc. Appl. **52**, 65–74.

Feller, W. (1968), *An Introduction to Probability Theory and Its Applications,* Vol. 1. Wiley, New York.

Feller, W. (1971), *An Introduction to Probability Theory and Its Applications,* Vol. 2. Wiley, New York.

Fine, T.L. (1973), *Theories of Probability.* Academic Press, New York.

Föllmer, H. (1991), Probabilistic aspects of options. Rolf Nevanlinna Institute Report B6. University of Helsinki. Working paper.

Föllmer, H. und Schweizer, M. (1989), Hedging by sequential regression: An introduction to the mathematics of option trading. ASTIN Bulletin **18**, 147–160.

Föllmer, H. und Sondermann, D. (1986), Hedging of non-redundant contingent claims, in: W. Hildenbrand und A. Mas-Collel (eds.), *Contributions to Mathematical Economics, in Honor of Gérard Debreu.* North-Holland, Amsterdam, pp. 205–223.

Gänssler, P. (1983), *Empirical Processes.* Institute of Mathematical Statistics Lecture Notes, Vol. 3. Institute of Mathematical Statistics, Hayward.

Gänssler, P. und Stute, W. (1977), *Wahrscheinlichkeitstheorie.* Springer-Verlag, Berlin/Heidelberg/New York.

Gänssler, P. und Stute, W. (1987), *Seminar on Empirical Processes.* Birkhäuser, Basel/Boston.

Garey, M.R. und Johnson, D.S. (1979), *Computers and Intractability. A Guide to the Theory of NP-Completeness.* W.H. Freeman, New York.

Gerber, H.U. (1979), *An Introduction to Mathematical Risk Theory.* Huebner Foundation Monograph, Vol. 8. Richard D. Irwin, Inc., Homewood.

Giné, E. (1996), Empirical processes and applications: An overview. Bernoulli **2**, 1–28.

Graham, R.L., Rothschild, B.L. und Spencer, J.H. (1980), *Ramsey Theory.* Wiley, New York.

Grandell, J. (1991), *Aspects of Risk Theory.* Springer-Verlag, Berlin/Heidelberg/New York.

Grimmett, G. (1989), *Percolation.* Springer-Verlag, Berlin/Heidelberg/New York.

Hall, P. und Heyde, C.C. (1980), *Martingale Limit Theory and Its Application.* Academic Press, New York/London.

Halmos, P.R. (1968), *Measure Theory.* Van Nostrand, Princeton.

Hardy, G.H., Littlewood, J.E. und Pólya, G. (1973), *Inequalities.* Cambridge University Press, Cambridge.

Harris, T.E. (1963), *The Theory of Branching Processes.* Springer-Verlag, Berlin/Heidelberg/New York.

Harrison, J.M. und Kreps, D.M. (1979), Martingales and arbitrage in multiperiod securities markets. J. Economic Theory **20**, 381–408.

Harrison, J.M. und Pliska, S.R. (1981), Martingales and stochastic integrals in the theory of continuous trading. Stoch. Proc. Appl. **11**, 215–260.

Heilmann, W.-R. (1988), *Fundamentals of Risk Theory.* Verlag Versicherungswirtschaft, Karlsruhe.

Hewitt, E. und Savage, L.J. (1955), Symmetric measures on Cartesian products. Trans. Amer. Math. Soc. **80**, 470–501.

Hewitt, E. und Stromberg, K. (1965), *Real and Abstract Analysis.* Springer-Verlag, Berlin/Heidelberg/New York.

Hoeffding, W. (1948), A class of statistics with asymptotically normal distributions. Ann. Math. Statist. **19**, 293–325.

Hoeffding, W. (1963), Probability inequalities for sums of bounded random variables. J. Amer. Statist. Assoc. **58**, 13–30.

Hull, J.C. (1993), *Options, Futures, and Other Derivative Securities*, 2nd ed. Prentice Hall International, Englewood Cliffs.

Iosifescu, M. und Tautu, P. (1973), *Stochastic Processes and Applications in Biology and Medicine*, Vols. I, II. Springer-Verlag, Berlin/Heidelberg/New York.

Jagers, P. (1975), *Branching Processes with Biological Applications.* Wiley, New York.

Kabanov, J.M. und Kramkov, D.O. (1994), No-arbitrage and equivalent martingale measures: An elementary proof of the Harrison-Pliska theorem. (Russ.) Teorija Verojatn. Primen.

Karatzas, I. und Shreve, S.E. (1988), *Brownian Motion and Stochastic Calculus.* Springer-Verlag, Berlin/Heidelberg/New York.

Karp, R.M. (1977), Probabilistic analysis of partitioning algorithms for the traveling-salesman problem in the plane. Math. Oper. Res. **2**, 209–224.

Karp, R.M. und Steele, J.M. (1985), Probabilistic analysis of heuristics, in: E.L. Lawler et al. (eds.), *The Traveling Salesman Problem.* Wiley, New York, pp. 181–205.

Kingman, J.F.C. (1968), The ergodic theory of subadditive stochastic processes. J. Roy. Statist. Soc. **B30**, 499–510.

Kingman, J.F.C. (1973), Subadditive ergodic theory. Ann. Probab. **1**, 883–908.

Kingman, J.F.C. (1976), Subadditive processes, in: *Ecole d'Eté de Proba-*

bilités de Saint-Flour V-1975. Lecture Notes in Math. **539**. Springer-Verlag, Berlin/Heidelberg/New York, pp. 167–223.

Knopp, K. (1947), *Theorie und Anwendung der unendlichen Reihen*. Springer-Verlag, Berlin/Heidelberg.

Kolmogorov, A.N. (1933), *Grundbegriffe der Wahrscheinlichkeitsrechnung*. Springer-Verlag, Berlin/Heidelberg/New York.

Krengel, U. (1985), *Ergodic Theorems*. De Gruyter, Berlin/New York.

Krengel, U. (1991), *Einführung in die Wahrscheinlichkeitstheorie und Statistik*, 3. Aufl. Vieweg, Braunschweig/Wiesbaden.

Krengel, U. und Sucheston, L. (1978), On semiamarts, amarts, and processes with finite value, in: J. Kuelbs (ed.), *Probability in Banach Spaces*. Advances in Probability and Related Topics, Vol. 4. Marcel Dekker, New York/Basel, pp. 197–266.

Krickeberg, K. und Ziezold, H. (1994), *Stochastische Methoden*, 4. Aufl. Springer-Verlag, Berlin/Heidelberg/New York.

Lai, T.L. und Wei, C.Z. (1982), Asymptotic properties of projections with applications to stochastic regression problems. J. Multivariate Anal. **12**, 346–370.

Lai, T.L. und Wei, C.Z. (1983), Asymptotic properties of general autoregressive models and strong consistency of least squares estimates of their parameters. J. Multivariate Anal. **13**, 1–23.

Lawler, E.L., Lenstra, J.K., Rinnooy Kan, A.H.G. und Shmoys, D.B. (eds.) (1985), *The Traveling Salesman Problem*. Wiley, New York.

Ledoux, M. und Talagrand, M. (1991), *Probability in Banach Spaces*. Springer-Verlag, Berlin/Heidelberg/New York.

Li, S.-Y.R. (1980), A martingale approach to the study of occurrence of sequence patterns in repeated experiments. Ann. Probab. **8**, 1171–1176.

Marti, J.T. (1977), *Konvexe Analysis*. Birkhäuser, Basel/Stuttgart.

McDiarmid, C. (1989), On the method of bounded differences, in: J. Siemons (ed.), *Surveys in Combinatorics, 1989*. London Math. Soc. Lecture Notes Series, Vol. 141. Cambridge University Press, Cambridge/New York, pp. 148–188.

McMillan, B. (1953), The basic theorems of information theory. Ann. Math. Statist. **24**, 196–216.

Meyer, P.A. (1966), *Probability and Potentials*. Blaisdell, Waltham.

Meyer, P.A. (1972), *Martingales and Stochastic Integrals*. Lecture Notes in Math. **284**. Springer-Verlag, Berlin/Heidelberg/New York.

Milman, V. und Schechtman, G. (1986), *Asymptotic Theory of Finite Dimensional Normed Spaces*. Lecture Notes in Math. **1200**. Springer-Verlag, Berlin/Heidelberg/New York.

Moulin-Ollagnier, J. (1983), Théorème ergodique presque sous-additif et convergence en moyenne de l'information. Ann. Inst. Henri Poincaré **B19**, 257–266.

Müller, S. (1985), *Arbitrage Pricing of Contingent Claims.* Lecture Notes in Economics and Mathematical Systems **254**. Springer-Verlag, Berlin/Heidelberg/New York.

Neveu, J. (1961), Sur le théorème ergodique ponctuel. Comptes Rendus Acad. Sci. Paris **252**, 1554–1556.

Neveu, J. (1975), *Discrete-Parameter Martingales.* North-Holland, Amsterdam/Oxford.

Petersen, K. (1983), *Ergodic Theory.* Cambridge University Press, Cambridge/New York.

Pliska, S.R. (1997), *Introduction to Mathematical Finance.* Blackwell Publishers, Oxford.

Pollard, D. (1984), *Convergence of Stochastic Processes.* Springer-Verlag, Berlin/Heidelberg/New York.

Resnick, S.I. (1992), *Adventures in Stochastic Processes.* Birkhäuser, Boston/Basel.

Revuz, D. und Yor, M. (1991), *Continuous Martingales and Brownian Motion.* Springer-Verlag, Berlin/Heidelberg/New York.

Rhee, W.T. (1993), A matching problem and subadditive Euclidean functionals. Ann. Appl. Probab. **3**, 794–801.

Rhee, W.T. und Talagrand, M. (1986), Martingale inequalities and the jackknife estimate of variance. Statistics and Probab. Letters **4**, 5–6.

Rhee, W.T. und Talagrand, M. (1987), Martingale inequalities and NP-complete problems. Math. Oper. Res. **12**, 177–181.

Robbins, H. und Siegmund, D. (1971), A convergence theorem for non negative almost supermartingales and some applications, in: J.S. Rustagi (ed.), *Optimizing Methods in Statistics.* Wiley, New York, pp. 233–257.

Rockafellar, R.T. (1970), *Convex Analysis.* Princeton University Press, Princeton.

Rogers, L.C.G. (1994), Equivalent measures and no arbitrage. Stoch. and Stoch. Rep.

Rogers, L.C.G. und Williams, D. (1987), *Diffusions, Markov Processes, and Martingales. Vol. 2: Itô Calculus.* Wiley, New York.

Rogers, L.C.G. und Williams, D. (1994), *Diffusions, Markov Processes, and Martingales. Vol. 1: Foundations*, 2nd ed. Wiley, New York.

Romano, J.P. und Siegel, A.F. (1986), *Counterexamples in Probability and Statistics.* Wadsworth and Brooks/Cole, Monterey.

Sandmann, K. (1994), *Stochastik der Finanzmärkte.* Vorlesungsmanuskript, Universität Bonn, Wintersemester 1993/94.

Schachermayer, W. (1992), A Hilbert space proof of the fundamental theorem of asset pricing in finite discrete time. Insurance: Mathematics and Economics **11**, 249–257.

Schachermayer, W. (1994), Martingale measures for discrete-time processes with infinite horizon. Math. Finance **4**, 25–55.

Schirjajev (Shiryayev), A.N. (1984), *Probability.* Springer-Verlag, Berlin/Heidelberg/New York.

Schirjajev (Shiryayev), A.N., Kabanov, J.M., Kramkov, D.O. und Melnikov, A.V. (1994), Zur Theorie der Bewertung von Optionen. I. Diskrete Zeit. (Russ.) Teorija Verojatn. Primen. **39(1)**, 23–79.

Schmidt, K.D. (1996), *Lectures on Risk Theory.* B.G. Teubner, Stuttgart.

Schürger, K. (1991), Almost subadditive extensions of Kingman's ergodic theorem. Ann. Probab. **19**, 1575–1586.

Schürger, K. (1996), On the existence of equivalent τ-measures in finite discrete time. Stoch. Proc. Appl. **61**, 109–128.

Shannon, C.E. (1948), A mathematical theory of communication. Bell system Techn. J. **27**, 379–423, 623–656.

Shorack, G.R. und Wellner, J.A. (1986), *Empirical Processes with Applications to Statistics.* Wiley, New York.

Smythe, R.T. und Wierman, J.C. (1978), *First-Passage Percolation on the Square Lattice.* Lecture Notes in Math. **671**. Springer-Verlag, Berlin/Heidelberg/New York.

Snell, J.L. (1952), Applications of martingale system theorems. Trans. Amer. Math. Soc. **73**, 293–312.

Sondermann, D. (1991), Reinsurance in arbitrage-free markets. Insurance: Mathematics and Economics **10**, 191–202.

Spencer, J. (1987), *Ten Lectures on the Probabilistic Method.* SIAM, Philadelphia.

Spitzer, F. (1964), *Principles of Random Walk.* Van Nostrand, Princeton.

Steele, J.M. (1978), Empirical discrepancies and subadditive processes. Ann. Probab. **6**, 118–127.

Steele, J.M. (1981a), Subadditive Euclidean functionals and nonlinear growth in geometric probability. Ann. Probab. **9**, 365–376.

Steele, J.M. (1981b), Complete convergence of short paths and Karp's algorithm for the TSP. Math. Oper. Res. **6**, 374–378.

Steele, J.M. (1990), Seedlings in the theory of shortest paths, in: G. Grimmet und D.J.A. Welsh (eds.), *Disorder in Physical Systems.* Clarendon Press, Oxford, pp. 277–306.

Stirzacker, D. (1994), *Elementary Probability.* Cambridge University Press, Cambridge/New York.

Stout, W.F. (1974), *Almost Sure Convergence.* Academic Press, New York.

Straub, E. (1988), *Non-Life Insurance Mathematics.* Springer-Verlag, Berlin/Heidelberg/New York.

Stroock, D.W. (1993), *Probability Theory, An Analytic View.* Cambridge University Press, Cambridge.

Stroock, D.W. (1994), *A Concise Introduction to the Theory of Integration.* Birkhäuser, Basel/Berlin.

Talagrand, M. (1996), A new look at independence. Ann. Probab. **24**, 1–34.

Taqqu, M.S. und Willinger, W. (1987), The analysis of finite security markets using martingales. Adv. Appl. Probab. **19**, 1–25.

Vapnik, V.N. und Tschervonenkis, A.J. (1971), On uniform convergence of the frequencies of events to their probabilities. Theory Probab. Appl. **16**, 264–280.

von Weizsäcker, H. und Winkler, G. (1990), *Stochastic Integrals.* Vieweg, Braunschweig.

Welsh, D.J.A. (1989), *Codes and Cryptography.* Clarendon Press, Oxford.

Williams, D. (1991), *Probability with Martingales.* Cambridge University Press, Cambridge/New York.

Yan, J.-A. (1980), Caractérization d'une classe d'ensembles convexes de L^1 ou H^1, in: *Séminaire de Probabilités XIV.* Lecture Notes in Math. **784**. Springer-Verlag, Berlin/Heidelberg/New York.

Zhang, Y. und Zhang, Y.C. (1984), A limit theorem for N_{0n}/n in first-passage percolation. Ann. Probab. **12**, 1068–1076.

Symbolverzeichnis

Sachverzeichnis

www.ingramcontent.com/pod-product-compliance
Lightning Source LLC
LaVergne TN
LVHW010655300926
849161LV00005B/1126